알기 쉽고 재미있는

이야기
한국인물사

신한국사연구회편

太乙出版社

**내신성적＋수학능력＋대학 본고사＋취직 시험
승진 시험＋공무원 시험 대비＋일반 상식!**

알기쉽고재미있는
이야기
한국인물사

신한국사연구회 편

太乙出版社

책머리에

　영국의 사상가 카알라일은 「역사는 위대한 사람들의 행적을 기록한 것에 불과하다」고 했지만 우리 민족역사는 전통적 봉건제도 속에서 민중의 의지가 역사전개에 중추가 되지 못하고 제왕을 비롯한 그 시대의 지도적 인물들에 의해서 주도되어 왔다.
　따라서 역사 문화의 본질을 이해하고 시대적으로 전개되는 과정을 파악하기 위해서는 그 시대의 지도적 인물들의 업적이나 성격, 혹은 그 인물의 의지가 어떠했는가를 이해하고 보면 상대적으로 역사의 진실을 파악할 수가 있다.
　그러나 인간의 역사를 터득하고 그 인물에 관한 올바른 지식을 얻는다는 것이 그렇게 쉬운 것만은 아니다. 또한 그 시대의 상황이나 흐름에 따라 인물의 평가 기준도 변할 수밖에 없고, 따라서 객관적인 인물평가가 그만큼 다를 수도 있기 때문이다.
　다시 말하면 정치, 문화, 학문, 예술, 과학 등 여러 분야에서 활동한 그 인물의 진면목을 올바로 파악한다는 것이 그 판단의 기준에 따라 여러가지로 해답이 나올 수도 있다는 말이다.
　어쨌든 역사적 불운 속에서 절망에 빠진 민중을 정신적으로 이끌어 갔던 위대한 지도자가 있었는가 하면 역사를 오도하여 불행했던 시대를 만든 인물들도 적지 않았다. 또한 찬란한 문화 창조, 고고한 인격과 충절로 만인의 귀감이 되어 후세에까지 존경받는 인물도 있고 일신의 영달과 권세를 위해 국가 사회를 문란케 했던 인물도 적지 않았다.

이를테면 김춘추,김유신 같은 통일대업을 이룩한 인걸, 국가 위기를 극복한 이순신같은 명장, 찬란한 민족문화를 일으킨 세종대왕같은 성군, 일신의 권세와 영화를 위해 온갖 악행을 자행한 인물, 연산군 같은 패륜아도 있었고 박해받는 민중의 지도자로 불꽃같은 생을 살다 간 전봉준 같은 인물도 있었다.
 이와같은 인물들에 의해 역사는 끊임없는 좌절과 흥성을 거듭하며 전개 발전되어 왔다.
 이 책에서는 민족역사 발전에 기여한 지도자, 역사변혁의 중심에 섰던 인물 등 국방, 학문, 예술, 과학, 종교에 이르기까지 각 분야에서 활동한 인물 가운데 200인을 선정하여 수록했다. 민족역사를 이해하고 공부하는데 큰 도움이 되리라 믿는다.

엮은이

☆ 차　　례 ☆

고대의 인물

- 동명왕(東明王) …………………………………… 20
- 광개토왕(廣開土王) ……………………………… 26
- 성왕(聖王) ………………………………………… 32
- 김춘추(金春秋) …………………………………… 41
- 김유신(金庾信) …………………………………… 49
- 을지문덕(乙支文德) ……………………………… 56
- 연개소문(淵蓋蘇文) ……………………………… 65
- 박제상(朴提上) …………………………………… 70
- 진흥왕(眞興王) …………………………………… 74
- 선덕여왕(善德女王) ……………………………… 78
- 장보고(張保皐) …………………………………… 80
- 대조영(大祚榮) …………………………………… 84
- 이차돈(異次頓) …………………………………… 86
- 고선지(高仙芝) …………………………………… 89
- 문무왕(文武王) …………………………………… 93
- 복신(福信) ………………………………………… 98
- 계백(階伯) ………………………………………… 100
- 우륵(于勒) ………………………………………… 102
- 왕인(王仁) ………………………………………… 104
- 최치원(崔致遠) …………………………………… 106
- 의자왕(義慈王) …………………………………… 114
- 강수(強手) ………………………………………… 117
- 김대성(金大城) …………………………………… 120
- 원효(元曉) ………………………………………… 122

- 의상(義湘) …………………………… 128
- 원광(圓光) …………………………… 132
- 자장(慈藏) …………………………… 135
- 혜초(慧超) …………………………… 139
- 승랑(僧朗) …………………………… 141
- 원측(圓測) …………………………… 142
- 무상(無相) …………………………… 145
- 도선(道詵) …………………………… 147
- 담징(曇徵) …………………………… 149

고려의 인물

- 왕건(王建) …………………………… 152
- 강감찬(姜邯瓚) ……………………… 155
- 윤관(尹瓘) …………………………… 159
- 서희(徐熙) …………………………… 163
- 일연(一然) …………………………… 166
- 이자겸(李資謙) ……………………… 169
- 김부식(金富軾) ……………………… 172
- 묘청(妙淸) …………………………… 176
- 정중부(鄭仲夫) ……………………… 178
- 만적(萬積) …………………………… 182
- 최충헌(崔忠獻) ……………………… 184
- 배중손(裵仲孫) ……………………… 188
- 김방경(金方慶) ……………………… 190
- 이규보(李奎報) ……………………… 193
- 이제현(李齊賢) ……………………… 198
- 문익점(文益漸) ……………………… 202
- 최무선(崔茂宣) ……………………… 204
- 공민왕(恭愍王) ……………………… 206

- 최영(崔瑩) ……………………………………… 208
- 정몽주(鄭夢周) ………………………………… 212
- 길재(吉再) ……………………………………… 215
- 이색(李穡) ……………………………………… 217
- 신돈(辛旽) ……………………………………… 220

조선 전기의 인물

- 이성계(李成桂) ………………………………… 224
- 세종대왕(世宗大王) …………………………… 228
- 세조(世祖) ……………………………………… 236
- 연산군(燕山君) ………………………………… 241
- 정도전(鄭道傳) ………………………………… 244
- 황희(黃喜) ……………………………………… 248
- 김시습(金時習) ………………………………… 251
- 성삼문(成三問) ………………………………… 254
- 서거정(徐居正) ………………………………… 257
- 신숙주(申叔舟) ………………………………… 260
- 김종직(金宗直) ………………………………… 263
- 김일손(金馹孫) ………………………………… 265
- 조광조(趙光祖) ………………………………… 267
- 이황(李滉) ……………………………………… 272
- 이이(李珥) ……………………………………… 276
- 서경덕(徐敬德) ………………………………… 278
- 기대승(奇大升) ………………………………… 281
- 박연(朴堧) ……………………………………… 283
- 이지함(李之菡) ………………………………… 285
- 신사임당(申師任堂) …………………………… 287
- 황진이(黃眞伊) ………………………………… 292
- 이순신(李舜臣) ………………………………… 294

- 유성룡(柳成龍) ····· 305
- 이항복(李恒福) ····· 308
- 권율(權慄) ····· 313
- 곽재우(郭再祐) ····· 317
- 김덕령(金德齡) ····· 320
- 이원익(李元翼) ····· 322
- 휴정(休靜) ····· 326
- 유정(惟政) ····· 329
- 이수광(李晬光) ····· 332
- 허준(許浚) ····· 336
- 허균(許筠) ····· 339
- 정철(鄭澈) ····· 343
- 허난설헌(許蘭雪軒) ····· 346

조선 후기의 인물

- 광해군(光海君) ····· 350
- 최명길(崔鳴吉) ····· 353
- 임경업(林慶業) ····· 356
- 송시열(宋時烈) ····· 363
- 유형원(柳馨遠) ····· 372
- 김상헌(金尙憲) ····· 376
- 윤선도(尹善道) ····· 378
- 김만중(金萬重) ····· 381
- 최북(崔北) ····· 385
- 정조(正祖) ····· 387
- 정약용(丁若鏞) ····· 391
- 박지원(朴趾源) ····· 394
- 홍대용(洪大容) ····· 399
- 박제가(朴齊家) ····· 402

- 유희(柳僖) …………………………………… 405
- 신위(申緯) …………………………………… 407
- 안정복(安鼎福) ……………………………… 409
- 신경준(申景濬) ……………………………… 412
- 이긍익(李肯翊) ……………………………… 414
- 이중환(李重煥) ……………………………… 416
- 김대건(金大建) ……………………………… 418
- 이승훈(李承薰) ……………………………… 420
- 이벽(李檗) …………………………………… 422
- 정선(鄭敾) …………………………………… 425
- 김정희(金正喜) ……………………………… 429
- 김홍도(金弘道) ……………………………… 434
- 신윤복(申潤福) ……………………………… 437
- 신재효(申在孝) ……………………………… 438
- 초의(草衣) …………………………………… 440
- 홍국영(洪國榮) ……………………………… 443
- 홍경래(洪景來) ……………………………… 445
- 안용복(安龍福) ……………………………… 450
- 정수동(鄭壽銅) ……………………………… 452
- 김립(金笠) …………………………………… 455
- 경허(鏡虛) …………………………………… 457
- 흥선대원군(興宣大院君) …………………… 461
- 민비(閔妃) …………………………………… 466
- 김홍집(金弘集) ……………………………… 469
- 어윤중(魚允中) ……………………………… 472
- 민영환(閔泳煥) ……………………………… 476
- 김옥균(金玉均) ……………………………… 479
- 박영효(朴泳孝) ……………………………… 484
- 유길준(兪吉濬) ……………………………… 488
- 최제우(崔濟愚) ……………………………… 491

- 전봉준(全琫準) ……………………………… 494
- 최시형(崔時亨) ……………………………… 498
- 강증산(姜甑山) ……………………………… 501
- 김정호(金正浩) ……………………………… 506
- 지석영(池錫永) ……………………………… 510
- 주시경(周時經) ……………………………… 513
- 이인직(李人稙) ……………………………… 516
- 최익현(崔益鉉) ……………………………… 518
- 이건창(李建昌) ……………………………… 521
- 이석용(李錫庸) ……………………………… 524
- 이강년(李康秊) ……………………………… 526
- 이인영(李麟榮) ……………………………… 528
- 신돌석(申乭石) ……………………………… 530
- 전해산(全海山) ……………………………… 533

현대의 인물

- 안창호(安昌浩) ……………………………… 536
- 손병희(孫秉熙) ……………………………… 539
- 이상재(李商在) ……………………………… 545
- 이승훈(李昇薰) ……………………………… 549
- 장지연(張志淵) ……………………………… 552
- 신채호(申采浩) ……………………………… 555
- 박은식(朴殷植) ……………………………… 560
- 신규식(申圭植) ……………………………… 567
- 남궁억(南宮檍) ……………………………… 570
- 나철(羅喆) …………………………………… 573
- 안중근(安重根) ……………………………… 576
- 이상설(李相卨) ……………………………… 579
- 이준(李儁) …………………………………… 582

- 윤봉길(尹奉吉) ················· 585
- 유관순(柳寬順) ················· 587
- 홍범도(洪範圖) ················· 589
- 이동휘(李東輝) ················· 591
- 김좌진(金佐鎭) ················· 593
- 오동진(吳東振) ················· 596
- 이용익(李容翊) ················· 598
- 김구(金九) ···················· 600
- 김규식(金奎植) ················· 604
- 조만식(曺晩植) ················· 607
- 김창숙(金昌淑) ················· 609
- 서재필(徐載弼) ················· 612
- 박용만(朴容萬) ················· 616
- 이동녕(李東寧) ················· 618
- 한용운(韓龍雲) ················· 622
- 최남선(崔南善) ················· 625
- 이광수(李光洙) ················· 629
- 이윤재(李允宰) ················· 633
- 윤치호(尹致昊) ················· 635
- 윤동주(尹東柱) ················· 638
- 안창남(安昌男) ················· 640
- 방정환(方定煥) ················· 641
- 홍난파(洪蘭坡) ················· 644
- 송만갑(宋萬甲) ················· 646
- 나운규(羅雲奎) ················· 648
- 이승만(李承晩) ················· 651
- 장면(張勉) ···················· 655
- 김성수(金性洙) ················· 657
- 김병로(金炳魯) ················· 659
- 신익희(申翼熙) ················· 662

- 여운형(呂運亨) ……………………………………… 664
- 조병옥(趙炳玉) ……………………………………… 667
- 이범석(李範奭) ……………………………………… 669
- 정인보(鄭寅普) ……………………………………… 671
- 최현배(崔鉉培) ……………………………………… 674
- 안익태(安益泰) ……………………………………… 677
- 우장춘(禹長春) ……………………………………… 679
- 김소월(金素月) ……………………………………… 681
- 송진우(宋鎭禹) ……………………………………… 684
- 장덕수(張德秀) ……………………………………… 688
- 함태영(咸台永) ……………………………………… 689
- 이시영(李始榮) ……………………………………… 691
- 지청천(池靑天) ……………………………………… 694
- 유일한(柳一韓) ……………………………………… 696
- 백관수(白寬洙) ……………………………………… 698
- 이중섭(李仲燮) ……………………………………… 700
- 심 훈(沈 熏) ……………………………………… 702
- 임방울(林芳蔚) ……………………………………… 704
- 이청담(李靑潭) ……………………………………… 705
- 김활란(金活蘭) ……………………………………… 707
- 전태일(全泰壹) ……………………………………… 711
- 박정희(朴正熙) ……………………………………… 712

※ 찾아보기 ……………………………………………… 715

고대의 인물

민족정기의 始源

동명왕(東明王)
BC.58 ~ BC.19

고구려 시조 동명왕, 즉 주몽에 대한 기록은 몇 군데 단편적으로 나타나 있을 뿐인데, 그 예를 들면 광개토대왕 비문, 중국 왕충(王充)의 논형(論衡), 후위서(後魏書), 양서(梁書)에 나타나 있고, 고려에 넘어와서는 이승휴의 제왕운기(帝王韻記)에 언급되어 있다.

다음으로는 삼국사기, 삼국유사에 비교적 자세한 기록이 있으나 보다 확실한 기술은 이규보의 동국이상국집에 장편 서사시로서 동명왕을 노래하여 무인으로서 그의 영웅적 업적을 알려주고 있다.

삼국사기, 삼국유사, 동국이상국집 등에 나타난 동명왕에 대한 기술은 서로 다른 부분이 있으나 한편 서로 다른 사실들을 보완해서 기록해 놓고 있다.

또 중국측에 바탕을 둔 역사기록, 동부여측의 기록, 백제측의 기록에 따라 차이가 나타나기도 하지만, 어쨌든 동명왕의 신비스러운 탄생과 그 위대한 무용담은 그 자체로서 우리의 상고사를 이해하는데 귀중한 연구자료가 된다.

동명왕, 즉 고주몽이 태어나기까지의 과정은 일단 극적인 초자연 상태와 초인간적인 애정, 투쟁, 갈등이 혼재하여 더욱 고주몽을 위대한 인물로 부각시킨다.

고주몽이 탄생되기까지의 상황에서는 해모수(解慕漱)라는 인물과 금와왕(金蛙王)이라는 인물이 등장한다.

해모수는 천제(天帝)의 아들이다. 그는 항상 오룡거(五龍車)를 타고 하늘과 땅 사이를 날아다니고 있었다. 어느날 해모수는 압록강에 이르렀는데 아름다운 세 미녀가 목욕을 하고 있었다.

세 미녀들이란 수신(水神)인 하백(河伯)의 딸들로서 유화, 훤화, 위화였다. 해모수는 세 미녀를 통해 아들을 얻고자 하는 생각을 갖게 되고 곧 궁성(宮城)에 초대한다. 이 세 미녀를 유혹하려는 속셈을 알게된 이들은 도망을 쳤으나 결국 유화만이 붙잡히게 되어 해모수와 깊은 사랑에 빠진다.

그러나 머지 않아 해모수는 하늘로 올라가 버리고 홀로 남은 유화는 불결한 딸이라 하여 아버지 하백으로부터 쫓겨나 멀리 태백산 남쪽 우발수에 던져진다. 여기서 유화는 동부여의 금와왕(金蛙王)에게 구조되어 일단 죽음을 면한다. 그러면 금와왕은 누구인가?

고주몽이 탄생하기까지의 과정에 있어서 해모수와 금와왕, 또는 금와왕과 유화와의 관계는 여러가지 사연으로 얽혀진다.

삼국사기, 삼국유사에는 금와왕의 탄생설화를 다음과 같이 기술하고 있다. 부여(扶餘 : 송화강 유역의 부족국가)의 왕인 해부루(解夫婁)가 늙도록 자식이 없어서 항상 아들을 갖게 해달라고 산천에 제사를 드리며 빌고 있었다.

어느날 해부루왕이 곤연(鯤淵)에 이르렀는데, 타고 가던 말이 걸음을 멈추고 큰 돌을 보며 눈물을 흘리고 있었다. 이상하게 생각한 왕이 부하를 시켜 돌을 치워보라 했는데 그 아래에 어린아이가 있었다. 몸에서 금빛이 찬란한 이 어린아이는 개구리같은 모양을 하고 있었다.

그러나 왕은 크게 기뻐하며 이는 하늘이 아들을 보내주신 것이라고 믿었다.

이리하여 그 아이를 데려다 길렀는데 금빛이 있는 개구리 모양이라 해서 금와라 했고 곧 태자로 삼았다.

해부루는 얼마 뒤에 도읍을 가섭원(迦葉原)이라는 곳으로 옮겼고 나라 이름도 동부여로 개칭했다.

해부루가 도읍을 옮기게 된 사유는 그의 신하인 아난불(阿蘭弗)의 주장때문이었다. 아난불이 하루는 「요사이 하느님이 저에게 이르기를 장차 그 자손으로 하여금 여기에 나라를 세우겠다는 것입니다. 그러하니 우리는 곧 이 곳을 떠나라는 것입니다. 동해 바닷가에 가섭원이라는 땅이 있는데 토양이 기름져 오곡을 심기에 좋으니 그곳으로 옮겨 도읍을 정하라는 것입니다」

이리하여 가섭원으로 옮겨 도읍을 정하고 동부여라 했던 것이다.

그러니까 부여가 도읍을 정했던 곳에는 천제의 아들 해모수가 나라를 일으켜 살았다고 하는 것이다. 달리 말하면 해모수와 금와왕은 서로 세력이 다른 왕이었다는 사실을 말하는 것이다.

다만 그들이 나라를 세웠으나 서로 충돌하지 않았다는 것을 입증하기 위해 위와같은 탄생설화가 만들어진 것이 아닌가 믿어볼 수가 있다.

해모수에게 버림을 받아 우발수로 쫓겨난 유화가 금와왕에 의해 발견된다는 것은 이런 점에서 아주 극적이다.

유화는 줄곧 불행을 감수하는 비극적 여인으로 등장하는데 이는 곧 고주몽의 탄생을 더욱 영웅적으로 상징시킬 수 있는 바탕이라고 할 수도 있다.

유화가 하늘의 아들 해모수의 여인이었음을 알게된 금와왕은 조용한 별실을 마련하여 상주하게 했는데 햇빛이 유화의 별실쪽으로 비끼어 들었다 한다. 이는 곧 해모수가 햇빛이 되어 유화에게 품어졌던 것, 즉 해를 품었다는 것이니 이로써 유화는 임신을 하게 된다.

얼마 후 해산을 했는데 유화가 낳은 것은 사람이 아니라 커다란 알이었다. 그 알은 크기가 다섯 되 들이의 통만큼되었다. 금와왕은 유화가 알을 낳자 불길한 징조라 하여 가져다 버리라고 명했다.

마침내 알을 마굿간에 버렸다. 그런데 짐승들은 이 알을 서로 보호하는 것이었다. 금와왕은 이를 더 괴이하게 생각하고 깊은 산속에 버리게 했다. 그러자 이번에는 새들이 날아와 날개로 덮어 감싸는 것이었다.

이에 놀란 금와왕은 알을 다시 가져 오게 하여 깨뜨려보려고 했으나 깨지지 않으므로 할 수 없이 그 어머니 유화한테 보내어졌다.

유화는 따뜻한 곳에 알을 놓아 두었는데 얼마 후 영특하게 생긴 어린 아이가 알을 깨고 나타났다. 그가 곧 동명왕, 주몽인 것이다.

이 어린 아이는 태어난지 얼마 안되어 벌써 말을 했고, 파리가 귀찮아 잠을 잘 수 없다하여 활을 하나 만들어 달라더니 백발백중으로 파리를 맞추어 떨어뜨리는 것이었다.

일곱 살 때는 벌써 화살을 만들고 명사수가 되었다. 부여말에 활

잘 쏘는 사람을 주몽(朱蒙)이라 했는데 이때부터 이 아이는 주몽이라는 이름으로 불리워지게 되었다.

금와왕은 그때 아들이 일곱이었는데 이 일곱 아들이 주몽과 함께 놀았으나 모두 주몽의 재주를 따를 수가 없었다.

하루는 사냥을 갔는데 일곱 왕자는 40명의 부하까지 거느리고 노루잡기를 했으나 일곱 왕자는 단 한 마리를 잡았지만 주몽은 혼자 몸으로 수 십 마리를 잡았다.

이를 시기한 일곱 왕자는 주몽을 나무에 매달아 놓고 먼저 궁궐로 돌아와 큰 아들 대소(帶素)가 금와왕에게「주몽은 알에서 나온 놈으로 불길하다. 더욱이 용맹하여 뒷 일이 걱정이니 일찍이 없애버리는 것이 좋을듯 하다」그러나 금와왕은 죄없는 주몽을 죽일 수가 없어서 목장에서 짐승을 키우는 천한 일을 맡겼다.

주몽은 금와왕과 그 아들들이 자기를 해치려는 것을 알고 도망갈 결심을 하게 된다. 그는 여러 말들 가운데서 가장 좋은 말을 골라 혀에 바늘을 찔러 일부러 마르게 하였고 둔한 말들은 열심히 먹여 살찌게 하였다.

얼마 후 금와왕이 목장을 시찰하면서 말들이 살찐 것을 보고 기뻐하더니 마른 말을 보고는 그것을 주몽에게 가지라고 말했다. 그러니까 그 말이 사실은 가장 날쌘 말이었던 것이었다.

또한 그 목장에서 예씨(禮氏)라는 목장장 딸을 아내로 맞이하여 임신을 했는데 아들을 보지 못하고 어느날 그 어머니 유화와 이별을 해야했다. 사태가 위급하여 더 머물러 있을 수가 없었던 것이다.

아내 예씨한테는 장차 아들이 태어나거든 찾아오도록 하고 그 신표로서 부러진 칼을 감추어 두었다.

주몽은 곧 믿을 수 있는 동지 오이(烏伊)와 마리(摩離), 섬부(陜父)를 데리고 남쪽으로 길을 떠났다.

주몽이 도망친 것을 알게 된 금와왕과 그 아들들이 부하들을 거느리고 뒤를 추격했다. 주몽은 추격을 받으며 달리다가 큰 강에 이르렀는데 그 강이 압록강의 동부인 엄체수(淹滯水)였다. 배 한 척 없어 강을 건널 수도 없는데 뒤에서는 추격이 계속되어 진퇴양난일 때 주몽은 하늘에 「나는 하늘의 아들이며 수신 하백의 외손자입니다. 오늘 사태가 이처럼 절박한데 어찌하면 좋겠습니까」하고 빌었다.
　주몽의 호소를 듣고 물고기와 자라떼가 나타나 다리를 만들어 주는 것이었다. 주몽은 이 다리를 건너 무사히 탈출할 수 있었다.
　탈출에 성공한 주몽은 형승지(形勝地)를 택하여 왕도(王都)를 세우고 군신(君臣)의 자리를 정하여 새 나라를 만들었던 것이다. 그리고 날로 그 세력은 확장되었으며 백성들도 잘 다스려 나갔다.
　하루는 왕이 비류강을 바라보고 있는데 위에서 채소가 떠내려 오고 있었다. 동명왕은 곧 상류에 사람이 살고 있는 것으로 짐작하고 따라 올라가 보았다. 과연 그곳에는 비류국(沸流國)이라는 또 하나의 왕국이 있었다.
　비류국의 왕 송양(松讓)은 용맹스럽게 생긴 동명왕을 보고 인사를 청하며「나는 선인(仙人)의 후예로서 여러 대에 걸쳐 이곳을 다스려 왔다. 그러하니 당신도 나한테 와서 더부살이를 한다면 허락하겠노라」하고 말했다.
　송양의 말을 듣고 동명왕은「나는 천제의 후손이니 당신이 나의 수하에 들어오는 게 합당한 일이오」그러나 두 왕은 주장이 각각 달라 마침내 결투로 승패를 결정짓기로 하고 활쏘기를 벌여 동명왕이 이겼으나 송양은 항복하기를 거절했다.
　돌아온 동명왕은 신흥국가의 설움에 잠겨 있었다. 비류국은 오랜 전통이 있는 국가여서 궁중에서 쓰는 북이며 피리 등의 악기가 있었지만 고구려에는 그런 것이 있을 리 없었다.
　동명왕의 이런 고민을 듣고 신하 부분노(扶芬奴)가 비류국에 들어가 그것을 빼앗아 오겠다고 말하며 부하 수 명을 거느리고 들어가 곧 그것들을 빼앗아 왔다.
　동명왕은 송양이 그것들을 찾으러 올 것으로 짐작하고 겉에 까만 칠을 하여 아주 오래된 고각(鼓角)처럼 꾸며 놓았다.
　예상대로 고각을 찾으러 온 송양은 감히 자기네 것이라고 주장하지 못했다. 두 왕의 투쟁은 계속되었지만 비류국을 무너뜨리지는 못하고 있었다.

어느날 사냥에서 눈빛같이 하얀 사슴을 사로잡은 동명왕은 사슴을 거꾸로 매달아 놓고「하늘아 비를 내려 강을 범람케 해서 비류국을 휩쓸지 않는다면 너, 사슴을 절대로 놓아주지 않겠다」고 말했다.

이 말을 들은 사슴은 하늘을 향해 슬피 울었고, 그때부터 비가 내리기 시작하여 이레동안 계속되니 마침내 비류국을 휩쓸어 버렸다. 송양도 동명왕이 천제의 아들임을 확인하고 결국 항복하기에 이르렀다.

동명왕 4년(기원 전 34년) 7월에는 골령에 짙은 안개가 끼기 시작하여 7일 동안 산야를 뒤덮었다. 그러더니 안개 속에서 수천 명의 사람들이 떠드는 소리가 들려왔다. 이는 하늘이 동명왕을 위해 궁성을 지어주는 것이었다. 이로써 700여년 이어진 고구려 건국사업이 완성되었던 것이다.

이어 북부여에 남겨 두고온 유리(類利)가 장성하여 천대를 받다가 부왕(父王) 주몽이 숨겨둔 부러진 칼토막을 찾아 남행하여 부왕(父王)을 만났으니 그가 곧 고구려 2대 왕이다.

동명왕은 마흔 살에 세상을 떠났다. 파란만장한 그의 생애는 설화로 기록되어 있으나 고구려 왕업을 세운 시조로서 북에서 남하하여 지금의 통구(通溝) 근처에 자리를 잡았던 것이다.

그러나 이곳은 압록강 유역에서 가장 넓은 땅이었으나 생산력이 풍부하지 못한 곳이었다. 더욱이 주변에는 강대한 적들이 많아 항상 무력으로 국가를 수호해야 했으므로 전통적으로 무를 숭상하고 용맹스런 기상을 키워야 했다.

고구려는 이러한 지리적 조건과 사회환경속에서 점차 국력을 쌓아 강대국을 만들어 나갔다. 동명왕의 탄생과 일대기는 역시 강한 자주 독립성과 어떠한 고난에도 이를 극복해내는 강인한 정신으로 대변되고 있는데 이는 곧 고구려 정신을 말해주고 있다.

대국을 향한 웅지

광개토대왕(廣開土大王)
375(소수림왕 5) ~ 41

　기원 1세기 경 고구려는 북쪽에 부여, 동북쪽에 읍루(挹婁), 동남쪽에 옥저(沃沮), 남쪽에 낙랑(樂浪), 예(濊)와 이웃하고 있었고, 서쪽으로는 요동성(遼東省), 현도성을 방패로 한 중국 한나라의 세력과 대치하고 있었다.
　태조왕(太祖王)은 즉위한 뒤 옥저와 예를 복속시키고, 또 낙랑을 침범하여 남진을 꾀했다. 한편 적극적으로 서진정책을 써서 요동, 현도 두 성을 쳐서 현도군을 서쪽으로 물러가게 했다. 이리하여 고구려의 영토는 크게 확장되고 국가의 기틀이 튼튼해지고 있었다. 그 뒤의 왕들도 서진정책을 줄기차게 계속하며 요동지방을 침공했다.
　3세기 경에 후한(後漢)이 망하고 위(魏)나라가 대신 세워졌는데 동천왕(東川王)이 요동을 침략하자 위나라는 마침내 246년에 유주자사(幽州刺史) 관구검에 대군을 주어 고구려를 치게 하였다.
　동천왕은 2만의 군사로 비류수에서 이들과 싸웠으나 패하여 후퇴했고 관구검은 환도까지 쳐들어와 도성을 뺏고 많은 군사를 죽였다. 동천왕은 옥저방향으로 도망가는 큰 치욕을 당했다.
　그후 3세기 말경 진나라가 위나라를 대신하게 되면서 변경지방에 군사력이 미치지 못하는 틈을 타서 고구려는 현도군을 빼앗고, 동군을 쳐 서안평(西安平)을 빼앗았다. 이로써 낙랑, 대방도 중국과 길이 끊어져 멸망하기에 이르렀다(313년).
　이후 421년 동안 중국의 군현(郡縣)은 반도 내에서 영영 사라지고 말았다.
　이 무렵 중국 동북방에는 선비족인 모용씨(慕容氏)가 일어나 전연(前燕)을 세우니 고구려와 요동을 사이에 두고 대치하게 되었다.
　그러다가 고국원왕(故國原王) 대에 전연이 요동지방에 쳐들어 왔다. 왕은 목저성(木底城)에서 맞아 싸웠으나 대패했고 연나라 왕은 그 여세를 몰아 환도까지 점령하여 선왕(先王)의 묘를 파헤치는 등 약탈, 방화로 행패를 부리고 돌아갔다(342년).

그후 371년에 고국원왕은 백제군을 평양에서 맞아 싸우다가 화살을 맞고 죽었다. 결국 두번의 전란으로 고국원왕은 큰 타격을 입었는데 그가 곧 광개토왕의 조부(祖父)다.

그무렵 고구려의 강적이었던 전연(前燕)이 망하고 오호(五胡)가 난립하여 서로 경쟁하고 있었다.

이 시기에 광개토왕은 선왕들의 치욕을 설욕하겠다는 웅지를 품고 그 뜻을 펴기에 이른다.

광개토왕의 공적에 대해서는 그의 아들로 다음 왕인 장수왕에 의해 중국 동강평야에 세워진 광개토왕릉비에 자세히 기록되어 있다.

비문에 의하면, 광개토왕은 18세에 왕위에 오르고 영락대왕(永樂大王)이라고 했다. 즉위 연대는 신묘년(辛卯年), 즉 391년임이 밝혀져 삼국사기에 기록된 연대보다 1년 앞이었다. 영락이라는 연호도 그때 처음 쓰여진 것이다.

광개토왕의 성품이나 치적에 관해서는 비문이나 사기에 구체적인 기록이 없어 거의 알려지지 않고 있다. 삼국사기에 의하면 왕은 나서부터 대단히 씩씩하고 기상이 늠름했다고 한다. 이는 그의 성품을 별 과장없이 표현한 것이라고 볼 수 있다.

고구려의 강성은 국민의 근검과 용맹성과 의욕있는 지도자의 영도에 의한 것이라 볼 수 있고, 또 지리적으로 대륙에 인접해 있어 선진문화를 일찍 받아들인 데에 있다고 할 수 있다.

따라서 위대한 인물이 그 능력을 발휘할 수도 있었을 것이다.

비문에는 광개토왕 재위시 나라가 부하고 백성이 잘 살았으며 오곡이 잘 되었다고 하였다. 이것은 한 국가로서 가장 중요한 경제적 기초가 잘 이루어졌음을 뜻하는 것이다.

내치로는 즉위 2년(392년)에 평양에 아홉 개의 절을 세웠다고 기록하고 있다. 고구려에 불교가 들어온 것은 그보다 20년 전이었는데 그때 벌써 이렇게 많은 절을 세웠다는 것은 왕이 불교를 적극적으로 장려했다는 것을 의미하며, 또한 백성들에게 정신적 양식을 심어 주었다는 뜻이기도 하다.

　그보다 광개토왕의 주요 업적은 영토를 넓혔다는데 있다. 비문에도 대부분 그 치적을 기록해 놓고 있다. 그 이름 그대로 광개토(廣開土)였다.

　우선 백제와의 관계에 있어서 낙랑, 대방의 멸망으로 말미암아 고구려는 직접 백제와 대치하게 되어 낙랑, 대방의 옛 땅을 놓고 다투게 되었다. 광개토왕의 조부였던 고국원왕이 백제군의 화살에 죽은 후 고구려는 끊임없이 영토의 확장에 힘썼으므로 백제와는 수시로 전쟁을 해야 했다.

　삼국사기에는 광개토왕이 즉위 후에 매년 백제를 침공하였다는 기사가 있다. 즉 왕이 즉위한 해에 백제를 쳐서 10개의 성을 빼앗았으며, 또 관미성(關彌城)을 차지했다. 다음 해에는 백제가 고구려의 남변을 침입하였으므로 장군들로 하여금 이를 막게 하였다.

　왕 3년에도 백제가 내침하였으므로 왕이 친히 정병 5천을 이끌고 이를 맞아 쳐서 패주하게 했고, 그 다음 해에도 왕은 백제와 싸워 8천여 명을 사로 잡았다. 비문에 의하면 왕 6년, 즉 396년에 왕이 친히 수군을 이끌고 백제를 쳐서 많은 성을 빼앗았다고 하였다. 그러니까 아리수(阿利水), 즉 한강을 건너 백제 도성을 둘러쌌다. 백제왕은 남녀 1천 명과 세포(細布) 천 필을 바치고 고구려 속국이 될 것을 맹세했으며 백제왕의 아우와 대신 열 명을 데리고 개선했다고 기록되어 있다.

　이때 광개토왕은 백제의 58성과 촌락 7백을 공략하는 큰 성과를 거두었다.

　또한 비문에는 대왕 17년, 즉 407년에 군병 5만을 보내어 남쪽을 정벌했다고 기록되어 있는데 비문의 이 부분이 심하게 마멸되어 상대국의 이름을 알 수가 없다. 다만 전후의 문맥으로 보아 왜국과 백제의 연합군을 친 것이 아닌가 믿어진다.

　어쨌든 이 전쟁에서 고구려는 적을 모조리 격파하고 갑옷 1만여 벌을 빼앗았으며, 무기도 다수 노획했다고 하니, 이는 광개토왕의 가장 큰 전과였던 것이다.

이 무렵 고구려와 신라는 화친을 맺고 있었으므로 상대국은 백제가 분명하고 그 규모로 보아 백제와 왜국의 연합군으로 추측할 수가 있다. 아무튼 이 전쟁에서 백제는 치명적 타격을 입고 이후는 한동안 백제와의 전쟁이 없었던 것으로 나타나 있다.

즉위 5년(395년)에는 북방의 비려(碑麗), 숙신의 정벌에 나섰다. 친히 군사를 거느리고 비려를 쳐서 부락 5, 6백을 뺏고 가축들을 획득했다. 비려가 어느 나라인지는 확실히 밝혀지지 않고 있으나 학계에서는 진서(晋書) 동이조(東夷條)에 보이는 비리(神離)로 추측하고 있다. 비리는 만주 부족국가였다고 믿어진다.

숙신은 중국 문헌에 식신(息愼), 혹은 직신(稷愼)이라고 기록돼 있다, 숙신은 만주 동북부에 있는 부족의 이름으로 알려져 있다.

왕 20년(410), 또한 대왕은 친히 군사를 거느리고 동부여를 토벌하였다. 비문에 동부여는 옛날 추모왕(鄒牟王)의 속민이었는데 중도에 배반하고 공물을 바치지 않았다고 한 것으로 보아, 동부여는 아마 옥저와 예를 말한 것인 듯하다. 옥저와 예는 이미 말한 바와 같이 태조왕 대에 고구려에 복속되었던 것인데, 중도에 고구려의 지배로부터 벗어난 것이다.

옥저와 예는 부여와 같은 부족이었으므로 이들을 동부여라고 불렀던 모양이다. 광개토왕은 이 때 성 64, 촌락 1천 4백을 공파하고 돌아왔다. 이때 왕을 경모하여 미구루압로, 비사마압로 등 여러 압로가 따라왔다 한다. 「미구루」라는 것은 옥저의 옛 이름인 매구루와 비슷하고, 「압로」라는 것은 촌락장이란 뜻인 듯하다. 어쨌든 이리하여 광개토왕은 반도의 북반부를 완전히 고구려의 영토로 만든 것이다.

옥저와 예가 차지한 동해에 연한 지방은 토지가 비교적 비옥하여 전작(田作)에 적합하였으며, 또 어염(魚鹽)과 마포(麻布)는 이 지방의 특산물이었다. 고구려가 이 지방을 영유함으로써 이러한 산물은 조부(租賦)로써 고구려에 바쳐졌던 것이다.

이로써 고구려는 그 위세를 한반도와 만주 일대에 떨쳤고 나아가서는 중국에까지 그 기개를 보여주게 되었으니 광개토왕 대에 들어와서 이루어진 일이다.

요하(遼河) 이동(以東)의 땅은 주나라 말기 전국(戰國)시대에 연나라가 개척한 이래 중국의 영토로 되었으나, 그 이전에는 고조선(古朝鮮), 부여, 고구려 등이 점거하였던 땅이다. 광개토왕 대에 이르러 그것이 다시 고구려의 영유로 되었다는 것은 옛날의 실지(失地)를 회복한 것이라고 말할 수 있다.

어쨌든 고구려는 광개토왕 대에 그 영토가 서쪽으로는 요하에까지 이르고, 남으로는 거의 한강유역에까지 미쳤으며, 북으로는 숙신의 지경에 다다르고, 동으로는 옥저와 예까지 차지하여 고구려의 역사상 가장 광대한 국토를 가지게 되었던 것이다. 왕의 「광개토경」(碑文) 또는 「광개토지」라는 시호는 참으로 왕의 업적을 그대로 표현한 것이라 하겠다. 이리하여 고구려는 만주에서 반도 북반부에 걸친 강대국이 된 것이다.

특히 광개토왕이 역대 왕의 남진정책을 이어 백제를 완전히 제압함으로써 낙랑, 대방의 옛땅을 고구려의 영토로 확보하고 다음 장수왕 대에 평양 환도를 가능하게 한 것은 왕의 큰 공적이라 아니할 수 없다. 고구려는 산곡(山谷) 많은 환도에 도읍하고 있었으므로 국세의 발전을 뒷받침할 만한 생산력을 갖지 못하였다. 그런데 낙랑, 대방의 옛땅을 영유하게 됨으로써 광대한 평야를 차지하게 되어 고구려의 국력은 비약적 발전의 기틀을 마련하게 되었다.

비문에 의하면, 각지에서 정복한 포로들을 데려다가 수묘인(守墓人)으로 삼았다고 한다. 그리하여 신구(新舊) 수묘소를 합하여 국연(國烟)이 30, 간연(看烟)이 200, 도합 330가(家)에 이르렀다고 한다. 그리하여 광개토왕은 노예가 된 이들을 전매(轉賣)하지 못하도록 하는 제도를 세웠다. 이로써 당시의 정복국가로서의 고구려의 사회상태를 약간 엿볼 수 있다.

이상에서 우리는 주로 광개토왕릉 비문과 삼국사기에 의거하여 왕의 사적을 살펴보았다. 왕의 위대한 업적에 비하여 왕에 관한 삼국사기의 기록은 너무나 빈약하다. 그것은 고구려가 망한 뒤, 그 옛 기록들이 잘 보존되지 못하여 대부분 인멸되었던 때문일 것이다. 그러므로 만약 광개토왕릉비가 발견되지 않았더라면 국사상 많은 중대한 사실들이 청사에서 영원히 매몰되었을지도 모른다. 또 이 시대의 전후에는 중국이 내란과 오호(五胡)의 침입으로 어지러웠기 때문인지 왕에 관한 사적이 중국사적에도 대단히 적다. 이런 점에서 볼 때 광개토왕릉비가 갖는 사료적 가치는 참으로 큰 것이다.

비(碑)는 우리 나라에서는 이조 초기의 용비어천가, 중기의 이수광이 지은 지봉유설에도 언급되어 있는 것으로 보아 어느 나라보다도 일찍 알고 있었던 것이다. 다만 그 비가 고구려 광개토왕의 것인 줄은 몰랐던 모양이며 만주에서 일어난 금(金)나라의 어느 황제의 비석 정도로 전하여졌던 것 같다.

이 비는 원래 왕의 능묘 가까이에 세워졌음은 비문에 의해서도 알 수 있다. 즉 비에는 선조왕 이래로 묘 위에 석비(石碑)를 세우지 않았으므로 수묘인 연호(烟戶)에 차질이 생겼다고 하고, 「국광상광개토경호태왕」은 선조왕을 위하여 모두 묘 위에 비를 세우고, 그 연호를 새겨서 차질이 없게 하였다고 하였다. 그런데 현재 왕의 비석은 홀로 서 있고 따라서 그 능묘가 어느 것인지 분명치 않다.

오늘날 이 비 가까이에는 큰 분묘가 둘이 있다. 즉 하나는 속칭 장군총(將軍塚)이라고 전하여 오는 것이고, 다른 하나는 그 곳에서 발견된 전(塼)에 원태왕릉 안여산고여악(願太王陵安如山固如岳)이라는 명(銘)이 있어, 태왕릉이라고 명명된 것이다.

이 두 분묘 중 어느 것이 광개토왕의 능인가에 대하여 학자들 사이에 이견이 있는데, 후자의 태왕릉을 광개토왕의 능묘라고 추정하는 것이 옳을 것 같다.

아무튼 왕의 비는 거대한 점에 있어서도 그 유례가 드물다. 그러나 춘풍추우 1천 5백여 년 동안 통구의 언덕에 외로이 서 있는 대왕비는 민족의 불우한 역사로 인하여 오랫동안 저버려져 있었고, 오늘날도 돌보는 사람 없이 바람에 쓸리고 비에 씻겨 자획마저 마멸되어 가고 있으니 안타까울 뿐이다.

백제 중흥의 큰 뜻

성왕(聖王)
?~554

　백제의 제13대 임금이었던 근초고왕이 태자 근구수(近仇首)와 함께 국토를 널리 개척하여 남으로는 마한의 나머지 땅을 백제의 영토로 하고, 북으로는 대방(帶方)의 대부분을 차지했던 시기를 백제의 전성시대라 한다면 무녕왕과 성왕 때는 확실히 백제의 국력이 무르익었던 시기이다.
　백제의 전성시대, 즉 근초고왕이 통치하던 시기에는 서쪽으로는 멀리 중국의 진나라와 통하고 동으로는 일본과의 교통을 이루어 왕인(王仁), 아직기(阿直岐) 등이 일본에 문물을 전하여 백제문화의 찬연한 한 페이지를 장식하였다.
　뿐만 아니라 이 시기에는 마지막으로 이 땅에 남아 있던 중국 세력인 낙랑과 대방이 백제와 고구려에 의하여 완전히 멸망당하여 비록 삼국정립의 형세이기는 했지만 한민족에 의한 한반도의 통치가 가능하게 되었다.
　그러나 이같은 전성시대도 유구한 역사로 보면 한 때뿐, 제21대 개로왕 대에 이르러서는 고구려의 장수왕의 남진정책에 쫓겨 서울을 빼앗기고, 개로왕 자신은 적군의 손에 죽음을 당하기에 이르렀다. 이를 계기로 그의 아들 문주왕(文周王)은 남쪽으로 내려와 웅진(熊津 : 지금의 공주)에 도읍을 정하게 되었다.
　이것이 475년의 일로 웅진에서 4대 60년을 지내는 동안 백제는 겨우 그 명맥만 유지하였을 뿐이다. 한강유역을 잃은 것은 백제에 있어서 후일을 도모하기에는 너무나도 치명적인 것이었다.
　그러나 웅진에 도읍을 정하여 안으로 문치(文治)에 힘쓰고, 밖으로 국력을 크게 배양하니 제25대 무녕왕 대에 이르러서는 문물(文物)이 크게 일어나 중흥의 기틀이 잡히게 되었다.
　성왕은 즉위한지 16년만에 다시 도읍을 웅진에서 사비성(지금의 부여)으로 옮기고 국호를 남부여라 하니 이때가 서기 538년이었다. 성왕이 도읍을 웅진에서 사비성으로 옮긴데 대하여는 백제가 외침(外侵), 특히 신라세력에 의하여 밀려난 것이라는 설도 있으나 최초에 발견된 무녕왕릉의 사료를 종합해 보면 오히려 재기와 중흥을 이룩하려는 의도에서 옮겼다는 설이 유력해지고 있다. 즉 웅진은 험준한 산과 강으로 둘러싸여 있어서 비록 요새이기는 하나 더 큰 웅도(雄圖)를 펴기에는 적합치 못하였다. 이에 항구적이며 외적의 침입으로부터 능히 막아낼 수 있는 사비성으로 천도했던 것이다.

성왕은 천성이 영민하고 과단성과 실천력이 있어 성명왕(聖明王)이라고도 불리운다. 성왕은 즉위하여 밖으로 국토확장을 도모하였으며 안으로는 학예를 장려하여 왕 19년, 즉 천도한지 3년째 되던 해에 멀리 중국의 양(梁)나라에서 모시박사(毛詩博士)를 초청하여 학문을 널리 숭상하게 하고, 또 열반경과 같은 경전을 가져오도록 한 외에 공장(工匠)과 화사(畵師)들을 데려오게 하였다.

한편 왕은 불심(佛心)이 깊어 왕 4년에는 중 겸익(謙益)으로 하여금 인도에서 오부율(五部律)의 범어(梵語)로 된 불경을 가져오게 하여 28인의 명승들로 하여금 율부(律部) 72권을 번역함으로써 백제에서 처음으로 율종(律宗)을 열었다. 또한 이 무렵에 왕은 담욱(曇旭), 혜인(惠仁) 등 두 법사로 하여금 율소(律疏) 36권을 저술케 하여 계학(戒學)을 크게 발전시켰다.

이와같이 왕은 안으로 문물과 불교를 크게 장려하고 밖으로 중국의 양나라와 화친을 맺을 뿐만 아니라 일본과도 화평을 도모하며 대외정책을 수립하였다. 한편 신라에 대하여도 양국의 화친을 청하니 이는 신라와 연합하여 고구려의 남침을 막자는 정책적 접근이며, 냉전상태를 유지하려는 의도에서 나온 것이다.

기록에 의하면 성왕 24년에 사신을 일본에 파견하여 원병을 요청했다고 하는데 그 2년 후인 26년 정월 보름 날에 고구려국이 갑자기 남침하여 백제의 영토인 한수 이북(漢水以北)의 독산성(獨山城 : 지금의 槐山)을 공략하였다. 왕은 이에 신라에 구원병을 청하여 신라장수 주진(朱珍)이 거느리고 온 3천명의 군사와 더불어 왕이 직접 고구려군을 격퇴하였다. 그러나 이렇게 신라와 백제가 연합하여 고구려에 대항하였지만 나제(羅濟)가 밀월을 즐긴 것은 극히 짧은 기간에 불과하였다.

독산성의 싸움이 있은지 2년 뒤, 그러니까 성왕 28년에는 백제가 먼저 선수를 써서 고구려의 도살성(道薩城)을 공격하였다. 백제의 장수 달기(達己)가 거느린 1만명의 군사는 정월에 공격을 개시하여 도살성을 점령하게 되었다. 이리하여 시작된 백제와 고구려의 싸움은 일진일퇴를 거듭하여 3월에는 고구려가 또 백제의 금현성(金峴城)을 빼앗아가 버렸다.

이러한 싸움의 결과 고구려와 백제는 모두 피로한 상태에 빠졌다. 어부지리를 만난 신흥국인 신라는 장군 이사부(異斯夫)에 명하여 고구려와 백제가 각각 점령한 금현성과 도살성을 도리어 차지하고 말았다. 또한 신라는 거기에 군사를 주둔시키고 성을 증축하여 백제와 고구려를 넘보는 전초기지로 삼았다.

이리하여 433년에는 신라 눌지왕과 백제 비유왕(毗有王)이 화평을 맺음으로써 비롯되었던 나제동맹은 실질적으로 파기되기에 이른 것이다.

나제동맹을 맺을 때의 신라는 백제와 마찬가지로 혼자의 힘으로 고구려와 대항하기에는 힘이 약한 약소국에 불과하였다. 더구나 화평을 맺은 해는 장수왕 21년으로 고구려는 광개토대왕에 이어 그 국력이 팽창될대로 팽창한 시기였다.

더욱이 광개토대왕 10년에 백제는 고구려군에 의하여 아리수(阿利水 : 지금의 한강)에서 패전하여 남녀 포로 천명과 세포(細布) 천필을 노획당하는 참패를 겪었고, 이로부터 고구려의 경계는 한강 유역에까지 이르게 되었던 것이다.

한편 나제동맹에 의한 협조관계를 보면 백제가 고구려 장수왕의 남침에 의해 서울 한성(漢城)이 함락되고 개로왕이 사로잡혀 아단성에서 죽임을 당할 때, 백제는 태자 문주(文周)를 시켜 신라에 구원을 요청하였으나 미처 신라에 닿기 전에 한성이 격파되어 적의 수중에 들어가 버리고 말았던 것이다. 그러나 양국의 관계는 비록 평면적이기는 하나 동맹관계가 유지되었고 백제의 동성왕(東城王) 15년에는 신라 소지왕(炤知王)에 혼인을 청하여 신라의 이찬 비지(比智)의 딸을 왕후로 맞아 이른바 혼인동맹(婚姻同盟)이 성립된 것이다.

이리하여 양국은 더욱 북방의 고구려를 공동의 적으로 삼고 서로 힘을 합하여 대항하였다. 즉 두 나라 중의 한 나라가 고구려의 침공을 받으면 다른 한 나라가 군사를 보내어 이를 공동으로 대항하려는 것이다.

소지왕 6년에 고구려가 신라북방의 변경을 침입하였을 때 백제 동성왕은 신라와 함께 고구려군을 모산성(母山城) 밑에서 격파하였다. 그 뒤 신라장군 실죽(實竹)이 고구려와 살수원(薩水原)에서 싸우다가 패하고 견아성(犬牙城)을 지키고 있을 때는 백제가 군사 3천을 보내어 구원하였다. 또한 495년에 고구려가 치양성(雉壤城)을 포위하였을 때에는 신라가 백제를 도와 고구려를 격퇴한 일도 있었다.

그러나 백제의 동성왕은 신라와의 동맹관계를 확고히 하면서도 동성왕 23년에는 동쪽 신라와의 경계인 탄현(炭峴 : 지금의 대전 동쪽)에 성책을 쌓았다는 기록이 있다. 이는 아마도 장차의 불의의 환난에 대비하기 위한 것으로, 어떤 의미에서 보면 약소국이 느끼는 비애와 불안의 한 표현이 아니었던가 여겨진다.

그러므로 성왕 28년에 있었던 신라의 백제 금현성 점령은 나제 두 나라의 동맹관계에 금이 가기 시작한 구체적이며 표면적인 사건이기는 하지만 처음부터 동맹관계는 적어도 백제측으로서는 불안한 연명책이었던 것이다.

이러한 신라의 배신행위에 대하여 백제의 성왕은 그 책임을 묻지 않았다고 한다. 신라의 배신행위가 백제에게는 「올 것이 왔다」는 미리 예측된 사태이기도 하려니와 또 성왕으로서는 내심으로 새로운 복안을 가지고 오히려 신라에 책임을 묻지 않음으로써 그런대로 신라와의 동맹관계를 충분히 더 이용하자는 심산이었는지도 모른다.

그것은 또 한편으로는 고구려와의 빈번한 충돌로 인하여 외환이 그치지 아니하여 안으로 쇠잔해진 국력을 일으키는데 진력해야 할 처지였으므로 신라의 금현성 점령을 문제삼는다면 더 큰 외부적 시련에 직면하게 될지도 모를 일이었기 때문이다.

　어쨌든 금현성과 도살성에 대한 신라의 동맹관계에 대한 배신행위는 이렇게 하여 일단 불문에 붙여진 것이다. 한편 신라의 형편을 보면 금현성과 도살성을 점령한 것은 진흥왕 11년에 해당되는데 진흥왕은 소국 신라를 한반도에서 가장 강대한 국가로 일으켜 세운 영주(英主)였다. 그는 법흥왕의 뒤를 이어 일곱살에 즉위하여 바야흐로 팽창정책을 추구하고 있었다.

　그러므로 장군 이사부를 시켜 도살·금현의 두성을 공략토록 한 배후에는 혈기방장한 진흥왕이 법흥왕의 위업(偉業)을 이어서 팽창주의 정책을 추구하기 위한 제일보(第一步)를 내디딘 것으로 평가된다. 즉 이와 같이 누대에 걸쳐 형식적이나마 지속되어 오던 백제와의 우호관계를 스스로 깨뜨리고 실리를 취한 것은 신라로서는 비약적인 발전의욕의 한 표현이었다.

　진흥왕은 그 다음 해에, 즉 백제의 성왕 29년에는 법흥왕에 이어 개국(開國)이라는 연호를 사용했을 뿐 아니라 팽창정책의 추구를 위한 내부적인 편제개편을 완료하고 모후(母后) 김씨의 섭정을 벗어나서 친정(親政) 체제를 이룩했던 것이다. 이때가 진흥왕의 나이 18세에 이르던 해이다.

　이렇게 섭정의 울타리를 벗어난 진흥왕은 전략적 요지이며, 그에 따라 삼국간의 세력관계에 있어 끊임없이 쟁탈전이 벌어졌던 아리수(阿利水)의 유역을 신라의 손아귀에 장악하는 일을 영토 팽창정책의 제1차적인 목표로 삼았던 것이다. 즉 신라가 앞으로 발전하려면 먼저 백제의 국력이 쇠퇴함에 따라 고구려의 영토가 된 한강 유역 일대를 세력권 속에 포함시키지 않으면 안되고, 그에 대한 공략에 앞서 전략상 그 남쪽 요충지대에 있는 도살·금현 등의 두 성을 어떤 술책을 써서라도 꼭 확보하지 않으면 안되었던 것이다.

　신라의 동맹관계에 대한 배신이 있은 뒤 백제가 그 책임을 바로 신라에 묻지 않음으로써 동맹관계도 적대관계도 아닌 양국간의 불투명한 관계는 2, 3년, 즉 백제의 성왕 30년, 신라의 진흥왕 13년까지 계속된다.

그리고 성왕 29년에는 백제와 신라, 두 나라가 서로 힘을 합하여 고구려의 통치하에 있는 한강 유역 일대를 향하여 역사적인 공격을 감행했다. 즉 두 나라는 동상이몽으로, 동과 서에서 전열(戰列)을 갖추어 북진을 계속하였던 것이다.
 이때 백제의 성왕은 백제군과 그리고 가야군의 일부를 친히 거느리고 고구려를 공격하여 드디어 개로왕 이래의 숙원이던 한성을 탈환하였다. 그는 다시 한강을 건너 북진을 계속하여 개로왕의 패사(敗死) 이후 76년간 고구려의 통치하에 있던 북한산성과 그 주위 6군(郡)의 옛땅을 다시 수복하였다.
 한편 신라의 진흥왕은 고구려의 사정에도 정통할 뿐만 아니라 문무를 겸비한 장수 거칠부(居柒夫)를 총사령관으로 하여 신라군을 지휘하게 하였다. 이때 신라의 진흥왕도 몸소 추풍령 방면까지 나와 낭성(娘城 : 지금의 淸州)에 이르렀고, 또 신라군은 백제의 승리를 이용하여 죽령(竹嶺) 이북의 고현(高峴 : 지금의 鐵嶺) 이남의 10군의 땅을 자기의 영토로 삼았다.
 지금은 6군과 10군의 땅이 어디인지 확실히 고증되지는 않고 있으나, 대개 백제는 남한산성과 북한산성을 포함한 한강 하류와 그 유역 지방을 차지하고 신라는 한강상류의 여러 지방을 병합한 것으로 생각하는 것이 일반적인 견해이다.
 한편 신라와 백제 두 나라에게 한강유역 일대를 빼앗긴 고구려는 이를 계기로 발전의 절정에서 걷잡을 수 없이 쇠퇴의 길로 치달리게 되었다. 실상 고구려는 장수왕을 전후한 시기의 확대정책과 그 결과에 스스로 도취되어 안으로 기강이 해이되고, 밖으로는 외부세력에 대한 방어가 소홀해져 백제의 구원(舊怨)과 신흥의 신라세력의 성장을 미처 깨닫지 못하였던 것이다. 이보다 앞서 6년 전 고구려는 안원왕(安原王) 말년에 왕실에 큰 내분이 일어나 안으로 크게 동요되었는데 신라와 백제는 고구려의 이러한 사정을 알고 기회를 포착하여 허(虛)를 찔렀던 것이다.
 그러나 이와같은 신라와 백제의 동상이몽(同床異夢)의 동맹관계는 오래가지를 못하였다. 고구려의 예봉을 꺾어놓고 북진하는 데에는 두 나라의 속셈이 같았지만 각기 그들의 속셈은 감추어진 채 이루어진 오월동주(吳越同舟)였고 위태로운 밀월(蜜月)이었다.

밀월이 끝나는 사태가 일어난 것은 그로부터 2년 후, 그러니까 성왕 31년에 해당되는 서기 553년이었다. 즉 신라는 돌연히 감추었던 야욕을 드러내기 시작하였으니, 백제가 회복한 남한산성과 북한산성 주위의 6군을 재빨리 탈취해 버린 것이다. 그리하여 거기에 군대를 주둔시키고 그 일대를 신주(新州)라 일컬었다.

120년 동안 숱한 파란과 곡절에도 불구하고 유지되어 오던 우호동맹 관계는 이로써 완전히 그 종막을 고한 것이다. 즉 신라의 눌지왕과 백제의 비유왕(毗有王)이 서기 433년에 와옹성(瓦瓮城 : 지금의 鷄足山)에 회맹단(會盟壇)을 쌓고 피를 마셔 동맹을 맺은 이래 각기의 국력에 따라 기복을 그리면서도 꾸준히 이어져 오던 동맹관계가 끝나고 삼국은 각각 독자적 노선을 다시 걷기 시작한 것이다.

그것은 상대적으로 신라에게는 흥성의 계기가 되었고, 고구려는 쇠잔의 농도를 더욱 짙게 하였던 것이다. 그러나 무엇보다도 당장 치명적인 타격을 입은 것은 백제였다. 그토록 믿었던 동맹국에 의하여 배신당한 분노도 분노려니와, 특히 성왕에게 있어서는 백제중흥에 대한 꿈의 좌절이 몹시도 안타까왔던 것이다.

그러나 성왕은 성급한 보복이나 문책을 하지는 않았다. 그것은 한편으로는 국력이 약한 백제가 겪어야 하는 당연한 숙명이기도 하였고, 돌이킬 수 없는 사태에 대한 성급한 반응보다는 차라리 묵묵히 재기의 꿈을 키우는 편이 낫다는 응결된 인내이기도 했다.

실제로 백제는 아직 신라에 대한 보복을 감행할만한 전력(戰力)이 갖추어져 있지 못했다. 그리고 또한 성왕은 이렇게 전비(戰備)가 갖추어져 있지 않은 상태에서 신라에 도전하기보다는 화평을 청하는 편이 낫다고 생각했음인지 굴욕을 무릅쓰고 그해 11월에 왕녀를 신라의 진흥왕 궁정에 보내어 그의 소비(小妃)로 삼게 하였다.

한편 기록에 의하면 성왕 30년(552)에 백제 성왕은 서부의 달솔 노리사치계(怒唎斯致契)에게 석가불금동상(釋迦佛金銅像) 일구(一軀)와 경론(經論) 등을 주어 일본에 파견하여 부처의 공덕을 찬양하게 하였는데 이것이 일본에 불교를 전한 최초의 사실(史實)이라 전해지고 있다. 성왕의 본래 의도가 이를 통해 일본의 원병을 얻기 위한 데에 있었다는 설과 원래 호불(好佛)의 군주인 성왕이 그의 지극한 신앙심의 발로로써 불가(佛家)의 소설(所說)에 따라 불법을 동쪽에 있는 일본에 전하였을 것이라는 설이 있다.

아무튼 성왕으로서는 신라의 배신을 항상 예견하고 있었던 것만은 분명한 것 같다. 즉 성왕 31년 정월에 응원을 청하는 사신을 일본에 파견하였고 가야국에도 원병을 요청하여 신라를 견제코자 했으나 그 해 7월에 천신만고 끝에 고구려로부터 탈환한 한성은 신라의 손에 넘어갔던 것이다. 이러한 상황속에서 계속 전열을 가다듬고 준비를 마련한 성왕은 드디어 왕 32년 가야국으로부터의 원병과 더불어 질풍같이 신라를 향해 진격하니 맨처음 공격의 목표는 신라영토의 복부에 해당되며 요새라 할 수 있는 관산성(管山城 : 지금의 沃川)이었다. 일본서기(日本書紀)에 의하면 이때 일본으로부터 상당수의 원병이 왔었다고 하나 그 자세한 내용은 알 길이 없다.

여하튼 관산성은 그 해 12월 9일 거센 불길에 쌓인채 함락되었다. 성주(城主)인 신라의 각간(角干) 우덕(于德)은 패주하고 백제의 왕자 여창(餘昌)은 계속 진격을 재촉하여 신라의 영토에까지 깊이 들어가 구타모라새(久陀牟羅塞)를 구축하고 성왕도 친히 자기의 왕자가 구축한 이 요새에 달려갔다.

그러나 이 때는 이미 신라의 영토에 너무나 깊숙이 들어간 뒤였다. 신라의 김무력(金武力)이 후방에서 관산성을 향하여 공격하니 백제군은 진퇴양난에 몰려 전방과 후방에서 각각 적을 맞이하게 된 것이다.

드디어 성왕은 삼년산군(三年山郡 : 지금의 報恩)에서 김무력의 비장(裨將)인 고간도도(高干都刀)에게 생포되었고 왕자 여창은 간신히 신라의 포위망을 뚫고 본국으로 탈주하였다.

성왕의 목은 신라에서 잘라져 몸은 백제로 보내졌으나 그의 목은 신라의 서울인 경주 북청(北廳) 계단 밑에 묻혀졌다.

이와 같이 꿈많은 일생을 웅지속에 살다 간 성왕의 뜻은 후대의 백제 왕들에 계승되었으나, 웅도를 펴려던 백제의 의도는 끝내 실현되지 못했다.

삼국통일의 대야망

김춘추(金春秋)
604(진평왕 26)~661

　삼국통일의 위업을 남긴 신라 29대 태종무열왕(김춘추)은 서기 604년 서라벌에서 태어났다.
　이때는 진평왕 26년에 해당되며 그의 아버지 용수(龍樹)는 진지왕(眞智王)의 아들이고 어머니 천명부인(天明夫人)은 진평왕의 딸이다.
　김춘추는 나서부터 용모가 비범하였을 뿐더러 특히 철이 들면서 생각하는 바가 깊고 넓어 세상을 다스릴 기상을 간직하고 있었다고 한다.
　그의 용모에 대하여는 일본의 국사책인 「일본서기」(日本書紀)에 김춘추의 얼굴은 극히 아름답고 담소에 능하였다 하였고, 삼국유사에는 김춘추가 당나라에 갔을 때 당태종(唐太宗)이 그의 풍채를 보고 신성(神聖)한 사람이라고 하였다는 것을 보더라도 그는 남달리 늠름한 용모를 가지고 있었던 것 같다.
　김춘추에 관한 기록은 삼국사기와 삼국유사에 많이 보이고 있다.
　김춘추와 김유신의 누이 문희(文姬)와의 결혼 이야기는 삼국유사에 다음과 같이 기록되어 있다. 즉 어느날 문희의 언니 보희(寶姬)가 꿈을 꾸는데 서악(西岳 : 경주의 서쪽에 있는 산)에 올라가 소변을 보았더니 그만 그 오줌이 온 장안을 뒤덮어 버렸더라고 한다. 이튿날 아침에 문희와 더불어 그 꿈이야기를 하자 문희는 자못 진지한 표정으로 그 꿈을 사겠다고 나섰다.
　이리하여 두 자매는 상의한 끝에 비단치마 한 벌로 그 꿈을 문희가 사게 되었다. 이러한 일이 있은지 꼭 열흘 뒤, 그날은 마침 정월 오기일(烏忌日)이었다. 이날 따라 김춘추는 김유신과 더불어 집앞에서 공을 차고 있었는데 이때 김유신은 일부러 김춘추의 옷끈을 밟아 그것을 떼어 놓고는 집안에 들어가서 그것을 꿰매자고 하였다.

김유신으로부터 맨 처음 그 옷깃을 꿰맬 것을 명령받은 보희는 어찌 작은 일로 귀공자를 가까이 할 수 있겠는가 하고 사양을 하였다. 이에 김유신이 이 일을 문희에게 명하자 문희는 기다렸다는 듯이 아름다운 모습으로 김춘추의 앞에 나타나 그것을 꿰매 주었다.

이로부터 김춘추는 문희의 아름다움에 이끌려 자주 김유신의 집을 드나들게 되었고 드디어는 연정을 나누기에까지 이르렀다.

그후 김유신이 그의 누이 문희가 임신한 사실을 알고는 짐짓 크게 꾸짖고 법에 따라 불에 태워죽인다는 말을 나라 안에 퍼뜨리게 하였다.

김유신이 하루는 선덕여왕(善德女王 : 그러나 이는 진평왕의 잘못이라고 고증된다)이 남산에 유행(遊行) 함을 기다려 나무를 마당 가운데에 높이 쌓고 거기에 불을 지르니 연기가 충천하였다. 왕이 이를 바라보고 무슨 연기냐고 물으니 좌우에서「유신공(庚信公)이 자기의 누이가 남편없이 임신했다 하여 불에 태워 죽이려는 연기로 아옵니다」고 하였다.

왕은 그 말을 듣자, 앞에 시립하고 있던 김춘추의 소행임을 알아차리고 김춘추를 가리키며「짐작컨대 그대의 소이(所以)인가 하니 곧 가서 구하라」고 했다.

김춘추가 명을 받고 곧 말을 달려 문희를 죽이지 못하도록 하여 뒷날 곧 혼례를 거행하니 바로 김유신의 누이 문희가 뒷날 문명왕후(文明王后)가 되었다.

이들 사이에서 출생한 딸이 출가하여 선덕여왕 11년 대야성의 함락과 함께 전사한 대야성의 도독 김품석의 아내가 되었다.「높은데 올라가 소변하니 천지가 온통 바다로 된다」는 선요설(旋溺說)의 설화는 이에서 비롯된다고 생각되거니와 김춘추는 당시로서는 드물게 보는 호남아였던 것만은 틀림이 없다. 김유신과의 교유도 그러려니와 신라 사회, 특히 귀족사회의 전통적인 윤리 즉 골품간의 위계질서나 서열(序列)을 중심으로 하는 결혼인습을 타파하고 자유로이 배우자를 선택하였다는 것은 그의 인간적인 크기를 말해주는 것이기도 하다.

그가 그보다 여덟살이나 위인 김유신과 교유한 것을 놓고 여러 견해가 있다. 어떤사람은 왕족이면서 소외된 그가 왕족이 아니면서 그리고 가야왕손의 후예이기에 소외되었던 김유신과 외로운 터전에서 위대한 포부를 간직한 점에서 서로 융합될 계기를 마련하였다고 보는 견해가 있기도 하다. 그러나 그보다는 김춘추의 사람됨의 폭과 넓이가 범인과는 달리 호방한 것이었음을 말해준다.

아무튼 김춘추와 김유신, 두 공자의 돈독한 우의는 신라통일의 근간이 되었고 보다 넓고 보다 통일된 사회, 보다 평화스럽고 보다 자랑스러운 나라를 건설해야 한다는 신념을 더욱 견고하게 하였다.

김춘추가 60일 이내에 돌아오겠다는 언약을 남기고 총총히 고구려로 들어간 것은 서기 642년 겨울로, 이때의 고구려는 위걸(偉傑) 연개소문이 영류왕(榮留王)을 죽이고 나서 보장왕(寶藏王)을 세운 직후에 해당되는 때다. 신라의 국운을 걸고 죽음을 각오한 김춘추와 당시의 고구려의 실권자 연개소문과의 대좌(對坐)는 실로 역사적인 것이었다 하지 않을 수 없다.

기록에 자세히 나와 있지는 않지만 보장왕이 처음에는 연개소문으로 하여금 극히 후대하도록 하였으나 연개소문은 왕에게 「신라의 사자(使者)는 범용한 사람이 아니라 반드시 우리들의 허세를 밀탐하기 위해서 온 것이니 후환이 없도록 해야 하오」하고는 왕으로 하여금 전날 신라에게 빼앗긴 마목현(麻木峴)과 죽령(竹嶺)을 반환한다면 출병하겠거니와 만약에 그렇지 않다면 김춘추를 돌려보내지 않겠다고 위협하게 하니 김춘추는 실로 진퇴유곡에 빠진 결과가 되었다.

이에 김춘추가 대답하기를 「국가의 토지는 신자(臣者)가 마음대로 할 수 없는 것」이라고 하니 고구려의 상하가 모두 그 의기에 감복하였다고 한다. 그러나 이로 인하여 김춘추는 별관에 갇힌 바 되었다. 이로써 김춘추는 외교에 실패한 결과가 되었을 뿐만 아니라 목숨조차 위급한 지경에 이르게 된 것이다. 사태가 이렇게 급변하자 김춘추는 어떻게든지 빠져나가지 않으면 안되었다.

그는 우선 신라에서 가져온 청포(靑布) 3백포로 왕의 총신 선도해(先道解)를 매수하여 둘이 호음(豪飮)하게 되자 선도해는 김춘추를 구원해주고 싶은 생각이 들었다. 이에 별주부의 이야기를 들어 그 계책을 암시하니 김춘추가 이를 짐작하고 크게 깨닫고는 보장왕에게 「마목현과 죽령은 본래 귀국의 땅이니 내가 귀국하면 마땅히 우리 임금에게 청하여 돌려보내도록 하겠다. 이 말을 믿지 못하는 것은 마치 동녘에서 뜨는 해의 밝은 빛을 의심하는 것과 같다」고 글을 올리니 보장왕은 이 글을 그대로 믿고 크게 기뻐하며 김춘추를 방면하였다.

한편 신라에서는 60일을 기약한 김춘추가 기일이 지나도록 돌아오지 않으매 김유신으로 하여금 결사대인 용사 3천명을 이끌고 한강을 건너서게 하니 고구려의 첩자 중 덕창(德昌)이 이 급보를 왕에게 고하였으나 이 때는 이미 김춘추가 고구려의 서울을 떠난 뒤였다.

고구려의 호구(虎口)를 가까스로 넘어선 김춘추는 국경에 이르러 고구려의 송자(送者)에게 이르기를 「국가의 지역은 사신의 마음대로 하는 바가 아니니 전에 너희 왕에게 계서(啓書)한 것은 오로지 죽음을 면하기 위한 방편이었다」고 전하게 하니 결과적으로 김춘추의 첫번째 외교교섭은 실패하고 오히려 이를 빌미로 고구려의 침략을 더욱 재촉한 셈이 되었다.

따라서 고구려와 백제는 그 이듬해 실지회복이라는 명목으로 신라 변경을 침탈하니 신라는 더 큰 고립과 불안을 느끼게 되었던 것이다. 신라는 당시의 국제정치상의 유일한 우방인 당나라에 구원을 간청했으나 당 태종은 단지 고구려와 백제에 사신을 보내 신라를 침략하지 않도록 권고만을 할 뿐이었다. 이에 백제는 그런대로 반응을 보였으나 고구려의 연개소문은 냉연히 「옛날에 수나라가 쳐들어 왔을 적에 신라가 그 틈을 타서 우리 땅 5백리를 탈취하였으므로 이를 반환하지 않는 한 군사를 거둘 수 없다」는 강경한 태도였다.

그 후에도 여러번 당나라의 사신이 와서 그러한 권고를 되풀이하자 연개소문은 크게 노하여 당나라 사신을 감금하고 말았다. 이것이 도화선이 되어 당은 마침내 대군을 이끌고 고구려를 침략하게 된 것이다.

더욱이 고구려는 당나라의 대군을 크게 물리친 이후 더욱 방약무인하여져서 신라의 변경을 침범하는 일을 다반사로 여기게 되었다.

거기에다 백제는 고구려와 손을 맞잡고 호시탐탐 침략의 손을 뻗쳤던 것이다. 백제는 또 한편으로는 일본과 한층 친밀을 도모함으로써 신라와 당나라와의 연결마저도 견제하려 하였다.

이러한 국제정세하에 놓여진 신라는 극도로 고립상태에 빠지고 말았다. 마치 풍전등화처럼 국가의 존망은 위기의 순간에 놓여 있었다.

그러나 이러한 신라에 다행스러운 일이 있다면 그 하나는 김춘추와 김유신 같은 비범한 인물들이 있었다는 것이고, 다른 하나는 국민 모두가 한 마음이 되어 호국(護國)의 정신에 불타고 있었다는 점이다. 그리고 밖으로는 서쪽에 유일한 우방국인 당나라가 있었으므로 그 난국을 타개하는 데에 아직은 절망적인 것만은 아니었다.

그러나 이 난국을 타개하는 데에는 무엇보다도 비범하고 교묘한 외교수완이 필요했고 이 일을 감당하는 일이 김춘추에게 주어졌다. 그리고 그는 이 일을 훌륭히 수행해 나갔다.

선덕여왕 말년인 서기 647년에 김춘추는 일본으로 건너간다. 그것은 먼저 백제와 손을 잡고 있는 일본을 외교적으로 무마할 필요를 느꼈기 때문이다. 그러므로 삼국중 특히 백제의 외곽세력으로 되어있는 일본을 백제로부터 단절시킴으로써 배후의 복병을 외교적으로 방비하자는데 그 목적이 있었던 것이다.

그리하여 당과 손을 잡아 고구려와 백제를 몰락시키고, 이어서 당나라의 세력을 한반도에서 완전히 축출하는 것으로 대망을 달성하려는 것이 그의 웅지였다. 이러한 전초작업의 일환으로 그는 일본으로 갔던 것이다.

이때는 일본의 효덕천황(孝德天皇) 대화(大化) 3년에 해당된다. 「일본서기」(日本書紀)에 의하면 김춘추는 일본에 들어가 공작 한 쌍과 앵무새 한 쌍을 선물하였으며 그의 탁월한 용모로하여 일본조정이 모두 김춘추에 대하여 호감을 가졌다는 기록이 있다.

이를 보면 김춘추의 일본에 대한 외교교섭은 크게 성공한 것으로 평가된다. 이에 대하여 일본의 후쿠다(福田芳之助)는 그의 신라사(新羅史)에서「오히려 이를 호기로 삼아 일본의 형세를 시찰하고 크게 기하는 바가 있었음을 알 수 있다」고 적고 있다. 어쨌든 김춘추는 일본에서 그의 외교적 수완을 마음껏 발휘하여 1년의 체재기간을 마치고 김대수(金大邃)와 교체하여 귀국함으로써 일본의 후환을 끊는데에 크게 성공하였던 것이다.

이와 같이 첫번째 외교에서 성공한 김춘추는 이어 그 이듬해, 즉 진덕여왕 2년에는 그의 아들 법민(法敏:뒤의 문무왕)과 함께 당나라로 들어갔다.

김춘추는 당의 태종에게 신라와 당나라와의 우의를 개진하고 아울러 신라의 위(危)를 들어 당에 청병(請兵)하니 태종은 즉석에서 출사할 것을 허락하게 되었다. 당태종의 이러한 출병언약은 실로 당시의 국제정세와 더불어 위기에 처한 신라에게는 신라외교의 위대한 성공이라 하지 않을 수 없었다.

이리하여 마침내 김춘추의 외교는 신라의 위기를 건지게 하는 것이었다.

아무튼 그는 외교적 개가를 올리고 종자들과 더불어 귀국의 길에 오른다. 돌아오는 길에 고구려 순라병에게 걸려 구사일생으로 귀국은 하였으나, 그의 종자 온군해(溫軍解)를 잃었다.

그동안 김유신은 백제로부터 20여 성을 빼앗고 3만여 명을 참획하는 대전과를 올렸을 뿐만 아니라 김춘추의 사위 품석부처의 백골을 돌려왔다. 이는 대세를 내려다보는 김춘추와, 싸우면 이기는 김유신의 비중이 이러한 신라의 격동의 시련기를 통하여 날로 성장해 갔음을 의미하는 것이다.

이후 당과의 친선은 날로 더해져 신라는 당의 의관과 연호를 사용하기에까지 이르렀는데, 이러한 신라의 외교행사를 가리켜 후세의 사가들은「신라특권 계급의 사대사상」이라고 논하는 이도 있다.

여하튼 김춘추가 신라존망의 위기를 구하고 반도를 통일하는 터전을 굳건하게 마련한 것은 부인할 길이 없다. 그리고 그 통일은 실제로 찬란한 신라문화를 이루었으며 또한 신라의 주체성을 의미하는 것이기도 하다.

서기 654년 진덕여왕이 세상을 떠나자 신라의 조정은 이찬 알천(閼川)에게 섭정시키고자 하였으나 알천은 굳이 이를 사양하며 김춘추를 추대하여 왕위에 오르게 하니 이가 곧 신라 제29대 태종 무열왕(太宗武烈王)인 것이다.

김춘추의 왕위진출을 진골이 왕이 된 최초라고 하나 성골·진골의 구별은 오늘날 거의 불가능하며 실상 김춘추는 부계(父系)와 모계가 모두 왕족인 점으로 보아 성골이라 주장하는 사람도 있다.

하여튼 김춘추의 등극은 여러가지 면에서 중대한 의의를 갖는다.

왕위에 오른 김춘추는 먼저 당나라의 제도를 본따서 율령(律令)을 마련하고 정부를 개편한다. 즉 왕권을 강화하고 중앙집권적 율령국가를 실현하는 동시에 연당정책(聯唐政策)을 강화하는 것이다.

그러나 사실은 이러한 연당정책 내부에는 어느 의미에서 처음부터 스스로의 모순을 내포하고 있었다. 즉 당나라는 한반도를 그들의 수중에 넣겠다는 야심의 표현으로써 대(對) 신라정책 내지 동방정책을 수행코자 하였고, 신라는 당의 힘을 빌어 반도를 통일하겠다는 합목적성으로써 연당정책은 수립되었던 것이다.

김춘추는 이러한 점을 충분히 계산에 넣고 있었던 것으로 평가된다. 그것은 그의 아들 문무왕(文武王) 대에서 종결을 본 삼국통일 이후에 당과의 관계, 즉 당의 세력을 반도에서 몰아내기 위한 투쟁에서 보여지는 것처럼 처음부터 그러한 배려는 충분하였던 것으로 볼 수 있다.

아무튼 전혀 목적의식이 다른 두 나라가 서로의 필요에 따라 공동의 행동을 취하는 형태가 곧 나·당연합군의 형성으로 구체화된다.

이리하여 서기 660년 태종 무열왕은 당과 연합하여 부패하고 문란한 백제를 토벌하기 시작한 것이다. 신구도행군대총관(神丘道行軍大摠管) 소정방(蘇定方)이 인솔한 13만의 당군과 대장군 김유신에 인솔된 신라의 정병 5만은, 그의 즉위 7년 7월 10일에 백제 왕도 사비성에서 만날 약속을 하고 진군하였다.

이 때 백제에서는 당군의 출병을 예기하지 못하였다가 나·당연합군이 이미 국경에 임박하고 난 뒤에야 비로소 방수(防守)를 협의하였다. 뿐만 아니라 위기를 눈앞에 두고도 중의를 통일하지 못한 채 의견이 백출하였다. 원래 의자왕은 「해동의 증자」라고 까지 일컬어진 바 있었으나 말년에 난잡한 행실로 정사가 어지러워졌다.

한편 신라군은 백제의 마지막 저항선인 황산(黃山 : 지금의 連山)에서 백제의 용장 계백(階伯)장군의 강인한 저항에 부딪쳐 고전하다가 계획보다 이틀 늦게 7월 12일 도성에 진군, 같은 달 29일에 당군과 합하여 백제를 멸하였다. 이로써 백제는 역세(歷世) 31왕 역년 678년만에 사직을 잃게 된 것이다.

이렇게 하여 태종 무열왕이 된 김춘추의 삼국통일의 꿈은 점차 실현의 궤도를 달리고 있다. 이와 같이 신라가 백제를 먼저 친 것은 간접적으로는 일본으로 하여금 백제와 접근치 못하게 하는 동시에 직접적으로는 북방의 고구려를 고립화시키려는 데에 있었다.

그러나 통일의 길은 그렇게 쉬운 것이 아니었다. 당나라가 백제의 땅에 다섯 도독부(都督府)를 두어 군정을 실시하매 나라잃은 백제의 백성들은 귀순하려들지 않았다. 또 백제에 의거하던 일본이 움직이고 있었고 또한 고구려가 좌시하지 않았다.

백제의 광복군이 도처에서 봉기하고, 일본 병선이 금강하류에 쇄도하며, 고구려의 남침군이 북한산성까지 침공하여 내려오니 신라로서는 힘겨운 역정이었다. 아직도 삼국통일의 과업은 멀고 험난하였다.

그러나 불행하게도 태종 무열왕 김춘추는 많은 문제를 남겨 놓고, 그리고 단지 삼국통일의 터전만을 다져놓은 채 백제를 멸한 다음 해 6월, 민족의 과업을 실현하여가는 도중에 58세를 일기로 세상을 떠나게 되니 이때가 서기 661년이다.

삼국통일의 숙원과, 통일을 향한 노력이 김춘추에 의하여 구체화된 것을 부인하는 이는 아무도 없다. 그의 대업은 그의 생전에 완성을 보지는 못하였으나 그의 아들 문무왕은 부왕의 뜻을 계승하여 고구려를 멸하고, 처음부터 욕심이 다른 당나라의 세력을 몰아내었다. 이와 같은 과정을 통하여 그의 숙원이요, 민족의 염원이었던 삼국통일은 달성되었던 것이다.

통일대업을 이룩한 명장

김유신(金庾信)
595(진평왕 17) ~ 673(문무왕 13)

김춘추와 함께 삼국통일의 위업을 닦은 김유신은 본래 신라인이 아니다. 혈통을 가지고 말하면 금관 가야 국왕의 후예이다. 신라 법흥왕(法興王) 때 금관가야국의 구해왕(仇亥王)은 일족을 가느리고 신라로 옮겨 왔는데, 이 왕의 증손이 바로 김유신이다.

김유신의 아버지 김서현(金舒玄)은 갈문왕 입종(立宗)의 손녀 만명(萬明)과 우연히 길에서 만나 결혼한 사이였다. 당시 근친혼이 행해진 신라 왕실의 여인과 결혼하기까지에는 상당한 시련이 있었으나 마침내 성혼이 이루어지고 이들 사이에서 김유신이 출생한 것이다. 진평왕 17년(595)되던 해의 일이다.

김유신은 15세에 화랑이 되고 인물이 출중하여 낭도들의 존경을 받게 되었다.

17세 때 고구려, 백제 양군이 번갈아 침노하는 것을 보고 삼국을 통일할 큰 뜻을 품게 되었다. 18세 때엔 화랑으로서 낭도들과 더불어 삼국통일에 대한 의논과 계책을 세우고 있었는데 백석(白石)이라는 화랑이 유신에게 먼저 적국을 염탐하기 위해 함께 나서보자고 권유했다.

이리하여 백석과 둘이서 깊은 밤에 서라벌을 빠져 나왔다. 다음날 어느 고개마루에서 쉬고 있는데 젊은 세 여자가 나타나 서로 즐겁게 이야기를 나누게 되었다.

세 여자들은 김유신 뜻을 이해하고 돕겠다고 하더니 숲에 들어서자 갑자기 산신으로 변해서「우리는 호국신(護國神)인데 지금 그대는 적국의 첩자에 유인되어 가므로 우리가 그대를 구해주기 위해 예까지 온 것이오」이렇게 말하더니 금방 자취를 감추는 것이었다.

김유신은 놀랍고 고마운 생각이 들었으나 답례의 인사도 할 틈이 없었다. 숲에서 나온 유신은 백석에게「오래 전부터 간직해온 고구려

지도가 있는데 그것을 깜빡 잊고 왔으니 다시 가서 가져오도록 하자」고 하여 고구려 첩자 백석을 붙잡았던 것이다.

629년, 신라는 고구려의 낭비성(娘臂城)을 공격하다가 역습을 받아 대패하여 군사들은 투지를 잃고 있었다. 이때 30대의 청년장수인 김유신은 감연히 결사대의 선두에서 돌격하여 당장에 적장의 목을 베어 왔다. 이에 힘을 얻은 신라군은 김유신의 뒤를 따라 일제히 돌격함으로써 전세는 역전되고 5천여 급의 목을 베는 큰 승리를 거두었다.

김유신은 왕족이며 또 뛰어난 인물인 김춘추(金春秋)와도 막역한 사이였다.

642년 백제군이 대거 내습하여 김춘추의 사위 품석(品釋) 장군이 지키는 대량주(大梁州)를 비롯하여 40여 성을 잃은 일이 있었는데 이때 김춘추는 사위와 함께 죽은 자기 딸의 보복을 위해서도 백제를 쳐야 한다면서 고구려에 원병을 청하기도 하였다.

그러나 적국이나 다름없는 고구려로 간다는 것은 극히 위험한 모험이었다. 김춘추는 김유신에게 뒷일을 부탁하고 서로 손가락을 잘라 피를 마시며 반드시 뜻을 이룰 것을 맹세하였다.

그러나 고구려로 간 김춘추는 원병은 커녕 도리어 함정에 빠지고 말았다. 즉 고구려에서는 김춘추가 고구려의 내정을 살피려고 온 첩자로 알고 후환을 막기 위하여 그를 억류하고자 어려운 문제를 제시하였다. 즉 죽령(竹嶺) 이북은 본래 고구려 땅이므로 그 땅을 되돌려 달라는 것이었다. 그러나 이는 김춘추가 단독으로 결정할 바가 못되었고 따라서 답변의 여유를 얻는 동안 김춘추는 고구려에 억류되고 말았다.

약속한 기일이 지나도 김춘추가 돌아오지 않아 걱정하던 차에 그가 감금되었다는 소식을 들은 김유신은 용사 3천명을 모으고 말하기를 「한 사람 결사의 용기는 백명을 당하고 천 사람의 결사의 분투는 만명을 당할 수 있는 법이다. 지금 나라의 현상(賢相)이 적국에 갇히어 있으니 일의 어려움을 탓하고 있을 때가 아니다」하며 불같은 의기를 뿜으니 군졸들은 만사일생(萬死一生)도 사양치 않겠다는 각오로 호응하여 출동하게 되었다.

이 소식은 고구려 첩자를 통하여 곧 본국에 알려졌다. 고구려에서도 돌아가면 죽령 이북 환부에 노력하겠다는 김춘추의 약속을 믿기로 하여(이때 토끼의 간을 둘러싼 거북이 설화가 전해오고 있다) 마침내 석방되었던 것이다. 그 후로 연이은 백제의 침공에 대하여 김유신은 불철주야로 분전하였다.

644년(선덕왕 13년)에 김유신은 백제의 일곱 성을 공취하고 돌아왔다. 다시 백제가 내침한다는 급보에 곧 출동하여 2천여 급의 적군을 베고 돌아왔다. 그러나 아직 집에 들르기도 전에 또다시 백제군이 대거 내습해 온다는 정보가 있어 김유신은 군장을 풀 겨를도 없이 다시 출동하여 자기집 앞을 지나면서도 문앞에 서서 전송하는 가족들의 얼굴조차 바라보지 않고 다시 출정하였다.

647년(선덕여왕 16년)은 여왕통치의 마지막 해였다. 그때 여왕이 신임하고 대신으로 임명한 비담(毗曇)이 난을 일으켰다. 비담 등은 이 비상시기에 여왕으로서는 나라를 다스릴 수 없다는 것이 주장이었다. 그리하여 왕중 수비군과 반란군은 열흘동안이나 싸움을 벌였는데 이 난을 평정한 것도 김유신이었다. 그는 교묘한 심리전으로 군졸의 사기를 북돋아 비담 등을 물리쳤던 것이다. 뒤이어 진덕여왕(眞德女王)이 즉위하게 되었다.

김춘추가 당태종을 만나러 당나라에 간 것도 그 무렵이었다. 당태종은 일찌기 김춘추의 명성을 듣고 그 인물의 비범함을 그때 실제로 보았으며 곧 백제를 치겠다는 약속을 해 주기도 했다.

백제는 그 무렵 극도로 혼란한 정국이었다. 백제의 군신은 국사를 돌보지 않고 밤낮으로 향락만을 일삼고 있었으며, 특히 요녀(妖女)가 정치를 좌우하여 백성들의 원성을 사고 있었다. 이를 탐지한 신라는 백제 공격을 결심하게 된다.

그때 조미곤(租未坤)이란 자가 부산현령(夫山縣令)으로 있다가 포로가 되어 백제의 좌평(佐平) 임자(壬子)의 가노(家奴)가 되었는데 주인의 신임을 얻고 있다가 탈출하여 신라에 왔는데 김유신은 그를 다시 백제에 보내 임자를 포섭하는데 성공한다. 이로서 백제 내정을 상세히 알 수 있게 된다.
 이와 같이 김유신은 용맹도 뛰어났거니와 간첩을 이용, 혹은 역이용하는데 능하였으며 교묘히 심리전을 전개하는 등 그의 수완은 다방면에 걸쳐 능숙하였다.
 무열왕 7년 6월 왕은 태자 법민(法敏)과 대군을 거느리고 출동하였으며 당나라의 대장군 소정방(蘇定方)은 군사 13만 명을 거느리고 이미 황해를 건너 덕물도(德物島)에 도착하고 있었다. 당군은 김유신과 전략을 정하고 해륙으로 협공하여 7월 10일 사비성에서 합세하기로 되어 있었다. 이미 수상인 상대등(上大等)이 된 김유신은 정병 5만을 거느리고 황산(黃山)벌을 사수하는 계백(階伯)의 군사를 격파하고 기벌포(伎伐浦)에 도착하였다.
 이때 소정방은 군기(軍期)가 늦었다 하여 신라의 장군 김문영(金文穎)을 처형하려 하였다. 김유신은 신라군을 가벼이 보는 소정방의 처사에 격분하여 경우에 따라서는 소정방을 베어버릴 각오를 하고 「대장군께서는 황산벌의 격전을 모르십니까? 기일이 늦은 것이 죄라면 우리는 먼저 당군과 결전한 후에 백제군을 치겠습니다」라고 의연한 태도로 반박하자 소정방도 김유신의 기백에 눌려 김문영을 석방하지 않을 수 없었다.
 백제를 공멸하는 이 전쟁에 있어서 김유신의 공은 단연코 뛰어난 것이었다. 소정방은 김유신을 회유하고자 여러모로 애썼지만 그의 위국단성(爲國丹誠)은 조금도 움직일 줄 몰랐다.
 이번 전쟁에서 신라와 당나라가 연합한 것은 말하자면 동상이몽(同床異夢)이었다. 신라로서는 통일의 염원으로 당군을 이용하려는 것이고 당나라는 신라의 청원을 구실삼아 한반도에 출병하여 백제는 물론 신라까지 점령하려는 심사였다. 즉 백제가 망한 후 당군은 다시 신라를 멸할 것을 음모하였던 것이다.
 이 기미를 안 김유신은 선수를 써서 당군과 싸울 것을 주장하였다. 이 회의의 내용은 당군의 첩자에게 알려졌고 신라군의 방비와 결의를 안 당군은 뒷날을 기약하고 백제의 군신 2만여 명을 데리고 귀국하였다.

당나라 고종(高宗)은 신라를 합병하지 못한 것을 크게 꾸짖으니 소정방은「신라는 비록 작은 나라이오나 그 왕은 영명하고 그 신하는 총명하며 그 백성들은 그들의 상전을 부모와 같이 섬기어 굳게 합심 단결하고 있어서 가벼이 도모하기 어렵습니다」라고 하였다. 이것을 보아도 통일 전후의 신라가 상하의 구별없이 얼마나 한 뜻으로 잘 뭉쳐져 있었는가를 알 수 있는 것이다.

661년 신라 왕은 기세를 높이는 백제의 부흥운동을 무찌르려고 대군을 출동시켰다. 이때 고구려군은 신라군이 모두 백제 경내에 들어가 있어 수비가 허약한 틈을 타서 수륙군으로 북한산성(北漢山城)을 포위하여 성 안의 형세는 자못 위급하였다. 요행히 별과 벼락이 고구려 군영에 떨어지는 천변(天變)이 있어 스스로 물러났거니와, 사람들은 이 소식을 듣고 김유신이 부처에 음조(陰助)를 기도한 지성의 덕분이라고 하였다. 김유신은 벌써 당시의 사람들로부터 신명(神明)과 감응(感應)할 수 있는 천우(天佑)를 가진 인물로 알려졌던 것이다.

어느 가을 밤, 김유신에게 고구려의 첩자가 접근하였다. 김유신은 곧 그 정체를 간파하고 그 첩자에게「신라는 지금 상하 합심하여 백성들은 즐거운 마음으로 각자의 생업에 부지런히 일하고 있으니 사실대로 돌아가 보고하라」고 하였다. 첩자로부터 이 말을 들은 고구려에서는 신라가 비록 소국이기는 하지만 김유신이 있는 한 만만하게 넘겨다 볼 수 없다는 것을 알았다.

661년 6월 무열왕이 승하하고 문무왕이 뒤를 이었다. 당나라 고종은 다시 소정방에게 고구려를 치게 하였으며 또한 왕제(王弟) 김인문(金仁問)을 통하여 신라군도 출동하라고 전하였다. 이에 문무왕은 김유신 등을 거느리고 고구려로 향하였으며 사비성을 지키던 당나라 장수 유인원(劉仁願)의 군사도 북진하여 남천주(南川州)에서 합세하였다. 그때까지도 백제의 부흥군은 곳곳에 건재하여 나당(羅唐) 연합군의 진군을 완강히 막았다. 그 때문에 시일을 끌었는데 9월에 평양성을 포위하고 있던 소정방으로부터 연락이 왔다. 내용인즉 군량이 떨어져서 위태롭다는 것이었다. 급히 양식을 당군에게 전하여

야겠는데 그 방도가 막연하였다. 이때 적군 속을 군량미를 가지고 급행한다는 이 어려운 일을 김유신은 노구를 무릅쓰고 자진해서 맡았다.

과연 그것은 곤란한 일이었다. 만난을 무릅쓰고 진군하였으나 큰 길에는 겹겹이 고구려군이 길을 막고 있으므로 험한 산길을 타고 돌아서 갈 수 밖에 없었다. 고생은 이루 말할 수 없었다. 지쳐 떨어진 군사를 격려하면서, 또 곳곳에서 고구려군과 싸우면서 겨우 장새(障塞)에 이르렀다. 고갯길은 높고 좁은 데다 추위는 살을 에이는 듯하였으며 눈보라가 시야를 막아 행군이 불가능할 경우가 잦았다. 인마(人馬)는 지칠대로 지쳐 있었고 이대로 쓰러지면 전군이 동사(凍死)할 위험에 놓여 있었다. 김유신은 말에서 내려 웃옷을 벗어 던졌다. 67세의 노인이라고는 도저히 믿어지지 않는 건장한 알몸으로 몸소 말을 몰며 어깨로 차를 밀었다. 이러한 백발 노장의 너무나도 장한 모습은 군사들에게 기적과 같은 힘을 샘솟게 하였던 것이다.

그리하여 마침내 고개를 넘은 신라군은 김인문 등으로 하여금 당군에게 군량을 전하게 하였다. 그러나 당군은 모진 추위에 지쳐 있었고 거기다가 또 큰 눈이 내려 더 싸울 수 없다 하여 군량을 얻은 기회에 회군하고 말았다.

668년에 당나라는 이적(李勣)으로 하여금 고구려를 치게 하면서 다시 신라군의 출동을 요청하였다. 문무왕은 김인문과 김유신의 동생인 장군 김흠순(金欽純) 등에게 명하여 출정시켰다. 김흠순은 왕에게 이번에도 김유신과 행동하지 않으면 위태로울 것이라고 전하였다. 이에 왕은 김유신이 본국에 남아 있으면 혹시 고구려와의 전쟁에서 예기치 못한 일로 장군들이 돌아오지 못하는 일이 있더라도 나라 일은 장성(長城)을 편듯 아무 걱정이 없다고 하였다.

70여 년에 걸쳐 중국과 꿋꿋하게 싸워온 고구려의 운명(運命)도 이제는 낙조(落照)의 빛이 짙어가기 시작하였다. 장기전으로 국력이 피폐될대로 피폐된 데다 위정자 사이에 내분이 잦아 나당 연합군의 맹공 앞에 평양성은 함락되고 만 것이다.

개선하는 신라군이 남한주(南漢州)에 이르렀을 때 문무왕은 김유신의 조상들의 무공과 김유신의 오랜 출장입상(出將入相)의 훈로(勳勞)를 들어 칭송하면서 그에게 어떠한 포상을 주어야 하는가를 군사들에게 물었다. 그리하여 중의에 따라 태대각간(太大角干)이란 전무후무한 최고직이 주어졌다.

문무왕 13년 6월 무기를 든 군졸 수십 명이 김유신 집 앞을 울면서 지나가는 것을 보고 그는 「나를 음호(陰護)하던 병사들이 내 복이 진한 것을 알고 떠나간 것이니 죽을 때가 되었나 보다」라고 하였다. 그 후 10여 일이 못되어 병이 점점 악화되자 왕은 친히 위문차 김유신의 집에 임하였다.

그리고는 눈물을 흘리며 「나와 경은 어수지교(魚水之交)였는데 만약에 경이 떠나면 이 나라, 이 백성을 어찌할 것인가?」하고 탄식하자 김유신은 「못난 신이 나라에 무슨 공헌이 있었겠습니까, 만약 척촌(尺寸)의 공이라도 있었다면 그것은 오로지 명주(明主)의 변함없는 신임을 얻은 덕택이옵니다」라고 하면서 통일을 이룩한 후의 수성(守成)의 난(難)을 순순히 충간(忠諫)하였다.

673년 7월1일, 신라의 장군 김유신은 고요히 눈을 감으니 그 때 그의 향년은 79세였다.

사상 최대의 승전을 기록한 장군

을지문덕(乙支文德)
7세기 경 영양왕 대

위기에서 국가를 구한 위대한 명장은 수없이 많았지만 그 가운데서도 가장 뛰어난 인물을 든다면 당연히 을지문덕장군을 먼저 꼽지 않을 수 없다. 역사 초기에 등장한 인물이라는 것도 이유지만 거대한 수나라 대군을 맞아 교묘한 전략과 심리전을 구사하여 약자로서 강자를 결정적으로 물리친 그 위업이 우리 민족의 영광이요 긍지로 길이 남기 때문이다.

연개소문과 함께 고구려 명장으로 우뚝 선 을지문덕의 출생 및 그 성장, 경력은 분명히 알려져 있지 않다. 다만 추정해 볼 수 있는 것은 젊은 시절 무용이 뛰어나 무예를 숭상하는 고구려의 장군이 되었을 것이며, 또 장군으로서 뛰어난 지혜와 통솔력이 수나라에까지 알려질 정도로 탁월했다는 사실이다.

그것은 수나라의 양제(煬帝)가 출정에 앞서 우문술(宇文述)과 우중문(于仲文) 두 장군에게「고구려 국왕이 나오거나 을지문덕이 그대를 찾아오거든 즉시 사로잡아라」라는 밀명을 내렸다는 것을 보면 수나라가 얼마나 그를 두려워 했는가를 알 수가 있다.

그처럼 명성이 해외에까지 알려지고 또 두려운 존재인 을지문덕은 그 이전에 북진정책을 내세워 만주벌에서 이미 수나라와 대적하고 있었다는 사실이다. 또 강력한 팽창정책으로 만주벌을 빼앗으려는 수나라의 표적이 곧 을지문덕이었다는 사실도 충분히 생각할 수가 있다.

수나라의 중원통일은 고구려 평원왕(平原王) 때의 일이다. 고구려가 침략적 의도가 아니라 방위의 필요에서 군비를 강화했던 것이 수나라의 비위를 거슬리는 바 되었고, 따라서 수나라 문제(文帝)는 국서(國書)로 이를 비난하기에 이르렀다.

고구려로서는 눈앞에 닥친 피습의 위험을 느끼면서 조용히 그 일격을 받을 것인가, 아니면 선수를 쓸 것인가 양자택일 해야만 했다. 그러나 용맹과 상무(尙武)로써 발전해온 고구려는 피습에 대비하여 전략지점을 확보하기 위한 예비 수단으로 평원왕의 뒤를 이은 영양왕(嬰陽王)이 말갈의 무리 1만여 명을 앞세우고 요서지방으로 전진함으로써 고구려와 수나라는 이후 몇년 동안을 두고 격돌을 거듭하게 되었다(598).

이 두 나라의 군사적 충돌인 이른바 여수(麗隋)전쟁은 598년부터 618년까지 즉, 수나라가 망국의 비운을 맞이할 때까지 전후 20년 동안의 국난이었다. 그것은 수나라의 문제(文帝)부터 시작되어 양제 때에 이르는 것으로, 문제 때에 1차, 양제 때에 3차의 침략을 당한 전후 4차에 걸친 파상적 침략전이었다.

수나라는 대국의 국력을 배경으로 30만, 또는 백여 만이라는 대군을 동원하여 여러 차례에 걸쳐 맹습해왔던 것이나 번번이 패전의 고배를 마셨던 것이다. 이렇듯 쓰라린 패전에만 그친 것이 아니다. 고구려 정복이란 침략전을 위한 막대한 수의 모병과 마필의 징발, 군수품의 조달을 강요함으로써 국민생활을 억압과 도탄의 구렁텅이로 몰아넣었고, 그 결과 국민의 불평을 자아내어 불궤(不軌)의 뜻을 품은 무리들이 틈탈 수 있는 기회를 주게 되었으며, 전국적인 반란의 발발을 초래하였다. 그로 말미암아 폭군 양제는 피살되고 수나라는 멸망하여 역사는 당나라 출현이라는 커다란 전환을 가져오게 되었다.

여·수 양국의 충돌은 수나라의 문제 때부터였다. 즉 영양왕의 요서(遼西) 공격을 기회로 수나라의 문제는 수륙군 30만으로 고구려를 강습케 하였던 것이다. 그러나 한왕량(漢王諒)과 왕세적(王世積)이 인솔한 육군은 국경선인 요하선(遼河線)에 이르기도 전에 전염병의 창궐과 보급 부족으로 전의를 잃었으며, 주나후가 인솔하는 수군도 평양성으로 직행하던 중 태풍을 만나 많은 선박과 군선이 파괴됨으로써 부득이 돌아서지 않을 수 없었으니, 이러한 천재지변으로 죽은 자만도 수십 만이 되었다. 이렇듯 하늘은 수나라의 침략을 돕지 않았고 오히려 큰 타격을 주었던 것이다. 전후에 고구려가 정책적인 면에서 사신을 파견함으로써 수나라의 문제는 자위(自慰)하였으며 그가 왕위에 있는 동안은 그 이상의 과격한 행동은 하지 못하였다.
 그러나 이 침공의 실패는 수나라로서는 치욕적인 패배이자 쓰라린 고배였다. 그러기에 설욕과 승전을 얻고자 호시탐탐 기회를 노려왔던 수나라는 결국 문제의 아들 양제에 이르러 거국적인 고구려 정복의 야망을 실천에 옮겨 친정(親征)의 길에 나서게 되었던 것이다.
 호탕한 성격과 과대망상증의 소유자로 사치와 향락을 즐기기는 하였으나 대운하의 개설, 만리장성의 수축과 거대한 토목사업을 일으키는 등 양제의 고구려 정벌계획은 거창하고 광대한 것이었다.
 출병이 있기 2년 전인 양제 대업(大業) 6년, 천하의 부호들에게 명하여 군자금을 갹출케 하여 그로써 군마 10만 필을 조달하였고 전국 장정을 출동시키기 시작하였으며 병구(兵具)·기장(器仗)을 정비하였으니, 양제의 전쟁 준비는 거의 광적인 것이었다. 산동(山東)지방에서 수선(水船)을 진선(進船)하는데 그 노역이 어찌나 심하였던지 조선공들이 주야로 물 속에서 일하며 휴식을 취하지 못한 까닭에 허리 밑에 구더기가 일 정도였으며 열 사람 중 서너사람은 고역에 못이겨 죽었다고 한다. 또한 군민을 동원하여 보급품을 운반함에 있어서 차우(車牛)를 돌려 보내지 않아 농번기에 노동력과 경우(耕牛)의 부족으로 전답은 모조리 황폐되었다고 한다. 거기다가 흉년까지 겹쳤음에도 차부(車夫) 60만을 동원하니 도망가는 사람이 수없이 많았다.
 그리하여 어느덧 백성들 사이에는 「요동에 가서 헛되이 죽지 말라」는 노래까지 유포되었고, 도피자들은 유적(流賊)으로 사방에 흩어졌다. 이와 같이 2년 동안에 걸쳐 수단 방법을 가리지 않고 전쟁준비를 마친 수나라 양제는 마침내 고구려 정복의 길에 올랐던 것이다.
 근신 탐순(眈詢)의 만류도 물리치고 612년(영양왕 23년) 드디어 설욕의 출정령(出征令)이 내려졌다. 중국의 기록에 의하면 총수 1백 13만 3천여 명이나 되는 육군이 좌우익으로 24군과 천자군(天子軍) 6군의 30군으로 편제되어 매일 1군씩 출발하되, 각 군의 거리는 40리 (天子軍은 80리) 간격을 두고 전진케 하니 총군의 길이가 1천 40리에 걸쳐 기치가 나부끼고 군량을 운반하는 사람이 두 배나 되었다고 하니 우리 민족사상 가장 거대한 침략군을 맞은 셈이었다.

충천하는 기세로 보무(步武) 당당히 진공하는 인해(人海)를 바라보는 양제는 만족스러웠을 것이며 싸우기도 전에 승전의 기쁨을 가누지 못했을 것이다. 그러나 그 누가 알았으랴. 그 많은 군사도 용맹무쌍한 고구려 군민 앞에 패전의 고배를 마시게 되었으니 을지문덕의 교묘한 작전에 1백 13만의 대군이 섬멸의 비운을 맞이할 줄이야!

양제는 출전에 앞서 승전을 확신하고 교만하게도 고구려를 정복한 뒤의 사후 대책까지 지시했던 것이다. 총 1백 13만 3천여 명의 수나라 대군은 3월에 국경인 요하(遼河)에 이르러 대격전 끝에 주교(舟橋)를 이용하여 강을 건너는데 성공하였고 4월에는 국경의 요새인 요동을 포위하였다.

지금의 만주 요양(遼陽)에 자리잡고 있던 국경 요새인 요동성의 고구려군은 비록 병력은 적었으나 날쌔고 용감한 용사들이었으며 담대한 전사들이었다. 4월에 전쟁이 벌어진 후 7월에 살수(薩水)의 패전으로 수나라의 군대가 철수할 때까지 백여 일을 두고 격렬한 공격을 받았지만 끝내 버티었을 뿐만 아니라 때로는 성 안의 고구려군이 성으로부터 나와 적진에 뛰어들어 큰 출혈을 강요하기도 하였다. 그러자 그해 6월에 침공군을 따라 요동으로 건너온 양제는 요동성 공략전에 종사하고 있는 여러 장군에게 「그대들은 출정하는 것을 심히 꺼려하더니, 지금 보니 그대들이 패하는 것을 보이지 않기 위한 것이었는가? 나는 지금 이 곳에 와 있다. 그리고 그대들이 하는 짓을 똑똑히 보고자 한다. 그대들은 사력을 다하여 싸우라」고 격려했다 한다.

이렇게 장군들을 독전(督戰)하는 한편 스스로 요동성 서쪽 몇 리 밖에 진을 치고 친히 공성전(攻城戰)을 지휘하였다.

육로로 밀물 같은 기세로 달려 오던 수나라 군사가 국경선 여러 성의 강인한 방어로 그 진격이 부진할 때 수나라의 장수 내호아(來護兒)가 이끄는 수군(水軍)은 고구려의 국도인 평양성을 공격하고자 맹호와 같이 달려들었다. 산동성(山東省) 등주(登州)에서 발군(發軍)한 수나라 수군은 주정(舟艇) 천리로 거함운비(巨艦雲飛)의 장관을 이루며 한숨에 달려와 대동강을 거슬러 평양성으로 육박해 왔던 것이다. 그러나 교묘한 고구려의 유도복병(誘導伏兵) 작전에 걸려 4만의 상륙 수병은 수천에 불과한 패잔병만을 남기고 크게 참패를 당하고 말았다.

적은 몇 개월에 걸친 요동성의 항거로 적지 않은 시일을 허송함으로써 군기와 군량만 허비하게 되었으며, 많은 병력을 소모함으로써 고구려 정복에 막대한 차질을 가져왔던 것이다.

거기에다 수군이 평양성을 진격하다가 크게 반격을 당했다는 말을 전해 듣자 지휘통수진(指揮統帥陣)의 양제와 그 막료들은 크게 초조하였다. 이러한 심리적인 절박감에서 교착상태에 빠진 전선에 일대 전환을 가져오게한 작전이 부여도군장(扶餘道軍將) 우문술, 낙랑도군장(樂浪道軍將) 우중문, 옥저도군장(沃沮道軍將) 설세웅(薛世雄) 등 여러 장군 휘하의 9군 30만 5천의 별동부대로 평양성을 공략하고자 한 것이었다.

이 공략전이야말로 여·수전쟁의 결말을 지을 계기가 된 것이며 고구려의 국운을 좌우할 위기의 순간이기도 했다. 그러나 이 위기도 신묘한 유도작전가인 을지문덕에 의하여 격쇄(擊碎)됨으로써, 조국은 백천간두의 위기를 모면할 수 있었으며 민족사상 최대의 전승기록을 청사에 남기게 되었다.

수나라 군대가 위세도 당당하게 본국을 출발하기에 앞서 우후위대장군(右侯衛大將軍)으로 임명받고 출정하게 되었던 병부상서(兵部尙書) 단문진(段文振)이 군진(軍陣)에서 뜻하지 않은 병으로 앓아 눕게 되었을 때 그는 양제에게 고구려 공략의 전략을 이렇게 상주하였다.

『고구려인은 사(詐)가 많으니(이는 지모가 풍부하다는 뜻일 것이다) 깊이 생각하여 막아야 할 것이며, 또 지금 요하의 물이 준 때이니 시각을 지체 말고 제군(諸軍)을 독전(督戰)하여 유성과 같이 치달려 수륙으로 진공하여 고구려의 불의(不意)를 찔러야 할 것입니다. 그러면 평양은 고성(孤城)이 되어 이를 쉽게 공략할 수 있을 것이며, 만일 전력을 다하여 다른 성 공격에 시간을 끌게 되면 장마를 만나 큰 곤란을 겪게 될 것이고 또 병량(兵糧)도 다하게 될 것입니다.』

이와 같은 상표(上表)를 올린 단문진은 며칠 못 가서 진중에서 병사하였거니와 그의 전략 헌책(獻策)은 확실히 앞을 내다본 것이었다. 그럼에도 불구하고 그들은 요동성 공략전에만 집착하여 필요 이상의 시간과 물자 및 인명을 낭비함으로써 고구려에 시간적, 심리적 이득을 주게 하였던 것이다.

늦게나마 수나라 군대는 고구려의 수도인 평양성을 공격하기 위하여 총 30만 5천 명의 대부대를 편성하여 급거 출동하였다.

이때 고구려에서는 을지문덕이, 조국의 심장을 찌르고자 꺼내 든 비수(匕首)를 꺾어야 하는 중대한 사명, 즉 조국의 존폐를 두 어깨에 짊어져야 하는 엄숙한 사명을 한 몸에 지니고 등장하였다.

인해전술로 강세를 과시하는 적군을 물리치는데 있어서 정면으로 격돌한다는 것은 「범아재비가 팔을 벌리고 수레바퀴를 막는」격과 같은 행동으로 패배를 자초할 뿐이다. 이런 때일수록 신묘한 용병(用兵)이 필요한 것이다. 을지문덕은 먼저 적의 사정을 파악할 필요를 느꼈다. 영양왕의 윤허를 얻어 압록강 대안에 포진한 적진을 찾아들었다. 이는 거짓으로 항복하는 체하며 그들의 실정을 정탐하고자 한 것이다.

을지문덕이 적의 진을 찾았을 때 우중문은 그를 억류하고자 하였다. 그것은 그가 고구려 국왕이나 을지문덕이 찾아오거든 반드시 그들을 생포해 두라는 양제의 밀명을 받았기 때문이었다. 이 때 위무사(慰撫使)로 종군중이던 상서우승(尙書右丞) 유사룡(劉士龍)이 을지문덕의 억류를 반대하였기 때문에 을지문덕은 위기를 모면할 수 있었다.

이로써 적이 여름철의 무리한 행군으로 인한 피로와 군량의 결핍으로 곤경에 빠져 있다는 실정을 파악하게 된 을지문덕은 적군을 깊숙이 끌어들여 단번에 반격 분쇄할 작전을 세웠던 것이다.

그 후 적군에서는 을지문덕을 보내고 난 우중문이 크게 후회하고 「다시 의논할 일이 있으니 오기 바란다」는 전갈을 하였으나 이에 넘어갈 장군이 아니었다. 이에 화가 난 우중문은 강을 건너 진격하고자 하매 장군 우문술이 군량 부족을 이유로 반대하고 나섰다. 그러나 우중문은 노기 띤 어조로「10만의 장병을 이끌고도 소국의 병력을 격멸치 못한다면 무슨 낯으로 황제를 뵈올 것인가」하며 여러 장군을 독전(督戰)하여 강을 건너 남하를 단행하게 되었다.

이것이 바로 을지문덕의 지략에 걸려드는 함정이었다. 고구려군은 을지문덕의 계교대로 싸우는 척하다가는 물러나고 물러났다가는 또 다시 싸우고, 이렇게 하여 적을 깊숙이 유인했다. 적군은 하루에 7전 7승하여 쾌재를 올리며 무작정 침공을 계속하였다. 그들은 승세에 취하여 고구려의 유도작전에 말려들고 있는 줄을 깨닫지 못한 채 살수(薩水 : 지금의 청천강)를 건너 목적지 평양성 30리 근방까지 내려와서 산을 의지하여 진영을 쳤다.

이 때 을지문덕은 회심의 미소를 지으며 적군의 심리를 교란케 하는 한편 적장을 희롱하고자 시 한 수를 지어 적진에 전했다.

　　신묘한 그대의 작전
　　무엇으로 형용할까
　　천문지리에 통달했던가
　　싸움마다 이겨 공 아니 높았는가
　　족한 줄 알았거든 원하노니
　　이 싸움 그만 두길

시를 받아 본 적장은 그 내용에 분격하는 한편 마음의 동요를 어쩔 수 없었을 것이다. 한편 을지문덕은 적을 더욱 함정에 끌어들이고자 거짓 항복을 청하여「철군하면 왕을 받들고 황제에게 조현(朝見)하리다」라고 하였다.

우중문은 분통이 터졌으나 어찌하랴. 군량은 다하고 장병은 굶주렸으며 또한 평양성이 난공불락(難攻不落)의 성채(城砦)임에 눈물을 머금고 패퇴하는 수 밖에 별도리가 없었던 것이다.

고구려군은 적군이 부득이 철군하기 시작하자 때를 놓치지 않고 공격하기 시작했다. 을지문덕은 자기 작전대로 깊숙이 끌려든 적의 섬멸전을 장병에게 하달하였다. 방진(方陣)을 형성하고 쫓겨 달아나는 적군에 대하여 고구려군은 사면에서 날카롭게 공격을 퍼부었다. 적군은 한편으로 후퇴하고 한편으로는 싸우면서 살수까지 달아났다. 을지문덕의 작전은 이 때가 절정이었다. 즉, 그는 수나라 패군이 강을 반도 미처 건너지 못했을 때, 맹공을 가하였으니 압록강의 탁류에 적의 우둔위장군 신세웅이 전사하고 많은 장병이 희생되었다. 어찌나 추격전이 심하였던지 적군은 혼비백산하여 하루에 450리를 달아나 압록강에 이르니 살아난 자 겨우 2천 7백명이었다 한다.

압록강을 건너 당당한 기세로 고구려에 침공한 군병의 수 모두 30만 5천, 이제 초라한 모습으로 압록강으로 도망한 패잔병은 불과 2천 7백인데다가 그들이 잃어버린 군기는 헤아릴 수 없을 정도였으니 그 얼마나 큰 전승이고 철저한 섬멸이었던가? 문자 그대로 완승의 기록이고 대첩의 역사인 것이다. 청사에 길이 남을 살수대첩(薩水大捷)은 신묘한 용병가 을지문덕의 지휘에 따라 용감한 고구려 장병이 이루어 놓은 큰 전공이었던 것이다.

살수의 패전은 강대국 수나라의 치명적인 치욕이었다. 대국의 체면을 손상함이 너무나 컸기에 양제는 통분한 나머지 왕숙인 우문술을 제외한 여러 장군을 제명하고 그 죄를 다스렸으며, 위무사였던 유사룡을 참살하여 분을 풀고 천하에 사(謝)하였던 것이다.

수나라의 살수패전은 체면손상에 그치지 않았다. 이를 계기로 백성들은 전쟁에 지쳤고 군인은 전의를 잃게 되었다. 그러기에 양제는 살수패전이 있은 다음 해에 다시 2차 침공을 감행했으나 드높은 전의와 노련한 작전과 용감을 겸전한 고구려군의 항전을 당해낼 수 없었고, 그 후 또 한 번 침공하였으나 끝내 성공하지 못한 채 결국은 염전(厭戰)의 경향을 타고 반란이 봉기한 가운데 그 목숨과 나라를 그르치고 말았던 것이다. 다시 말하면 을지문덕의 살수대첩은 수당(隋唐) 교체의 원인(遠因)이 된 것이다.

이와 같이 고구려는 백여 만의 대군을 동원하여 조수처럼 밀려든 수나라의 대군을 상대로 용감히 싸워 스스로 국가를 수호할 수 있었으니 여기에는 을지문덕의 신묘한 용병에 힘입은 바 큰 것이었다.

명장 을지문덕은 무골(武骨)의 용병가로서 뿐만 아니라 상당한 문학적 교양도 갖춘 장군이었다. 그가 적장 우중문에게 보낸 한시 한 수는 진덕여왕의 「태평송」(太平頌)과 더불어 삼국시대의 대표적 문학작품으로서 국문학 사상 중요한 위치를 차지하고 있다.

고구려 최후의 영광과 몰락

연개소문(淵蓋蘇文)
? ~ 666(보장왕 25)

고구려 보장왕 때의 재상이며 장군인 연개소문은 개금(蓋金)이라고도 하는데「일본서기」에는 이리가수미(伊梨柯須彌)라고 기록되어 있다.

그의 할아버지는 자유(子遊)이고 아버지는 태조(太祖)로 이들은 모두 막리지(莫離支)의 지위에 올랐다고 기록되어 있다.

그의 성씨에 대하여 중국측 기록에는 천(泉) 또는 전(錢)이라 하였는데, 이는 연(淵)이 당나라 고조(高祖)의 이름인 이연(李淵)과 같으므로 그것을 피하려고 한 때문으로 볼 수 있다.

삼국사기에 그의 성을 천(泉)이라고 한 것은 연개소문에 관한 기사의 전부가 당나라 서적에 의거하였기 때문인 것으로 생각된다.

그의 시조는 샘(井) 또는 물(水)에서 태어났다고 한다. 연(淵)이라는 성도 거기에서 유래하였던 것 같다. 샘이나 내(川) 또는 호수의 정령(精靈)을 외경하여, 이를 자신들의 시조와 연계시키고 있음은 고대 동북아시아 제민족의 설화와 신화에 널리 보이는 사실이다.

그는 성품이 호방하고 의표가 웅위하였다고 한다. 동부(또는 서부라고도 함) 대인(大人)이었던 아버지가 죽은 뒤, 연개소문이 그 직을 계승하려고 하자 유력 귀족들이 그의 세력과 무단적인 기질을 두려워하여 이를 반대하자, 그의 계승을 반대하는 귀족들에게 호소하여 간신히 승인을 받았다. 뒤에 천리장성을 쌓는 최고감독자가 되었는데, 그의 세력이 커지자 이를 두려워한 여러 대신들과 영류왕이 그의 제거를 모의하였다.

이를 눈치챈 그는 642년(보장왕 1년) 평양성 남쪽 성 밖에서 부병(部兵)의 열병식을 구실로 귀족들을 초치한 뒤, 정변을 일으켜 이들을 모두 죽이고 왕궁에 돌입하여 왕을 시해하고 보장왕을 세웠다.

스스로 대막리지가 되어 대권을 장악한 뒤, 반대파에 대한 탄압과 제거를 감행하였다. 당시 안시성(安市城)의 성주는 그의 반대파였으므로 이를 공격하였다.

그러나 안시성의 공방전은 승패가 나지 않아 양자간에 타협으로 일단락되었다. 결국 연개소문은 안시성주의 지위를 계속 인정하였고, 그 대신 안시성주는 새로운 집권자인 연개소문에게 승복하였던 것 같다.

이 안시성주와의 협상이 보여주듯이, 연개소문의 집권은 고구려 하대의 귀족연립정권체제를 근본적으로 타파하였던 것으로는 보이지 않는다. 고구려 하대에는 실권자의 직인 대대로(大對盧)를 5부(部) 귀족들이 호선하였다. 3년에 한 번씩 선임하였는데 연임도 가능하였다.

그런데 대대로 선임 때에 귀족간의 의견의 일치를 보지 못하고 여의치 않으면 각기 사병을 동원하여 무력으로 결정지었다. 이때 왕은 이를 통제할 힘을 가지지 못하여 방임하는 형편이었다.

중앙에서의 그러한 정변은 때로는 지방에까지 확산되어갔다. 연개소문의 집권과정에 보이는 유혈사태와 잇따른 안시성주와의 분쟁 등은 그러한 한 단면이었다. 그러나 그의 계속적 집권과 그 지위가 아들에게로 세습됨에서 보듯, 연씨일가를 중심으로한 보다 강력한 집권화가 진전되었음을 보여준다.

집권 후 국내종교에도 깊은 관심을 보여 당나라에 사신을 보내어 숙달(叔達) 등 8명의 도사를 맞아들이고 도교(道敎)를 육성하기도 하였다.

연개소문이 집권할 무렵 고구려는 대외적으로 긴박한 정세에 처하고 있었다. 수나라와의 20여 년에 걸친 전쟁이 수나라의 멸망으로 종결된 뒤, 한때나마 중국세력과의 평화로운 관계가 지속되었다.

622년(영류왕 5년)에는 수나라와의 전쟁기에 있었던 양측의 포로와 유민의 상호 교환협정이 체결되기도 하였다. 그러나 수나라 말기의 혼란과 분열을 통일하고 당나라의 세력이 강화되어감에 따라, 양국관계는 긴박해져 갔다.

서쪽으로 고창국(高昌國)을 멸하고, 북으로 돌궐(突厥)을 격파 복속시킨 뒤, 명실공히 중국 중심의 세계질서를 구축하려는 당의 팽창책은 자연 동북아시아 방면으로 그 압력을 가중시켜왔다.

고구려는 이에 대한 대책에 부심하여, 한편으로는 부여성에서 발해만 입구에 이르는 그 서부국경에 천리장성을 쌓았다.

한편, 남쪽에서는 백제와 신라간의 충돌이 빈번하였고, 신라가 당나라와 동맹을 맺음에 따라 한강유역을 둘러싼 6세기 후반 이래의 삼국간의 분쟁이 더 격화되어갔다.

이러한 국제적인 긴박한 상황에서 연개소문은 강경일변도의 대외정책을 채택하였다. 이것은 격렬한 정변을 통하여 집권한 그의 대내적인 정치적 처지와도 상관되는 것이다.

대외적인 위기의식과 전쟁은 강력한 집권화를 도모하는 그의 대내적인 정치적 자세와 밀접히 결부되었던 것으로 보인다.

그는 신라의 김춘추(金春秋)가 찾아와서 제안한 양국의 화평을 거부하였고, 신라와의 관계를 개선하라고 하는 압력을 거부하고 당의 사신을 가두어버리기도 하였다. 이러한 대외정책은 당에 대하여 단호한 대결자세를 굳힘으로써 항쟁의식을 확고히 하고 말갈족과 같은 예하의 복속민들의 이탈을 방지하며 전쟁에 대비한 준비에 박차를 가한다는 처지의 표명이었다.

그러한 면은 644년 당태종의 침공 이후 계속된 당과 신라군의 침공에 대한 고구려의 강력한 저항에서 구현되었다. 당시 고구려와 당과의 사이는 전시대의 수나라와의 사이에서와 같이 전쟁이 불가피하였다. 즉, 5세기 이래 동아시아의 다원적인 세력 균형상태가 중국대륙에 강력한 통일제국이 출현됨에 따라 깨어져갔다.

중국 중심의 일원적인 세계질서를 구축하려 함에서 수·당제국과 동북아시아에서 독자적인 세력권을 구축하고 있던 고구려와의 사이에는 전쟁이 불가피하였던 것이다. 다만 당나라 초기의 중국 내부의 사정과 그리고 이어 돌궐과의 관계로 인하여, 고구려와 잠정적인 평화가 유지되었던 것이다.

이러한 점에서 볼 때 그의 당나라에 대한 강경정책은 영양왕이 요서(遼西)지방을 선제공격하여 수나라와의 전단을 열였던 것과 같은 배경에서였다. 그리고 수양제의 침공에 대비하여 고구려가 돌궐과의 연결을 도모하였듯이, 그는 당태종이 침공해 오자 당시 몽고고원에서 돌궐에 대신하여 홍성하였던 살연타(薛延陀)의 세력과 연결하여 당의 후방을 견제하려 하였다.

이러한 것은 당시 국제정세에 대한 정확한 인식위에서 나온 것이다. 그러나 이를 수행함에서 탄력성을 결여한 경직된 면을 보였다. 당과의 대결을 앞두고 신라와의 관계를 악화시킴으로써 남북으로부터의 협공 가능성에 적절히 대응하지 못하였고, 그것은 고구려에 치명적인 요인이 되었다. 나아가 당과의 전쟁에 있어서도 경험이 풍부한 노장(老將)들의 주장과는 달리 전통적인 성곽 중심의 방어전을 버리고 평원에서의 대회전(大會戰)을 기도함에 따라 대패를 당하기도 하였다.

이는 상대와 자신의 실력에 대한 냉정한 평가와 그에 따른 대책이 수반되지 못한 경직된 면모를 보여준 것이다.

구체적으로 안시성 부근 평원에서 고연수(高延壽)·고혜진(高惠眞)이 이끈 고구려 중앙군이 안시성의 세력과 연결하며 장기적 저항책을 구축하지 않고, 당군과의 정면 회전을 기도하였던 것은 연개소문의 집권과정에서 파생하였던 문제와 결코 무관한 것은 아니었을 것으로 생각된다.

젊은 장수를 기용하여 한꺼번에 당군을 격파함으로써 새로운 집권세력의 위엄을 과시하려는 의도가 개재되어 있음을 배제할 수 없다고 하겠다.

어쨌든 그의 강경한 지도노선은 한편 고구려의 존망이 걸린 전쟁이 발발하여 지속되고 있는 상황에서는 안팎으로 강력한 통수력과 저항력의 구심점으로 힘을 발휘하였다.

660년 백제가 멸망한 뒤, 당군의 계속된 침공과 신라군의 협공의 위기 속에서 이제 주된 방어선이 수도인 평양으로까지 밀린 상황에서도 그는 고구려국의 최고 집권자로서 저항을 주도하였다. 그러다가 665년 그가 죽자, 그의 맏아들 남생(男生)이 그의 직을 계승하였고 남건(男建)·남산(男産) 등이 권력을 나누어 맡았다.

곧이어 형제간의 분쟁으로 남생이 당에 항복하고, 연개소문의 동생 연정토(淵淨土)는 신라로 투항하는 등 내분이 일어남으로써 나당 연합군에 의해서 고구려는 멸망으로 치닫게 되었다.

애국충정의 표상

박제상(朴堤上)
? ~ 419(눌지왕 3)

신라의 충신 박제상은 내물왕 때부터 눌지왕 때까지 활동한 인물이지만 그 출생과 사망연대는 밝혀지지 않고 있다. 일설에는 김제상(金堤上)이라고도 한다.

삼국사기에는 신라시조 혁거세의 후손으로 제5대 파사이사금의 5대 손이며 할아버지는 아도갈문왕(阿道葛文王)이고 아버지는 파진찬 물품(勿品)으로 기록되어 있다.

신라는 백제세력을 견제할 필요에 의하여 402년(실성왕 1)에 왜에 내물왕의 셋째아들인 미사흔(未斯欣)을, 412년에는 내물왕의 둘째아들인 복호(卜好)를 고구려에 파견하여 군사원조를 요청하였다.

그러나 왜와 고구려는 이들 왕자를 인질로 감금하고 정치적으로 이용하고 있었다. 내물왕의 큰아들 눌지왕은 즉위한 뒤 그의 두 동생을 고구려와 왜로부터 구출하기 위하여 군신을 불러 협의한 결과, 수주촌간(水酒村干) 벌보말(伐寶靺), 일리촌간(一利村干) 구리내(仇里迺), 이이촌간(利伊村干) 파로(波老) 등 세 사람이 모두 박제상이 그러한 역할을 맡을 역량이 있는 적절한 인물이라고 천거하였다.

당시 박제상은 양산(梁山)지방의 토호세력으로서 삽량주간이라는 직책에 있었다. 그는 418년(눌지왕 2) 왕명을 받들어 먼저 고구려에 들어가 장수왕을 언변으로 회유하여 복호를 구출하여 무사히 귀국하였다.

귀국한 즉시 왜에 인질로 가 있는 미사흔을 구출하기 위해 부인의 간곡한 만류를 뿌리치고 떠났다. 왜에 이르러 마치 신라에 반하여 도망해온 것처럼 속였다. 마침 백제 사신이 와서 고구려와 신라가 모의하여 왜를 침입하려 한다고 참언하므로 이에 왜가 병을 파견하여 미사흔과 박제상을 향도로 삼아 신라를 침략하고자 하였다.

왜의 침략세력이 신라를 치러 오는 도중에 박제상은 강구려(康仇

麗)와 협력하여 왜병을 속여 미사흔을 탈출시키는데 성공하였으나, 그 자신은 붙잡혀 왜왕 앞에 끌려갔다.
 왜왕은 그를 신하로 삼기 위하여 온갖 감언이설과 협박으로 회유하려 하였으나 그는 차라리 신라의 개나 돼지가 될지언정 결코 왜의 신하가 될 수가 없다고 하여 끝까지 충절을 지키다가 마침내 유형에 처해져 불에 태워지는 참형을 받아 죽었다.
 이러한 사실이 신라에 알려지자 눌지왕은 그의 죽음을 애통해하며 그를 대아찬으로 추증하고 부인을 국대부인(國大夫人)으로 책봉하였으며, 둘째딸을 미사흔의 아내로 삼게 하였다.

박제상 설화(說話)

 신라 눌지왕 때의 충신 박제상이 고구려와 일본에 볼모로 잡혀간 왕자를 구한 후 자신은 죽음을 당한 설화이다. 그의 아내가 기다리다가 죽어 망부석이 되었다는 아내의 죽음설화도 포함된다. 삼국유사에는 김제상으로 되어 있다.
 박제상은 고구려에 볼모로 잡혀간 왕제 보해(寶海 : 삼국사기에는 卜好)를 구하러 변복을 하고 가서, 왕의 추격을 무릅쓰고 같이 탈출하여 무사히 귀국하였다. 다음에는 일본에 볼모로 잡혀가 있는 왕제 미해(美海 : 삼국사기에는 未斯欣)를 구하러 가서 신라에서 도망왔다고 하며 왕의 신임을 얻은 후에 미해를 탈출시키고 자기는 붙잡혀서 문초를 받았다.
 일본왕의 문초와 설득에도 「차라리 계림의 개나 돼지가 될지언정 왜국의 신하는 되지 않겠으며, 차라리 계림의 벌을 받을지언정 왜국의 벼슬이나 녹을 먹지 않겠다」라는 말로 계림사람임을 주장한 후에 발바닥의 껍질을 벗기운 채 불타 죽었다.
 「삼국사기」의 기록과 대조해보면 등장인물의 이름에 차이가 있고, 왕제의 부하이름이 삼국유사에는 보이지만 삼국사기에는 보이지 않는데, 이것은 사실상 부사(副使)가 따라간 것을 밝힌 것도 되고, 박제상이 귀환활동을 할 때 협조를 얻어 자기 외에 다른 사람이 귀국할 수 있게 설정한 것이기도 하다.

삼국사기에는 고구려왕을 설득하였더니 순순히 왕제를 풀어주었다고 하여 박제상의 언변을 중시하였고, 삼국유사는 야간탈출을 하였다고 해서 담력과 지혜를 중시하였다.
　두 기록이 다 박제상이 집에 들르지 않고 즉시 일본으로 떠났다고 한다. 이것은 부부나 가정의 정보다 국사가 더 중요하다는 박제상의 충성심을 드러내면서도 인간적인 고뇌를 함께 드러낸 대목이다.
　그러나 이들 문헌은 박제상의 사실(史實)을 중심으로 기록된 것이므로 민간설화 측면에서 이야기 한다면 박제상 부인편을 드는 것이 더 효과적이다.
　남편이 집을 떠나자 몸부림쳐 울었고(그래서 望德寺 앞 모래톱을 長沙라고 함), 만류를 뿌리치고 다리를 뻗고 울었고(그래서 그곳을 伐知旨라 함), 일본에 간 남편을 치술령에 올라가 그리워하다가 죽어서 치술령 신모(神母)가 되었으며, 그 사당이 지금까지 있다는 삼국유사의 기록은 이처럼 삼국사기보다 설화적인 증거를 많이 제시하고 있다.
　박제상의 아내는 일본에 간 남편이 돌아오기를 기다리다가 지쳐 죽어서 망부석이 되었는데, 그곳의 주민은 아직도 부인의 정렬을 칭송하고 있다 한다.
　다른 구전으로는 박제상의 아내는 죽어서「치」라는 새가 되고 같이 기다리던 세 딸은「술」이라는 새가 되었다고 한다. 또 이들이 떨어져 죽은 치술령고개 밑에는 은을암(隱乙庵)이 있는데, 이 암자는 절벽에 떨어져 죽을 때 새(乙)가 되어 숨어서(隱) 유래한 것이라고 한다.
　부인과 딸이 죽어서 새가 된 것은 새에게는 멀리 날아가서 그리운 사람을 만날 수 있도록 날개가 달려 공간을 극복할 수 있기 때문이다. 내 몸이 새라면 바다를 건너가서 남편과 아버지를 만나볼 수 있으련만……하고 간절히 바랬던 것이 사후에 새로 변신하여 성취되었다는 것이다.
　죽음을 초월하면서 사랑은 면면히 이어지는 것이며, 살아서 바다 건너로 떠날 수 없는 한을 죽어서 새가 되어 풀고 만난 점에서 한국인의 애정관이 절절히 표출된 것이다.
 딸이 아버지를 만나려고 새가 된 것도 죽음을 건너 이어지는 부녀간의 사랑이다.
 이때 은을암은 박제상 처자를 모시고 기념하던 당(堂)으로서 망부석과 같은 기념물이라 할 수 있다.
 치술령의 산신이나 신모가 된 것은 주민이 박제상 부인을 존경하는 마음과 신앙심이 강조된 현상이며, 산신이 되었으므로 당연히 당이 지어진 것이다.
 이 설화에는 역사적 사건에 근거한 충성심에 박제상 자신과 그의 아내와 딸의 인간적인 고뇌를 근거로 한 애정, 정렬, 효도 등의 복합적인 윤리관이 들어 있다.

신라중흥의 궁주

진흥왕(眞興王)
534(법흥왕 21) ~ 576

신라 24대 왕 진흥왕은 성이 김(金)씨이고 이름을 삼맥종(三麥宗) 또는 심맥부(深麥夫)라고 한다. 지증왕의 손자이며 법흥왕의 동생 입종갈문왕(立宗葛文王)의 아들이다.

어머니는 법흥왕의 딸 김씨이며, 왕비는 박씨로 사도부인(思道夫人)이다.

그는 7살의 어린 나이로 왕위에 올랐는데 실제로 왕권을 행사하기 전까지는 어머니 김씨가 섭정하였다. 즉위 12년(551년)에 비로소 친정(親政)을 시작하면서 개국(開國)이라는 연호로 바꾸고 적극적인 대외정복 사업을 전개하여 비약적 발전을 일으킨 왕이다.

550년 백제와 고구려가 도살성(道薩城 : 지금의 천안 혹은 증평)과 금현성(金峴城 : 지금의 전의)에서 공방전을 벌이고 있는 틈을 타서 이듬해 병부령(兵部令)으로 임명된 이사부(異斯夫)로 하여금 두 성을 공격케 하여 신라에 병합시켰다.

이렇게 확보한 한강 하류 유역의 전초기지를 기반으로 그 해에 백제의 성왕과 연합하여 고구려가 점유하고 있는 한강유역을 공격했다.

이리하여 백제는 고구려로부터 한강 하류 유역을 탈환하였으며 진흥왕은 거칠부(居柒夫)를 비롯하여, 구진(仇珍), 비태(比台), 탐지(耽知), 비서(非西), 노부(奴夫), 서력부(西力夫), 비차부(比次夫), 미진부(未珍夫) 등 여덟 장군에게 명하여 한강 상류 유역인 죽령(竹嶺) 이북 고현(高峴 : 지금의 철령) 이남의 10개 군을 고구려로부터 빼앗았다.

553년에는 백제가 고구려로부터 탈환한 한강 하류 유역의 전략적인 필요성을 절감하고, 동맹관계에 있던 백제를 기습공격하여 이 지역을 점령하였다.

이로써 신라는 한강유역의 전부를 차지할 수 있게 되었으며, 이 지역의 통치를 위하여 신주(新州)를 설치하고 아찬 김무력(金武力)을 초대 군주(君主)로 임명했다.

신라가 백제로부터 한강 하류유역을 탈취한 사건은 백제와의 사이에 맺어졌던 결혼동맹을 파기하는 것을 의미한다.

이에 백제 성왕은 554년 대가야와 연합하여 신라를 공격하다가 관산성(管山城 : 지금의 옥천) 전투에서 오히려 신주 군주 김무력에게 붙잡혀 죽음을 당했으며, 백제군은 거의 전멸되었다.

신라의 한강유역 점령은 인적 물적 자원의 획득 이외에도 황해를 통한 중국과의 교통로를 확보하였다는데 중요한 의미가 있다. 그리하여 564년 이래 거의 매년 중국 남조의 진(陳)과 북조의 북제(北齊) 두 나라에 사신을 파견하여 외교관계를 견고히 맺었다.

또한 법흥왕이 수행하던 가야에 대한 정복사업을 계승하여 낙동강 유역에까지 정복의 손을 뻗쳤다.

555년에는 비사벌(比斯伐 : 지금의 창녕)에 완산주(完山州)가 설치되었는데, 이 사실로 미루어 보아 이전의 어느 시기에 아라가야(阿羅加耶 : 지금의 함안)와 비화가야(非火加耶 : 지금의 창녕) 지방이 신라에 의하여 점령되었음을 알 수 있다.

그리고 관산성 전투에서 신라가 승리한 이후에 백제와 연합하였던 대가야는 사실상 신라에 복속된 처지와 다를 바 없게 되었다.

그런데 562년 백제의 신라 공격에 힘입어 대가야가 신라에 대하여 반란을 일으키므로, 이사부를 보내어 무력으로 정복하여 멸망시켰다. 이리하여 신라는 가야의 여러 나라를 완전히 정복하였으며, 낙동강 유역 전부를 차지할 수 있게 되었다.

565년에 대야주(大耶州 : 지금의 합천)를 설치하여 가야지역 통치의 본거지로 삼는 동시에 백제에 대한 방어의 전초기지로 삼았다.

이 밖에도 동북방면으로 북상하여 556년에 비열홀주(比烈忽州 : 지금의 안변)를 설치하여 사찬 성종(成宗)을 군주로 임명하였는데 이곳을 근거로 하여 568년 이전 어느 시기에는 함흥평야까지 진출한 듯 하다.

이와같은 고구려, 백제, 가야에 대한 활발한 정복사업의 결과로 신라 역사상 최대의 영토를 차지하게 되었다. 그것은 창녕, 북한산, 황초령(黃草嶺), 마운령(磨雲嶺)에 있는 네 개의 순수관경비(巡狩管境碑)와 최근 발견된 단양의 적성비(赤城碑)가 이를 말해주고 있다.

네 개의 순수비 중 경남 창녕군에 있는 창녕비는 561년에, 함남 함흥군에 있는 황초령비와 이원군에 있는 마운령비는 568년에 각기 건립된 것을 알 수 있으나, 다만 북한산에 세워졌던 북한산비는 건립연대가 확실하지 않다.

진흥왕의 순수관경비는 새로이 신라 영역내로 편입된 지역주민들의 민심을 수습하고, 확장된 영역을 확인하기 위하여 세워진 기념비라 할 수 있다.

진흥왕은 이같은 정복활동뿐만 아니라 대내적인 정치에 있어서도 많은 치적을 남겼다.

우선 545년 이사부의 건의를 받아들여 거칠부로 하여금 국사(國史)를 편찬케도 하였다. 국사 편찬에 관계한 이사부와 거칠부가 모두 내물왕(奈勿王系) 후예라는 점과 당시 왕족의 혈연의식이 상당히 고조되고 있었던 점 등을 고려할 때 왕가의 위엄을 과시하려는 의도가 있었던 것으로 짐작된다.

또한 법흥왕 대에 공인된 불교를 적극적으로 보호하였다.

554년에 흥륜사(興輪寺)를 완성하고, 사람들이 출가하여 봉불(奉佛)하는 것을 허락했다.

559년에는 양(梁)나라에 유학하였던 승려 각덕(覺德)이 불사리(佛舍利)를 가지고 귀국하자 백관(百官)으로 하여금 흥륜사 앞에서 영접하게 하였다.

그리고 553년에는 월성(月城) 동쪽에 왕궁을 짓다가 그곳에서 황룡이 나타나자 왕궁을 고쳐서 불사(佛寺)로 삼고 황룡사(皇龍寺)라 이름했는데, 이는 566년에 완공되었다.

황룡사는 신라 최대의 사찰로서 이곳에는 574년에 신라 최대의 불상인 장륙상(丈六像)을 주조하여 모셨다. 황룡사가 완공되던 해에는 기원사(祇園寺)와 실제사(實際寺)도 준공되었다.

이렇게 신라 왕실의 보호를 받는 불교는 경주를 중심으로 발전함으로써 도성불교적(都城佛敎的) 성격을 띠게 되었다.

이러한 외형적인 사찰건축 외에도 565년에는 승려 명관(明觀)이 불경 1,700여 권을 진나라에서, 576년에는 안홍법사(安弘法師)가 능가승만경 및 불사리를 수나라에서 각각 가져옴으로써 교리적인 발전의 기틀도 마련했다.

또한 572년에는 7일 동안 팔관연회(八關筵會)를 외사(外寺)에서 열어 정복전쟁기간에 전사한 장병의 영혼을 위로하였는데, 이것은 신라 불교가 국가의 현실적 필요에 부응할 수 있는 호국불교임을 나타낸 의식이었다.

이와같이 진흥왕은 불교의 현실적 필요성을 절감하고 적극적 지원을 아끼지 않았던 한편, 그 자신도 만년에는 머리를 깎고 승의(僧衣)를 입고 법호를 법운(法雲)이라 하여 여생을 마쳤다. 왕비도 이를 본받아 비구니가 되어 영흥사(永興寺)에 거처하다가 614년(진평왕 36)에 죽었다.

진흥왕의 업적 중 무엇보다 중요한 것은 화랑도의 창설이다. 진흥왕은 576년에 종래부터 있었던 여성 중심의 원화(源花)를 폐지하고 남성 중심의 화랑도로 개편하였다.

기록상으로는 576년에 화랑도가 창설된듯 하지만 실제로는 진흥왕 초기에 이미 화랑도가 존재하고 있었다. 그것은 562년 대가야 정벌시에 큰 전공을 세운 사다함(斯多含)이 유명한 화랑이었다는 사실에서도 확인된다.

이처럼 진흥왕은 대내외적으로 많은 업적을 남긴 신라 중흥의 군주였다. 그렇기 때문에 그는 대내적으로는 국가의식과 대외적으로는 자주의식의 상징적 표현이었던 독자적 연호를 세 개나 사용할 수 있었다.

551년의 개국, 568년의 대창(大昌), 572년의 홍제(鴻濟)가 그것이다. 그는 재위 37년만인 576년에 43세로 세상을 떠났는데 애공사(哀公寺) 북봉(北峰)에 묻혔다.

才德을 겸비한 여왕

선덕여왕(善德女如)
? ~ 647

선덕여왕은 신라 제27대의 임금으로 이름은 덕만(德曼)이며 진평왕의 장녀이고, 어머니는 마야부인(摩耶夫人)이다.

진평왕이 아들이 없이 죽자 화백회의(和白會議)에서 그녀를 왕위에 추대하고 성조황고(聖祖皇姑)라는 호를 올렸다 한다. 즉 선덕여왕이 즉위할 수 있었던 것은 성골이라고 하는 특수한 왕족의식이 배경이 되었던 것이다.

즉위하던 해인 632년에 대신 을제(乙祭)로 하여금 국정을 총괄하게 하고 전국에 관원을 파견하여 흉년으로 곤궁한 백성을 구원했으며 633년에는 주군(州郡)의 조세를 1년간 면제해 주는 등 일련의 시책으로 민심을 수습하였다. 그리고 634년에 분황사(芬皇寺)를, 635년에는 영묘사(靈廟寺)를 세웠다.

한편 대외적으로는 634년에 인평(仁平)이라는 독자적인 연호를 사용함으로써 왕실의 자주성을 견지하려고 했다. 다만 즉위 이래 거의 매년 당나라에 대한 의존도가 높아지기도 하였다.

이것은 고구려와 백제의 신라에 대한 공격이 빈번해짐에 따라 당나라와 연합함으로써 국가를 보존하려는 자구책의 일환으로 나타난 현상이었다.

신라는 642년부터 고구려와 백제의 침공을 본격적으로 받았다. 이해에 신라는 백제의 의자왕의 침공을 받아 서쪽 변경에 있는 40여 성을 빼앗겼으며 신라의 한강 방면 거점인 당항성(黨項城 : 지금의 남양)도 고구려, 백제의 침공을 받았다.

또한 백제 장군 윤충(允忠)의 침공으로 낙동강 방면의 거점인 대야성(大耶城 : 지금의 합천)이 함락당했다. 이와같은 국가적 위기에 직면한 선덕여왕은 김유신을 압량주(押梁州 : 지금의 경산) 군주(軍主)에 임명하여 백제의 공격을 방어하는 한편 643년에는 당나라에 사신을 파견하여 구원을 요청하였다. 이 무렵 당나라로부터 귀국한 자장(慈藏)의 건의에 따라 호국불교의 상징인 황룡사9층탑(皇龍寺九層塔)을 축조하기도 하였다. 신라의 구원요청에 접한 당태종은 신라 사신에게 여왕이 통치하기 때문에 양국의 침범을 받게 되었다는 문제점을 지적하고, 한편 고구려에 대해서는 644년에 사신을 파견하여 외교적 견제를 가하였으나 이는 연개소문(淵蓋蘇文)에 의해 거부되고 말았다. 당태종에 의해서 지적되었던 여왕통치의 문제점은 신라 정계에 파문을 일으켜 647년 정월에는 상대등 비담(毗曇)과 염종(廉宗) 등 진골 귀족들이 여왕이 정치를 잘못한다는 것을 구실로 반란을 일으켰다. 그러나 이는 김춘추(金春秋)와 김유신에 의해 진압되었다. 여왕은 이 내란의 소용돌이 속에서 재위 16년 만에 죽으니 시호(諡號)를 선덕이라 하고 낭산(狼山)에 장사지냈다.

선덕여왕과 심화요탑설화(心火繞塔說話)

선덕여왕을 사모하다가 죽어 화귀(火鬼)가 되었다는 지귀(志鬼)의 사랑을 그린 문헌설화가 그것이다.

지귀라는 사람이 있었는데 선덕여왕의 아름다움을 사모하여 고민한 나머지 몸이 점점 여위어 갔다. 하루는 여왕이 절에 불공을 드리러 갔다가 그 이야기를 듣고 지귀를 불렀다.

지귀는 절간 탑 밑에서 여왕을 기다리다가 잠이 들었다. 여왕이 돌아가는 길에 그에게 다가가서 자신의 팔찌를 빼어놓고 왕궁으로 돌아갔다. 그뒤에 깨어난 지귀는 팔찌를 발견하고 자신이 잠든 사이에 여왕이 다녀갔음을 알고 사모의 정이 더욱 불타올라 마침내 화귀로 변해버렸다.

이상이 설화의 전 내용이고 설화가 끝나는 부분에 왕이 술사(術士)에게 명하여 주사(呪詞)를 짓게 하였는데, 주사의 내용은
『멀리 바다 밖에 내쫓아 가까이 하지 않으리.』
였다. 그 당시 풍속에 이 주사를 문벽에 붙여 화재를 막았다는 설명이 덧붙여 있다.

해상을 지배한 영웅

장보고(張保皐)
? ~ 846(문성왕 8)

우리 해운사상 유일한 해상왕자라고 일컬어지는 장보고는 신라 말기의 무인이었다. 본명은 궁복(弓福), 또는 궁파(弓巴)로 「활보」, 즉 활 잘 쏘는 사람이라는 뜻이다. 보통의 평민이었던 것으로 알려져 있다.

장보고라는 이름은 중국 당나라에 건너가 대성(大姓)이었던 장씨(張氏)를 모칭하여 쓴 것이다.

그는 어려서부터 무예에 뛰어났고 물에 익숙하였다. 청년기에 친구 정년(鄭年)과 함께 당나라에 건너가 생활하다가, 서주(徐州) 무령군(武寧軍)에 복무하여 장교가 되었다.

당시 당나라는 각지에 절도사(節度使)가 할거하고 있었다. 이 시기에 장보고는 그러한 지방군벌의 속성과 그들의 군대양성 방법에 대한 이해를 얻을 수 있었던 것 같다.

당시 중국의 동해안 지역에는 남으로는 양자강 하구 주변에서 북으로는 산동성(山東省) 등주(登州)에 이르는 지역일대에 많은 신라인들이 거주하고 있었다. 그들 중에는 연안 운송업과 상업에 종사하는 자들도 있었고, 양주(揚州)·소주(蘇州)·명주(明州) 등지에서 아라비아·페르시아 상인과 교역하는 한편, 중국과 신라·일본으로 내왕하며 국제무역에 종사하던 자들도 많았다. 해안지역 출신으로 바다에 익숙하였던 장보고는 이러한 해상무역에 대하여 깊은 인상과 이해를 얻었다.

또한 그 무렵 당나라나 신라 모두 중앙집권력이 이완되어 흉년과 기근이 들면서 잇달아 각지에서 도적이 횡행하였다. 바다에서도 그러하여 해적이 신라해안에 출몰하여 많은 주민들을 잡아다 중국에 노예로 팔았으며, 무역선도 해적의 위협을 받았다.

이러한 상황에서 장보고는 신라인에 대한 해적의 포획에 대하여 분노하였고, 국제무역에 대한 강렬한 욕망을 가졌으며 스스로 해상권을 통괄하여 독자적인 세력을 키워볼 야망을 불태웠다.

마침내 828년(흥덕왕 3년) 중국에서 별로 크게 입신하지 못한 처지를 떨쳐버리고 귀국하였다. 그리고 왕에게 남해 해상교통의 요지인 완도에 해군기지를 건설하여 황해의 무역로를 보호하고 해적을 근절시킬 것을 주청하였다.

당시 진골귀족의 대립이 심하였고, 귀족 연립정권적인 성격을 띤 중앙정부로서는 거기에까지 적극적인 힘을 뻗칠 여력이 없었다.

왕의 승인을 받아 지방민을 규합하여 일종의 민군(民軍) 조직으로 1만여 명의 군대를 확보하고 완도에 청해진(淸海鎭)을 건설하였다.

청해진은 건설될 당초부터 장보고를 중심으로 한 독자적인 세력의 성격을 띠었던 것이다.

그에게 내려진 청해진대사(淸海鎭大使)라는 벼슬도 신라국가의 조직체계에 없는 별도의 직함이었던 점도 이러한 사실을 말해준다.

청해진을 건설한 뒤, 곧 해적을 소탕하여 동지나해 일대의 해상권을 장악하였다. 이 해상권을 토대로 당, 신라, 일본을 잇는 국제무역을 주도해나갔다.

8세기 중엽 이후 신라무역상들이 취급한 물품은 752년 일본이 신라상인으로부터 매입한 물품(목록)에서 그 일면을 찾아볼 수 있다. 이에는 구리거울 등의 금속제품과 화전(花氈) 등의 모직물 같은 신라산 물품과 향료, 염료, 안료 등을 비롯한 당 및 당을 중계지로 한 동남아시아와 서아시아 방면의 물품이 보인다. 신라상인은 그 댓가로 풀솜(綿)과 비단(絹) 등을 가져갔다.

당나라와의 교역에서도 통일기 전에는 주로 토산품이 수출되었으나, 통일기 이후에는 고급직물과 비단 및 금은세공품이 수출되었다.

또한, 당시 신라귀족들이 애용하였던 향료 등의 동남아시아 및 서남아시아산 물품들도 신라상인의 중계무역으로 수입된 것이다.

장보고의 무역선도 대체로 이러한 물품들과 피혁제품, 문방구류들을 취급하였던 것으로 여겨진다. 장보고는 무역활동과 함께 나아가 외교교섭까지 시도하였다.

840년(문성왕 2년)에 무역선과 함께 회역사(廻易使)를 파견하여 일본조정에 서신과 공물을 보내었다. 이러한 시도는 일본측에 의하여 국제관례에 따라 거부되었지만 무역은 계속되었다. 또한 당나라에는 견당매물사(遣唐賣物使)의 인솔하에 교관선(交關船)을 보내어 교역을 활발히 하였다.

회역사와 견당매물사의 칭호가 붙은 교역사절을 파견하였던 사실은 그가 일반 무역상인과는 달리 독자적인 세력집단을 형성하고 있었음을 말해준다.

일본의 지방관과 승려 엔닌(圓仁)이 장보고에게 서신을 보내어 그의 귀국을 보살펴줄 것을 탄원하였다는 것은 일본·신라·당을 잇는 당대의 해상교통로에서 그의 위세가 국제적으로 인정되고 있었음을 보여준다.

그는 산동성(山東省), 문등형(文登縣), 적산촌(赤山村)에 법화원(法華院)을 건립하고 이를 지원하였다. 이 법화원은 상주하는 승려가 30여 명이 되며, 연간 500석을 추수하는 장전(莊田)을 가지고 있었다.

이 지역 신라인의 정신적인 중심지로서 법회 때에는 한꺼번에 250여 명이 참석하였던 경우도 있었다.

이처럼 장보고의 세력이 중국 동해안의 신라인 사회에도 큰 영향력을 끼치고 있었다. 또한 그 자신이 한미한 신분 출신이었으므로 골품제와 같은 기존의 신분제에 구애됨이 없이 유능한 인재들을 널리 받아들였고, 또 환대하여 그들의 능력을 적극 발휘할 수 있게 하였다.

812년(헌덕왕 7년) 흉년이 들자 170여 명의 굶주린 자들이 바다 건너 중국의 저장(浙江)지역에 먹을 것을 구하러 갔으며, 이 무렵 일본에 300여 명이 건너간 것과 같은 사실에서 보이듯, 사회분화의 진전과 중앙정부의 통제력의 이완에 따라 당시 흉년이라도 들게 되면 많은 빈민들이 삶을 찾아 바다로 나가거나 떠돌아다녔다.

이러한 빈민들을 규합하고, 새로운 활동무대를 찾아 모여든 인재들을 포용하여, 8세기 이래 왕성하였던 신라인의 해상활동 능력을 적극 활용, 이것들을 묶어 조직화함으로써 그의 세력이 급속도로 성장하는 토대가 이루어졌던 것이다.

이제 강력한 군대와 많은 선박을 보유하고 부를 축적하여 하나의 큰 지방세력으로 성장함에 따라 중앙정부의 정치적 분쟁에도 자연 관여하게 되어졌다. 836년(흥덕왕 11년) 수도에서 왕위 계승분쟁에 패배한 김우징(金祐徵 : 뒤의 신무왕) 일파가 청해진으로 피난해와 그에게 의탁하였다.

이어 838년(희강왕 3년) 수도에서 재차 왕위를 둘러싼 분쟁이 터져 희강왕이 피살되고, 민애왕이 즉위하였다. 이 정변을 틈타 장보고는 김우징 일파를 강력히 지원하여 군대를 보내어 경주로 반격하게 하여, 김우징이 왕으로 즉위하는데 큰 공을 세웠다.

신무왕은 그를 감의군사(感義軍使)로 삼는 동시에 식실봉 이천호(食實封二千戶)를 봉하였고, 그의 세력은 중앙정부를 위협할 정도가 되었다. 이에 두려움을 느낀 중앙 귀족들은 그의 딸을 문성왕의 왕비로 맞아들이는 것을 반대하였다.

그뒤 청해진과 중앙정부 사이에는 대립과 반목이 심화되어갔다. 그러자 중앙정부에서 한때 장보고의 부하였던 염장(閻長)을 보내어, 짐짓 그의 막하에 투항한 척하다가 그를 암살하게 하였다.

그의 암살뒤 그의 아들과 부장 이창진(李昌珍)에 의하여 청해진 세력은 얼마간 유지되어, 일본에 무역선과 회역사를 보내어 교역을 계속하기도 하였다. 그러나 곧이어 염장을 비롯한 중앙군의 토벌을 받아 청해진은 완전 궤멸되었다.

851년(문성왕 13년) 청해진의 주민을 벽골군(碧骨郡 : 전라북도 김제)에 이주시키고, 청해진을 없애버렸다. 장보고는 불의에 피살되었으나, 그는 8세기 후반 이래의 신라인의 해상활동의 한 정점이었으며, 신라 말기 각지에서 등장하는 호족세력의 선구적 존재이기도 하였다.

만주벌을 지배한 발해국 시조

대조영(大祚榮)
? ~ 719(천통 21)

　발해의 시조로서 고왕(高王)이라고 한다. 재위기간은 699~719년, 그의 출신성분에 관한 기록은 명확하지 않다. 다만 고구려 유민으로 고구려가 멸망한 뒤 당나라의 영주(營州)지방에 그 일족과 함께 옮겨가 거주했던 것으로 알려져 있다. 696년 이진충(李盡忠), 손만영(孫萬榮) 등이 이끄는 거란족의 반란으로 영주지방이 혼란에 빠지자, 대조영은 말갈의 추장 걸사비우(乞四比羽)와 함께 그 지역에 억류되어 있던 고구려 유민과 말갈족을 각각 이끌고, 당나라 지배에서 벗어나 동으로 이동하였다.

　그때 당나라 조정에서는 대조영에게 진국공(震國公)을, 그리고 걸사비우한테는 허국공(許國公)을 봉하고 회유하여 당나라의 세력권 내에 복속시키려 했으나 이를 거부했다.

　당나라는 거란군을 격파한 뒤 이 두 사람을 제거하기 위해 추격군을 편성하고 추격했다. 성력연간(聖曆年間 698~699년)의 일이었다.

　당나라에 항복한 거란족 출신의 장군인 이해고(李楷固)가 이끄는 당나라 군사가 공격해 오자 먼저 걸사비우의 말갈족 군사가 항전했으나 결국 대패하고 말았다.

　그러자 대조영은 휘하의 고구려 유민들을 이끌고 추격해 오는 당나라 군사를 피하여 동으로 달아나면서, 이미 패하여 쫓기는 걸사비우의 말갈족 등을 규합하였다.

　당나라 군사가 계속하여 추격해 오자 대조영은 지금의 혼하(渾河)와 휘발하(輝發河)의 분수령인 장령자(長嶺子) 부근에 있는 천문령(天門嶺)에서 당나라 추격군을 격파하였다.

　그뒤 계속 동부 만주쪽으로 이동하여 지금의 길림성 돈화현(敦化縣)인 동모산(東牟山)에 성을 쌓고 도읍을 정했다. 국호는 진(震)이라 했고, 연호를 천통(天統)이라 하였다. 이때를 대체로 699년으로 추정하고 있다.
 당시 대조영 휘하의 집단은 오랜 억류생활과 계속된 이동과정에서 겪은 시련 때문에 강력한 결속력과 전투력을 가진 세력으로 성장할 수 있었다. 또한 대조영은 뛰어난 무예와 지략을 겸비하고 있어 그 집단을 기반으로 동만주 일대에서 세력을 확대해 갈 수 있었다.
 당시 그 지역은 별다른 유력한 토착세력이 없었고 당나라 등 세력권이 미치지 않는 힘의 공백지대였기 때문에 말갈의 여러 부족들과 고구려 유민들이 각지에 산재해 있었다.
 그와같은 지역에서 대조영이라는 지도자가 세력을 모아 권력집단으로 등장하자 고구려 유민들은 물론 말갈의 여러 부족들이 자진하여 귀속해 왔던 것이다.
 대조영은 건국 후 곧 당나라와 대결하고 있던 몽고 고원의 돌궐(突厥)과 국교를 맺고 신라와도 교역을 시작하였다. 그리고 당나라와도 중종 때 정식으로 국교가 맺어졌다.
 당나라는 713년 대조영을 정식으로 발해군왕으로 책봉하게 되었는데, 바로 그때부터 발해라는 국호를 사용하게 되었던 것이다.
 719년 대조영이 죽자 그의 아들 대무예(무왕)가 왕위를 계승하였다. 발해가 완전한 국가로서 역사에 존립하게 된 것이다.
 대조영이 어느 민족 출신인가에 대해서는 여러 설이 있다. 더구나 「구당서」와 「신당서」의 기록이 서로 달라 견해가 다를 수밖에 없으나 역사전개 과정이나 당시의 세력판도 속에 활동해 온 것으로 보아 고구려인으로 보는 견해가 지배적이다.

불교최초의 순교자

# 이차돈(異次頓)
503(지증왕 4) ~ 527(법흥왕 14)

고구려 소수림왕 때 중국의 순도(順道)에 의해 불교가 이 땅에 들어온 후 신라에서는 이차돈의 순교를 통하여 공식적으로 인정되는 계기가 되었다.

이차돈은 지증왕(506년)~법흥왕(527년) 때까지 활동했던 것으로 기록되어 있으며 성은 박씨이고 이름은 염촉(厭髑), 거차돈(居次頓)이라고도 한다. 태어난 해가 501년 이라는 설도 있다. 아버지 이름은 정확히 알려져 있지 않으나 지증왕의 생부인 습보갈문왕의 후예라는 설도 있다.

삼국유사 주(註)에 보면 김용행(金用行)이 지은 아도비문(阿道碑文)에는 그의 아버지는 길승(吉升), 할아버지는 공한(功漢), 증조부는 흘해왕(訖解王)으로 되어 있다.

어려서부터 성질이 곧아 사람들의 신망을 받았으며, 일찍부터 불교를 신봉하였으나 신라에서 국법으로 불교가 허용되지 않음을 한탄하였다. 그 당시의 왕이었던 법흥왕도 불교를 백성들에게 알리고 불력(佛力)에 의하여 국운의 번영을 꾀하였으나 신하들의 반대로 불교를 공인할 수가 없었다.

법흥왕의 뜻을 헤아린 이차돈은 왕에게 「나라를 위하여 몸을 죽이는 것은 신하의 대절이요 임금을 위하여 목숨을 바치는 것은 백성의 바른 뜻」이라 하고, 거짓 전명(傳命)한 죄를 내려 자신의 머리를 베면 만인이 다 굴복하여 교명(敎命)을 어기지 못할 것이라고 하였다.

그러나 법흥왕이 이를 반대하였으므로 이차돈은 다시 「모든 것 중에서 버리기 어려운 것이 신명(身命)이지만 이 몸이 저녁에 죽어 아침에 대교(大敎 : 불교)가 행하여지면 불일(佛日 : 부처)이 다시 중천에 오르고 성주(聖主)가 길이 편안할 것」이라 하면서 왕의 허락을 청하였다. 마침내 천경림(天鏡林)에 절을 짓기 시작하자 이차돈이 왕명을 받들어 불사(佛事)를 시작한다는 소문이 퍼져 조상들은 크게 흥분하여 왕에게 물었다. 왕은 자기 자신이 명령을 내린 것이 아니라 하고 이차돈을 불렀다.

이차돈은 불사를 일으켰음은 부처님의 뜻에 따라 자신이 한 일이라 하고 이 불법(佛法)을 행하면 나라가 크게 편안하고 경제에 유익할 것이니 국령(國令)을 어긴다 한들 무슨 죄가 되겠는가 하고 반문하였다.

신하들의 반대가 커지자 왕은 이차돈과 처음 약속한 대로 하리(下吏)를 불러 이차돈의 목을 베도록 하였다.

이차돈은「부처님이 신령하다면 내가 죽은 뒤 반드시 이적이 일어날 것」이라 하고 하늘을 향하여 기도하였다. 목을 베자 머리는 멀리 날아 금강산(金剛山) 꼭대기에 떨어졌고, 잘린 목에서는 흰 젖이 수십 장(丈)이나 솟아올랐으며, 갑자기 캄캄하여진 하늘에서는 아름다운 꽃이 떨어지고 땅이 크게 진동하였다.

왕과 군신들은 자기들의 어리석음을 깨닫고 불교를 공인하였다. 그때 이차돈의 나이는 26세(또는 22세)였으며, 연대는 법흥왕 15년, 또는 16년이라는 설이 있다.

수년 후인 534년(법흥왕 21년)에 천경림에는 신라 최초의 정사(精舍)가 세워졌다. 절이 완공되자 법흥왕은 왕위를 진흥왕에게 물려주고 스스로 승려가 되어 법공(法호)이라고 불렀다. 세상 사람들은 이 절을 대왕흥륜사(大王興輪寺)라고 하였다.

이차돈이 순교한 뒤 해마다 그의 기일(忌日)에는 많은 사람들이 흥륜사에서 모임을 가지고 그를 추모하였다.

흥륜사는 그 이후에도 더 확충, 증축되었는데, 544년(진흥왕 5년) 2월 금당(金堂)이 완성되어 십성(十聖)을 모실 때 이차돈도 그 가운데에 모셨다. 또 이차돈을 위하여 자추사(刺楸寺)를 세웠는데, 이 절에서 치성을 드리면 반드시 영화를 얻고 불도를 행하여 법리(法利)를 깨닫게 되었다고 한다.

그의 순교장면을 상징하는 육면석당(六面石幢)이 현재 경주 박물관에 보존되어 있다. 이 석당은 그의 죽음을 영원히 공양하기 위하여 세워진 것이다.

이차돈 순교비(殉敎碑)

경상북도 경주시 동천동 소금강산의 백률사지(栢栗寺址)에 전래하던 비로, 높이 1.04미터이며 각 면의 너비 29미터이다. 이 비는 불교를 제창하다 527년(법흥왕 14년)에 순교한 이차돈을 기념하기 위해 건립된 것이다.

이차돈공양당(異次頓供養幢)이라고도 부른다. 1914년 사지로부터 옮겨져 현재 국립경주박물관에 보관되어 있다. 석당은 화강암제의 육면기둥으로 방형의 석재 윗면을 육각형의 복련(覆蓮)으로 새긴 대좌 위에 세워져 있으며, 원래 당 위에 옥개석이 있었던 것으로 보이나 현재 전하지 않는다. 제 1면에는 이차돈의 순교장면을 부조하였다. 제2~6면에는 정간(井間)을 치고 각 정간에 자경 3센티의 글자를 새겨넣었다. 각면의 명문은 마멸이 심하여 절반 정도만 판독된다.

그러나 명문의 대강은 삼국사기나 삼국유사의 기록으로 추찰(推察)되며, 특히 명문 중의 「경중백유일장(頸中白乳一丈)」은 이들 기록과 합치되고 있다.

또한 이 석당기를 목판에 새긴 법첩(法帖) 2종 「홍린군신각금생서」(興隣君新刻金生書)·「원화첩」(元和帖)이 전래하여 마멸된 부분을 더욱 보충하게 되었다. 명문 중에는 건립연대라고 고증할만한 확실한 연호나 연도는 없다.

단지 삼국유사 3권, 염촉멸신조(厭觸滅身條)의 기사에 의하여 건립연대를 당 헌종 원화(元和) 12년(헌덕왕 9년)으로 추정한다.

또한 명문에는 석당기의 찬자(撰者)·서자(書者)가 모두 밝혀져 있지 않다. 서체는 해서이면서도 예서의 필의(筆意)가 담긴 특이한 예라고 하겠다. 한편 제1면의 화상(畵像)은 당대의 조각연구 및 복식을 살필 수 있는 귀중한 자료이다.

고구려 유민인 당나라 명장

고선지(高仙芝)
? ~ 755(당 현종 14)

고구려 유민 출신으로 당나라의 명장인 고선지는 당나라 사진교장(四鎭校將) 고사계(高舍鷄)의 아들로 알려져 있으며 당나라 사진절도사(四鎭節度使), 안서절도사(安西節度使)를 지냈다.

그를 고구려인으로 보는 자료로는 「구당서」와 「자치통감」 등이 있다.

「구당서」와 「신당서」 고선지전에는 그를 명확히 고구려인이라 하였고, 또 「구당서」와 「자치통감」에는 선임 안서절도사 부몽영찰이 고선지가 세운 전공을 시기한 나머지 「개똥같은 고구려놈」이라고한 욕설에서도 알 수 있다. 호삼성(胡三省)이 원화성찬(元和姓纂)에 의한 주(注)를 단 것을 보면, 부몽(夫蒙)이라는 성(姓)은 본래 서강인(西羌人)이 사용한 것이라고 한다.

당시 중국에 동화된 이민족 사이에는 상대방을 욕할 때 종족적 멸시를 호칭하는 경우가 있었다. 그 한 예가 호장(胡將) 안녹산(安祿山)과 가서한(哥舒翰) 사이에서도 보이는데, 그 기준은 한화(漢化)를 잣대로 하여 상대방을 업신여기고 있다.

이와같이 고선지는 한화된 호장이나 또는 주변인으로부터 시기를 받을 만큼 그의 전적(戰績)은 빛나고 있다. 그에 대한 시기는 마지막 참형을 당하였을 때에도 배후에 깔리고 있는 듯하다.

사서(史書)에는 그가 말쑥한 용모로 무장답지 않게 수려했다고 한다. 그래서 그의 아버지 사계는 그가 유완(儒緩)함에 늘 근심을 하였던 것 같다. 그러나 일을 처리하는 데는 영민하고 도량이 넓고 용감하여, 말타기와 활쏘기를 잘 하였다고 한다.

일찌기 하서군(河西軍)에 예속되어 중급장교로 있다가 사진교장이 되었다. 20여 세가 되었을 때 아버지를 따라 안서로 갔다. 거기서 아버지가 세운 음공(蔭功)을 입어 유격장군이 되었다. 그리고 곧 아버지와 같은 반열이 되었다고 하여, 「구당서」와 「신당서」에서는 모두 그를 보통사람으로 보지 아니하였다.

그러나 실제 그가 안서군에 있을 때, 절도사 전인완(田仁琬) 및 개가운(蓋嘉運)은 그가 장차 큰 재목이 될 것을 알지 못하였다.

그뒤 부몽영찰에 의하여 여러 차례 발탁이 되어 언기진수사(焉耆鎭守使)가 되었고, 개원(開院)말에 이르러 병력 2천을 거느리고 천산산맥(天山山脈) 서쪽의 달해부(達奚部)를 정벌한 공으로 안서부도호(安西副都護)가 되었다가, 곧 사진도지병마사(四鎭都知兵馬使)가 되었다. 때문에 그에 관한 초기의 사적은 주목받을만한 기록을 남기지 못하였다.

그의 이름이 널리 알려지기 시작한 것은 747년에 소발률국(小勃律國)을 원정하고 돌아온 후부터였다. 즉 747년에 토번(吐蕃 : 티벳)과 사라센제국이 동맹을 맺고 서쪽으로 팽창하던 당나라 세력을 견제하기 위하여 동진하자, 그는 행영절도사(行營節度使)에 발탁되어 토번족의 정벌 임무를 띠고 1만 명의 군사를 이끌고 오식닉국(五識匿國 : 지금의 Shignan지방)을 거쳐 파미르고원을 넘어 토번족의 군사기지인 연운보(連雲堡)를 격파하였다.

그리고 계속 진격하여 험난하기로 세계적으로 유명한 힌두쿠시준령을 넘어서 소발율국의 수도 아노월성(阿弩越城)을 점령하고, 사라센제국과의 유일한 교통로인 교량을 파괴하여 그들의 제휴를 단절하였다.

이 1차 원정에서 불름(동로마)·대식(아라비아) 제호(諸胡)의 72제국의 항복을 받고 사라센제국의 동진을 저지한 공으로, 귀국하여 홍로경어사중승에 오르고 이어서 특진겸좌금오대장군동정원(特進兼左金吾大將軍同正員)이 되었다. 750년 제2차 원정에 나가 사라센제국과 동맹을 맺으려는 석국(石國 : Tasuhkent부근)을 토벌하고 국왕을 잡아 장안(長安)으로 호송한 공으로, 개부의동삼사(開府儀同三司)가 되었다.

그러나 장안의 문신들이 포로가 된 석국왕을 참살하였기 때문에 이듬해 서역 각국과 사라센이 분기하여 연합군을 편성하여 탈라스

(Talas)의 대평원으로 쳐들어오자, 이를 막기 위하여 다시 7만의 정벌군을 편성하여 제3차 원정에 출전하였다.

그러나 당나라와 동맹을 가장한 카를루크(葛邏祿, Karluk)가 배후에서 공격을 하여 오히려 패배하고 후퇴하였다. 이것이 유명한 탈라스전투이다. 제2차의 탈라스원정에서 돌아오자, 당나라 현종은 그를 다시 하서절도사(河西節度使)에 전임시키고 우우임군대장군(右羽林軍大將軍)에 임명하였다.

755년에는 밀운군공(密雲郡公)의 봉작을 받았다. 그리고 이해 11월 안녹산이 범양(范陽)에서 난을 일으키자, 토적부원수(討賊副元帥)가 되어 출전하였다.

이때 그가 거느린 병력은 비기(飛騎) · 확기와 삭방(朔方) · 하서(河西) · 농우 등의 군대였다. 여기에다 증원군을 더 보충하기 위하여 경사(京師)로 가 5만 명을 뽑아 선발군으로 나가 패전한 봉상청(封常淸)과 교대하였다.

반란군이 동관으로 향하여 쳐들어오자 방어 담당지역인 협주(陝州)를 떠나 동관(潼關)으로 무단 이동한 사실을, 개인적인 원한을 품고 있던 부관 변영성(邊令誠)이 현종에게 과장하여 밀고함으로써 진중에서 참형되었다.

고선지의 사적에 관한 자료는 「구당서」와 「신당서」의 고선지 열전이 있다. 이 두 문헌을 두루 살펴볼 때, 소발률(小勃律=지금의 Gilghit부근)과 안서절도사 부몽영찰과의 관계 등에 관한 기록은 「구당서」가 「신당서」보다 상세하다.

최근에 와서 프랑스의 동양학자 샤반느(Chavannes, Ed.)가 종래의 중국문헌을 섭렵하여 고선지가 세운 탁월한 사적을 발굴해 내어 밝힌 「서돌궐사료」(Documents Sur les Tou-Kiue Occidentaux)가 발표되면서부터였다.

또 영국의 유명한 탐험가 슈타인(Stein)은 고선지의 전적지를 직접 답사하였다. 이들은 모두 고선지를 세계에서 가장 우수한 천재적인 전략가로 평가하였다.

이와 함께 주목을 받은 것은 세계 최초로 섬유질의 제지법이 고선지에 의하여 유럽에 전파된 사실이 밝혀진 것이다. 즉 751년에 고선지가 제2차 탈라스전투에서 패하여 잡힌 포로 중에는 제지장(製紙匠)이 있었던 것이다.

　고선지가 이룩한 빛나는 전적을 통하여 그의 뛰어난 지휘자로서의 통솔력과 전술을 살펴보면 대략 다음과 같은 세 가지 사실이 발견된다. ① 서역에서 거둔 고선지의 탁월한 전과로서 소발률국을 토벌한 것, ② 당나라와 아라비아 두 나라가 석국과 탈라스성을 쟁탈하기 위하여 싸운 격전, ③ 탈라스전투 이후 제지법이 아라비아에 전파된 것 등은 그를 평가하는데 있어서 중요한 자료가 된다.

삼국통일 위업 달성

문무왕(文武王)
? ~681

신라 제30대 문무왕은 태종무열왕 김춘추의 맏아들로 태어났다. 재위기간은 661년~681년, 이름은 법민(法敏)이다. 어머니는 소판(蘇判) 김서현(金舒玄)의 작은 딸이며, 김유신의 누이인 문명왕후(文明王后)이다.

문무왕의 비(妃)는 자의왕후(慈儀王后)로 파진찬 선품(善品)의 딸이다.

법민은 외모가 출중한데다 영특하여 지략(智略)이 뛰어났다 한다. 진덕여왕 때에는 고구려와 백제의 압력에 대항하기 위하여 당나라에까지 가서 외교활동을 하였다.

부왕인 태종무열왕 때에는 파진찬으로서 병부령(兵部令)을 역임하였으며 얼마 뒤에 태자로 책봉되었다.

660년(태종무열왕 7년)에 당나라와 연합하여 백제를 정벌할 때 부왕인 무열왕과 함께 출정하여 큰 공을 세웠다.

661년에 태종무열왕이 삼국을 통일하지 못하고 죽자 법민이 왕위를 계승하여 삼국통일의 과업을 완수하였다.

그러므로 문무왕이 재위한 21년 동안은 거의 백제부흥군, 고구려, 그리고 당나라와 전쟁의 연속이었다.

문무왕은 즉위하던 해(661년)에 옹산성(甕山城 : 지금의 대덕군 회덕면)과 우술성(雨述城)에 웅거하던 백제의 잔적을 쳐 항복을 받아냈고 그곳에 웅현성(熊峴城)을 축조하였다. 그리고 663년에는 백제의 거열성(居列城 : 지금의 거창), 거물성(居勿城), 사평성(沙平城), 덕안성(德安城)의 백제 잔적을 정벌했다.

이때 각지에서 일어난 백제 부흥군의 중심 인물은 백제의 옛 장군인 복신(福信)과 승려인 도침(道琛)이었다. 이들은 일본에 가있던 왕자 부여풍(扶餘豊)을 왕으로 추대하고 주류성(周留城 : 지금의 한산, 또는 부안이라는 설도 있음)에 근거를 두고 웅진성(熊津城)을 공격하여 신라와 당나라의 주둔군을 괴롭혔다.

이에 문무왕은 김유신 등 28명의 장군과 함께 당나라에서 파견되어 온 손인사(孫仁師)의 중원병과 연합하여 부흥군의 본거지인 주류성을 비롯 여러 성을 함락시켰다.

이어서 지수신(遲受信)이 끝까지 항거하던 임존성(任存城 : 지금의 대흥)마저 정복함으로써 백제부흥군을 완전히 제거하였다.

664년엔 백제 왕자였으며 당나라의 지원을 받던 웅진도독(熊津都督), 부여융(扶餘隆)과 화맹(和盟)을 맺었다.

한편 당나라와 연합하여 고구려를 정벌하는데도 힘썼다. 즉위하던 해에 당나라가 소정방으로 하여금 고구려를 침공하게 하는 한편 김유신을 비롯한 김인문(金仁問), 진주(眞珠) 등의 장군을 이끌고 당군의 고구려 공격에 호응하였다.

대동강을 통하여 고구려의 평양성을 공격하던 소정방의 당군이 연개소문의 굳센 항전으로 고전하므로 662년에는 김유신을 비롯한 9명의 장군으로 하여금 당군에게 군량까지 보급하였으나 소정방은 물러가고 말았다.

문무왕은 666년에 다시 고구려를 정벌하고자 하여 한림(漢林)과 삼광(三光)을 당나라에 보내어 군사를 청하여 667년에는 이세적이 이끈 당군과 연합하여 평양성을 공격하려 하였으나 미수에 그치고, 668년부터 본격적으로 고구려를 공격하였다.

당군이 신성(新城 : 지금의 奉天)·부여성(扶餘城) 등 만주의 여러 성을 차례로 공파하고 압록강을 건너 평양성을 포위공격하므로 문무왕도 6월에 김유신·김인문·김흠순(金欽純) 등이 이끄는 신라군을 당영(唐營)에 파견하여 당군과 함께 평양성을 공격하였다.

이리하여 9월에 보장왕(寶臧王)으로부터 항복을 받았다.

문무왕은 고구려 멸망에 공을 세운 여러 장사(將士)에게 논공행상을 하고 11월에 백제와 고구려의 평정을 선조묘(先祖廟)에 고하였다.

당나라는 고구려를 멸망시킨 뒤, 점령지의 지배를 위하여 평양의 안동도호부(安東都護府)를 중심으로 9도독부, 42주, 100현을 두고 통치에 임하였다. 그러나 이러한 행정적 조처는 고구려유민(高句麗遺民)의 항쟁으로 제대로 운영되지 못하였다.

고구려의 부흥운동 중에서도 특히 수림성(水臨城) 사람으로 대형(大兄)인 검모잠(劍牟岑)의 활동이 가장 두드러졌는데 그는 보장왕의 서자인 안승(安勝)을 왕으로 맞이하여 부흥운동을 전개하였다. 그러나 670년에 안승이 검모잠을 죽인 다음 4천 호를 이끌고 신라로 망명하므로 문무왕은 그를 금마저(金馬渚 : 지금의 益山)에 머물게 하고, 고구려왕(高句麗王 : 뒤의 報德王)에 봉하였다. 이로써 고구려의 부흥운동도 점차 그 세력이 약화되어 좌절하고 말았다.

당나라는 백제와 고구려를 멸망시킨 뒤에 삼국 전체를 자기의 영토로 삼으려는 의도를 노골적으로 드러내었다. 이리하여 신라는 백제와 고구려의 옛 땅에 대한 지배권을 차지하기 위하여 당나라와 새로운 전쟁을 치르지 않을 수 없었다.

문무왕이 옛 백제땅인 금마저에 안승을 맞아들인 것도 고구려부흥운동과 연결하여 당나라 및 당나라와 결탁한 웅진도독 부여융의 백제군에 대항하려는 의도가 내포되어 있었다.

한편, 문무왕은 670년에 품일(品日)·문충(文忠) 등이 이끄는 신라군으로 하여금 63성을 공취하여 그곳의 인민을 신라의 내지로 옮기고, 천존(天存) 등은 7성을, 군관(軍官) 등은 12성을 함락시켰다. 또한, 671년에는 죽지(竹旨) 등이 가림성(加林城 : 지금의 林川)을 거쳐 석성(石城 : 지금의 林川 동쪽) 전투에서 당군 3,500명을 죽이는 큰 전과를 올렸다.

이 때 당나라의 행군총관(行軍摠管) 설인귀(薛仁貴)가 신라를 나무라는 글을 보내오자 문무왕은 이에 대하여 신라의 행동이 정당함을 주장하는 글을 보냈다. 그리고 드디어 사비성(지금의 부여)을 함락시키고 여기에 소부리주(所夫里州)를 설치하여 아찬 진왕(眞王)을 도독에 임명함으로써 백제 고지에 대한 지배권을 장악하였다.

한편 같은 해에 바다에서는 당나라의 운송선 70여 척을 공격하여 큰 전과를 올리기도 하였다. 고구려의 옛 땅에서도 신라와 당나라의 치열한 전투가 있었다. 특히 신라가 백제의 고지를 완전히 점령한 뒤에 침략해온 당군과 전투가 가장 치열하였다. 문무왕 672년 이래로 당나라는 백제와 고구려를 멸할 때와 마찬가지로 대군을 동원하여 침략해옴으로써 신라는 한강으로부터 대동강에 이르는 각지에서 당군과 여러차례 싸우지 않으면 안되었다.

당나라는 674년에 유인궤(劉仁軌)를 계림도대총관(鷄林道大摠管)으로 삼아 침략해옴과 동시에 문무왕의 동생 김인문을 일방적으로 신라왕(新羅王)에 봉하여 문무왕에 대한 불신의 뜻을 보이기도 하였다.

신라의 당나라에 대한 항쟁은 675년에 그 절정에 이르렀다. 이해에 설인귀는 당나라에 숙위하고 있던 풍훈(風訓)을 안내자로 삼아 쳐들어 왔으나 신라장군 문훈(文訓)은 이를 격파하여 1,400명을 죽이고 병선 40척, 전마 1,000필을 얻는 전과를 올렸다.

이어서 이근행(李謹行)이 20만의 대군을 이끌고 침략해오므로 신라군은 매초성(買肖城 : 지금의 楊州)에서 크게 격파하여 이들을 물리쳤다. 이 매초성의 승리는 북쪽 육로를 통한 당군의 침략을 저지하는 효과를 가져왔다.

한편 676년에 해로로 계속 남하하던 설인귀의 군대를 사찬 시득(施得)이 기벌포(伎伐浦)에서 격파함으로써 신라는 서해의 제해권을 장악하게 되었다.

이리하여 당나라는 결국 676년에 안동도호부를 평양으로부터 요동성(遼東省 : 지금의 遼陽)으로 옮기게 되었다. 그 결과 신라는 많은 한계성을 지니는 것이기는 하지만 대체로 대동강에서 원산만에 이르는 이남의 영토에 대한 지배권을 장악함으로써 한반도를 통일할 수 있었던 것이다.

문무왕은 이와같이 삼국통일을 완수하는 과정에서도 국가체제의 정비를 위하여 적지않은 노력을 기울였다. 이것은 증가한 중앙관부(中央官府)의 업무와 확장된 영역의 통치를 위하여 불가피한 조처였던 것이다.

우선 문무왕이 재위한 21년 동안에 잡찬 문왕(文王)을 비롯한 문훈·진복(眞福)·지경(智鏡)·예원(禮元)·천광(天光)·춘장(春長)·천존 등 8명의 인물이 행정책임자로서 집사부 중시(中侍)를 역임하였다. 문무왕은 이 중에서 특히 문왕·지경·예원과 같이 자기의 형제들을 중시에 임명함으로서 왕권의 안정을 꾀하였다.

이러한 정치적 안정을 바탕으로 적극적인 통일전쟁을 수행할 수 있었던 것이다. 그리고 문무왕은 671년과 672년에 걸쳐 병부(兵部)·창부(倉部)·예부(禮部)·사정부(司正府)와 같은 중앙관부의 말단행정 담당자인 사(史)의 인원수를 증가시켜 업무처리를 원활하게 하였다.

지방통치를 위해서는 673년에는 진흥왕대에 이미 소경(小京)을 설치한 중원(中原)에 성을 축조하였으며, 통일한 후인 678년에 북원소경(北原小京)을, 680년에는 금관소경(金官小京)을 두어 왕경(王京)의 편재에서 오는 불편함을 극복하고 신문왕대에 완성되는 5소경제(小京制)의 기틀을 마련하였다.

또한, 삼국통일 후의 신라 군사조직의 기간은 신라민과 피정복민으로 구성된 중앙의 9서당(誓幢)과 지방의 9주에 설치된 10정이었다.

여기에서 9서당은 대체로 신문왕대에 완성되는 것이지만 9서당 중에서 백금서당(白衿誓幢)은 문무왕이 백제지역을 온전히 점령한 다음해인 672년에 백제민으로서 조직한 것이다.

또 같은해에 장창당(長槍幢)을 두었는데 이것은 693년(효소왕 2)에 비금서당(緋衿誓幢)이 되었다. 이로써 보면 9서당 편제의 기초는 이미 문무왕대에 만들어지고 있었던 것이다.

이밖에 문무왕 672년에는 기병을 위주로 하는 지방군제의 하나인 5주서(州誓)가 설치되기도 하였다.

이와같은 문무왕의 체제정비작업은 675년에 백사(百司)와 주군(州郡)의 동인(銅印)을 제작, 반포한 데에서 잘 나타나고 있다. 시호는 문무(文武)이며, 장지는 경상북도 월성군 감포(甘浦), 앞바다에 있는 해중왕릉(海中王陵)인 대왕암(大王巖)이다.

백제부흥의 외로운 꿈

복신(福信)
? ~ 663(신라 문무왕 3)

660년 7월, 신라와 당나라의 연합군에 의해 백제의 수도 사비성(지금의 부여)이 함락되었다. 백제의 의자왕은 웅진(熊津 : 지금의 공주)에서 사비성으로 돌아와 연합군에 항복하고 말았다.

이로서 의자왕은 물론 왕족, 귀족, 장군 등 93명과 1만2천8백70명의 포로는 당나라로 끌려가는 신세가 되었다. 수백년의 역사를 자랑하던 백제가 종말을 고하던 비통한 시기였다.

이때 복신은 포로가 되는 것을 면할 수 있었으니 아마도 사비성에 있지 않았던 것이 아닌가 믿어진다.

백제 무왕의 조카이며 의자왕의 사촌 동생이기도 한 복신이 포로가 되지 않았다는 것은 꺼져가는 백제로서는 마지막 희망일 수도 있었던 것이다.

그가 도침(道琛)과 함께 주류성(周留城 : 지금의 한산)을 근거로 해서 부흥운동을 전개한 것도 바로 그 때문이다.

이들은 일본에 체류하고 있던 왕자 부여풍(扶餘豊)을 왕으로 추대하는 한편, 일본에 구원병을 요청하는 동시에 서북부지방 백제유민들의 호응을 얻어 한때 사비성까지 쳐들어가는 성과를 얻었다.

당나라 장수 유인원(劉仁願)이 지키는 사비성을 포위하자, 당나라에서는 유인궤(劉仁軌)를 급히 파견하여 구원하게 하였다. 그 결과 백제부흥군의 전세가 불리하게 되자, 복신은 임존성(任存城)으로 퇴진하였다.

이때 복신은「당과 신라가 백제사람들은 다 죽이고 땅은 신라에 주기로 약속하였다 하니 어차피 죽을 몸이라면 싸우기나 하자」는 격문을 내걸고 백제유민들의 호응 아래 여러 차례 나당연합군을 격파하였다.

복신을 주축으로 하는 백제부흥군은 신라와 당나라가 연합하여 고구려를 공격하는 틈을 타서 옹산성(甕山城 : 지금의 대덕군 회덕면에 있던 계족산성), 사정성(沙井城 : 지금의 대전시 사정동), 진현성(眞峴城) 등을 공격하여 이를 탈환하였다.

그밖에 신라군이 금강상류를 통하여 내려보내는 군량수송로를 차단하니 나당연합군은 한때 곤궁에 빠지기도 하였다.

그러나 복신은 도침과 반목하여 도침을 죽이는 한편, 자기의 세력을 믿고 장차 부여 풍까지 제거하고 실권을 장악하려고 하였다.

그래서 거짓 병을 핑계로 누워 있다가, 부여 풍이 문병오는 것을 기다려 잡아죽이려고 하였다.

그러나 이 사실을 알아챈 부여 풍이 먼저 부하들을 이끌고 가서 복신을 죽였다.

이와같은 백제부흥군 지도부의 분열로 인하여 전후 4년에 걸친 백제부흥운동은 좌절되고 말았다.

이로서 마지막 보루였던 백제 부흥운동은 끝이 난 것이다.

황산벌에서 쓰러진 백제의 忠魂

계백(階伯)
?~660(의자왕 20)

　백제 말기 나당연합군에 의해 망하기 직전 백제의 명예를 걸고 싸우다 장렬히 산화한 장군이다. 황산벌의 대 결전은 이나라 전쟁사상 가장 빛나는 전투였다. 그것이 조국수호라는 큰 뜻이 있었기 때문이기도 하지만 적은 병사로 대군을 맞아 싸웠으면서도 최후의 순간까지 밀고 당기는 치열한 전투가 그대로 기록에 남아 있기에 더욱 그러하다.
　장군의 관등은 달솔(達率)이었다.
　660년 신라의 김유신과 당나라의 소정방의 나당연합군이 백제의 요충지인 탄현(炭峴 : 지금의 대전 동쪽 馬道嶺)과 백강(白江)으로 진격해 오자 계백은 결사대 5천을 뽑아 거느리고 황산(黃山 : 지금의 連山)벌에 나가 5만여 신라군과 맞부딪혔다.
　그는 전장에 나아가기에 앞서 「한 나라의 힘으로 나·당의 큰 군대를 당하니 나라의 존망을 알 수 없다. 내 처자가 잡혀 노비가 될지도 모르니 살아서 욕보는 것이 흔쾌히 죽어 버리는 것만 같지 못하다」고 하고는 처자를 모두 죽이고 나라를 위해 목숨을 버릴 것을 각오하였다.
　또한 병사들에게도 「옛날 월왕 구천(越王句踐)은 5천 명으로 오왕 부차(吳王夫差)의 70만 대군을 무찔렀다. 오늘 마땅히 각자 분전하여 승리를 거두어 나라의 은혜에 보답하라」고 격려하였다.
　그의 결사대는 험한 곳을 먼저 차지하여 세 진영으로 나뉘어 신라군에 대항하였다. 목숨을 버릴 것을 맹세한 5천 결사대의 용맹은 신라의 대군을 압도할만하였다.
　그리하여 처음 신라군과의 네번에 걸친 싸움에서 모두 승리를 거둘 수 있었다.
　그러나 반굴(盤屈)·관창(官昌) 등 어린 화랑의 전사로 사기가 오른 신라의 대군과 대적하기에는 그 수가 너무나 적었다.
　결국 백제군은 패하고 계백은 장렬한 최후를 마쳤다.
　계백의 이러한 생애는 후대인들의 높은 칭송의 대상이 되었고, 특히 조선시대의 유학자들에게는 충절의 표본으로 여겨졌다.
　한편, 권근(權近)은 계백이 출전하기에 앞서 처자를 모두 죽인 것이 오히려 군사들의 사기를 떨어뜨려 결국 패하는 결과를 낳게 한 것이며, 계백의 그러한 행동은 난폭하고 잔인무도한 것이라고 하지 않을 수 없다고 평했다.
　그러나 서거정(徐居正) 등은 계백의 행동을 높이 평가하여「당시 백제가 망하는 것은 필연적인 사실이기에 자신의 처자가 욕을 당하지 않도록 몸소 죽이고, 자신도 싸우다가 죽은 그 뜻과 절개를 높이 사야 한다」고 하였다.
　더구나 백제가 망할 때에 홀로 절개를 지킨 계백이야말로 옛 사람이 이른바「나라와 더불어 죽는 자」라고 칭송하였다.
　그 평가는 이후 조선시대 유학자들간에 그대로 계승되어 계백은 충절의 표본으로 여겨졌다. 그뒤 계백은 부여의 의열사(義烈祠), 연산의 충곡서원에 제향되었다.

한국가야금의 원조

우륵(于勒)

가야국의 우륵은 고구려의 왕산악(王山岳), 신라의 옥보고(玉寶高)와 함께 삼국통일기를 전후하여 우리 음악을 일으킨 악성들이다.
왕산악과 옥보고는 거문고를, 그리고 우륵은 가야금을 우리 체질에 맞게 개조하여 오늘날까지 전통악기로 보존되고 있으며, 따라서 우리 음악을 1천 5백년 동안 유지 발전시킬 수 있는 계기를 마련한 것이다.
우륵이 태어난 해나 죽은 해는 알려져 있지 않다. 다만 가야국 가실왕과 신라 진흥왕 때 악사로 활약했다는 기록만이 남아 있다.
그는 가야국 성열현(省熱縣)에서 살았다고 한다. 그러나 우륵이 태어난 가야국이 어느 가야인지, 또 가실왕은 가야국 중 어느 나라 몇 대 왕인지 확실하지 않다.
한때 가실왕이 우륵에게 이르기를, 「모든 나라의 방언도 각각 서로 다른데, 성음(聲音)이 어찌 하나일 수 있겠는가?」라고 하며 가얏고를 위하여 악곡을 지으라 하여 12곡을 지었다고 한다.
그뒤 가야국이 어지러워지자 가얏고를 들고 제자 이문(泥文)과 함께 신라 진흥왕에게 투항하였는데, 왕은 그를 맞아 국원(國原 : 지금의 충주)에 안치시키고 계고(階古)·만덕(萬德)·법지(法知) 등을 보내어 그의 업(業)을 전습하게 하였다.
우륵은 이 세 사람의 재주를 헤아려 계고에게는 가얏고, 법지에게는 노래, 만덕에게는 춤을 각각 가르쳤다.
그뒤 이들은 우륵이 만든 12곡을 듣고는 「이 곡들은 번차음(繁且淫)하여 아정(雅正)하지 못하다」하며 5곡으로 줄여버렸다.
우륵이 이 소식을 듣고 처음에는 매우 노하였으나 새로 줄인 5곡을 모두 듣고 난 뒤에는 눈물을 흘리며, 「즐거우면서 음란하지 않고, 슬프면서도 비통하지 않으니 가히 아정하다 하겠다」라고 감탄하였다

한다.
 일찍이 우륵이 지은 12곡명은「하가라도」(下加羅都),「상가라도」(上加羅都),「보기」(寶伎),「달기」(達己),「사물」(思勿),「물혜」(勿慧),「하기물」(下奇物),「사자기」(師子伎),「거열」(居烈),「사팔혜」(沙八兮),「이사」(爾赦),「상기물」(上奇物)이다.
 이 중에서「보기」,「사자기」,「이사」를 제외한 나머지 9곡은 당시의 군현 이름과 같아서 해당지방 민요의 성격을 띤 것으로 추측하고 있다.

일본에 전한 백제문화

왕인(王仁)
5세기 경

우리 역사엔 왕인에 대한 기록이 없다. 다만 일본의 고사기(古事記)와 일본서기(日本書紀)에 그 기록이 등장하여 저들의 역사 발전에 큰 공을 세운 인물이며 존경받고 있는 인물이었음을 알 수 있다.

따라서 한반도에서 섬나라인 일본에 어떻게 문화가 전파되었는가를 알 수 있고 또한 고구려, 신라, 백제의 정세와 일본과의 관계를 짐작해 볼 수가 있다.

왕인은 백제 근초고왕 때의 학자였다. 근초고왕 때라면 백제가 융성하던 시대로 문화가 대단히 발달하였다.

이때 아직기(阿直岐)가 근초고왕의 지시로 말 두필을 끌고 일본에 건너가서 왕에게 바친 뒤 말을 기르는 일을 맡아 보다가, 그가 경서에 능통함을 안 일본 오진왕(應神王)이 태자 토도치랑자(兎道稚郎子)의 스승으로 삼았다.

그가 임기를 마치고 돌아올 때 일본왕이 아라타(荒田別) 등을 보내어 학덕높은 학자를 보내주기를 청하니, 이에 왕인이 추천되어 「논어」 10권, 「천자문」 1권을 가지고 일본에 건너가 일본왕의 태자 토도치랑자의 스승이 되었다.

그는 경서에 통달하였으므로 왕의 요청에 의해 군신들에게 경·사(經史)를 가르쳤다.

그의 자손들은 대대로 가와치(河內)에 살면서 기록을 맡은 사(史)가 되었으며, 일본조정에 봉사하여 일본고대문화 발전에 크게 기여하였다.

일본의 역사책 고사기(古事記)에는 그의 이름을 화이길사(和邇吉師) 또는 백제국왕 조고주(照古主)라 하였고, 일본서기(日本書紀)에는 왕인으로 기록되어 있다. 그리고 고사기에는 백제 근초고왕 때의 사람으로 기록되어 있으나, 일본서기에는 아신왕 말년경에 일본으로 건너온 것처럼 기록되어 있어서 전후 30~40년간의 차이가 있다.

우리나라 역사에는 전혀 그의 이름이 보이지 않고 있다.

이후 백제로부터 일본으로 오경박사(五經博士)를 비롯하여 재봉녀(裁縫女)·직공(織工)·야공(冶工)·양주자(釀酒者)·도공(陶工)·안공(鞍工)·화원(畫員)·금공(錦工)·의사등이 건너가서 백제문화를 일본에 전수해주어 일본의 고대문화 발달에 공헌하였다.

지금의 전라남도 영암군에는 왕인석상을 비롯하여 왕인이 독서하였다는 왕인책굴 등이 있으며, 무덤은 일본 대판(大阪)과 경도(京都)의 중간지점인 히라카타(校方)에 있다.

신라 최대의 학자

최치원(崔致遠)
857(헌안왕 1) ~ 951

　신라 말기의 학자, 본관은 경주이며 자는 고운(孤雲), 혹은 해운(海雲)이라고도 한다. 경주 사량부(沙梁部) 출신이다.
　신라 골품제에서 6두품(六頭品)으로 신라의 유교를 대표할만한 많은 학자들을 배출한 최씨 가문 출신이다. 특히 최씨 가문 가운데서도 이른바 신라 말기의 3최의 한사람으로서 새로 성장하는 6두품 출신의 지식인 가운데 대표적인 인물이었다.
　세계(世系)는 자세히 알 수 없으나, 아버지 견일은 원성왕의 원찰인 숭복사(崇福寺)의 창건에 관계하였다.
　최치원이 868년(경문왕 8년)에 12세의 어린 나이로 중국 당나라에 유학을 떠나게 되었을 때, 아버지 견일은 그에게 「10년 동안에 과거에 합격하지 못하면 내 아들이 아니다」라고 격려하였다 한다.
　이러한 이야기는 뒷날 최치원 자신이 6두품을 득난(得難)이라고도 한다고 하여 자랑스럽게 말하고 있었던 점과 아울러 신흥가문 출신의 기백을 잘 나타내 주고 있다. 당나라에 유학한지 7년 만인 874년에 18세의 나이로 예부시랑(禮部侍郞) 배찬(裵瓚)이 주관한 빈공과(賓貢科)에 합격하였다.
　그리고 2년간 낙양(洛陽)을 유랑하면서 시작(詩作)에 몰두하였다. 그뒤 876년(헌강왕 2년) 당나라의 선주(宣州) 표수현위(漂水縣尉)가 되었다. 이때 공사간(公私間)에 지은 글들을 추려 모은 것이 중산복궤집 1부(部) 5권이다.
　그뒤 887년 겨울 표수현위를 사직하고 일시 경제적 곤란을 받게 되었으나, 양양(襄陽) 이위의 문객(門客)이 되었고, 곧이어 회남절도사(淮南節度使) 고변의 추천으로 관역순관(館驛巡官)이 되었다.
　그러나 문명(文名)을 천하에 떨치게 된 것은 879년 황소(黃巢)가 반란을 일으키자 고변이 제도행영병마도통(諸道行營兵馬都統)이 되어 서기의 책임을 맡으면서부터였다.

 그뒤 4년간 고변의 군막(軍幕)에서 표(表)・장(狀)・서계(書啓)・격문(檄文) 등을 제작하는 일을 맡게 되었다. 그 공적으로 879년 승무랑 전중시어사내공봉(承務郎殿中侍御史內供奉)으로 도통순관(都統巡官)에 승차되었으며, 겸하여 포장으로 비은어대(緋銀魚袋)를 하사받았으며 882년에는 자금어대(紫金魚袋)를 하사받았다.

 고변의 종사관으로 있을 때, 공사간에 지은 글이 표・장・격(檄)・서(書)・위곡(委曲)・거첩(擧牒)・제문(祭文)・소계장(疏啓狀)・잡서(雜書)・시 등 1만여 수에 달하였는데, 귀국 후 정선하여 계원필경(桂苑筆耕) 20권을 이루게 되었다.

 이 가운데 특히 토황소격(討黃巢格)은 명문으로 이름이 높다. 885년 귀국할 때까지 17년 동안 당나라에 머물러 있었는데, 그동안 고운(顧雲)・나은(羅隱) 등 당나라의 여러 문인들과 사귀어 그의 글재주는 더욱 빛나게 되었다. 이로 인하여 당서(唐書) 예문지(藝文志)에도 그의 저서명이 수록되게 되었는데, 이규보(李奎報)는 「동국이상국집」 22권 잡문(雜文)의 「당서에 최치원전을 세우지 않은 데 대한 논의(唐書不立崔致遠傳議)」에서 「당서」 열전(列傳)에 최치원의 전기가 들어 있지 않은 것은 중국인들이 그의 글재주를 시기한 때문일 것이라고까지 말하고 있다.

 29세로 신라에 돌아오자, 헌강왕에 의하여 시독 겸 한림학사 수병부시랑 지서서감사에 임명되었다.

 그리고 국내에서도 문명을 떨쳐 귀국한 다음해에 왕명으로 대숭복사비문(大崇福寺碑文) 등의 명문을 남겼고, 당나라에서 지은 저작들을 정리하여 국왕에게 진헌하였다.

 그러나 당시의 신라사회는 이미 붕괴를 눈앞에 두고 있었는데, 무엇보다도 지방에서 호족세력이 대두하면서 중앙정부는 주(州)・군(郡)의 공부(貢賦)도 제대로 거두지 못하여 국가의 창고가 비고, 재정이 궁핍한 실정이었다.

 889년(진성여왕 3년)에는 마침내 주・군의 공부를 독촉하자 농민들이 사방에서 봉기하여 전국적인 내란에 들어가게 되었다.

이에 최치원은 895년 전국적인 내란의 와중에서 사찰을 지키다가 전몰한 승병들을 위하여 만든 해인사(海印寺) 경내의 한 공양탑(供養塔)의 기문(記文)에서 「당토(唐土)에서 벌어진 병(兵)·흉(凶) 두 가지 재앙이 서쪽 당에서는 멈추었고, 동쪽 신라로 옮겨져와서 그 험악한 중에도 더욱 험악하여 굶어서 죽고 전쟁으로 죽은 시체가 들판에 별처럼 흐트러져 있었다」고 당시의 처참한 상태를 적었다.

당나라에서 직접 황소의 반란을 체험한 바 있는 그에게는 고국에서 벌어지고 있던 전쟁과 재앙이 당나라의 그것이 파급, 연장된 것으로 느껴졌던 모양으로, 당대 제일의 국제통(國際通)다운 시대감각이라 아니할 수 없다.

귀국한 뒤 처음에는 상당한 의욕을 가지고 당나라에서 배운 경륜을 펴보려 하였으나, 진골귀족 중심의 독점적인 신분체제의 한계와 국정의 문란함을 깨닫고 외직(外職)을 원하여 890년에 대산군(大山郡 : 지금의 전라북도 태인)·천령군(天嶺郡 : 지금의 경상남도 함양)·부성군(富城郡 : 지금의 충청남도 서산) 등지의 태수(太守)를 역임하였다.

부성군 태수로 있던 893년 하정사(賀正使)에 임명되었으나 도둑들의 횡행으로 가지 못하고, 그 뒤에 다시 사신으로 당나라에 간 일이 있다.

894년에는 시무책(時務策) 10여 조를 진성여왕에게 올려서 문란한 정치를 바로잡으려고 노력하기도 하였다.

10여 년 동안 중앙의 관직과 지방관직을 역임하면서, 중앙 진골귀족의 부패와 지방세력의 반란 등의 사회모순을 직접적으로 목격한 결과 그 구체적인 개혁안을 제시하기에 이른 것이다.

시무책은 진성여왕에게 받아들여져서 6두품의 신분으로서는 최고의 관등인 아찬에 올랐으나 그의 정치적인 개혁안은 실현될 수 없는 것이었다.

당시의 사회모순을 외면하고 있던 진골귀족에게 그 개혁안이 받아들여질 리가 없었던 것이다. 그리고 얼마 아니되어 실정을 거듭하던 진성여왕이 즉위한지 11년 만에 정치문란의 책임을 지고 효공왕에게 선양(禪讓)하기에 이르렀다.
 최치원은 퇴위하고자 하는 진성여왕과 그뒤를 이어 새로이 즉위한 효공왕을 위하여 각각 대리 작성한 상표문(上表文)에서 신라가 이미 돌이킬 수 없는 멸망의 길로 들어서고 있었던 것을 박진감나게 묘사하였다.
 이에 이르자 최치원은 신라왕실에 대한 실망과 좌절감을 느낀 나머지 40여 세 장년의 나이로 관직을 버리고 소요자방(逍遙自放)하다가 마침내 은거를 결심하였다. 당시의 사회적 현실과 자신의 정치적 이상과의 사이에서 빚어지는 심각한 고민을 해결하지 못하고 결국 은퇴의 길을 택하지 않을 수 없었던 것 같다.
 만년에는 모형(母兄)인 승 현준(賢俊) 및 정현사(定玄師)와 도우(道友)를 맺고 가야산 해인사에 들어가 머물렀다. 해인사에서 언제 세상을 떠났는지 알 길이 없으나, 그가 지은 「신라수창군호국성팔각등루기(新羅壽昌郡護國城八角燈樓記)」에 의하면 908년(효공왕 12년) 말까지 생존하였던 것은 분명하다.
 그뒤의 행적은 전혀 알 수 없으나, 물외인(物外人)으로 산수간에서 방랑하다가 죽었다고도 하며 혹은 신선이 되었다는 속설도 전해오고 있으나, 자살한 것이 아닌가 하는 새로운 주장도 있다.
 「삼국사기」 최치원전에 의하면 고려 왕건(王建)에게 서한을 보냈는데 그 가운데 「계림은 시들어가는 누런 잎이고, 개경의 곡령은 푸른 솔」이라는 구절이 들어 있어 신라가 망하고 고려가 새로 일어날 것을 미리 내다보고 있었다고 한다.
 최치원이 실제 왕건에게 서신을 보낸 사실이 있었는지 확인할 길은 없으나, 그가 송악(松岳)지방에서 새로 대두하고 있던 왕건세력에 주목하고 있었던 것은 사실인 것 같다. 은거하고 있던 해인사에는 희랑(希朗)과 관혜(觀惠) 등 두 사람의 화엄종장(華嚴宗匠)이 있어서 서로 정치적 견해를 달리하여 대립하고 있었다.
 즉, 희랑은 왕건을 지지하는데 비하여, 관혜는 견훤(甄萱)의 지지를 표방하고 있었다. 그때에 최치원이 희랑과 교분을 가지고 그를 위하여 시 6수를 지어준 것이 오늘날까지 남아 있다. 이로 보아 최치원

은 희랑을 통해서도 왕건의 소식을 듣고 있었고, 나아가 고려의 흥기
에 기대를 걸었을 가능성을 생각할 수 있다. 그는 역사의 중심무대가
경주에서 송악지방으로 옮겨지고 또 그 주인공도 경주의 진골귀족이
몰락하는 대신에 지방의 호족세력이 새로 대두하고 있던 역사적 현
실을 직접 눈으로 내다보면서 살다간 사람이었다.

비록 그 어느 편에도 적극적으로 가담하여 사회적인 전환과정에서
주동적인 역할을 하지 못하고 이미 잔존세력에 불과하던 신라인으로
남아서 은거생활로 일생을 마치고 말았으나, 역사적 현실에 대한 고
민은 그의 후계자들에게 영향을 주어, 문인(門人)들이 대거 고려정
권에 참가하여 새로운 성격의 지배층을 형성함으로써 신흥고려의 새
로운 정치질서, 사회질서의 수립에 선구적인 역할을 담당하였다.

한편, 최치원이 살던 시대는 사회적 전환기일 뿐 아니라 그에 상응
하는 정신계의 변화도 활발하게 전개되고 있었는데, 그는 정신계의
변화면에 있어서도 중요한 위치를 점하고 있었다. 자신을 부유(腐
儒), 유문말학(儒門末學) 등으로 표현하였던 것으로 보아 학문의 기
본적 입장은 유학(儒學)이었던 것을 알 수 있다.

유학을 단순히 불교의 부수적인 것으로 이해하거나, 왕자(王者)의
권위수식에만 이용하던 단계를 지나 새로운 정치이념으로 내세우면
서, 골품제도라는 신라사회의 족적 편제방법(族的編制方法)을 부정
하는 방향으로까지 발전시켰던 것이다. 유교에 있어서의 선구적 업
적은 뒷날 최승로(崔承老)로 이어져 고려국가의 정치이념으로 확립
을 보기에 이르렀다.

그는 유교사관(儒敎史觀)에 입각해서 역사를 정리하였는데, 그 가
운데 가장 대표적인 것이 연표형식으로 정리한 제왕연대력(帝王年代
曆)이다. 제왕연대력에서는 거서간(居西干)·차차웅(次次雄)·이
사금(尼師今)·마립간(麻立干) 등 신라왕의 고유한 명칭은 모두 야
비하여 족히 칭할만한 것이 못 된다고 하면서 왕(王)으로 바꾸었는
데, 그것은 유교사관에 입각해서 신라문화를 이해하려는 역사인식에
서 말미암은 것이었다.

이러한 최치원의 유교사관은 유교에 대한 이해가 보다 깊어지는

김부식(金富軾)의 그것에 비해서 냉정한 면이 결여된 것이었고, 따라서 그만큼 모방적인 성격이 강한 것이었음을 나타내주는 것이었다. 제왕연대력은 오늘날 남아 있지 않아 그 내용은 알 수 없으나 가야를 포함하여 삼국의 연표와 통일신라, 그리고 중국의 연표가 들어있을 것으로 보인다.

그리고 유교에 있어서의 선구적인 역할과 아울러 빼놓을 수 없는 것이 한문학사(漢文學史)에 있어서의 업적이다.

그의 한문학은 중국문학의 차용(借用)을 통해서 형성되었는데, 신라의 문화적 전통 속에서 성립된 향가문학(鄕歌文學)과 대립되는 새로운 문학장르를 개척한 것이었다. 그리고 문장은 문사를 아름답게 다듬고 형식미가 정제된 문체였다.

「동문선」과 「계원필경」에 상당수의 시문이 수록되어 전하고 있는데 평이근아(平易近雅)하여 당시 만당시풍(晩唐詩風)과 구별되었다. 최치원은 그 자신 유학자로 자처하면서도 불교에도 깊은 관심을 가져 승려들과 교유하고, 불교관계의 글들을 많이 남기고 있었다. 불교 가운데서도 특히 종래의 학문불교·체제불교인 화엄종의 한계와 모순에 대해서 비판하는 성격을 가진 선종(禪宗)의 대두를 주목하고 있었다. 지증(智證), 낭혜(朗慧), 진감(眞鑑) 등 선승들의 탑비문(塔碑文)을 찬술하고 있었으며, 그 가운데 특히 「지증대사비문」에서는 신라 선종사를 간명하게 기술한 것으로 유명한데, 신라의 불교사를 세 시기로 구분하여 이해한 것은 말대사관(末代史觀)에 입각한 것으로서 주목된다.

그러나 불교 가운데서 주목한 것은 선종만이 아니었다. 오히려 더욱 깊은 관심을 가진 것은 종래의 지배적 불교인 화엄종이었다. 화엄종관계의 글을 많이 남기고 있어서 오늘날 확인되는 것만도 20여종에 이르고 있으며, 특히 화엄종 사찰인 해인사에 은거한 뒤부터는 해인사 관계의 글을 많이 남겼다. 화엄종관계의 글 가운데는 법장화상전(法藏和尙傳)·부석존자전(浮石尊者傳)·석순응전(釋順應傳)·석이정전(釋利貞傳) 등이 있었던 것이 확인되는 바, 이로 보아 신라 화엄종사(新羅華嚴宗史)의 주류를 의상(義湘)-신림(神琳)-순응

(順應)-이정(利貞)-희랑으로 이어지는 계통으로 이해하지 않았는가 한다.

그리고 화엄학 이외에도 유식학자(唯識學者)인 원측(圓測)과 태현(太賢) 등에 대해서도 언급하고 있어, 화엄학과 함께 신라불교의 양대 조류를 이루었던 유식학(唯識學)도 이해하고 있었던 것으로 주목된다. 유교와 불교 이외에 기타 사상으로서 지적할 수 있는 것은 도교(道敎)와 노장사상(老莊思想)·풍수지리설(風水地理說)이었다. 당나라에 있을 때 도교의 신자였던 고변의 종사관으로 있으면서 도교에 관한 글을 남기고 있었던 것을 보아 그 영향을 받았을 것을 짐작할 수 있다. 특히, 계원필경 권15에 수록된 재사(齋詞)에서 그의 도교에 대한 이해를 보여주고 있다. 그리고 귀국한 뒤 정치개혁을 주장하다가 진골귀족의 배척을 받아 관직을 떠난 뒤에는 현실적인 불운을 노장적(老莊的)인 분위기 속에서 자족하려고 하는 면이 시에 잘 나타나 있다.

이러한 현실도피적인 행동이 뒷날 도교의 인물로까지 잘못 전하여지게 되었던 것이다. 또한 그가 찬술한 대숭복사비문에 의하면 예언적인 도참신앙(圖讖信仰)과 결부되어 국토재계획안적인 성격을 가지고 사회적 전환의 추진력이 되고 있었던 풍수지리설에도 상당한 이해를 가지고 있었던 것을 알 수 있다.

그리고 그의 사회에 대한 인식이나 역사적인 위치가 선승(禪僧)이자 풍수지리설의 대가였던 도선(道詵)과 비슷한 점은 주목할만한 것이다. 이처럼 유학자라고 자처하면서 유교 이외에 불교나 노장사상, 그리고 심지어는 풍수지리설까지도 아무 모순 없이 복합하여 이해하고 있었던 것이다. 특히 유교와 불교의 조화에 노력한 면이 난랑비서문(鸞郎碑序文)을 비롯한 그의 글 여러곳에서 나타나고 있다.

그런데 이러한 사상적인 복합화가 중앙의 진골 귀족들의 독점적인 지배체제와 그들의 고대적인 사유방식에 반발하던 6두품 출신의 최치원에 의하여 추진되었다는 사실은 신라 고대문화의 한계를 극복하려는 새로운 사상운동으로서의 성격을 가지게 하였던 것이다.

그러나 말년에 와서 소극적이며 은둔적인 생활은 시대적인 제약성을 스스로 극복하지 못함으로서 신라말 고려초의 사회적인 전환기에서 중세적 지성의 선구자로 머물다 간 아쉬움을 남겼다.

　1020년(현종 11년) 현종에 의하여 내사령(內史令)에 추증, 다음해에 문창후(文昌侯)에 추시(追諡)되어 문묘에 배향되었다. 조선시대에 태인(泰仁)의 무성서원(武成書院), 경주의 서악서원(西嶽書院), 함양의 백연서원(柏淵書院), 영평(永平)의 고운영당(孤雲影堂), 대구 해안현(解顏縣)의 계림사(桂林祠) 등에 제향되었다.

　저술로는 시문집으로「계원필경」20권,「금체시」5수 1권,「오언칠언금체시」100수 1권,「잡시부」30수 1권,「중산복궤집」1부 5권,「사륙집(四六集)」1권, 문집 30권 등이 있었고, 사서(史書)로는「제왕연대력」이 있었으며, 불교에 관계되는 저술로는「부석존자전」1권,「법장화상전」1권과「석이정전」·「석순응전」·「사산비명(四山碑銘)」등이 있었으나 오늘날 전하는 것은「계원필경」·「법장화상전」·「사산비명」뿐이다.

　그 외는〈동문선〉에 시문 약간, 사기(寺記) 등에 기(記)·원문(願文)·찬(讚) 등 그 편린만이 전할 뿐이다. 글씨도 잘 썼는데, 오늘날 남아 있는 것으로는 쌍계사의〈진감사비문〉이 유명하다.

　그리고 많은 설화가 전해오는데, 그 중에서 가장 대표적인 것으로는 조선시대 김집(金集)의 신독재전집(愼獨齋全集)에 실린 최문헌전(崔文獻傳)이 있다.

백제 마지막 임금

의자왕(義慈王)
? ~ 660(의자왕 20)

　백제 제31대 마지막 왕이다. 재위기간은 641~660년, 무왕의 맏아들로 태어났다.
　그는 태자 때부터 효로서 부모를 섬기고 형제와 우애하여 해동증자(海東曾子)로까지 칭송되었다. 또 아들의 이름을 효(孝)로 지을 정도로 효도의 덕을 강조하였다.
　이러한 유교사상은 당나라의 국학에 자제를 보내어 입학시키는 등 유학에 대한 깊은 관심을 가졌던 부왕인 무왕의 영향이 컸던 것으로 알려졌다.
　즉위한 뒤에는 관산성(管山城) 패전이후 귀족중심의 정치운영체제에 일대개혁을 단행하였는데, 즉 642년에 제왕자(弟王子 : 손아래의 왕자)의 아들 교기(翹岐)를 비롯하여 모매여자(母妹女子 : 같은 어머니에서 태어난 형제자매의 딸) 4명과 내좌평(內佐平) 기미(岐味) 등 고명인사(高名人士) 40여 명을 섬으로 추방한 것이 그것이다.
　그 결과 귀족세력에 대한 왕권의 통제력이 보다 강화되었다. 대좌평(大佐平) 사택지적(砂宅智積)이 나지성(奈祗城)으로 은퇴한 것도 이때의 정변과 관련이 있는 것으로 보인다.
　대외관계에 있어서는 지금까지 고구려와 중국에 대하여 취해온 양면적인 외교노선을 수정하여 친고구려 정책으로 돌아섰다.
　이러한 정책변경에는 고구려의 연개소문(淵蓋蘇文)의 집권과 연개소문의 대중국 강경노선정책 및 신라와 당나라의 밀착관계가 크게 작용한 것같다.
　고구려와 연계성을 확립한 뒤 의자왕은 신라에 대하여 보다 적극적으로 압력을 가하였는데, 642년에는 친히 군대를 거느리고 신라를 공격하여 미후성 등 40여 성을 함락시켰으며, 또 장군 윤충(允忠)으로 하여금 군사 1만 명을 거느리고 신라의 대야성(大耶城 : 지금의 경상남도 합천)을 공격하게 하여 성을 함락시키고 성주 품석(品釋 : 金春秋의 사위)과 그 처자를 죽이는 등 신라를 큰 곤경으로 몰아넣었다.

그리고 고구려와 연합하여 신라의 당항성(黨項城 : 지금의 경기도 화성군 서신면)을 공격하여 신라의 대당(對唐) 교통로를 차단하려고도 하였으며, 645년 당나라가 고구려를 공격할 때 신라군을 동원한 틈을 타서 신라의 서쪽방면의 7성을 공취(攻取)하기도 하였다.

또, 신라에 대한 공격을 중단하라는 당나라의 위협적인 권고에도 불구하고 655년에는 고구려·말갈과 더불어 신라의 북쪽 경계의 30여 성을 공파(攻破)하기도 하였다.

그러나 이러한 의욕적인 활동도 만년에 이르러 사치와 방종, 귀족들의 내부 분열로 결실을 맺지 못하였고, 더구나 궁중 안에서는 군대부인(郡大夫人)이 권세를 장악하고 어진 사람을 마구 죽이는 바람에 국가의 통치질서는 붕괴되고 말았다.

여기에 더하여 빈번한 대신라 공격은 전쟁에서 거둔 승리 못지않게 국력을 피폐시키고 백성을 도탄에 빠지게 하였으며, 한편으로는 고구려와 백제의 연합으로 한반도에서 고립에 빠진 신라로 하여금 당나라와의 연합을 형성하게 하였다.

660년 나당연합군은 백제공격을 개시하여 소정방(蘇定方)이 거느린 당군은 수로로 백강(白江 : 지금의 금강)을 건너오고, 김유신(金庾信)이 거느린 신라군은 탄현(炭峴 : 지금의 대전 동쪽)을 넘어 왕도(王都)로 육박해왔다.

계백(階伯)이 거느린 5,000명의 결사대는 황산벌전투에서 신라군에게 패배하고 금강하구에서 당군을 막던 군사도 패배함에 따라 수도 사비성(지금의 부여)은 나당연합군에게 포위되었다.

사세가 다급하여지자 왕은 사비성을 버리고 태자와 함께 웅진성(熊津城 : 지금의 충청남도 공주)으로 피하였다가 사비성이 함락되자 마침내 당군에 항복하고 말았다.

그 결과 백제는 개국한 지 678년 만에 망하고 말았으며, 왕은 태자 효, 왕자 융(隆) 및 대좌평 사택천복(沙宅千福) 등 대신(大臣)·장사(將士) 88명과 백성 1만 2,000여 명과 더불어 당나라로 압송되어 갔으며 거기서 병사하였다.

외교사에 빛나는 文臣

강수(強首)
? ~ 692(효소왕 1)

　신라 효소왕 때의 유학자이며 문장가인 강수의 어릴 때 이름은 자두(字頭)였으며 중원소경(中原小京 : 지금의 충주)의 사량(沙梁) 출신이다. 육두품(六頭品)으로 보이는 내마(奈麻) 석제의 아들이다.
　출생의 비화에 따르면 그의 어머니가 꿈에 머리에 뿔이 돋친 사람을 보고 임신하였는데 태어나자 머리 뒤에 높은 뼈가 있었다 한다. 이상하게 여긴 아버지가 그를 데리고 현자(賢者)를 찾아가 물어보니 뛰어난 인물이 될 것이라고 하였다.
　자라면서 스스로 글을 읽을 줄 알고 의리를 중히 여겼다. 아버지가 그의 뜻을 알아보려고 「불도를 배우겠는가, 유도를 배우겠는가?」하고 물으니, 강수는 「제가 듣기로는 불도는 세외교(世外敎)라고 합니다. 저는 속세의 사람이온데 어찌 불도를 배우겠습니까? 유자의 도를 배우고자 합니다」고 하였다. 뒤에 스승에게 나아가 공부하여 학문이 뛰어나 당대의 걸출한 인물이 되었으며, 벼슬에 나아가 여러 관직을 지냈다.
　태종무열왕이 즉위하자 당나라의 사신이 가져온 국서(國書)에 알기 어려운 대목이 있어, 임금이 그에게 물으니 해석과 설명에 막히는 곳이 없었다. 왕이 감탄하여 그 성명을 물으니 「신은 본래 임나가라(任那加良 : 大加耶, 지금의 高靈일대) 사람으로, 이름은 자두(字頭)입니다」라고 대답하자 왕이 그대의 두골(頭骨)을 보니 가히 「강수선생」이라 할만하다고 하였다.
　또, 당나라에 보내는 훌륭한 답서를 지으매, 임금은 더욱 기특히 여겨 이름을 부르지 않고 「임생(任生)」이라고만 하였다.
　그뒤 당나라와 고구려, 백제에 보내는 외교문서를 전담하게 되어 당나라에 원군을 청하는 글을 짓기도 했다.
　그 글 가운데 당시 당나라에 갇혀있는 김인문을 석방해줄 것을 청한 청방인문표(請放仁問表)는 당나라 고종을 감동시켜 곧 김인문을 풀어 위로하여 돌려보내게 하였다.

그리고 671년(문무왕 11년) 당나라의 장수 설인귀(薛仁貴)에게 보내는 글도 지었다.

재물에 뜻을 두지 않아 가난하게 지내자 태종무열왕은 유사(有司)에 명하여 해마다 신성(新城)의 창고에 있는 조 1백석을 하사하였다.

신라가 삼국을 통일한 뒤에 문무왕이 논공행상을 할 때 그는 외교문서로써 삼국통일에 큰 공을 세웠다고 하여 사찬의 관등과 세조 2백석을 증봉(增俸)받았다.

그가 죽자 왕은 후하게 장사를 지내주고 많은 물품을 하사하였다. 그러나 집안의 사람들이 사사로이 가지지 않고 모두 불사(佛事)에 보내 주었다. 그리고 그의 아내가 생활이 곤란하여 향리로 돌아가려고 하자, 대신이 듣고 왕에게 청하여 조 1백석을 주게 하였으나 받지 않고 향리로 돌아가버렸다.

그가 당시에 유행하던 불교를 세외교라 하여 버리고, 사회적으로 그 힘이 미약한 유학에 뜻을 둔 것은 개인의 착상이라기 보다는 진골 중심의 골품제 사회에서 육두품 이하의 귀족으로 편입된 그의 가족적인 분위기에서 커간 것이며, 또 크게는 대가야가 멸망하면서 가야의 귀족들을 사민정책(徙民政策)에 의하여 강제로 이주시킨 중원경의 문화적 분위기에서 영향받은 것이 아닌가 한다.

그리고 그가 공부한 학과목은 효경(孝經)·곡례(曲禮)·이아(爾雅)·문선(文選)으로, 주로 유교적인 실천도덕과 아울러 문자와 문학에 관한 것에 비중을 두었다. 이리하여 유학자로서보다 문장가로서 유명하게 되었다.

청년시절에는 자기보다 신분이 천한 부곡(釜谷)의 대장장이의 딸과 정을 통하고 있었다.

그가 20세가 되었을 때 부모가 「너는 지금 명성이 있어서 모르는 사람이 없는데, 미천한 자를 짝으로 삼으니 부끄러운 일이다. 새로 읍 중의 인물로 아름답고 행실이 좋은 여자에게 장가들어라」고 하였지만, 「가난하고 천한 것은 부끄러운 바가 아니지만, 도를 배우고 행하지 않는 것이 진실로 부끄러운 일이다」라고 하여 거절하였다.
  이렇게 신분이 낮은 부인을 택한 것은 새로운 윤리관의 제시이며, 신라의 전통적인 윤리에 대한 비판적 태도이다. 또, 나아가 골품제에 입각한 신라의 신분제에 대한 비판의 성격을 띤 것이기도 하다.
  이로서 그는 신라사회의 육두품 이하의 신분으로 유학·문장학을 가지고 진출한 지식층이며, 또 신흥의 유교관료적 성격을 가졌던 사람으로 현존하는 기록상 최초의 본격적인 유교적 문인으로 사회사적, 사상사적 의의가 크다.

불국사 창건의 주역

김대성(金大城)
? ~ 774(혜공왕 10)

신라 경덕왕 때 정치인으로, 특히 불국사 석굴암 창건을 주도했던 사람으로 많은 일화가 전한다. 대정(大正)이라는 이름으로 알려졌다. 아버지는 재상을 지낸 문량(文亮)이다.

745년(경덕왕 4년) 이찬(李湌)으로 중시가 되었으며 750년에 물러났다.

그뒤 불국사의 창건공사를 주관하였는데 이와 관련된 연기설화가 삼국유사에 실려 다음과 같이 전해오고 있다.

모량리(牟梁里 : 浮雲村이라고도 함)의 가난한 여인 경조(慶祖)에게 아들이 있었는데, 머리가 크고 이마가 아주 넓어 성과 같으므로 이름을 대성(大城)이라 하였다. 집이 가난하여 기르기 힘들었으므로 그 어머니가 부자집에 가서 품팔이를 하였는데, 그 집에서 밭 몇 마지기를 줌으로써 생활을 꾸려나갔다.

하루는 점개(漸開)라는 중이 흥륜사(興輪寺)에 육륜회(六輪會)를 베풀고자 그 부잣집에 와서 시주하기를 권하니 베 50필을 시주하였다. 이에 점개가 축원하기를 「불교신자로서 보시를 잘 하시니 천신이 항상 보호하여 하나를 시주하면 만 배를 얻어 안락하고 장수할 것입니다」고 하였다.

대성이 이 말을 듣고 뛰어들어와서 어머니에게 말하기를 「제가 문간에서 축원하는 스님의 말을 들으니 하나를 시주하면 만 배를 얻는다고 하였습니다. 우리가 이렇게 가난하게 사는 것을 생각할 때 전생에 착한 일을 하지 않았기 때문일 것입니다. 또 지금 시주하지 않으면 내세에는 더욱 어려워질 것입니다. 우리가 경작하는 밭을 법회(法會)에 시주하여 후세의 복을 얻음이 어떻겠습니까?」하자 어머니가 듣고 좋다고 하였다. 그리하여 밭을 점개에게 시주하였다.

그리고 얼마 지나지 않아 대성이 죽었는데, 이날 밤 재상 김문량

(金文亮)의 집에 하늘에서 부르짖음이 있기를 「모량리의 대성이가 지금 너의 집에 환생하리라」하므로 집안사람이 놀라서 모량리에 사람을 보내 알아보니 과연 하늘에서 부르짖은 때에 대성이가 죽었다.

이로부터 문량의 부인이 임신하여 아들을 낳았는데, 아이가 왼손을 꽉 쥐고 펴지 않다가 7일 만에 손을 폈다. 그런데 손 안에 대성(大城)이라는 두 글자가 새긴 금간자(金簡子)가 있기에 이름을 대성이라 하였다 한다.

또한 전세의 어머니를 집으로 데리고 와서 함께 부양하였다.

대성이 장성하자 사냥을 좋아하여서 하루는 토함산에 올라가 곰 한마리를 잡아놓고 산밑 마을에서 잠을 자는데 꿈에 곰이 귀신으로 변하여 말하기를 「네가 나를 죽였으니 나도 너를 잡아 먹을 것이다」

이 말을 들은 대성이 겁에 질려 용서를 비는데 귀신이 말하기를 「네가 나를 위해 절을 지어 주겠는가?」하므로 그렇게 하겠다고 맹세했다.

꿈을 깨고 나니 온 몸에 땀이 흘러 자리를 적셨다.

그 뒤로는 일체 사냥을 금하고 곰을 위하여 사냥하던 자리에 장수사(長壽寺)를 세웠다. 그리고 현세의 부모를 위하여 불국사(佛國寺)를 창건한 다음 전세의 부모를 위하여 석불사(石佛寺 : 지금의 석굴암)를 창건하였다 한다.

한국불교의 큰 별

# 원효(元曉)
617(진평왕 39) ~ 686(신문왕 6)

신라의 고승으로서 속성은 설(薛)씨이며 원효는 법명이다. 어렸을 때의 이름은 서당(誓幢), 또는 신당(新幢)이라 했다. 압량(押梁 : 지금의 경산군) 불지촌(佛地村) 출신이다. 지금도 경산군 자인면의 한 언덕에는 신문왕 당시 원효가 지었다는 금당(金堂) 자리가 남아있고, 그 밑 골짜기에는 그의 아들 설총의 출생지로 전하는 자리가 남아 있어 그곳이 원효의 출생지로 보는 견해도 있다.

원효의 집은 본래 율곡(栗谷)의 서남쪽에 있었다고 전하지만 어머니가 원효를 배고 이 골짜기를 지나다가 갑자기 산기가 있어 집에 들어갈 사이도 없이 밤나무 밑에서 출산을 하여 이 나무를 사라수라 불렀다고도 한다.

또 밤이 이상하게 커서 이를 사라밤이라고도 불렀다 한다.

소년시절에는 화랑의 무리에 속하였으나 도중에 깨달은 바가 있어 출가할 것을 결심하고, 자기 집을 헐어 초개사(初開寺)라는 절을 세웠다.

648년(진덕여왕 2년) 황룡사(皇龍寺)에서 중이 되어 각종 불전을 섭렵하며 수도에 정진하였다. 일정한 스승을 모시고 경전을 공부하지 않고 타고난 총명으로 널리 전적(典籍)을 섭렵하여 한국불교사에 길이 남는 최대의 학자이자 사상가가 되었다.

기록에는 원효가 고구려로부터 망명하여 완산주(完山州)에 와 있던 보덕(普德)을 스승으로 하였다는 설도 있으며, 시대적으로 보아 원광(圓光)과 자장(慈藏)으로부터 불도를 배웠을 가능성이 많다.

원효는 스스로 경전을 연구하고 수도에 정진하다가 당시의 풍조에 따라 의상(義湘)과 함께 도당(渡唐)의 길을 떠났다. 이때가 그의 나이 34세 때였다.

그러나 육로로 고구려를 통과하다가 도중에 고구려군에게 잡혀 귀환하였다.

　10년 뒤 다시 의상과 함께 해로를 통하여 당나라로 들어가려 하였으나 여행 도중에 해골에 괸 물을 마시고「진리는 결코 밖에서 찾을 것이 아니라 자기 자신에게서 찾아야 한다」는 깨달음을 터득하고 의상과 헤어져서 돌아왔다.

　이후 태종무열왕의 둘째딸로 남편을 백제와의 싸움에서 사별하고 홀로 있는 요석공주(瑤石公主)와의 사이에서 설총을 낳았는데, 이것은 655년에서 660년, 즉 원효의 나이 39세에서 44세 사이에 일어난 일이 아니었던가 한다.

　이 실계(失戒)의 사실은 원효로 하여금 더욱 위대한 사상가로 전환하게 된 중대한 계기가 되었다. 실계 뒤 스스로 복성거사(卜性居士) 또는 소성거사(小性居士)라고 칭하고 속인행세를 하였다.

　어느날 한 광대가 이상한 모양을 한 큰 표주박을 가지고 춤추는 놀이를 구경하고는 깨달은 바가 있어, 광대와 같은 복장을 하고 불교의 이치를 노래로 지어 세상에 유포시킴으로써 부처님의 가르침을 무식한 대중에까지 잘 알 수 있도록 하였다.

　그 노래의 줄거리는「화엄경」의 이치를 담은 것으로「모든 것에 거리낌이 없는 사람이라야 생사의 편안함을 얻느니라」라는 누구나 쉽게 알아들을 수 있는 노랫가락인데, 그 노래를 무애가라 불렀다.

　그리고 별다른 이유도 없이 미친사람과 같은 말과 행동을 하는 등 이해할 수 없는 점도 있었고 거사(居士)들과 어울려 술집이나 기생집에도 드나들었다. 혹은 돌에 글을 새기는 이들의 쇠칼과 쇠망치를 가지고 다니며 글을 새기기도 하고, 혹은 화엄경에 대한 주소(註疏)를 지어 그것을 강의하기도 하였다.

　또 어떤 때에는 가야금과 같은 악기를 들고 사당(祠堂)에 가서 음악을 즐기기도 하였다.

　그는 또 여염집에서 유숙하기도 하고, 혹은 명산대천을 찾아 좌선(坐禪)하는 등 임의로 기회를 쫓아 생활하되 어떤 일정한 틀에 박힌 생활태도가 없었다.

　행적 또한 뚜렷한 어떤 규범을 따르지 않았고, 또 사람들을 교화하는 방법도 일정하지 않았다. 어떤 때에는 받았던 밥상을 내동댕이치고 사람을 구하기도 하였고, 또 어떤 때에는 입안에 물고 있던 물을 뱉어 불을 끄기도 하였다.

한 날 한 시에 여러 곳에서 똑같은 모습으로 나타나기도 하고, 또 어떤 때에는 온 천하를 다 찾아도 자취를 찾을 수가 없었다고 한다.

그의 교화방법은 중국의 고승 배도(杯度)나 지공(誌公)을 닮은 데가 많았다.

그런데 원효가 금강삼매경론(金剛三昧經論)을 찬술할 때에 다음과 같은 설화가 전하여온다. 한번은 국왕이 100명의 고승대덕(高僧大德)을 초청하여 인왕경대회(仁王經大會)를 열었을 때에 상주(湘州) 사람들이 원효를 천거하자, 다른 승려들이 그 인품이 나쁘다고 헐뜯었기 때문에 받아 들여지지 않았다.

그런 일이 있은 뒤 왕후가 종기를 앓게 되어서 아무리 좋은 약을 다 써도 별다른 효과가 없자, 왕은 왕자와 신하들을 거느리고 영험이 있다는 명산대천을 다 찾아다니며 기도를 드리던 중 한 무당이 말하기를,「사람을 다른 나라에 보내어 약을 구하게 하면 그 병이 곧 나을 것」이라고 하였다.

왕은 곧 당나라에서 좋은 약과 의술에 능한 사람을 구하도록 사신을 보냈다. 왕명을 받은 사신 일행이 바다 한가운데에 이르자 바닷물 속으로부터 한 노인이 솟아올라 자기의 이름을 금해라고 하며, 다음과 같은 말을 하였다.「경들 나라의 왕비는 바로 청제(青帝)의 셋째 공주요. 우리 용궁에는 일찍부터 금강삼매경론(金剛三昧經論)이라는 불경이 전하여오는데 시각(始覺)과 본각(本覺)으로 되어 있소. 원만하게 열린 보살행(菩薩行)을 설명하여주는 불경이오. 신라 왕비의 병으로 인하여 좋은 인연을 삼아, 이 불경을 당신들의 나라로 보내어 널리 알리고자 사신들을 부른 것이오」라고 하였다.

그리하여 원효가 이「금강삼매경론」에 대한 주석서 3권을 지어 황룡사에서 설법하게 되었다. 왕을 비롯하여 왕비와 왕자·공주, 그리고 여러 대신들과 전국의 절에서 온 명망 높은 고승들에게 원효는「금강삼매경론」의 강해(講解)를 시작하였다.

그의 강설은 흐르는 물처럼 도도하고 질서정연하여, 오만하게 앉아있던 고승들의 입에서 찬양하는 소리가 저절로 흘러나왔다. 「금강삼매경론」의 강설을 끝내고 원효는 「지난날 나라에서 100개의 서까래를 구할 때에는 그 속에 끼일 수도 없더니, 오늘 아침 단 한 개의 대들보를 가로지르는 마당에서는 나 혼자 그 일을 하는구나」하였다.

 이 말을 들은 고승들은 부끄러워 하면서 깊이 뉘우쳤다고 한다. 그 뒤 조용한 곳을 찾아 수도와 저술에만 전념하였다. 현존하는 그의 저술은 20부 22권이 있으며, 현재 전해지지 않은 것까지 포함하면 100여 부 240권이나 된다.

 특히 그의 「대승기신론소」는 중국 고승들이 해동소(海東疏)라 하여 즐겨 인용하였고, 「금강삼매경론」은 인도의 마명(馬鳴), 용수 등과 같은 고승이 아니고는 얻기 힘든 논(論)이라는 명칭을 받은 저작으로서 그의 세계관을 알 수 있는 대저술이다.

 그는 학승(學僧)으로서 높이 평가될 뿐만 아니라, 민중교화승으로서 당시 왕실 중심의 귀족화된 불교를 민중불교로 바꾸는데 크게 공헌하였다. 또 종파주의적인 방향으로 달리던 불교이론을 고차원적인 입장에서 회통(會通)시키려 하였는데 그것을 오늘날 원효의 화쟁사상(和諍思想)이라 부르며, 이것은 그의 일심사상, 무애사상과 함께 원효사상을 가장 특징적으로 나타낸 것으로 평가되고 있다.

 그의 사상은 너무나 다양하여 헤아리기 어려우나 항상 「하나」라는 구심점을 향하였고, 화쟁과 자유를 제창하였다.

 ① 일심사상 : 원효의 일심사상은 그의 저서 「금강삼매경론」, 「대승기신론소」 등 그의 모든 저술에서 철저하게 천명되고 있다. 인간의 심식(心識)을 깊이 통찰하여 본각(本覺)으로 돌아가는 것, 즉 귀일심원(歸一心源 : 일심의 원천으로 돌아가는 것)을 궁극의 목표로 설정하고 육바라밀(六波羅蜜)의 실천을 강조하고 있다. 그는 만법귀일(萬法歸一), 만행귀진(萬行歸眞)을 굳게 믿고 사상과 생활을 이끌어갔다. 그리고 일심이야말로 만물의 주추(主樞)이며, 일심의 세계를 불국토(佛國土) 극락으로 보았고, 이것을 대승·불성(佛性)·열반이라고 불렀다.

② 화쟁사상 : 원효는 어느 한 종파에 치우치지 않고 「화엄경」·「반야경」·「열반경」·「해심밀경」(海深密經)·「아미타경」 등 대승불교 경전 전체를 섭렵하고 통효(通曉)한 사람이었다.

그리하여 전체 불교를 하나의 진리에 귀납하고 종합 정리하여 자기 분열이 없는 보다 높은 입장에서 불교의 사상체계를 세웠다. 이러한 그의 조화사상을 화쟁사상이라고 한다.

「십문화쟁론(十門和諍論)은 바로 이러한 화쟁사상을 단적으로 보여주는 그의 핵심적인 저술이다. 그는 여러 이설(異說)을 십문으로 모아 정리하고 회통함으로써 일승불교(一乘佛敎)의 건설을 위한 논리적 근거를 제시하였다. 그의 이와같은 통불교적 귀일사상은 한국불교에 커다란 영향을 끼쳤다.

화쟁의 논리는 다음과 같이 전개된다. 쟁론(諍論)은 집착에서 생긴다. 어떤 이견(異見)의 논쟁이 생겼을 때, 가령 유견(有見)은 공견(空見)과 다르고 공집(空執)은 유집(有執)과 다르다고 주장할 때 논쟁은 더욱 짙어진다. 그렇다고 하여 이들을 같다고만 하여 자기 속에서 서로 쟁(諍)할 것이다. 그러니까 이(異)도 아니요 동(同)도 아니라고 설한다. 또 불도는 광탕하여 무애무방하다. 그러므로 해당하지 않음이 없으며, 일체의 타의(他義)가 모두 불의(佛義)이다. 백가(百家)의 설이 옳지 않음이 없고 팔만법문(八萬法門)이 모두 이치에 맞는 것이다. 그런데 견문이 적은 사람은 좁은 소견으로 자기의 견해에 찬동하는 자는 옳고 견해를 달리하는 자는 그르다 하니, 이것은 마치 갈대구멍으로 하늘을 본 사람이 그 갈대구멍으로 하늘을 보지 않은 사람들을 보고 모두 하늘을 보지 못한 자라 함과 같다라고 하였다. 원효는 이처럼 철저한 논리의 근거를 가지고 화쟁을 주장하였다.

③ 무애사상 : 원효의 무애사상은 그의 사생활에서도 잘 나타나고 있다. 그는 어디에도 걸림이 없는 철저한 자유인이었다. 「일체에 걸림이 없는 사람은 단번에 생사를 벗어난다」라고 한 그의 말을 보더라도 그의 무애사상은 짐작된다.

그는 부처와 중생을 둘로 보지 않았으며, 오히려 「무릇 중생의 마음은 원융하여 걸림이 없는 것이니, 태연하기가 허공과 같고 잠잠하기가 오히려 바다와 같으므로 평등하여 차별상(差別相)이 없다」라고 하였다.
　그러므로 그는 철저한 자유가 중생심(衆生心)에 내재되어 있다고 보았고, 스스로도 철저한 자유인이 될 수 있었으며, 그 어느 종파에도 치우치지 않고 보다 높은 차원에서 일승과 일심을 주장하였던 것이다.
　이밖에도 원효는 여래장사상 등 불교의 모든 사상에 대하여서도 독자적인 사상체계를 확립하였다.

화엄종의 대선사

의상(義湘)
625(진평왕 47) ~ 702(성덕왕 1)

신라 진평왕 시대의 고승(高僧)으로 우리나라 화엄종(華嚴宗)의 개조(開祖)다. 성은 김씨이고 한신(韓信)의 아들로 태어났으며 19세 때 경주 황복사(皇福寺)에 출가하여 불제자가 되었다.

불가에 들어간 얼마 후 당나라에 가기 위해 원효와 함께 요동(遼東)으로 갔다가 고구려 순라군에게 잡혀 정탐자로 오인받고 수십 일 동안 잡혀 있다가 되돌아 왔다.

10년 뒤인 661년(문무왕 1년) 귀국하는 당나라 사신의 배를 타고 중국에 들어갔다. 처음 양주(楊州)에 머무를 때 주장(州將) 유지인이 그를 관아에 머무르게 하고 성대히 대접하였다.

얼마 뒤 종남산 지상사(至相寺)에 가서 명승 지엄(智儼)을 만났다. 지엄은 전날 밤 꿈에 해동(海東)에 큰 나무 한 그루가 나서 가지와 잎이 번성하더니 중국에 와서 덮었는데, 그 위에 봉(鳳)의 집이 있어 올라가 보니 한 개의 마니보주(摩尼寶珠)의 밝은 빛이 멀리까지 비치는 꿈을 꾸었다고 하면서, 의상을 특별한 예(禮)로 맞아 제자가 될 것을 허락하였다.

그곳에서 화엄경의 미묘한 뜻을 은밀한 부분까지 분석하였다. 당나라에 머무르면서 지엄으로부터 화엄을 공부한 것은 8년 동안의 일이며, 나이 36세로부터 44세에 이르는 중요한 시기에 해당한다.

지엄은 중국 화엄종의 제2조(第二組)로서 화엄학의 기초를 다진 인물이며, 그가 의상에게 기울인 정성은 지극한 것이었다.

의상이 터득한 화엄사상은 넓고도 깊이 있는 일이었다. 이것은 그가 남긴 화엄일승법계도(華嚴一乘法界圖)를 통하여서도 충분히 입증되고 있다.

또 당나라에 머무르는 동안 남산율종(南山律宗)의 개조 도선율사(道宣律師)와 교유하였다. 특히 당시의 동문 현수(賢首)와의 교유는 신라로 돌아온 뒤에도 끊이지 않고 계속되어, 현수는 의상에게 그의 저술과 서신을 보냈고, 의상은 현수에게 금을 선물하였다.
　현수는 의상보다 19세 연하였는데, 지엄이 죽은 뒤 중국 화엄종의 제3조가 된 인물이다. 삼국유사의 기록에 따르면 의상의 귀국동기는 당나라 고종의 신라 침략소식을 본국에 알리는데 있었다고 하며,「송고승전」에는 화엄대교(華嚴大敎)를 펴기 위한 것이었다고 하였다.
　신라로 돌아온 그해에 낙산사(洛山寺)의 관음굴(觀音窟)에서 관세음보살에게 기도를 드렸다. 이때의 발원문인 백화도량발원문(白花道場發願文)은 그의 관음신앙을 알게 하여주는 261자의 간결한 명문이다.
　그뒤 676년 부석사(浮石寺)를 세우기까지, 전국의 산천을 두루 편력하였는데, 이는 화엄사상을 펼 터전을 마련하고자 함이었다. 그러나 귀국 후부터 제자들을 가르치는 일을 게을리하지 않았다.
　674년 경주의 황복사에서 표훈(表訓)·진정(眞定) 등의 제자들에게「화엄일승법계도」를 가르쳤다는 것으로 보아, 부석사가 이룩되기 전부터 훌륭한 제자들이 많았음을 알 수 있다.
　의상 이전부터 이미 우리나라에서 화엄사상이 전개되어 있었지만, 화엄사상이 크게 유포되기 시작한 것은 의상으로부터 비롯되었다.
　의상이 화엄대교를 전하기 위하여 건립한 사찰은 부석사를 비롯하여 중악 팔공산 미리사(美里寺), 남악 지리산 화엄사(華嚴寺), 강주 가야산 해인사(海印寺), 웅주 가야현 보원사(普願寺), 계룡산 갑사(甲寺), 삭주 화산사(華山寺), 금정산 범어사(梵魚寺), 비슬산 옥천사(玉泉寺), 전주 무악산 국신사(國神寺) 등 화엄십찰(華嚴十刹)이다.
　이밖에도 불영사(佛影寺)·삼막사(三幕寺)·초암사(草庵寺)·홍련암(紅蓮庵) 등을 창건한 것으로 전하여온다.
　이 모든 사찰들이 모두 의상에 의하여 창건되었다고 믿기에는 문제가 있으나, 의상과 그의 제자들에 의하여 건립되었음은 틀림없다. 또 의상의 교화활동 중 가장 큰 업적은 많은 제자들의 양성이었다.
　그에게는 3,000명의 제자가 있었고, 또 당시에 아성(亞聖)으로 불린   오진(悟眞)·지통(智通)·표훈·진정·진장(眞藏)·도융(道融)·양원(良圓)·상원(相源)·능인(能人)·의적(義寂) 등 10명의 제자가 있었다.

이밖에도〈송고승전〉에 이름이 보이는 범체(梵體)나 도신(道身), 그리고「법계도기총수록」에 나타나는 신림(神琳) 등이 의상의 훌륭한 제자들이었다.

이들은 항상 스승을 모시면서 화엄학을 수학하였다. 의상은 황복사에서 이들에게「법계도」를 가르쳤고, 부석사에서 40일간의 법회를 열고 일승십지(一乘十地)에 대하여 문답하였으며, 소백산 추동(錐洞)에서 화엄경을 90일간에 걸쳐 강의하였다.

제자들이 도움을 청하여 물어올 때에는 그들의 마음이 조용히 가라앉을 때를 기다려 의심나는 점을 풀어서 계발해 주었다. 지통의 추동기(錐洞記), 도신의 도신장(道身章), 법융의 법융기(法融記), 진수의 진수기(眞秀記) 등은 모두가 의상의 강의를 기록한 문헌들이다.

법계도를 배울 때「부동한 나의 몸이 곧 법신의 자체가 가지는 뜻이다」라는 데 대한 해석을 듣고 표훈과 진정은 각각 오관석(五觀釋), 삼문석(三門釋)을 지었고, 지통의 경우 원효에게까지 영향력을 미쳤던 것으로 미루어 의상의 제자들이 매우 창의적으로 공부하였음을 알 수 있다.

의상이 제자들에게 화엄학을 가르치고 있을 때 이 소문은 전국에 퍼졌고 마침내 중국에까지 전해졌다. 문무왕은 이에 감사하여 장전(莊田)과 노복을 베풀어 준 일이 있었다. 그러나「불법은 지위의 높고 낮음을 평등히 보고, 신분의 귀천을 없이하여 한 가지로 합니다. 열반경에는 열덟까지 부정한 재물에 관하여 말하고 있습니다. 어찌 내가 장전과 노복을 소유하겠습니까」라고 말하며 거절하였다.

이 이야기는 중국에까지 전하여져서「송고승전」에 기록되어 있다. 또「송고승전」에는 그의 인품에 대하여 의상은 설한 바와 같이 행함을 귀하게 여겨 강의를 하는 일 외에는 수련을 부지런히 하였다. 세계와 국토를 장엄하여 조금도 두려워하거나 꺼리는 일이 없었다. 또

언제나 의정(義淨)의 세예법(洗穢法 : 더러움을 씻는 법)을 좇아 실행하여 어떤 종류의 수건도 쓰지 않았으며, 시간이 되어 그냥 마르도록 내버려두었다. 또 의복과 병(瓶)과 발우의 세 가지 외에는 아무 것도 몸에 간직하지 않았다고 하였다.

또 문무왕이 어느 때 경주에 성곽을 쌓으려고 관리에게 명령한 일이 있었다. 이 소식을 들은 의상은「왕의 정교(政敎)가 밝다면 비록 풀언덕 땅에 금을 그어서 성이라 하여도 백성이 감히 넘지 못하고 재앙을 씻어 복이 될 것이오나, 정교가 밝지 못하다면 비록 장성(長城)이 있더라도 재해를 면하지 못할 것입니다」라는 글을 올렸다.

이 글을 보고 문무왕은 역사(役事)를 중지하였다.

저술로는 십문간법관(十門看法觀) 1권, 입법계품초기(入法界品抄記)1권, 소아미타의기(小阿彌陀義記) 1권, 화엄일승법계도 1권, 백화도량발원문 1권 및 최근 발견된 일승발원문 등이 있다.

이는 당시 많은 고승들의 저술과 비교할 때 그리 많은 분량은 못 되나, 「화엄일승법계도」만으로도 깊이 있는 사상을 엿보기에 충분하다.

이 저술들은「송고승전」의 저자 찬녕(贊寧)이 지적한 대로 화엄경에 나타나는 법성(法性)의 바다를 천명한 것이며, 비로자나불의 한없이 깊은 의미를 밝히는데 그 뜻이 있었다.

화랑정신을 창시한 高僧

원광(圓光)
542(진흥왕 3) ~ 640(선덕왕 9)

　신라의 고승으로 성은 박씨로 알려져 있으나 설(薛)씨라는 설도 있다. 경주 출신이며 13세 때 출가하여 승려가 되었고 30세에 경주 안강의 삼기산에 금곡사(金谷寺)를 창건하고 수도하였다.
　34세에 주술을 좋아하는 한 승려가 와서 가까운 곳에 암자를 짓고 2년을 살았는데, 원광이 그 승려의 잘못을 타일렀으나 듣지 않다가 화를 입어 죽었다. 이에 불교공부를 더 깊게 하여 사람들을 제도하겠다고 발심하고 589년(진평왕 11년)에 진(陣)나라로 들어갔다.
　처음에 중국의 금릉(金陵) 장엄사(莊嚴寺)에 머무르면서 민공(閔公)의 제자로부터 강의를 들었으며, 그뒤 여러 강석에 다니면서「성실론」(誠實論)·「열반경」 등을 공부한 뒤, 오(吳)나라의 호구산(虎丘山)에 들어가서 선정에 힘을 기울였다.
　「아함경」을 연구하면서 그곳에서 여생을 마치고자 하였으나 많은 수행자들이 찾아와서 강의를 청하였다.
　이에 응하여 먼저「성실론」과「반야경」을 설하게 되었으며, 이때부터 전법(傳法)을 시작하여 이름이 널리 알려졌다.　이때 남북조(南北朝)로 갈라져 있던 중국은 수나라에 의하여 통일되었는데, 진나라의 수도인 양도(揚都)에서 전쟁포로로 붙잡혔다가 풀려나 장안의 흥선사(興善寺)로 갔다. 그곳에서는 섭대승론(攝大乘論)에 대한 연구가 크게 일어나고 있었는데, 그는 거기에서 섭론종(攝論宗)의 논서들을 연구하였다.
　이때 그는 이미 중국 불교에서 이름이 널리 알려져 있었고, 설법은 항상 관심의 대상이 되었다.
　신라에서는 이 소식을 듣고 귀국을 자주 청하였으므로 수나라 왕은 이를 허락하였다. 귀국하여 삼기산에 머무르면서 임금과 신하들의 두터운 존경을 받으며 대승경전을 강의하였다.

그뒤 가실사(加瑟寺)에 머물렀는데, 이때 귀산(貴山)과 추항(箒項)이 찾아와서 종신토록 지닐 계명(誡銘)을 구하였다. 원광은 그들에게 「불교에는 보살십계가 있지만 신하된 몸으로 능히 지키기 어려우므로 이제 세속오계를 주는 것이니, 첫째 임금에게 충성을 다하고, 둘째 부모에게 효도를 다하고, 셋째 친구와 믿음으로 사귀고, 넷째 싸움에 나아가 물러서지 말고, 다섯째 살생을 가려서 하라」고 당부하였다.

이 세속오계는 뒤에 화랑의 실천덕목이 되어 신라가 삼국을 통일하게 되는데 정신적인 큰 계기를 마련하여 주었다.

특히, 살생은 불교이념에 위배되는 조항이지만, 당시 고구려의 끊임없는 침략을 받고 백제와 항쟁을 계속하던 신라사회로서는 필요불가결한 행동윤리가 요청되었으며, 이에 따른 그의 행동윤리가 요청되었으며, 이에 따른 그의 현실주의적 불교관의 일단면을 나타내는 것이 되고 있다.

608년에는 고구려와 백제의 끊임없는 침입을 걱정한 왕이 수나라가 군사를 내어 고구려를 쳐달라는 글을 지어줄 것을 그에게 요청하였다.

이에 걸사표(乞師表)를 지어 수나라 양제에게 보냈는데, 양제는 30만 군사를 거느리고 친히 고구려를 정벌하러 왔다. 왕의 명을 받았을 때 「자신의 생존을 위하여 남을 없애려는 것은 중이 할 바가 못되지만, 왕의 땅에 살면서 그 물과 풀을 먹고 있으니 어찌 감히 명을 받들지 않으리오」하며 「걸사표」를 지었다고 한다.

613년에 수나라의 사신 왕세의(王世儀)가 왔을 때 황룡사에서 인왕백고좌(仁王百高座) 법회가 개최되었는데 이때 최상석에서 법회를 주관하였다.

또한 왕이 병이 들어 의약으로 고칠 수 없을 때에는 법을 설하고 계를 주어 참회하게 함으로써 병을 치유하였다. 그리고 불교를 깊이 이해하지 못한 사람들을 수계(授戒) 참회의 법으로써 깨우치고자 가서사(嘉栖寺)에서 점찰법회(占察法會)를 정기적으로 베풀 기금(寶)을 마련하였다.

입적한 나이에 대해서는 99세와 84세의 두가지 설이 있으나, 일반적으로 84세 설을 채택하고 있다.

원광의 역사적 위치는 시대를 배경하여 살펴볼 때 크게 세 가지 점으로 요약된다.

첫째, 그는 신라의 승려로서 대승불교를 깊이 연구하고 그것을 신라에서 강의한 최초의 학승이었다. 저술로서「여래장경사기」3권과 「여래장경소」1권 등이 있었다는 것으로 보아 여래장 사상에 대한 조예가 깊었다는 것을 알 수 있으며, 우리나라 최초의 여래장 사상가로 평가되고 있다.

둘째, 불교의 토착화에 크게 노력하였다. 재앙을 쫓고 병을 고치는 주술이 커다란 힘을 가지고 있는 것으로 인식되었던 당시의 주술을 불교의 수계와 멸참(滅懺)의 법으로 대치시킴으로써 불교의 토착화를 꾀하였다. 가서사에 점찰보(占察寶)를 두고, 임금의 병을 수계·멸참으로 치료한 것 등이 그 일례이다.

셋째, 불교뿐만 아니라 유교에도 깊은 소양을 쌓아 국가발전에 크게 기여하였다. 귀산·추항 두 사람에게 세속오계를 주고, 진평왕의 명을 받아「걸사표」를 쓴 것 등이 그러한 면을 입증하고 있다.

삼국유사에는 그의 부도가 명활성의 서쪽에 있는 삼기산 금곡사에 있다고 하였는데, 현재 금곡사지에 있는 폐탑이 그의 부도라는 설도 있다. 제자로는 원안(圓安)이 있다.

호국불교의 상징

자장(慈藏)
7세기 경(선덕여왕 대)

　신라 고승으로 자장은 그 업적이 눈부시다. 그는 김씨 성을 가지고 있으며 속명은 선종랑(善宗郎)이고 무림(茂林)의 아들이다.
　무림은 진골 출신으로 신라 17관등 중 제3위에 해당하는 소판(蘇判)의 관직에 있었다. 늦게까지 아들이 없었던 그는 불교에 귀의하여 아들을 낳으면 시주하여 법해(法海)의 진량(津梁)이 되게 할 것을 축원하면서, 천부관음(千部觀音)을 조성하였다. 어느날 어머니가 별이 떨어져 품안으로 들어오는 태몽을 꾸고 석가모니가 탄생한 4월초파일에 자장을 낳았다.
　그는 천성이 맑고 슬기로워 학문을 깊이 닦아 익혔으며, 어버이를 여읜 뒤부터 세속의 번거로움을 싫어하여 처자를 버리고 홀로 깊은 산으로 들어가 고골관(枯骨觀)을 닦았다.
　조그만 집을 지어 가시덤불로 둘러막고 벗은 몸으로 그 속에 앉아 움직이기만 하면 곧 가시에 찔리도록 하였고, 끈으로 머리를 천장에 매달아 정신의 혼미함을 물리쳤다.
　그때 조정의 재상 자리가 비어 그를 기용하려 하였으나 부름에 응하지 않았으므로, 왕은 취임하지 않으면 곧 목을 베라는 엄한 명을 내렸다. 그는 칙명을 듣고 「내 차라리 계(戒)를 지키고 하루를 살지언정 계를 깨뜨리고 백년을 살기를 원하지 않는다」고 하였다.
　이 말을 전해들은 왕은 출가를 허락하였다. 그뒤 더욱 깊은 산속으로 들어가 수행하였는데 그때 이상한 새가 과일을 물고 와서 공양하였고, 천인(天人)이 와서 5계를 주는 꿈을 꾸었다고 한다. 그뒤 그 산골로부터 나오자 각처의 사람들이 찾아와서 다투어 계를 받았다.
　636년(선덕여왕 5년) 승실(僧實) 등 제자 10여 명과 함께 당나라로 가서, 먼저 문수보살이 머물러 있다는 청량산(淸凉山)의 문수보살상에 은밀한 감응을 기도하였다.

7일 동안의 기도 후 꿈에 대성(大聖)이 나타나 4구게(四句偈)를 주었다. 그 게송이 범어였으므로 뜻을 알 수가 없었다. 이튿날 아침 한 승려가 금색깔의 점이 찍혀있는 가사 한 벌과 부처의 바리 한 벌, 그리고 불두골(佛頭骨) 한 조각을 가지고 와서,「일체의 법은 모두가 자성(自性)이 있는 바 없다. 법성(法性)을 이렇게 요달할지면 곧 노사나불을 보게 되리라」고 4구게를 번역해준 다음 가사 등을 주었다.

또 신라의 동북방 명주(溟州) 경계에 있는 오대산은 일만의 문수(文殊)가 항상 거주하는 곳이므로 그곳에서 문수보살을 친견하라고 하였다.

그뒤 장안(長安)으로 갔는데, 당나라 태종은 사신을 보내어 그를 위로하고 승광별원(勝光別院)에 머무르게 하였으며 후한 대접을 하였다. 어느날 한 장님이 그의 설법을 듣고 참회하자 곧 눈을 뜨게 된 일이 있었다.

이러한 소문이 퍼지자 그를 찾아와 계를 구하는 사람이 매일 1,000여 명에 이르렀다. 그뒤 태종에게 글을 올려 승광별원을 떠나 장안의 남쪽 50리쯤에 있는 종남산(終南山) 운제사(雲際寺)의 동쪽 산록으로 들어갔다. 그곳에서 바위에 의지하여 집을 짓고 3년 동안 수도하다가 다시 장안으로 가서 태종으로부터 비단 200필을 받는 등 두터운 예우를 받았다.

643년 선덕여왕은 당태종에게 글을 보내어 자장을 보내줄 것을 요청하였다. 귀국길에 본국 신라에 불상과 불경 등이 미비함을 생각하고 대장경 한 질과 번당(幡幢)·화개(華蓋) 등을 골고루 마련하였으며, 7년 만에 귀국하였다. 왕은 그를 분황사(芬皇寺)에 머무르게 하고 대국통(大國統)으로 임명하였다.

645년 황룡사(皇龍寺)에 9층탑을 세우고 그 절의 제2대 주지로 취임하였다. 그가 왕에게 9층탑 건립을 건의한 것은 당시의 어려운 국난을 극복하고자 하는 호국정신과 삼국통일의 염원에서였다.

불력(佛力)에 의하여 나라를 지킨다는 소박한 신앙심만이 아니라, 신라의 서울 경주에 거대한 탑을 세움으로써, 왕실의 권위와 신라의 국력을 과시하고자 한 현실적인 필요성 또한 깊이 작용하였다.

649년(진덕여왕 3년)에는 국가의 복식을 중국의 제도와 같게 하기를 권하여 실행을 보았으며, 그 이듬해에는 당나라 연호를 쓰도록 하였다.

그의 생애에서 보다 중요한 것은 불교의 홍통(弘通)을 통한 국민교화와 불교교단의 기강확립이었다.

어느 해 여름 궁중에서 대승론(大乘論)을 강하였고, 황룡사에서 7일 동안 보살계본(菩薩戒本)을 강하였다.

그러나 당시 신라불교는 기강이 세워져 있지 못하였고, 조정에서 대국통이라는 높은 직위를 주었던 것도 그로 하여금 승니(僧尼)들을 관장하도록 하기 위해서였다. 전국의 모든 승니에게 불경을 공부하게 하여 매년 봄 가을 두 차례에 걸쳐 시험을 보도록 하였다.

또한 한 달에 두 번씩 계를 설하게 하고, 순검사(巡檢使)를 전국에 파견하여 지방의 사찰을 일일이 살피고 승려들의 과실을 징계하며 불경과 불상 등을 정중히 모시도록 하는 등 교단의 기강을 바로잡는 데 힘을 기울였다.

이러한 노력으로 불교를 믿는 사람들 대부분이 계를 받고 불교에 귀의하는 법도를 확립시켰으며, 많은 사람들이 승문(僧門)에 들 것을 자청하게 되는 결과를 가져왔다.

또한 출가승려가 될 것을 원하여 모여드는 사람들을 입문시키기 위하여 통도사(通度寺)를 창건하고 그곳에 금강계단(金剛戒壇)을 쌓았다.

한편 일찍이 자기 집을 절로 바꾸었던 원녕사를 다시 증축하고, 화엄경을 강하여 화엄교법(華嚴敎法)을 천명할 때 52명의 여인이 나타나 법을 듣고 깨닫자 문인(門人)들이 그 수만큼의 나무를 심어 이적(異蹟)을 기념하였는데, 그 나무를 지식수(知識樹)라고 불렀다.

이로 인하여 신라에 화엄사상을 최초로 소개한 인물을 자장이라고 보고 있다. 특히, 그는 신라야말로 예로부터 불교와 인연이 깊은 터전이라고 믿었는데, 그러한 불국토사상(佛國土思想)은 삼국유사의 여러 곳에 나타나 있다.

그 대표적인 한 사례는 오대산의 신라적 설정이다. 화엄경에 의하면 오대산은 문수보살의 상주도량(常住道場)으로서 중국에 있는 것으로 되어 있다.

그러한 오대산이 신라에도 있으며, 문수진신(文殊眞身)과 5만의 여러 불·보살이 머무르고 있다는 신앙을 신라에 전하였던 것이다.

그는 신라 10성(聖)의 1인으로 추대되어 흥륜사(興輪寺) 금당(金堂)에 모셔졌다.

저서로는 아미타경소(阿彌陀經疏) 1권, 아미타경의기(阿彌陀經義記) 1권, 사분율갈마사기 1권, 십송률목차기(十誦律木叉記) 1권, 관행법(觀行法) 1권 등이 있다.

그러나 이들 저서는 현재 전해오지 않기 때문에 그의 깊은 학문적 업적을 구체적으로 알 수 없다. 다만, 일본승려 양충(良忠)의 법사찬사기(法事讚私記) 중에 자장의 아미타경의기(阿彌陀經義記)에서 따서 옮긴 구절이 있을 뿐이다.

왕오천축국을 순례한 大僧

# 혜초(慧超)
704(성덕왕 3) ~ 787(원성왕 3)

　왕오천축국전의 저술로 유명한 혜초는 신라의 고승으로 밀교(密敎) 연구를 하였고, 인도여행기가 곧 이 책이다..
　그는 719년(성덕왕 18년)에 중국의 광주(廣州)에서 인도 승려 금강지(金剛智)한테서 밀교를 배웠다. 금강지는 남인도 출신으로 제자인 불공(不空)과 함께 중국으로 와서 최초로 밀교의 스승이 되었다.
　금강지는 당시 장안(長安)·낙양(洛陽) 등지에서 밀교를 가르쳤는데, 이때 혜초가 그의 문하에 들어간 것이다. 혜초가 인도구법을 결심한 것도 스승의 권유 때문으로 보인다.
　그가 구법 여행을 떠난 연대는 확실하지 않으나 723년경으로 추정하고 있다. 인도로 가는 여행도 해로였는지 육로였는지 불분명하다. 그는 만 4년 동안 인도를 여행하였고, 카슈미르, 아프가니스탄, 중앙아시아 일대까지 답사하였다. 다시 장안으로 돌아온 것은 30세 전후였다.
　734년 장안의 천복사(薦福寺)에서 도량을 열고 스승 금강지와 함께 밀교경전을 연구하였다.
　이때 금강지는 이 경전의 한역(漢譯)을 시작하였는데, 혜초는 이를 받아 적는 일을 맡았다.
　그러나 그 이듬해 가을에 금강지가 죽었으므로 이 사업은 중단되었고, 금강지의 유언에 따라 이 경의 산스크리트 원문은 다시 인도로 보내게 되었다.
　금강지가 죽은 이후 혜초는 금강지의 제자였던 불공심장으로부터 다시 이 경전의 강의를 받고, 774년 가을 대흥선사(大興善寺)에서 다시 역경을 시작하였다. 그러나 불공은 이보다 수개월 전인 6월에 죽었기 때문에 이 연대에는 다소간의 문제가 있다.
　오늘날 불교학계에서는 혜초와 불공의 경전번역을 1년 앞당겨서 단정하고 있다. 이때 그는 불공의 6대 제자 가운데 제2인자로 유촉(遺囑)을 받았다. 또 그에 관해서는 신라인이라고 분명히 밝히고 있다. 따라서 중국 밀교의 법맥을 금강지-불공-혜초로 손꼽을 수 있다.

불공이 죽은 직후 동문·제자들과 함께 황제에게 표문을 올렸다. 그 내용은 스승의 장례에 대하여 황제가 베풀어준 하사(下賜)에 깊은 감사의 뜻을 표하고, 또 스승이 세웠던 이 사찰을 존속시켜달라는 청원이었다.

그뒤 수년 동안 장안에 머물러 있다가 780년 불경을 번역하기 위하여 오대산으로 들어갔다. 오대산은 불공이 오래 머무르던 곳이며, 첫번째 제자인 함광(含光)도 여기에 머무르고 있었다.

노년을 오대산의 건원보리사(乾元菩提寺)에서 보내면서, 전에 필수를 맡았던 「천비천발대교왕경」의 한역과 한자음사(漢字音寫)를 시도하여 약 20일 동안 이 한역본을 다시 채록하였다.

그 이후의 기록은 전하지 않으며, 787년에 입적하였다. 그가 살아 있을 때 신라로 귀국한 흔적은 없다.

이미 신라는 명랑(明朗)을 중심으로 하는 신인종(神印宗)이 성립되어 있었기 때문에 혜초가 공부한 것은 그와는 별도의 밀교였던 것으로 보이며, 불공과의 관련으로 미루어보아 그는 정통밀교를 표방한 인물이라고 볼 수 있다. 당시의 중국 유학승들이 인도에 간 중요한 목적 가운데 하나는 나란다(Nalanda)라는 불교대학에서 수학하려는 것이었다. 그러나 그의 경우, 나란다에서 공부한 흔적도 없다. 따라서, 단순히 불적지(佛蹟地)를 참배하고 밀교를 공부하려는 목적으로 인도에 갔음을 알 수 있다.

그의 밀교와 신라의 밀교가 어떠한 관련이 있는가는 검토해 보아야 할 문제이며, 그에 관한 기록이나 저술에서 언제나 신라인임이 강조되고 있는 점으로 보아 그가 어떠한 형태로든지 고국과 관련을 맺었으리라고 추론해볼 수 있다.

중국 三論宗의 師僧

승랑(僧朗)
5세기 경

　중국 삼론종(三論宗) 학계에서 명성을 떨친 고구려의 고승이다. 그의 출생년이나 입적한 해는 알려져 있지 않으나 장수왕 후기에 요동(遼東)에서 태어났고, 30세 때 중국으로 건너가 승조(僧肇) 계통의 삼론학을 공부하였다.
　그는 돈황(燉煌)에까지 가서 담경(曇慶)으로부터 삼론을 배웠고, 화엄경에도 조예가 깊었다.
　이무렵 북쪽은「아비달미론」이 성행하고 남쪽(江南)은「성실론」(誠實論)만 치우치고 있었으므로 승랑은 성실학파를 비판하였다.
　송나라 때에는 남쪽으로 옮겨 절강성(浙江省) 회계산(會稽山)에 있는 강산사(岡山寺)에 머물렀고, 절강성 종산(鍾山)에 있는 초당사(草堂寺)로 옮겨 주옹에게 삼론을 가르쳤다.
　주옹은 도교와 불교에 밝았고 만년에「삼론종」을 지었다.
　승랑의 저술은 현존하지 않으나 길장(吉藏)의 저술이나 중국과 일본 등에 현존하는 삼론관계의 문헌들에 그의 논설이 인용되고 있다.
　길장은 수나라 말기에 가장 많은 저술을 남겼던 불교학자로서, 승랑의 사상과 학설을 계승하여「삼론종학」을 크게 완성하였다.
　승랑은 512년(문자왕 21년) 남경(南京)에 있는 섭산(攝山)의 서하사(棲霞寺)에서 양(梁) 무제(武帝)가 선발, 파견한 지적(智寂, 당시의 僧正)·승회(僧懷)·혜령(慧令)·승전(僧詮) 등 고승 열 사람에게 삼론학을 가르쳤으며, 법도(法度)의 뒤를 이어 서하사 주지를 맡았다.
　제자 중 승전이 승랑의 학설을 계승하였고, 승전의 학통을 이은 사람은 흥황사(興皇寺)의 법랑(法朗)이었다. 법랑의 후계자는 가상대사 길장이었다.

대승불교의 큰 산맥

원측(圓測)
612(진평왕 34) ~ 696(효소왕 5)

신라의 고승으로 이름은 문아(文雅)이며 경주 모량(牟梁) 출신이다. 그가 왕족이었다고 전해지기도 하지만 확실하지는 않다.

세 살 때에 출가해서 열 다섯 살에 당나라로 가서 유식학(唯識學) 연구의 개척자인 법상(法常)과 승변(僧辨)으로부터 유식학을 배웠다.

특히 어학에 천부적인 소질을 가지고 있어서 중국어뿐만 아니라 범어에도 능통하였다고 한다.

당나라 태종(太宗)은 그의 명성을 흠모하여 친히 도첩을 내리고 원법사(元法寺)에 머무르도록 하였다. 그곳에서 비담(毘曇)·성실(誠實)·구사(俱舍) 등 유식학 연구의 기본이 되는 소승경론(小乘經論)을 연구하는 한편, 대승경론에 관해서도 폭넓게 연구하였다.

이 무렵 인도에서 오랫동안 유식학을 연구하였던 현장(玄奘)이 귀국하였는데, 현장의 제자 규기(窺基)와 그는 유식학에 있어 대립적 견해를 보였고, 규기 등에게 부당한 시기를 받았다.

그뒤 서명사(西明寺)로 거처를 옮겨「유식론소」(唯識論疏) 10권, 「해심밀경소」(解深密經疏) 10권, 「인왕경소」(仁王經疏) 3권, 「반야심경찬」(般若心經贊) 1권, 「무량의경소」(無量義經疏) 등의 방대한 저술을 통하여 중국불교학계에 명성을 떨쳤다.

676년 인도의 고승 지바하라가 인도의 여러 불경들을 가지고 와서 중국어로 번역하기를 당 고종에게 청하였다.

이때 원측은 박진(薄塵)·영변(靈辨)·가상(嘉尙) 등과 함께 대승밀엄경(大乘密嚴經) 등 18부 34권을 번역하였는데, 대승현식경(大乘顯識經)을 옮길 무렵 고증자(考證者)로서 번역의 우두머리를 맡았다.

그뒤 종남산(終南山) 운제사(雲際寺)에 암자를 짓고 8년 동안 바

걑출입을 하지 않은 채 선정(禪定)을 닦았으며, 만년에 다시 번역사업에 종사하였다.
 693년 인도 승 보리유지(菩提流志)가 가져온 범본 보우경(寶雨經)을 번역하였고, 695년 실차난타(實叉難陀)가 우전국으로부터 와서 화엄경을 번역할 때 역시 그 번역사업에 참여하였으나 완성을 보지 못하고 불수기사(佛授記寺)에서 입적하였다.
 제자들이 다비를 마치고 사리 49과를 얻어 용문산(龍門山) 향산사(香山寺)에 안치하였다.
 그뒤 제자 자선(慈善)과 승장(勝莊) 등이 사리를 나누어서 종남산 풍덕사(豊德寺)에 사리탑을 세웠다.
 지금 중국 서안부함녕현(西安府咸寧縣)의 번천(樊川)에 흥교사(興敎寺)라는 절이 있고, 그곳에는 현장·규기·원측 등 중국 법상종(法相宗)의 탑묘(塔廟)가 있다.
 현장을 비롯한 중국의 법상종은 그의 제자 규기 때에 이르러 종파로서 확립되기에 이르렀고, 특히 원측의 유식학과는 견해를 달리하였기 때문에 원측을 이단시하는 경향이 있었다.
 그 대표적인 견해차이는 제8아알라야(Alaya)식의 위에 제9식을 인정하느냐 하는 문제와 오성각별설(五性各別說), 즉 성불(成佛)을 하는 중생의 근기(根機)를 따지는 문제로 집약될 수 있다.
 자은학파(慈恩學派)에서는 원측의 도청설(盜聽說)을 날조하여 유포하였다.
 「송고승전(宋高僧傳)에 의하면 유식학의 소의경전(所依經典)이라 볼 수 있는「성유식론」을 번역할 때 현장은 규기와 그밖의 몇몇 제자들에게 윤색(潤色)·집필·검문(檢文)·편찬 등의 일을 담당하도록 하였다.
 그런데 규기가「성유식론」강의를 듣고 있을 때 원측은 몰래 문지기에게 돈을 주고 마루 밑에 들어가 도청하고 규기보다 먼저 서명사에서 유식론을 강의했다고 하였다.
 규기는 자기보다 먼저 선배 원측이 강의를 해버린 것을 매우 못마땅하게 여겼으며, 현장은 원측 모르게 규기에게 인명론(因明論)을 강의하였고, 규기는 이것에 대한 해의(解義)를 써서 이름을 떨쳤다고 하였다.

오늘날 학자들은 이와같은 중상적인 기록을 믿지 않고 있다. 그 도청설은 어떤 의미에서는「송고승전」찬자(撰者)의 편견이거나, 혹은 현장 자신의 인격적 결함을 드러내는 일이라고 볼 수 있다.

「송고승전」의 저자는 계속해서 원측이 즉천무후(則天武后)로부터 생불(生佛)과 같은 예경(禮敬)을 받았다고 하였다.

아울러 즉천무후의 후대를 받아 역경관(譯經館)에 머무르면서「대승현식경」등을 번역하고, 유식의 소초(疏秒)와 기타 경론의 상해(詳解)를 내어 천하에 유포시켰다고 하였다.

그리고 현장이 번역한「해심밀경」에 대하여 소(疏) 10권을 지었고「성유식론소」20권,「주별장」(周別章) 3권,「유식이십론소」(唯識二十論疏) 2권,「관소연연론소」(觀所緣緣論疏) 2권,「인명정리문론본소」(因明正理門論本疏) 2권 등 유식계통 문헌에 대하여 많은 주석서를 남겼다.

그러나 그는 유식계통의 문헌에만 관심을 돌렸던 것이 아니라, 반야계통의 문헌에도 깊은 관심을 기울여「반야심경찬」1권과「인왕경소」6권 등을 남겼다는 것은 그의 학문적 깊이와 넓이가 다른 법상종 학승(學僧)에 비하여 일층 진보적이었다고 말할 수 있다.

이러한 전체적 사정을 감안할 때 그의 유식학이나 인품 등을 현장이나 규기와 연관시켜 보려고 하였던 종래의 주장은 시정되어야 할 것이다.

즉 원측은 현장을 만나기 이전부터 당당한 기성학승이었으며 신라인으로서 당토(唐土)에서 부당한 시기를 받았다는 사실, 그는 유식뿐 아니라 불교 일반에 관한 광범위한 이해가 있었던 회통적(會通的)인 인물이었다는 점 등이 원측을 연구하는데 기본적 자세라 할 것이다.

중국인을 교화한 신라의 高僧

무상(無相)
8세기 초엽

　송고승전(宋高僧傳)에 의하면 무상은 신라 국왕의 셋째 아들이라고 기록되어 있으나 부왕의 이름은 전해지지 않고 있다. 성은 김씨요 호는 송계(松溪)다. 성덕왕 때 군남사(郡南寺)에서 중이 되었으며, 728년(성덕왕 27년)에 당나라로 건너갔다.
　당나라 서울에 도착하자 당 현종(玄宗)은 그를 선정사(禪定寺)에 머물도록 하였다. 그러나 번잡한 도시를 피하여 옛 촉나라 땅인 자중(資中)으로 가서 지선(智詵) 밑에서 선(禪)을 배웠다.
　그뒤 40여 년 동안 마을엔 발을 들여놓지 않고 수도한 이승(異僧) 처적(處寂)을 찾아가서 선과 두타행(頭陀行)을 익혔는데, 처적은 그에게 무상이라는 이름을 지어주고 측천무후로부터 하사받은 마납구조의(磨納九條衣)를 물려주었다.
　그는 한 번 좌선을 시작하면 5일 동안 계속하였다. 눈이 오는 추운 겨울에도 바위에 앉아 수도하였고 밤중에도 자리를 이탈하거나 잠을 자지 않았다. 언제인가 두 마리의 맹수가 다가오자 개울물로 몸을 씻은 뒤 옷을 벗고 맹수 앞에 누워 잡아먹히기를 기다렸으나, 맹수는 머리에서부터 발 끝까지 냄새만 맡은 뒤 그냥 가버렸다고 한다.
　그뒤 가까운 도성으로 옮겨 낮에는 무덤가에서, 밤에는 나무 밑에 앉아 고행정진하였는데, 그를 존경한 많은 사람들이 묘원의 한쪽에 정사(精舍)를 지어주고 머물게 하였다.
　명성이 높아지자 당나라 황실에서 청하려 하였고, 이를 시기한 현령 양익(楊翌)은 그의 도력을 시기하여 20여 명의 무뢰한을 시켜 잡아오도록 하였다. 그러나 갑자기 현령의 청 안으로 모래와 자갈, 큰 돌들을 동반한 바람이 몰아치면서 장막 등이 뒤집혀졌다.
　양익이 뉘우치고 사죄하자 바람이 멈추었는데, 이때부터 양익은 그를 도와 정중사(淨衆寺), 대자사(大慈寺), 보리사(菩提寺), 영국사(寧國寺) 등을 짓도록 주선하였다.

　그뒤 무상은 정중사에 머물면서 많은 일화를 남겼다. 그 절에는 나무를 하는 일꾼이 있었는데, 하루는 「손이 찾아올 것이 분명하니 옆에 있겠다」고 하였다. 무상은 본국 신라로부터 자객이 와서 죽이려 한다는 것을 알고 좌선하고 있었는데, 그날밤 천장으로부터 큰 물체가 떨어지더니 자객이 일꾼의 칼에 맞고 죽었다. 일꾼은 죽은 자객의 시체를 산문 밖 구덩이에 묻은 뒤 어디론지 사라졌다.

　또한 무상은 절 앞마당의 큰 떡갈나무를 가리키면서 제자들에게 멀지않아 이 나무와 탑이 변을 당할 것이라는 예언을 하였다.

　그의 말대로 841년에 무종이 폐불(癈佛)을 단행하였는데 절은 무사했으나 나무와 탑은 쓰러졌다고 한다. 그리고 무상은 절 앞에 있는 2개의 연못을 가리켜 왼쪽의 것은 국이요 오른쪽의 것은 밥이라고 하였다. 시주가 들어오지 않는 날에 이 연못물을 푸게 하면 반드시 누군가가 먹을 것을 가져 왔다고 한다.

　그는 정중사에서 77세로 죽었다. 그가 죽은 뒤 무종은 폐불을 단행하였는데, 그때 정중사의 대종(大鍾)을 강건너 대자사로 옮겼고, 선종 때에는 다시 정중사로 옮겨왔다.

　이를 옮기기 위해서는 이틀이 걸려야 하는데 막상 일을 시작하니 순식간에 이전할 수 있었다. 종을 옮기는 일을 주관했던 승려가 무상의 사리탑(舍利塔)에 참배하러 갔더니 그 탑에 많은 땀이 배어 있었다.

　사람들은 백년 전에 죽은 무상이 도와서 종을 쉽게 운반하게 된 것임을 깨닫고 더욱 존경했다.

　후인들은 이 사리탑을 동해대사탑(東海大師塔)이라고 불렀다.

　그는 28년을 중국에 머물면서 도력(道力)을 떨쳤으며, 우리나라 승려 중 최초로 중국에서 선을 배워 중국인을 교화한 고승이다.

풍수지리학의 효시

도선(道詵)
827(흥덕왕 2) ~ 898(효공왕 2)

도선은 신라말의 승려이면서도 풍수설의 대가로 더 잘 알려져 있다. 성은 김씨이고 영암 출신이다. 한편 왕가의 후예라는 설도 있다.

15세에 출가하여 월유산 화엄사에서 중이 되었다.

그뒤 유명한 사찰을 찾아다니면서 수행하다가 846년(문성왕 8년)에 곡성 동리산(桐裏山)의 혜철(惠徹)을 찾아가서 무설설(無說說) 무법법(無法法)의 법문을 듣고 오묘한 이치를 깨달았다.

850년에는 천도사(穿道寺)에서 구족계(具足戒)를 받은 뒤, 운봉산(雲峯山)에 굴을 파고 수도하기도 하였으며, 태백산에 움막을 치고 여름 한 철을 보내기도 하였다.

그러다가 전라남도 광양 백계산 옥룡사(玉龍寺)에 자리를 잡고 후학들을 지도하였는데 언제나 수백 명의 제자들이 모여들었다고 한다. 그의 명망을 들은 헌강왕은 궁궐로 초빙하여 법문을 들었다.

72세의 나이로 죽자 효공왕은 요공선사(了空禪師)라는 시호를 내렸고, 제자들이 옥룡사에 징성혜등탑(澄聖慧燈塔)을 세웠다.

고려의 숙종은 대선사(大禪師)를 추증하고 왕사(王師)를 추가하였으며, 인종은 선각국사(先覺國師)로 추봉(追封)하였다. 또한 의종은 비를 세웠다.

일설에 의하면 도선은 당나라로 유학가서 밀교승려 일행(一行)으로부터 풍수설을 배워왔다고 한다. 그러나 일행은 당나라 초기의 승려이고 도선의 생몰년은 당나라 말기에 해당하기 때문에 연대에 모순이 있고, 도선이 당나라에 유학하였다는 것도 신빙성이 없다.

도선은 승려로서보다는 음양풍수설의 대가로서 가장 널리 알려져 있다. 우리나라 풍수지리학의 역사가 신라 말기까지 거슬러 올라가는 것도 도선의 생존연대가 그때였기 때문이다.

그뒤부터 도선하면 비기(祕記), 비기하면 풍수지리설을 연상할만큼 도선과 풍수지리설 사이에는 끊을래야 끊을 수 없는 관계가 맺어졌다. 그리고 언제나 도선이 풍수지리설 같은 주술적 언어와 함께 있기 때문에, 그는 역사적 실재의 인물이라기보다는 신화적 존재로 파악되기까지 하였다.

그러나 도선이 역사적으로 유명해진 것은 고려 태조에 의해서였다. 875년(헌강왕 1)에 도선은「지금부터 2년 뒤에 반드시 고귀한 사람이 태어날 것이다」고 하였는데, 그 예언대로 송악에서 태조가 태어났다고 한다. 이 예언 때문에 태조 이후의 고려 왕들은 그를 극진히 존경하였다.

태조는 도선으로부터 직접 설법을 들은 일은 없으나 사상적인 영향을 많이 받았음을 짐작할 수 있다. 태조는 예로부터 전해 내려온 민간신앙도 보호하고 육성하면서, 동시에 민간에 널리 유포되어 있던「도선비기」에 관해서도 대단한 관심을 쏟았다.

그는 불교신앙에서 오는 가호의 힘과 함께 참위설에서 얻어지는 힘에 의지함으로써 그 자신의 원대한 포부를 달성하려 하였다.

그래서「훈요십조」가운데 제2조에는 다음과 같이 기록되어 있다.「여기 사원은 모두 도선이 산수의 순역(順逆)을 점쳐서 정한 자리에 개창한 것이다.」

도선은 일찍이「내가 점쳐서 정한 곳 이외에 함부로 사원을 세우면 지덕(地德)을 손상하여 국운이 길하지 못하리라」고 하였다. 생각컨대 이는 국왕, 공주, 왕비, 조신들이 서로 원당(願堂)이라 하여 사원을 마음대로 창건한다면 큰 근심거리가 될 것이다. 신라 말엽에 사찰을 함부로 이곳 저곳에 세웠기 때문에 지덕을 손상하여 나라가 멸망하였으니 경계하여야 한다.」이와같이 도선이 산천의 지세를 점쳐서 결정한 자리에 세워진 절이나 탑을 비보사탑(神補寺塔)이라고 하였다.

도선의 저서라고 전해지고 있는 것으로는「도선비기」·「송악명당기」(松岳明堂記)·「도선답산가」(道詵踏山歌)·「삼각산명당기」(三角山明堂記) 등이 있다.

일본 법륭사 금당벽화를 그린 승려

담징(曇徵)
579(평원왕 21) ~ 631(영류왕 14)

고구려 평원왕부터 영류왕 대의 승려로서 일본에 들어가 활약한 업적으로 일본에서 더 잘 알려진 승려화가이다.

「일본서기」에 의하면 610년(영양왕 21년)에 백제를 거쳐 일본에 건너가 채색과 종이, 먹, 연자방아 등의 제작방법을 전하였다고 한다.

그리고 일본 승(僧) 법정(法定)과 함께 나라(奈良)에 있는 호류사(法隆寺)에 기거하면서 오경(五經)과 불법 등을 강론하고 금당(金堂)의 벽화를 그렸다고 전한다.

석가, 아미타불, 미륵불, 약사불 등으로 구성된 사불정토도(四佛淨土圖)인 이 금당벽화는 1949년 1월 수리중에 화재를 당하여 소실되었고, 현재는 모사화(模寫畵)만 일부 남아있을 뿐이다.

일본학계에서는 이것이 한 사람의 수법이 아닐뿐 아니라 요철법, 채색법, 인물 묘사법 등이 서역화풍에 토대를 두고 당풍(唐風)으로 변형된 특징을 반영하고 있다 하여 담징의 작품으로 인정하지 않고 7세기 후반의 하쿠호(白鳳) 새대에 그려진 것으로 추측하기도 한다.

어쨌든 담징은 오계에 정통한 승려이면서도 회화에서, 특히 묵화에 능하였고 석조공예에도 남달리 뛰어났다는 기록을 더듬어 볼 수 있다.

고려의 인물

후삼국통일과 고려국의 출발

왕건(王建)
877(헌강왕 3) ~ 943

후삼국을 통일하고 고려왕조를 세운 태조(太祖) 왕건의 출신성분은 명확하지는 않으나 기록에 의하면 여러 대에 걸쳐서 개성지방에서 살면서 서해를 중심으로 해상활동을 하여 재산과 세력을 얻었다고 한다.

대략 알려진 기록을 보면 성은 왕씨이고 이름은 건(建), 자는 약천(若天)이다. 아버지는 금성태수 융(隆)이고 어머니는 한(韓)씨이다.

후삼국시대에 궁예(弓裔)가 한반도 중부지방을 석권, 철원(鐵圓: 지금의 鐵原)에 도읍을 정하자 궁예의 부하가 되었다. 왕건은 궁예의 명령으로 군대를 이끌고 군사활동을 하여 큰 공을 세웠다. 즉 900년에는 광주(廣州)·충주·청주(靑州:지금의 淸州) 및 당성(唐城:지금의 南陽)·괴양(槐壤:지금의 槐山) 등의 군현을 쳐서 이를 모두 평정, 그 공으로 아찬(阿飡)이 되었다.

903년 3월에는 함대를 이끌고 황해를 거쳐 후백제의 금성군(錦城郡)을 공격, 이를 함락시켰다. 그리고 그 부근 10여 개 군현을 쳐서 빼앗아 나주를 설치, 군사를 나누어 이를 지키게 하고 돌아왔다.

이해에 양주수(良州帥) 김인훈(金忍訓)이 위급함을 고하자, 궁예의 명을 받고 달려가 구하여 주었다.

이와같은 과정을 통하여 왕건은 궁예와 주위의 신망을 얻게 되었다.

이해에 그동안 쌓은 전공으로 알찬(閼飡)으로 승진하였고, 913년에는 파진찬(波珍飡)에 올라 시중(侍中)이 되었다.

그뒤 궁예의 실정이 거듭되자, 홍유(洪儒)·배현경(裵玄慶)·신숭겸(申崇謙)·복지겸(卜智謙) 등의 추대를 받아, 918년 6월 궁예를 내쫓고 새 왕조의 태조가 되었다.

철원의 포정전(布政殿)에서 즉위하여 국호를 고려(高麗), 연호를 천수(天授)라고 하였다.

그러나 그에게는 많은 난관이 가로놓여 있었다. 먼저 안으로는 왕권에 도전하는 적대세력에 대처하여야만 하였다. 환선길(桓宣吉)·이흔암(伊昕巖) 등의 반역사건 등이 그것이다.

또한 민심을 수습하고 호족세력을 회유·포섭하는 대책을 강구할 필요가 있었다. 이와 함께 밖으로는 강대한 후백제 견훤(甄萱)의 세력에 맞서 싸워야만 하였던 것이다.

이와같은 어려운 과제에 기민하고 탄력성있게 대처해나감으로써 난국을 극복하여나갔다.

태조가 즉위초부터 가장 역점을 둔 국내정책은 민심안정책이었다. 따라서 신라 말기 이래 크게 문란하여진 토지제도를 바로잡고, 궁예이래의 가혹한 조세를 경감하는 제도적 조처를 취하였다.

취민유도(取民有度)의 표방은 그 구체적인 예가 될 것이다. 이와 동시에, 신라 말기 이래 새로운 정치세력으로 등장한 호족세력을 회유, 포섭하는 적극적인 대책을 세워 나갔다. 각 지방의 유력한 호족들의 딸과 정략적으로 혼인하였으며, 각 지방의 호족 및 그 자제들을 우대하는 정책을 펴나갔다.

태조는 후삼국시대의 지배세력인 궁예나 견훤에게는 볼 수 없는 새로운 시대적 요청에 부응하는 정치적 역량을 지니고 있었다. 짧은 기간 동안에 어느 정도 새 왕조의 왕권을 안정시킬 수 있었던 것은 이러한 역량 때문이었다. 그리하여 919년(태조 2) 1월에 개성으로 도읍을 옮겼다.

신라·후백제·고려의 후삼국 관계가 본격적으로 전개되는 것은 920년부터였다.

태조는 신라에 대하여 친화정책을 썼다. 이해 10월에 견훤이 신라를 침범하자 신라에 구원병을 보냈으며, 이에 따라 후백제와 고려는 서로 적대관계에 놓이게 되었다. 그는 후백제와 결전하여 이기기 위하여서는 신라와의 친선이 필요하다고 판단하였던 것 같다.

그러나 초기에는 후백제와의 관계에 있어서 화전(和戰) 양면정책을 썼다.

이처럼 신라·후백제와의 미묘한 관계 속에서 새 왕조의 안정과 국력신장을 위하여 노력하였다. 대체로 후백제와의 군사적 대결에서 고려는 열세를 면하지 못하였다.

후백제는 지금의 경상북도 안동 일원에 대하여 군사적 압박을 가중시키고 있었다. 고려와 신라의 통로를 차단할 필요가 있었기 때문이다.

그러나 고려로서도 이 지역을 사수하지 않을 수가 없었다. 따라서 이 지역에서 치열한 전투가 계속되었다.

930년 태조는 고창(古昌:지금의 안동지방)전투에서 견훤의 주력부대를 대파함으로써 비로소 군사적 우위를 차지하였다.

935년 후백제의 왕실내분으로 왕위에서 축출된 견훤을 개성으로 맞아들여 극진하게 대우하였으며, 또 같은해 10월에는 신라왕의 자진항복을 받게 되었다.

이로써 후삼국통일의 주역이 될 가능성이 확실하여졌다.

마침내, 936년 후백제와 일선군(一善郡:지금의 善山)의 일리천(一利川)을 사이에 두고 최후결전을 벌여 후백제를 멸하고 후삼국통일의 위업을 달성하였다.

태조는 통일 직후 정계(政誡) 1권과 계백료서(誡百寮書) 8편을 친히 저술하여 중외에 반포하였다.

이 저술들은 새 통일왕조의 정치도의와 신하들이 준수하여야 될 절의를 훈계하는 내용으로 되어 있었던 것으로 생각되나 현재 전하지 않고 있다.

그리고 죽기 얼마 전에는 대광(大匡) 박술희(朴述熙)를 내전으로 불러들여 「훈요십조」를 친수(親受)하여 그의 후계자들이 귀감으로 삼도록 부탁하였다.

이 「훈요십조」는 그의 정치사상을 엿보게 하는 귀중한 자료가 되고 있다. 시호는 신성(神聖)이며 능은 현릉(顯陵)이다.

문무를 겸한 신화적 인물

강감찬(姜邯贊)
948(정종 3) ~ 1031(현종 22)

고려 정종~현종 때의 명신으로 본관은 금주(衿州:지금의 시흥)이며 아명은 은천(殷川)이다. 경주에서 금주로 이주해 호족으로 성장한 여청(餘淸)의 5대손이며 왕건을 도운 공로로 삼한벽상공신이 된 궁진(弓珍)의 아들이다.

983년(성종 2년) 과거에 갑과 장원으로 급제한 뒤 예부시랑이 되었다.

1010년(현종 1년) 거란의 성종(聖宗)이 강조(康兆)의 정변을 표면상의 구실로 내세워 서경을 침공하자 전략상 일시 후퇴할 것을 주장하여 나주로 피난하여 사직을 보호하였다.

이듬해에 국자제주(國子祭酒)가 되고, 한림학사·승지·좌산기상시·중추원사·이부상서 등을 지내고, 1018년에는 경관직인 내사시랑 동내사문하평장사(內史侍郎同內史門下平章事)와 외관직인 서경유수(西京留守)를 겸하였다.

서경유수는 단순한 지방의 행정관직이 아니라 군사지휘권도 행사하는 요직으로 거란의 재침에 대비하기 위한 조처였던 것으로 보인다.

그러자 그해에 거란의 소배압이 10만대군을 이끌고 침공하였다. 이에 그는 서북면행영도통사(西北面行營都統使)로 총사령관격인 상원수가 되어 부원수 강민첨(姜民瞻) 등과 함께 도처에서 거란군을 격파하였다. 특히 구주에서의 대첩은 대외항전사상 중요한 전투의 하나로 기록되고 있다.

거란의 침입에 대비하기 위해 고려의 20만 대군은 안주에서 대기하다가 적의 접근을 기다려 흥화진(興化鎭:지금의 義州 威遠面)으로 나가 정예기병 1만 2천 명을 산기슭에 잠복배치한 뒤 큰 새끼줄로 쇠가죽을 꿰어 성 동쪽의 냇물을 막아두었다가 때를 맞추어 물을 일시에 내려보내 큰 전과를 거두었다.

그 전투에서 패전한 거란군은 곧바로 개경을 침공하려 했으나, 자주(慈州)와 신은현(新恩縣)에서 고려군의 협공으로 패퇴하였으며, 귀주에서는 전멸에 가까운 손실을 입어 침입군 10만 중에서 생존자는 겨우 수천에 불과하였다고 한다. 그 전공으로 현종은 친히 영파역(迎波驛:지금의 義興)까지 마중을 나와 극진한 환영을 하였다.

강감찬으로 인해 거란은 침략야욕을 버리게 되고 고려와는 평화적 국교가 성립되었다.

그는 비단 거란과의 항전장으로서뿐만 아니라 개경에 나성(羅城)을 쌓을 것을 주장하여 국방에 대해 큰 공을 세우기도 하였다.

현재 그의 묘는 충청북도 청원군 옥산면 국사리에 있다. 현종묘정에 배향되고 문종 때에 수태사 겸 중서령에 추증되었다.

시호는 인헌(仁憲)이다. 그의 저서로는 낙도교거집(樂道郊居集)과 구선집(求善集)이 있으나 전해지지 않는다.

강감찬 설화

강감찬 출생에 따른 단편적 일화로 어느날 밤 한 사신이 길을 가다가 큰 별이 어느 집에 떨어지는 것을 보고 그 집을 찾아갔더니, 마침 그 집의 부인이 아기를 낳았으므로 데리고 와 길렀는데 그가 곧 강감찬이다. 뒤에 송나라 사신이 와서 만나보고는 문곡성(文曲星)의 화신임을 확인했다는 이야기가 세종실록과 동국여지승람에 실려 있고, 부적으로 호랑이를 물리친 일화는 용재총화, 동국여지승람, 기문총화에 실려 있다. 또 해동이적에는 출생담과 함께 호랑이 퇴치 이야기가 실려 있다.

구전설화는 문헌설화에서 나타나는 강감찬의 그와같은 이인적 면모를 더 확대해서 여러가지 일화를 통해 다양하게 보여주고 있는데, 그 내용을 크게 ① 출생담, ② 성장시 일화, ③ 벼슬한 이후 일화로 분류할 수 있다.

출생담에서 문헌설화가 문곡성의 화신이라고만 기록한 반면에, 대부분의 구전설화는 강감찬이 여우여인의 아들로 태어났음을 이야기하고 있다. 강감찬의 아버지가 훌륭한 태몽을 꾸었고, 또는 훌륭한 아들을 낳기 위해 많은 노력을 기울인 끝에 본부인에게로 돌아오던 길에 만난 여우여인과 관계를 맺게 되어 낳게 된 것이 강감찬이라는 것이다.

그의 출생담은 흔히 시조(始祖)나 위인 등에서 나타나는 출생설화와 일치한다.

성장시 일화 중 대표적인 것은 곰보가 된 것과 귀신을 퇴치한 일이다. 강감찬은 원래 얼굴이 너무 잘 생겼기 때문에 큰 일을 할 수 없다 하여, 스스로 마마신을 불러 얼굴을 얽게 하여 추남이 되었다고 한다.

어느날 그의 아버지가 자기 친구 딸의 혼인식에 가면서 강감찬은 얼굴이 못생겼다고 데리고 가지 않았는데, 그는 몰래 혼인식에 참석하여 사람으로 둔갑해서 신랑행세를 하는 짐승(귀신)을 퇴치함으로써 그의 비범함을 보였다는 것이다.

벼슬한 이후의 일화는 더욱 다양하다. 먼저 소년원님으로 부임하자 그가 너무 어리다고 얕보는 관속들에게 뜰에 세워둔 수숫대를 소매 속에 다 집어넣어보라고 하였다. 그들이 불가능하다고 하자 그는 「겨우 일년 자란 수숫대도 소매에 다 집어넣지 못하면서 20년이나 자란 원님을 아전이 소매 속에 집어넣으려 하느냐!」라고 호통을 쳐서 기를 꺾었다는 이야기는 유명하다.

그밖에 사람에게 해를 끼치는 동물을 퇴치한 이야기들도 많이 전해진다. 그가 어느 고을에 부임하여 업무를 보는데, 여름날 개구리소리가 너무 시끄러워 관속에게 부적을 써주고 못에 던지게 했더니, 그곳의 개구리가 다시는 울지 않았다는 이야기는 여러 지역에서 전승된다.

한편 호랑이를 쫓는 설화는 그가 한성판윤으로 부임했을 때, 남산(또는 삼각산)에 사는 수백년 된 호랑이가 중으로 변신하고 길을 지나는 사람을 수없이 해친다는 민원을 듣고, 편지로 호랑이를 불러와 크게 꾸짖어 앞으로 새끼도 평생에 한 번만 낳고, 몇몇 산에만 살게 했다는 이야기다.

그밖에 모기를 없앤다는 이야기, 개미퇴치 이야기, 하늘에서 내리치는 벼락을 손으로 꺾었다는 이야기 등은 모두 그의 이인적인 면모를 부각시키고 있다.
 강감찬 설화에는 정사(正史)에 나타나는 평장으로서의 모습은 전혀 보이지 않으나, 이 설화들은 기록에서 찾아보기 어려운 한국 도가적 인물의 맥락을 더듬어 볼 수 있는 중요한 자료로 평가된다.
 조선 말기 활자본으로 인쇄된 작자 미상의 「강시중전」은 그에 관한 일화를 집대성하여 작품화한 고전소설이다.

여진정벌의 勝戰長

윤관(尹瓘)
? ~ 1111(예종 6)

고려 예종 때의 문신 윤관은 파평 윤씨로 자는 동현(同玄)이다. 태조를 도운 삼한공신(三韓功臣) 신달(莘達)의 고손이며 검교소부소감을 지낸 집형(執衡)의 아들이다.

문종 때에 등과하여 습유(拾遺), 보궐(補闕)을 지냈고, 1087년(선종 4년)에는 합문지후로서 출추사(出推使)가 되어 광주(廣州), 충주, 청주를 시찰하였다.

1095(숙종 3년)에 숙종이 즉위하자 좌사낭중(左司郞中)으로 형부시랑 임의(任懿)와 함께 요나라에 파견되어 숙종의 즉위를 알렸다. 1098년(숙종 3년) 동궁시학사(東宮侍學士)로서 조규(趙珪)와 함께 송나라에 사신으로 가서 숙종의 즉위를 통고하였다.

1099년에 우간의대부 한림시강학사(右諫議大夫翰林侍講學士)가 되었으나 당시 좌간의대부(左諫議大夫)이던 임의와 친척이어서 간원(諫院)인 어사대(御史臺)에 같이 있을 수 없다는 중서성(中書省)의 상서에 따라 해면되었다.

2년 뒤인 1101년에는 추밀원 지주사가 되었고 이듬해에는 왕명에 의하여 이굉(李宏)과 함께 진사시를 주관하였으며 이어 어사대부가 되었다.

다음해 이부상서동지추밀원사를 거쳐 지추밀원사 겸 한림학사승지가 되었다.

그의 생애에서 가장 중요한 시기는 1104년 2월 동북면행영도통이 되어 처음으로 여진정벌의 임무를 띤 때부터 1111년(예종 6년) 죽을 때까지의 약 7년간이다.

고려가 처음으로 동여진을 대규모로 정벌하기 시작한 것은 1080년 (문종 34년)으로 이때 여진의 세력을 크게 꺾은 바 있다. 그러나 새로 일어나는 동여진 완안부족(完顏部族)은 더욱 성장하여 그 부족장

영가(盈歌)에 이어 1103년(숙종 8년)에 우야소(烏雅束)가 그 뒤를 이었을 때에는 그 세력이 함흥부근까지 들어와 주둔하게 되었다.

이리하여 고려군과 우야소의 여진군은 충돌 직전에 들어갔으며 이듬해 완안부의 기병이 정주관(定州關) 밖에 쳐들어오게 되었다.

왕은 무력으로 여진정벌을 결심하고 문하시랑평장사 임간(林幹)을 시켜 이를 평정하게 하였으나 여진군에게 크게 패하였다.

이때에 윤관은 왕명을 받고 여진에 대한 북벌의 길에 오르게 되었다.

이해 2월 21일 당시 추밀원사로 있던 그는 동북면행영병마도통이 되어 3월에 여진과 싸웠으나 고려군은 여진의 강한 기병에 부딪혀 그 태반이 죽고 적진에 함몰되는 패전을 당하였다.

이에 임기응변으로 화약을 맺고 일단 철수할 수밖에 없었다. 패전의 원인은 적의 기병을 우리의 보병으로는 능히 감당할 수가 없었다고 왕에게 보고하고, 전투력의 증강과 기병의 조련을 진언하여 윤관은 1104년(숙종 9월) 12월부터 여진토벌을 위한 준비확장에 전력을 기울이게 되었다.

그 결과 별무반(別武班)이라고 하는 특수부대의 창설을 보게 되었다. 1107년 여진족의 동태가 심상하지 않다는 한 변장(邊將)의 긴급보고를 접하자 원수가 되어 부원수인 지추밀원사 오연총(吳延寵)과 17만 대군을 이끌고 정주를 향하여 출발하였다.

한편,'여진추장에게는 거짓통보를 하여 고려가 앞서 잡아둔 허정(許貞)·나불(羅弗) 등을 돌려보낸다고 하자 여진족 400여명을 보내왔는데, 이때 이들을 유인하여 거의 섬멸시키고 사로잡았다.

5만 3000명을 거느리고 정주에 도착한 뒤 중군(中軍)은 김한충(金漢忠), 좌군(左軍)은 문관(文冠), 우군(右軍)은 김덕진(金德珍)으로 하여금 군사를 지휘하게 하였으며, 수군(水軍)은 선병별감(船兵別監) 양유송(梁惟竦) 등이 2,600명으로 도린포(都鱗浦)의 바다로부터 공격하였다.

막강한 고려군의 위세에 눌린 여진이 동음성(冬音城)으로 숨자 정예부대를 동원해서 이를 격파하였으며, 여진군이 숨은 석성(石城)은 척준경(拓俊京)을 시켜 패주하게 함으로써 그들의 태반을 섬멸하였다.

적의 전략적인 거점을 무찌른 곳은 135개처, 적의 전사자 4,940명, 생포 130명의 빛나는 전과를 거두었다. 조정에 전승의 보고를 올리고 탈환한 각지에 장수를 보내 국토를 확정하고 9성을 축조하였다.

그리고 남쪽으로부터 백성을 이주시켜 남도지방의 이주민들이 이곳을 개척하여 살게 되었다. 새로 성을 구축한 곳은 함주(咸州)에 이주민 1,948가구, 영주(英州)에 성곽 950칸과 이주민 1,238가구, 웅주(雄州)에 성곽 992칸과 이주민 1,436가구, 복주(福州)에 성곽 774칸과 이주민 680가구, 길주(吉州)에 성곽 670칸과 이주민 680가구, 공험진(公嶮鎭)에 이주민 532가구로서, 이 6성 외에 이듬해에는 숭녕(崇寧)·통태(通泰)·진양(眞陽)의 3성을 더 쌓아 이른바 윤관의 9성 설치가 완결되었다.

특히 함흥평야의 함주에 대도독부(大都督府)를 두어 이곳이 가장 요충이 되었다.

고려군이 이렇게 함경도일대를 석권하게 되자 그곳을 근거지로 웅거하던 완안부의 우야소가 반발하여 1108년초에 군사를 이끌고 정면으로 대결하게 되었다. 가한촌(加漢村)의 전투에서 포위당하였으나 척준경 등의 역전으로 겨우 구출되었으며, 영주성의 공방전에서는 역시 척준경의 용맹과 기지로써 여진군을 겨우 물리치게 되었다.

또다시 여진군 수만 명이 웅주성을 포위하자 역시 척준경의 지략과 용기로써 적을 패주시켰다.

그해 3월 30일 포로 346명, 말 96필, 소 300두를 노획하여 개경으로 개선하여 추충좌리평융척지진국공신 문하시중 판상서이부사 지국군중사에 봉하여졌다.

서쪽에 강력한 요나라와 접경하고 있던 여진은 고려와 평화를 회복하는 것이 매우 필요하게 되었으나, 윤관의 9성 축조와 농업이주민으로 말미암아 농경지를 빼앗긴 토착여진족으로서는 강력히 반발할 수밖에 없었다. 그리하여 여진족은 길이 배반하지 않고 조공을 바친다는 조건아래 평화적으로 성을 돌려주기를 원하였다.

드디어 여진은 적극적인 강화교섭을 개시하였으며 예종은 육부를 소집하고 9성환부를 논의하기에 이르렀다. 평장사 최홍사(崔弘嗣) 등 28명은 찬성하고 예부낭중(禮部郞中) 한상(韓相)은 반대하였으나 당시 조정은 화평으로 기울어 있었다.

그 이유는 여진을 공략함에 있어 당초에 한 통로만 막으면 여진의 침입을 막을 수 있으리라는 고려의 예측이 맞지 않았고, 근거를 잃은 여진족의 보복이 두려웠으며, 개척한 땅이 너무 넓고 거리가 멀어 안전을 기할 수 없다는 점, 무리한 군사동원으로 백성의 원망이 일어나리라는 점 등이었다.

그리하여 다음해 7월 3일 회의를 열고 9성 환부를 결의하여 7월 18일부터 9성 철수가 시작되었다. 그리하여 윤관이 장병들과 더불어 생명을 걸고 경략하였던 9성 일대의 땅이 다시 여진에게 환부되었다.

뒤에 아골타가 금나라를 세워 강대한 국가가 된 데에는 그들이 9성을 다시 찾는데 그 원인이 있었다고 본다.

9성의 환부로 여진정벌이 실패로 돌아가자 그는 패장의 모함을 받고 문신들의 시기 속에 관직과 공신호조차 삭탈당하였다. 명분없는 전쟁으로 국력을 탕진하였다 하여 처벌하자는 주장도 대두되었으며 회군해서는 왕에게 복명도 하지 않은 채 사제(私第)로 돌아갔다.

그러나 처벌을 하여야 한다는 재상이나 대간들의 주장을 물리치며 비호한 예종의 덕으로 1110년 다시 수태보 문하시중 판병부사 상주국 감수국사가 내려졌으나 사의를 표하였다.

1130년(인종 8년) 예종의 묘정에 배향되었으며 묘는 경기도 파주군 광탄면에 있다.

시호는 문경(文敬)이다.

능변으로 거란을 물리친 지혜와 용기

# 서희(徐熙)
942(태조 25) ~ 998(목종 1)

고려 초기의 정치가이며 외교가인 서희의 본관은 이천(利川)이며 자는 염윤(廉允), 내의령을 지낸 필(弼)의 아들이다. 조부인 신일(神逸) 때까지는 이천 지방에 토착한 호족으로 보인다. 그러나 아버지에 이어서 희 자신도 재상위에 올랐고, 다시 그의 아들 눌(訥)·유걸(惟傑)이 수상인 문하시중과 재상인 좌복야(左僕射)를 지냈을 뿐더러, 특히 눌의 딸은 현종의 비가 되어 외척가문의 하나로 등장하게 되었다.

이러한 배경과 아울러 그는 스스로의 재능으로 평탄한 출세의 길을 걸었다.

960년(광종 11년) 3월에 갑과로 과거에 급제한 뒤 광평원외랑(廣評員外郎)·내의시랑(內議侍郎)등을 거쳐, 983년(성종 2년)에는 군정(軍政)의 책임을 맡은 병관어사(兵官御事)가 되고 얼마 뒤 내사시랑평장사(內史侍郎平章事)를 거쳐 태보(太保)·내사령(內史令)의 최고직에까지 이르렀다.

이와같이 정치적 활동에서도 중책을 맡았으나 외교적으로도 이에 못지 않는 많은 업적을 올렸다.

972년에 십수년간 단절되었던 송나라와의 외교를 그가 직접 사신으로 가 큰 성과를 거두었다. 그러나 무엇보다도 그의 가장 큰 외교적 활약은 993년에 대군을 이끌고 들어온 거란의 장수 소손녕(簫遜寧)과 담판하여 이를 물리친 일이었다.

고려의 일방적인 북진정책과 친송외교(親宋外交)에 불안을 느낀 거란이 동경유수(東京留守) 소손녕으로 하여금 고려를 침공하게 하였다. 거란군은 봉산군(蓬山郡)을 격파한 뒤, 대조(大朝:거란)가 이미 고구려의 옛땅을 차지하였는데 지금 너희 나라에서 강계(彊界)를 침탈하므로 이에 와서 정토한다는 등의 위협을 거듭하였다.

이에 대하여 고려에서는 항복하자는 견해와 서경(西京:평양) 이북의 땅을 떼어주고 화의하자는 할지론(割地論)이 우세하였다.

그러나 봉산군을 쳤을 뿐 적극적인 군사행동을 취하지 않고 위협만 되풀이하는 적장의 속셈을 간파한 서희는 할지론을 적극 반대하고 싸울 것을 주장하였다. 여기에 민관어사(民官御事) 이지백(李知白)이 동조하자 왕도 이에 찬성하였다.

이때 마침 소손녕도 안융진(安戎鎭)을 공격하다가 중랑장 대도수(大道秀)와 낭장 유방(庾方)에게 패하여 고려의 대신과 면대하기를 청해왔으므로 서희가 여기에 응하게 되었다. 거란의 군영에 도착하여 상견례를 할 때 소손녕이 서희에게 뜰에서 절할 것을 요구하자 뜰에서의 배례란 신하가 임금에게 하는 것이라 하여 단호히 거절하며 당당한 태도로 맞서 결국 서로 대등한 예를 행하고 대좌하게 되었다.

소손녕이 먼저 침입의 원인을 「그대 나라는 신라땅에서 일어나 고구려의 땅은 우리가 소유하였는데 당신들이 그 땅을 침식하였다」는 것과,「고려는 우리나라와 땅을 접하고 있는데도 바다를 건너 송나라를 섬기고 있기 때문에 이번의 공격이 있게 되었다」고 두 가지를 들었으나 침입의 근본적인 이유가 후자에 있다는 것을 알고 있던 서희는 「우리나라는 곧 고구려의 옛 터전을 이었으므로 고려라 이름하고 평양을 도읍으로 삼은 것이다. 만약, 지계(地界)로 논한다면 상국(上國)의 동경(東京:곧 遼陽)도 모두 우리 경내에 들어가니 어찌 침식이라 말할 수 있겠는가. 뿐만 아니라 압록강 안팎도 역시 우리 경내인데 지금은 여진이 그곳에 도거(盜據)하여 완악(頑惡)하고 간사한 짓을 하므로 도로의 막히고 어려움이 바다를 건너는 것보다 심하다. 조빙(朝聘)을 통하지 못하게 된 것은 여진 때문이니 만약에 여진을 쫓아내고 우리의 옛땅을 되찾게 하여 성보(城堡)를 쌓고 도로가 통하게 되면 감히 조빙을 닦지 않겠는가?」라고 반박, 설득하였다.

이와 같이 언사와 기개가 강개함을 보고 거란은 마침내 물러났다. 이러한 서희의 국제정세에 대한 통찰력, 당당한 태도, 조리가 분명한 주장 등이 외교적 승리를 가져온 것이다.

그 결과 994년(성종 13년)부터 3년간 거란이 양해한 대로 압록강

동쪽의 여진족을 축출하고 장흥진·귀화진·곽주·귀주·홍화진 등에 강동6주(江東六州)의 기초가 되는 성을 쌓고 생활권을 압록강까지 넓히는데 크게 공헌하였다.

서희는 문무를 겸비하였을 뿐만 아니라 성품도 근엄하고 사리에 밝았던 것 같다. 일례로 성종이 서경에 행차하였을 때 미행(微行)으로 영명사(永明寺)에 가서 놀이를 하고자 하는 것을 상소, 간언하여 중지시켰다.

또 어사를 따라 해주에 갔을 때 임금이 그의 막사에 들어가고자 하니, 「지존(至尊)께서 임어하실 곳이 못 됩니다」라고 정중하게 사양하였으며, 다시 술을 올리라고 명하자 「신의 술은 감히 드릴 수가 없습니다」라고 하여 결국 막사 밖에서 어주(御酒)를 올리도록 한 사실에서도 그의 면모를 살필 수가 있다.

또한 공빈령(供賓令) 정우현(鄭又玄)이 봉사를 올려 시정(時政)의 일곱 가지 일을 논한 것이 임금의 뜻을 거슬렸으나 서희는 오히려 정우현의 논사가 심히 적절한 것이라고 변호하고 그 허물을 스스로에게 돌렸다고 하는 데에서도 잘 알 수 있다.

이리하여 정우현은 감찰어사가 되고 서희는 말과 주과(酒果)를 위로의 증표로 받았다.

서희는 성종의 총애를 받으면서 일신의 영달과 더불어 나라에 큰 공적을 쌓을 수 있었다.

이러한 모습은 그가 996년(성종 15년)에 병으로 개국사(開國寺)에 머물게 되자 성종이 친히 행차하여 어의 한 벌과 말 세 필을 각 사원에 나누어 시납하고, 개국사에 다시 곡식 1,000석을 시주하는 등 그가 완쾌되도록 정성을 다한 사실에서 알 수 있다.

시호는 장위(章威), 1027년(현종 18년)에 성종 묘정에 배향되었다.

역사 기록을 남긴 禪師

일연(一然)
1206(희종 2) ~ 1289(충렬왕 15)

　　일연은 고려 후기(희종 2년~충렬왕 15년)의 고승이다. 성은 김씨이며 처음 법명은 견명(見明), 자는 처음에 회연(晦然), 자호는 목암(睦庵)이다. 경상도 경주의 속현이었던 장산군(章山郡:지금의 경산) 출신으로 김언정(金彦鼎)의 아들이다.
　　1214년(고종 1년) 지금의 광주(光州)지방인 해양(海陽)에 있던 무량사(無量寺)에 가서 학문을 닦았고, 1219년 설악산 진전사(陣田寺)로 출가하여 고승 대웅(大雄)의 제자가 되고 구족계를 받은 뒤, 여러 곳의 선문(禪門)을 방문하면서 수행하였다.
　　이때 많은 사람들의 추대로 구산문 사선(九山門四選)의 으뜸이 되었다.
　　1227년 승과의 선불장(選佛場)에 응시하여 장원인 상상과(上上科)에 급제하였다. 그뒤 비슬산의 보당암으로 옮겨 수년 동안 머무르면서 마음을 가다듬고 참선에 몰두하였다.
　　1236년 10월 몽고의 침입이 일어나 병화가 전주 고부(古阜)지방까지 이르자 병화를 피하고자 문수(文殊)의 오자주(五字呪)를 염하면서 감응을 빌었다. 그러자 문득 문수보살이 현신하여 「무주(無住)에 있다가 명년 여름에 다시 이산의 묘문암(妙門庵)에 거처하라」고 하였다.
　　이에 곧 보당암의 북쪽 무주암으로 거처를 옮겼다. 그곳에서 항상 「생계(生界), 즉 현상적인 세계는 줄지 아니하고 불계(佛界), 즉 본질적인 세계는 늘지 아니한다.(生界不減佛界不增)」는 구절을 참구(參究)하다가 깨달음을 얻어서 「오늘 곧 삼계(三界)가 꿈과 같음을 알았고, 대지가 작은 털끝만큼의 거리낌도 없음을 보았다」고 하였다.
　　이해에 나라에서 삼중대사(三重大師)의 승계(僧階)를 내렸고, 1246년 다시 선사(禪師)를 더하였다.

1249년 정안(鄭晏)의 청을 받고 남해의 정림사(定林社)로 옮겨 이를 주재하였다. 이 절에 머무르면서 대장경 주조 중 남해의 분사대장도감(分司大藏都監)의 작업에 약 3년 동안 참여하였다.

1256년 여름에는 윤산(輪山)의 길상암(吉祥庵)에 머무르면서「중편조동오위(重編曹洞五位) 2권을 지었고, 1259년 대선사의 승계를 제수받았다.

몽고의 침입이 계속되는 동안 남쪽의 포산・남해・윤산 등지에서 전란을 피하면서 수행에 전념하다가, 1261년(원종 2년) 원종의 부름을 받고 강화도로 갔다.

강화도의 선월사(禪月寺)에 머무르면서 설법, 지눌(知訥)의 법을 계승하였다.

1264년 가을 왕에게 남쪽으로 돌아갈 것을 여러번 청하여 경상북도 영일군 운제산(雲梯山)에 있던 오어사(吾魚寺)로 옮겨 살았다.

이때 비슬산 인홍사(仁弘寺)의 만회(萬恢)가 그 주석을 양보하였으므로 인홍사 주지가 되어 후학들을 지도하였다.

1268년에는 조정에서 선종과 교종의 고승 100명을 개경에 초청하여 해운사(海雲寺)에서 대장낙성회향법회(大藏落成廻向法會)를 베풀었는데, 일연으로 하여금 그 법회를 주관하게 하였다. 그의 물 흐르는듯한 강론과 설법으로 그곳에 모인 사람들을 감화시켰다.

1274년 인홍사를 중수하고 협소한 경내를 확장한 다음 조정에 아뢰자 원종은 인홍(仁興)이라 이름을 고치고 친필로 제액(題額)을 써서 하사하였다. 또 이때 비슬산 동쪽 기슭의 용천사(湧泉寺)를 중창하고 불일사(佛日寺)로 고쳤는데, 그의 불일결사문(佛日結寺文)은 이때 쓰여진 것으로 생각된다.

1277년(충렬왕 3년)부터는 충렬왕의 명에 따라 청도 운문사(雲門寺)에서 1281년까지 살면서 선풍(禪風)을 크게 일으켰다.

이때에「삼국유사」를 집필하기 시작한 것으로 추정된다. 1281년 6월 동정군(東征軍)의 격려차 경주에 행차한 충렬왕은 일연을 불러 그의 가까이에 있게 하였다. 그때 일연은 뇌물로써 승직(僧職)을 구하는 불교계의 타락상과 몽고의 병화로 불타버린 황룡사의 황량한 모습을 목격하였다.

　1282년 가을 충렬왕의 간곡한 부름으로 대전에 들어가 선(禪)을 설하고 개경의 광명사(廣明寺)에 머무르면서 왕실 상하의 극진한 귀의를 받았다.

　이듬해 3월 국존(國尊)으로 책봉되어 원경충조(圓經冲照)라는 호를 받았으며, 이해 4월 왕의 거처인 대내(大內)에서 문무백관을 거느린 왕의 구의례(옷의 뒷자락을 걷어올리고 절하는 예)를 받았다.

　그러나 늙은 어머니의 봉양이 마음에 걸려 몇 차례에 걸친 왕의 만류를 뿌리치고 고향으로 돌아왔다. 산 아래에 모시고 봉양하던 어머니가 1284년에 죽자, 조정에서는 군위 화산의 인각사(麟角寺)를 수리하고 토지 100여 경(頃)을 주어 주재하게 하였다.

　인각사에서 당시의 선문을 전체적으로 망라하는 구산문도회(九山門都會)를 두 번 개최하였다.

　1289년 6월에 병이 들자 7월 7일 왕에게 올릴 글을 쓰고, 8일 새벽 선상(禪床)에 앉아 제자들과 선문답(禪問答)을 나눈 뒤 거처하던 방으로 돌아가서 손으로 금강인(金剛印)을 맺고 입적하였다.

　그해 10월 인각사 동쪽 언덕에 탑을 세웠으며, 시호는 보각(普覺)이고, 탑호(塔號)는 정조(靜照)이다.

　대표적인 제자로는 혼구(混丘)와 죽허(竹虛)가 있으며, 저서로는 화록(話錄) 2권, 게송잡저(偈頌雜著) 3권, 중편조동오위 2권, 조파도(組派圖) 2권, 대장수지록(大藏須知錄) 3권, 제승법수(諸乘法數) 7권, 조정사원(組庭事苑) 30권, 선문염송사원(禪門念頌事苑) 30권, 삼국유사 5권 등이 있다.

대권을 행사하다 몰락한 외척

이자겸(李資謙)
? ~ 1126(인종 4)

왕의 외척으로서 국공(國公)의 자리에 올라 횡포를 자행하다가 분수에 넘치게 지군국사(知軍國事)를 강요하며, 나중에는 난을 일으켜 왕위를 빼앗으려 했던 인물이 이자겸이다.

그의 본관은 경원(慶源:지금의 인천)이며, 호부낭중(戶部郎中)을 지낸 호(顥)의 아들이다. 경원이씨는 인주지방 호족세력으로서 이허겸의 외손녀가 현종의 비로 책봉되면서 두각을 나타내기 시작하지만 귀족가문으로 확고하게 자리를 잡은 것은 이자겸의 할아버지인 이자연(李子淵) 때부터였다.

왕실과 혼인을 통해 문벌귀족으로 부상한 이 가문은 이자겸의 누이 장경궁주(長慶宮主)가 순종의 비가 되었고, 이자겸의 부인은 해주 최씨로 수상을 역임한 사추의 딸이었다.

이와 같은 가문을 배경으로 그는 음서(蔭叙)로 진출했다. 첫 벼슬로는 매우 파격적인 합문지후(閤門祗候)를 제수받았다. 그러나 더욱 빠른 속도로 출세하게 된 것은 그의 둘째 딸이 예종의 비로 들어가면서였다.

그뒤 참지정사(參知政事), 상서좌복야(尙書左僕射)를 거쳐 마침내 소성군개국백(邵城郡開國伯)에 봉작됨과 동시에 여러 아들들도 승진되는 특전이 베풀어졌다.

그 무렵 조정은 국왕의 주변에서 한안인(韓安仁) 일파도 세력을 펴고 있었기 때문에 이자겸 일파와 대립 암투하고 있었다.

그런데 예종이 재위 17년 만에 죽고 그의 외손인 인종이 어린 나이로, 그것도 이자겸의 보필에 의하여 왕위에 오르게 되자 그 힘은 더욱 커졌다.

이로 인하여 고려사회는 종래와 같은 귀족관료 내부간에 균형이 깨어지고 왕권의 상대적인 약화까지 초래하게 되었다.

인종 1년에 송나라 사신을 따라왔던 서긍(徐兢)은 그의 견문록인 고려도경(高麗圖經)에서 이자겸을 평하여 「풍채는 맑고 위의는 온화하며 어질고 착한 이들을 반겼다」는 말을 하고 있다. 이때가 이자겸이 한창 득세하고 있던 시기인 만큼 서긍의 눈에 그와같이 비쳤는지는 잘 알 수 없지만, 어쨌든 그에게서 군자풍의 태도와 행동의 일면을 엿볼 수 있는 것이다.

그러나 외형상의 이와 같은 모습과 행동에도 불구하고 그는 재물과 권력에 지나치게 욕심이 많았던 것은 사실인듯 싶다.

「고려사」이자겸전에 의하면, 그는 「남의 토전(土田)을 강탈하고, 복예(僕隸)들을 풀어놓아 마차와 말을 약탈하여 자기의 물건을 날랐다」고 하며, 권세를 부리며 공공연히 뇌물을 받았다고 한다. 좀 과장된 표현이겠지만, 집에는 썩어가는 고기가 항상 수만 근이나 되었다는 것이다.

이와 비슷한 내용은 「고려도경」에도 전해지고 있다. 권력면에서도 그는 경원이씨 이외의 다른 성씨에서 왕비가 나오면 권세와 총애가 분산될까 염려하여 왕에게 강청(強請), 셋째 딸을 왕비로 들여보내고, 얼마 뒤에는 다시 넷째딸을 왕비로 들여보냈던 데에서 단적으로 나타난다.

그것은 어쨌든 강력한 정치적 권력과 경제적 토대 및 당시 또 하나의 큰 세력을 이루고 있던 사원과의 긴밀한 유대 등을 바탕으로 정계를 마음대로 움직였을 뿐더러, 왕권에까지 위협적인 존재가 되었다.

그는 한때 사사로이 자기 부(府)의 주부(注簿)인 소세청(蘇世淸)을 송나라에 보내어 표(表)를 올리고 토산물을 바치며 스스로 지군국사(知軍國事)를 칭하기도 하였다.

그리고 그는 여기에서 그치지 않고 실제로 지군국사가 되고자 하여 왕이 자기 집에 와서 그 조칙을 내려줄 것을 요청하고 날짜까지 정하였다.

지군국사란 나라의 모든 일을 맡고 있다는 뜻으로 인신은 대유(帶有)할 수 없는 직함이었다. 이같은 전횡에 대하여 왕도 몹시 꺼리고 있었다.

이를 안 내시 김찬(金粲)과 안보린(安甫鱗)은 동지추밀원사 지녹연(智祿延)과 공모하여 왕에게 아뢰고, 상장군 최탁(崔卓)과 오탁(吳卓), 대장군 권수(權秀), 장군 고석(高碩)과 함께 이자겸과 그의 일당인 척준경(拓俊京) 등을 제거하려는 거사에 나서게 되었다.

그리하여 이들은 약속된 날 밤에 군사를 거느리고 궁궐로 들어가, 우선 척준경의 동생인 병부상서 척준신(拓俊臣)과 아들인 내시 척순(拓純) 등을 살해하였다. 이것이 이른바 「이자겸의 난」의 발단이었다.

변란을 알게 된 이자겸과 척준경은 당여와 병졸을 이끌고 가서 궁성을 포위한 뒤 불을 지르고 많은 사람들을 살해하였다.

이에 놀라 왕은 해를 입을까 두려워하여 글을 지어 이자겸에게 선위(禪位)하고자 하였다. 그러나 양부(兩府)의 의론을 겁내었고, 한편으로는 재종형제간으로 그의 발호를 못마땅하게 여기던 이수(李需)와 귀족관료인 김부식 등의 반대로 저지되었다. 그뒤 왕을 자기 집으로 이어(移御)하게 하고는 국사를 제멋대로 처리하였다.

마침 이때 군신관계를 요구해온 금나라에 대하여 모든 신료들의 반대를 무릅쓰고 자기의 권력유지를 위하여 사금책(事金策)을 결정한 것이 그같은 한 예이다. 뿐만 아니라, 그는 아직까지 왕위에 대한 미련을 버리지 않고 인종을 여러 차례 독살하려 하였다. 그러나 그때마다 왕비의 기지로 왕은 겨우 화를 면할 수가 있었다.

이와 같은 어려운 상황 속에서도 인종의 밀명을 받은 내의(內醫) 최사전(崔思全)이 이자겸과 척준경의 사이를 떼어놓은데 성공하여 척준경에 의하여 거세된 이자겸은 유배지인 영광에서 죽었다.

보수지성의 本山

김부식(金富軾)
1075(문종 29) ~ 1151(의종 5)

　삼국사기 저자로 더 잘 알려진 김부식은 고려조의 유학자요 역사가이며 정치인이고 문학가다. 본관은 경주, 자는 입지(立之)이고 호는 뇌천(雷川)이다.
　신라 왕실의 후예로 신라가 망할 무렵 그의 증조부인 위영(魏英)이 태조에게 귀의하여 경주지방의 행정을 담당하는 주장(州長)에 임명되었다.
　그뒤 김부식 4형제가 중앙관료로 진출할 때까지의 생활기반은 경주에 있었다.
　그의 가문이 중앙정계에 진출하기 시작한 것은 아버지 근(覲) 때부터였다.
　그는 13, 14세 무렵에 아버지를 여의고 편모 슬하에서 자랐으나, 4형제가 모두 과거에 합격하여 중앙관료로 진출할 수 있었다. 4형제가 모두 과거에 합격하였다 하여 그의 어머니는 훌륭한 어머니로 매년 정기적으로 임금이 내려주는 곡식을 받았다.
　더구나 4형제 중 부식과 둘째형 부일(富佾), 동생 부철(富轍) 3형제는 당시 관직 중에서 가장 명예스러운 한림직(翰林職)을 맡아 남들의 부러움을 샀고, 어머니 또한 포상되었으나 사양하여 받지 않았다.
　1096년(숙종 1년)에 과거에 급제하여 안서대도호부(安西大都護府)의 사록(司錄)과 참군사(參軍事)를 거쳐, 직한림(直翰林)에 발탁되었다.
　이후 20여년 동안 한림원 등의 문한직(文翰職)에 종사하면서 자신의 학문을 발전시켰고, 한편으로 예종·인종에게 경사(經史)를 강(講)하는 일도 맡았다.
　그는 자신이 공자·맹자의 학문을 종지로 받든다고 표방하였을 뿐만 아니라, 유교 윤리의 실천을 주장하였고 유교이념의 실현에 노력한 유학자였다. 즉 이자겸이 인종 초년에 왕의 외조부 겸 장인으로서 지나친 권력을 행사하고 예에 어긋난 일을 하려고 하자 이를 반대하였다.

또 삼국사기의 사론에서 유교적 이념의 제시를 보여주었으며, 예종·인종 때의 강경(講經)에서도 유교적 이념을 강조하였다.

정치가로서의 활동은 이자겸의 난을 거치면서 재상으로 승진한 때부터 관직에서 은퇴한 1140년(인종 18년)까지에 이루어졌다.

이자겸이 제거된 직후에 두번째로 송나라에 사신으로 다녀왔다. 이때 사신 파견의 목적은 송나라 고종의 등극을 축하하기 위한 것이었으나, 당시 송나라와 금나라의 정세에 대한 정확한 정보입수의 목적이 곁들어 있었던듯하다. 그러나 이를 감지한 송나라의 반대로 수도까지는 가지 못하고 중도에서 돌아왔다.

이자겸 일파의 정계축출로 인하여 승진이 용이해져 1130년 12월에는 정당문학 겸 수국사(政堂文學兼修國史)로 승진되어 재상이 된 뒤에 다음해 9월에는 검교사공참지정사(檢校司空參知政事)로, 그 이듬해 12월에는 수사공 중서시랑 동중서문하평장사(守司空中書侍郞同中書門下平章事)에 승진하였다.

이즈음 묘청(妙淸) 일파가 서경천도설을 주장하고 천도가 실현되지 못할듯하자 난을 일으켰다. 이때 그는 중서시랑평장사로서 판병부사(判兵部事)를 맡고 있었는데, 원수(元帥)로 임명되어 직접 중군을 거느리고 삼군(三軍)을 동원하였다.

그는 출정하기에 앞서 재상들과 의논하여 먼저 개경에 있던 묘청의 동조세력인 정지상(鄭知常)·김안(金安)·백수한(白壽翰) 등의 목을 베었다. 그리고 개경의 재상들은 조속한 반란 진압을 독촉하였으나, 1년 2개월 만에 반란군을 겨우 진압할 수 있었다.

그 공으로 개경에 돌아오기도 전에 수충정난정국공신(輸忠定難靖國功臣)에 책봉되고 검교태보 수태위 문하시중 판이부사(檢校太保守太尉門下侍中判吏部事)에 승진되었다. 그뿐만 아니라 감수국사 상주국 태자태보(監修國事上柱國太子太保)의 직도 겸하게 되었다.

그러나 서경에서 개선한 뒤 묘청의 난을 진압할 때 자신의 막료로서 전공을 세운 윤언이(尹彥頤)를 포상하기는 커녕 탄핵하여 양주방어사(梁州防禦使)로 좌천시켰다. 그 이유는 그가 이전에 칭제건원론(稱帝建元論)을 주장하였던 사건과 관련이 있었을 뿐만 아니라 개인적으로도 감정이 좋지 않았기 때문이었다.

그러나 1140년에 사면령이 반포되어 윤언이가 곧 중앙정계로 복귀할 전망이 보이자 정치적 보복을 염려하여 세 번이나 사직상소를 올려 왕의 허락을 받았다.

이 무렵 그의 형과 동생도 이미 죽었으며, 자신의 우익 세력이었던 정습명(鄭襲明)은 대간직에서 탄핵을 받아 퇴임하였으므로 그는 정치적 외로움을 느끼고 있었다.

이때 왕은 그를 도와줄 8인의 젊은 관료를 보내어 삼국사기의 편찬을 명하였으며, 그는 인종이 죽기 직전에 50권의 삼국사기를 편찬하여 바쳤다. 그는 삼국사기의 편찬체재를 스스로 정하였고, 이에 따라 참고직(參考職)의 조수를 시켜 사료를 발췌, 정리시켰으며, 사론은 자신이 직접 쓰기도 하였다.

그는 이밖에도 인종 초년에「예종실록」을 편찬하였고, 의종 초년에는「인종실록」의 편찬을 주도하기도 하였다.

또한 문학가인 그는 한림원에 있을 때 그의 선배인 김황원(金黃元)과 이궤(李櫃)의 뜻에 따라 고문체(古文體) 문장의 보급에도 대단한 노력을 하였다.

당시 유행하던 육조풍의 사륙변려문체에서 당·송 시대에 발전한 고문체를 수용하려는 것이었다. 삼국사기의 중찬도 이러한 문체운동과 깊은 관련이 있다.

그의 문집은 20여 권이 되었으나 지금은 다 전해지지 않으며, 그의 많은 글이「동문수」(東文粹)와「동문선」에 전하는데, 우리나라 고문체의 대가라 할 수 있다.

송나라 서긍은「고려도경」의 인문조에서 그를 박학강지(博學強識)하여 글을 잘 짓고 고금을 잘 알아 학사의 신복을 받으니 능히 그보다 위에 설 사람이 없다고 평하였다.

만년에는 개성 주위에 관란사(觀瀾寺)를 원찰로 세워 불교수행을 닦기도 하였다.
　1153년(의종 7년)에 중서령(中書令)에 추증되었으며 인종 묘정(廟庭)에 배향되었다. 시호는 문열(文烈)이다.

서경천도를 주장하며 난을 일으킨 승려

묘청(妙淸)
? ~ 1135(인종 13)

고려 중기의 승려라는 것 외에 그의 출신성분은 정확히 알려져 있지 않다.

묘청은 승려이면서도 도교적인 요소를 함께 갖추었고 풍수지리와 도참사상도 익혀 이를 바탕으로 서경천도를 주장하다 받아들여지지 않자 반란을 일으켰던 인물이다.

그는 1128년(인종 6년)에 같은 서경출신인 정지상, 백수한, 김안, 홍이서, 이중부, 문공인, 임경천 등의 지지를 얻어 서경천도를 처음 제기하였다.

그에 따르면 상경(上京:지금의 개성)은 기업(基業)이 이미 쇠하였고 서경에는 왕기(王氣)가 있으니 서경으로 천도할 것과, 서경의 임원역(林原驛)이 음양가에서 말하는 대화세(大華勢)이므로 이곳에 궁궐을 짓고 천도하면 가히 천하가 우러르게 되어 금(金)나라가 스스로 항복하고 36국이 모두 신하가 될 것이라 하였다.

이 주장은 앞서 이자겸의 난으로 왕궁이 불타고, 새로 등장한 금나라의 압력이 점차 거세지는 등으로 민심이 동요하고 있던 상황에서 인종의 호응을 얻어 곧바로 천도를 위한 준비가 이루어지게 되었다.

1131년에는 임원궁에 8성당(八聖堂)을 짓고 다음 해에는 서경의 상서로움을 부각시키기 위해 기름을 넣은 큰 떡을 대동강에 담가 두어 그 기름이 물위에 떠오르면서 오색빛을 내게 하였다가 발각된 일이 있었다.

그러나 서경천도에 더욱 박차를 가하여 1132년에는 서경에 대화궐(大華闕)을 창건하기에 이르렀다.

이때 대화궐에서 태일옥장보법(太一玉帳步法)이란 것을 펼쳐 보이며, 이것이 도선(道詵)에게서 강정화(康靖和)를 거쳐 자신에게 전수되었음을 주장하였다. 또한 정지상, 김안 등 지지자들에 의해 성인으로 받들어지면서 계속해서 서경천도를 주장하였다.

그러나 1132년부터 임원애, 이중, 문공유, 임완 등 서경천도를 반대하는 문신들에 의한 탄핵이 끊이지 않았고, 더욱이 1132년에는 대화궐의 건룡전(乾龍殿)에 벼락이 치는 등 재앙이 속출함으로써 풍수도참에 기반을 둔 천도론이 점차 명분을 잃게 되었다.

이러한 가운데 인종에게 서경행차를 요청하였다가 김부식 등의 반대로 거부되고 서경천도의 가능성 또한 희박해지자, 1135년에 서경에서 분사시랑 조광, 병부상서 유참 등과 함께 국호를 대위(大爲), 연호를 천개(天開)라 하고 난을 일으켰다. 그러나 곧 조광의 배신으로 부하들에 의해 묘청은 죽음을 당하였다.

무신정권을 세운 군인

정중부(鄭仲夫)
1106(예종 1) ~ 1179(명종 9)

고려의 무인으로 본관은 해주(海州)다. 처음 주(州)의 군적(軍籍)에 오르고 인종 때 개성에 와서는 마침내 견룡대정(牽龍隊正)이 되었다.

이때 왕이 참석한 가운데 제석(除夕)의 나례(儺禮)가 베풀어졌는데 그 자리에서 나이 어린 내시 김돈중이 촛불로 그의 수염을 태우므로 크게 노하여 김돈중을 묶어놓고 욕보였다. 이 때문에 김돈중의 아버지 김부식의 노여움을 샀으나 왕의 중재로 무사했다. 이 사건을 계기로 문신과 무신간에 대립이 노골화되기 시작하였다.

그 이후로도 정중부는 왕의 신임을 얻어 벼슬이 상장군에 이르렀다.

이 무렵 의종은 음탕하고 정사를 돌보지 않았다. 그리고 주연을 베풀 때마다 문신과는 함께 즐기면서 무신들은 그 경비만을 맡게 되어 허기와 추위에 떨었으므로 무신들의 불만이 커갔다.

1170년(의종 24년)에 의종이 화평재(和平齋)에 행차하였을 때 견룡행수(牽龍行首)인 산원 이의방·이고 등과 함께 반역을 결심하였으나 뜻을 이루지 못하였다. 그뒤 왕이 연복정(延福亭)에서 흥왕사(興王寺)를 거쳐 보현원(普賢院)에 이르자 왕을 따라갔던 문신과 환자(宦者) 등을 살해하였다. 보현원에서 반란에 성공하자 곧바로 개성으로 들어가 궁궐과 태자궁을 휩쓸면서 대소의 문신 50여명을 죽이고 왕을 거제현(巨濟縣:거제도)으로, 태자를 진도현(珍島縣:진도)으로 추방하고, 왕의 아우 익양공 호(翼陽公晧)를 맞아 왕(명종)을 삼음으로써 무신정권을 수립하였다.

정중부 난의 진상

경인(庚寅)의 난이라고도 하는 정중부난은 의종 24년에 반란을 일으켜 문신귀족정치를 타도하고 무신정권을 수립하여 고려사회에 일대 변혁을 가져오게 한 군사 쿠데타였다.

이 난을 일으키게 된 경위는 다음과 같다.

예종 때 여진의 정벌, 인종 때 이자겸의 난과 묘청의 난 등으로 그동안 무신의 지위가 크게 상승하였다. 그러함에도 문존무비(文尊武卑)의 풍조는 조금도 개선되지 않고 문신들의 무신에 대한 횡포는 더욱 심하여졌다.

문신들의 무신에 대한 개인적인 모욕은 고사하고라도 군사행동에 있어서 문신이 지휘관이 되고 무신은 그 아래에서 지휘를 받았으며, 군인들이 적과 싸워 공을 세워도 불력(佛力)에 의한 것이라 하여 그 공을 부처에 돌리는 수가 많았다. 특히 난이 일어날 무렵의 사회는 동요되고 있었다.

문신귀족의 횡포와 수탈은 농촌경제를 크게 압박하여 유민(流民)이 속출되고 농민의 반란이 자주 일어났던 것이다.

이러한 현상은 이미 예종 때부터 나타나 의종 때는 자못 심각한 경지에 이르러 문신귀족정치에 큰 위협이 아닐 수 없었다. 이러한 원인들은 마침내 난으로 폭발되었다.

1170년 놀이에 나섰던 의종은 호종하는 문신들을 거느리고 장단 보현원(普賢院)에 이르렀다.

이때 왕을 호종하던 대장군 정중부와 산원 이의방·이고가 반란을 일으키면서 비밀히 약속하기를 「우리들은 오른 소매를 빼고 복두(머리에 쓴 관)를 벗을 것이니, 그렇지 않은 자는 모두 죽여라」하여 학살을 당한 자가 많았다.

이것으로 왕을 호종하던 문신은 대부분 죽고 말았으나, 반란세력은 그날밤으로 왕을 데리고 개성에 들어와서 중요 문신 50여 명을 또 학살하였다.

이때 반란세력의 외침은 「문관(文冠)을 쓴 자는 서리라 할지라도 종자를 남기지 말라」는 것이었다. 그러나 실제로는 문관을 쓴 자, 즉 문신들의 종자를 다 없애지는 못하였다.

고려 문종 때 중앙 문관의 정원이 532인이고 그 이속의 정원은 1,

165인이었다. 이에 대하여 반란세력에 의하여 학살된 문신의 수는 100명 정도로 보인다.

그것은 어떻든 사태가 이렇게 되자 의종은 무신으로 상장군인 자에게는 수사공복야(守司空僕射)를 가(加)하고 대장군은 상장군으로 승격시키는 한편, 이의방과 이고는 응양·용호군(鷹揚龍虎軍)의 중낭장을 삼아 무마하려 하였다.

그러나 반란세력은 반란을 일으킨지 3일이 되는 날 왕을 거제도로, 태자를 진도로 추방하는 한편, 왕의 아우 익양공 호(翼陽公晧)를 왕으로 삼았다. 이가 바로 명종이다.

명종은 즉위하면서 곧 정중부·이의방·이고를 벽상공신(壁上功臣)에 봉하고 대사령을 내리는 등 인심수습에 노력하였으나 한낱 괴뢰적 존재에 불과하였고, 정치상의 실권은 반란세력의 수중에 들어가 무신에 의하여 전제되는 무신정권시대가 열리게 되었다.

이렇게 정중부의 난은 문신귀족 세력을 타도하고 무신정권을 수립한 데에 그 의의가 매우 크다고 하겠으나, 이 난은 몇 가지 주목할 점이 있다.

무신정권은 문신 귀족정치의 부정한 토대위에 성립할 수 있고 또한 그러하였던 것이다. 그러므로 문신들을 대량 학살하게 되었던 것이나, 그 학살에는 정치적인 목적 이외에 감정적인 요소도 많이 작용하였다.

보현원에서 문신들을 모두 학살하는 가운데 승선 노영순(盧永醇)은 원래 무가(武家)출신이며 무신들과 사이가 좋았다는 것으로 죽음을 면하였으며, 또 반란세력이 개성에 들어와서 문신들을 대량학살할 때 전중내급사(殿中內給事) 문극겸은 직신(直臣)으로 알려져 죽음을 면하였고, 대장군 진준이 「우리들이 미워하는 것은 문신 4, 5명인데 지금 무고한 사람들을 심히 죽이는 것은 옳지 않다」라고 하여 더 이상의 학살을 극력 만류하였던 것이다.

이러한 것은 그 학살에 감정적인 요소가 작용되고 있었다는 것을 입증해 주는 것이라 하겠으나, 반란세력은 문신들을 모두 죽이지 못하였음은 물론 상당수의 문신들을 포섭하여 자기 정권 강화에 이용하였다.
 이 난에 있어서 또 한 가지 주목되는 것은 반란세력을 중심으로 한 무신들이 재물을 약탈한 것이다. 반란세력이 일단 대세를 장악하게 되자 정중부와 이의방, 이고는 의종의 사재인 관북관(館北館)과 천동택(泉洞宅)을 비롯하여 학살당한 사람들의 집을 점령하고 거기에 축적된 수많은 재물을 획득하였다.
 이러한 현상은 문신세력을 전적으로 부정하는 행위인 동시에 그동안 쌓였던 울분에 대한 보복이기도 하였다.
 이 사건으로 말미암아 고려의 실권이 문신귀족 중심에서 무신으로 옮겨가는 중대한 사회적 변혁이 이루어졌다.

노비해방의 지도자

만적(萬積)
? ~ 1198(신종 1)

   만적은 고려 명종 때 최충헌의 사노(私奴)였다. 따라서 출신성분은 정확히 알 수 없다.
   다만 그가 노비해방 운동의 지도자로 지배계급에 대한 반란을 일으켰으니 이를 만적의 난, 만적의 사건, 또는 사동(私僮) 난, 노예의 난 등으로 불리워진다.
   당시 사회에서 하류층에 속한 노비는 가장 천대받는 신분적 지위에 있었다. 따라서 만적은 노예의 신분 때문에 벼슬은 물론 어떤 정치행위에도 참여할 수 없었다. 일생동안 자기의 상전에 예속되어서 토지를 경작하거나 천한 잡노동에 종사하여야 했고 경우에 따라서는 베 백 필이나 50필의 가격으로 상품처럼 매매되고, 혹은 말 한 필의 3분의 1도 안되는 가격으로 팔리거나 양여되었으며 상속 약탈의 대상이 되어야 했다.
   그러나 고려 중기 이후 소수의 권신들이 권력을 독점하는 현상이 나타나면서 그에 기생하여 노비의 정치적 사회적 지위가 향상되었으며, 무신의 난 이후에는 이러한 현상이 더욱 현저해짐으로써 천민들의 신분해방 운동이 일어날 수 있는 계기가 마련되었다.
   특히 무신집권기에는 비록 극소수이기는 하지만 천민출신 인물이 관직에 오르고, 출세하는 사례가 있었으므로 신분에 대한 전통적인 권위의식이 무너져갔고, 당시 농민들의 봉기 또한 빈발함으로써 천민들이 이에 합세하거나 독자적으로 신분해방을 위한 반란을 일으키게 되었다.
   1176년(명종 6년)에 천민집단인 공주 명학소(鳴鶴所)에서 일어난 망이(亡伊)·망소이(亡所伊)의 난이나, 1182년 전주에서 일어난 관노(官奴)들의 봉기가 그것이며, 1196년에는 최충헌(崔忠獻)의 집권에 반발하여 상장군 길인(吉仁)이 군사를 일으켰을 때 노비들도 이에 참여한 사례가 있었다.
 이러한 가운데 1198년 5월에 사동(私僮:私奴) 만적·미조이(味助伊)·연복(延福)·성복(成福)·소삼(小三)·효삼(孝三) 등 6명이 개경 북산(北山)에서 나무를 하다가 공·사 노예들을 불러모아 「무신란 이후에 고관이 천한 노예에서 많이 나왔으니 장상(將相)이 어찌 종자가 있겠는가. 때가 오면 누구나 할 수 있는 것이다」라고 선동하면서 반란을 계획하였다. 이때 이들은 갑인일(甲寅日)에 흥국사(興國寺)에서 다시 모여 궁중으로 몰려가 난을 일으키고, 환관과 궁노들의 호응을 받아 먼저 최충헌을 죽인 다음 각기 자기 주인들을 죽이고 천적(賤籍)을 불사르기로 하였다.
 그러나 약속한 날에 수백 명밖에 모이지 않았으므로 4일 후에 다시 보제사(普濟寺)에 모여 거사하기로 약속하였으나, 그 사이에 율학박사(律學博士) 한충유(韓忠愈)의 종 순정(順貞)이 주인에게 고발함으로써 반란계획이 누설되어 실패로 끝나고 만적 등 100여 명은 죽음을 당하였다.
 이 반란은 비록 실패로 끝났지만 무신 집권기에 신분해방을 목표로 일어난 천민 반란의 가장 대표적인 것이었다는데 커다란 의미가 있다.
 이후에도 1200년에 진주에서 또다시 공·사 노예들의 반란이 일어나 협주(陜州)의 민란에 가세한 일이 있었고, 역시 같은 해에 밀성(密城)에서 관노 50여 명이 운문(雲門:지금의 淸道)의 민란에 합세하는 등 천민들의 반란이 계속되었다.
 이러한 천민 반란은 당시의 농민 반란과 마찬가지로 무인정권의 강경한 진압에 의해 모두 실패하였지만, 고려 전기의 엄격한 신분사회에서 탈피하는 원동력이 되었다는 점에서 고려사회의 발전에 커다란 소임을 하였던 것으로 평가된다.

무신정권의 독재자

최충헌(崔忠獻)
1150(의종 4) ~ 1219(고종 6)

고려 무신정권기의 집권자인 최충헌은 본관이 우봉(牛峰), 상장군 원호(元浩)의 아들이다. 음보(蔭補)로 양온령(良醞令)이 되었으나 1174년(명종 4년) 조위총의 난 때 원수 기탁성의 휘하에서 용감히 싸워 별초도령(別抄都令)이 되었으며, 뒤이어 섭장군이 되었다.

1196년에 이우 충수(忠粹), 생질 박진재 등과 함께 미타산(彌陀山) 별장에서 이의민(李義旼)을 제거하는 한편, 그 일당과 그 여당으로 지목되는 문무관(文武官)을 대량 학살 또는 귀양보내고 정권을 장악하였다.

그는 이의민을 제거하고 나서 왕에게 아뢰기를 「적신(賊臣) 이의민이 일찍 시역(弑逆)의 죄(의종을 경주에서 살해한 죄)를 범하고 생민(生民)을 포학하게 침해하며 대보(大寶:王位)를 엿보므로 신(臣) 등이 미워한지가 오래였습니다. 이제 국가를 위하여 토벌하였으나 다만 일이 누설될까 두려워서 감히 명을 청하지 못하였으니 죽을 죄입니다」라고 하여 이의민 제거를 정당화하려 하였다.

그는 집권하고 나서 아우 충수와 함께 그동안 누적되었던 폐정(弊政)의 개혁을 요구하는 봉사십조(封事十條)를 올려 집권의 명분을 삼으려 하였다.

그 내용은 대강 다음과 같다. ① 구기(拘忌)의 설을 믿고 새로 짓고 사용하지 않는 궁궐에 입어(入御)할 것, ② 용관(冗官)을 도태할 것, ③ 대토지 소유자가 겸병(兼併)한 공사전(公私田)을 문적(文籍)에 비추어 환원할 것, ④ 공사(公私) 조부(租賦)의 공정을 기하고 권세가의 민산(民産) 침해를 금할 것, ⑤ 왕가의 제도(諸道) 공진(供進)을 금할 것, ⑥ 승려의 왕궁출입과 왕실의 민간에 대한 고리대업을 금할 것, ⑦ 염직(廉直)한 주·군리(州郡吏)를 채용할 것, ⑧ 조신(朝臣)들의 사치생활을 금할 것, ⑨ 비보사찰(裨補寺刹) 이외의 것을 삭거(削去)할 것, ⑩ 성대(省臺)의 기능을 바로잡을 것 등이다.

그리고 그는 왕의 측근자 50인을 추방하고 좌우승선(左右承宣)을 거쳐 지어사대사(知御史臺事)가 되었다.

그 이듬해 충성좌리공신에 봉하여지고, 그 아버지 원호에게는 봉의찬덕공신 수태위 문하시랑이 증직되었다.

또 그해 9월에 왕이「봉사십조」를 이행하지 않고 국고를 낭비하자 왕을 창락궁에 유폐한 뒤 왕의 아우 평량공 민(平凉公旼)을 맞아 왕(神宗)을 삼았으며, 그는 정국공신(靖國功臣)에 삼한대광대중대부 상장군 주국이 되고, 그 아버지에게는 영렬우성공신에 삼중대광문하시중(三重大匡門下侍中)이 증직되었는데, 이것으로 최씨 독재정권이 확립되었다.

이때 아우 충수가 자기의 딸을 태자(太子:뒤의 희종)의 비(妃)로 삼으려 하자 이를 만류하였으나 듣지 않을 뿐만 아니라 형을 치려 하므로, 박진재·노석숭 등과 함께 무리 1,000여로 흥국사(興國寺) 남쪽에서 그 무리와 싸워 패배시키고, 충수는 파평현(坡平縣) 금강사(金剛寺)에서 피살되었다.

그해 추밀원지주사 지어대사가 되었다.

1198년(신종 1년)에 만적(萬積)의 난을 평정하고, 그 이듬해 병부상서 지이부사가 되어 문무관의 인사권을 장악하였다. 그해 황주목사(黃州牧使) 김준거(金俊据) 등이 일으킨 반란을 진압하고 개부의동삼사(開府儀同三司)가 되었으며, 이듬해 삼중대광 수태위 상주국이 되었다.

이때 도방(都房)을 설치하여 문무관과 한량·군졸 중에서 강용(强勇)한 자를 선발하여 6번(番)으로 나누어 교대로 자기의 집에 숙식시켜 신변을 보호하게 하였으며, 그가 외부에 출입할 때는 6번을 합쳐 지키게 하였다.

1201년에 추밀원사·이병부상서(吏兵部尙書)·어사대부(御史大夫)가 되었다. 이듬해 비로소 사제(私第)에 있으면서 문무관의 전주(銓注:인사행정)를 행하였는데, 이때 그것을 왕에게 아뢰면 왕은 머리만 끄떡일 뿐이고 전주를 맡은 이부와 병부의 판사(判事)는 정당

(政堂)에 앉아 다만 검열만 할 뿐이었다.

그해 수태부참지정사 판어사대사가 되었다. 1203년에 중서시랑평장사 이부상서 태자소사가 되었으며, 이듬해 신종을 폐하고 태자(희종)를 옹립하였다. 왕은 그를 특수한 예로써 대우하고 항상 은문상국(恩門相國)이라 불렀다.

1205년(희종 1년)에 내장전(內庄田) 100결(結)을 하사받았다.

이듬해 진강후(晉康候)가 되고 부(府)라 하였는데 이때부터 궁궐을 출입함에 있어서 편복(便服)으로 일산(日傘)을 받들고 시종하는 문객이 3,000여인이나 되었다.

1207년에 많은 문객을 거느리고 자기에게 불만을 품어오던 생질 박진재를 백령진(白翎鎭)으로 귀양보내는 한편, 이규보(李奎報)를 등용하여 무신정권으로 쇠퇴하였던 문운(文運)의 진흥을 꾀하였다.

1209년에 청교역(靑郊驛)의 이(吏) 3인이 자기 부자를 살해하려는 사건이 생기자 교정도감(敎定都監)을 영은관(迎恩館)에 설치하고 그 일당을 숙청하였는데, 이 교정도감은 그뒤에도 존속되면서 인사·감찰·징세 등 국정 전반을 장악하는 최씨 정권의 최고기관이 되었으며, 그는 스스로 그 장(長)인 교정별감이 되었다.

1211년에 내시낭중 왕준명 등의 계책으로 궁궐에서 죽을 뻔하였으나, 도방의 구출로 살아난 뒤 왕을 원망하고 이를 폐위하여 강화(江華)로 내쫓고 한남공 정(漢南公貞:강종)을 즉위시켰다.

이듬해 그의 흥녕부를 고쳐 진강부(晉康府)라 하였으며, 문경무위향리조안공신에 봉하여졌다.

1214년(고종 1년)에 그의 처 임씨(任氏)는 수성택주(綏成宅主), 왕씨(王氏)는 정화택주(靜和宅主)가 되었다.

1218년에 나이 70세가 되므로 궤장을 하사받았다.

무신정권 수립 이후 하층구조와 사원 세력에 의한 반란이 거듭 일어났으며, 최충헌이 집권한 뒤에도 반란이 꼬리를 물고 일어나 1198년에는 개성에서 만적의 난이 일어났고, 그 이듬해에는 명주(溟州:江陵) 및 동경(東京:慶州)에서 도둑이 일어나 주군(州郡)을 침범, 약탈하였다.

또한 1200년에는 진주의 이(吏) 정방의(鄭方義) 등이 반란을 일으키고, 전주에서는 잡족인(雜族人)이 난을 일으켜 호족(豪族)을 죽였으며, 경주에는 최대의(崔大義) 등이 난을 일으켰다.

그리고 1202년에는 탐라(濟州道)에서 반란이 일어나고 경주에서는 별초군이 반란을 일으켰으며, 이듬해에는 영주 부석사와 대구 부인사(符仁寺)의 중들이 반란을 꾸미다가 잡혀 귀양갔다.

또한 1217년에는 홍왕사(興王寺)·홍원사(弘圓寺)·경복사(景福寺) 등의 중들이 최충헌을 살해하려다가 실패한 일이 일어났다.

이렇게 거듭 일어나는 반란에 대하여 강경책을 써서 토벌을 강행하는 한편, 혹은 관작도 주고 혹은 향(鄕)·소(所)·부곡(部曲) 등의 천민을 해방시켜 현(縣)으로 승격시키기도 하는 회유책을 써서 반란을 진압시키는데 성공하여 그로 하여금 강력한 집권체제를 수립할 수 있는 중요한 뒷받침이 되었다.

시호는 경성(景成)이다.

抗蒙 자주 국방의 武裝

배중손(裵仲孫)
?~1271(원종 12)

고려 원종 11년(1270년) 6월, 서반의 장군인 동시에 가장 유력한 삼별초의 지휘관이었던 까닭에 항쟁이 계속되는 동안 수령으로 추대된 인물이다.

배중손이 역사에 뚜렷이 부각되는 것은 삼별초의 대몽항전 이후부터이며 그 이전의 경력은 자세하게 나타나 있지 않다.

단지 임연(林衍) 부자 계열에 속하는 무인으로 대몽 강경파의 선두에 서서 비타협적 항전의 계속을 주장한 인물로 추정될 뿐이다.

몽고를 방문하고 개경에 돌아온 원종이 출륙환도(出陸還都)를 단행하고 삼별초에 대해서는 강화도를 철수하여 개경에 돌아올 것을 명령하였다. 삼별초가 이를 거부하자 왕은 강제로 해산명령을 내렸는데, 이에 대하여 삼별초는 원종을 폐하고 승화후 온(承化侯溫)을 새 왕으로 옹립하고 새 정부를 수립하여 강한 저항을 시작하였다.

배중손 등은 본토와의 교통을 차단하고 귀족 고관의 가족을 포함한 섬 주민들과 병사의 이탈을 엄중히 방지하였다. 또 도내에 있는 몽고인을 베어 단호한 대몽항전태도를 보였다.

그리고 강화도에 보관된 국고를 접수하고 귀족 고관의 가족들을 인질로 삼았다. 배중손 등의 지도로 이들은 새 정부 수립 3일 후에 진도로 본거지를 옮겼다.

「고려사」의 기록은 수비병의 탈주와 민심의 동요로 인하여 삼별초가 강화도를 포기한 것처럼 전하고 있으나 이것은 잘못된 해석이다.

이른바 심입해도(深入海島)는 역대 대몽항쟁책에 있어 최고 최후의 전략이며 배중손은 이를 단호하게 실천하였을 뿐이다.

진도에 본거를 설치한 삼별초는 도내에 방비의 성곽을 구축하고 웅장한 궁전을 설치하여 장기 항전의 태세를 굳혔다.

이 소식은 본토에도 전달되어 전라도·경상도의 주민들과 멀리 개경의 관노들이 이에 호응하여 동조하였다. 또 삼별초는 해상으로 수송되는 세공(稅貢)을 노획하여 재정에 충당하였다.

개경에서는 참지정사 신사전(申思佺)을 전라도토적사(全羅道討賊使)에 임명하여 토벌하게 하였으나 성과가 없었다. 또한 고려는 단독으로는 진도의 삼별초를 진압할 능력이 없었으므로 몽고와 연합하여 공략하였으나 번번이 실패하였다.

고려군의 지휘관은 김방경(金方慶)이며 몽고군의 지휘관은 처음에는 아해(阿海)였으나 뒤에는 흔도(欣都)로 바뀌었다. 흔도는 몽고왕 세조(世祖)의 조서를 배중손에게 전달하여 항복할 것을 권유하였으나 배중손은 몽고군이 철수하면 전라도를 자기의 영토로 삼아 몽고에 내부(內附)하겠다고 대답하였다.

배중손의 이 제안은 앞서 자비령 이북 서북면 60여 성을 들어 몽고에 항복한 최탄(崔坦)의 행위와 같은 것이라고 해석하는 견해도 있으나 사실은 작전상의 시간적 여유를 얻기 위한 전술이라고 보는 것이 타당할 것이다.

고려와 몽고의 연합군이 진도 공략에 여러번 실패하자 이듬해(1271) 5월에 홍다구(洪茶丘)가 몽고의 대군을 이끌고 출동하여 김방경·흔도의 휘하에 있던 연합군과 합세하여 격전 끝에 간신히 진도를 함락시켰다.

이리하여 삼별초의 새 정부 군왕인 승화후 온은 홍다구의 손에 죽고 배중손도 이때 전사한 듯 그뒤의 소식은 알 수 없다. 그러나 삼별초의 여당은 진도 함락 이후에도 제주도로 본거지를 옮겨 김통정(金通精)을 지휘관으로 삼아 2년간이나 더 항전을 계속하였다.

국난을 극복한 功臣

# 김방경(金方慶)
1212(강종 1) ~ 1300(충렬왕 2)

김방경은 신라 경순왕의 먼 후손이며 김효인(金孝印)의 아들이다. 그는 고려 후기의 무장(武將)이며 정치가다. 그의 아버지 효인도 병부상서 한림학사를 지낸 인물로 성격이 강직하고 엄했는데 아들인 방경도 역시 강직하고 도량이 넓은 인물이었다.

어려서는 할아버지 민성(敏成)이 양육하였는데 조금이라도 자기 뜻에 맞지 않은 일이 있으면 땅바닥에 뒹굴면서 울었는데, 소나 말이 그를 피해 지나가니 사람들이 기이하게 여길 정도였다 한다.

1229년(고종 16년)에 음서로 산원 겸 식목녹사(散員兼式目錄事)에 보임됨으로써 관도에 오르기 시작하였다. 당시 시중 최종준(崔宗峻)은 충성스럽고 직언하는 성품을 사랑하여 예우하였으며, 큰 일이 있으면 모두 맡겼다. 여러 번 자리를 옮겨 감찰어사에 올랐는데, 우창(右倉)을 감검(監檢)하면서는 재상의 청탁도 거절하였다.

1248년 서북면병마판관에 부임되어 몽고의 침공을 받자 위도(葦島)에 입보(入保)하였다.

거기에서 해조(海潮)를 막기 위하여 제방을 쌓고, 10여리의 평탄한 지형을 농사에 이용하여 상당한 수확을 거두게 했을 뿐 아니라 빗물을 모아 못을 만들어 우물이 없는 불편을 덜게 하여, 모두 그 지혜를 칭찬하였다.

1263년(원종 4년) 지어사대사(知御史臺事)로 당시 정병(政柄)을 잡고 있던 유천우(兪千遇)와 대립하면서 꿋꿋한 의지를 보여주었으나, 상장군에 올라 반주(班主) 전분의 미움을 사서 지방관으로 좌천되기도 하였다. 그러나 인망이 두터워서 얼마 뒤에 형부상서·추밀원부사가 되어 새 난국의 담당자로 등장하였다.

당시 강도(江都)에 천도하여 대몽항쟁을 벌였던 고려는 일단 강화를 한 다음 원나라와 개경환도문제로 실랑이를 벌이고 있었다.

김준(金俊)을 제거하고 정권을 장악한 임연(林衍)은 1269년 왕을 퇴위시키고 안경공(安慶公) 창을 즉위시킴으로써, 반원(反元)의 입장을 굳히면서 환도를 거부하고 현상을 유지하는 정책을 쓰려고 하였다.

그러나 원나라의 강한 반대와 위협에 부딪혀 원종은 복위하게 되었는데, 그때 사신으로 원나라에 파견되어 이장용(李藏用)의 천거를 받으면서 고려와 원나라의 군사적 충돌을 막고 사태를 악화시키지 않도록 진력하였다.

1270년 6월에 이르러 개경환도가 강행되자 삼별초가 반란을 일으켰다. 그때 그 토벌의 임무를 맡아 삼별초에 의하여 함락되기 직전의 전주와 나주를 구하고, 진도의 대안에서 토벌에 진력하다가 무고로 개경에 압송되기도 하였다. 그러나 곧 석방되어 상장군을 제수받고 다시 삼별초의 토벌에 힘쓰게 되었는데, 원나라의 원수 아해(阿海)의 후퇴를 막는가 하면, 단독으로 고려군을 이끌고 용전을 벌이기도 하였다.

이듬해 새로 원나라의 원수로 임명된 흔도(欣都)와 더불어 진도를 사방에서 공격하여 삼별초의 토벌에 성공하였다. 이 공로로 수태위 중서시랑 평장사에 올랐다.

이어 탐라로 들어간 삼별초의 잔여세력의 평정을 책임맡아 1273년 행영중군병마원수에 임명되어 원나라 장수 흔도·홍다구(洪茶丘)와 함께 공격하여, 마침내 삼별초를 완전히 토벌하고 탐라를 평정하였다.

이 공로로 시중에 오르고, 그해 가을 원나라에 들어가 원나라의 세조(世祖)로부터 환대를 받았다.

1274년(충렬왕 즉위년) 10월 원나라의 일본정벌에 도독사(都督使)로서 고려군 8천인을 이끌고 도원수 홀돈(忽敦)의 총지휘 아래 참여하였다. 처음 대마도에서 상당한 전과를 올리고 이키도(壹岐島)에서도 용전하여 크게 기세를 올렸지만, 심한 풍랑으로 결국 실패하였다.

그 공로로 상주국(上柱國)이 되고, 판어사대사(判御史臺事)가 가직(加職)되었다.

이듬해에 관제의 변화에 따라 첨의중찬 상장군 판전리감찰사사에 임명되었으며, 1276년에는 성절사로서 원나라에 다녀오기도 하였다.

1277년에 위득유(韋得儒)·노진의(盧進義)·김복대(金福大)의 모함을 받아 원나라의 다루가치(達魯花赤) 석말천구(石抹天衢)에 의하여 구금되어 홍다구에게 참혹한 고문을 당하였지만 끝까지 거짓 자백을 하지 않고 백령도에 유배되었다.

그뒤 다시 원나라에 이송되어 원나라의 세조가 충렬왕의 상소에 따라 무죄를 확인함으로써 비로소 방면되어 귀국하였다. 그뒤 중찬(中贊)에 임명되어 수상으로서 임무를 수행하였다.

1280년 벼슬에서 물러날 것을 청하였지만 받아들여지지 않았으며, 원나라로부터 중선대부(中善大夫)·관령고려국도원수의 직임을 받고, 1281년의 제2차 일본정벌에 주장(主將)으로 참여하였으나 또다시 실패로 돌아갔다.

1283년 삼중대광 첨의중찬 판전리사사 세자사로 치사(致仕)하였으며, 이어서 첨의령(僉議令)이 가직되고 상락군 개국공 식읍 일천호 식실봉 삼백호에 봉하여졌다.

시호는 충렬(忠烈)이다.

고려말의 외로운 文臣

# 이규보(李奎報)
1168(의종 22) ~ 1241(고종 28)

고려의 문신이요 재상인 이규보는 황려(黃驪:지금의 여주) 사람이다. 호를 백운거사(白雲居士)라 했다. 만년에는 시, 거문고, 술을 좋아하여 삼혹호선생(三酷好先生)이라 불리기도 했다. 호부시랑(戶部侍郎)을 지낸 윤수(允綏)의 아들이다.

9세 때부터 중국의 고전들을 두루 읽기 시작하였고 문재가 뛰어남을 보였다. 14세 때에는 사학(私學)의 하나인 성명재(誠明齋)의 하과(夏課:여름철에 절을 빌려 행한 과거시험 준비를 위한 학습)에서 시를 빨리 지어 선배 문사로부터 기재(奇才)라 불렸으며 장래가 촉망되었다.

이때 그의 희망은 장차 문한직(文翰職)을 맡아 문명을 날려 크게 입신출세하는 것이었다. 지엽적 형식주의에 젖은 과시의 글(科擧之文) 같은 것은 하찮은 소인배들이 배우는 일로서 멸시하였고, 그가 사마시(司馬試)에 연속 낙방한 큰 요인의 하나는 이러한 데에 있었다.

16세부터 4,5년간 자유분방하게 지냈으며, 기성문인들인 강좌칠현(江左七賢)과 기맥이 상통하여 그 시회에 출입하였다.

이들 가운데서 오세재(吳世才)를 가장 존경하여 그 인간성에 깊은 공감과 동정을 느끼곤 하였다.

1189년(명종 19년) 유공권(柳公權)이 좌수(座首)가 되어 실시한 사마시에 네번째 응시하여 수석으로 합격하였다.

이듬해 임유(任濡)가 지공거(知貢擧), 이지명(李知命)이 동지공거(同知貢擧)가 되어 실시한 예부시(禮部試)에서 동진사(同進士)로 급제하였다. 그러나 곧 관직에 나가지는 못하게 되자, 25세 되던 해 개경의 천마산(天磨山)에 들어가 시문을 지으며 세상을 관조하며 지냈다.

장자(莊子)의 무하유지향(無何有之鄕:세상의 번거로움이 없는 허무자연의 樂土)의 경지를 동경하기도 하였다. 백운거사라는 호는 이 시기에 지은 것이라고 한다.

26세(1193년)에 개경에 돌아와 지난 시절과는 달리 빈궁에 쪼들리게 되었고 수년동안의 무관자(無官者)의 처지를 한탄하게 되었다.

한편으로 왕정(王廷)에서의 부패와 무능, 관리들의 방탕함과 관기의 문란, 민의 피폐, 그리고 10여 년래의 남부지방의 농민폭동 등은 그의 사회·국가의식을 크게 촉발하였으며, 이때에 「동명왕편」·「개원천보영사시」 등을 지었다. 혜문(惠文)·총수좌(聰首座)·전이지(全履之)·박환고(朴還古)·윤세유(尹世儒) 등과는 특별히 가까운 사이였다.

1197년 조영인(趙永仁)·임유·최선(崔詵) 등 최충헌(崔忠獻)정권의 요직자들에게 구관(求官)의 서신을 썼다. 거기에서는 그동안 진출이 막혔던 문사들이 적지않게 등용된 반면 그는 어릴 때부터 문학에 조예를 쌓아왔음에도 30세에 이르기까지 불우하게 있음을 통탄하고 일개 지방관리로라도 취관시켜줄 것을 진정하였다.

이 갈망은 32세 때 최충헌의 초청시회(招請詩會)에서 그를 국가적인 대공로자로서 칭송시를 읊고 나서 비로소 이루어졌다.

사록겸장서기(司錄兼掌書記)로서 전주목에 부임하였으나 봉록액수가 적고 행정잡무가 번거로우며 상관이나 부하는 태만하고 동료는 그를 중상하는 등 그 생활이 고통스럽게 느껴졌고, 또 동료의 비방에 의해 1년 4개월 만에 면관되었다.

그는 처음 자조(自嘲)하다가 다음은 체념하고 결국 타율적으로 규제받는 것을 숙명적으로 생각하게 되었다. 1202년 동경(東京)과 청도 운문산(雲門山) 일대의 농민폭동진압군의 수제원(修製員)으로 자원종군하였다. 현지에서는 각종 재초제문(齋醮祭文)과 격문(檄文), 그리고 상관에의 건의문 등을 썼다.

1년 3개월 만에 귀경하였을 때는 행상(行賞)될 것을 은근히 기대하였으나 이루어지지 않았다.

여기서 좌절감을 알게 된 그는 문필의 기능과 중요성에 대해 자부심이 컸었던 데에 대하여 특히 자괴하였다.
　1207년(희종 3년) 이인로(李仁老), 이공로(李公老), 이윤보(李允甫), 김양경(金良鏡), 김군수(金君綏) 등과 겨루었던 모정기(茅亭記)가 최충헌을 대단히 만족하게 하여 직한림(直翰林)에 오르게 되었다.
　그리하여 문필을 통한 양명과 관위상의 현달이 일체적일 가능성에 대하여 다시 자신을 가지기 시작하였다.
　1215년 드디어 우정언(종8품)·지제고(知制誥)로서 참관(參官)이 되었다.
　이때부터 출세에 있어서 동료 문사들과 보조를 같이하게 되었고 쾌적한 문관생활을 만끽하게 되었다. 금의(琴儀)를 두수(頭首)로 하여 유승단(兪升旦)·이인로·진화·유충기(劉冲基)·민광균(閔光鈞), 그리고 김양경 등과 문풍(文風)의 성황을 구가한 것은 이즈음의 일이다.
　1217년(고종 4년) 2월 우사간이 되자 출세의 순조로움에 숙망이 차차 충족되는 것 같았고 관리로서의 행복감에 젖을 수 있었다.
　그러나 이해 가을 최충헌의 한 논단(論壇)에 대해 비판적이었다고 하는 부하의 무고로 인하여 정직당하고 그 3개월 뒤에는 좌사간으로 좌천되었다.
　이듬해 집무상 과오를 범한 것으로 단정, 좌사간마저 면직되었다. 이러한 돌변사태는 그때까지 전통적인 왕조적 규범에 의하여 직무를 수행하고자 하였고 그러한 태도를 관리의 당연한 것으로 생각하였던 그에게 큰 충격과 교훈을 안겨주었다. 이러한 관념이 최충헌의 권력 앞에서 무의미한 것이 되고 파탄되어버리자 또다시 자신의 사고와 태도를 바꾸어 보신에 특별히 마음을 두게 되었다.
　1219년 최이(崔怡)의 각별한 후견 덕분으로 중벌은 면하게 되어 계양도호부부사병마검할로 부임하였다. 만 1년간의 재임 중, 박봉인 데다 직장환경은 열악하고 민의 생활모습은 추하고 참혹하여 불쾌감을 일으키는 등 이곳으로부터 일각이라도 빨리 달아나고 싶어하였다. 중앙에서의 풍족하고 쾌적하던 문관생활이 그립기만 하였다.

그는 경륜가(經綸家)가 못됨을 자처한 셈이다. 다음해 최충헌의 사망에 따라 집권한 최이에 의하여 귀경하게 된 이규보는 이제 최이에의 절대적 공순관계(絕對的恭順關係)에 들어서게 된 것이었다.

일체의 주견을 가짐이 없이 다만 문필기예의 소유자로서 최씨가 요구하는 모든 것을 충실히 집행하는 것, 그것만이 택할 길이라는 것을 확인하게 되었다. 그뒤 만 10년간은 최씨정권의 흥융기이기도 하거니와 그가 고관으로서 확고한 기반을 다진 기간이기도 하다. 보문각대제 지제고, 태복소경, 장작감, 한림학사, 시강학사, 국자좨주 등을 차례로 역임한 뒤 1228년 중산대부 판위위사에 이르렀고 동지공거가 되어 과거를 주관하기도 하였다.

1230년 한 사건에 휘말려 문죄되고 위도(蝟島)에 유배되었다. 그는 이때까지 권력에 심신을 다 맡겨왔던 터였는데 자기를 배제하는 엄연한 별개의 힘으로 존재하는 사실에 새롭게 놀랬다.

보신을 잘 못하는 자신이 부덕한 사람으로 통감되었다.

8개월 만에 위도에서 풀려나와 이해 9월부터 산관(散官)으로 있으면서 몽고에 대한 국서의 작성을 전담하는데, 국서는 최씨의 정권보전책으로 강화를 위한 중요한 수단이었고 이규보는 이 정책에 적극 참여한 셈이다.

65세 때 복직되었고, 1237년 그는 문관으로서의 전생애가 훌륭하게 완결되었음을 자인하고 승리감에 잠긴다. 이로써 자손들은 그의 음덕으로 장차 사회적 위치가 높아질 것이며 관운에 혜택이 있을 것이라고 믿었다.

71세 이후 하천단(河千旦)·이수(李需) 및 승통(僧統) 수기(守其)와 깊이 사귀었고, 최씨의 문객인 김창(金敞)·이인식(李仁植)·박훤(朴暄)과도 교제가 잦았다.

만년의 그는 몸의 허약함과 반록(半祿)의 두절 등에 불편을 느꼈으나 이 점은 최이의 특별한 가호를 받았다. 또한 몽고의 침략에 대하여 괴로워하였으나 결국 불평 이상의 것이 못되었다.

몸져 누워 있는 그에게 감격적이었던 것은 최이에 의하여 그의 문집이 발간될 수 있다는 일이었다. 문필로서 양명하고 관리로서 현달하고 그의 문집이 후세에 오래도록 전해질 수 있게 되었으니 그의 생애의 기본목적은 달성이 된 셈이었다.

최이에 바쳐진 그의 시들이 최이의 은의에 대하여 충심에서 감사를 나타내고 있는 것은 당연한 일이었다.

그는 이권에 개입하지 않은 순수한 문한(文翰)의 관직자이며, 양심적이나 소심한 사람이었다. 학식은 풍부하나 그 작품들은 깊이 생각한 끝에 나타낸 자기표현은 아니었으며 그때그때 의식에 떠오르는 바가 그대로 표출되는 것을 특징으로 하고 있었다.

그는 본질상 입신출세주의자이며 보신주의자였다. 그가 이러한 사람이 된 근본이유는 그의 가문을 올려세우고 그의 고유의 문명을 크게 떨치고자 하는 명예심에서였다.

그러나 이규보는 최씨정권하 일반 문한직 관리층의 한 전형이었다고 할 것이다. 문집으로「동국이상국집」이 있다.

시호는 문순(文順)이다.

고려말 대학자

이제현(李齊賢)
1287(충렬왕 13) ~ 1367(공민왕 16)

고려 후기의 학자이며 정치가인 이제현은 고려 건국 초의 삼한공신 금서의 후예로 본관이 경주이며 호를 익재(益齋), 또는 역옹이라 했다. 그의 아버지 진(瑱)이 신흥관료로써 그 가문이 비로소 떨치기 시작하여 검교시중에까지 올랐다.

이제현은 어려서부터 남달리 숙성하여, 글을 짓는데 이미 작자기(作者氣)를 지니고 있었다 한다.

1301년 성균시에 1등으로 합격하고, 이어서 과거에 합격하였다. 이 해에 당시 대학자이자 권세가였던 권보의 딸을 아내로 맞아들였다.

1303년 권무봉선고판관과 연경궁녹사를 거쳐 1308년 예문춘추관에 선발되고 다음해에 사헌규정(司憲糾正)에 발탁됨으로써 본격적인 관리생활을 시작하였다. 1311년에는 전교사승(典校寺丞)과 삼사판관(三司判官)에 나아가고, 다음해에 서해도안렴사에 선발되었다.

1314년 상왕인 충선왕의 부름을 받아 원나라의 수도 연경(燕京)으로 가서 만권당(萬卷堂)에 머물게 됨으로써 그의 재원(在元) 생애가 시작되었다.

충선왕은 왕위에서 물러난 다음 자신에게 익숙한 원나라에 있으면서 새로이 만권당을 짓고 서사(書史)를 즐기며 원나라의 유명한 학자·문인들을 드나들게 하였는데, 그들과 상대할 고려측의 인물로서 이제현을 지명하였던 것이다.

이로부터 그는 만권당에 출입한 요수, 염복, 원명선, 조맹부 등 한족(漢族) 출신 일류 문인들과 잦은 접촉을 가지고 학문과 식견을 넓힐 수 있었다.

그의 생애와 관련하여 특기할 것은 세 번에 걸쳐 중국대륙 깊숙이까지 먼 여행을 하였다는 사실이다.

1316년에는 충선왕을 대신하여 서촉(西蜀)의 명산 아미산에 치제

(致祭)하기 위하여 3개월 동안 그곳을 다녀왔다.

　1319년에는 충선왕이 절강(浙江)의 보타사(寶陀寺)에 강향(降香)하기 위하여 행차하는데 시종하였다.

　마지막으로 1323년에는 유배된 충선왕을 만나 위로하기 위하여 감숙성의 타사마(朶思麻)에 다녀왔다.

　이 세번에 걸친 중국에서의 먼 여행은 일찍이 우리나라 사람이 경험해 보지 못하였던 것으로 그의 견문을 넓히는데 크게 기여하였다.

　1320년은 그의 생애를 통하여 또 하나의 분기점을 이룬다. 주로 만권당에 머물며 활동하는 동안에도 그는 때때로 고려에 와서 관리로 복무하면서, 성균제주(成均祭酒)·판전교사사(判典校寺事)·선부전서(選部典書)를 역임하였고, 이해에는 지밀직사사(知密直司事)가 되면서 단성익찬공신(端誠翊贊功臣)의 호를 받았고, 지공거(知貢擧)가 되어 과거를 주재하였다.

　그런데 같은해 겨울에 충선왕이 참소를 받아 유배됨으로써 자연히 그의 재원 생애도 6년 만에 끝나게 되었다. 충선왕의 유배로 인한 정세변화는 고려의 정치상황과도 밀접한 관련을 갖는 것으로, 뒤이어 고려의 국가적 독립성을 말살시키고 원나라의 내지와 같은 성(省)을 세울 것을 주장하는 입성책동(立省策動)이 강력하게 일어났고, 충숙왕을 내몰고 왕위를 차지하려는 심왕고(瀋王暠)와 그 일파의 준동이 격화되었다.

　이제현은 1321년 아버지의 상을 치른 다음 1323년 원에 들어가 입성반대상서를 올렸는데, 그 내용이 그대로 전하여지고 있다. 그는 이어서 멀리 토번(吐蕃)으로 유배되어 있는 충선왕의 방환운동도 벌였다. 오래지 않아 입성책동이 저지되고 충선왕이 타사마로 이배된 데에는 그가 벌인 활동의 영향이 적지 않았으리라 여겨지고 있다.

　1324년 밀직사를 거쳐 1325년 첨의평리 정당문학(政堂文學)에 전임됨으로써 재상의 지위에 올랐다.

　그뒤 충숙왕과 충혜왕 부자가 중조(重祚)하는 어지러운 때를 당하여 그의 활동은 크게 드러나지 않지만, 1339년 조적의 난이 일어난 끝에 충혜왕이 원나라에 붙잡혀가자 그를 쫓아 원나라에 가서 사태를 수습하여 왕이 복위되는데 중요한 구실을 하였다.
 그로부터 수년간 조적의 여당(餘黨)에 눌려 두문불출하였는데, 그동안「역옹패설」을 저술하였다.
 그가 다시 정치의 표면에 나타나 중요한 구실을 하는 것은 1344년 충목왕이 즉위한 직후 판삼사사(判三司事)에 임명되면서부터이다. 이때 문란하여진 정치기강을 바로잡고 새로운 시책을 펴는데 참여하여 여러 항목에 걸친 개혁안을 제시하였다.
 1348년 충목왕이 죽자 원에 가서 왕기(王祺:뒷날의 공민왕)를 왕에 추대하기 위한 운동을 벌였으나 실패하였다.
 1351년 공민왕이 즉위하여 새로운 개혁정치를 추진하려 할 때 정승에 임명되어 국정을 총괄하게 되는데, 이때부터 네 번에 걸쳐 수상이 되는 기록을 세웠다.
 1353년 계림부원군으로서 두 번째로 지공거가 되어 이색(李穡) 등 35인을 등과자(登科者)로 선발하였다.
 1356년 기철(奇轍) 등을 죽이는 반원운동이 일어나자, 문하시중이 되어 사태의 수습에 나섰다가 다음해에 치사하고 관직에서 아주 물러났다.
 그뒤에도 국가의 중대사에 대하여서는 자문에 응하였으며, 홍건적이 침입하여 개경이 함락되었을 때에는 남쪽으로 달려가 상주에서 왕을 배알하고 호종(扈從)하였다.
 정치가로서의 이제현은 당시 고려가 원의 부마국(駙馬國)이라는 현실을 시인하고, 그 테두리 안에서 국가의 존립과 사회모순의 광정을 위하여 노력하였다. 그러나 급격한 변화를 달가워하지 않으면서 온건한 태도로 현실에 임하였다.
 당시 복잡한 정치 상황 아래에서 원과 고려를 넘나들면서 활약하여 최고의 지위에 오르지만, 화를 당하거나 유배된 적이 없었다.
 학자로서의 이제현은 뛰어난 유학자로 성리학의 수용·발전에 매우 중요한 구실을 하였다는 점이 주목을 요한다.
 우선 그는 고려에 성리학을 처음 들여온 백이정(白頤正)의 제자였고「사서집주(四書集註)」를 간행하여 성리학의 보급에 크게 노력한 권보의 문생이요 사위였으며, 그의 제자가 이곡(李穀)과 이색의 부자였다는 학통(學統)으로 보아 그의 위치를 가늠할 수 있다.
　또한 그가 만권당에서 교유한 중국의 문인·학자가 성리학에 깊은 조예를 가진 사람들이었다는 점에 비추어 중국의 성리학에 직접 접하면서 거기에 대한 이해를 깊게 할 수 있었으리라 믿어진다.
　충목왕 때 개혁안을 제시하면서는 성리학에 대한 깊은 이해를 바탕으로 했다.
　그러나 성리학에만 경도되지는 않았고, 그 때문에 뒷날 성리학을 좋아하지 않았다는 비판을 받기도 하였다.
　문학부문에서 그는 대가를 이루었다. 많은 시문을 남겼는데, 시는 전아하고 웅혼하다는 평을 받았고, 많은 영사시(詠史詩)가 특징을 이룬다. 또한 사(詞)의 장르에서 독보적 존재로 일컬어지고 있다.
　고려의 한문학을 세련시키면서 한 단계 높게 끌어 올렸다는 점에서 한국문학사를 통해 중요한 위치를 차지한다.
　한편 빼어난 유학지식과 문학적 소양을 바탕으로 사학(史學)에도 많은 업적을 남겼다. 민지(閔漬)의 「본조편년강목(本朝編年綱目)」을 중수(重修)하는 일을 맡았고, 충렬왕·충선왕·충숙왕의 실록을 편찬하는 일에도 참여하였다.
　특히 만년에 국사(國史)를 편찬하였는데, 기년전지(紀年傳志)의 기전체를 계획하여 백문보(白文寶)·이달충(李達衷)과 함께 일을 진행시켰으나 완성시키지 못하였다.
　그의 저술로 현존하는 것은 익재난고(益齋亂藁) 10권과 역옹패설 2권이다. 흔히 이것을 합하여 「익재집」이라 한다.
　그는 이색이 그 묘지명에서 「도덕의 으뜸이요, 문학의 종장이다(道德之首 文章之宗)」라고 말한 바와 같이 후세에 커다란 추앙을 받았고, 경주의 구강서원(龜岡書院)과 금천(金川)의 도산서원(道山書院)에 제향되었다. 공민왕 묘정에 배향되었으며, 시호는 문충(文忠)이다.

목화재배의 紀元

문익점(文益漸)
1329(충숙왕 16) ~ 1398(태조 7)

　문익점은 고려 말의 문신이며 학자다. 본관은 남평(南平)이고 호를 삼우당(三憂堂)이라 했으며 강성현(지금의 경남 산청) 출신이다.
　1360년(공민왕 9년)에 문과에 급제하여 김해부사록(金海府司錄)과 순유박사(諄諭博士) 등을 지냈다.
　1363년 사간원 좌정언으로 있을 때 서장관이 되어 계품사(啓稟使) 이공수(李公遂)를 따라 원나라에 갔는데 때마침 원나라에 벼슬하고 있던 고려사람 최유가 원나라에 와 있던 충선왕의 셋째 아들 덕흥군(德興君)을 왕으로 옹립하고 공민왕을 몰아내려 하고 있었다.
　실제로 원나라는 덕흥군을 고려왕으로 봉하였고 최유는 원나라 군사 1만 명을 얻어 요동까지 진군하였으나 1364년 1월 최영 등에게 패하였다.
　정치적 격동기에 원나라에 갔던 문익점은 덕흥군을 지지하였다는 혐의로 귀국과 동시에 파직되었다.
　원나라에서 귀국할 때 그는 종자(從者)·김룡(金龍)을 시켜 밭을 지키던 노파의 제지를 무릅쓰고 목화 몇 송이를 따서 그 종자를 붓대 속에 넣어가지고 와서 장인인 정천익(鄭天益)에게 나누어주고 함께 시험재배를 하였다.
　처음에는 재배기술을 몰라 한 그루만을 겨우 살릴 수 있었으나 3년 간의 노력 끝에 드디어 성공하여 전국에 목화씨를 퍼지게 하였다.
　그러나 목화씨를 어떻게 제거하고 실을 어떻게 뽑을지 모르던 중 때마침 정천익의 집에 머물던 호승(胡僧)에게 물어 씨를 빼는 씨아와 실을 뽑는 물레 만드는 법을 배워 의복을 짜서 입도록 하였다.
　정천익과 더불어 문익점의 목화 종자의 도입, 시험재배 성공, 종자의 전국적 보급, 목화섬유를 이용한 의류제조 등의 공로는 참으로 컸다.

그 공을 기리어 조식(曺植)은 후일 문익점의 공로를 「백성에게 옷을 입힌 것이 농사를 시작한 옛 중국의 후직씨와 같다」라는 시를 지어 찬양한 바 있다.

 공민왕이 죽고 우왕이 즉위하자 그는 곧 전의주부(典儀主簿)가 되었고 창왕 때에는 좌사의(左司議)로서 왕 앞에서 강론을 하기도 하였다.

 이때 이준 등이 사전(私田)을 다시 세우도록 함은 옳지 않다고 상소한 바 있는데 문익점은 병을 핑계로 이에 가담하지 않았다.

 문익점은 이색(李穡)·이림(李琳)·우현보(禹玄寶) 등과 더불어 사전혁파를 비롯한 이성계(李成桂) 일파의 전제개혁을 반대하였던 것이다. 이 사건으로 조준(趙浚)의 탄핵을 받아 문익점은 관직에서 물러났다.

 그의 사후 조선조 태종 때에 참지정부사(參知政府事) 강성군(江城君)에 추증되었고 1440년(세종 22년)에는 영의정과 부민후(富民侯)에 추증되었으며 시호는 충선공(忠宣公)이다.

 그의 고향 단성의 도천서원(道川書院)과 전라남도 장흥의 월천사우(月川祠宇)에 사당이 세워졌다.

 또 문익점과 정천익이 처음 목화를 시험재배하였던 경상남도 산청군 단성면 사월리에는 문익점면화시배지가 사적 제108호로 지정되어 있고 여기에 삼우당선생 면화시배사적비가 세워져 있다.

 문익점이 목화씨를 가지고 와 재배에 성공하고 이를 가공하여 의복을 짓게 된 경로를 밝힌 기록은 조식이 쓴 목면화기(木棉花記)에 있으며 이 책은 규장각도서에 있다.

화약·무기 발명가

최무선(崔茂宣)
? ~ 1395(태조 4)

고려말 무기 발명가로 최무선의 명성이 높다. 그의 본관은 영주이며 광흥창사 동순(東洵)의 아들이다.

무관인 그는 고려 말기에 한창 기승을 부리던 왜구의 노략질을 막기 위하여 화약과 총을 만들기로 결심하고 연구하여본 결과, 화약을 만든 세가지 재료, 즉 초석, 유황, 분탄 중에서 유황과 분탄은 쉽게 구할 수 있으나 초석을 만드는 것이 가장 어렵고 중요하다는 것을 알아내고, 화약을 만들어서 사용하고 있는 중국으로부터 배우기로 하여 중국사람들의 왕래가 잦은 무역항 벽란도에 가서 중국으로부터 오는 상객들 중에서 초석(염초)의 제조방법을 알고 있는 사람을 찾던 중 중국의 강남지방에서 온 이원(李元)을 만나게 되었다.

후한 대접 등 그의 정성과 화약을 만들어 국가를 살리겠다는 집념으로 감동시켜 흙으로부터 추출(抽出)하는 방법을 배우고, 드디어 화약을 만드는데 성공하였다.

간단한 화약을 이용한 무기, 즉 화전(火箭) 등을 만들어 실험하여 본 그는 마침내 자신을 얻어 화약과 각종 화약을 이용한 무기를 연구하고 만들 화통도감(火筒都監)의 설치를 몇 번의 건의 끝에 허락받아 우리나라에서의 화약과 화약무기의 본격적인 연구를 1377년 10월부터 시작하였다.

화통도감에서 제조된 각종 화기들은 모두 18가지로, 이 중에서 총포의 종류는 대장군(大將軍)·이장군(二將軍)·삼장군(三將軍)·육화석포(六火石砲:완구의 일종)·화포(火砲)·신포(信砲)·화통(火筒) 등이며 화전(火箭)·철령전(鐵翎箭)·피령전(皮翎箭) 등은 발사물, 그밖에 질려포(疾藜砲)·철탄자(鐵彈子)·천산오룡전(穿山五龍箭)·유화(流火)·촉천화(觸天火)와 로켓무기로 주화(走火)가 있다.

1380년(우왕 6년)에 왜구가 500여 척의 선박을 이끌고 금강 하구의 진포로 쳐들어왔을 때 원수(元帥) 나세(羅世)와 함께 각종 화기로 무장한 전함을 이끌고 나아가 싸워 격파시키는 큰 공을 세웠다.

고려에서는 지문하부사(知門下府事)라는 벼슬에 올랐으며, 조선 초에는 나이가 많아 등용되지는 못하였으나, 죽은 뒤에는 그의 공을 생각하여 의정부 우정승·영성부원군을 추증하였다.

아들 해산(海山)과 손자 공손(功孫)도 화약과 화기의 연구에 참여하였다.

저서로는 화약수련법(火藥修鍊法)을 남겼으나 지금은 전하지 않는다.

무산된 고려 중흥

공민왕(恭愍王)
1330(충숙왕 17) ~ 1374

고려 제31대왕, 충숙왕과 명덕태후 홍씨 사이에서 둘째 아들로 태어났다. 비는 원나라 위왕(魏王)의 딸 노국대장공주(魯國大長公主)이며, 그밖에 혜비 이씨(惠妃李氏), 익비 한씨(益妃韓氏), 신비 염씨(愼妃廉氏)가 있다.

일찍이 강릉대군(江陵大君)에 봉해졌으며, 1341년에 원나라에 가서 숙위(宿衛)했으며, 1344년(충숙왕 즉위년)에 강릉부원대군에 봉해졌다.

1349년에 원나라에서 노국대장공주를 비로 맞이한 2년 뒤, 원나라가 나이 어리고 외척의 전횡으로 국정을 문란하게 한 충정왕을 폐위시키고 그의 뒤를 잇게 함으로써, 공주와 함께 귀국하여 왕위에 올랐다.

14세기 후반, 원명교체(元明交替)라는 대륙정세의 변동을 효과적으로 이용하여, 고려의 중흥을 꾀하여 많은 개혁을 추진하였다.

대외적으로는 적극적인 배원정책을 펴 몽고적 잔재를 일소하고, 실지회복을 위한 북진정책을 실시했으며, 대내적으로는 고려왕실을 위약하게 한 친원 권문세족을 제거하고, 국가기강을 재정립하기 위하여 일곱 차례에 걸친 관제개혁을 실시하였다. 즉 원나라가 쇠퇴해지자 원나라 배척운동을 일으키고, 1352년 변발(辮髮)·호복(胡服) 등의 몽고풍속을 폐지했으며, 1356년에는 몽고의 연호·관제를 폐지하여 문종 때의 제도를 복구하는 한편, 내정을 간섭하던 원나라의 정동행중서성이문소(征東行中書省理問所)를 폐지하고, 원나라의 황실과 인척관계를 맺고 권세를 부리던 기철일파(奇轍一派)를 숙청했으며, 1백년 간이나 존속해온 쌍성총관부(雙城摠管府)를 폐지, 원나라에게 빼앗겼던 영토를 회복하였다.

1368년 명나라가 건국되자, 이인임(李仁任)을 보내 명나라와 협력하여 요동에 남아 있는 원나라의 세력을 공략했으며, 2년 뒤에는 이성계로 하여금 동녕부(東寧府)를 치게 하여 오로산성(五老山城)을 점령, 국위를 떨쳤다.

내정에 있어서는 1352년 그동안 인사행정에 폐단이 많았던 정방(政房)을 폐지하고 전민변정도감(田民辨正都監)을 설치하여 귀족들이 겸병한 토지를 원래의 소유자에게 환원시키는 한편, 불법으로 노비가 된 사람을 해방시키는 등의 개혁정치를 베풀었다.

그러나 홍건적 및 왜구의 잦은 침입과, 1363년 찬성사(贊成事) 김용(金鏞)의 반란, 1364년 충선왕의 셋째아들인 덕흥군 옹립을 내세운 부원파 최유(崔濡)의 반란 등으로 국력이 크게 소모되기도 하였다.

더구나, 1365년 노국대장공주가 죽자 왕은 실의에 빠져, 모든 국사를 신돈(辛旽)에게 맡기고 불사(佛事)에만 전심하였다.

그러나 정권을 장악한 신돈은 실정을 거듭하고 왕을 해치려 하므로, 그를 수원으로 귀양보낸 뒤 사사(賜死)하였다.

그뒤 1372년, 명문자제들로 구성된 자제위(子弟衞)를 설치하고, 1373년에 모니노(牟尼奴)에 사명(賜名)하여 우(禑)라 하고 강녕부원대군(江寧府院大君)에 봉했다. 그런데 자제위 소속 홍륜(洪倫)이 익비를 범하여 임신시키자, 그것을 은폐할 의도로 홍륜과 밀고자인 환관 최만생(崔萬生) 등을 죽이려다가 도리어 그들에게 살해되었다.

공민왕은 그림과 글씨에 뛰어나 고려의 대표적인 화가로 꼽히기도 한다.

작품으로는 천산대렵도(天山大獵圖)가 있다. 능은 현릉(玄陵)으로 경기도 개풍군 중서면에 있다.

고려국 최후의 수호자

최영(崔瑩)
1316(충숙왕 3) ~ 1388(우왕 14)

고려 말의 명장이요 재상인 최영의 본관은 창원(昌原)이고 평장사 유청(惟淸)의 5세손이다. 아버지는 사헌규정 원직(元直)이다.

풍채가 출중하고 힘이 뛰어났던 인물이다. 처음에 양광도도순문사(楊廣道都巡問使) 휘하에서 왜구를 자주 토벌하여 큰 공을 세웠다.

1352년(공민왕 1년)에 안우, 최원 등과 함께 조일신(趙日新)의 난을 평정하여 호군(護軍)이 되었고, 1354년에 대호군이 되었다.

이때 원나라에서 고려에 원병을 청하자 유탁, 염제신 등 40여 명의 장수와 함께 군사 2,000명을 거느리고 원나라에 갔는데, 그때 원나라의 승상·탈탈(脫脫)들을 쫓아 중국 고우(高郵) 등지에서 싸우고 이듬해에는 회안로에서 적을 막았으며 팔리장(八里庄)에서 용맹을 떨쳤다.

1355년에 원나라에서 귀국하였는데, 고려에서는 이듬해부터 배원정책을 쓰게 되어 서북면 병마부사로 원나라에 속했던 압록강 서쪽의 8참(站)을 공격하여 3참을 쳐부수었다.

1357년 동북면 체복사를 거쳐 이듬해 양광 전라도 왜구체복사가 되어 배 400여 척으로 오예포에 침입한 왜구를 격파하였다.

1359년 홍건적 4만 명이 침입하여 서경을 함락시키자 여러 장수와 함께 생양(生陽), 철화(鐵和), 서경, 함종 등지에서 적을 무찌르고 이듬해 평양윤 겸 서북면순문사가 되었다가 다시 이듬해 서북면 도순찰사·좌산기상시가 되었다.

1361년에 홍건적 10만이 다시 침입하여 개성을 함락시키자, 이듬해 안우·이방실 등과 함께 이를 격퇴하여 개성을 수복하였으며, 그 공으로 훈 1등에 도형벽상공신(圖形壁上功臣)이 되었고, 전리판서(典理判書)에 올랐다.

뒤이어 양광도진변사를 겸하였다가 도순문사(都巡問使)를 겸하였고, 1363년에 김용(金鏞)의 난(興王寺의 變)을 평정시켜 큰 공을 세웠다.

뒤이어 판밀직사사평리(判密直司事評理)를 거쳐 찬성사(贊成事)가 되었다.

1364년 원나라에 있던 최유가 덕흥군(德興君:충선왕의 제3자)을 왕으로 받들고 군사 1만 명으로 압록강을 건너 선주(宣州:지금의 선천)에 웅거하자, 서북면도순위사로 이성계 등과 함께 수주(隋州:지금의 정주)의 달천에서 싸워 물리쳤다. 또 동녕로만호 박백야대(朴伯也大)가 연주(延州:지금의 운산군)에 침입하자, 장수를 보내어 물리쳤다.

이듬해 왜구가 교동(喬桐), 강화(江華)에 침입하자 동강(東江)에 나가 진수하였는데, 이때 신돈(辛旽)의 참소로 계림윤(鷄林尹)으로 좌천되었다가 귀양갔으나, 1371년 신돈이 처형되자 곧 소환되어 다시 찬성사가 되었다.

1373년 육도도순찰사(六道都巡察使)가 되었는데, 이때 군호(軍戶)를 편적(編籍)하여 전함(戰艦)을 만들게 하고 또 나이 70세 이상이 되는 자로부터 쌀을 거두어 군수(軍需)에 보충함으로써 백성들의 원망을 사기도 하였다.

이듬해 경상·전라·양광도도순문사가 되어 6도를 소동하게 하였다는 이유로 대사헌 김속명(金續命) 등의 탄핵을 받았으나, 도리어 김속명이 파면되고 진충분의선위좌명정란공신(盡忠奮義宣威佐命定亂功臣)의 호가 하사되었다.

그해 명나라가 요구하는 제주도의 말 2,000필에 대하여 제주도의 호목(胡牧)이 300필만 보내옴으로써 제주도를 치기로 되었는데, 이때 양광·전라·경상도도통사가 되어 도병마사 염흥방과 함께 전함 314척과 군사 2만 5600명으로 제주도를 쳐서 평정하였다.

1375년(우왕 1년) 판삼사사(判三司事)가 되었고, 이듬해 왜구가 연산(連山) 개태사(開泰寺)에 침입하여 원수(元帥) 박인계(朴仁桂)가 패배하자, 늙은 몸으로 출정하기를 자원하여 홍산(鴻山:지금의 부여)에서 왜구를 크게 무찔러 그 공으로 철원부원군이 되었다.

1377년 도통사가 되어 강화·통진(通津) 등지에 침입한 왜구를 격퇴하였는데, 이때 왕에게 말하여 교동·강화의 사전(私田)을 혁파하여 군자(軍資)에 충당하게 하였다.

이무렵 왜구가 침입하여 개성을 위협하므로 도읍을 철원으로 옮기자는 논의가 있었으나, 군사로서 굳게 지킬 것을 주장하고 이를 반대하였다.

1378년 왜구가 승천부(昇天府:지금의 豊德)에 침입하자, 이성계, 양백연 등과 함께 적을 크게 무찌르고 그 공으로 안사공신(安社功臣)이 되었다. 1380년 해도도통사가 되어 동서강(東西江)에 나가 왜구를 막다가 병에 걸렸는데, 왕이 공을 기록한 철권(鐵券)을 내리고 공을 치하하는 교서를 내렸다.

뒤이어 영삼사사(領三司事)가 되었고 1384년 문하시중을 거쳐 판문하부사가 되었다.

1388년 다시 문하시중이 되어 왕의 밀령(密令)으로 부패와 횡포가 심하던 염흥방·임견미와 그 일당을 숙청하였다.

그해 그의 딸이 왕비(寧妃)가 되었다. 이때 명나라가 철령위의 설치를 통고하여 철령 이북과 이서·이동을 요동(遼東)에 예속시키려 하자, 요동정벌을 결심하고 팔도도통사가 되어 왕과 함께 평양에 가서 군사를 독려하는 한편, 좌군도통사 조민수, 우군도통사 이성계로 하여금 군사 3만 8800여명으로 요동을 정벌하게 하였으나, 이성계가 조민수를 달래어 위화도(威化島)에서 회군함으로써 요동정벌은 실패로 끝나고 말았다.

이렇게 위화도회군을 단행하는 이성계의 세력을 막으려 하였으나, 막대한 원정군을 지휘하는 그를 막을 수 없어 도성을 점령당하고 말았다.

이것은 고려 말기의 군벌(軍閥) 대립에 있어서 고려왕조를 수호하려는 구파 군벌이 고려왕조를 부정하려는 신진 군벌에게 패배를 당한 셈이 되는 것이다.

그리하여 강용(剛勇)하고 청렴하였던 그는 이성계에게 잡혀 고향인 고봉현(高峯縣:지금의 高陽)으로 귀양갔고, 다시 합포(合浦:지금의 馬山)·충주로 옮겼다가 공료죄(攻遼罪)로 개성으로 압송되어 순군옥(巡軍獄)에 갇힌 뒤 그해 12월에 참수(斬首)되었다.

이 소식을 들은 개성사람들은 저자의 문을 닫고 슬퍼하였으며, 온 백성이 눈물을 흘렸다고 한다.

이성계는 새 왕조를 세우고 나서 6년 만에 무민(武愍)이라는 시호를 내려 넋을 위로하였다.

개풍군(開豊郡) 덕물산(德物山)에 있는 적분(赤墳)은 바로 그의 무덤으로 무덤에 풀이 나지 않는다고 하며, 그 산 위에 '장군당(將軍堂)이 있어 무당들의 숭상의 대상이 되고 있다.

善竹橋에 뿌려진 고려혼

정몽주(鄭夢周)
1337(충숙왕 복위 6) ~ 1392(공양왕 4)

고려말의 문신이요 학자인 정몽주의 본관은 영일이며 경상도 영천에서 태어났다. 처음의 이름은 몽란(夢蘭), 또는 몽룡(夢龍)이었으며 자는 달가(達可), 호는 포은(圃隱)이다. 추밀원 지주사 습명(襲明)의 후손으로 운관(云瓘)의 아들이다.

어머니 이씨가 임신하였을 때 난초화분을 품에 안고 있다가 땅에 떨어뜨리는 꿈을 꾸고 놀라 깨어나 낳았기 때문에 초명을 몽란이라 하였다 한다.

1357년(공민왕 6년) 감시(監試)에 합격하고, 1360년 문과에 장원하여 1362년 예문관의 검열 수찬이 되었다. 이때 김득배가 홍건적을 격파하여 서울을 수복하고도 김용의 모해로 상주에서 효수되자, 그의 문생으로 왕에게 청하여 그 시체를 거두어 장사지냈다.

그후 동북면도지휘사 한방신(韓邦信)의 종사관으로 종군 서북면에서 달려온 병마사 이성계와 함께 여진토벌에 참가하고 돌아왔다.

당시 상제(喪制)가 문란해져서 사대부들이 모두 백일 단상(短喪)을 입었는데 그는 홀로 부모의 상에 여묘(廬墓)를 살아 슬픔과 예절을 모두 극진히 하였기 때문에 1366년 나라에서 정려를 내렸다.

이듬해 예조정랑으로 성균박사를 겸임하였다.

당시 고려의 주자집주(朱子集註)에 대하여 정몽주의 강설이 사람의 의표를 찌르게 뛰어나 모두들 의아해하더니, 송나라 유학자 호병문(胡炳文)의 사서통(四書通)이 전하여지면서 이와 서로 맞아 떨어지는 것을 모두 탄복하였고, 대사성 이색(李穡)이 정몽주를 높이 여겨「동방 이학(理學)의 시조」라 하였다.

태상소경(太常少卿)과 성균관 사예, 직강, 사성 등을 역임하고, 1372년 서장관(西狀官)으로 명나라에 다녀오던 중 풍랑으로 파선을 당하여 일행 12인이 익사하고, 정몽주는 13일 동안 사경을 헤매다가 명나라 구조선에 구출되어, 이듬해 귀국하였다.

경상도 안렴사(按廉使), 우사의대부(右司議大夫) 등을 거쳐, 1376년(우왕 2년) 성균관대사성으로 이인임, 지윤 등이 주장하는 배명친원의 외교방침을 반대하다가 언양에 유배되었으나 이듬해 풀려났다. 당시 왜구의 침요(侵擾)가 심하여 나홍유(羅興儒)를 일본에 보내어 화친을 도모하게 하였으나 그 주장(主將)에게 구수(拘囚)되었다가 겨우 죽음을 면하고 돌아왔다. 전일의 일로 앙심을 품은 권신들이 정몽주를 천거하여 구주(九州)지방의 패가대(霸家臺)에 가서 왜구의 단속을 요청하게 하였다. 사람들이 모두 이를 위태롭게 여겼으나, 조금도 두려워하는 기색이 없이 건너가, 교린(交隣)의 이해를 개진하여 사명을 다하고 돌아왔을 뿐만 아니라, 왜구에게 잡혀갔던 고려 백성 수백명을 귀국시켰다. 이어 우산기상시(右散騎常侍), 전공사(典工司), 예의사(禮儀司), 전법사(典法司), 판도사(判圖司)의 판서를 역임하고, 1380년 조전원수로 이성계를 따라 전라도 운봉에서 왜구를 토벌하고 돌아왔다.

1382년 진공사(進貢使), 청시사(請諡使)로 두 차례나 명나라에 봉사하였으나, 모두 입국을 거부당하여 요동(遼東)에까지 갔다가 돌아왔다. 동북면조전원수로서 다시 이성계를 따라 함경도에 다녀온 뒤, 1384년 정당문학(政堂文學)에 올라 성절사(聖節使)로 명나라에 다녀왔는데, 당시 명나라는 고려에 출병하려고 세공을 증액하며, 5년간의 세공이 약속과 다르다 하여 고려 사신을 유배하는 등 국교관계가 악화되었기 때문에 명나라에 봉사하기를 꺼렸으나, 정몽주는 사명을 다하여 긴장상태의 대명국교를 회복하는데 큰 공을 세웠다.

1385년 동지공거(同知貢擧)가 되어 우홍명 등 33인을 뽑고, 이듬해 다시 사신으로 명나라에 가서 증액된 세공의 삭감과 5년간 미납한 세공의 면제를 요청하여 결국 그 뜻을 관철하였다. 귀국 후 문하평리(門下評理)를 거쳐 영원군(永原君)에 봉군되었으며, 또 명나라에 사신으로 갔으나 다시 국교가 악화되어 요동에서 되돌아와, 삼사좌사(三司左使), 문하찬성사, 예문관대제학 등을 역임하였다.

고려말 다사다난하던 때 정승의 자리에 오른 그는 아무리 큰 의혹이라도 조용히 사리에 맞게 처결하였다. 당시 풍속이 모든 상제(喪祭)에 불교의식을 숭상하였는데, 그는 사서(士庶)로 하여금 「가례」에 의하여 사당을 세우고 신주를 만들어 제사를 받들게 하도록 요청하여 예속이 다시 일어났다.

또 지방수령을 청렴하고 물망이 있는 사람으로 뽑아 임명하고, 감사를 보내어 출척(黜陟)을 엄격하게 하였으며, 도검의사사(都僉議使司)에 경력과 도사를 두어 금전과 곡식의 출납을 기록하게 하였다.

서울에는 오부학당(五部學堂)을 세우고, 지방에는 향교를 두어 교육의 진흥을 꾀하는 한편, 기강을 정비하여 국체를 확립하고, 쓸데없이 채용된 관원을 도태하고 훌륭한 인재를 등용하며, 의창(義倉)을 세워 궁핍한 사람을 구제하고, 수참(水站)을 설치하여 조운(漕運)을 편리하게 하는 등 기울어져가는 국운을 바로잡고자 노력하였다.

당시 이성계의 위망(威望)이 날로 높아지자 조준, 남은, 정도전 등이 그를 추대하려는 책모가 있음을 알고 기회를 보아 이들을 제거하려던 중, 명나라에서 돌아오는 세자 석(奭)을 마중나갔던 이성계가 황주에서 사냥하다가 낙마하여 벽란도(碧瀾度)에 드러눕게 되자, 그 기회에 먼저 이성계의 우익(羽翼)인 조준 등을 제거하려고 하였다.

이를 눈치챈 이방원(李芳遠)이 아버지 이성계에게 위급을 고하여 그날밤으로 병을 무릅쓰고 개성으로 돌아오게 하는 한편, 정몽주를 제거할 계획을 꾸몄다. 정몽주도 이를 알고 정세를 엿보러 이성계를 문병하고 귀가하던 도중 선죽교(善竹橋)에서 이방원의 문객 조영규(趙英珪) 등에게 격살되었다.

그는 천품이 지극히 높고, 뛰어나게 호매(豪邁)하여 충효를 겸하였다. 어려서부터 학문을 좋아하여 게을리하지 않았고, 성리학을 연구하여 조예가 깊었으며, 그의 시문은 호방, 준결하며, 그의 시조 단심가(丹心歌)는 그의 충절을 대변하는 작품으로 후세에까지 많이 회자되고 있으며, 문집으로 「포은집」이 전하고 있다.

시호는 문충(文忠)이다.

여말의 충절, 성리학의 臣才

길재(吉再)
1353(공민왕 2) ~ 1419(세종 1)

고려 말에서 조선 초기에 이르기까지의 학자로 호를 야은(冶隱), 또는 금오산인(金烏山人)이라 한다.

11세에 처음으로 냉산(冷山) 도리사(桃李寺)에서 글을 배웠고, 18세에 상산사록(商山司錄) 박분(朴賁)의 문하에 들어가 「논어」와 「맹자」등을 읽고 비로소 성리학을 들었다.

또 아버지를 뵈려고 개경에 이르러 이색, 정몽주, 권근 등 여러 선생의 문하를 들려 학문의 지론(至論)을 듣게 되었다.

1374년(공민왕 23년)에 국자감에 들어가 생원시에 합격하고, 1383년(우왕 9년)에는 사마감시(司馬監試)에 합격하였다.

1386년 진사시에 제6위로 급제하여 그해 가을에 청주목사록에 임명되었으나 부임하지 않았다.

이때 이방원과 한 마을에 살면서 서로 오가며 강마(講磨)하여 정의가 매우 두터웠다.

1387년에 성균학정(成均學正)이 되고, 이듬해 순유박사(諄諭博士)를 거쳐 성균박사(成均博士)로 승진되었다.

그당시 공직에 있을 때에는 태학(太學)의 생도들이, 집에서는 양반 자제들이 모두 그에게 모여들어 배우기를 청하였다.

1389년(창왕 1년)에 문하주서(門下注書)가 되었으나, 나라가 장차 망할 것을 알고서 이듬해 봄에 늙은 어머니를 모셔야 한다는 핑계로 벼슬을 버리고 고향인 선산으로 돌아왔다.

1391년(공양왕 3년)에 계림부(鷄林府)와 안변(安邊) 등의 교수(敎授)로 임명되었으나 모두 부임하지 않았으며, 우왕의 부고를 듣고 채과(菜果)와 혜장(醯醬) 따위를 먹지 않고 3년상을 행하였다.

그가 어머니를 효성을 다하여 봉양하니 아내 신씨(申氏)도 그 뜻을 본받아 옷가지를 팔아서라도 시어머니를 극진히 모시었다.

군사(郡事) 정이오(鄭以吾)가 이러한 그의 어려운 사정을 듣고 오동동(梧桐桐)의 묵은 밭을 주어서 봉양에 쓰도록 하였다.

1400년(정종 2년) 가을에 세자 방원이 그를 불러 태상박사(太常博士)에 임명하였으나 글을 올려 두 임금을 섬기지 않는다는 뜻을 펴니, 왕은 그 절의를 갸륵하게 여겨 예를 다하여 대접하여 보내주고, 그 집안의 세금과 부역을 면제하여 주었다.

또 1403년(태종 3년)에는 군사 이양(李楊)이 그가 사는 곳이 외지고 농토가 척박하여 살기에 마땅하지 못하다 하여 오동동의 전원(田園)으로 옮겨 풍부한 생활을 누리도록 하였다. 그러나 그는 소용에 필요한 만큼만 남겨두고 나머지는 모두 되돌려 보냈다.

집에 들어와서는 효도하고 밖에 나가서는 공손하며 항상 즐거움으로 근심을 잊고 영달에 뜻을 두지 않았다.

그를 흠모하는 학자들이 사방에서 모여들어 항상 그들과 경전을 토론하고 성리학을 강해(講解)하였다. 오직 도학(道學)을 밝히고 이단(異端)을 물리치는 것으로 일을 삼으며 후학의 교육에만 힘썼다.

그의 문하에서는 김숙자(金叔滋) 등 많은 학자가 배출되어, 김종직·김굉필·정여창·조광조로 그 학통이 이어졌다.

67세로 세상을 떠났는데 세상 사람들이 그를 기려 금산의 성곡서원(星谷書院), 선산의 금오서원(金烏書院)에 향사하였고, 이색 정몽주와 함께 고려의 삼은(三隱)으로 일컬어진다.

저서로「야은집」,「야은속집」이 있고, 그의 언행록인「야은언행습유록」이 전한다.

시호는 충절(忠節)이다.

여말의 경세가이며 성리학자

이색(李穡)
1328(충숙왕 15) ~ 1396(태조 5)

고려 말의 무신이요 학자인 이색의 본관은 한산(韓山)이며 호를 목은(牧隱)이라 한다. 세칭 고려 말의 삼은(三隱)의 한 사람이다. 찬성사 곡(穀)의 아들이며 이제현의 문인이다.

그는 1341년(충혜왕 복위 2년) 진사가 되고, 1348년(충목왕 4년) 원나라에 가서 국자감의 생원이 되어 성리학을 연구하였다.

1351년(충정왕 3년) 아버지 상을 당하여 귀국한 뒤 1352년(공민왕 1년) 전제(田制)의 개혁, 국방계획, 교육의 진흥, 불교의 억제 등 당면한 여러 정책의 시정개혁에 관한 건의문을 올렸다.

이듬해 향시(鄕試)와 정동행성(征東行省)의 향시에 1등으로 합격하여 서장관이 되어 원나라에 가서 1354년 제과(制科)의 회시(會試)에 1등, 전시(殿試)에 2등으로 합격하여 원나라에서 벼슬살이도 하였다.

귀국한 뒤 고려의 관직을 갖고 있다가 다시 원나라에 들어가 한림원에 등용되었다.

이듬해 귀국해서 인사행정을 주관하고 개혁을 건의하여 정방(政房)을 폐지하게 하였다.

1357년 우간의대부(右諫議大夫)가 되어 유학에 의거한 삼년상제도를 건의 시행하였다.

이어 추밀원 우부승선, 지공부사(知工部事), 지예부사(知禮部事) 등을 지내고 1361년 홍건적의 침입으로 왕이 남행할 때 호종하여 일등공신이 되었다.

그뒤 좌승선, 지병부사(知兵部事), 우대언, 지군부사사(知軍簿司事), 동지춘추관사, 보문각과 예문관의 대제학 및 판개성부사 등을 지냈다.

1367년 대사성이 되어 국학의 중영(重營)과 더불어 성균관의 학칙을 새로 제정하고 김구용, 정몽주, 이숭인 등을 학관으로 채용하여 신유학의 보급과 성리학의 발전에 공헌하였다.

1373년 한산군(韓山君)에 봉하여지고, 이듬해 예문관대제학, 지춘추관사 겸 성균관대사성에 임명되었으나 병으로 사퇴하였다.

1357년(우왕 1년) 우왕의 요청으로 다시 벼슬에 나아가 정당문학(政堂文學)·판삼사사(判三司事)를 역임하였고 1377년에 추충보절동덕찬화공신의 호를 받고 우왕의 사부(師傅)가 되었다.

1388년 철령위문제(鐵嶺衛問題)가 일어나자 화평을 주장하였다.

1389년(공양왕 1년) 위화도회군으로 우왕이 강화로 쫓겨나자 조민수와 함께 창왕을 옹립, 즉위하게 하고, 판문하부사가 되어 명나라에 사신으로 가서 창왕의 입조와 명나라의 고려에 대한 감국(監國)을 주청하여 이성계 일파의 세력을 억제하려 하였다.

이해에 이성계 일파가 세력을 잡게 되자 오사충(吳思忠)의 상소로 장단(長湍)에 유배, 이듬해 함창(咸昌)으로 이배되었다가 이초(彝初)의 옥(獄)에 연루되어 청주의 옥에 갇혔으나 수재로 함창에 안치되었다.

1391년에 석방되어 한산부원군에 봉해졌으나 1392년 정몽주가 피살되자 이에 관련하여 금주(衿州)로 추방되었다가 여흥, 장흥 등지로 유배된 뒤 석방되었다.

1395년(태조 4년)에 한산백(韓山伯)에 봉하여지고 이성계의 출사(出仕) 종용이 있었으나 끝내 고사하고 이듬해 여강(驪江)으로 가던 도중에 눈을 감았다.

그는 원나라와 명나라 교체기에 천명(天命)이 명나라로 돌아갔다고 보고 친명정책을 지지하였다.

또 고려 말 신유학의 수용과 척불론이 대두한 상황에서 유교의 입장에서 불교를 이해하려 하였다. 즉 불교를 하나의 역사적 소산으로 보고 유·불의 융합을 통한 태조 왕건 때의 중흥을 주장하였으며, 불교의 폐단을 시정하는 선에서 척불론을 강조하였다.

따라서 도첩제(度牒制)를 실시하여 승려의 수를 제한하는 등 억불정책에 의한 점진적 개혁에 의하여 불교 폐단 방지를 이루고자 했다.

또한 세상이 다스려지는 것과 혼란스러워지는 것을 성인의 출현여부로 판단하는 인간중심, 즉 성인, 호걸 중심의 존왕주의적(尊王主義的)인 유교역사관을 가지고 역사서술에 임하였다.

 그의 문하에서는 권근, 김종직, 변계량 등이 배출되어 조선 성리학의 주류를 이루게 하였다.

 장단의 임강서원(臨江書院), 청주의 신항서원(莘巷書院), 한산의 문헌서원(文獻書院), 영해의 단산서원(丹山書院) 등에서 제향한다.

 저서로는 목은문고(牧隱文藁) 등이 있다.

 시호는 문정(文靖)이다.

난세의 妖僧

신돈(辛旽)
? ~ 1371(공민왕 20)

　신돈은 고려 공민왕 때 개혁정치를 담당했던 승려다. 본관은 영산이고 왕이 내린 법호로 청한거사(淸閑居士)라 한다, 돈(旽)은 집권 후에 정한 속명이다.
　아버지에 대해서는 구체적으로 알려진 바가 없고 영산에는 무덤이 있었다는 것만이 확인될 뿐이며, 어머니는 계성현(桂城縣) 옥천사(玉川寺)의 비(婢)였다. 어려서 승려가 되었지만 모계 때문에 신분적으로 천한 위치에 있어 주위의 용납을 받지 못하고 늘 산방(山房)에 거처하였다.
　1358년(공민왕 7년)에 왕의 측근인 김원명(金元命)의 소개로 공민왕을 처음 만나게 되어 궁중에 드나들기 시작하였다. 공민왕 자신이 독실하게 불교를 신봉하였고 신돈 또한 총명하여 왕의 중망(重望)을 받았다고 한다. 그러나 한편으로는 「나라를 어지럽힐 자는 반드시 이 중놈일 것이다」라는 비난도 있었고, 심지어 정세운(鄭世雲)은 요승이라 하여 죽이려고까지 하므로 왕이 피신시키기도 하였다. 따라서, 그를 배척하던 인물들이 사라진 다음에야 정치의 표면에 나설 수 있게 되었다.
　1364년 두타승(頭陀僧)이 되어 공민왕을 찾아가 만나면서 비로소 궁안에 들어와 용사(用事)하게 되었다.
　이때 왕으로부터 청한거사라는 호를 받고 사부가 되어 국정을 자문하였는데 왕이 따르지 않는 바가 없었으며, 그로 인하여 많은 추종자가 생기게 되었다.
　마침내 1365년 5월에 최영을 비롯하여 이인복, 이구수 등을 거세하면서 세력을 쌓았다.
　그가 등용된 뒤 강력한 권력을 장악하게 되자 중국에서는 권왕(權王)으로 알려졌고, 백관들에게는 영공(令公)으로 불렸다.

인사권을 포함한 광범위한 내외의 권력을 총괄하였을뿐만 아니라 왕을 대신할 정도였다. 그러나 이러한 권력과 지위는 왕권의 의탁에 바탕을 두었을 뿐 독자적인 권력구축이 아니었다.

또한 신분적 제약과 불확실한 수도 과정에 비추어 볼 때 불교계에서도 지지기반을 가질 수 없었던 것으로 여겨진다. 당시 영향력이 컸던 고승 보우(普愚)로부터는 사승(邪僧)으로 지목되기도 했던 것이다.

신돈의 집권기간 동안 이루어진 시책으로는 전민변정도감(田民辨正都監)의 설치와 활동을 통한 개혁적인 정책을 들 수 있다. 1366년 5월 전민변정도감을 설치하게 하고 스스로 판사(判事)가 되어 부당하게 겸병당한 토지와 강압에 의하여 노비가 된 백성들을 원래의 상태로 되돌리는 과감한 개혁을 단행하였다.

그 결과 권문세가들이 탈점했던 전민(田民)을 원래의 주인에게 돌려준 경우가 많아「성인이 나타났다」라는 찬양을 받기까지 하였다.

1367년 숭문관(崇文館) 옛터에 성균관을 중영(重營)할 때 직접 그 터를 살피고「문선왕(文宣王:孔子)은 천하 만세(萬世)의 스승이다」라고 하면서 문신들이 품질에 따라 포(布)를 내어 추진하는 이 사업에 적극성을 보여 마침내 완성을 보아 유술(儒術)을 중흥시키려는 공민왕의 의욕에 부응하였다.

그해「도선비기」를 근거로 하여 왕에게 천도할 것을 건의하고 스스로 평양에 가서 상지(相地)까지 하였지만 실현되지는 않았다.

신돈의 등용에 대해서는 처음부터 많은 물의가 있었다. 일찍이 이제현(李齊賢)이 신돈의 골상(骨相)은 옛날 흉인(凶人)의 것과 같아 후환을 끼칠 것이라 하여 왕에게 가까이하지 말 것을 요청한 바 있었으며, 1366년에 간관 정추(鄭樞)와 이존오(李存吾) 등이 탄핵을 하다가 도리어 당하기도 하였다.

1367년 10월에는 오인택, 경천흥, 김원명 등이 제거하려다가 발각되었으며, 1368년 10월에도 김정, 김흥조, 김제안 등이 그를 죽이려 모의하다가 누설되어 살해 당하였다.

한편 기거하던 기현(奇顯)의 집에서 독립한 1367년부터는 처첩을 거느리고 아이를 낳고 주색에 빠져 비난이 높아졌다.
　이러한 가운데 1369년 스스로 5도(道)의 도사심관(都事審官)이 되려고 사심관을 부활시키려다가 좌절되었다. 이는 그가 자신의 세력기반을 확립시키려고 시도하였던 일로 보여진다.
　1370년 10월, 그동안 정치일선에서 물러나 있던 공민왕이 친정(親政)할 뜻을 밝혔고, 1371년 7월 마침내 역모를 꾀한다는 혐의로 붙잡혀 수원에 유배되었다가 일당 기현, 이춘부, 이운목 등과 함께 복주(伏誅)되었다.
　신돈의 집권은 공민왕 때의 복잡한 정치 상황 아래에서 나타났던 특이한 현상이다. 집권기간은 6년 정도에 불과하며, 정치적 지위도 전적으로 왕권의 비호 아래 얻어진 비정상적인 것이었으며 정치가로서의 자질이나 식견도 보잘 것 없었던 것 같다.
　그러나 집권기간 중에 권문세가의 유력자들을 거세시키면서 전민변정도감을 통하여 개혁적인 시책을 전개하였으며, 특히 성균관을 중영하여 신진문신세력이 성장할 수 있는 배경을 마련하였다고 하는 점은 중요한 의미를 지닌다고 하겠다.
　정몽주, 정도전, 윤소종 등 조선의 건국과 밀접한 관계를 지니는 신진문신세력이 이러한 분위기 속에서 정치세력으로 성장할 수 있었다는 사실은 공민왕의 개혁정치 전반과 관련하여 각별히 유의할 점이다.
　또한 공민왕을 계승한 우왕과 그의 아들 창왕이 신돈의 자손이라 하여 뒷날 우창비왕설(禑昌非王說)을 내세워 폐가입진(廢假立眞)의 명분 아래 창왕을 내쫓고 공양왕을 추대한 정변과도 간접적인 관련을 가지게 됨으로써 조선의 건국과정을 통하여 그의 집권은 부정적인 측면에서 많은 논란의 대상이 되기도 하였다.

조선 전기의 인물

조선조 창업의 기틀

이성계(李成桂)
1335(충숙왕 4) ~ 1408(태종 8)

조선의 초대왕으로 본관은 전주이며 태조(太祖)로 불린다. 함경도 영흥 출신이며 자춘(子春)의 둘째 아들이고 어머니는 최씨이다. 어려서부터 총명하고 담대하였으며 특히 궁술에 뛰어났다. 그의 선조 이안사(李安社)가 원나라의 지배아래 여진족이 살고 있던 남경(南京:간도지방)에 들어가 원나라 지방관이 된 뒤로부터 차차 그지방에서 기반을 닦기 시작하였다. 이안사의 아들 행리(行里), 손자 춘(椿)이 대대로 두만강 또는 덕원지방의 천호(千戶)로서 원나라에 벼슬하였다. 이자춘도 원나라의 총관부가 있던 쌍성(雙城)의 천호로 있었다.

이자춘은 1356년(공민왕 5년) 고려의 쌍성총관부 공격 때에 내응, 원나라의 세력을 축출하는데 큰 공을 세우고 비로소 고려의 벼슬을 받았다. 1361년 삭방도만호 겸 병마사로 임명되어 동북면(東北面)지방의 실력자가 되었다.

이성계는 이러한 가문의 배경과 타고난 군사적 재능을 바탕으로 하여 크게 활약함으로써 점차 두각을 나타내기 시작하였다.

1361년 10월에 반란을 일으킨 독로강만호(禿魯江萬戶) 박의(朴儀)를 잡아 죽였으며, 같은 해 홍건적의 침입으로 수도가 함락되자 이듬해 정월 친병(親兵:私兵) 2,000명을 거느리고 수도탈환작전에 참가, 제일 먼저 입성하여 큰 전공을 세웠다.

1362년 원나라 장수 나하추(納哈出)가 수만 명의 군사를 이끌고 홍원지방으로 쳐들어와 기세를 올리자 그는 동북면병마사에 임명되어 적을 치게 되었다. 여러 차례의 격전 끝에 마침내 함흥평야에서 적을 대파, 격퇴시켜 명성을 크게 떨쳤다.

1364년 최유(崔濡)가 원제(元帝)에 의하여 고려왕에 봉하여진 덕흥군을 받들고, 원병(元兵) 1만 명을 인솔, 평안도지방에 쳐들어오자, 최영과 함께 수주, 달천에서 이들을 섬멸하였다.

이무렵 여진족은 삼선(三善)·삼개(三介)의 지휘 아래 동북면에 침범, 함주까지 함락시켜 한때 기세를 올렸으나, 그는 이들을 크게 무찔러 격퇴함으로써 동북면의 평온을 되찾았다.

1377년(우왕 3년) 크게 창궐하던 왜구를 경상도 일대와 지리산에서 대파하였으며, 1380년에 양광·전라·경상도도순찰사가 되어, 왜구를 운봉(雲峰)에서 섬멸하였다.

그 전과는 역사상 황산대첩(荒山大捷)으로 알려질 만큼 혁혁한 것이었다.

1382년 여진인 호바투(胡拔都)가 동북면일대를 노략질하여 그 피해가 극심하자, 동북면도지휘사가 되어 이듬해 이지란(李之蘭)과 함께 출진, 길주에서 호바투의 군대를 궤멸시켰다. 이어서 안변책(安邊策)을 건의하였다.

1384년 동북면도원수문하찬성사가 되었으며, 이듬해 함주에 쳐들어온 왜구를 대파하였다.

1388년 수문하시중(守門下侍中)이 되었으며, 최영과 함께 임견미(林堅味), 염흥방(廉興邦)을 주살하였다.

이해 명나라의 철령위(鐵嶺衛) 설치 문제로 두 나라의 외교관계가 극도로 악화, 요동정벌이 결정되자 이에 반대하였으나 받아들여지지 않았다.

그는 우군도통사가 되어 좌군도통사 조민수(曺敏修)와 함께 정벌군을 거느리고 위화도까지 나아갔으나, 끝내 회군을 단행하였다.

개경에 돌아와 최영을 제거하고 우왕을 폐한 뒤 창왕을 옹립, 수시중(守侍中)과 도총중외제군사(都摠中外諸軍事)가 됨으로써 정치적·군사적 실권자의 자리를 굳혔다.

이듬해 다시 창왕을 폐하고 공양왕을 옹립한 뒤 수문하시중이 되었다. 1390년(공양왕 2년) 전국의 병권을 장악하였으며, 곧 이어 영삼사사(領三司事)가 되었다.

이무렵 그는 신흥정치세력의 대표로서 새 왕조 건국의 기반을 닦기 시작하였다.

1391년 삼군도총제사(三軍都摠制使)가 되었으며, 조준(趙浚)의 건의에 따라 전제개혁(田制改革)을 단행, 구세력의 경제적 기반마저 박탈하였다.

마침내 1392년 7월 공양왕을 원주로 내쫓고, 새 왕조의 태조로서 왕위에 올랐다.

그는 즉위초에는 국호를 그대로 고려(高麗)라 칭하고 의장(儀章)과 법제도 모두 고려의 고사(故事)를 따를 것임을 선언하였으나, 차차 새 왕조의 기틀이 잡히자 고려의 체제에서 벗어나고자 하였다.

우선 명나라에 대해서 사대정책을 쓰면서, 명나라의 양해 아래 새 왕조의 국호를 조선으로 확정, 1393년(태조 2년) 3월 15일부터 새 국호를 쓰기로 하였다.

다음에는 새 수도의 건설이 필요하였다. 우여곡절 끝에 왕사(王師) 무학(無學)의 의견에 따라 한양을 새 서울로 삼기로 결정하였다.

그리하여 1393년 9월에 착공, 1396년 9월에 이르기까지 태묘, 사직, 궁전 등과 숙정문, 홍인문, 숭례문, 돈의문의 4대문, 광희문, 소덕문, 창의문, 홍화문의 4소문(小門) 등을 건설하여, 왕성의 규모를 갖추었다.

한편으로 법제의 정비에도 노력하여, 1394년 정도전의「조선경국전」과 각종 법전이 편찬되었다. 또한 숭유척불정책(崇儒斥佛政策)을 시행하여 서울에 성균관, 지방에는 향교를 세워 유학의 진흥을 꾀하는 동시에 불교를 배척하는 정책을 쓰기 시작하였다.

이처럼 그는 새 왕조의 기반과 기본정책을 마련하였다. 그러나 왕자 사이에 왕위 계승권을 둘러싸고 치열한 쟁탈전이 벌어졌다.

태조 즉위 후에 세자 책립문제로 여러 의견이 있었으나, 계비 강씨의 소생인 방석(芳碩)을 세자로서 결정하였다. 그러나 이에 대한 방원(芳遠:신의왕후 소생)의 불만은 대단하였다.

1398년 태조의 와병중에 방원은 세자인 방석을 보필하고 있던 정도전, 남은 등이 자신을 비롯한 신의왕후 소생의 왕자들을 제거하려 한다는 이유로 사병을 동원, 그들을 살해하였으며, 곧이어 방석, 방번마저 죽여 후환을 없앴다.

새 세자는 방원의 요청에 의하여 방과(芳果)로 결정하였다.

태조는 방석 방번 형제가 무참히 죽은데 대해서 몹시 상심하였다. 그는 곧 왕위를 방과에게 물려주고 상왕(上王)이 되었다.

1400년(정종 2년)에 방원이 세자로 책립, 곧 이어 왕위에 오르자, 정종은 상왕이 되고, 태조는 태상왕(太上王)이 되었다.

형제들을 죽이고 왕위에 오른 태종에 대한 태조의 증오심은 대단히 컸다. 태종이 즉위한 뒤에 태조는 한때 서울을 떠나 소요산(消遙山)과 함주(咸州:지금의 함흥) 등지에 머물러 있기도 하였다.

특히, 함주에 있었을 때에 태종이 문안사(問安使)를 보내면, 그때마다 그 차사(差使)를 죽여버렸다는 이야기가 전한다. 함흥차사라는 말은 여기에서 유래된 것이다.

태조는 태종이 보낸 무학의 간청으로 1402년(태종 2년) 12월 한양으로 돌아왔다. 태조는 만년에 불교에 정진하였다.

1408년 5월 24일 창덕궁 별전에서 세상을 마쳤다. 능은 건원능(健元陵)으로 경기도 구리시 안창리에 있다.

민족문화 창조의 새 지평

세종대왕(世宗大王)
1397(태조 6) ~ 1450(세종 32)

　태종(3대왕)의 셋째 아들로 천성이 총민하고 또 학문에 독실하여 정치하는 방법 등도 잘 안다 하여 부왕에 의해 세자로 책봉되었다가 1418년 8월 10일 제4대 왕으로 오른 분이 세종이다.
　세종은 우리 민족 역사에 있어서 가장 훌륭한 유교정치, 찬란한 문화를 이룩한 왕이었다. 이 시기에는 정치적으로 안정되어 정치는 물론 경제, 사회, 문화 등 전반적인 기틀을 잡은 시기였다. 즉 집현전을 통하여 많은 인재가 배양되었고, 유교정치의 기반이 되는 여러 제도가 정비되었으며 다양하고 방대한 편찬사업이 이루어졌다.
　또 훈민정음의 창제, 농업과 과학기술의 발전, 의약기술과 음악 및 법제의 정리, 공법(貢法)의 제정, 국토의 확장 등 수많은 사업을 통하여 민족국가의 기틀을 확고히 하였다. 이 많은 일들을 주도한 인물이 바로 세종이었던 것이다.
　세종은 태종이 이룩한 왕권과 정치적 안정기반을 이어받아 이를 펼친 분이라고 하겠다. 세종 4년까지는 태종이 상왕으로 생존하여 있었으므로 태종의 영향이 계속된 시기였다.
　1414년(태종 14년)에 이룩된 육조직계제(六曹直啓制)는 의정부 대신의 정치적 권한을 크게 제약하고 왕권의 강화를 이룩할 수 있었던 것인데, 세종은 이러한 정치체제를 이어받아 태종대에 이룩한 왕권을 계속 유지하면서 소신있는 정치를 추진할 수 있었다.
　세종대는 개국공신세력은 이미 사라지고 과거를 통하여 정계에 진출한 유자적(儒者的) 관료와 유자적 소양을 지닌 국왕이 서로 만나 유교정치를 펼 수 있었던 시기였다.
　세종 전반기에 집현전을 통하여 많은 학자가 양성되었고, 그 학자들이 동원되어 유교적 제도의 정리와 수많은 편찬사업이 이룩되어 유교정치기반이 진전되었고 세종 18년에 육조직계제에서 의정부서

사제로의 이행도 유교정치의 진전으로 볼 수 있는 것이다.
　한편 집현전은 세종과 세종대를 운위하는데 빼놓을 수 없는 기관이다. 집현전은 중국과 고려시대에도 있었던 제도였고 조선초 정종대에도 설치된 일이 있으나 조선시대의 집현전이라고 하면 세종 2년 3월에 설치한 것을 의미한다.
　이때에 집현전을 설치하게 된 목적은 조선이 표방한 유교정치와 대명(對明) 사대관계를 원만히 수행하는데 필요한 인재의 양성과 학문의 진흥에 있었다. 이에 따라 유망한 소장학자들을 채용하여 집현전을 채웠고, 그들에게 여러가지 특전을 주었으며, 사가독서(賜暇讀書)를 내려 학문에 전념할 수 있도록 하였다.
　이곳에 소속된 관원은 경영관, 서연관, 시관(試官), 사관(史官), 지제교의 직책을 겸하였고, 중국의 옛 제도를 연구하거나 각종 사적의 편찬사업에 동원되는 등 그들의 직무는 주로 학술적인 것이었다.
　왕은 이들이 학술로써 종신할 것을 희망하였으므로 다른 관부에는 전직도 시키지 않고 집현전에만 10년에서 20년 가까이 있게 하였다.
　그 결과 수많은 쟁쟁한 인재를 배출하였는데, 이러한 인적자원이 바로 세종대의 찬란한 문화와 유교정치의 발전을 이루게 한 원동력이 된 것이다.

편찬사업

　세종조에 전개된 다양하고 방대한 편찬사업은 이 시대의 문화 수준을 높이는데 기본이 되었다. 이 사업을 통하여 문화적으로나 사상적으로 정리가 이루어졌고 정치·제도의 기틀이 잡혀갔다.
　이 사업의 주도자는 물론 세종이었고, 이 일을 담당한 것은 집현전과 여기에 소속된 학자들이었다. 또 이 사업은 집현전 학자들의 학문이 향상되고 일할 수 있는 준비가 이루어진 세종 10년대부터 본격적으로 행해지고 있었다.
　이 편찬물을 내용별로 분류하면 역사서, 유교경서, 유교윤리와 의례, 중국의 법률 및 문학서, 정치귀감서, 훈민정음·음운·언역(諺譯)관계서·지리서·천문·역수서·농서 등으로 다양하고 방대한

것이었다. 즉 정치·법률·역사·유교·문학·어학·천문·지리·
의약·농업기술 등 각 분야에 걸쳐 종합정리하는 사업이었고, 이 작
업을 통하여 이 시대의 문화수준을 높은 수준으로 끌어올렸다. 또 특
기할 일은 이러한 많은 편찬사업이 왕의 의도에 의한 것이었음은 물
론이고 왕 자신이 직접 참여하기도 하였다는 사실이다. 그 하나의 예
로서 자치통감훈의(資治通鑑訓義)의 편찬은 집현전의 학자뿐 아니
라 53인이나 되는 거의 모든 학자들이 총동원되어 3년에 걸쳐 이룩한
큰 사업이었는데 이 사업을 위하여 왕은 계속했던 경연까지 중지하
고 밤늦게까지 친히 교정을 보았던 것이다.

훈민정음 창제

훈민정음 창제는 세종대왕이 남긴 문화유산 가운데 가장 빛나는
것일뿐 아니라 우리 민족의 문화유산 가운데서도 가장 훌륭한 것이
다.
세종은 집현전을 통하여 길러낸 최항, 박팽년, 신숙주, 성삼문, 이
선로, 이개 등 소장 학자들의 협력을 받아 우리 민족의 문자를 창제
하였던 것이니, 이 시대의 문화의식과 그 수준이 어떠하였는가를 잘
보여주고 있다.

과학기술 육성

세종은 과학기술 발전과 기술서적 편찬에도 크게 힘을 기울였다.
천문대와 천문관측기계가 그 대표적 사례다.
세종 14년부터 시작된 대규모의 천문의상(天文儀象)의 제작사업
과 함께 경복궁의 경회루 북쪽에 높이 약 6.3m, 길이 약 9.1m, 넓이
약 6.6m의 석축간의대가 세종 16년에 준공되었고, 이 간의대에는 혼
천의(渾天儀), 혼상(渾象), 규표(圭表)와 방위(方位) 지정표(指定
表)인 정방안(正方案) 등이 설치되었다.
세종 20년 3월부터 이 간의대에서 서운관의 관원들이 매일밤 천문
을 관측하였다. 이러한 간의대와 그 중요한 시설물들은 중국과 이슬
람의 영향과 전통적인 요소들이 함께 들어있는 것이었다.

혼천의는 천체관측기계로서 문헌상으로는 세종 15년 6월에 만들어진 것이 우리나라에서는 처음이며, 같은해 8월에 또 하나가 만들어졌는데 정초, 정인지 등에게 고전(古典)을 조사하게 하는 한편 장영실(蔣英實) 등 기술자들에게 실제 제작을 담당하게 하였다. 이 혼천의는 천구의(天球儀)와 함께 물레바퀴를 동력으로 하여 움직이는 시계장치와 연결되어 천체의 운행과 맞게 돌아가도록 되어 있어서 일종의 천문시계의 성격도 가졌다.

또한 시간을 측정하는 해시계와 물시계도 제작되었다.

세종 20년에는 장영실에 의하여 또다른 자동 물시계이며 천상시계인 옥루가 완성되었다.

세종은 천문, 역서(曆書)의 정리와 편찬에도 큰 관심을 가져 칠정산내편(七政算內篇), 칠정산외편(七政算外篇), 제가역상집(諸家曆象集) 등이 편찬되었다.

세종 15년에는 정인지, 정초, 정흠지, 김담, 이순지 등에게「칠정산내편」을 편찬하게 하였으며, 세종 24년에 완성되어 2년 만에 간행되었다.「칠정산외편」도 이순지, 김담에 의하여 편찬되었는데, 이것은 당시 가장 완전한 이슬람 천문학서의 번역본이라 하겠다. 칠정산내외편의 편찬으로 조선의 역법(曆法)은 완전히 정비되었다.

또한 세종 27년에는 이순지에 의하여「제가역상집」이 편찬되었다. 이 책은 세종대에 이룩한 천문, 역법의 총정리작업과 천문의상 제작의 이론적 근거를 찾기 위한 고문헌(古文獻) 조사사업의 결산으로 이루어진 것으로 높은 수준의 중국 천문학사라고 평가할 수 있다.

측우기의 발명도 이 시기 과학기술의 발달에 있어서 주목할만한 업적이다. 농업국가인 조선시대에 있어서 강우량의 과학적 측정은 매우 큰 뜻을 가진 것이다.

측우기는 세종 23년 8월에 발명되어 새로운 강우량의 측정제도가 마련되었고, 그 미흡한 점은 이듬해 5월에 개량, 완성되었다.

이 측우기를 발명하여 강우량을 측정함으로써 농업기상학의 괄목할만한 진전을 이룩한 것이다.

또 조선시대의 도량형제도도 세종대에 확정되었다. 세종 13년과

28년에 확정된 도량형제도가 그뒤 「경국대전」에 그대로 법제화되었다.

인쇄술에 있어서도 세종 조에 특기할만한 발전을 이룩했다. 1403년에 주조된 청동활자인 계미자(癸未字)의 결점을 보완하기 위하여 세종 2년에 새로운 청동활자인 경자자(庚子字)를 만들었고, 세종 16년에는 더욱 정교한 갑인자(甲寅字)를 주조하였다.

한편 화약과 화기(火器)의 제조에 있어서도 기술적으로 크게 발전하였다. 세종대는 종래 중국기술의 모방에서 탈피하려는 독자적 경향이 나타나서 화포(火砲)의 개량과 발명이 계속되었다. 완구(碗口)가 개량되고, 소화포(小火砲), 철제탄환, 화포전(火砲箭), 화초 등이 발명되었다. 그러나 이러한 것들은 세종에게 있어서 아직 만족할만한 수준에 도달한 것은 못되었다.

세종 26년에 화포주조소(火砲鑄造所)를 짓게 하여 뛰어난 성능을 가진 새로운 규격의 화포를 만들어냈고, 이에 따라 이듬해는 화포의 전면 개주(改鑄)에 착수하였다.

세종 30년에 편찬, 간행된 총통등록(銃筒謄錄)은 그 화포들의 주조법과 화약사용법 그리고 규격을 그림으로 표시한 책이었다. 이 책의 간행은 조선시대의 화포제조에 새로운 전기를 마련한 주목할만한 업적으로 평가된다.

세종대에는 농사법의 개량을 위해서도 많은 노력을 기울였다. 중국의 농서인 「농상집요」, 「사시찬요」 등과 우리나라 농서인 「본국경험방(本國經驗方)」 등의 농업서적을 통하여 농업기술의 계몽과 권장을 하였으며 정초가 지은 「농사직설」을 편찬, 반포하였다.

이책의 반포는 조선시대 농업과 농업기술사에 중요한 의의를 가진다.

의약발명에도 세종대는 특기할만한 시대로서 향약채집월령(鄕藥採集月令), 향약집성방(鄕藥集成方), 의방유취(醫方類聚) 등의 의약서적이 편찬되었다. 「향약집성방」과 「의방유취」의 편찬은 15세기까지의 우리나라와 중국 의약학의 발전을 결산한 것으로 조선과학사에 있어서 빛나는 업적의 하나이다.

또 음악에 있어서도 우리 역사상 가장 빛나는 업적을 남긴 시기였고, 그것은 세종의 지휘와 참여로서 이루어진 것이었다. 유교정치에 있어서 중요시되는 것이 유교적 의례인데, 국가의 의례인 오례에는 그에 합당한 음악이 따르기 마련이다. 따라서 음악의 정리는 불가피한 것이었다.

세종의 음악적 업적은 크게 아악의 부흥, 악기의 제작, 향악의 창작, 정간보(井間譜)의 창안 등으로 나누어 볼 수 있다.

이와같은 업적은 음악에 대한 깊은 관심과 조예를 가진 박연과 같은 음악 전문가를 만남으로써 이루어질 수 있었다.

법전의 정비

법제적 측면에서는 유교적 민본주의, 법치주의가 강화, 정비된 시기였다.

세종은 즉위초부터 법전의 정비에 힘을 기울였다. 세종 4년에는 완벽한 「속육전」의 편찬을 목적으로 육전수찬색(六典修撰色)을 설치하고 법전의 수찬에 직접 참여하기도 하였다.

수찬색은 세종 8년 12월에 완성된 「속육전」 6책과 등록(謄錄) 1책을 세종에게 바쳤고, 세종 15년에는 「신찬경제속육전」 6권과 「등록」 6권을 완성하였다. 그러나 그 뒤에도 개수를 계속하여 세종 17년에 이르러 「속육전」 편찬사업이 완결되었다.

한편으로 형벌제도를 정비하고 흠휼정책(欽恤政策)도 시행하였다. 형정(刑政)에 관한 왕의 시책의 예를 들어보면, 율문(律文)에 적합한 조목이 없는 경우에는 법률의 적용을 신중히 할 것, 사죄는 삼복법(三覆法)을 적용할 것 등과 고문에 태배법(笞背法)을 금했다.

또 15세 이하와 70세 이상인 자는 살인, 강도 죄를 제외하고는 수금(囚禁)하지 못하며, 10세 이하 80세 이상인 자는 사죄(死罪)를 범하여도 수금하지 못하며 도죄인(徒罪人)의 부모가 70세 이상인 자는 노친(老親)의 소재지에서 복역하도록 할 것 등 사회기강을 확립하기 위한 형벌을 강화하기도 하였다.

또 공법(貢法)을 제정함으로써 조선의 전세제도(田稅制度) 확립에도 업적을 남겼다. 종래의 세법은 관리의 부정으로 인하여 농민에게 주는 폐해가 막심하였기 때문에 세종 12년에 종래의 법을 폐지하고 1결당 10두를 징수한다는 시안을 내놓고 문무백관에서 촌민에 이르는 약 17만 명의 여론을 조사하였으나 결론을 얻지는 못하고, 세종 26년에 공법을 확정했다.

한편 국토의 개척과 확장도 세종의 업적으로 빼놓을 수 없다. 두만강 방면에는 김종서(金宗瑞)를 보내서 육진을 개척하게 하였고, 압록강 방면에는 사군을 설치하여 두만강과 압록강 이남을 영토로 편입하는 대업을 이루었다.

이와같은 사업을 이룰 수 있었던 것은 세종이 문치(文治)만을 힘쓰지 않고 군사훈련, 화기의 제조·개발, 성진(城鎭)의 수축, 병선의 개량, 병서의 간행 등 국방책에도 힘을 기울인 결과인 것이다.

동쪽의 일본에 대하여는 강경책과 회유책을 함께 썼다. 세종 1년에는 이종무(李從茂) 등에게 왜구의 소굴인 대마도를 정벌하게 하는 강경책을 쓰기도 하였으나, 세종 8년에 삼포(三浦)를 개항하고, 세종 25년에는 계해약조를 맺어 이들을 회유하기도 하였다.

불교정책

유교정치를 표방한 조선은 개국초부터 억불책을 써왔고, 태종대에는 더욱 강화하였다. 세종도 불교에 대한 시책은 선대의 것을 따랐다. 왕실 중심의 기우(祈雨), 구병(救病), 명복(冥福) 등을 위한 불사(佛事)는 세종대에도 계속 이루어졌다.

세종은 유신(儒臣)들의 극단적인 불교전폐론에도 불구하고 조종상전(祖宗相傳)의 불교를 급히 없앨 수는 없다는 태도를 가졌다. 그러나 불교의 세속권을 재정리할 필요를 느껴 세종 1년에는 사사노비(寺社奴婢)를 정리하여 국가에 귀속시켰고, 세종 6년에는 불교의 종파를 선교(禪敎) 양종으로 병합하였으며, 사사(寺社), 사사전, 상주승(常住僧)의 액수를 재정리하였다. 즉 선교 양종에 각 18사(寺) 합 36사를 본사로 인정하고, 사원전은 7,760결(結), 상주승 3,600인으로 삭감, 정리되었다.

이밖에도 금속화폐인 조선통보의 주조, 언문청(정음청)을 중심으로 한 불서언해(佛書諺解)사업 등을 폈고, 단군사당을 따로 세워 봉사하게 하고 신라, 고구려, 백제의 시조묘를 사전(祀典)에 올려 치제(致祭)하게 하였다.

또한 종래 춘추관, 충주의 두 사고(史庫)였던 것을 성주, 전주 두 사고를 추가 설치하게 함으로써 임란중 전주사고본이 전화를 면하고 오늘날 조선 전기의 실록이 전해질 수 있게 된 사실 등도 기억해야 될 일이다.

세종대가 우리 민족의 역사상 빛나는 시대가 될 수 있었던 것은 정치적 안정기반 위에 그를 보필한 훌륭한 신하와 학자가 있었음을 간과할 수 없는 일이나, 이들의 보필을 받을 수 있었던 것은 세종의 사람됨이 그 바탕이었음을 잊어서는 안될 것이다.

유교와 유교정치에 대한 소양, 넓고 깊은 학문적 성취, 역사와 문화에 대한 깊은 통찰력과 판단력, 중국문화에도 경도되지 않은 주체성과 독창성, 의지를 관철하는 신념, 고집, 노비에게까지 미칠 수 있었던 인정 등 세종 개인의 사람됨이 당시의 정치적, 사회적, 문화적, 인적 모든 여건과 조화됨으로써 빛나는 민족문화를 건설할 수 있었다고 볼 수 있다.

슬하에 18남 4녀를 두었는데, 제1자는 문종, 제2자는 세조이다.

시호는 장헌(莊憲), 능호는 영릉이며 경기도 여주군 능서면에 있다.

霸道政治의 표본인물

세조(世祖)
1417(태종 17) ~ 1468(세조 14)

조선의 제7대왕으로 세종의 둘째 아들이며 문종(5대왕)의 아우다. 그는 타고 난 재질이 영특하고 명민하여 학문도 깊었으며 무예도 남보다 뛰어났다.

처음엔 진양대군에 봉해졌다가 1445년(세종 27년)에 수양대군(首陽大軍)으로 고쳐 봉해졌다.

그가 대군으로 있을 때는 세종의 명령을 받들어 궁정 안에 불당을 설치하는 일에 적극 협력하고 승려 신미(信眉)의 아우인 김수온(金守溫)과 함께 불서(佛書) 번역을 관장했으며 향악의 악보도 정리하였다.

1452년(문종 2년)에는 관습도감도제조(慣習都監都提調)에 임명되어 국가의 실무를 맡아 보았다.

이해 5월에 문종이 죽고 어린 단종이 즉위하니 7월부터 그는 측근 심복인 권람, 한명회 등과 함께 정국전복의 음모를 진행시켜 이듬해 10월에는 이른바 계유정난을 일으켰다. 계유정난은 폭력으로써 정권을 탈취한 사건인데, 하룻밤사이에 정국을 전복시키고 대권을 한 손에 쥐고 자기 심복을 요직에 배치하여 국정을 마음대로 처리하였다. 조정 안에 있는 반대세력을 제거하고 밖에 있던 함길도도절제사(咸吉道都節制使) 이징옥마저 주살, 내외의 반대세력을 제거하였다. 1455년 윤 6월 단종에게 강박하여 왕위를 수선(受禪)하였다.

세조가 즉위하여서는 이해 8월에 집현전직제학 양성지(梁誠之)에게 명하여 우리나라의 지리지(地理誌)와 지도를 찬수하게 하였으며 11월에는 춘추관에서「문종실록」을 찬진하였다.

1456년(세조 2) 6월에 좌부승지 성삼문 등 이른바 사육신(死六臣)이 주동이 되어 단종복위를 계획하였으나 일이 발각되자 이 사건에 관련된 여러 신하들을 모두 사형에 처하였다.

뒤따라 집현전을 폐지시키고 경연(經筵)을 정지시켰으며, 집현전에 장치된 서적은 모두 예문관(藝文館)에 옮겨 관장하게 하였다.

7월에 조선단군(朝鮮檀君)의 신주(神主)를 조선시조단군(朝鮮始祖檀君)의 신위(神位)로 고쳐 정하고, 후조선시조(後朝鮮始祖) 기자(箕子)를 후조선시조 기자의 신위로 고쳐 정하고, 고구려시조를 고구려시조 동명왕의 신위로 고쳐서 정하였다.

1457년 정월에 비로소 원구단(圓丘壇)을 만들어 하늘에 제사지내고 조선 태조를 여기에 배향하였다. 이해 6월에 단종을 사육신의 모복사건(謀復事件)에 관련이 있다는 이유로서 노산군(魯山君)으로 강봉(降封)하여 강원도 영월에 유배시켰는데, 뒤따라 경상도의 순흥에 유배된 노산군의 다섯째 숙부인 금성대군 유(錦城大君瑜)가 노산군복위를 계획하다가 일이 발각되자 신숙주, 정인지 등 대신의 주청(奏請)에 따라 이해 10월에 사사(賜死)하고 노산군도 관원을 시켜 죽이게 하였다.

1458년에 호패법(號牌法)을 다시 시행하여 국민의 직임(職任)과 호구(戶口)의 실태를 파악하고 도둑의 근절에 주력하였다. 이해에 「국조보감」을 편수하였으니, 즉 태조, 태종, 세종, 문종 4대의 치법(治法), 정모(政謨)를 편집하여 후왕의 법칙으로 삼으려는 의도이고, 후에 「동국통감」을 편찬하게 하였으니 이는 전대(前代)의 역사를 조선왕조의 의지에 의하여 재조명한 것이다.

세조는 정정이 안정됨에 따라 왕조정치의 기준이 될 법전의 편찬에 착수하였으니 최항 등에 명하여 앞서 있었던 경제육전(經濟六典)을 정비, 왕조 일대(一代)의 전장(典章)인 「경국대전」의 찬술을 시작하였다. 1460년에 호전(戶典)을 반행(頒行)하고 이듬해 1461년에는 형전(刑典)을 반행하였다.

세조는 무비(武備)에 더욱 유의하여 1462년에는 각 고을에 명하여 병기(兵器)를 제조하게 하고, 1463년에는 제읍(諸邑), 제영(諸營)의 둔전(屯田)을 성적(成籍)시키고, 1464년에는 제도(諸道)에 군적사(軍籍使)를 파견하여 장정(壯丁)의 군적누락을 조사하게 하였다.

이 외에 복잡한 여러 관직의 명칭을 간편하게 고쳤으며 종래의 시직(時職:현직), 산직(散職) 관원에게 일률적으로 나누어주던 과전(科田)을 그만두고 현직의 관원에게만 주는 직전제(職田制)를 시행하였다.

세조는 신하들을 통솔함에 있어 자기에게 불손하는 신하는 가차없이 처단하고 자기에게 순종하는 신하는 너그럽게 대하였으니, 양산군(楊山君) 양정(楊汀)은 정난(靖難)의 원훈(元勳)으로서 북변(北邊)의 진무(鎭撫)에 공로가 많았는데도 세조에게 퇴위를 희망하는 불손한 말을 한 이유로 참형에 처하고 인산군(仁山君) 홍윤성은 세력을 믿고 방자하여 제 가신(家臣)을 놓아 사람을 살해까지 했는데도 자기에게 순종한다는 이유로 처벌하지 않았다.

세조는 왕권을 정립한 뒤 지방의 병마절도사는 그 지방 출신의 등용을 억제하고 중앙의 문신으로 이를 대체시키자 이에 반감을 품은 함길도 회령 출신 이시애(李施愛)가 1467년에 지방민을 선동하여 길주에서 반란을 일으켰으나, 세조는 이 반란을 무난히 평정하고 중앙집권체제를 더욱 공고히 수립하였다.

세조는 민정에 힘을 기울여 공물대납의 금령(禁令)을 거듭 밝히고, 국민의 윤리교과서인「오륜록」(五倫錄)을 찬수하게 하였으며, 또 문화사업에는「역학계몽도해」,「주역구결」,「대명률강해」,「금강경언해」,「대장경」의 인쇄와 태조, 태종, 세종, 문종의 어제시문의 편집, 발간 등을 들 수가 있으며, 외국과의 관계는 왜인에게는 물자를 주어 그들을 무마, 회유시키고, 야인(野人:女眞族)에게는 장수를 보내어 토벌, 응징시키고, 또 명나라의 요청에 따라 건주위(建州衛)의 이만주(李滿住)를 목베어 국위를 선양하기도 하였다.

그러나 세조는 정치운영에 있어서는 신하들의 의견을 받아들이는 이른바 하의상통(下意上通)보다는, 다만 자기의 소신만을 강행하는 상명하달(上命下達)식의 방법을 택하였다.

세조는 즉위 직후에 왕권강화를 목적으로 의정부의 서사제(署事制)를 폐지하고 육조의 직계제(直啓制)를 시행하였으니, 이것은 어린 단종 때의 정치의 권한이 의정부의 대신들에게 위임된 것을 육조 직계제를 시행함으로써 왕 자신이 육조를 직접 지배하여 중신(重臣)

의 권한을 줄이는 반면, 왕권의 강화를 기도하였던 것이다.
　1456년 6월에 성삼문, 박팽년 등 사육신의 단종복위사건의 발생을 계기로 학문연구의 전당인 집현전을 폐지하고, 정치문제의 대화 토론장인 경연을 정폐시켰으니, 이런 까닭으로 국정의 건의규제기관인 대간의 기능이 약화되는 반면에, 왕명의 출납기관(出納機關)인 승정원의 기능이 강화되었던 것이다. 즉 이 시기의 승정원은 육조소관의 사무 외에 국가의 모든 중대사무의 출납도 관장하고 있었다.
　이러한 승정원 직무의 중요성에 대비하여 그 직무를 맡은 관원은 반드시 국왕의 심복으로 임명하였으니, 신숙주, 한명회, 박원형, 구치관 등 정난공신(靖難功臣)이 이 승정원에 봉직하면서 모든 국정에 참여하게 되었다.
　또 세조는 국가의 모든 정무를 이들 중신중심으로 운영하였으므로 정부의 중요관직은 자기의 심복인 대신급의 중신으로 겸무하게 하였다. 즉 외교통인 신숙주는 겸예판으로, 군사통인 한명회는 겸병판으로, 재무통인 조석문은 겸호판으로 장기간 재직, 복무하게 하였다. 또 중신들이 물러난 뒤에도 조정의 정무에 참여토록 하였다.
　이와 같이 국가의 모든 정무는 세조 자신이 직접 중신과 서로 의논, 처결하게 되니 국왕의 좌우에서 왕명을 출납하는 승지의 임무는 한층 더 중요해졌고, 따라서 승정원의 기구는 점차 강화되어 이러한 추세하에서 1468년에는 원상제(院相制)의 설치를 보게 된 것이다.
　이 원상은 왕명의 출납기관인 승정원에 세조 자신이 지명한 삼중신(신숙주, 한명회, 구치관)을 상시 출근시켜 왕세자와 함께 모든 국정을 상의, 결정하도록 한 것이니, 이는 세조가 말년에 와서 다단한 정무의 처결에 체력의 한계를 느끼게 되고, 또 후사의 장래문제도 부탁하려는 의도에서 설치한 것이라 볼 수 있다.
　그런 까닭으로 세조는 1468년 9월에 병이 위급해지자, 여러 신하들의 반대를 물리치고 왕세자에게 전위(傳位)하고는 그 이튿날에 죽었으니, 세조가 왕권의 안정에 얼마나 주의를 집중시켰는가를 알 수 있다.
　이와 같이 세조대의 정치는 그 실행면에서 하의통상보다는 상명하달에 치중하였기 때문에 정국 전체의 경색을 초래하여 사회 도처에 특권 횡행의 비리적 현상이 많이 나타나기도 하였다.
　결국, 이러한 세조의 무단강권정치는 왕권강화면에서는 일단 긍정할 수도 있지만, 정치 발전 면에서는 세종·성종의 문치·대화 정치에는 미치지 못했다.

무도와 패륜의 폭군

연산군(燕山君)
1476(성종 7) ~ 1506

악명높은 연산군은 조선의 제10대 왕이다. 성종의 아들이며 어머니는 우의정 윤호(尹壕)의 딸로 정현왕후이다.

성종에게는 정실 소생으로 뒤에 11대 왕이 된 중종이 있었으나 연산군이 세자로 책봉될 당시에는 중종이 아직 태어나기 전이었다. 원래가 무도했지만 어쩔수 없이 연산군을 세자로 삼았다 한다.

그리하여 1494년 12월에 성종의 승하와 함께 왕위에 올랐는데, 재위 12년 동안 너무도 무도한 짓을 많이 하였으므로 폐위, 교동(喬桐)에 안치되어 있다가 그해 11월에 죽었다. 15대 광해군과 함께 조선시대 두 사람의 폐주(廢主) 가운데 한 사람이며, 따라서「선원계보」에도 묘호와 능호없이 일개 왕자의 신분으로만 기록되어 있다. 그리고 그의 재위기간의 실록 역시「연산군일기」로 통칭된다. 실록 첫머리에 있는 사평(史評)도 그의 일기에서는 「……만년에는 더욱 황음하고 패악(悖惡)한 나머지 학살을 마음대로 하고, 대신들도 많이 죽여서 대간과 시종 가운데 남아난 사람이 없었다. 심지어는 포락(단근질하기)·착흉(가슴 빠개기)·촌참(토막토막 자르기)·쇄골표풍(뼈를 갈아 바람에 날리기) 등의 형벌까지 있어서……」 운운하는 말로 되어 있을 만큼 그는 조선조의 대표적인 폭군이었다.

같은 폐주라 하더라도 광해군에 대해서는 사고(史庫)의 정비라든가 성지(城池), 병고(兵庫)의 수리, 또는 대륙정책에 있어서의 현명하였던 외교정책을 들어 긍정적인 평가를 하는 수도 있지만, 연산군은 이러한 긍정적 요소가 하나도 없는 왕이었다.

왜인과 야인의 입구(入寇)를 의식한 끝에 비융사(備戎司)를 두어 병기를 만들게 하였다든가, 또는 변경지대의 사민(徙民)의 독려, 기타「국조보감」,「여지승람」등의 수정 등 치적이 없는 것은 아니지만 이런 것들은 무도하기 이를데 없던 학정에 비긴다면 보잘 것 없는 것이었다.

그런데 즉위 초에는 아직 전조(前朝)의 치평 가운데 남아 있고, 또 인재와 사림이 성한 가운데 어느 정도의 질서는 유지되고 있던 것이 사실이었다. 그러나 4년 째부터는 드디어 패악한 본성이 나타나기 시작, 5~6년 동안에 두 차례나 큰 옥사를 일으켜 많은 사류(士類)를 희생시키는 참극을 벌였다.

1498년(연산군 4년)의 무오사화와 1504년의 갑자사화가 그것이다. 이 두 사화는 물론 당대 정계의 난맥상 속에서 생겨났던 것이기도 하지만, 여기에는 또한 연산군 개인의 성품이 많이 작용하고 있었다는 점에도 문제는 있었다.

무오사화는「성종실록」편찬 때 그 사초 중 김종직(金宗直)의 조의제문(弔義帝文)이 발견됨으로써, 이에 관련되었던 사림학자들이 많이 참화를 당하였던 사건이다. 그러나 이때 그렇게 많은 사류들을 희생시키게 되었던 것은, 본래 학자들을 싫어하는 연산군의 성품을 이극돈(李克墩) 등 훈구 재상들이 교묘히 이용, 그들의 정쟁에 이용하였기 때문이기도 하였다.

그리고 갑자사화도 결국은 연산군의 사치와 향락 때문에 그토록 큰 옥사가 벌어졌던 것이라는 측면이 더 큰 비중을 가진다. 즉 그의 방탕한 생활에서 오는 재정난을 메우기 위하여 훈구 재상들의 토지를 몰수하려는 기미가 보이자, 그들은 왕의 이러한 횡포를 억제하려 하였고, 그리하여 여기에 또 한 번의 사화가 벌어졌던 것이다.

그리고 이 사화의 직접적인 구실은 생모 윤씨의 폐비사건으로 소급이 되지만, 이 역시 그의 포학한 성품과 밀접한 관계가 있었던 것을 부인할 수 없다.

어쨌든 이 두 사화의 양상은 모두가 참혹을 극했던 것으로서, 김종직의 경우는 부관참시(剖棺斬屍)하였고, 폐비 당시의 두 숙의(淑儀)는 타살을 하였으며, 할머니인 인수대비(仁粹大妃)도 구타, 치사하게 하였고, 기타 윤필상, 김굉필 등의 사형을 필두로, 한명회, 정여창도 모두 부관참시를 당하는 등 패륜과 무도함이 극한 사건이었던 것이다.

학자에 따라서는 그가 그토록 광포하고 난잡스런 성품을 가지게 된 동기를 주로 생모를 잃었던 사실에서 찾으려는 경향도 없지는 않다. 그러나 비교적 체통을 유지하고 있는 실록「연산군일기」에서도, 그는 원래 시기심이 많고 모진 성품을 가지고 있었으며, 또 자질이 총명하지 못한 위인이어서 문리(文理)에 어둡고 사무능력도 없던 사람으로 서술되어 있다.

그리하여 당시의 정계와 연산군과의 사이에는 부지불식간에 갈등이 일어났고, 여기서 그는 문신들의 직간(直諫)을 귀찮게 여긴 끝에 경연과 사간원·홍문관 등을 없애버리고, 정언 등의 언관도 혁파 또는 감원을 하였으며, 기타 온갖 상소와 상언·격고 등 여론과 관련되는 제도들을 모두 중단시켜버렸다.

당시로서는 가장 패륜스러운 일로 생각되던, 이른바「이일역월제(以日易月制)」라는 단상제(短喪制)를 단행한 일도 있었다. 뿐만 아니라 성균관·원각사 등을 주색장으로 만들고 선종(禪宗)의 본산인 홍천사(興天寺)도 마굿간으로 바꾸며, 민간의 국문투서사건을 계기로 한글의 사용을 엄금한 일이 있고, 기타 이러한 조치들과 관련되었던 이야기들이 무수히 많다.

어쨌든 이러한 상황속에서 민심은 소란해지기 시작했고, 마침내 1506년(연산군 12년) 9월 성희안, 박원종, 유순정 등의 주동으로 연산군 폐출운동이 일어남과 함께 성종의 둘째 아들 진성대군(晋城大君)이 옹립되니 이것이 곧 중종반정이었다.

연산군의 묘는 양주군 해등촌(海等村:지금의 도봉구 방학동)에 있는데「연산군지묘」라는 석물 이외는 아무런 장식이 없다.

조선의 개국공신

정도전(鄭道傳)
? ~ 1398(태조 7)

고려말에서 조선초에 이르기까지 정치가이며 학자였던 정도전의 본관은 봉화(奉化), 호는 삼봉(三峰), 봉화호장 공미(公美)의 고손자이며 형부상서 운경(云敬)의 맏아들이다. 출생지는 충청도 단양 삼봉(三峰)이다.

그는 아버지와 이곡(李穀)의 교우관계가 인연이 되어, 이곡의 아들 색(穡)의 문하에서 수학하였다.

1360년(공민왕 9년)에 성균시에 합격하고 2년 후에 진사시에 합격하여 벼슬길에 들어섰다.

1370년에 성균관의 박사로 있으면서 정몽주 등 교관과 매일같이 명륜당에서 성리학을 수업, 강론하였으며 이듬해 태상박사(太常博士)에 임명되고 5년간 전선(銓選)을 관장하였다.

1375년(우왕 1년)에 권신 이인임(李仁任), 경복흥(慶復興) 등의 친원배명정책에 반대하여 북원(北元) 사신을 맞이하는 문제로 권신세력과 맞서다가 전라도 나주목 회진현(會津縣) 관하의 거평부곡(居平部曲)에 유배되었다.

1377년에 풀려나서 4년간 고향에 있다가 삼각산(三角山) 밑에 초막을 짓고 후학을 가르쳤으나, 향인(鄕人) 재상이 서재를 철거하여 부평으로 이사하였고, 그곳에서도 다시 김포로 이사하였다.

1383년 9년간에 걸친 유배, 유랑생활을 청산하고, 당시 동북면도지휘사로 있던 이성계를 찾아 합주 막사에 가서 그와 인연을 맺기 시작하였다.

1384년에 전교부령(典校副令)으로서 성절사 정몽주의 서장관이 되어 명나라에 다녀와서 다음해 성균좨주, 지제교, 남양부사를 역임하고, 이성계의 천거로 성균관대사성으로 승진하였다.

1388년 6월에 위화도회군으로 이성계일파가 실권을 장악하자 밀직부사로 승진하여 조준(趙浚) 등과 함께 전제개혁안을 적극 건의하고, 조민수(曺敏修) 등 구세력을 제거하여 조선 건국의 기초를 닦았다.

1391년에 병권을 장악한 뒤 구세력의 탄핵으로 봉화에 유배되었다가 이듬해 봄 이성계가 해주에서 사냥중에 낙마한 사건을 계기로 고려왕조를 옹호하던 정몽주, 김진양(金震陽), 서견(徐甄) 등의 탄핵을 받아 보주(甫州:지금의 예천)의 감옥에 투옥되었다. 이유는 「가풍이 부정(不正)하고 파계(派系)가 불명(不明)하다」든가 「천지(賤地)에서 기신(起身)하여 당사(堂司)의 자리에 몰래 앉아 무수한 죄를 지었다」는 것으로, 특히 정도전의 신분적 약점이 많이 거론되었다. 그러나 정몽주가 이방원(李芳遠) 일파에 의하여 격살당하자 유배에서 풀려나와, 같은해 7월에 조준, 남은(南誾) 등 50여 명과 함께 이성계를 추대하여 조선왕조 개창의 주역을 담당하였다.

조선왕조 개국 후 개국 1등 공신으로 요직을 맡아 정권과 병권을 한 몸에 안았다.

같은해 겨울에 시은 겸 정조사로서 두번째로 명나라에 다녀왔다. 1393년(태조 2년)에 문덕곡(文德曲), 몽금척(蒙金尺), 수보록(受寶錄) 등 3편의 악사(樂詞)를 지어 바쳐 이성계의 창업을 찬송하였으며, 문하시랑찬성사로서 동북면도안무사(東北面都安撫使)가 되어 동북면 개척에도 힘을 기울였다.

1394년 정월에 재정 및 지방병권에 대한 지배권을 장악하였다. 같은 해 6월「조선경국전」을 찬진하고 이 해에「심기리편」3편을 저술하였으며, 한양 천도를 계획, 실천하여 수도 경영에 주동적으로 참여하였다.

1395년에 정총 등과 더불어「고려국사」37권을 찬진하고,「감사요약」을 저술하여 전라도관찰사 이무(李茂)에게 주었으며,「경제문감」을 저술하여 재상·대간·수령·무관의 직책을 밝혔다.

1396년에 이른바 표전문(表箋文) 문제가 일어나 명나라가 이를 트집삼아 내정을 간섭하자, 전부터 추진해오던 요동(遼東) 수복운동에 박차를 가하여 군량미확보, 진법훈련(陣法訓鍊), 사병혁파를 적극 추진하였다.

1397년에 「경제문감별집」을 저술하여 군도(君道)를 밝히고, 12월에 동북면도선무순찰사가 되어 군현의 지계(地界)를 획정하고 성보(城堡)를 수선하며 참호(站戶)를 설치하였다.

1398년에 권근(權近)과 더불어 성균관제조가 되어 4품 이하의 유사(儒士)들에게 경사(經史)를 강습시키고, 여름에 「불씨잡변」을 저술하여 배불숭유(排佛崇儒)의 이론적 기초를 확립하였다. 9월에 진법훈련을 강화하면서 요동 수복계획을 추진하던 중 이방원의 기습을 받아 희생되었다.

죄명은 세자 방석(芳碩)에 당부(黨附)하여 종사를 위태롭게 하였다는 것이었다. 이를 공소난(恭昭難)·무인난(戊寅難) 혹은 제1차 왕자의 난이라고 한다.

그는 문인이면서도 동시에 무(武)를 겸비하였고, 성격이 호방하여 혁명가적 소질을 지녔으며, 천자(天資)가 총민하여 어려서부터 학문을 좋아하고 군서(群書)를 박람하여 의론(議論)이 정연하였다 한다.

그는 개국과정에서의 자신의 위치를 한(漢)나라 장량(張良)에 비유하면서, 한고조(漢高組:劉邦)가 장량을 이용한 것이 아니라, 장량이 한고조를 이용하였다고 하면서 실질적인 개국의 주역은 자신이라고 믿었다.

그는 아버지로부터 노약노비(老弱奴婢) 약간명을 상속받았을 뿐이며, 오랫동안 유배·유랑 생활을 보내면서 곤궁에 시달렸다. 더욱이, 그의 부계혈통은 향리(鄕吏)의 후예로서 아버지 때에 이르러 비로소 중앙관료의 벼슬다운 벼슬을 하였을 뿐이며, 어머니와 아내가 모두 연안차씨(延安車氏) 공윤(公胤)의 외예얼속(外裔孼屬)이었으며, 특히 모계에 노비의 피가 섞여 있었다.

이러한 혈통 때문에 구가세족이나 명분을 중요시하는 성리학자들로부터 백안시당하는 경우가 많았고, 조선시대에 들어와서도 3노가(奴家)의 하나로 세인의 평을 얻게 되었다.

그와 건국사업을 함께 한 조영규(趙英珪)·함부림(咸傅霖) 등 개국공신과 태종 때의 하륜(河崙) 역시 연안차씨의 외척 얼손(孼孫)으로서, 조선왕조 개국에는 신분적 하자가 큰 인물들이 적극적이었음을 알 수 있다.
　그가 청·장년의 시기를 맞았던 고려 말기는 밖으로 왜구·홍건적의 침구로 국내가 어수선하였고, 안으로는 구가세족의 횡포로 정치기강이 무너지고 민생이 곤핍하였다.
　이러한 시기에 9년간의 시련에 찬 유배·유랑 생활은 그로 하여금 애국적이며 애민적인 의식을 깊게 만들었으며, 그의 역성혁명운동은 이러한 개혁의지에서 비롯된 것으로 이해된다.
　그의 개혁운동이나 그에 수반된 왕조건국사업은 단순한 정치적 실천운동으로서만 의미가 있는 것이 아니라, 그것을 이론적으로 뒷받침하고 제도로써 정착시켜 사상·제도상으로 조선왕조의 기초를 놓았다는 점에서 중요한 의미가 발견된다.
　저서로는 「고려국사」 등 유배시절과 삼각산 부평, 김포, 영주 등지에서의 방랑시절에 쓴 수많은 시문들이 있다. 금남잡영(錦南雜詠)과 금남잡제(錦南雜題)는 특히 유배시절의 시문을 모은 것으로 그의 시련기의 사상을 살피는데 좋은 자료가 되는 동시에, 당시의 부곡(部曲)의 실상을 이해하는 연구자료로서도 중요한 가치가 있다.
　삼봉집은 1397년(태조 6년)에 처음 발행되고 1487년(성종 18년)에 누락된 것을 수습하여 간행했는데 이것이 오늘날 전해진다.
　시호는 문헌(文憲)이다.

청백리의 사표

황희(黃喜)
1363(공민왕 12) ~ 1452(문종 2)

조선 초기의 덕망 높은 문신이다. 본관은 장수(長水)이고 호는 방촌(厖村)이며 개성 가조리(可助里)에서 출생했다.

1376년(고려 우왕 2년) 음보로 보안궁녹사가 되었고, 1383년 사마시, 1385년에는 진사시, 1389년에는 문과에 각각 급제하고, 1390년(공양왕 2년)에 성균관학록에 제수되었다.

1392년 고려가 망하자 두문동(杜門洞)에 은거하였는데, 1394년(태조 3년) 조정의 요청과 두문동 동료들의 천거로 성균관학관으로 제수되면서 세자우정자(世子右正字)를 겸임하였다.

이후 직예문춘추관·감찰을 역임하였다. 1398년 문하부우습유(門下府右拾遺) 재직중 언관으로서 사사로이 국사를 논의하였다고 문책되어 경원교수(慶源敎授)로 편출되었다가, 1398년(정종 즉위년) 우습유로 소환되었다.

이듬해초 언사로 파직되었다가 그해 2월경 문하부우보궐에 복직되고, 또다시 언사로 파직되었으나, 곧 경기도도사(京畿道都事)를 거쳐 내직으로 소환, 형조·예조·이조·병조의 정랑을 역임하였다.

1401년(태종 1년)경 지신사(知申事) 박석명(朴錫命)이 태종에게 천거하여 도평의사사경력(都平議使司經歷)에 발탁되었다. 이어 병조의랑에 체직되었다가 1402년 아버지의 상으로 사직하였으나, 그해 겨울 군기(軍機)를 관장하는 승추부경력에 제수되었다.

1404년 우사간대부를 거쳐, 곧 승정원좌부대인에 오르고 이듬해 박석명의 후임으로 승정원지신사에 발탁되었다.

1409년 참지의정부사로 승천(陞遷)되고, 형조판서를 거쳐 이듬해 지의정부사(知議政府事)·대사헌을 지냈으며, 1411년 병조판서, 1413년 예조판서를 역임하고, 이듬해 질병으로 사직하였다가 다시 예조판서가 되었다.

1415년 이조판서가 되고 이어 송사(訟事) 처리로 인한 육조에의 문책과 함께 파직되었다가 그해 행랑도감제조(行廊都監提調)에 복위되었다. 이어 참찬·호조판서를 역임하고, 1416년 세자(讓寧大君)의 실행(失行)을 옹호하다가 파직되었다가 다시 공조판서가 되고, 평안도도순문사 겸 평양윤, 1418년 판한성부사가 되었다.

이해 세자 폐출의 불가함을 극간하다가 태종의 진노를 사서 교하(交河)로 유배되고, 곧 남원부에 이치(移置)되었다. 세종의 치세가 진행됨과 아울러 상왕(上王:태종)의 노여움이 풀리면서 1422년(세종 4년) 남원으로 소환되고, 직첩과 과전을 환급받고 참찬으로 복직되었다.

1423년 예조판서에 이어 기근이 만연된 강원도에 관찰사로 파견되어 구휼하고, 판우군도총제(判右軍都摠制)에 제수되면서 강원도 관찰사를 계속 겸대하였다.

1424년 찬성, 이듬해 대사헌을 겸대하고, 1426년 이조판서·우의정에 발탁되면서 판병조사를 겸대하였다.

좌의정 겸 판이조사로 있다가 어머니의 상으로 사직하고 기복되어 다시 좌의정이 된 뒤 평안도도체찰사로 파견되어 약산성기(藥山城基)를 답사하고, 약산이 요충지라 하여 영변대도호부를 설치한 뒤 평안도도절제사의 본영으로 삼게 하였다.

1430년 좌의정으로서 감목(監牧)을 잘못하여 국마(國馬) 1,000여 필을 죽여 사헌부에 구금된 태석균(太石鈞)의 일에 개입하여「가볍게 다스려 달라」고 건의하다가「일국의 대신이 죄를 다스리는 데까지 개입함은 사리에 맞지 않을 뿐더러, 대신이 사헌부에 개입하는 관례를 남기게 되니 엄히 다스려야 한다」는 사헌부의 탄핵을 받아 파직된 뒤, 한 때 파주 반구정(伴鷗亭)에 은거하였다.

1431년 복직되어 영의정부사에 오른 뒤 1449년 치사하기까지 18년 동안 국정을 통리(統理)하였으며, 치사한 뒤에도 중대사는 세종의 자문에 응하는 등 영향력을 발휘하였다.

성품이 너그럽고 어질며 침착하고 사리가 깊었으며, 청렴하고 충효가 지극하였다. 학문에 힘써 높은 학덕을 쌓았으므로 태종으로부터「공신은 아니지만 나는 공신으로서 대우하였고, 하루라도 접견하지 못하면 반드시 불러서 접견하였으며, 하루라도 좌우를 떠나지 못하게 하였다」할 정도로 두터운 신임을 받았다.

그는 농사개량에 유의하여 곡식 종자를 배급하고, 각 도에 명령하여 뽕나무를 많이 심어 의생활을 풍족하게 하였으며, 종래 원집(元集)과 속집(續集)으로 나누어져 내용이 중복되고 누락되거나 현실과 괴리되는 것을 수정, 보완하여「경제육전(經濟六典)」을 펴냈다.

한편, 국방문제에 특히 관심을 기울여 북방 야인과 남방 왜에 대한 방비책을 강구하였으며, 예법의 확정(廓正)에 노력하여 원나라의 영향이 지대한 고려의 예법을 명나라의 예법과 조선의 현실을 참작하여 개정, 보완하였다.

또한 인권에 유의하여 천첩(賤妾) 소생의 천역(賤役)을 면제하는 등 태종대의 국가기반을 확립하는데 공헌하였다.

세종대에는 그간에 거친 육조정랑・승지・육조판서 등의 역임을 통하여 국정 전반에 걸쳐 광범위하고 깊이 있는 경험과 식견 및 세종의 신임을 배경으로 20여년 동안 국정을 총리하는 의정부의 최고 관직인 영의정부사로서 내외의 중심(衆心)을 진정시키면서 4군 6진의 개척, 외교와 문물제도의 정비, 집현전을 중심한 문물의 진흥 등을 지휘 감독하였다.

특히 세종 말기에 세종의 숭불과 연관하여 궁중 안에 설치된 내불당(內佛堂)을 두고 일어난 세종과 유학자 중신간의 마찰을 중화시키는 등 왕을 보좌하여 세종시대의 성세를 이룩하는데 크게 기여했다.

따라서 조성왕조를 통하여 가장 명망있는 재상으로 칭송되었다.

1452년(문종 2년) 세종묘에 배향되고 1455년(세조 1년) 아들 수신(守身)이 좌익공신(佐翼功臣)에 책록되면서 순충보조공신 남원부원군으로 추증되었다.

상주의 옥동서원(玉洞書院)과 장수의 창계서원(滄溪書院)에 제향되고 파주의 반구정에 영정이 봉안되었다.

저서로는「방촌집」이 있으며 시호는 익성(翼成)이다.

반체제 무저항의 괴로운 삶

김시습(金時習)
1435(세종 17) ~ 1493(성종 24)

조선 초기 학자이며 문인인 김시습은 생육신의 한 사람으로 더 알려진 인물이다. 자는 열경(悅卿)이고 호는 매월당(梅月堂), 법호는 설잠(雪岑)이다.

그의 선대는 신라 알지왕의 후예인 원성왕의 아우 주원(周元)의 후손으로 알려져 있다.

김시습은 서울 성균관 부근에서 태어났는데 생지지질(生知之質)이 있었다 할만큼 천품이 영민했다 한다.

5세에 이미 그가 신동(神童)이라는 소문이 당시의 국왕인 세종에게까지 알려져 장래에 자못 크게 쓰겠노라는 전지까지 받았다 한다. 그뒤 13세까지 수찬(修撰) 이계전(李季甸), 성균관대사성 김반(金泮), 별동(別洞)의 윤상(尹祥) 등으로부터 사서삼경을 비롯한 각종 사서(史書)와 제자서(諸子書)를 배우고 익혔다.

15세에 어머니 장씨를 여의자 외가의 농장 곁에 있는 어머니의 무덤 옆에서 여막을 짓고 3년상을 치렀다. 그러나 3년상이 끝나기도 전에 그를 돌보아주던 외숙모가 죽고 아버지는 병이 들어 계모를 맞아 들였다.

이무렵 그는 훈련원도정(訓練院都正) 남효례(南孝禮)의 딸과 혼인한 후 삼각산(三角山) 중흥사(重興寺)로 들어가 공부를 계속하였다.

21세 때 수양대군(首陽大君)의 왕위찬탈 소식을 듣고, 보던 책들을 모두 모아 불사른 뒤 스스로 머리를 깎고 산사를 떠나 전국 각지를 유랑하였다. 김시습은 이때까지 사부학당(四部學堂)에 입학하지도 않고 과거에도 응시하지 않았는데 본시 벼슬길에 뜻이 없었거나 아니면 문지(門地)로 보아 그의 할아버지나 아버지가 무인(武人)이었던 까닭에 사회적 진출이 어려울 것이라는 판단이 작용한듯하다.

송도(松都)를 기점으로 관서지방을 유랑하여, 당시에 지은 글을 모아 24세인 1458년(세조 4년)에「탕유관서록(宕遊關西錄)」을 엮었는데, 그 후지(後識)에 방랑을 시작한 동기를「나는 어려서부터 성격이 질탕하여 명리(名利)를 즐겨하지 않고 생업을 돌보지 아니하여, 다만 청빈하게 뜻을 지키는 것이 포부였다. 본디 산수를 찾아 방랑하고자 하여, 좋은 경치를 만나면 이를 시로 읊조리며 즐기기를 친구들에게 자랑하곤 하였지만, 문장으로 관직에 오르기를 생각해보지는 않았다. 하루는 홀연히 감개한 일(세조의 왕위찬탈)을 당하여 남아가 이 세상에 태어나서 도(道)를 행할 수 있는데도 몸을 깨끗이 보전하여 윤강(倫綱)을 어지럽히는 것은 부끄러운 일이며, 도를 행할 수 없는 경우에는 홀로 그 몸이라도 지키는 것이 옳다고 생각하였다」고 적었다.

계속하여 관동지방을 유람하며, 금강산·오대산 및 관동팔경을 돌아보고 지은 글을 모아 1460년「탕유관동록」을 엮었다.

이후는 주로 삼남지방을 유랑하며, 얻은 것을 모아 1463년에「탕유호남록」을 엮었다.

그해 가을 서울에 책을 구하러 갔다가 효녕대군(孝寧大君)의 권유로 세조의 불경언해사업(佛經諺解事業)에 참가하여 내불당에서 교정(校正)일을 맡아보기도 하였다. 그러나 평소에 경멸하던 정창손(鄭昌孫)이 영의정이고, 김수온(金守溫)이 공조판서로 봉직하고 있는 현실을 저주하여 다시 31세 때인 1465년 봄에 경주로 내려가 금오산(金鰲山)에 금오산실을 짓고 칩거하였다. 그러나 그해 다시 효녕대군의 추천으로 원각사의 낙성회(落成會)에서 찬시(讚詩)를 바친 점 등으로 미루어 세조 개인에 대해서는 그렇게 노골적인 반감이나 불만을 가지지 않았던 것 같다. 그가 머물렀던 금오산실은 바로 용장사(茸長寺)이며, 그 집의 당호가「매월당」이다.

이곳에서 31세 때부터 37세에 이르는 황금기를 보내면서 우리나라 최초의 한문소설로 불리는「금오신화」를 비롯한 수많은 시편들을「유금오록(遊金鰲錄)」에 남겼다. 집구시(集句詩)인「산거백영」도 이때(1468)에 지은 작품이다.

그동안 세조와 예종이 바뀌고 성종이 왕위에 오르자 1471년(성종 2년) 37세에 서울로 올라와 이듬해 성동(城東) 폭천정사(瀑泉精舍), 수락산 수락정사(水落精舍) 등지에서 10여 년을 생활하였으나 자세한 것은 알 수 없다.

1481년 47세에 돌연 머리를 기르고 고기를 먹으며, 안씨(安氏)를 아내로 맞아들여 환속하는 듯하였으나, 이듬해 폐비윤씨사건이 일어나자, 다시 관동지방 등지로 방랑의 길에 나섰다. 당시 양양부사(襄陽府使)였던 유자한(柳自漢)과 교분이 깊어 서신왕래가 많았으며, 한 곳에 오래 머물지 않고 강릉, 양양, 설악 등지를 두루 여행하였다. 이때 그는 육경자사(六經子史)로 지방청년들을 가르치기도 하고 시와 문장을 벗삼아 유유자적한 생활을 보냈는데, 「관동일록(關東日錄)」에 있는 100여 편의 시들은 이 기간에 쓰여진 것이다.

10대에는 학업에 전념하였고, 20대에 소오산수(嘯傲山水)하며 천하를 돌아다녔으며, 30대에는 고독한 영혼을 이끌고 정사수도(靜思修道)로 인생의 터전을 닦았고, 40대에는 더럽고 가증스러운 현실을 냉철히 비판하고 행동으로 항거하다가 50대에 이르러서는 초연히 낡은 허울을 벗어버리고 정처없이 떠돌아다니다가 마지막으로 찾아든 곳이 충청도 홍산(鴻山) 무량사(無量寺)였다.

이곳에서 59세의 나이로 병사하였다. 죽을 때 화장하지 말 것을 유언하여 절 옆에 시신을 안치해 두었는데, 3년 후에 장사를 지내려고 관을 열어보니 안색이 생시와 같았으므로 사람들은 그가 부처가 된 것이라 믿었다.

유해는 불교식으로 다비(茶毗)를 하여 유골을 모아 부도(浮圖)에 안치하였다.

그는 생시에 이미 노소(老少) 2상(二像)을 손수 그리고 스스로 찬(贊)까지 붙여 절에 남겨두었다고 하나, 현재는 「매월당집」(신활자본)에 「동봉자화진상(東峯自畫眞像)」이 인쇄되어 전한다.

그밖에 작자 미상인 김시습의 초상화가 무량사에 소장되어 있다. 시호는 청간(淸簡)이다.

義를 위해 살신한 忠節

성삼문(成三問)
1418(태종 18) ~ 1456(세조 2)

조선 초기의 문신으로 사육신(死六臣)의 한 사람이다. 본관은 창령이고 자는 근보(謹甫), 호를 매죽헌(梅竹軒)이라 한다. 충남 홍성 출신으로 아버지는 도총관 승(勝)이며 어머니는 현감 박첨의 딸이다.

1438년(세종 20년)에 식년문과에 정과로 급제하고, 1447년에 문과중시에 장원으로 급제하였다. 집현전학사로 뽑혀 세종의 지극한 총애를 받으면서 수찬(修撰)·직집현전(直集賢殿)으로 올라갔다.

1442년에 사가독서(賜暇讀書)를 하였고, 세종의 명에 따라 「예기대문언독(禮記大文諺讀)」을 펴냈다.

세종이 훈민정음 28자를 만들 때에 정인지, 최항, 박팽년, 신숙주, 이개 등과 함께 이를 도왔으며, 특히 신숙주와 같이 명나라 요동을 여러 번 왕래하면서, 그곳에 유배중인 명나라의 한림학사 황찬을 만나 음운(音韻)을 질문하고 한글창제에 도움을 얻었다.

또한 명나라 사신을 따라 명나라에 가서 음운과 교장(敎場)의 제도를 연구해 와서 1446년 10월 9일에 역사적인 훈민정음을 반포하는 데 크게 공헌하였다.

1453년(단종 1년) 좌사간으로 있을 때에 수양대군이 계유정난을 일으켜 황보인, 김종서 등을 죽이고 스스로 정권과 병권을 잡으면서 그 추종자들과 함께 그에게 내린 정난공신(靖難功臣) 3등의 칭호를 사양하는 상소를 올렸다.

1454년에 집현전부제학이 되고, 이어서 예조참의를 거쳐, 1455년에 예방승지가 되었다.

그해 세조가 어린 조카인 단종을 위협, 선위(禪位)를 강요할 때에 그가 국새(國璽)를 끌어안고 통곡을 하니 세조가 그를 차갑게 노려보았다. 그는 아버지 승의 은밀한 지시에 따라, 박중림, 박팽년, 유응부, 허조, 권자신, 이개, 유성원 등을 포섭해서 단종복위운동을 계획하면서 거사의 기회를 엿보고 있었다.

그러던 중 1456년(세조 2년) 6월 1일에 세조가 상왕인 단종과 함께 창덕궁에서 명나라 사신을 위한 잔치를 열기로 하자, 그날을 거사일로 정하였다.

그는 거사일 전날에 집현전에서 비밀회의를 열고 그의 아버지 승과 유응부, 박쟁 등 무신들에게는 운검(雲劒)으로 세조의 뒤에 섰다가 세조와 윤사로, 권람, 한명회를, 병조정랑 윤영손에게는 신숙주를 각각 제거하도록 분담을 시켰다.

그 나머지 중신들은 여러 무사들이 나누어 제거하기로 정하였다. 그리고 김질에게는 그의 장인인 정창손으로 하여금 상왕복위를 주장하도록 설득하라 하였다.

그러나 당일 아침에 갑자기 연회장소가 좁다는 이유로 운검의 시립이 폐지되자 그날의 거사는 관가(觀稼) 때로 미루어졌다.

거사에 차질이 생기자 함께 모의했던 김질이 그의 장인 정창손과 함께 세조에게 밀고를 하였으므로 모의자들이 모두 잡혀갔다.

그는 세조를 가리켜 진사(進賜:종친에 대한 호칭)라 호칭하고 떳떳하게 모의사실을 쌓아두었으니 모두 가져가라 하였다.

그는 모진 고문을 당하였으나 조금도 굴하지 않으면서 세조의 불의를 나무라고 또한 신숙주에게도 세종과 문종의 당부를 배신한 불충을 크게 꾸짖었다.

격노한 세조가 무사를 시켜 쇠를 달구어 그의 다리를 태우고 팔을 잘라냈으나 그는 안색도 변하지 않았다. 그러면서도 그 사건에 연루되어 문초를 받고 있던 강희안(姜希顔)을 변호해주어 죽음을 면하게 하였다.

그달 8일에 아버지 승과 이개, 하위지, 박중림, 김문기, 유응부, 박쟁 등과 함께 군기감 앞에서 능지처사를 당하였다.

그때 동생 삼빙, 삼고, 삼성과 아들 맹첨, 맹년, 맹종 및 갓난아이까지 모두 죽음을 당하여 혈손이 끊겼다.

그가 형을 당한 뒤 그의 집을 살펴보니 세조가 준 녹이 고스란히

쌓여 있었을 뿐 가재라고는 아무것도 없었으며, 방바닥에 거적자리가 깔려 있을 뿐이었다.

그는 조선시대의 대표적인 절신(節臣)으로서 오늘에 이르기까지 국민들의 숭앙의 대상이 되고 있는 사육신의 한 사람일 뿐 아니라, 타고난 자질이 준수하고 문명이 높았으며, 조정의 경연(經筵)과 문한(文翰)을 도맡아 처리하였다.

또한 그가 세종의 훈민정음 창제에 크게 공헌한 것은 민족문화의 차원에서도 그의 높은 절의에 뒤지지 않은 큰 업적이라 할 수 있다.

뒷날 남효온이 「추강집(秋江集)」의 육신전에 대의를 위하여 흔연히 죽음의 길을 택한 그의 높은 절의를 기록하여 후세에 전하고 있다.

1691년(숙종 17년), 신원(伸寃)되고 1758년(영조 34년) 이조판서에 추증되었다.

1791년(정조 15년) 단종충신어정배식록에 올랐다.

그의 묘는 서울 노량진 사육신 묘역에 있으나 그의 일지(一支)를 묻었다는 묘가 충남 은진에도 있다.

장릉(莊陵:단종의 능) 충신단(忠臣壇)에 배향되었으며, 영월의 창절사(彰節祀), 서울 노량진의 의절사(義節祠), 공주 동학사의 숙모전에 제향되었다.

시호는 충문(忠文)이며 저서로는 「매죽헌집」이 있다.

조선 전기 학문의 집대성

서거정(徐居正)
1420(세종 21) ~ 1488(성종 19)

서거정은 조선 초기의 학자이며 문신으로 달성서씨이고 호를 사가정(四佳亭) 혹은 정정정(亭亭亭)이라고 했다. 증조부는 호조전서 의(義)이고 아버지는 목사(牧使) 미성(彌性)이며 어머니는 권근의 딸이다.

조수(趙須), 유방선(柳方善)한테서 배웠는데 학문이 매우 넓어서 천문, 지리, 의약, 복서(卜筮), 성명(性命), 풍수에까지 관통하였으며, 문장에 일가를 이루고, 특히 시(詩)에 능하였다.

1438년(세종 20년) 생원, 진사 양시에 합격하고, 1444년 식년문과에 을과로 급제하여 사재감직장(司宰監直長)에 제수되었다. 그뒤 집현전박사, 경연사경이 되고, 1447년 부수찬(副修撰)으로 지제교 겸 세자우정자로 승진하였으며, 1451년(문종 1년) 부교리에 올랐다.

다음해 수양대군을 따라 명나라에 종사관으로 다녀왔으며, 1455년(세조 즉위년) 세자우필선(世子右弼善)이 되고, 1456년 집현전이 혁파되자 성균사예(成均司藝)로 옮겼다.

일찌기 조맹부의「적벽부」글자를 모아서 칠언절구 16수를 지었는데, 매우 청려하여 세조가 이를 보고 감탄하였다 한다.

1457년 문과중시에 병과로 급제하여 우사간, 지제교에서 초수(招授)되었다.

1458년 정시(庭試)에서 우등하여 공조참의, 지제교에 올랐다가 곧이어 예조참의로 옮겼다.

세조의 명으로「오행총괄」을 저술하였다.

1460년 이조참의로 옮기고, 사은사(謝恩使)로서 중국에 갔을 때 통주관(通州館)에서 안남사신(安南使臣)을 만나 시재(詩才)를 겨루어 탄복을 받았으며, 요동인 구제(丘霽)는 그의 초고를 보고 감탄하였다 한다.

1465년에 예문관제학, 중추부동지사를 거쳐, 다음해 발영시(拔英試)에 합격하여 예조참판이 되고, 이어 등준시(登俊試)에 3등으로 합격하여 행동지중추부사에 특가(特加)되었으며, 「경국대전」 찬수에 참가하였다.

1467년 형조판서로서 예문관대제학, 성균관지사를 겸하여 문형(文衡)을 관장하였으며 국가의 전책(典冊)과 사명(詞命)이 모두 그의 손에서 나왔다.

1470년(성종 1년) 좌참찬이 되었고, 1471년 순성명량좌리공신 3등에 녹훈되고 달성군(達城君)에 봉하여졌다.

1474년 다시 군(君)에 봉하여지고 좌참찬에 복배되었다.

1476년 원접사(遠接使)가 되어 중국사신을 맞이하였는데, 수창(酬唱)을 잘하여 기재(奇才)라는 칭송을 받았다.

이해 우찬성에 오르고, 「삼국사절요」를 공편하였으며, 1477년 달성군에 다시 봉해지고 도총관을 겸하였다.

다음해 대제학을 겸직하였고, 곧이어 한성부판윤에 제수되었다. 이해 「동문선」 130권을 신찬하였다.

1479년 이조판서가 되어 송나라제도에 의거하여 문과의 관시(館試), 한성시(漢城試), 향시(鄕試)에 일곱 번 합격한 자를 서용하는 법을 세웠다.

1480년 오자(吳子)를 주석하고 「역대연표(歷代年表)」를 찬진하였다.

1481년 「신찬 동국여지승람」 50권을 찬진하고 병조판서가 되었으며, 1483년 좌찬성에 제수되었다.

1485년 세자이사(世子貳師)를 겸하였으며, 이해 「동국통감」 57권을 완성하여 바쳤다.

1486년 「필원잡기」를 저술하여 사관(史官)의 결락을 보충하였다.

1487년 왕세자가 입학하자 박사가 되어 논어를 강하였으며, 다음해 죽었다.

여섯 왕을 섬겨 45년간 조정에 봉사, 23년간 문형을 관장하고, 23차에 걸쳐 과거시험을 관장하여 많은 인재를 뽑았다.

그의 저술로는 시문집으로 「사가집」(四佳集)이 전하며, 공동찬집으로 「동국통감」, 「동국여지승람」, 「동문선」, 「경국대전」, 「연주시격언해」가 있고, 개인저술로서 「역대연표」, 「동인시화」, 「태평한화골계전」, 「필원잡기」, 「동인시문」 등이 있다.

조선 초기 세종에서 성종대까지 문병(文柄)을 장악하였던 핵심적 학자의 한 사람으로서 그의 학풍과 사상은 이른바 15세기 관학(官學)의 분위기를 대변하는 동시에 정치적으로는 훈신(勳臣)의 입장을 반영하였다.

그의 한문학에 대한 입장은 「동문선」에 잘 나타나 있는데, 그는 우리나라 한문학의 독자성을 내세우면서 우리나라 역대 한문학의 정수를 모은 「동문선」을 편찬하였으며, 그의 한문학 자체가 그러한 입장에서 형성되어 자기 개성을 뚜렷이 가졌던 것이다.

또한 그의 역사의식을 반영하는 것으로는 「삼국사절요」, 「동국여지승람」, 「동국통감」에 실린 그의 서문과 「필원잡기」에 실린 내용이다.

「삼국사절요」의 서문에서는 고구려, 백제, 신라 삼국의 세력이 서로 대등하다는 이른바 삼국균적(三國均敵)을 내세우고 있다.

「동국여지승람」의 서문에서는 우리나라가 단군(檀君)이 조국(肇國)하고, 기자(箕子)가 수봉(受封)한 이래로 삼국, 고려시대에 넓은 강역을 차지하였음을 자랑하고 있다.

「동국여지승람」은 이러한 영토에 대한 자부심과 역사전통에 대한 신뢰를 바탕으로 하여 중국의 「방여승람」이나 「대명일통지」(大明一統志)와 맞먹는 우리나라 독자의 지리지로 편찬된 것이다.

이와같이 그가 주동하여 편찬된 사서, 지리서, 문학서 등은 전반적으로 왕명에 의해서 사림인사의 참여하에 개찬되었다.

그런데 그가 많은 문화적 업적은 남겼으면서도 성종이나 사림들과 전적으로 투합된 인물은 아니었던 것으로 믿어진다.

現實安住로 영예를 누린 재상

신숙주(申叔舟)
1417(태종 17) ~ 1475(성종 6)

조선 초기의 문신으로 널리 알려진 신숙주는 1438년(세종 20년) 사마 양시에 합격하여 동시에 생원, 진사가 되었다.

본래 본관은 고령이며 호를 희현당(希賢堂) 또는 보한재(保閑齋)라 했다.

1439년에 친시문과에 을과로 급제하여 전농시직장(典農寺直長)이 되고 1441년에는 집현전 부수찬을 역임했다.

1442년 국가에서 일본으로 사신을 보내게 되자 서장관으로 뽑혔다.

훈민정음을 창제할 때 참가하여 공적을 많이 쌓았다. 중국음을 훈민정음인 한글로 표기하기 위하여 왕명으로 성삼문과 함께 유배중이던 명나라 한림학사 황찬의 도움을 얻으러 요동을 열 세 차례나 내왕하였는데 언어학자인 황찬은 그의 뛰어난 이해력에 감탄하였다고 한다.

1447년 중시문과에 을과로 급제하여 집현전 응교가 되고, 1451년(문종 1년)에는 명나라 사신 예겸(倪謙) 등이 당도하자 왕명으로 성삼문과 함께 시짓기에 나서 동방거벽(東方巨擘)이라는 찬사를 받았다.

이해 사헌부장령, 집의를 거쳐, 직제학을 역임하였다.

1452년(문종 2년) 수양대군이 사은사(謝恩使)로 명나라에 갈 때 서장관으로 추천되어 수양대군과의 유대가 이때부터 특별하게 맺어졌다.

1453년 승정원동부승지에 오른 뒤 우부승지, 좌부승지를 거쳤다. 같은해 수양대군이 이른바 계유정란을 일으켰을 때 외직에 나가 있었으나 일찍이 밀모에 참여한 공으로 수충협책정난공신 1등에 책훈되고, 곧 도승지에 올랐다.

1455년 수양대군이 즉위한 뒤에는 동덕좌익공신(同德佐翼功臣)의 호를 받고 예문관 대제학에 초배(超拜)되어 고령군(高靈君)에 봉하여졌다.

이어 주문사(奏聞使)로 명나라에 가서 새 왕의 고명(誥命)을 청하여 인준을 받아온 공으로 토전(土田), 노비, 안마(鞍馬), 의복을 함께 받았다.

1456년(세조 2년)에 병조판서로서 국방에 필요한 외교응대의 일을 위임받아 사실상 예조의 일을 전장하게 되었다. 곧이어 판중추원사(判中樞院事)가 되어 판병조사(判兵曹事)를 겸하고, 우찬성이 되어서는 대사성까지 맡았다.

1457년 좌찬성을 거쳐 우의정에 오르고 1459년에는 좌의정에 이르렀다. 이 무렵 동북방면에 야인(野人)의 침입이 잦았는데, 그는 강경론을 펴 1460년에 강원, 함길도의 도체찰사에 임명되어 야인정벌을 위하여 출정하였다. 그는 군사를 몇 개 부대로 나누어 여러 길로 한꺼번에 진격하는 전략을 펼쳐 야인의 소굴을 크게 소탕하고 개선하였다.

1462년에 영의정부사가 되고, 1464년에 지위가 너무 높아진 것을 염려하여 사직한 적이 있으며, 1467년에 다시 예조를 겸하였다.

이듬해 예종이 즉위함에 유명(遺命)으로 승정원에 들어가 원상(院相)으로 서무를 참결(參決)하고, 같은해 이른바 남이(南怡)의 옥사를 처리하여 수충보사병기정난익대공신의 호를 받았다. 이듬해 겨울에 예종이 승하하자 대왕대비에게 후사(後嗣)의 택정을 서두를 것을 건의하여 대통(大統)의 승계에 공이 컸다.

성종이 즉위함에 순성명량경제홍화좌리공신의 호를 받고, 영의정에 다시 임명되었다. 노병(老病)을 이유로 여러 차례 사직하였으나 허락을 얻지 못하였고, 1472년(성종 3년)에는 「세조실록」, 「예종실록」의 편찬에 참여하였다.

이어 세조 때부터 작업을 해온 「동국통감」의 편찬을 성종의 명에 의하여 그의 집에서 총관하였다.

또 세조 때 편찬하도록 명을 받은 「국조오례의」의 개찬, 산정(刪

定)을 위임받아 완성시켰다. 여러 나라의 음운(音韻)에 밝았던 그는 여러 역서(譯書)를 편찬하였으며, 또 일본, 여진의 산천 요해(要害)를 표시한 지도를 만들기도 하였다. 그리고 「해동제국기」를 지어 일본의 정치세력들의 강약, 병력의 다소, 영역의 원근, 풍속의 이동(異同), 사선(私船) 내왕의 절차, 우리측 관궤(館饋)의 형식 등을 모두 기록하여 일본과의 교빙(交聘)에 도움이 되도록 하였다.

이러한 많은 업적을 남기고 1475년(성종 6년)에 일생을 마쳤다.

세조는 그의 죽음에 즈음하여 「당 태종에게는 위징(魏徵), 나에게는 숙주(叔舟)」라고 할 정도로 세조와의 관계가 깊었다.

이러한 관계는 사육신, 생육신을 추앙하는 도학적(道學的)인 분위기에서는 항상 비판의 대상이 되었으나 당대에서의 그의 정치적, 학문적 영향력은 큰 것이었다. 그를 좋게 평가하는 표현으로는 「항상 대체(大體)를 생각하고 소절(小節)에는 구애되지 않았다」든가 「큰 일에 처하여 중요한 결정을 내릴 때는 강하(江河)를 자르듯 하였다」는 것과 같은 것이 있다.

과거시험의 시관(試官)을 열세 차례나 하여 사람을 얻음이 당대에서 가장 많았고, 예조판서를 십 수년, 병조판서를 여러 해 동안 각각 겸임한 것은 드문 일이었다.

이렇게 특별한 배려는 외교·국방면에서 그의 탁월한 능력에 따른 것으로서 저술 대부분이 이에 관계되는 것일 뿐만 아니라 사대교린의 외교문서는 거의가 그의 윤색을 거친 것으로 알려져 있다. 또한 글씨를 잘 썼는데 특히 송설체에 뛰어났다고 한다.

전하는 필적으로는 송설체의 유려함을 보여주는 「몽유도원도(夢遊桃源圖)」의 찬문(贊文)과 진당풍(晉唐風)의 고아한 느낌을 주는 해서체의 「화명사예겸시고(和明使倪謙詩稿)」등이 전한다.

시호는 문충(文忠), 저서로는 「보한재집」이 전하는데, 1644년(인조 22년)에 7세손 숙이 영주군수로 있을 때 교서관본 완질을 얻어 간행한 것이다.

도학적 유교정신의 祖宗

김종직(金宗直)
1431(세종 13) ~ 1492(성종 23)

김종직은 문장중심, 철학이론을 중시하던 조선 초기의 문신이다. 본관은 선산이고, 호는 점필재. 밀양출신이다. 아버지는 사예 숙자(叔滋)이고 어머니는 밀양박씨로 사재감정(司宰監正) 홍신(弘信)의 딸이다.

1453년(단종 1년)에 진사가 되고, 1459년(세조 5년) 식년문과에 정과로 급제, 사가독서(賜暇讀書)하고 1462년 승문원 박사로 예문관 봉교를 겸하였다.

이듬해 감찰이 된 뒤 경상도병마평사, 이조좌랑, 수찬, 함양군수 등을 거쳐 1476년 선산부사가 되었다.

1483년 우부승지에 올랐으며, 이어서 좌부승지, 이조참판, 예문관제학, 병조참판, 홍문관제학, 공조참판 등을 역임하였다.

고려말 정몽주, 길재의 학통을 이은 아버지로부터 수학, 후일 사림의 조종이 된 그는 문장, 사학(史學)에도 두루 능하였으며, 절의를 중요시하여 조선시대 도학(道學)의 정맥을 이어가는 중추적 구실을 하였다.

어려서부터 문장에 뛰어나 많은 시문과 일기를 남겼으며, 특히 1486년에는 신종호(申從濩) 등과 함께 「동국여지승람」을 편차(編次)한 사실만 보더라도 문장가로서의 면모를 짐작할 수 있다.

그러나 무오사화 때 많은 저술들이 소실되었으므로 그의 진정한 학문적 모습을 이해하는 데는 한계가 있다. 후일 제자 김일손(金馹孫)이 사관으로서 사초에 수록, 무오사화의 단서가 된 그의 조의제문(弔義帝文)은 중국의 고사를 인용, 의제와 단종을 비유하면서 세조의 왕위찬탈을 비난한 것으로, 깊은 역사적 식견과 절의를 중요시하는 도학자로서의 참모습을 보여주었다.

정몽주, 길재 및 아버지로부터 전수받은 도학사상은 그의 제자인 김굉필, 정여창, 김일손, 유호인, 남효온, 조위, 이맹전, 이종준 등에 지대한 영향을 주었다.

특히 그의 도학을 정통으로 이어받은 김굉필이 조광조와 같은 걸출한 인물을 배출시켜 그 학통을 그대로 계승시켰다.

이처럼 그의 도학이 조선조 도통(道統)의 정맥으로 이어진 것은 「조의제문」에서도 나타나듯이 그가 추구하는 바가 화려한 시문이나 부・송 등의 문장보다는 궁극적으로 정의를 숭상하고, 시비를 분명히 밝히려는 의리적 성격을 지닌 것이기 때문에 이를 높이 평가하였던 것이다.

세조, 성종대에 걸쳐 벼슬을 하면서 항상 정의와 의리를 숭상, 실천하였는데, 이와같은 정신이 제자들에게 전해졌고, 실제로 이들은 절의를 높이며 의리를 중히 여기는데 힘썼다. 이러한 연유로 자연히 사림학자들로부터 존경받는 인물이 되었고, 당시 학자들의 정신적인 영수가 되었다.

이들 사림들이 당시 훈척계열(勳戚系列)에 의하여 빚어지는 비리와 비도를 비판하고 나서자, 이에 당황한 훈척계열인 유자광, 정문형, 한치례, 이극돈 등이 자신들의 방호를 위해 1498년(연산군 4년)에 무오사화를 일으켰다.

그 결과 많은 사람들이 죽거나 귀양을 가게 되었고, 생전에 써둔 「조의제문」으로 빚어진 일이라 그도 부관참시(剖棺斬屍)를 당하였다.

그뒤 중종반정으로 신원되었으며 밀양의 예림서원(藝林書院), 선산의 금오서원(金烏書院), 함양의 백연서원(柏淵書院), 김천의 경렴서원(景濂書原), 개령의 덕림서원(德林書院) 등에 제향되었다.

저서로는 「점필재집」, 「유두류록(遊頭流錄)」, 「청구풍아(青丘風雅)」, 「당후일기(堂後日記)」 등이 있으며 편저로는 「일선지(一善誌)」, 「이존록(彝尊錄)」, 「동국여지승람」 등이 전해지고 있으나 많은 저술들이 무오사화 때 소실된 관계로 지금 전하는 것은 그렇게 많지 않다.

시호는 문충(文忠)이다.

강직 진취적인 학자

# 김일손(金馹孫)
1464(세조 10)~1498(연산군 4)

조선 후기의 학자이며 문신, 본관은 김해이고 자는 계운(季雲), 호는 탁영(濯纓), 또는 소미산인(少微山人)이다. 사헌부 집의 맹(孟)의 아들이다.

1486년(성종 17년) 7월에 진사가 되고, 같은해 11월에 식년문과 갑과에 제2인으로 급제하였다.

처음엔 승문원에 들어가 권지부정자(權知副正字)로 관직생활을 시작하여 곧 정자(正字)로서 춘추관기사관을 겸하게 되었다.

그뒤 진주의 교수(敎授)로 나갔다가 곧 사직하고 고향에 돌아가 운계정사(雲溪精舍)를 열고 학문의 연찬에 몰두하였다. 이 시기에 김종직(金宗直)의 문하에 들어가 정여창, 강혼(姜渾) 등과 깊이 교유하였다.

다시 환로(宦路)에 들어서서 승정원의 주서(注書)를 거쳐 홍문관의 박사, 부수찬, 성균관 전적, 사헌부장령, 사간원 정언 등을 지냈으며 또다시 홍문관의 수찬을 거쳐 병조좌랑, 이조좌랑이 되었다.

그뒤 홍문관의 부교리, 교리 및 사간원 헌납, 이조정랑 등을 지냈는데 관료생활 동안 여러 차례에 걸쳐 사가독서(賜暇讀書)를 하여 학문과 문장의 깊이가 당대에 제일로 알려졌다.

그는 주로 언관(言官)에 재직하면서 문종의 비인 현덕왕후(顯德王后)의 소릉(昭陵)을 복위하라는 과감한 주장을 하였을 뿐 아니라 훈구파의 불의, 부패 및 권귀화(權貴化)를 공격하는 반면 사림파의 중앙 진출을 적극적으로 도왔다.

그 결과 1498년(연산군 4년)에 유자광(柳子光), 이극돈(李克墩) 등 훈구파가 일으킨 무오사화에서 조의제문(弔義帝文)의 사초화(史草化) 및 소릉복위 상소 등 일련의 사실로 말미암아 능지처참의 형을 받고 일족이 몰락하는 비운을 맞았다.

그뒤 중종반정으로 복관되었다. 그리고 중종 때 홍문관직제학, 현종 때 도승지, 순조 때 이조판서가 각각 추증되었다.

17세 때까지는 할아버지 극일(克一)로부터「소학」,「사서(四書)」,「통감강목」등을 배웠으며, 이후 김종직의 문하에 들어가 평생 사사하였다.

김종직의 문인 중에는 김굉필, 정여창 등과 같이 수기(修己)를 지향하는 한 계열과, 사장(詞章)을 중시하면서 치인(治人)을 지향하는 다른 한 계열의 인물들이 있었는데 그는 후자의 대표적 인물이었다.

한편 현실 대응자세는 매우 과감하고 진취적이었는데, 소릉복위 상소나 조의제문을 사초에 수록한 사실 등에서 그의 강직한 정치적 성향을 엿볼 수 있다.

이는 세조의 즉위 사실 자체와 그로 인해 배출된 공신의 존재의 불명을 간접적으로 부정한 것으로서, 당시로서는 극히 모험적인 일이었다.

이같은 일련의 일들이 사림파의 잠정적인 실세(失勢)를 가져다 준 표면적인 원인이 되었다.

저서로는 「탁영집(濯纓集)」이 있으며, 「회로당기(會老堂記)」, 「속두류록(續頭流錄)」 등 26편이 「속동문선」에 수록되어 있다.

자계서원(紫溪書院)과 도동서원(道東書院) 등에 제향되었다.

시호는 문민(文愍)이다.

도학정치의 실현

조광조(趙光祖)
1482(성종 13) ~ 1519(중종 14)

조선 중기의 문신이요 학자다. 본관은 한양(漢陽)이고 자는 효직(孝直)으로 개국공신 온(溫)의 5대 손으로 감찰 원강(元綱)의 아들이다.

17세 때 어천찰방(魚川察訪)으로 부임하는 아버지를 따라가, 무오사화로 화를 입고 희천에 유배중이던 김굉필에게 수학하였다.

학문은 「소학」, 「근사록(近思錄)」 등을 토대로 하여 이를 경전연구에 응용하였으며, 이때부터 성리학연구에 힘써 김종직의 학통을 이은 사림파(士林派)의 영수가 되었다.

이때는 사화 직후라 사람들은 그가 공부에 독실함을 보고 광인(狂人)이라거나 혹은 화태(禍胎)라 하였다. 친구들과도 자주 교류가 끊겼으나 그는 전혀 개의하지 않고 학업에만 전념하였다 한다. 한편 평소에도 의관을 단정히 갖추고 언행도 성현의 가르침에 따라 절제가 있었다.

1510년(중종 5년) 사마시에 장원으로 합격, 진사가 되어 성균관에 들어가 공부하였다.

1506년 중종반정 이후 당시의 시대적인 추세는 정치적 분위기를 새롭게 하고자 하는 것이 전반적인 흐름이었다.

이러한 가운데 성균관 유생들의 천거와 이조판서 안당의 적극적인 추천으로, 1515년(중종 10년) 조지서사지(造紙署司紙)라는 관직에 초임되었다. 그해 가을 증광문과에 을과로 급제하여 전적, 감찰, 예조좌랑을 역임하게 되었고, 이때부터 왕의 두터운 신임을 얻게 되었다.

그는 유교로써 정치와 교화의 근본을 삼아야 한다는 지치주의(至治主義)에 입각한 왕도정치의 실현을 역설하였다. 이와함께 정언이 되어 언관으로써 그의 의도를 펴기 시작하였다. 이해 장경왕후(章敬

王后, 중종의 제1계비)가 죽자 조정에서는 계비 책봉문제가 거론되기에 이르렀다.

이때 순창군수 김정(金淨), 담양부사 박상(朴祥) 등은 중종의 정비(正妃, 폐위된 愼氏)를 복위시킬 것과 신씨의 폐위를 주장하였던 박원종(朴元宗)을 처벌할 것을 상소하였는데, 이 때문에 대사간 이행(李荇)의 탄핵을 받아 귀양을 가게 되었다.

이에 대하여 조광조는 대사간으로서 상소자를 벌함은 언로를 막는 결과가 되므로 국가의 존망에 관계되는 일이라고 주장하여 오히려 이행 등을 파직하게 하여 그에 대한 왕의 신임을 입증받았다.

이것이 계기가 되어 원로파, 즉 반정공신과 신진사류(新進士類)의 대립으로 발전했다. 이후 기묘사화의 발생원인이 되기도 하였다.

그뒤 수찬을 역임한 뒤 곧이어 정랑이 되고, 1517년에는 교리로 경연시독관, 춘추관 기주관을 겸임하였으며, 향촌의 상호부조를 위하여 「여씨향약(呂氏鄕約)」을 8도에 실시하도록 하였다.

주자학이 우리나라에 들어온 것은 고려 말이었으나 널리 보급되지는 못하였고 조선 초기에 와서도 사장(詞章)의 학만이 높이 숭상되었기 때문에 과거에 있어서도 이것에만 치중하였고 도학(道學)은 일반적으로 경시되었다.

그러나 조광조의 도학정치에 대한 주창은 대단한 것이었고, 이러한 주창을 계기로 하여 당시의 학풍은 변화되어갔으며, 뒤에 이황(李滉), 이이(李珥) 같은 학자가 탄생될 수 있었던 것이다.

그의 도학정치는 조선시대의 풍습과 사상을 유교식으로 바꾸어 놓는데 있어서 중요한 동기가 되었다. 즉 조선시대에 일반서민들까지도 주자의 「가례」를 지키게 되어 상례(喪禮)를 다하고 젊은 과부의 재가도 허락되지 않게 되었다.

1518년 부제학이 되어서는 유학의 이상정치를 구현하기 위하여 사문(斯文)의 흥기를 자신의 임무로 자부하였고, 이를 실현하기 위해서는 우선 인주(人主)의 마음을 바로잡아야 한다고 생각하였다.

그리하여 그는 미신타파를 내세워 소격서(昭格署)의 폐지를 강력히 주청했다. 반대하는 여론에도 불구하고 마침내 이를 혁파하는데 성공하였다.
 이어 그해 11월에는 대사헌에 승진되어 부빈객을 겸하게 되었다.
 그는 한편으로 천거시취제(薦擧試取制)인 현량과(賢良科)를 처음 실시하게 하여 김식, 안처겸, 박훈 등 28인이 뽑혔으며, 이어 김정, 박상, 이자, 김구, 기준, 한충 등 소장학자들을 뽑아 요직에 안배하였다.
 그는 이와 같이 현량과 실시를 통하여 신진 사류들을 정계에 본격적으로 진출시키는 실마리로 삼았다. 이들 신진 사류들과 함께 훈구세력의 타도와 구제도의 개혁 및 그에 따른 새로운 질서의 수립에 나섰다.
 그리하여 이들은 1519년(중종 14년)에 이르러 훈구세력인 반정공신을 공격하기에 이르렀다. 즉 그들은 우선 정국공신(靖國功臣)이 너무 많음을 강력히 비판하였다. 그리고 성희안 같은 인물은 반정을 하지 않았는데도 뽑혔고, 유자광은 그의 척족들의 권귀(權貴)를 위하여 반정하였는데, 이러한 유의 반정정신은 소인들이나 꾀하는 것이라고 신랄하게 비난하였다.
 다시 말해 이들은 권좌에 올라 모든 국정을 다스리는데 이(利)를 먼저 취하고 있다는 것이다.
 따라서, 이를 개정하지 않으면 국가를 유지하기가 곤란함을 극력 주창하였다. 이의 실천 대안으로 반정공신 2, 3등 중 가장 심한 것은 이를 개정해야 하고 4등 50여인은 모두 공이 없이 녹을 함부로 먹고 있으므로 삭제함이 좋을 것이라는 위훈삭제(僞勳削除)를 강력히 청하고 나섰다.
 이러한 주장은 전혀 근거가 없는 것은 아니었다. 이미 반정 초기에 대사헌 이계맹 등은 원종공신(原從功臣)이 많아 외람되므로 그 진위를 밝힐 것을 주장한 일이 있었다. 그러나 신진 사류들의 주장은 쉽게 받아들여지지 않았다. 그것은 이미 반정공신들은 기성 귀족이 되어 있었고, 현실적으로 원로가 된 훈구세력을 소인배로 몰아 배척하려는 급격한 개혁주장은 중종도 그리 달가워하지 않았기 때문이다.
 그러나 마침내 2, 3등공신의 일부, 4등공신의 전원, 즉 전 공신의 4

분의 3에 해당되는 76인의 훈작이 삭탈당하기에 이르렀다. 이러한 급진적인 개혁은 마침내 훈구파의 강한 반발을 야기시켰다.

훈구파 중 홍경주, 남곤, 심정은 경빈박씨(敬嬪朴氏) 등 후궁을 움직여 왕에게 신진사류를 무고하도록 하였다.

또한 대궐 나뭇잎에 과일즙으로「주초위왕(走肖爲王)」이라는 글자를 써 벌레가 파먹게 한 다음에 궁녀로 하여금 이를 따서 왕에게 바쳐 의심을 조장시키기도 하였다.

한편 홍경주와 공조판서 김전, 예조판서 남곤, 우찬성 이장곤, 호조판서 고형산, 심정 등이 몰래 상의하여 밤에 신무문(神武門)을 통하여 비밀리에 왕을 만나 조광조 일파가 당파를 조직하고 조정을 문란하게 하고 있다고 탄핵하였다.

이에 평소부터 신진사류를 비롯한 조광조의 도학정치와 과격한 언행에 염증을 느껴오던 왕은 훈구대신들의 탄핵을 받아들여 이를 시행하였다.

그 결과 조광조는 김정, 김구, 김식, 윤자임, 박세희, 박훈 등과 함께 투옥되었다.

처음 김정, 김식, 김구와 함께 그도 사사(賜死)의 명을 받았으나, 영의정 정광필(鄭光弼)의 간곡한 비호로 능주에 유배되었다.

그뒤 정적인 훈구파의 김전, 남곤, 이유청이 각각 영의정, 좌의정, 우의정에 임명되자 이들에 의하여 그해 12월 바로 사사되었다.

이때가 기묘년이었으므로 이 사건을「기묘사화」라고 한다.

결국 신진 사류들이 기성세력인 훈구파를 축출, 새로운 정치질서를 이루려던 계획은 실패하고 말았다.

이들의 실패원인은 그들이 대부분 젊고 또 정치적 경륜도 짧은 데다가 개혁을 급진적이고 너무 과격하게 이루려하다가 노련한 훈구세력의 반발을 샀기 때문이다.

이를 후대의 명석한 학자인 이이(李珥)는 그의「석담일기(石潭日記)」에서 조광조를 비롯한 신진사류들의 실패를 다음과 같이 말하고 있다.「옛사람들은 반드시 학문이 이루어진 뒤에나 이론을 실천하였는데, 이 이론을 실천하는 요점은 왕의 그릇된 정책을 시정하는데 있었다. 그런데 그는 어질고 밝은 자질과 나라 다스릴 재주를 타고 났음에도 불구하고, 학문이 채 이루어지기 전에 정치일선에 나간 결과 위로는 왕의 잘못을 시정하지 못하고 아래로는 구세력의 비방도 막지를 못하고 말았다. 그러나 그가 도학을 실천하고자 왕에게 왕도의 철학을 이행하도록 간청하기는 하였지만 그를 비방하는 입이 너무 많아, 비방의 입이 한 번 열리자 결국 몸이 죽고 나라를 어지럽게 하였으니 후세 사람들에게 그의 행적이 경계가 되었다」고 하였다.

그뒤 선조 초 신원(伸冤)되어 영의정에 추증되고 문묘에 배향되었다. 후에 그의 학문과 인격을 흠모하는 후학들에 의하여 사당이 세워지고, 서원도 설립되었다.

1570년 능주에 죽수서원(竹樹書院), 1576년 희천에 양현사(兩賢司)가 세워져 봉안되었으며, 1605년(선조 38년)에는 그의 묘소 아래에 있는 심곡서원(深谷書院)에 봉안되는 등 전국에 많은 향사가 세워졌다.

또한 이이는 김굉필, 정여창, 이언적 등과 함께 그를 동방사현(東方四賢)이라 불렀다.

저서로는 「정암집」이 있는데 그 중 대부분은 소(疏), 책(策), 계(啓) 등의 상소문과 몇 가지의 제문이고, 그밖에 몇 편의 시도 실려 있다.

시호는 문정(文正)이다.

동방 유학의 제일인자

이황(李滉)
1501(연산군 7) ~ 1570(선조 3)

　조선 중기에 정치와 학문에 큰 빛을 남긴 이황은 경상도 예안현 온계리(지금의 경북 안동, 도산면 온혜리)에서 좌찬성 식(埴)의 7남 1녀 중 막내로 태어났다. 그의 본관은 진보(眞寶), 자는 경호(景浩), 호는 퇴계(退溪)다.
　12세에 작은 아버지 우로부터 논어를 배웠고 14세 경부터 혼자 독서하기를 좋아하여, 특히 도연명(陶淵明)의 시를 사랑하고 그 사람됨을 흠모하였다. 20세경 침식을 잊고 「주역」 공부에 몰두한 탓에 건강을 해쳐서 그뒤로부터 다병한 사람이 되어버렸다 한다.
　27세(1527)에 진사시에 합격하고, 어머니의 소원에 따라 과거에 응시하기 위하여 성균관에 들어가 다음해 사마시에 급제하였다.
　33세에 재차 성균관에 들어가 김인후(金麟厚)와 교유하고 「심경부주(心經附註)」를 입수하여 크게 심취하였다.
　이해 귀향도중 김안국(金安國)을 만나 성인군자에 관한 견문을 넓혔다.
　34세(1534)에 문과에 급제하고 승문원부정자가 되면서 관계에 발을 들여놓게 되었다.
　37세에 내간상(內艱喪)을 당하자 향리에서 3년간 복상하였고, 39세에 홍문관수찬이 되었다가 곧 사가독서(賜暇讀書)에 임명되었다.
　중종 말년에 조정이 어지러워지매 먼저 낙향하는 친우 김인후를 한양에서 떠나보내고, 이무렵부터 관계를 떠나 산림에 은퇴할 결의를 굳힌듯, 43세이던 10월에 성균관 사성으로 승진하자 성묘를 핑계삼아 사가를 청하여 고향으로 되돌아갔다.
　을사사화 후 병을 구실삼아 모든 관직을 그만 두고 46세 되던 해 향토인 낙동강 상류 토계(兎溪)의 동암(東巖)에 양진암을 얽어서 구름과 학을 벗삼아 독서에 전념하는 구도생활에 들어갔다.

그뒤에도 자주 임관의 명을 받아 영영 퇴거(退居)해버릴 형편이 아님을 알고 부패하고 문란된 중앙의 관계에서 떠나고 싶어서 외직을 지망, 48세에 충청도 단양군수가 되었으나, 곧 형이 충청감사가 되어 옴을 피하여 봉임 전에 청하여 경상도 풍기 군수로 전임하였다.

풍기군수 재임 중 주자가 백록동서원(白鹿洞書院)을 부흥한 선례를 쫓아서, 고려 말기의 주자학의 선구자 안향(安珦)이 공부하던 땅에 전임군수 주세붕이 창설한 백운동서원에 편액(扁額), 서적(書籍), 학전(學田)을 하사할 것을 감사를 통하여 조정에 청원하여 실현을 보게 되었는데, 이것이 조선조 사액서원(賜額書院)의 시초가 된 소수서원(紹修書院)이다.

1년 후 퇴관하고, 어지러운 정계를 피하여 퇴계의 서쪽에 한서암(寒棲庵)을 지어 다시금 구도생활에 침잠하다가 52세(1552)에 성균관대사성의 명을 받아 취임하였다.

56세에 홍문관부제학, 58세에 공조참판에 임명되었으나 여러 차례 고사하였다. 43세 이후 이때까지 관직을 사퇴하였거나 임관에 응하지 않은 일이 20수회에 이르렀다.

60세(1560)에 도산서당(陶山書堂)을 짓고 아호를 도옹(陶翁)이라 정하고, 이로부터 7년간 서당에 기거하면서 독서, 수양, 저술에 전념하는 한편, 많은 제자들을 훈도하였다.

명종은 예(禮)를 두터이하여 자주 그에게 출사(出仕)를 종용하였으나 듣지 않자, 근신들과 함께 초현부지탄(招賢不至嘆)이라는 제목으로 시를 짓고, 몰래 화공을 도산으로 보내어 그 충경을 그리게 하여 그것에다 송인(宋寅)으로 하여금 도산기(陶山記) 및 도산잡영(陶山雜詠)을 써넣게 하여 병풍을 만들어서, 그것을 통하여 조석으로 이황을 흠모하였다 한다.

그뒤 친정(親政)의 기회를 얻자, 이황을 자헌대부(資憲大夫), 공조판서, 대제학이라는 현직(顯職)에 임명하여 자주 초빙하였으나, 그는 그때마다 고사하고 고향을 떠나지 않았다.

그러나 67세 때 명나라 신제(新帝)의 사절이 오게 되매, 조정에서 이황의 내경(來京)을 간절히 바라 그도 어쩔 수 없이 한양으로 갔다.

명종이 돌연 죽고 선조가 즉위하여 그를 부왕의 행장수찬청당상경(行狀修撰廳堂上卿) 및 예조판서에 임명하였으나 신병 때문에 부득이 귀향하고 말았다.

　그러나 이황의 성망(聲望)은 조야에 높아, 선조는 그를 숭정대부 의정부 우찬성에 임명하여 간절히 초빙하였고, 그는 사퇴하였지만 여러 차례의 돈독한 소명을 물리치기 어려워 마침내 68세의 노령에 대제학 지경연(知經筵)의 중임을 맡고, 선조에게 「무진육조소(戊辰六條疏)」를 올렸다.

　선조는 이 소를 천고의 격언, 당금의 급무로서 한 순간도 잊지 않을 것을 맹약하였다 한다. 그뒤 이황은 선조에게 정자(程子)의 「사잠」(四箴), 「논어집주」, 「주역」, 장재(張載)의 「서명」(西銘) 등의 온오(蘊奧)를 진강하였다.

　노환 때문에 여러차례 사직을 청원하면서 왕에 대한 마지막 봉사로서 필생의 심혈을 기울여 「성학십도」를 저술, 어린 국왕 선조에게 바쳤다.

　이듬해 69세에 이조판서에 임명되었으나 사양하고, 번번히 환고향을 간청하여 마침내 허락을 받았다. 귀향 후 학구(學究)에 전심하였으나, 다음해 70세가 되던 11월 종가의 시제 때 무리를 해서인지 우환이 악화되었다.

　그달 8일 아침, 평소에 사랑하던 매화분에 물을 주게 하고, 침상을 정돈시키고, 일으켜 달라 하여 단정히 앉은 자세로 역책(학덕이 높은 사람의 죽음)하였다.

　선조는 3일간 정사를 폐하여 애도하고, 대광보국숭록대부(大匡輔國崇綠大夫) 의정부영의정 겸 경연, 홍문관, 예문관, 춘추관, 관상감 영사를 추증하였고, 장사는 제일등 영의정의 예에 의하여 집행되었으나, 산소에는 유계(遺誡)대로 소자연석에 퇴도만은진성이공지묘(退陶晩隱眞城李公之墓)라 새긴 묘비가 세워졌을 뿐이었다.

　죽은지 4년 만에 고향사람들이 도산서당 뒤에 서원을 짓기 시작하여 이듬해 낙성, 도산서원의 사액을 받았다. 그 이듬해 2월에 위패를 모셨고, 11월에는 문순(文純)이라는 시호가 내려졌다.

이황의 학문은 일대를 풍미하였을 뿐만 아니라 한국 역사를 통하여 영남을 배경으로 한 주리적(主理的)인 퇴계학파를 형성해 왔고, 일본의 도쿠가와(德川家康) 이래로 일본 유학의 기문학파(崎門學派) 및 구마모토(熊本)학파에 결정적인 영향을 끼쳤다.
　또한 개화기 중국의 정신적 지도자에게서도 크게 존숭을 받아, 한국뿐만 아니라 동양 3국에서 도의철학(道義哲學)의 건설자이며 실천자였다고 볼 수 있다.
　「언행록」에 의하면, 조목(趙穆)이 이덕홍(李德弘)에게「퇴계선생에게는 성현이라 할만한 풍모가 있다」고 하였을 때 덕홍은「풍모만이 훌륭한 것이 아니다」라고 답하였다 한다.
　그리고「언행통술(言行通述)」에서 정자중(鄭子中)은 다음과 같이 말하고 있다.「선생은 우리나라에 성현의 도가 두절된 뒤에 탄생하여, 스승없이 초연히 도학을 회득(會得)하였다. 그 순수한 자질, 정치(精緻)한 견해, 홍의(弘毅)한 마음, 고명한 학(學)은 성현의 도를 일신에 계승하였고, 그 언설(言說)은 백대(百代)의 후에까지 영향을 끼칠 것이며, 그 공적은 선성(先聖)에게 빛을 던져 선성의 학(學)을 후학의 사람들에게 베풀었다. 이러한 분은 우리 동방의 나라에서 오직 한분뿐이다」
　위에서 밝힌 사실만 가지고도 우리는 그가 제자들에게서 성현의 예우를 받는 한국유림에서 찬연히 빛나는 제일인자임을 엿볼 수 있게 된다.

民本思想의 대철인

이이(李珥)
1536(중종 31) ~ 1584(선조 17)

조선 중기의 명망있는 학자요 정치인인 이이의 본관은 덕수(德水)이고 자를 숙헌(叔獻)이라 했으며 호는 율곡(栗谷), 또는 우재(愚齋), 석담(石潭)이다. 본명보다는 율곡으로 더 통한다.

강릉 태생이며 아버지는 증좌찬성 원수(元秀)이고 어머니는 사임당 신씨(師任堂申氏)이다.

출생하던 날 밤 어머니 신사임당의 꿈에 흑룡이 바다에서 집으로 날아들어와 서렸다고 하여 아명을 현룡(見龍)이라 하였으며, 산실(産室)을 몽룡실(夢龍室)이라 하여 지금도 보존되고 있다.

8세 때에 파주 율곡리에 있는 화석정(花石亭)에 올라 시를 지었다. 어려서부터 어머니에게 학문을 배웠고, 1548년(명종 3년) 13세로 진사시에 합격하였다.

16세 때에 어머니가 죽자, 파주 두문리 자운산에 장례하고 3년간 시묘(侍墓)하였다.

19세에 성혼(成渾)과 도의(道義)의 교분을 맺었다. 금강산에 들어가 불교를 공부하고 다음해 20세에 하산하여 다시 유학에 전심하였다.

22세에 성주목사 노경린(盧慶麟)의 딸과 혼인하였다. 23세가 되던 봄에 예안(禮安)의 도산(陶山)으로 이황(李滉)을 방문하였고, 겨울에 별시에서 천도책(天道策)을 지어 장원하였다.

전후 아홉 차례의 과거에 모두 장원하여 구도장원공(九度壯元公)이라 일컬어졌다. 26세 되던 해에 아버지가 죽었다.

29세에 호조좌랑에 처음 임명되고 예조좌랑·이조좌랑 등을 역임, 33세(1568)에 천추사(千秋使)의 서장관(書狀官)으로 명나라에 다녀왔고, 부교리로 춘추기사관을 겸임하여 「명종실록」 편찬에 참여하였다.

이해에 성혼과 지선여중(至善與中) 및 안자격치성정지설(顏子格致誠正之說)을 논하였다.

34세에「동호문답(東湖問答)」을 지어 올렸다. 37세에 율곡리에서 성혼과 이기(理氣) 사단칠정(四端七情), 인심도심(人心道心) 등을 논하였고, 39세(1574년)에 우부승지에 임명되고 재해로 인하여「만언봉사(萬言封事)」를 올렸으며 40세 때「성학집요(聖學輯要)」를 왕명으로 초하였다.

42세에「격몽요결」을 지었고 45세에「기자실기」를 편찬하였다. 47세에 이조판서에 임명되고, 어명으로「인심도심설(人心道心說)」을 지었다.

이해에「김시습전(金時習傳)」과「학교모범(學校模範)」을 지었으며, 48세에「시무육조(時務六條)」를 개진하고 십만양병을 주청하였다.

49세에 서울 대사동(大寺洞)에서 죽었으며 파주 자운산 선영에 안장되었다. 문묘에 종향되었으며, 파주의 자운서원(紫雲書院), 강릉의 송담서원(松潭書院), 풍덕의 구암서원(龜巖書院), 황주의 백록동서원(白鹿洞書院) 등 20여개 서원에 배향되었다.

시호는 문성(文成)이다.

氣哲學의 창시자

서경덕(徐敬德)
1489(성종 20) ~ 1546(명종 1)

　조선 초기의 학자, 본관은 당성(唐城)이고 자는 가구(可久), 호를 복재(復齋) 또는 화담(花潭)이라 했다.
　부위(副尉) 호번(好蕃)의 아들로 태어났다. 어머니가 공자의 사당에 들어가는 꿈을 꾸고 잉태하여 그를 낳았다 한다.
　나이 7~8세에 이르자 총명하고 영특하여 어른의 말을 공경히 들었다.
　1502년(14세)에「서경」을 배우다가 태음력의 수학적 계산인 일(日), 월(月) 운행의 도수(度數)에 의문이 생기자 보름동안 궁리하여 스스로 해득하였다.
　18세 때「대학」의 치지재격물(致知在格物)조를 읽다가「학문을 하면서 먼저 격물을 하지 않으면 글을 읽어서 어디에 쓰리오」라고 탄식하고 천지만물의 이름을 벽에다 써 붙여 두고 날마다 궁구(窮究)하기를 힘썼다.
　19세에 태안이씨(泰安李氏) 선교랑(宣敎郞) 계종(繼從)의 딸을 아내로 맞이하였다.
　31세 때에 조광조(趙光祖)에 의해 채택된 현량과(賢良科)에 응시하도록 수석으로 추천을 받았으나 사양하고 개성 화담(花潭)에 서재를 세우고 연구와 교육에 더욱 힘썼다.
　1531년(중종 26년)에 어머니의 요청으로 생원시에 응시하여 장원으로 급제하였으나 벼슬을 단념하고 더욱 성리학의 연구에 힘썼다.
　1544년에 김안국(金安國) 등이 후릉참봉에 추천하여 임명되었으나 사양하고 계속 화담에 머물러 연구와 교육에 몰두하였다. 특히 예학에 밝았으며 중종과 인종이 죽자「임금의 상(喪)에 어찌 복(服)이 없을 수 있겠는가?」라고 하여 삼개월의 복을 입었다. 황진이(黃眞伊)의 유혹을 물리친 일화가 전하며, 박연폭포, 황진이와 함께 송도

삼절(松都三絶)로 불리운다.
　송대의 주돈이(周敦頤), 소옹 및 장재(張載)의 철학사상을 조화시켜 독자적인 기일원론(氣一元論)의 학설을 제창하였다. 「태허설」에서 우주공간에 충만해 있는 원기를 형이상학적인 대상으로 삼고, 그 기(氣)의 본질을 태허라 하였다.
　기의 본질인 태허는 맑고 형체가 없는 것으로 선천(先天)이라 한다. 그 크기는 한정이 없고 그에 앞서서 아무런 시초도 없으며, 그 유래는 추궁할 수도 없다. 맑게 비어 있고 고요하여 움직임이 없는 것이 기의 근원이다. 널리 가득 차 한계의 멀고 가까움이 없으며 꽉 차 있어 비거나 빠진 데가 없으니 한 호리(毫釐)의 용납될 틈이 없다. 그렇지만 오히려 실재(實在)하니, 이것을 무(無)라 할 수는 없는 것이다. 생성과 소멸하는 모든 것은 무한히 변화하는 기의 율동(律動)이다. 바람처럼 파도처럼 또 소나기처럼 밀리고 맥박치는 생(生)과 구름처럼 물방울처럼 사라지는 멸(滅)의 본체가 무엇이냐? 부침하고 율동(律動)하는 태허기(太虛氣)의 고탕이다.
　따라서 서경덕의 기는 우주를 포함하고도 남는 무한량(無限量)한 것이며, 가득 차 있어 빈틈이 없으며 시작도 없고 끝도 없는 영원한 존재이며, 스스로의 힘에 의해서 만물을 생성할 수 있으므로 그것 이외에 어떤 원인(原因)이나 그 무엇에 의존하지 않는 것이다.
　이러한 기(氣)는 모였다가 흩어지는 운동은 하지만 기 그 자체는 소멸하지 않는다. 기가 한데로 모이면 하나의 물건이 이루어지고, 흩어지면 물건이 소멸한다. 이는 물이 얼면 얼음이 되고, 얼음이 녹으면 다시 물로 환원되는 것과 같은 것이다. 서경덕은 「일편향촉(一片香燭)의 기라도 그것이 눈앞에 흩어지는 것을 보지만, 그 남은 기운은 마침내 흩어지지 않는다」고 한다.
　이는 물리학에서 밝히고 있는 에네르기 항존율(恒存律)과 같은 서경덕의 일기장존설(一氣長存說)인 것이다.
　이기설의 입장을 밝힘에 있어서 그는 「기밖에 이가 없다. 이란 기의 주재(主宰)이다. 주재란 것은 밖에서 기를 주재하는 것이 아니요, 기의 움직임이 그러한 까닭에 정당성을 가리켜 이것을 주재라 한다.

기는 본래 무시(無始)한 것이니, 이도 본래 무시한 것이다. 만일 이가 기보다 선행한다고 하면 이것은 기가 유시한 것이다」라고 하였다.

이는 서경덕이 이를 기 속에 포함시켜 둘로 보지 않는 견해로서 기일원론인 것이다. 인간의 죽음도 우주의 기에 환원된다는 사생일여(死生一如)를 주장함으로써「만물은 모두가 잠시 기탁한 것 같으니, 떴다 가라앉았다 함도 일기(一氣) 가운데요 구름 생길 때 그 자취를 보거니, 얼음 풀린 후 그 자취 찾아도 없더라. 낮과 밤은 밝았다 어두웠다 하지만 원(元)과 정(貞)도 시작했다 또 끝났다 한다. 진실로 이러한 이를 밝게 안다면 장구치면서 우리 님을 보내오리다」라고 주장하여 불교의 인간생명이 적멸(寂滅)한다는 주장을 배격하였다.

이러한 서경덕의 학문과 사상은 이황과 이율곡 같은 학자들에 의해서 그 독창성이 높이 평가되었으며, 한국 기철학(氣哲學)의 학맥을 형성하게 되었다.

1575년(선조 8년) 우의정에 추증되고 1585년 신도비가 세워졌다.

시호는 문강(文康)이다. 개성 숭양서원(崧陽書院), 화곡서원(花谷書院)에 제향되었다.

저서로는「화담집」이 있으며 그의 사상적인 면모를 밝혀주는 〈원이기(原理氣)〉, 〈이기설(理氣說)〉, 〈태허설〉, 〈귀신사생론(鬼神死生論)〉 등의 대표적인 글을 수록하고 있다.

호남학파의 큰 줄기

기대승(奇大升)
1527(중종 22) ~ 1572(선조 5)

조선 중기의 문신이며 성리학자인 기대승은 본관이 행주이고 자는 명언(明彦), 호는 고봉(高峰)이다. 아버지는 진(進)이고 어머니는 강영수(姜永壽)의 딸이며 기묘명현의 한 사람인 기준(奇遵)은 그의 계부(季父)이다. 특히 이퇴계와 가까운 문우(文友)로 잘 알려져 있다.

1549년(명종 4년) 사마시(司馬試)에, 1558년엔 식년문과에 을과로 급제한 뒤 승문원부정자와 예문관검열 겸 춘추관기사관을 거쳐 1563년 3월 승정원주서에 임명되었다. 그해 8월 이량(李樑)의 시기로 삭직되었다.

그러나 종형 대항(大恒)의 상소로 복귀하여 홍문관부수찬이 되었다. 이듬해 2월에 검토관으로 언론의 개방을 역설하였다.

1565년 병조좌랑, 이조정랑을 거쳐, 이듬해 사헌부지평, 홍문관교리, 사헌부헌납, 의정부검상(議政府檢詳), 사인(舍人)을 역임하였다.

1567년 원접사(遠接使)의 종사관(從事官)이 되었고, 같은해 선조가 즉위하자 사헌부집의가 되었으며, 이어 전한(典翰)이 되어서는 조광조, 이언적에 대한 추증을 건의하였다.

1568년(선조 1년) 우부승지로 시독관(侍讀官)을 겸직하였고, 1570년 대사성으로 있다가 영의정 이준경과의 불화로 해직당하였다.

1571년 홍문관 부제학 겸 경연수찬관, 예문관 직제학으로 임명되었으나, 부임하지 않았다.

1572년 성균관 대사성에 임명되었고, 이어 종계변무주청사(宗系辨誣奏請使)로 임명되었으며, 대사간, 공조참의를 지내다가 병으로 벼슬을 그만두고 귀향하던 도중 고부(古阜)에서 객사하였다.

그의 관료생활에 변화가 많았던 것은 그의 직설적인 성격과 당시의 불안정한 정치상황에 기인한 것으로 보인다.

그의 학문에 대한 의욕은 남보다 강하였다. 문과에 응시하기 위하여 서울로 가던 중 김인후, 이황 등과 만나 태극설(太極說)을 논한 바 있고, 정지운의 천명도설(天命圖說)을 얻어보게 되자 이황을 찾아가 의견을 나눌 기회를 가지게 되었다.

그뒤 이황과 12년에 걸쳐 서한을 교환하였는데, 그 가운데 1559년에서 1566년까지 8년 동안에 이루어진, 이른바 사칠논변(四七論辨)은 유학사상 지대한 영향을 끼친 논쟁으로 평가되고 있다.

그는 이황의 이기이원론(理氣二元論)에 반대하고「사단칠정이 모두 다 정(情)이다」라고 하여 주정설(主情說)을 주장하였으며, 이황의 이기호발설(理氣互發說)을 수정하여 정발이동기감설(情發理動氣感說)을 강조하였다. 또, 이약기강설(理弱氣強說)을 주장, 주기설(主氣說)을 제창함으로써 이황의 주리설(主理說)과 맞섰다.

그의 인물됨은 기묘명현인 조광조의 후예답게 경세택민(經世澤民)을 위한 정열을 간직하였고, 정치적 식견은 명종과 선조 두 왕에 대한 경연강론(經筵講論)에 담겨 있다.

이 강론은「논사록(論思錄)」으로 엮어 간행되었는데, 그 내용은 이재양민론(理財養民論), 숭례론(崇禮論), 언로통색론(言路通塞論)으로 분류된다.

그는 학행(學行)이 겸비된 사유(士儒)로서 학문에 있어서는 그의 사칠이기설에서 이황과 쌍벽을 이루었고, 행동에 있어서는 지치주의적(至治主義的)인 탁견을 진주(進奏)하였다.

그의 대표적인 제자로는 정운룡, 고경명, 최경회, 최시망 등이 있다.

광주의 월봉서원(月峰書院)에 제향되었다.

시호는 문헌(文憲)이다.

문집으로 원집 3책, 속집 2책, 별집부록 1책,「논사록」1책,「왕복서(往復書)」3책,「이기왕복서」1책,「주자문록(朱子文錄)」4책 등 모두 15책의「고봉집」이 있다.

雅樂의 전통을 세운 인물

박연(朴堧)
1378(우왕 4) ~ 1458(세조 4)

　세종대왕 때의 음악이론가로 조선 음악 발전에 공을 세운 박연은 충북 영동 출신이다. 81세로 세상을 떠날 때도 고향 고당리(高塘里)였다.
　어렸을 때의 이름은 연(然)이었고, 자는 탄부(坦夫), 호는 난계(蘭溪)이며 신라 54대 경명왕의 맏아들 밀성대군을 시조로 하는 밀양박씨로서 중시조는 고려조 상서좌복야였던 언인(彦仁)이고, 할아버지 시용(時庸)은 우문관 대제학이었으며 아버지 천석(天錫)은 이조판서를 지냈다.
　어머니는 경주김씨로 통례문부사 김오의 딸이었으며, 부인은 정경부인 여산송씨로 판서를 지낸 송빈의 딸이었다.
　자녀는 3남 3녀를 두었는데 맏아들 맹우(孟愚)는 현령을 지냈고, 둘째 아들 중우(仲愚)는 군수를 지냈으며, 막내 아들 계우(季愚)는 박팽년 등 사육신들의 단종복위 사건에 연루되어 죽음을 당했다.
　막내아들의 행적으로 말미암아 박연도 화를 입을 뻔 하였으나 세 임금에 걸쳐서 봉직한 공으로 연좌의 화를 면했다.
　1405년(태종 5년)에 생원, 1411년 진사에 등과했으며 그뒤 집현전 교리, 사간원정언, 사헌부지평, 세자시강원문학, 봉상판관 겸 악학별좌, 관습도감사, 공조참의, 중추원사, 보문각제조, 예문관대제학 등을 역임했다.
　세종을 도와서 음악을 정비하는데 많은 공헌을 했으며, 특히 율관 제작을 통한 편경의 제작은 조선조 초기의 음악완비에 많은 기여를 했다.
　세종 때에 어느 정도 음악이 정비되었던 이유는 위로 임금의 뜻이 확고하고 아래로는 박연같이 악리에 밝은 사람이 있었으며, 더욱이 해주(海州)에서는 거서가 나고 남양(南陽)에서는 경돌이 나는 등 시운(時運)이 들어맞았다고 표현하는 글들이 있듯이, 박연의 음악적 공헌은 시대적 상황과도 적지않게 연결됨을 알 수 있다.

 순(舜)임금 시대의 유명한 음률가인 기(蘷)에 비견되기도 하는 박연은 편경의 음정을 맞출 정확한 율관(律管)을 제작하기 위하여 수삼차에 걸쳐서 시험제작을 했는가 하면, 흐트러진 악제를 바로잡기 위하여 수십회에 걸친 상소문을 올리기도 했다.

 정확한 율관을 제작하자는 상소문을 위시해서 제향의 아악을 바로잡자는 글, 축의 제도를 개정하자는 주장, 악현의 제도를 옛 법대로 고치자는 주장, 그리고 악보를 간행하자는 상소문에 이르기까지 무려 39편의 상소문이 「난계유고」에 실려 있다.

 시호는 문헌(文獻)이다.

토정비결을 창시한 奇才

이지함(李之菡)
1517(중종 12) ~ 1578(선조 11)

조선 중기의 학자로 기인(奇人)이라는 평판이 있는 이지함은 토정비결(土亭秘訣)의 저자로 더 잘 알려져 있다.

그의 본관은 한산(韓山)이고 자는 형백(馨伯), 또는 형중(馨仲)이었고 호를 수산(水山), 또는 토정(土亭)이라 했다.

이색(李穡)의 후손이며 현령을 지낸 치(穉)의 아들이다.

어려서 아버지를 여의고 맏형인 지번(之蕃) 밑에서 글을 배우다가 뒤에 서경덕(徐敬德)의 문하에 들어가 그에게 커다란 영향을 받게 되었다. 후일에 그가 수리(數理), 의학, 복서(卜筮), 천문, 지리, 음양, 술서(術書) 등에 달통하게 된 것도 서경덕의 영향이라고 볼 수 있다.

1573년(선조 6년) 주민의 추천으로 조정에 천거되어 청하(淸河: 지금의 포천)현감이 되었고, 재직중 임진강의 범람을 미리 알아서 많은 생명을 구제한 것은 유명한 일화이다.

이듬해 사직하고 고향에 돌아갔으나 1578년 아산현감으로 다시 등용되었고, 부임한 즉시 걸인청(乞人廳)을 만들어 일정한 정착지가 없는 걸인들을 구제하였으며, 노약자와 기인(飢人)을 구호하였다.

생애의 대부분을 마포 강변의 흙담 움막집에서 청빈하게 지냈으며, 그 때문에 「토정」이라는 호가 붙게 되었다.

토정이 의학과 복서에 밝다는 소문이 점차 퍼지게 되자 그를 찾아오는 사람의 숫자가 많아지고 일년의 신수를 보아달라는 요구가 심하여짐에 따라 책을 지었는데, 그것이 「토정비결」이라고 알려져 있다.

전국의 산천을 두루 다니며 명당과 길지를 점지하였으며, 「농아집(聾啞集)」을 저술하여 어진 자에게 전하여 난을 구제하는데 도움이 되도록 하였다.

당대 성리학의 대가 조식(曺植)이 마포로 찾아와 그를 도연명(陶淵明)에 비유하였다는 이야기도 유명하다.

죽은 뒤 아산의 인산서원(仁山書院)에 제향되었고, 이어서 보은의 화암서원(華巖書院)에도 제향되었다.

1713년(숙종 39년) 학덕이 인정되어 이조판서에 추증되었다.

시호는 문강(文康)이다.

才德 겸비한 어머니상

신사임당(申師任堂)
1504(연산군 10) ~ 1551(명종 6)

조선시대 대표적인 여류 예술가로 시, 글씨, 그림에 능하였을뿐 아니라 부도(婦道)의 상징적 여인으로 높이 존경받고 있다. 또한 조선시대의 대표적 학자이며 경세가인 이율곡의 어머니로 더욱 잘 알려져 있다.

신사임당의 본관은 평산(平山)이며 사임당은 당호이다. 당호는 중국 고대 주나라 문왕의 어머니인 태임(太任)을 본받는다는 뜻이 담겨있다.

외가인 강릉 북평촌에서 태어나 자랐다. 아버지는 명화(命和)이며, 어머니는 용인이씨로 사온(思溫)의 딸이다.

사임당은 외가에서 생활하면서 어머니에게 여범(女範)과 더불어 학문을 배워 부덕(婦德)과 교양을 갖춘 여인으로 자라났다.

서울에서 주로 생활하는 아버지와는 16년간 떨어져 살았고, 그가 가끔 강릉에 들를 때만 만날 수 있었다. 19세에 덕수이씨(德水李氏) 원수(元秀)와 결혼하였다. 사임당은 그 어머니와 마찬가지로 아들 없는 친정의 아들잡이였으므로 남편의 동의를 얻어 시집에 가지 않고 친정에 머물렀다.

결혼 몇달 후 아버지가 세상을 떠나 친정에서 3년상을 마치고 서울로 올라갔으며, 얼마 뒤에 시집의 선조 때부터의 터전인 파주 율곡리에 기거하기도 하였고, 강원도 평창군 봉평면 백옥포리에서도 여러 해 살았다. 이따금 친정에 가서 홀로 사는 어머니와 같이 지내기도 하였으며, 셋째아들 이이도 강릉에서 낳았다.

38세에 시집살림을 주관하기 위해 아주 서울로 떠나왔으며, 수진방(壽進坊:지금의 수송동과 청진동)에서 살다가 48세에 삼청동으로 이사하였다. 이해 여름 남편이 수운판관(水運判官)이 되어 아들들과 함께 평안도에 갔을 때 갑자기 세상을 떠났다.

사임당이 지향한 최고의 여성상은 태임으로 그녀를 본받는다는 뜻으로 당호를 지었는데, 사임당을 평한 사람들 중에는 그의 온아한 천품과 예술적 자질조차도 모두 태임의 덕을 배우고 본뜬 데서 이루어진 것이라고 하였다.

그것은 이이와 같은 대정치가요 대학자를 길러낸 훌륭한 어머니로서의 위치를 평가한 때문이다.

그러나 사임당은 완전한 예술인으로서의 생활 속에서 어머니와 아내의 역할을 성숙시켰던 것이다. 그런 면에서 볼 때 그는 조선왕조가 요구하는 유교적 여성상에 만족하지 않고 독립된 인간으로서의 생활을 스스로 개척한 여성이라 할 수 있다.

그가 교양과 학문을 갖춘 예술인으로서 성장할 수 있었던 배경은 그의 천부적인 재능과 더불어 그 재능을 발휘할 수 있도록 북돋아준 좋은 환경이 있었다.

그의 재능은 7세에 안견(安堅)의 그림을 스스로 사숙(私淑)하였던 것에서 찾아볼 수 있다. 또 그녀는 통찰력과 판단력이 뛰어나고 예민한 감수성을 지녀 예술가로서 대성할 특성을 지니고 있었다.

거문고 타는 소리를 듣고 감회가 일어나 눈물을 지었다든지 또는 강릉의 친정어머니를 생각하며 눈물로 밤을 지새운 것 등은 그녀의 섬세한 감정이 남다르다는 것을 보여주는 것이다.

그녀의 그림, 글씨, 시는 매우 섬세하고 아름다운데, 그림은 풀벌레, 포도, 화조, 어죽(魚竹), 매화, 난초, 산수 등이 주된 화제(畫題)이다. 마치 생동하는듯한 섬세한 사실화여서 풀벌레 그림을 마당에 내놓아 여름 볕에 말리려하자, 닭이 와서 산 풀벌레인 줄 알고 쪼아 종이가 뚫어질뻔하기도 하였다고 한다.

그녀의 그림에 후세의 시인, 학자들이 발문을 붙였는데 한결같이 절찬하기에 주저하지 않았다. 그림으로 채색화, 묵화 등 약 40폭 정도가 전해지고 있는데 아직 세상에 공개되지 않은 그림도 수십 점 있는 것으로 알려져 있다.

글씨로는 초서 여섯 폭과 해서 한 폭이 남아 있을 뿐이다. 이 몇 조각의 글씨에서 그녀의 고상한 정신과 기백을 볼 수 있다.

1868년 강릉부사로 간 윤종의(尹宗儀)는 사임당의 글씨를 영원히 후세에 남기고자 그 글씨를 판각하여 오죽헌에 보관하면서 발문을 적었는데, 그는 거기서 사임당의 글씨를「정성들여 그은 획이 그윽하고 고상하고 정결하고 고요하여 부인께서 더욱더 저 태임의 덕을 본뜬 것임을 알 수 있다」고 격찬하였다.

그녀의 글씨는 그야말로 말발굽과 누에 머리(馬蹄蠶頭)라는 체법에 의한 본격적인 글씨인 것이다. 그러므로 그의 절묘한 예술적 재능에 관하여 명종 때의 사람 어숙권(魚叔權)은「패관잡기」에서「사임당의 포도와 산수는 절묘하여 평하는 이들이「안견의 다음에 간다」라고 한다. 어찌 부녀자의 그림이라 하여 경홀히 여길 것이며, 또 어찌 부녀자에게 합당한 일이 아니라고 나무랄 수 있을 것이랴」라고 격찬하였다.

그녀의 여섯 폭자리 초서가 오늘까지 전해진 경과를 보면, 사임당의 넷째 여동생의 아들 권처균(權處均)이 이 여섯 폭 초서를 얻어간 것을 그 딸이 최대해(崔大海)에게 출가할 때 가지고 가 최씨가문에서 대대로 가보로 전하였다. 그런데 영조 때에 이웃 고을 사람의 꾐에 빠져 이를 빼앗겼다가 어렵게 되찾아 그뒤 최씨집안에서 계속 보관하게 된 것이다.

지금도 강릉시 두산동 최씨가에 보관되어 있으며, 윤중의에 의하여 판각된 것만이 오죽헌에 보관되어 있다.

사임당으로 하여금 절묘한 경지의 예술세계에 머물게 한 중요한 동기로 내세울 수 있는 것은 환경이라고 할 수 있다.

첫째는 현철한 어머니의 훈조를 마음껏 받을 수 있는 환경을 가졌다는 점을 들 수 있고,

둘째는 완폭하고 자기주장적인 유교사회의 전형적인 남성 우위의 허세를 부리는 그러한 남편을 만나지 않았다는 점이다.

그녀의 남편은 자질을 인정해 주고 아내의 말에 귀를 기울이는 도량 넓은 사나이였다는 점이다. 먼저 그의 혼인 전 환경을 보면 그의 예술과 학문에 깊은 영향을 준 외조부의 학문은 현철한 어머니를 통해서 사임당에 전수되었다.

그녀의 어머니는 무남독녀로 부모의 깊은 사랑을 받으면서 학문을 배웠고, 출가 뒤에도 부모와 함께 친정에서 살았기 때문에 일반 여성들이 겪는 시가에서의 정신적 고통이나 육체적 분주함이 없었다. 따라서 비교적 자유롭게 소신껏 일상생활과 자녀교육을 행할 수 있었다.

이러한 어머니에게 훈도를 받은 명석한 그녀는 천부적 재능을 마음껏 발휘할 수 있었다.

그녀가 서울 시가로 가면서 지은 「유대관령망친정(踰大關嶺望親庭)」이나 서울에서 어머니를 생각하면서 지은 사친(思親) 등의 시에서 어머니를 향한 그녀의 애정이 얼마나 깊고 절절한가를 알 수 있다. 이것은 어머니의 세계가 사임당에게 그만큼 영향이 컸다는 것을 보여주기도 한다.

유교적 규범은 여자가 출가한 뒤는 오직 시집만을 위하도록 요구하였는데도 그것을 알면서 친정을 그리워하고 친정에서 자주 생활한 것은 규격화된 의리의 규범보다는 순수한 인간본연의 정과 사랑을 더 중요시한 때문일 것이다.

그녀의 예술속에서 바로 나타나듯이 거짓없는 본연성을 가장 정직하면서 순수하게 추구하였던 것이다. 그리고 그녀의 예술성을 보다 북돋아준 것은 남편이라 할 수 있다.

사임당이 친정에서 많은 생활을 할 수 있었던 것은 남편과 시어머니의 도량 때문이라 할 수 있다. 남편은 사임당의 그림을 사랑의 친구들에게 자랑을 할 정도로 아내를 이해하고 또 재능을 인정하고 있었다.

또 그는 아내와의 대화에도 인색하지 않아 대화에서 늘 배울 것은 배우고 받아들일 것은 받아들였던 것이다.

사임당의 시당숙 이기가 우의정으로 있을 때 남편이 그 문하에 가서 노닐었다. 이기는 1545년(인조 1년)에 윤원형과 결탁하여 을사사화를 일으켜 선비들에게 크게 화를 입혔던 사람이다.

사임당은 당숙이기는 하나 이와같은 사람과 남편이 가까이 지내는 것을 참을 수가 없어 남편에게 어진 선비를 모해하고 권세만을 탐하는 당숙의 영광이 오래 갈 수 없음을 상기시키면서 그 집에 발을 들여놓지 말라고 권하였다.
 이원수(남편)는 이러한 아내의 말을 받아들여 뒷날 화를 당하지 않았다.
 사임당의 자녀들 중 그의 훈로와 감화를 제일 많이 받은 것은 셋째 아들 이(珥)이다. 이이는 그의 어머니 사임당의 행장기를 저술하였는데, 그는 여기에서 사임당의 예술적 재능, 우아한 천품, 정결한 지조, 순효(純孝)한 성품 등을 소상히 밝혔다.
 윤종섭(尹鍾燮)은 이이와 같은 대성인이 태어난 것은 태임을 본받은 사임당의 태교에 있음을 시로 읊어 예찬하였다.
 사임당은 실로 현모로서, 아들 이는 백대의 스승으로, 아들 우(瑀)와 큰딸 매창(梅窓)은 자신의 재주를 계승한 예술가로 키웠다.
 작품으로는 「지리도」, 「산수도」, 「초충도」, 「노안도」, 「연로도」, 「요안조압도」와 6폭 초서병풍 등이 있다.

시와 사랑속의 풍류여인

황진이(黃眞伊)
16세기 경(중종 때)

조선시대의 명기(名妓), 본명은 진(眞)이지만 진랑(眞娘)이라는 이름도 가지고 있다. 기명(妓名)이 명월(明月)이다. 개성출신이라는 것 외에 태어난 해나 죽은 해는 알려져 있지 않다. 생존연대도 알려져 있지 않지만 중종 때 여인이며 비교적 단명이었던 것으로 알려져 있다.

그의 전기에 대하여 상고할 수 있는 직접사료는 없으며, 간접사료인 야사에 의존할 수밖에 없는데, 이 계통의 자료는 비교적 많은 반면에 각양각색으로 다른 이야기를 전하고 있을 뿐만 아니라 너무나 신비화시킨 흔적이 많아서 그 허실을 가리기가 매우 어렵다.

출생에 관하여는 황진사(黃進士)의 서녀(庶女)로 태어났다고도 하고, 맹인의 딸이었다고도 전하는데, 황진사의 서녀로 다룬 기록이 숫자적으로는 우세하지만 기생의 신분이라는 점에서 맹인의 딸로 태어났다는 설이 오히려 유력시되고 있다.

기생이 된 동기에 대하여도 15세경 이웃 총각이 혼자 연모하다 병으로 죽자 서둘러서 기계(妓界)에 투신하였다고 하나 사실 여부는 알 수가 없다.

용모가 출중하며 뛰어난 총명과 민감한 예술적 재능을 갖추어 그에 대한 일화가 많이 전하고 있다. 또한 미모와 가창뿐만 아니라 서사(書史)에도 정통하고 시가에도 능하였으며, 당대의 석학 서경덕(徐敬德)을 사숙하여 거문고와 주효(酒肴)를 가지고 그의 정사를 자주 방문, 당시(唐詩)를 정공(精工)하였다고 한다.

그러한만큼 자존심도 강하여 당시 10년 동안 수도에 정진하여 생불(生佛)이라 불리던 천마산 지족암의 지족선사(知足禪師)를 유혹하여 파계시키기도 하였고, 당대의 대학자 서경덕을 유혹하려 하였으나 실패한 뒤 사제관계를 맺었다는 이야기는 유명하다.

또한, 박연폭포(朴淵瀑布), 서경덕, 황진이를 송도삼절(松都三絶)이라 하였다고 한다.

그가 지은 한시에는 「박연(朴淵)」, 「영반월(詠半月)」, 「등만월대회고(登滿月臺懷古)」, 「여소양곡(與蘇陽谷)」 등이 전하고 있으며 시조작품으로는 6수가 전한다.

이 중 「청산리 벽계수야」, 「동짓달 기나긴 밤을」, 「내언제 신이 없어」, 「산은 옛산이로되」, 「어져 내일이여」의 5수는 진본(珍本) 「청구영언」과 「해동가요」의 각 이본들을 비롯하여 후대의 많은 시조집에 전하고 있다.

「청산은 내뜻이요」는 황진이의 작품이라 하고 있으나 「근화악부(槿花樂府)」와 「대동풍아(大東風雅)」의 두 가집에만 전하며, 작가도 「근화악부」에는 무명씨로 되어 있고, 「대동풍아」에서만 황진이로 되어 있다.

그리고 두 가집에 전하는 내용이 완전 일치하지도 않으니, 특히 초장은 「근화악부」에서 「내 정은 청산이요 님의 정은 녹수로다」라 되어 있는데, 「대동풍아」에서는 「청산은 내뜻이요 녹수는 님의 정」이라고 바뀌어 그 맛이 훨씬 달라졌다.

「대동풍아」는 1908년에 편집된 책이요 작가의 표기도 정확성이 별로 없는 가집이라는 점에서 그 기록이 의문시 되고 있다.

황진이의 작품은 주로 연석(宴席)이나 풍류장(風流場)에서 지어졌고, 또한 기생의 작품이라는 제약 때문에 후세에 많이 전해지지 못하고 인멸(湮滅)된 것이 많을 것으로 추측된다.

현존하는 작품은 5, 6수에 지나지 않으나 기발한 이미지와 알맞은 형식, 세련된 언어구사로 남김없이 표현하고 있는 점에서 높이 평가된다.

민족의 위기를 구원한 名將

이순신(李舜臣)
1545(인종 1) ~ 1598(선조 31)

충무공 이순신의 본관은 덕수(德水)이고 아버지는 정(貞)이며 어머니는 초계변씨 수림(守琳)의 딸이다. 서울 건천동(지금의 중구 인현동 부근)에서 태어났다.

그의 가계는 고려 때 중랑장을 지낸 이돈수(李敦守)로부터 내려오는 문반(文班)의 가문으로, 이순신은 그의 12대 손이다.

그의 가문은 4대 때에 조선왕조로 넘어오면서 두각을 나타낸다. 5대조인 변(邊)은 영충추 부사와 홍문관 대제학을 지냈고, 증조부 거는 병조참의에 이르렀다.

그러나 할아버지 백록(百祿)이 조광조 등 지치주의(至治主義)를 주장하던 소장파 사림들과 뜻을 같이하다가 기묘사화의 참화를 당한 후로는 아버지 정도 관직에 뜻을 두지 않았던만큼 이순신이 태어날 즈음에 가세는 이미 기울어 있었다.

그러하였음에도 불구하고 그가 뒤에 명장으로 나라에 큰 공을 남길 수 있었던 것은 유년시절에 어머니 변씨로부터 큰 영향을 받았기 때문이었다.

변씨는 현모로써 아들들을 끔찍이 사랑하면서도 가정교육을 엄격히 하였다. 그는 위로 희신(羲臣), 요신(堯臣)의 두 형과 아우 우신(禹臣)이 있어 모두 4형제였다. 형제들의 이름은 돌림자인 신(臣)자 위에 삼황오제(三皇五帝) 중에서 복희씨(伏羲氏)·요(堯)·순(舜)·우(禹) 임금을 시대순으로 따서 붙인 것이다.

그는 사대부가의 전통인 충효와 문학에 있어서 뛰어났을 뿐 아니라 시재(詩才)에도 특출하였으며 정의감과 용감성을 겸비하였으면서도 인자한 성품을 지니고 있었다.

강한 정의감은 뒤에 상관과 충돌하여 모함을 받기도 하였으며, 용감성은 적을 두려워하지 않고 전투에서 매양 선두에 나서서 지휘함으로써 예하 장병의 사기를 북돋아 주어 여러 전투에서 이길 수 있었다. 또 그의 인자한 성품은 홀로 계신 노모를 극진히 받들 수 있었고 어버이를 일찍 여읜 조카들을 친아들같이 사랑할 수 있었다.

그의 시골 본가는 충남 아산군 염치면 백암리이지만 어린 시절의 대부분은 생가인 서울 건천동에서 보냈다 한다.

같은 마을에 살았던 유성룡이「징비록」에서「이순신은 어린시절 얼굴 모양이 뛰어나고 기풍이 있었으며 남에게 구속을 받으려 하지 않았다. 다른 아이들과 모여 놀라치면 나무를 깎아 화살을 만들고 그것을 가지고 동리에서 전쟁놀이를 하였으며, 자기 뜻에 맞지 않는 자가 있으면 그 눈을 쏘려고 하여 어른들도 그를 꺼려 감히 그의 문앞을 지나려 하지 않았다. 또 자라면서 활을 잘 쏘았으며 무과에 급제하여 발신(發身)하려 하였다. 또 자라면서 말타고 활쏘기를 좋아하였으며 더욱이 글씨를 잘 썼다」라고 한 것으로 알 수 있듯이, 그는 어린시절부터 큰 인물로 성장할 수 있는 자질을 갖추고 있었음을 알 수 있다.

28세 되던 해에 비로소 무인 선발시험의 일종인 훈련원 별과에 응시하였으나 불행히도 시험장에서 달리던 말이 거꾸러지는 바람에 말에서 떨어져서 왼발을 다치고 실격하였다.

그뒤에도 계속 무예를 닦아 4년 뒤인 1576년(선조 9년) 식년무과에 병과로 급제하여 관직에 나갔으며, 이어 함경도의 동구비보권관에 보직되고, 이듬해에 발포수군만호(鉢浦水軍萬戶)를 거쳐, 1583년 건원보권관, 훈련원참군을 역임하고, 1586년에는 사복시주부가 되었다.

그러나 무관으로 발을 들여놓은 그의 진로는 순탄하지만은 않았다. 그는 사복시주부에 이어 조산보만호 겸 녹도둔전사의가 되었는데, 이때 그는 국방의 강화를 위하여 중앙에 군사를 더 보내줄 것을 요청하였으나 들어주지 않던 차에 호인(胡人)의 침입을 받고 적은 군사로 막아낼 수 없어 부득이 피하게 되었다. 그런데 조정에서는 그것이 오로지 그의 죄라 하여 문책하였다.

그러나 그는 처형당할 것을 두려워하지 않고 주장(主將)의 판결에 불복하면서 첨병(添兵)을 들어주지 않고 정죄(定罪)한다는 것은 옳지 않다 하고 끝내 자기의 정당성을 주장하였다.

이 사실이 조정에 알려져서 중형을 면하기는 하였으나, 첫번째로 백의종군(白衣從軍)이라는 억울한 길을 걷게 되었다.

그뒤 전라도관찰사 이광(李洸)에게 발탁되어 전라도의 조방장, 선전관 등이 되고, 1589년 정읍현감으로 있을 때 유성룡에게 추천되어 고사리첨사(高沙里僉使)로 승진, 이어 절충장군으로 만포첨사, 진도군수 등을 지내고, 47세가 되던 해에 전라좌도수군절도사가 되었다.

그는 곧 왜침이 있을 것에 대비하여 좌수영(左水營:여수)을 근거지로 삼아 전선(戰船)을 제조하고 군비를 확충하는 등 일본의 침략에 대처하였고, 나아가서 군량의 확보를 위하여 해도(海島)에 둔전(屯田)을 설치할 것을 조정에 요청하기도 하였다.

이듬해인 1592년 4월 14일 일본의 침입으로 임진왜란이 발발되었는데 일본의 대군이 침입해왔다는 급보가 전라좌수영에 전달된 것은 이틀 뒤였다. 이날은 국기일(國忌日)이었으므로 그는 공무를 보지 않고 있었는데, 해질 무렵 경상우수사 원균(元均)으로부터 왜선 350여 척이 부산 앞바다에 정박중이라는 통보에 이어 부산과 동래가 함락되었다는 급보가 들어왔다.

그때 부산 앞바다의 방어를 맡은 경상좌수영의 수군은 왜선단을 공격하지도 않았고, 경상좌수사 박홍(朴泓)은 부산이 함락된 뒤에야 예하장졸을 이끌고 동래방면에 당도하였으나 동래가 함락되는 것을 보고는 군사를 돌려 육지로 도망하였다.

또 거제도에 근거를 둔 우수사 원균은 적이 이르기도 전에 싸울 용기를 잃고 접전을 회피함으로써 일본군은 조선수군과 한 번 싸우지도 않고 제해권을 장악하였다.

이러한 소식에 접한 그는 즉시 전선을 정비하고 임전태세를 갖추었지만, 적을 공략하기에 앞서 전황을 면밀히 분석하였다. 그의 휘하전함대는 4월 29일 수영 앞바다에 총집결하여 매일 작전회의가 열리고 기동연습도 강행하여 완전한 전투태세에 임하게 되고, 그는 총지휘관으로 5월 2일 기함에 승선하였다.

4일 새벽 출항을 하니, 이때 선척은 전선 24척, 협선(狹船) 15척, 포작선(鮑作船) 46척, 도합 85척의 대선단이었다.

이틀 뒤 한산도(閑山島)에 이르러 경상우수사 원균의 선단을 만났는데, 그 규모는 전선 3척과 협선 2척에 불과하였으나 연합함대를 조직하지 않을 수 없었다.

7일 옥포(玉浦) 앞바다를 지날 무렵 척후선(斥候船)으로부터 적선이 있음을 알리는 연락이 왔다. 이때 옥포에 정박중인 적선은 30여 척이었다.

왜군은 조선수군이 해상으로부터 공격해 오리라고는 생각도 못하고 육지에 올라가서 불을 지르고 약탈을 자행하다가 아군의 공격소식을 듣고 급히 배에 올라 도망하려 하였으나 그럴 기회를 주지 않았다. 순식간에 왜선 26척이 조선 수군의 포화와 화시(火矢)에 격파되고 많은 왜병이 궤멸되었다.

이 싸움이 옥포대첩으로 그의 최초의 해전으로 기록된다.

옥포해전이 있던 다음날에는 고성의 적진포(赤珍浦)에 정박중인 왜선 13척을 쳐서 불태웠다.

제1차 출동 후 전력을 보강하고 전선을 정비한 뒤 다음 출동에 대비하고 있던 그는 일본수군의 주력함대가 서쪽으로 나아간다는 정보가 계속 들어오자, 전라우수사 이억기(李億祺)에게 합동으로 출동하여 왜선을 격파할 것을 제의하였다.

그러나 경상우수사 원균으로부터 왜선 10여 척이 사천, 곤양 등지로 진출하였다는 보고를 받고 예정출동일을 변경하여 적에게 선제공격을 가하기로 하였다.

5월 29일 그는 거북선을 앞세우고 23척의 전선으로 여수항을 출항하였다. 노량(露梁) 앞바다에 이르러 전선 3척을 인솔하고 있던 원균이 그의 전함에 올라와 적정을 상세히 설명하였다.

조선수군은 곧 일본수군이 정박중인 사천으로 달려갔다. 이때 왜군은 대부분 상륙하여 있었고 해변에는 왜선 12척이 열박(列泊)하고 있었다. 그는 공격이 용이하지 않자 그들을 바다로 유인하여 섬멸할 계획을 세웠으며, 그 작전계획은 적중하여 왜선 12척을 파괴하고 많은 왜군을 섬멸하였다.
　이 싸움에서 군관(軍官) 나대용(羅大用) 등이 부상하였고, 그도 적의 조총탄에 맞아 왼쪽어깨가 뚫리는 부상을 입었다. 이 싸움에서 최초로 출동한 거북선의 위력은 확고한 인정을 받았다.
　6월 2일 왜선이 당포(唐浦)에 정박중이라는 보고를 받은 그는 곧 그곳으로 달려갔다. 당포선창에는 일본수군장 가메이와 구루시마가 인솔하는 대선 9척, 중·소선 12척이 정박하고 있었으며, 일본수군들은 성 안팎에서 방화와 약탈을 자행하다 조선수군을 보고 발포하였으나 거북선을 앞세운 조선수군의 맹렬한 공격으로 대패하고 왜장 구루시마가 전사하였다.
　당포해전 다음날 그의 함대는 가박지(假泊地)인 창신도(昌信島)를 떠났다. 다음날 당포 앞바다에서 왜선이 거제로 향하였다는 정보를 받고 즉시 전함대에 거제출격을 명하고 발선(發船)하려는 때에 전라우수사 이억기가 전선 25척을 이끌고 이곳에 오자 그는 매우 반갑게 맞았다. 5일 아침 전선 51척과 중·소선 수십 척의 연합함대는 일제히 거제로 향하였다.
　이때 피난민으로부터 거제로 도피하였던 왜선단이 다시 당항포로 도주하였다는 정보가 들어왔다. 그와 이억기와의 연합함대는 바로 길을 바꾸어 당항포로 향하였다. 당항포에는 왜의 대선 9척, 중선 4척, 소선 13척이 정박중이었다.
　조선 수군의 습격을 발견한 일본 수군은 먼저 공격을 가해왔다. 아군의 전선들은 전선을 포위하고 먼저 거북선을 돌입시켜 맹공을 가하였다.
　이 싸움에서 왜군은 대패하였고 왜선은 모두 소실되었다. 이와 같이 그는 해전에서의 연승으로 자헌대부(資憲大夫)에 승품되었다.
　그뒤 그는 다시 선제공격으로 거제, 가덕에 출몰하는 일본수군을 격멸하기 위하여 우수사 이억기에게 작전을 전달하고 연합함대의 조직을 통첩하고, 7월 6일 전라좌·우수군이 일제히 출동한 뒤 노량해상에서 경상우수사 원균의 전선 7척과도 합세하였다.
　이때 일본군은 해전에서의 패배를 만회하기 위하여 병력을 증강하여 견내량(見乃梁)에는 적장 와키사카 등이 인솔한 대선 36척, 중선 24척, 소선 13척이 정박하고 있었다.

그는 견내량이 지형이 좁고 활동이 불편하다는 판단 아래 장소를 한산도로 물색하였다. 그는 약간의 판옥선(板屋船)으로 일본의 수군을 공격하면서 한산도 앞바다로 유인한 뒤 학익진(鶴翼陣)을 쳐 일제히 총통(銃筒)을 발사하는 등 맹렬한 공격을 가하여 층각선(層閣船) 7척, 대선 28척, 중선 17척, 소선 7척을 격파하였다. 이 싸움에서 와키사카의 가신(家臣)들이 전사하였다.

그는 이 한산대첩의 공으로 정헌대부(正憲大夫)에 승계(陞階)하였다. 한산대첩 후 그는 다시 전진하여 안골포(安骨浦:창원군 웅천면)의 적선을 격파하였다. 와키사카와 합동작전을 하려던 구키, 가토 등의 일본수군장은 와키사카의 수군이 전멸하였다는 소식을 듣고 안골포에 정박중이었다.

그는 수심이 얕아서 적선을 유인하여 공격하려 하였으나 적선이 포구 밖으로 나오지 않자, 여러 장수에게 명하여 교대로 종일토록 적선을 공격하여 대선을 거의 분멸(焚滅)하였다.

제3차출동의 결과로 가덕도 서쪽의 제해권을 완전히 장악한 그는 왜침의 교두보인 부산포 공격의 결단을 내렸다.

전라좌·우도의 전선 74척, 협선 92척은 8월 24일 좌수영을 떠나 가덕도 근해에서 밤을 지냈다. 공격 전날은 밤을 새우며 원균, 이억기와 작전회의를 하며 부산포 공격에 따른 작전을 구상하였다.

9월 1일 오전 몰운대(沒雲臺)를 지나 파도를 헤치고 다대포를 바라보며 절영도(絶影島:지금의 影島)에 이르렀을 때, 왜의 대선 수척이 아군함대를 보고 도주하였다.

절영도에서는 수척의 적선을 쳐부수고 척후선을 부산포에 보내어 적정을 탐지하게 한 결과, 왜선 약 500척이 선창 동쪽 산기슭 해안에 줄지어 정박해 있고 대선 4척이 초량(草梁) 쪽으로 나오고 있다는 보고였다.

적이 부산포를 요새화한 것을 알게 된 여러 장수들은 부산포로 깊이 들어가기를 꺼렸으나 그는 이를 독전하여 진격을 재촉했다. 우부장(右部將) 정운(鄭運) 등이 선두에 서서 먼저 바다로 나오는 왜선 4척을 공격하여 불사르니, 뒤에 있던 여러 전사들도 함께 돌진하였다.

그러나 3진으로 나누어져 정박중인 일본 수군의 대 중 소 군선 470여 척은 아군의 위용에 눌려 나오지 못하고 있다가 아군이 돌진하며 맹공을 가하자, 배의 안과 성 안, 굴 속에 있던 왜군은 모두 산으로 올라가 아군에게 총통과 화전을 쏘았다.

아군은 이에 맞서 더욱 맹공을 가하며 종일토록 교전하여 적선 100여 척을 격파하였다. 날이 어둡자 그는 육지로 올라가는 것을 포기하고 전함을 돌리게 하였다.

이 싸움에서 적의 피해는 말할 수 없이 컸으며, 아군도 이 해전에서 30여 명의 사망자를 냈으며 특히 녹도만호(鹿島萬戶) 정운이 전사하였다.

1593년 다시 부산과 웅천의 적 수군을 궤멸, 남해안 일대의 적군을 완전히 소탕하고 한산도로 진을 옮겨 본영으로 삼고, 그뒤 최초로 삼도 수군통제사가 되었다.

이듬해 명나라 수군이 내원(來援)하자, 죽도(竹島)에 진을 옮기고, 이어 장문포(長門浦)에서 왜군을 격파, 적군의 후방을 교란하고 서해안으로 진출하려는 왜군의 전진을 막아 이들의 작전에 큰 차질을 가져오게 하였다.

그뒤 명나라와 일본간의 강화회담이 진행되면서 전쟁이 소강상태에 들어가자, 그는 다음에 다시 있을 대전에 대비하여 군사훈련, 군비확충, 피난민 생업의 보장, 산업장려 등에 힘썼다.

1579년 명·일간의 강화회담이 깨어지자, 본국으로 건너갔던 왜군이 다시 침입하여 정유재란이 일어났다. 그러자 그는 적을 격멸할 기회가 다시 왔음을 기뻐하고 싸움에 만전을 기하였다.

그러나 그는 원균의 모함과 왜군의 모략으로 옥에 갇히는 몸이 되었다. 고니시(小西行長)의 부하이며 이중간첩인 요시라 라는 자가 경상우병사 김응서(金應瑞)에게 가토(加藤淸正)가 어느날 바다를 건너올 것이니 수군을 시켜 이를 사로잡을 것을 은밀히 알려오자, 조정에서는 통제사 이순신에게 이를 실행하라는 명령을 내렸다.

그는 이것이 적의 흉계인 줄 알면서도 부득이 출동하였으나, 가토는 이미 수일 전에 서생포(西生浦)에 들어온 뒤였다.

이때 마침 조정에서는 영의정 유성룡을 몰아내려는 자들이 있었다. 그는 유성룡이 전라좌수사로 추천한 사람이라 이를 구실로 먼저 그가 모함당하게 되었다. 또 그 중에서도 경상우수사 원균 같은 이는 한층더 노골적인 불만을 가졌던 터라 이순신을 모함하는 소를 올리게 되었다.

상소를 받은 선조는 돌아가는 실정을 정확하게 알지 못하여 원균의 상소만을 믿고 크게 노하여 이순신이 명령을 어기고 출전을 지연하였다는 죄를 들어 그에게 벌을 주고 원균으로 하여금 그 직을 대신하게 하였다.

그러나 유성룡은 끝까지 「통제사의 적임자는 이순신밖에 없으며, 만일 한산도를 잃는 날이면 호남지방 또한 지킬 수 없습니다」하고 간청하였지만 사세 판단에 어두운 선조가 그것을 받아들일 리 없었기에, 이순신을 잡아들이라는 명령만을 내렸다.

이때 그는 전선을 거느리고 가덕도 앞바다에 있었는데, 이러한 소식을 듣고 바로 본영인 한산도로 돌아와 진중을 정리하고 원균에게 직위를 인계하였다.

당시 한산도에는 밖에 있는 군량미를 제외하고도 9,414석이었으며, 화약은 4,000근, 총통은 각 선척에 적재한 것을 제외하고도 300자루나 되었다.

이때 영남지방을 순시하던 도체찰사 이원익(李元翼)은 그가 체포되었다는 소식을 듣고 「왜군이 두려워하는 것은 우리의 수군인데, 이순신을 바꾸고 원균을 보내서는 안된다」고 반대하는 치계(馳啓)를 올렸지만 허사였다.

그가 서울로 압송되자, 지나는 곳곳마다 남녀노유 할 것 없이 백성들이 모여들어서 통곡을 하며 「사또는 우리를 두고 어디로 가십니까? 이제 우리는 모두 죽었습니다」하였다.

서울로 압송된 그는 이미 해전에서 혁혁한 공을 세워 나라를 위기에서 구하였지만, 그러한 공로도 아랑곳없이 가혹한 고문이 계속되었다.

그러나 그는 남을 끌어들이거나 헐뜯는 말은 한 마디도 없이 자초지종을 낱낱이 고하였다.

죽음 직전에서 그는 우의정 정탁(鄭琢)의 변호로 간신히 목숨을 건지고 도원수 권율(權慄)의 막하(幕下)로 들어가 두 번째 백의종군을 하게 되었다.

남해안으로 향하던 그는 중도에서 어머니의 부고를 받고「세상천지에서 나같은 일을 겪는 수도 있을까. 일찍이 죽는 것만 같지 못하다」하고 한탄하면서 잠시 들러 성복(成服)을 마친 다음 슬픔을 이기고 다시 남쪽으로 향하였다.

그해 7월 삼도수군통제사 원균이 적의 유인전술에 빠져 거제 칠천양(漆川洋)에서 전멸됨으로써 그가 힘써 길러온 무적함대는 그 형적조차 찾아볼 수 없게 되었고, 한산도의 군비는 그 형체를 알아볼 수 없었다.

초계(草溪)에서 이 소식을 들은 그는「우리가 믿은 것은 오직 수군인데 그같이 되었으니 다시 희망을 걸 수 없게 되었구나」하며 통곡하였다.

원균의 패보가 조정에 이르자 조야(朝野)가 놀라서 어찌할 바를 몰랐고, 왕은 비국대신(備局大臣)들을 불러 의논하였으나 당황하여 바로 대답도 못하였다. 오직 병조판서 이항복(李恒福)만이 그를 다시 통제사로 기용할 것을 주장하였을 뿐이었다.

이리하여 조정을 기만하고 임금을 무시한 죄, 적을 토벌하지 않고 나라를 저버린 죄, 다른 사람의 공을 빼앗고 모함한 죄, 방자하여 꺼려함이 없는 죄 등의 많은 죄명을 뒤집어씌워 죽이려고까지 하였던 그를 다시 통제사로 기용하지 않을 수 없었다.

이에 선조도 변명할 말이 궁하였던지 교서(敎書)에서「지난 번 경의 관직을 빼앗고 죄를 주게 한 것은 또한 사람이 하는 일이라 잘 모르는 데서 나온 것이오. 그래서 오늘날 패전의 욕을 보게 된 것이니 그 무엇을 말할 수 있겠소」하고 썼다.

통제사에 재임용된 그는 남해 등지를 두루 살폈으나 남은 군사 120

인에 병선 12척이 고작이었다. 그러나 실망하지 않고 조정의 만류에도 불구하고 수전에서 적을 맞아 싸울 것을 결심하였다.

명량해전에 앞서 장병에게 필승의 신념을 일깨운 다음 8월 15일 12척의 전선과 빈약한 병력을 거느리고 명량에서 133척의 적군과 대결하여 31척을 부수는 큰 전과를 올렸다.

이 싸움은 재차 통제사로 부임한 뒤의 최초의 대첩이며 수군을 재기시키는데 결정적인 구실을 한 싸움이었다.

명량대첩으로 다시 제해권을 되찾은 그는 보화도(목표의 고하도)를 본거지로 삼았다가 다음해 2월에 고금도(古今島)로 옮긴 다음, 군사를 옮겨 진을 치고 백성들을 모집하여 둔전을 경작시켰다.

이로 인하여 장병들이 다시 모여들고 피난민들도 줄을 이어 돌아와서 수만가를 이루게 되었으며 군진(軍鎭)의 위용도 예전 한산도시절에 비하여 10배를 능가할 수 있게 되었다.

이렇듯 단시일에 제해권을 회복하고 수군을 재기시킬 수 있었던 것은 오로지 그의 개인적 능력에 의한 것이었다.

1598년 11월 19일 그는 노량에서 퇴각하기 위하여 집결한 500척의 적선을 발견하고 싸움을 기피하려는 명나라 수군제독 진린(陣璘)을 설득하여 공격에 나섰다.

그는 함대를 이끌고 물러가는 적선을 향하여 맹공을 가하였고, 이것을 감당할 수 없었던 일본군은 많은 사상자와 선척을 잃었다. 그러나 선두(船頭)에 나서서 전군을 지휘하던 그는 애통하게도 적의 유탄에 맞았다.

그는 죽는 순간까지「싸움이 바야흐로 급하니 내가 죽었다는 말을 삼가라」하고 조용히 눈을 감았다. 운명을 지켜보던 아들은 슬픔을 이기지 못하여 그대로 통곡하려 하였으나, 이문욱(李文彧)이 곁에서 곡을 그치게 하고 옷으로 시신을 가려 보이지 않게 한 다음, 북을 치며 앞으로 나아가 싸울 것을 재촉하였다.

군사들은 통제사가 죽지 않은 줄로 알고 기운을 내어 분전하여 물러나는 왜군을 대파하였으며, 모두들「죽은 순신이 산 왜군을 물리쳤다」며 외쳤다. 부음(訃音)이 전파되자 호남사람들은 노구·아동 할 것 없이 모두 애통해 하였다.

  그는 그 지극한 충성심, 숭고한 인격, 위대한 통솔력으로 보아 임진왜란 중에 가장 뛰어난 무장으로 큰 공을 세워 위기에 처한 나라를 구하였을 뿐만 아니라 민족사에 독보적으로 길이 남을 인물이었다.

  그는 글에도 능하여「난중일기」, 시조 등의 뛰어난 작품을 남겼으며, 특히 진중(陳中)에서 읊은 시조들은 우국충정이 담긴 걸작품으로 꼽히고 있다.

  1604년 선무공신(宣武功臣) 1등에 녹훈되고 덕풍부원군(德豊府院君)에 추봉되었으며, 좌의정에 추증, 1613년(광해군 5년) 다시 영의정이 더해졌다.

  묘는 충청남도 아산군 음봉면 어라산(於羅山)에 있으며, 왕이 친히 지은 비문과 충신문(忠臣門)이 건립되었다.

  충무의 충렬사(忠烈祠), 순천의 충민사(忠愍祠), 아산의 현충사(顯忠祠) 등에 제향하였는데, 이 중에 현충사의 규모가 가장 크다.

  현충사는 조선 숙종연간에 이 고장의 유생들이 그의 사당을 세울 것을 상소하여 1707년(숙종 33년)에 사액(賜額), 현충사가 입사(入祠)되었다.

  그뒤 일제강점기 때에 동아일보사가 주최가 되어 전국민의 성금을 모아 현충사를 보수하였고, 제3공화국 때 대통령 박정희(朴正熙)의 특별지시에 의하여 현충사의 경역을 확대, 성역화 하고 새로이 전시관을 설치하여 종가에 보존되어 오던「난중일기」와 그의 유품들을 전시하고 있다. 또한 그의 일대와 중요한 해전을 그린 십경도(十景圖)가 전시되어 있다.

  시호는 충무(忠武), 저서로는「이 충무공 전서」가 전한다.

임진난 극복의 사령탑

# 유성룡(柳成龍)
1542(중종 37) ~ 1607(선조 40)

조선 중기의 문신 유성룡은 의성출생으로 본관은 풍산이며 자는 이견(而見), 호는 서애(西厓)다. 공작(公綽)의 손자로, 황해도 관찰사 중영의 아들이며 어머니는 진사 김광수(金光粹)의 딸이다. 또 이황의 문인으로 김성일(金誠一)과 동문수학했으며 친분이 두터운 사이였다.

1564년(명종 19년) 생원·진사가 되고, 다음해 성균관에 들어가 수학한 다음, 1566년 별시문과에 병과로 급제하였고, 승문원권지부정자가 되었다. 이듬해 정자를 거쳐 예문관검열로 춘추관기사관을 겸직하였다.

1568년(선조 1년) 대교, 다음해 전적·공조좌랑을 거쳐 감찰로서 성절사(聖節使)의 서장관(書狀官)이 되어 명나라에 갔다가 이듬해 돌아왔다. 이어 부수찬, 지제교로 경연검토관(經筵檢討官), 춘추관기사관을 겸한 뒤, 수찬에 제수되어 사가독서(賜暇讀書)를 하였다.

그뒤 정언, 병조좌랑, 이조좌랑, 부교리, 이조정랑, 교리, 전한, 장령, 부응교, 검상, 사인, 응교 등을 역임한 뒤, 1578년 사간이 되었다.

이듬해 직제학, 동부승지, 지제교로 경연참찬관(經筵慘贊官), 춘추관수찬을 겸하고, 이어 이조참의를 거쳐 1580년에는 부제학에 올랐다.

1582년 대사간, 우부승지, 도승지를 거쳐, 대사헌에 승진하여 왕명을 받고「황화집서(皇華集序)」를 찬진(撰進)하였다.

1583년 다시 부제학이 되어「비변오책(備邊五策)」을 지어 올렸으며, 그해 함경도관찰사에 특제되었으나 어머니의 병으로 사양하고 나아가지 않았으며, 이어 대사성에 임명되었으나 역시 사양하고 나아가지 않다가 경상도관찰사에 임명되었다. 다음해 예조판서로 동지경연춘추관사(同知經筵春秋館事), 제학을 겸하였으며, 다음해 왕명으로「정충록발(靜忠錄跋)」을 지었고, 또 그 다음해에「포은집」을 교정하였다.

1588년 양관대제학에 올랐으며, 다음해 대사헌, 병조판서, 지충추부사를 역임하고 왕명을 받아「효경대의발」을 지어 바쳤다.

이해 정여립의 모반사건으로 기축옥사가 있게 되자 여러 차례 벼슬을 사직하였으나 왕이 허락하지 않자 소(疏)를 올려 물러났다.

1590년 우의정에 승진, 광국공신(光國功臣) 3등에 녹훈되고 풍원부원군에 봉하여졌다.

이해 정여립의 모반사건에 관련되어 죽게 된 최영경(崔永慶)을 구제하려는 소를 초안하였으나 올리지 못하였다.

다음해 우의정으로 이조판서를 겸하고 이어 좌의정에 승진하여 역시 이조판서를 겸하였으며, 이해 건저문제(建儲問題)로 서인 정철(鄭澈)의 처벌이 논의될 때 동인 중의 온건파인 남인(南人)에 속하여 같은 동인의 강경파인 북인(北人)의 이산해(李山海)와 대립하였다.

왜란이 있을 것에 대비하여 형조정랑 권율(權慄)과 정읍현감 이순신(李舜臣)을 각각 의주목사와 전라도좌수사에 천거하였으며, 경상우병사 조대곤(曺大坤)을 이일(李鎰)로 교체할 것을 요청하는 한편, 진관법(鎭管法)을 예전대로 고칠 것을 청하였다.

1592년 3월에 일본사신이 우리 경내에 이르자, 선위사(宣慰使)를 보낼 것을 청하였으나 허락하지 않아 일본사신은 그대로 돌아갔다.

그해 4월에 판윤 신립(申砬)과 군사(軍事)에 관하여 논의하며 일본의 침입에 따른 대책을 강구하였다.

4월 14일 일본이 대거 침입하자 병조판서를 겸하고, 도체찰사로 군무(軍務)를 총괄하였다.

이어 영의정이 되어 왕을 호종(扈從), 평양에 이르러 나라를 그르쳤다는 반대파의 탄핵을 받고 면직되었다.

의주에 이르러 평안도도체찰사가 되고, 이듬해 명나라의 장수 이여송(李如松)과 함께 평양성을 수복, 그뒤 충청·경상·전라 3도의 도체찰사가 되어 파주까지 진격하였다.

이해 다시 영의정에 올라 4도의 도체찰사를 겸하여 군사를 총지휘 하였으며, 이여송이 벽제관(碧蹄館)에서 대패하여 서로(西路)로 퇴각하는 것을 극구 만류하였으나 뜻을 이루지 못하고, 권율과 이빈으로 하여금 파주산성을 지키게 하고 제장(諸將)에게 방략을 주어 요해(要害)를 나누어 지키도록 하였다.

그해 4월 이여송이 일본과 화의하려 하자 그에게 글을 보내 화의를 논한다는 것은 나쁜 계획임을 역설하였다.

또 군대양성과 함께 절강기계(浙江器械)를 본떠 화포 등 각종 무기의 제조, 성곽의 수축을 건의하여 군비확충에 노력하였으며, 소금을 만들어 굶주리는 백성을 진휼할 것을 요청하였다.

10월 선조를 호위하고 서울에 돌아와서 훈련도감을 설치할 것을 요청하였으며, 변응성(邊應星)을 경기좌방어사로 삼아 용진(龍津)에 주둔하게 함으로써 반적(叛賊)들의 내통을 차단시킬 것을 주장하였으며, 1594년 훈련도감이 설치되자 제조(提調)가 되어「기효신서(紀效新書)」를 강해(講解)하였다.

또 호서의 사사위전(寺社位田)을 훈련도감에 소속시켜 군량미를 보충할 것과 조령(鳥嶺)에 관둔전(官屯田)을 설치할 것을 요청하는 등 명나라와 일본과의 화의가 진행되는 기간에도 군비보완을 위하여 계속 노력하였다.

1598년 명나라 경략(經略) 정응태(丁應泰)가 조선이 일본과 연합하여 명나라를 공격하려 한다고 본국에 무고한 사건이 일어나자, 이 사건의 진상을 변명하러 가지 않는다는 북인들의 탄핵으로 관작을 삭탈당하였다가 1600년에 복관되었으나 다시 벼슬을 하지 않고 은거하였다. 1604년 호성공신(扈聖功臣) 2등에 책록되고 다시 풍원부원군에 봉하여졌다.

도학, 문장, 덕행, 글씨로 이름을 떨쳤고, 특히 영남유생들의 추앙을 받았다. 묘지는 안동군 풍산읍 수이리 뒷산에 있다. 안동의 병산서원(屛山書院) 등에 제향되었다.

저서로는「징비록」,「서애집」등 다수가 있지만 대부분 전해지지 않고 있다.

파당을 초월한 대인의 양심

이항복(李恒福)
1556(명종 11) ~ 1618(광해군 10)

조선 중기의 문신 이항복은 경주이씨로 자를 자상(子常), 호를 필운(弼雲), 또는 백사(白沙)라 한다. 고려의 대학자 이제현의 후손으로 참찬 몽량(夢亮)의 아들이다.

그는 오성부원군(鰲城府院君)으로 봉해졌기 때문에 오성대감으로 널리 알려졌고, 특히 죽마고우인 이덕형(李德馨)과 얽혀진 해학적인 이야기들이 많다.

9세 때 아버지를 여의고 어머니 슬하에서 자랐는데 소년시절에는 부랑배의 우두머리로서 헛되이 세월을 보냈으나 어머니의 교훈에 영향을 받고 학업에 열중하였다.

1571년(선조 4년)에 어머니를 여의고, 삼년상을 마친 뒤 성균관에 들어가 학문에 힘써 명성이 높았다. 영의정 권철(權轍)의 아들인 권율(權慄)의 사위가 되었다.

1575년에 진사초시에 오르고 1580년 알성문과에 병과로 급제하여 승문원부정자가 되었다. 이듬해에 예문관검열이 되었을 때 마침 선조의「강목(綱目)」강연(講筵)이 있었는데, 고문을 천거하라는 왕명에 따라 이이(李珥)에 의하여 이덕형 등과 함께 5명이 천거되어 한림에 오르고, 내장고(內藏庫)의「강목」한 질씩을 하사받고 옥당에 들어갔으며, 1583년에 사가독서의 은전을 입었다.

그뒤 옥당의 정자, 저작, 박사, 예문관봉교, 성균관 전적과 사간원의 정언 겸 지제교, 수찬, 이조좌랑 등을 역임하였다.

1589년에 예조좌랑으로 있을 때 역모사건이 발생하였는데 문사낭청(問事郎廳)으로 친국에 참여하여 선조의 두터운 신임을 받았다.

신료 사이에 비난이나 분쟁이 있을 때 삼사에 출입하여 이를 중재하고 시비를 공평히 판단, 무마하였기 때문에 그의 덕을 입은 사람도 많았다.

대사간 이발(李潑)이 파당을 만들려 함을 공박하였다가 비난을 받고 세 차례나 사직하려 하였으나 선조가 허락하지 않고 특명으로 옥당에 머물게 한 적도 있다. 그뒤 응교, 검상, 사인, 전한, 직제학, 우승지를 거쳐 1590년에 호조참의가 되었고, 정여립(鄭汝立)의 모반사건을 처리한 공로로 평난공신(平難功臣) 3등에 녹훈되었다.

그 이듬해 정철(鄭澈)의 논죄가 있었는데 모든 사람들이 자신에게 화가 미칠 것이 두려워 정철을 찾는 사람이 없었으나, 그는 좌승지의 신분으로 날마다 그를 찾아가 담화를 계속하여 정철사건의 처리를 태만히 하였다는 공격을 받고 파직되기도 하였으나 곧 복직되고 도승지에 발탁되었다. 이때 대간의 공격이 심했으나 대사헌 이원익(李元翼)의 적극적인 비호로 진정되었다.

1592년 임진왜란이 일어나자 왕비를 개성까지 무사히 호위하고, 또 왕자를 평양으로, 선조를 의주까지 호종하였다. 그동안 그는 이조참판으로 오성군에 봉해졌고, 이어 형조판서로 오위도총부도총관을 겸하였으며 곧이어 대사헌 겸 홍문관제학, 지경연사, 지춘추관사, 동지성균관사, 세자좌부빈객, 병조판서 겸 주사대장(舟師大將), 이조판서 겸 홍문관대제학, 예문관대제학, 지의금부사 등을 거쳐 의정부 우참찬에 승진되었다.

그동안 이덕형과 함께 명나라에 원병을 청할 것을 건의하기도 하였고 남도지방에 사신을 보내 근왕병을 일으켜야 한다고 하여 윤승훈(尹承勳)을 해로로 호남지방에 보내어 근왕병을 일으키게 하였다.

선조가 의주에 머무르면서 명나라에 구원병을 요청하였는데 명나라에서는 조선이 왜병을 끌어들여 명나라를 침공하려 한다며 병부상서 석성(石星)이 황응양(黃應暘)을 조사차 보냈는데, 그가 일본이 보내온 문서를 내보여 의혹이 풀려 마침내 구원병의 파견을 보았다.

그리하여 만주 주둔군 조승훈(祖承訓), 사유(史儒)의 3,000병력이 파견되어왔으나 패전하자 그는 중국에 사신을 보내어 대병력으로 구원해줄 것을 청하자고 건의하였다.

그리하여 이여송(李如松)의 대병력이 들어와 평양을 탈환하고, 이어 서울을 탈환, 환도하게 되었다.

다음해에 세자를 남쪽에 보내 분조(分朝)를 설치하고 경상도와 전라도의 군무를 맡아보게 하였는데 그는 대사마(大司馬)로서 세자를 받들어 보필하였다.

1594년 봄에 전라도에서 송유진(宋儒眞)의 반란이 일어나자 여러 관료들이 세자와 함께 환도를 주장하였으나 그는 반란군 진압에 도움이 되지 못한다고 상소하여 이를 중단시키고 반란을 곧 진압시켰다.

그는 병조판서, 이조판서, 홍문관과 예문관의 대제학을 겸하는 등 여러 요직을 거치며 안으로는 국사에 힘쓰고 밖으로는 명나라 사절의 접대를 전담하였다. 명나라 사신 양방형(楊邦亨)과 양호(楊鎬) 등도 존경하고 어려운 일이 있을 때마다 찾았던 능란한 외교가이기도 하였다.

1598년에 우의정 겸 영경연사, 감춘추관사(監春秋館事)에 올랐는데, 이때 명나라 사신 정응태(丁應泰)가 같은 사신인 경략(經略) 양호를 무고한 사건이 발생하자 그는 우의정으로 진주변무사(陣奏辨誣使)가 되어 부사(副使) 이정구(李廷龜)와 함께 명나라에 들어가 소임을 마치고 돌아와 토지와 재물 등 많은 상을 받았다.

그뒤 문홍도(文弘道)가 휴전을 주장했다고 하여 유성룡(柳成龍)을 탄핵하자 그도 함께 휴전에 동조하였다 하여 자진하여 사의를 표명하고 병을 구실로 나오지 않았다.

그러나 조정에서 그를 도원수 겸 체찰사에 임명하자, 남도 각지를 돌며 민심을 선무, 수습하고 안민방해책(安民防海策) 16조를 지어 올리기도 하였다.

1600년에 영의정 겸 영경연, 홍문관, 예문관, 춘추관사, 세자사(世子師)에 임명되고 다음해에 호종1등공신에 녹훈되었다.

1602년 정인홍, 문경호 등이 최영경을 모함, 살해하려 했다는 장본인이 성혼(成渾)이라고 발설하자 삼사에서는 성혼을 공격하였는데, 그는 성혼을 비호하고 나섰다가 정철의 편당으로 몰려 영의정에서 자진사퇴하였다.

1608년에 다시 좌의정 겸 도체찰사에 제수되었으나 이해에 선조가 죽고 광해군이 즉위하여 북인이 정권을 잡게 되었다. 그는 광해군의 친형인 임해군(臨海君)의 살해음모를 반대하다가 정인홍 일당의 공격을 받고 사의를 표했으나 수리되지 않았다.

그뒤 정인홍이 이언적(李彦迪)과 이황의 문묘배향을 반대한 바 있어 성균관유생들이 들고 일어나 정인홍의 처벌을 요구했다가 도리어 유생들이 구금되는 사태가 벌어져 권당(捲堂:동맹휴학)이 일어났는데 그의 주장으로 겨우 광해군을 설득, 무마하여 해결하기도 하였다.

이로 인하여 그는 정인홍 일당의 원한과 공격을 더욱 받게 되었으며, 곧이어 북인세력에 의하여 자행된 선조의 장인 김제남(金悌男) 일가의 멸문지환, 선조의 적자 영창대군(永昌大君)의 살해 등 북인파당의 흉계가 속출하였고, 그의 항쟁 또한 극렬하여 북인파당의 원망의 표적이 되었다.

그리하여 1613년(광해군 5년)에 인재천거를 잘못하였다는 구실로 이들의 공격을 받고 물러나와 별장 동강정사(東岡精舍)를 새로 짓고 동강노인(東岡老人)으로 자칭하면서 지냈는데, 이때 광해군은 정인홍 일파의 격렬한 파직처벌의 요구를 누르고 좌의정에서 중추부로 자리만을 옮기게 하였다.

1617년에 인목대비 김씨가 서궁에 유폐되고, 이어 왕비에서 폐위당하여 평민으로 만들자는 주장에 맞서 싸우다가 1618년에 관직이 삭탈되고 함경도 북청으로 유배되어 그곳 적소에서 세상을 떠났다.

죽은 해에 관직이 회복되고 이해 8월에 고향 포천에 예장되었다.

그뒤 포천과 북청에 사당을 세워 제향하였을 뿐만 아니라 1659년(효종 10년)에는 화산서원(花山書院)이라는 사액(賜額)이 내려졌으며, 1746년(영조 22년)에는 승지 이종적을 보내 영당(影堂)에 제사를 올리고 후손을 관에 등용하게 하는 은전이 있었으며, 1832년(순조 32년)에는 임진왜란 발발 네 번째 회갑을 맞아 제향이 베풀어졌다.

1838년(헌종 4년)에는 우의정 이지연(李止淵)의 요청으로 봉사손(奉祀孫)의 관 등용이 결정되기도 하였다. 이정구는 그를 평하기를 「그가 관직에 있기 40년, 누구 한 사람 당색에 물들지 않은 사람이 없을 정도였지만 오직 그만은 초연히 중립을 지켜 공평히 처세하였기 때문에 아무도 그에게서 당색을 찾아볼 수 없을 것이며, 또한 그의 문장은 이러한 기품에서 이루어졌으니 뛰어날 수밖에 없지 않겠는가!」라고 하여 완전에 가까운 그의 기품과 인격을 칭송하기도 하였다.

저술로는 1622년에 간행된 「사례훈몽(四禮訓蒙)」 1권과 「주소계의(奏疏啓議)」 각 2권, 「노사영언(魯史零言)」 15권과 시문 등이 있으며, 이순신(李舜臣) 충렬묘비문을 찬하기도 하였다.

시호는 문충(文忠)이다.

행주대첩의 명장

권율(權慄)
1537(중종 32) ~ 1599(선조 32)

　권율은 조선 중기의 문신이요 명장으로 임진난시 행주대첩을 이끈 사람으로 유명하다.
　본관은 안동, 영의정 철(轍)의 아들이며 이항복의 장인이다.
　1582년(선조 15년) 식년문과에 병과로 급제하여 승문원정자가 되었다. 이어 전적, 감찰, 예조좌랑, 호조정랑, 전라도도사, 경성판관을 지냈다.
　1591년에 재차 호조정랑이 되었다가 바로 의주목사로 발탁되었으나, 이듬해 해직되었다.
　1592년 임진왜란이 일어나자 광주목사에 제수되어 바로 임지로 떠났다. 왜병에 의해 수도가 함락된 뒤 전라도순찰사 이광(李洸)과 방어사 곽영(郭嶸)이 4만여 명의 군사를 모집할 때 광주목사로서 곽영의 휘하에서 중위장(中衛將)이 되어 서울의 수복을 위해 함께 북진하였다.
　이광이 수원과 용인 경내에 이르러 이곳에 진을 친 소규모의 적들을 공격하려 하자 극력 반대하면서 자중책을 말하기도 하였다. 즉 서울이 멀지 않고 대적이 눈앞에 있는 상황에서 적은 적과의 싸움에서 도내의 병력을 소모할 것이 아니라, 조강(祖江)을 건너 임진강을 막아서 서로(西路)를 튼튼히 하여 군량미를 운반할 수 있는 도로를 보장한 다음에 적의 틈을 살피면서 조정의 명을 기다리는 것이 옳겠다는 것이었다.
　그러나 주장인 이광이 듣지 않고 무모한 공격을 취하여 대패하고 선봉장 이시지(李詩之), 백광언(白光彦) 등 여러 장수들이 전사하였으나, 오직 혼자만이 휘하의 군사를 이끌고 광주로 퇴각하여 후사를 계획하였다.
　한편 남원에서 1천여 명의 의군을 모집하여 다시 북진, 금산군에서 전주로 들어오려는 고바야카와의 정예부대를 맞아 동복현감(同福縣監) 황진(黃進)과 함께 이치(梨峙)에서 싸웠다.

이 싸움에서 황진이 총을 맞아 사기가 저하되었으나 굴하지 않고 군사들을 독려하여 왜병을 격퇴시켜 호남을 보존하였다.

그해 가을 이치싸움의 공으로 곧 전라감사에 승진하였다.

12월에 도성 수복을 위해 1만여 명의 군사를 거느리고 북진길에 올라 직산에 이르러 잠시 머물다가, 체찰사 정철(鄭澈)이 군량미 마련 등에 어려움이 있으니 돌아가 관내(管內)를 지키는 것이 좋겠다고 하자, 잠시 주저하였으나 북상하라는 행재소의 전갈을 받고 북진을 계속하였다.

그러나 앞서 용인에서 크게 패한 전철을 다시 밟지 않기 위해서 바로 북상하는 것을 피하고, 수원 독성산성(禿城山城)에 들어가 진지를 구축하였다.

대병이 그곳에 와 있다는 소식을 전해들은 왜병의 총사령관 우키타는 후방의 연락이 단절될 것을 염려한 나머지 도성에 주둔한 왜병을 풀어 삼진(三陣)을 만들고 오산 등 여러 곳에 진을 친 다음 서로 오가게 하며 독성산성의 아군을 밖으로 유인하려 하였다.

그러나 성책을 굳게 하여 지구전(持久戰)과 유격전을 펴가면서 그들에게 타격을 가하자 몇 날이 지난 다음 영책(營柵)을 불사르고 도성으로 물러났다. 적이 퇴각할 때 정예기병 1천을 풀어 적의 퇴로를 기습하여 많은 왜병을 베었다.

그뒤 명나라 원군과 호응하여 도성을 수복하기 위해 독성산성으로부터 서울근교 서쪽 가까이로 옮기기로 하고 먼저 조방장 조경(趙儆)을 보내 마땅한 곳을 물색하도록 하여 행주산성을 택하였다.

조경에게 명하여 2일간에 걸쳐 목책(木柵)을 완성하게 하고 이어 독성산성으로부터 군사를 옮기는 작업을 개시하였다. 대군의 행렬을 위해서 그는 독성산성에 소수의 군사만을 남겨 많은 군사가 계속 남아 있는 것같이 위장한 뒤 불시에 행주산성으로 옮겼다.

그는 행군중에 휘하병 가운데 4천 명을 뽑아 전라병사 선거이(宣居怡)로 하여금 금천(衿川:지금의 시흥)에 주둔하게 하고 도성의 적을 견제하도록 하였다.
 이때 휴정의 고제(高弟) 처영(處英)이 의승병(義僧兵) 1천을 이끌고 당도하였으나, 행주산성에 포진한 총병력은 1만 명 미만이었다.
 그뒤 정예병을 뽑아 도성에 보내어 도전하니 적장들은 이치싸움에서 대패한 경험이 있고, 또 독성산성에서의 치욕을 경험한 탓으로 일거에 침공하여 멸하지 않는 이상 큰 위협을 배제할 수 없다는 생각을 가지게 되었다.
 이리하여 도성에 모인 전군을 총출동시켜 행주산성을 공격한다는 결의를 제장(諸將)의 중론으로 정하고 조선침입에서 한 번도 진두에 나서본 일이 없었던 총대장 우키타를 위시해서 본진장령(本陣將領)들까지 3만의 병력으로 행주산성을 공격하였다.
 왜병은 7대로 나누어 계속하여 맹렬한 공격을 가하여 성이 함락될 위기에까지 직면하였으나, 일사불란한 통솔력과 관군과 의승병이 사력을 다하여 승리를 거둘 수 있었다.
 대패한 적은 물러가기에 앞서 사방에 흩어져 있는 시체를 모아 불을 질렀으나, 그밖에도 유기된 시체가 2백 구에 달했고 타다 남은 시체는 그 수를 헤아릴 수 없을 정도였다.
 권율의 군대는 그들이 버리고 간 기치(旗幟)와 갑주(甲冑), 도창(刀槍) 등 많은 군수물을 노획하였다.
 이것이 1593년 2월 12일에 있었던 행주대첩이다.
 그뒤 권율은 왜병의 재침을 경계하여 행주산성은 오래 견디어내기 어려운 곳으로 판단, 파주산성(坡州山城)으로 옮겨가서 도원수 김명원(金命元), 부원수 이빈 등과 성을 지키면서 정세를 관망하였다.
 그뒤 명나라와 일본 간에 강화회담이 진행되어 일부지역을 제외하고 휴전상태로 들어가자, 군사를 이끌고 전라도로 복귀했다. 그해 6월 행주대첩의 공으로 도원수로 승진되어 영남에 주둔하였는데, 1596년 도망병을 즉결한 죄로 해직되었으나 바로 한성부판윤에 기용되었으며, 호조판서, 충청도관찰사를 거쳐 재차 도원수가 되었다.
 1597년 정유재란이 일어나자 적군의 북상을 막기 위해 명나라 제독 마귀(麻貴)와 함께 울산에 대진하였으나 도어사 양호(楊鎬)의 돌연한 퇴각령으로 철수하였다. 이어 순천 예교(曳橋)에 주둔한 왜병을 공격하려 하였으나, 전쟁의 확대를 꺼리던 명장(明將)들의 비협조로 실패하였다.

1599년 노환으로 관직을 사임하고 고향으로 돌아가 7월에 죽었다.

영의정에 추증되었고, 1604년(선조 37) 선무공신(宣武功臣) 1등에 영가부원군(永嘉府院君)으로 추봉되었다.

1841년 행주에 기공사(紀功祠)를 건립, 그해 사액되었으며, 그곳에 향사되었다.

시호는 충장(忠莊)이다.

의병으로 국난에 뛰어든 장군

곽재우(郭再祐)
1552(명종 7) ~ 1617(광해군 9)

  임진왜란 때 의병장으로 큰 공을 세운 곽재우는 본관이 현풍, 경남 의령 출신이다. 호는 망우당(忘憂堂)이고 황해도 관찰사 월(越)의 아들이며 조식(曺植)의 외손이고 김우옹과는 동서간이다.
  1585년(선조 18년) 34세의 나이로 별시(別試)의 정시(庭試) 2등으로 뽑혔으나, 지은 글이 왕의 뜻에 거슬려서 발표한지 수일 만에 전방(全榜)을 파하여 무효가 되었다.
  그뒤, 과거에 나갈 뜻을 포기하고 남강(南江)과 낙동강의 합류지점인 기강(岐江) 위 돈지(遯池)에 강사(江舍)를 짓고 평생을 은거할 결심이었다. 그러나 그곳에 머문지 3년 만인 1592년 4월 14일에 임진왜란이 일어나서 관군이 대패하자, 같은 달 22일에 의병을 일으켜 관군을 대신해서 싸웠다.
  그 공으로 같은해 7월에 유곡찰방(幽谷察訪)을 시작으로 바로 형조정랑에 제수되었고, 10월에는 절충장군(折衝將軍)에 승진하여 조방장(助防將)을 겸하고, 이듬해 12월 성주목사에 임명되어 삼가(三嘉)의 악견산성(岳堅山城) 등 성지(城地) 수축에 열중하다가 1595년 진주목사로 전근되었으나 벼슬을 버리고 현풍 가태(嘉泰)로 돌아왔다.
  1597년 명나라와 일본간에 진행되던 강화회담이 결렬되고 일본의 재침이 뚜렷해지자, 조정의 부름을 받고 다시 벼슬에 나가 경상좌도 방어사로 현풍의 석문산성(石門山城)을 신축하였으나, 그 역(役)을 마치기도 전에 왜군이 침입하여 8월에 창녕의 화왕산성(火旺山城)으로 옮겨 성을 수비하였다.
  그뒤 계모 허씨가 사망하자 성을 나와 장의를 마친 뒤, 벼슬을 버리고 울진으로 적을 피해갔다.
  1599년 다시 경상우도방어사에 임명되었으나 상중임을 구실로 나가지 아니하였고, 그해 9월 경상좌도병마절도사에 제수되었으나 10월에 이르러서야 부임하였고, 이듬해 봄에 병을 이유로 벼슬을 버리고 귀향하자, 사헌부의 탄핵을 받고 전남 영암으로 귀향갔다가 2년만에 풀려났다.

그뒤 현풍 비슬산에 들어가 곡식을 금하고 솔잎으로 끼니를 이어가다가, 영산현(靈山縣) 남쪽 창암진(滄巖津)에 강사를 짓고 망우정(忘憂亭)이라는 현판을 걸고 여생을 보낼 설계를 세웠다.

그러나 다시 조정의 부름을 받고 거절할 수 없어 1604년(선조 37) 찰리사(察理使)가 되었고, 이어 선산부사로 임명되었으나 나가지 않고 찰리사라는 벼슬마저 사퇴하였다. 곧 안동부사에 임명되었으나 역시 나가지 않았고, 그해 10월 절충장군용양위부호군에 제수되고, 다음달 가선대부용양위상호군에 승진하였다.

그뒤 동지중추부사, 한성부우윤을 역임하고, 1608년(광해군 즉위년)에 다시 경상좌도병마절도사, 용양위부호군을 거쳐 이듬해에 경상우도병마절도사, 삼도수군통제사에 제수되었으나 나가지 않았다.

1610년 광해군의 간청으로 서울에 올라가 호분위(虎賁衛)의 부호군, 호분위의 대호군(大護軍)겸 오위도총부의 부총관(副摠管)에 제수되었고, 이어 한성부좌윤에 임명되었으나 나가지 않자 바로 함경도관찰사로 바꾸어 발령하였다.

1612년(광해군 4년) 전라도병마절도사에 임명되었으나 병을 칭탁하고 나가지 않았으며, 이듬해 영창대군(永昌大君)을 신구(伸救)하는 상소문을 올리고 낙향하였다.

1616년 창암강사에서 장례원판결사를 제수받았으나 역시 나가지 아니하였고, 이듬해 죽었다.

그는 의병활동 초기에는 의령의 정암진(鼎巖津)과 세간리(世干里)에 지휘본부를 설치하고 의령을 고수하는 한편, 이웃 고을인 현풍, 창녕, 영산, 진주까지를 그의 작전지역으로 삼고 유사시에 대처하였다. 스스로 천강홍의장군이라하여 적군과 아군의 장졸에게 위엄을 보이고, 단기(單騎)로 적진에 돌진하거나 의병을 구사하여 위장전술을 펴서 적을 직접 공격하거나, 유인하여 매복병으로 하여금 급습을 가한다든가, 유격전을 펴서 적을 섬멸하는 전법을 구사하였다.
　수십인으로 출발한 의병은 2천인에 이르는 큰 병력을 휘하에 가질 수 있었으며, 그 병력으로 많은 전공을 세웠다.
　1592년 5월 하순경 함안군을 완전 점령하고 정암진(솥바위나루) 도하작전을 전개한 왜병을 맞아 싸워 대승을 거둠으로써, 경상우도를 보존하여 농민들로 하여금 평상시와 다름없이 경작할 수 있게 하였고, 그들의 진로를 차단하여 왜군이 계획한 호남진출을 저지할 수 있었다.
　또한 기강을 중심으로 군수물자와 병력을 운반하는 적선척을 기습하여 적의 통로를 차단하는데 성공하였으며, 현풍, 창녕, 영산에 주둔한 왜병을 공격하여 물리치고, 그해 10월에 있었던 김시민(金時敏)의 1차 진주성 싸움에는 휘하의 의병을 보내서 승리로 이끄는데 기여하기도 하였다.
　정유재란 때는 밀양, 영산, 창녕, 현풍 등 네 고을의 군사를 이끌고 화왕산성을 고수하여 적의 접근을 막기도 하였다.
　필체가 웅건, 활달했고 시문에도 능했다.
　묘지는 현 경상북도 달성군 구지면 신당동에 있다. 죽은 뒤에 그의 사우(祠宇)에 예연서원(禮淵書院)이라는 사액이 내려졌고, 1709년 (숙종 35) 병조판서 겸 지의금부사가 추증되었다.
　저서로는「망우당집」이 있다.
　시호는 충익(忠翼)이다.

임진란의 의병장

김덕령(金德齡)
1567(선조 즉위년) ~ 1596(선조 29)

임진왜란 때 의병장 김덕령은 전남 광주 출신이다. 본관은 광산, 자는 경수(景樹), 아버지는 붕섭(鵬燮)이고 어머니는 남평반씨로 직장(直長) 계종(繼宗)의 딸이다. 20세에 그의 형 덕홍(德弘)과 함께 성혼(成渾)의 문하에서 수학하였다.

1592년 임진왜란이 일어나자 형과 함께 의병을 일으켜 고경명(高敬命)과 연합하여 전라도 경내로 침입하는 왜적을 물리치기 위해 전주에 이르렀을 때 돌아가서 어머니를 봉양하라는 형의 권고에 따라 귀향하였다.

1593년 어머니 상중에 담양부사 이경린(李景麟), 장성현감 이귀(李貴) 등의 권유로 담양에서 의병을 일으켜 그 세력이 일대에 크게 떨치자, 선조로부터 형조좌랑의 직함과 함께 충용장(忠勇將)의 군호를 받았다.

1594년 세자의 분조(分朝)로 세워진 무군사(撫軍司)에 지략과 용맹이 알려져 세자로부터 익호장군(翼虎將軍)의 칭호를 받고 이어서 선조로부터 다시 초승장군(超乘將軍)의 군호를 받았다.

그뒤 최담령(崔聃齡)을 별장으로 하여 남원에 머물다가 다시 진주로 옮겼는데, 이때 조정에서는 작전상의 통솔과 군량조달의 문제로 각처의 의병을 통합, 충용군에 속하도록 하였으며, 이로써 의병장이 되어 곽재우와 함께 권율(權慄)의 막하에서 영남 서부지역의 방어임무를 맡았다. 왜적의 전라도 침입을 막기 위하여 진해, 고성 사이에 주둔하며 적과 대치하였으나 이때 강화회담이 진행중이어서 별다른 전투상황도 없고, 또 군량의 부족으로 그 예하 3천여 명 가운데 호남 출신 5백여 명만 남기고 모두 귀농시켰다.

그해 10월 거제도의 왜적을 수륙양면으로 공격할 때 선봉장으로 활약하여 이를 크게 무찌르고 이어서 1595년 고성에 상륙하려는 왜적을 기습, 격퇴시켰다.

그뒤 진주에 둔전을 설치하는 등 장기전에 대비하여 출전의 차비를 갖추었지만, 강화의 추진으로 출전의 기회가 주어지지 않자 울화가 생겨 과음을 하고 군법을 엄하게 함에 막료, 군졸간의 불평의 소리가 높았고, 조정에서도 실망한 나머지 그에 대한 논의가 빈번히 제기되었다.

1596년에는 도체찰사 윤근수(尹根壽)의 노복을 장살하여 투옥되었으나 영남유생들의 상소와 정탁(鄭琢)의 변호로 곧 석방되었다.

그해 7월 홍산(鴻山)에서 이몽학(李夢鶴)이 반란을 일으키자 도원수 권율의 명을 받아 진주에서 운봉(雲峯)까지 진군하였다가, 난이 이미 평정되었다는 소식을 듣고 광주로 돌아가려 하였으나 허락받지 못해 진주로 돌아왔다.

이때 이몽학과 내통하였다는 충청도체찰사 종사관 신경행(辛景行)과 모속관(募粟官) 한현(韓絢)의 무고로 최담년, 곽재우, 고언백, 홍계남 등과 함께 체포되었다.

이에 정탁, 김응남(金應南) 등이 그의 무관함을 힘써 변명하였으나 20일 동안에 여섯 차례의 혹독한 고문으로 옥사하였다.

그는 체구가 작지만 날래고 민첩하며 신용(神勇)이 있었다고 하여 용력에 대한 전설적인 이야기가 많다.

1661년(현종 2년)에 신원(伸寃)되어 관작이 복구되고, 1668년 병조참의에 추증되었다.

1681년(숙종 7년)에 다시 병조판서로 추증되고 1710년에 봉사손(奉祠孫)인 수신(守信)도 녹용되었다.

1788년(정조 12년) 의정부좌참찬에 추증되고 부조특명(不祧特命)이 내려졌다.

죽기 전에 지었다는 「춘산곡(春山曲)」시조 한 수가 전한다.

1678년(숙종 4년) 광주의 벽진서원(碧津書院)에 제향되었는데 이듬해 의열사(義烈祠)로 사액되었다.

시호는 충장(忠壯)이다.

正義의 師表, 淸白한 재상

이원익(李元翼)
1547(명종 2) ~ 1634(인조 12)

키가 작아 「키작은 재상」으로 불려졌던 이원익은 조선 중기의 문신이다. 본관은 전주이고 한성부 유동 달천방(達川坊) 출신이다. 호는 오리(梧里), 태종의 아들 익녕군 치의 4세 손으로 억재(億載)의 아들이다.

15세에 동학(東學:4학 중의 하나)에 들어가 수학하여 1564년(명종 19년)에 사마시에 합격하고 1569년(선조 2년) 별시문과에 병과로 급제하여 그 이듬해 승문원권지부정자로 활동하였다.

사람과 번잡하게 어울리는 것을 싫어하였고 공적인 일이 아니면 외출도 잘 하지 않는 성품이었다.

유성룡이 일찍부터 그의 비범함을 알고 있었다고 한다. 정자, 저작 겸봉 상직장을 거쳐 1573년 성균관 전적이 되었으며 그해 2월 성절사 권덕여의 질정관(質正官)으로 북경(北京)에 다녀왔다. 그뒤 호조, 예조, 형조의 좌랑을 거쳐 그 이듬해 가을 황해도도사에 임명되었다. 이 시기에 병적(兵籍)을 정비하면서 실력을 발휘하였는데, 특히 이이(李珥)에게 인정되어 여러 차례 중앙관으로 천거되었다.

1575년 가을 정언이 되어 중앙관으로 올라온 뒤, 지평, 헌납, 장령, 수찬, 교리, 경연강독관, 응교, 동부승지 등을 역임하였다.

1583년 우부승지로 있을 때, 도승지 박근원과 영의정 박순(朴淳)의 사이가 좋지 않아 왕자사부 하락(河洛)으로부터 승정원이 탄핵을 받은 바 있었는데, 다른 승지들은 도승지 박근원과 영의정 박순의 불화문제에서 기인된 것이라고 주장하고 화를 면하려 하였으나, 그는 다른 승지와는 달리 동료를 희생시키고 자신만이 책임을 면할 수 없는 일이라고 상주하여 파면되어 5년간 야인으로 있었다.

그뒤 1587년 이조참판 권극례의 추천으로 안주목사에 기용되었다. 그는 양곡 1만여 석을 청하여 기민을 구호하고 종곡(種穀)을 나누어 주어 생업을 안정시켰다. 또 졸병들의 훈련근무도 연 4차 입번(入番)하던 제도를 6번제로 고쳐 시행하였다. 이는 군병을 넷으로 나누어 1년에 3개월씩 근무하게 하던 것을, 1년에 2개월씩 하게 함으로써 백성들의 부담을 경감시킨 것이다.

이 6번 입번제도는 그뒤 순찰사 윤두수(尹斗壽)의 건의로 전국적인 병제로 정해지게 되었다.

그리고 이 안주지방에는 뽕을 심어 누에 칠 줄을 몰랐는데, 그가 권장하여 백성들로부터 이공상(李公桑 : 이원익에 의하여 계발된 누에치기)이라는 별명까지 얻었다.

그뒤 임진왜란 전까지 형조참판, 대사헌, 호조와 예조판서, 이조판서 겸 도총관, 지의금부사 등을 역임하였다.

임진왜란이 발발하자 이조판서로서 평안도도순찰사의 직무를 띠고 먼저 평안도로 행하였고, 선조도 평양으로 파천하였으나 평양이 위태롭게 되자 영변으로 옮겼다.

이때 겨우 3,000여 명으로 평양을 수비하고 있었는데 당시 총사령관 김명원(金命元)의 군통솔이 잘 안되고 군기가 문란함을 보고, 먼저 당하에 내려가 김명원을 원수(元帥)의 예로 대함으로써 군의 질서를 확립하였다,

평양이 실함되자 정주로 가서 군졸을 모집하고, 관찰사 겸 순찰사가 되어 왜병토벌에 전공을 세웠다.

1593년 정월에 이여송(李如松)과 합세하여 평양을 탈환하고 그 공로로 숭정대부(崇政大夫)에 가자되었으며, 선조가 환도한 뒤에도 평양에 남아서 군병을 관리하였다.

1595년에 우의정 겸 4도체찰사로 임명되었으나, 주로 영남체찰사영에서 일하였다.

이때 명나라의 정응태가 경략(經略) 양호(楊鎬)를 중상모략한 사건이 발생하여 조정에서는 명나라에 보낼 진주변무사를 인선하고 있었는데, 당시 영의정 유성룡에게「내 비록 노쇠하였으나 아직도 갈 수는 있지만 다만 학식이나 언변은 기대하지 말라」하고 자원하였다.

그러나 정응태의 방해로 소임을 완수하지 못하고 귀국하였다. 귀

국 후 선조로부터 많은 위로와 칭찬을 받았고 영의정에 임명되었다.
　그러나 당시 이이첨 일당이 유성룡을 공격하여 정도(正道)를 지켜온 인물들이 모두 내몰림을 당하자 이를 상소하고 병을 이유로 사직하고 나오지 않았다. 그뒤 중추부사에 임명되었다가 그해 9월 영의정에 복직되었다.
　이때 정영국(鄭榮國)과 채겸길(蔡謙吉)이 홍여순(洪汝淳), 임국로(任國老)를 두둔하면서 조정대신을 공격하였는데 그는 당파의 폐해로 여기고 이의 근절을 요구하였고, 또 선조가 세자에게 양위하려는 것을 극력 반대하고 영상직을 물러났다.
　1600년에 다시 좌의정을 거쳐 도체찰사에 임명되어 영남지방과 서북지방을 순무하고 돌아왔다.
　1604년에 호성공신에 녹훈되고 완평부원군(完平府院君)에 봉해졌다. 광해군 즉위 후에 다시 영의정이 되었는데, 그는 전쟁복구와 민생 안정책으로 국민의 부담을 경감시키기 위하여 김육(金堉)이 건의한 대동법(大同法)을 경기도지방에 한하여 실시하여 토지 1결(結)당 16두(斗)의 쌀을 공세(貢稅)로 바치도록 하였다.
　광해군이 난폭해지자 신변의 위험을 무릅쓰고 대비에 대한 효도, 형제간의 우애, 여색에 대한 근신, 국가재정의 절검 등을 극언으로 간쟁하였고, 임해군(臨海君)의 처형에 극력 반대하다가 실현되지 못하자 병을 이유로 고향으로 내려갔다.
　정조(鄭造), 윤인 등에 의하여 대비폐위론이 나오자, 그는 가족의 만류를 뿌리치고 극렬한 어구로 상소문을 초하여, 홍천으로 유배되었으며 뒤에 여주로 이배되었다.
　1623년(인조 1년) 인조반정으로 광해군이 축출되고 인조가 즉위하자 제일 먼저 영의정으로 부름을 받았으며, 광해군을 죽여야 한다는 여론이 높아지자, 인조에게 자신이 광해군 밑에서 영의정을 지냈으므로 광해군을 죽여야 한다면 자신도 떠나야 한다는 말로 설복하여 광해군의 목숨을 구하기도 하였다.
　1624년 이괄의 난 때에는 80세에 가까운 노구로 공주까지 왕을 호종하였으며, 1627년 정묘호란 때에는 도체찰사로 세자를 호위하여 전주로 갔다가 강화도로 와서 왕을 호위하였으며 서울로 환도하여 훈련도감 제조에 제수되었다.
  그러나 고령으로 체력이 쇠하여 사직을 청하고 낙향하였으며 그뒤 여러 차례 왕의 부름이 있었으나 응하지 않았다.
  성품이 소박하고 단조로워 과장이나 과시할 줄을 모르고 소임에 충실하고 정의감이 투철하였다. 다섯 차례나 영의정을 지냈으나 그의 집은 두어 칸짜리 오막살이 초가였으며, 퇴관 후에는 조석거리조차 없을 정도로 청빈하였다 한다.
  저서로는 「오리집」, 「속오리집」, 「오리일기」 등이 있으며, 가사로 「고공답주인가」가 있다.
  인조의 묘정(廟庭)에 배향되었다.
  시호는 문충(文忠)이다.

國難에 뛰어든 高僧

휴정(休靜)
1520(중종 15) ~ 1604(선조 37)

임진왜란 때 승군장(僧軍將)을 맡은 조선 중기의 고승(高僧)이다. 완산최씨로 이름은 여신(汝信), 아명은 운학(雲鶴), 호는 청허(淸虛), 별호를 백화도인(白華道人) 또는 서산대사(西山大師)라 했다. 법명이 휴정이다.

평안도 안주출신으로 아버지는 세창(世昌)이며 어머니는 김씨이다. 어머니 김씨는 노파가 찾아와 아들을 잉태하였다며 축하하는 태몽을 꾸고 이듬해 3월에 그를 낳았다.

3세되던 해 사월초파일에 아버지가 등불 아래에서 졸고 있는데 한 노인이 나타나「꼬마 스님을 뵈러 왔다」고 하며 두 손으로 어린 아들을 번쩍 안아 들고 몇 마디 주문을 외우며 머리를 쓰다듬은 다음 아이의 이름을「운학」이라 할 것을 지시하였다. 그뒤 아명은 운학이 되었다.

어려서 아이들과 놀 때에도 남다른 바가 있어 돌을 세워 부처라 하고, 모래를 쌓아 올려놓고 탑이라 하며 놀았다. 9세에 어머니가 죽고 이듬해 아버지가 죽게 되자 안주목사 이사증(李思曾)을 따라 서울로 옮겨 성균관에서 3년 동안 글과 무예를 익혔다. 과거를 보았으나 뜻대로 되지 않아 친구들과 같이 지리산의 화엄동, 칠불동 등을 구경하면서 여러 사찰에 기거하던 중, 영관대사(靈觀大師)의 설법을 듣고 불법을 연구하기 시작하였다.

그곳에서「전등(傳燈)」,「염송」,「화엄경」,「원각경」,「능엄경」,「유마경」,「반야경」,「법화경」등의 깊은 교리를 탐구하던 중, 깨달은 바 있어 스스로 시를 짓고 삭발한 다음 숭인장로(崇仁長老)를 스승으로 모시고 출가하였다.

그뒤 영관으로부터 인가를 받고 운수(雲水)행각을 하며 공부에만 전념하다가 1549년(명종 4년) 승과(僧科)에 급제하였고, 대선(大

選)을 거쳐 선교양종판사(禪敎兩宗判事)가 되었다.
 1556년 선교양종판사직이 승려의 본분이 아니라 하고 이 자리에서 물러나 금강산, 두류산, 태백산, 오대산, 묘향산 등을 두루 행각하며 스스로 보임(保任)하였고, 후학을 만나면 친절히 지도하였다.
 1589년(선조 22년) 「정감록」의 미신에 의하여 정여립(鄭汝立)이 왕위에 오른다는 유언비어를 퍼뜨려 역모(逆謀)를 꾀한 사건이 일어났는데, 이 역모에 가담한 요승 무업(無業)이 휴정과 유정(惟政)이 자신과 함께 역모에 가담하였다고 주장하여 투옥되었다.
 그러나 그의 공초(供招)가 명백하였으므로, 선조는 무죄석방하면서 손수 그린 묵죽(墨竹) 한폭을 하사하였다.
 휴정은 그 자리에서 시를 지어 선조에게 올렸다. 이에 선조도 그의 시에 감동하여 한 수를 지었는데 「청허당집」권수에 수록되어 있다.
 1592년 임진왜란이 일어나자 선조는 평양으로 피난하였다가 다시 의주로 피난하였다. 이때 선조는 묘향산으로 사신을 보내어 나라의 위급함을 알리고 휴정을 불렀다.
 노구를 무릅쓰고 달려온 휴정에게 선조는 나라를 구할 방법을 물었고, 휴정은 늙고 병들어 싸움에 나아가지 못할 승려는 절을 지키게 하면서 나라를 구할 수 있도록 부처에게 기원하도록 하고, 나머지는 자신이 통솔하여 전쟁터로 나아가 나라를 구하겠다고 하였다. 그리고 곧 전국에 격문을 돌려서 각처의 승려들이 구국에 앞장서도록 하였다. 이에 제자 처영(處英)은 지리산에서 궐기하여 권율의 휘하에서, 유정은 금강산에서 1,000여 명의 승군을 모아 평양으로 왔다.
 휴정은 문도 1,500의 의승을 순안 법흥사(法興寺)에 집결시키고 스스로 의승군을 통솔하였으며, 명나라 군사와 함께 평양을 탈환하였다.
 선조는 그에게 팔도선교도총섭(八道禪敎都摠攝)이라는 직함을 내렸으나 나이가 많음을 이유로 군직을 제자인 유정에게 물려주고, 묘향산으로 돌아가 나라의 평안을 기원하다가, 선조가 서울로 환도할 때 700여 명의 승군을 거느리고 개성으로 나아가 어가(御駕)를 호위하여 맞이하였다.

선조가 서울로 돌아오자 그는 승군장의 직을 물러나 묘향산으로 돌아와 열반을 준비하였다. 이때 선조는 정2품 당상관 작위를 하사하여 나라에 있어서의 공과 불교에 있어서의 덕을 치하하였다.

그뒤에도 여러 곳을 순력하다가 1604년 1월 묘향산 원적암(圓寂庵)에서 설법을 마치고 자신의 영정(影幀)을 꺼내어 그 뒷면에 「80년 전에는 네가 나이더니 80년 후에는 내가 너로구나」라는 시를 적어 유정과 처영에게 전하게 하고 가부좌하여 앉은 채로 입적하였다.

나이 85세, 법랍 67세였다. 입적한 뒤 21일 동안 방 안에서는 기이한 향기가 가득하였다고 한다.

묘향산의 안심사(安心寺), 금강산의 유점사에 부도를 세웠고, 해남의 표충사(表忠祠), 밀양의 표충사, 묘향산의 수충사(酬忠祠)에 제향하였다.

구국전장에 뛰어든 僧兵將

# 유정(惟政)
1544(중종 39) ~ 1610(광해군 2)

조선 중기의 고승(高僧)으로 속성은 풍천임씨다. 호는 사명당(四溟堂)이며 경남 밀양출신이다.

7세를 전후하여 할아버지에게 사략(史略)을 배우고 13세 때 맹자를 배웠다. 1558년(명종 13년)에 어머니가 죽고, 1559년에 아버지가 죽자 김천 직지사로 출가하여 신묵(信默)의 제자가 되었다. 3년 뒤 승과(僧科)에 합격하자 많은 유생들과 교유하였는데, 특히 20세 연장인 박순(朴淳)과 5세 연하인 임제(林悌)와 가까이 지냈다.

당시의 재상인 노수신으로부터 노자, 장자, 문자(文子), 열자(列子)와 시를 배웠다.

그뒤 직지사의 주지를 지냈으며, 1575년(선조 8년) 선종의 중망(衆望)에 의하여 선종수사찰(禪宗首寺刹)인 봉은사(奉恩寺)의 주지로 천거되었으나 사양하고, 묘향산 보현사(普賢寺)의 휴정(休靜)을 찾아가서 선리(禪理)를 참구하였다.

이듬해 해인사에 잠시 머물렀고, 다시 휴정의 곁에서 도를 닦다가 1578년부터 팔공산, 금강산, 청량산, 태백산 등을 다니면서 선을 닦았으며, 1568년 옥천산 상동암(上東庵)에서 오도하였다.

그뒤 오대산 영감사(靈鑑寺)에 머물렀는데 1589년 정여립의 역모사건에 연루되었다는 모함을 입어 강릉부의 옥에 갇히게 되었으나, 강릉의 유생들이 무죄를 항소하여 석방되었다.

이듬해 금강산으로 들어가서 수도하던 중 임진왜란이 일어나자 당시 유점사(楡岾寺)에 있으면서 인근 아홉 고을의 백성들을 구출하였다.

이때 조정의 근왕문(勤王文)과 스승 휴정의 격문을 받고 의승병을 모아 순안으로 가서 휴정과 합류하였다. 그곳에서 의승도대장(義僧都大將)이 되어 의승병 2,000명을 이끌고 평양성과 중화(中和) 사이의 길을 차단하여 평양성 탈환의 전초 역할을 담당하였다.
　1593년 1월 명나라 구원군이 주축이 되었던 평양성 탈환의 혈전에 참가하여 혁혁한 전공을 세웠고, 그해 3월 서울 근교의 삼각산 노원평(蘆原坪) 및 우관동 전투에서도 크게 전공을 세웠다.
　선조는 그의 전공을 포장하여 선교양종판사(禪敎兩宗判事)를 제수하였다. 그뒤 전후 네 차례에 걸쳐 적진에 들어가서 가토(加藤淸正)와 회담을 가졌다. 제1차회담은 1594년 4월 13~16일 서생포 일본 본진에서 열렸는데, 강화 5조약으로 제시된 ① 천자와 결혼할 것, ② 조선 4도를 일본에 할양할 것, ③ 전과 같이 교린할 것, ④ 왕자 1명을 일본에 보내어 영주하게 할 것, ⑤ 조선의 대신·대관을 일본에 볼모로 보낼 것 등을 하나하나 논리적인 담판으로 척파하였다. 제2차회담(1594년 7월 12~16일), 제3차회담(1594년 12월 23일), 제4차회담(1597년 3월 18일)에도 대표로 나아가 강화 5조약의 모순성을 지적하고 적들의 죄상을 낱낱이 척파하였다.
　특히 2차의 적진 담판을 마치고 돌아와 선조에게 그 전말과 적정을 알리는 「토적보민사소(討賊保民事疏)」를 올렸는데, 이 상소문은 문장이 웅려하고 그 논조가 정연하여 보민토적(保民討賊)의 이론을 전개함은 물론, 그 실천방도를 제시하였다. 첫째, 모든 국민을 총동원하여 빈틈없는 작전으로 적을 격퇴하여야 한다. 둘째, 교린하여 적을 돌려보낸 뒤 백성을 안위하게 하고 농업을 장려하는 동시에 민력(民力)을 무장하여야 하며, 전쟁에 필요한 군수무기를 준비하여야 한다는 것이다.
　또한 1595년에는 장편의 을미상소를 올렸는데, 전쟁에 대비하여 역사적 안목과 현실을 적절히 파악한 면을 보여주고 있다. 즉 민력을 기르기 위하여 목민관을 가려뽑아 백성을 괴롭히는 탐관오리들을 소탕할 것, 일시적인 강화로 국가백년의 대계를 망각하지 말고 국세회복에 만반의 방어책을 세울 것, 인물본위로 등용하여 천한 사람일지라도 나라에 쓸모있는 역량을 갖춘 사람이면 적소에서 활동할 수 있도록 할 것, 국가기강을 쇄신하며 문란한 기풍을 뿌리뽑고 민력을 북돋아 군정(軍政) 확립의 본을 보일 것, 소(農牛)를 매호하여 중농정책을 확립할 것, 산성을 수축하여 산성마다 군량, 마초, 방어무기를 준비할 것, 승려도 일반 백성과 동일한 처우를 하여 국가 수비의 일익을 담당하게 할 것 등이다.

국방에 있어서도 깊은 관심을 표현하여 산성수축에 착안하였으며 항상 산성개축에 힘을 다하였다. 그가 수축한 산성은 팔공산성, 금오산성, 용기산성, 악견산성, 이순산성, 부산성 및 남한산성 등이다.

그리고 군기제조에도 힘을 기울여 해인사 부근의 야로(冶爐)에서 활촉 등의 무기를 만들었고, 투항한 왜군 조총병을 비변사에 인도하여 화약제조법과 조총사용법을 가르치도록 하였다.

또한 1594년 의령에 주둔하였을 때 군량을 모으기 위하여 각 사찰의 전답에 봄보리를 심도록 하였고, 산성 주위를 개간하여 정유재란이 끝날 때까지 군량미 4,000여 석을 비장하였다.

선조는 그의 공로를 크게 인정하여 가선대부동지중추부사(嘉善大夫同知中樞府事)의 벼슬을 내렸다.

1604년 2월 오대산에서 스승 휴정의 부음을 받고 묘향산으로 가던 중 선조의 부름을 받고 조정으로 가서 일본과의 강화를 위한 사신으로 임명받았다.

1604년 8월 일본으로 가서 8개월 동안 노력하여 성공적인 외교성과를 거두었고, 전란 때 잡혀간 3,000여 명의 동포를 데리고 1605년 4월에 귀국하였다.

그해 6월 국왕에게 복명하고 10월에 묘향산으로 들어가 비로소 휴정의 영전에 절하였다.

그뒤 병을 얻어 해인사에서 요양하다가 1610년 8월 26일 설법하고 결가부좌한 채 입적하였다.

제자들이 다비하여 홍제암(弘濟庵) 옆에 부도와 비를 세웠다.

밀양의 표충사(表忠祠), 묘향산의 수충사(酬忠祠)에 제향되었으며, 저서로는 문집인「사명당대사집」7권과「분충서난록」1권 등이 있다.

시호는 자통홍제존자(慈通弘濟尊者)이다.

실학정신의 현장실용자

# 이수광(李睟光)
1563(명종 18) ~ 1628(인조 6)

   조선 중기의 문학자요 유학자인 이수광은 전주(全州)인이다. 자는 윤경(潤卿), 호는 지봉(芝峯), 아버지는 병조판서였던 희검(希儉)이며, 어머니는 문화유씨이다.
   16세 때 초시에 합격하였고 17세에 아버지를 여의었다. 20세에 진사가 되었고, 1585년(선조 18년) 23세에 승문원 부정자가 되었으며, 27세에 성균관 전적을 거쳐 그 이듬해에는 호조와 병조의 좌랑을 지냈고, 성절사(聖節使)의 서장관으로 명나라를 다녀왔다.
   30세 되던 해 임진왜란이 일어나자 경상도방어사 조경(趙儆)의 종사관이 되어 종군하였으나, 아군의 패배소식을 듣고 의주로 돌아가 북도선유어사(北道宣諭御史)가 되어 함경도지방의 선무활동에 공을 세웠다.
   1597년 35세에 성균관 대사성이 되었는데, 그해 정유재란이 일어나고 또 명나라 서울에서 중극전(中極殿)과 건극전(建極殿) 등 궁전이 불타게 되자 그는 진위사(陳慰使)로서 두번째 명나라를 다녀왔다. 이때 명나라 서울에서 안남(安南:베트남)의 사신을 만나 화답하면서 교유하였던 사실이 주목된다.
   39세에 부제학으로「고경주역(古經周易)」을 교정하였고 그 이듬해「주역언해」를 교정하였으며, 41세에는「사기」를 교정하였다.
   1605년 43세에 조정 관료들과 뜻이 맞지 않아 안변부사로 나갔다가 이듬해 병으로 사직하고 돌아와 1607년 겨울 다시 홍주목사로 부임하였다가 1609년(광해군 1년) 돌아왔다.
   1611년 왕세자의 관복(冠服)를 주청하는 사절의 부사로 세번째 명나라를 다녀왔다. 이때에 유구(琉球) 사신과 섬라(타이) 사신을 만나 그들의 풍속을 듣고 기록하였다.
   정국이 혼란하여지자 1616년 순천부사가 되어 지방관으로 나가 지방행정에 전념하다가 57세에 임기를 마치고 돌아와서는 수원에 살면서 모든 관직을 사양하여 나아가지 않다가, 1623년 인조반정이 되자 도승지 겸 홍문관제학으로 임명되고 대사간, 이조참판, 공조참판을 역임하였다.

1625년 대사헌으로서 왕의 구언(求言)에 응하여 12조목에 걸친 「조진무실차자(條陣懋實箚子)」를 올려 시무를 논하여 당시 가장 뛰어난 소장(疏章)이라는 평을 받았다.

1628년 7월 66세에 이조판서에 임명되었으나 그해 12월에 세상을 떠났다.

그는 일찍이 관직에 나아가 중요한 관직을 모두 지냈으며, 세 차례나 명나라에 사신으로 다녀왔던 일만으로 보아도 관료로서의 구실을 충분히 하였다는 것을 알 수 있다.

특히 그의 활동 시기에는 임진왜란과 정묘호란을 치르고, 광해군 때의 정치적 갈등과 인조 때의 이괄(李适)의 반란을 겪었던 어려웠던 정국에 살면서도 당쟁에 휩쓸리지 않았으며, 언제나 강직하면서도 온화한 입장을 지켜 그 시대의 성실하고 양식있는 관료요 선비로서의 자세를 지켰다.

그에게 있어서 가장 중요한 면모는, 사회적 변동기에 새로운 사상적 전개방향을 탐색하고 개척한 학자로서의 구실에서 찾아볼 수 있다. 즉 그는 조선사회가 전기에서 후기로 변화하는 과정에서 사회변화와 더불어 발생하게 될 실학파의 선구적 인물로, 사상사 내지 철학사에서 중요한 위치를 가지는 것이다.

이수광이 두드러지게 활동하던 반세기 초기는 이미 16세기 후반에 있어 이퇴계와 이율곡으로 정점을 이루는 성리학의 이론이 성숙되었던 다음 시대로서 김장생, 정구 등에 의하여 예학(禮學)이 융성하게 일어났던 시기이다. 이와같이 도학의 정통성은 확립되었지만 임진왜란의 충격 속에 사회질서의 변화가 진행되었을 때는, 사상적으로도 정통적 도학의 성리학적 관심에서 벗어난 새로운 요구가 대두되었던 시기이다.

그것은 곧 한백겸의 「기전유제설(箕田遺制說)」에서 보여준 실증적 고증에 의하여 고대의 전제(田制)에 있어서 주자의 견해도 추측에서 나온 것에 지나지 않음을 밝혔던 사실이나, 남언경, 이요 등 양명학의 이론에 호의를 가지는 태도의 출현을 들 수 있다.

이때의 이수광의 사상적 성격을 분석하여 보면, 주자학을 존중하는 입장에 있으면서도 그 당시 주자학의 기본문제인 태극, 이기, 사단, 칠정 등 성리학의 이론에 뛰어들지 않고, 심성(心性)의 존양(存養)에 치중하는 수양론적 문제를 학문적 중추문제로 삼고 있는데 그 특징이 있다.

비록 성리학의 이론적 분석이나 논변은 조선 후기를 통하여 지속적으로 발전하였던 것은 사실이지만, 이수광은 이러한 전통적 성리학파의 입장으로부터 벗어나려는 새로운 방향을 탐색하고 있다는 사실을 보여주고 있다.

또한 그의 철학적 기본문제가 심성의 이기론적 개념분석이 아니라 수양론적 실천방법의 탐색이라는 것은, 그만큼 그의 철학이 관념철학을 벗어나 실천철학적 성격을 지니는 것임을 말하여준다.

그의 저술 「지봉유설」 가운데 유도부(儒道部)에서, 학문, 심학(心學), 과욕(寡慾), 초학(初學), 격언의 5항목으로 분류하고 있는 사실도 주자학에서 존중되는 도체(道體)의 문제나 성리학적 과제를 젖혀두고, 심성의 수양론적 관심 속에서 유학을 분류하고 있음을 보여준다.

그는 「조진무실차자」에서 정치의 효과를 이루지 못하고 사회가 어지러워지는 것은 모두 부실한 병 때문이라 지적하였고 모든 일을 처리하는 관건은 성(誠)에 있으며 성이 곧 실(實)임을 밝히고, 실심으로 실정(實政)을 행하고 실공(實功)으로 실효를 거둘 것을 주장하면서, 생각마다 모두 실하고 일마다 실할 것을 요구하는 무실(懋實)을 강조하였다. 그의 무실론은 구체적 현실의 성이면서 동시에 도덕적 성실성의 요구이다. 성을 모든 것에 일관하는 원리로 삼고, 이 성의 현실적 실현을 추구하는 것은 실학정신의 근원적 사유방법임을 확인할 수 있다.

또 그는 학(學)은 활쏘기와 같아서 과녁을 지향하는 것이라 밝히면서, 학문은 입지(立志)와 지향하는 바가 중요함을 강조하는 것도 진리의 기준에 대한 끊임없는 요구를 가지고 있음을 보여준다.

또한 그의 학문적 개방정신과 더불어 학문의 수양론적 기능에 대한 요구에서, 학문은 습(習)을 귀하게 여기며 습을 통하여 숙(熟)이 이루어진다는 사실을 강조하는 학습론(學習論)을 엿볼 수 있다. 함양성찰(涵養省察)하는 수양의 과정이 곧 학습이요 살아 움직이는 마음의 배양, 즉 성숙인 것이다.

이수광의 이러한 사상적 성격을 통하여 그의 철학적 특성이 도학의 정통성을 발판으로 하면서도 성리학의 이론적 천착에로 나가는 방향이 아니라, 인격과의 구체적 실현을 추구하는 실학정신의 발휘에로 지향하고 있음을 확인할 수 있다. 따라서 이수광은 한 선구적 위치와 구실을 감당하고 있는 비중을 지니고 있다 하겠다.

이수광은 66세로 세상을 떠난 뒤에 영의정으로 추증되었으며, 수원의 청수서원(淸水書院)에 제향되었다.

저술로는 「지봉집」 31권, 부록 3권이 있으며 「찬록군서」 25권이 있다고는 하나 확실하지 않다.

시호는 문간(文簡)이다.

조선의학의 집대성

# 허준(許浚)
1546(명종 1) ~ 1615(광해군 7)

조선 중기의 의인(醫人)으로서 김포에서 태어났으며 본관은 양천, 자를 청원(淸源)이라 했고 호는 구암(龜巖)이다. 그의 할아버지 곤은 무과출신으로 경상도 우수사를 지냈고 아버지 윤도 무관으로 용천부사를 지냈다.

그러나 허준은 무과에 지원하지 않고 29세인 1574년(선조 7년) 의과에 급제하여 의관으로 내의원(內醫院)에 봉직하면서 내의, 태의, 어의로서 명성을 높였을 뿐 아니라 「동의보감」을 편술하여 우리나라 의학의 실력을 청나라 및 일본에까지 과시하였다.

1575년 2월에 어의로서 명나라의 안광익(安光翼)과 함께 임금의 병에 입진(入診)하여 많은 효과를 보게 하였으며, 1578년 9월에는 내의원 첨정으로 당시에 새로 출판된 「신간보주동인유혈침구도경」이라는 것을 하사받았다.

1581년에 고양생(高陽生)의 원저인 「찬도맥결(纂圖脉訣)」을 교정하여 「찬도방론맥결집성(纂圖方論脉訣集成)」 4권을 편성하여 맥법진단의 원리를 밝혔다.

1587년 10월에 어의로서 태의 양예수, 이공기, 남응명 등과 함께 입진하여 상체(上體)가 평복함으로써 호피(虎皮) 일영을 받았으며, 1590년 12월에 왕자의 두창(痘瘡)이 쾌차하였으므로 당상(堂上)의 가자(加資)를 받았다.

이때에 정원(政院), 사헌부, 사간원에서 허준의 의료에 관한 공로는 인정하나 의관으로서 당상가자를 받는 것은 지나친 상사라하여 여러 차례 그 가자를 거두기를 계청(啓請)하였으나, 그것은 당연한 처사라고 하면서 허락하지 않았다.

그리고 1592년에 임진왜란이 일어나면서 허준은 선조의 피난지인 의주까지 호종하여 왕의 곁을 조금도 떠나지 않고 끝까지 모셔 호종공신(扈從功臣)이 되었으며, 그뒤에도 어의로서 내의원에 계속 출사하여 의료의 모든 행정에 참여하면서 왕의 건강을 돌보았다.

그러던 중 1596년에 선조의 명을 받들어 유의(儒醫) 정작, 태의 양예수, 김응탁, 이명원, 정예남 등과 함께 내의원에 편집국을 설치하고 「동의보감」을 편집하기 시작하였으나 그 다음해에 다시 정유재란을 만나 의인들은 사방으로 흩어지고 편집의 일은 중단되었다.

그뒤 선조는 다시 허준에게 명하여 단독으로 의서편집의 일을 맡기고 내장방서(內藏方書) 500권을 내어 고증하게 하였는데, 허준은 어의로서 내의원에서 의무에 종사하면서 조금도 쉬지 않고 편집의 일에 전심하여 10여 년 만인 1610년(광해군 2년)에 완성을 보게 되었는데, 25권 25책이다.

「동의보감」은 그 당시의 의학지식을 거의 망라한 임상의학의 백과전서로서 내경(內景), 외형(外形), 잡병(雜病), 탕액(湯液), 침구(鍼灸) 등 5편으로 구성되어 있다.

이 책은 우리나라의 의학실력을 동양 여러 나라에 드러나게 한 동양의학의 보감으로서, 출판된 뒤 곧 일본과 중국에 전해져서 오늘에 이르기까지 계속 출판되어 귀중한 한방임상의학서가 되었다.

허준은 「동의보감」 이외에도 많은 의방서 등을 증보 개편하거나, 또는 알기 쉽게 한글로써 해석, 출판하였다. 1601년 세조 때에 편찬한 「구급방(救急方)」을 「언해구급방(諺解救急方)」으로 주해하였으며, 임원준의 「창진집(瘡疹集)」을 「두창집요(痘瘡集要)」로 그 이름을 바꾸어 언해, 간행하였으며, 1608년에는 노중례의 「태산요록(胎産要錄)」을 「언해태산집요」라는 이름으로 간행하였다. 그리고 1612년에는 당시 유행하던 전염병들을 구료하기 위하여 「신찬벽온방(新纂辟瘟方)」 1권과 「벽역신방(辟疫神方)」 1권을 편집하여 내의원에서 간행, 반포하게 하였다.

전자인 「신찬벽온방」은 그 전해 12월에 함경도와 강원도 양도에서 온역(瘟疫)이 유행하여 남으로 내려와서 각 도에 전파되므로 이미 전해오던 「간이벽온방(簡易辟瘟方)」을 다시 알기 쉽게 개편한 것이며, 후자인 「벽역신방」은 그해 12월에 각 지방에서 발진성(發疹性)

의 열병인 당독역(唐毒疫)의 유행을 방지하기 위하여 편집하였다.

이러한 의방서들의 편찬은 「동의보감」과 함께 우리나라 명의로서의 관록을 더욱 자랑할 수 있게 하였다.

그리고 허준은 내의, 태의, 어의로서 선조의 총애를 계속 받아왔다. 1601년에는 내의로서 정헌대부(正憲大夫), 지중추부사(知中樞府事)를 서임하였고, 1604년 6월에는 충근정량호성공신 3등에 복명하면서 숙마(熟馬) 한 필을 하사받았으며, 1606년 정월에 양평군 정일품 보국숭록대부를 가자받았다.

그런데 종래 우리나라의 계급으로서 의업은 중서급(中庶級)에 속하였는데, 허준이 대신들과 계급을 같이하는 동반(東班)의 부군(府君)과 보국(輔國)의 지위를 가지게 됨으로써 사간원과 사헌부에서 여러 차례에 걸쳐 개정할 것을 계청하였다.

처음에는 그럴 필요가 없다는 것을 고집하였으나 선조도 끈질긴 계속적인 계청에 할 수 없이 그 가자를 한 때 보류하도록 하였다.

1607년 11월에 선조의 환후가 점차로 위독하게 되어 그 다음해 2월에 죽을 때까지 허준은 입진의 수의(首醫)로서 다른 어의들을 독려하여 어약을 논하는 모든 일을 전담하였다.

광해군이 왕위에 오른 뒤에도 어의로서 왕의 측근에서 총애를 받아왔다. 선조가 죽은 뒤 종래의 예에 따라 주치의 수의에게 책임을 물어 형식적으로 대죄(待罪)를 하게 되었으나 광해군의 만류로 사면되었다.

1613년 11월에 70세를 일기로 죽게 되자, 호성(扈聖) 공로의 어의로서 선조가 일찍이 보류하였던 부원군과 보국의 가자를 추증하였다.

허준은 의인으로서 최고의 영예인 당상의 부군과 보국의 지위를 가졌던 것이다.

불우했던 개혁주의자

허균(許筠)
1569(선조 2) ~ 1618(광해군 10)

조선 중기의 문신으로 파란만장한 생애를 보낸 허균은 홍길동전의 저자로 더 유명하다. 본관은 양천(陽川), 자는 단보(端甫), 호는 교산(蛟山), 학산(鶴山), 성소(惺所), 백월거사(白月居士) 등이 있다.

그의 아버지는 서경덕의 문인으로서 학자이며 문장가로 이름이 높았던 동지중추부사 엽(曄)이며 어머니는 후취인 강릉김씨로서 예조판서 광철(光轍)의 딸이다.

임진왜란 직전 일본통신사의 서장관으로 일본에 다녀온 성이 이복형이며, 봉과 난설헌이 동복형제이다.

5세 때부터 글을 배우기 시작하여 9세 때 시를 지을 줄 알았다. 12세 때 아버지를 잃고 더욱 시공부에 전념하였다.

학문은 유성룡(柳成龍)에게 나아가 배웠으며, 시는 삼당시인(三唐詩人)의 하나인 이달(李達)에게 배웠다. 이달은 둘째 형의 친구로서 당시 원주의 손곡리(蓀谷里)에 살고 있었는데 그에게 시의 묘체를 깨닫게 해주었으며, 인생관과 문학관에도 많은 영향을 주었다.

그뒤 26세 때인 1594년(선조 27년) 정시문과에 을과로 급제하고 설서(說書)를 지냈고, 1597년에 문과 중시(重試)에 장원하였다.

이듬해 황해도 도사(都事)가 되었는데, 서울의 기생을 끌어들여 가까이 하였다는 탄핵을 받고 여섯 달만에 파직되었다.

그 뒤에 춘추관 기주관(春秋館記注官), 형조정랑을 지내고, 1602년 사예(司藝), 사복시정(司僕侍正)을 역임하였으며, 이해에 원접사 이정구(李廷龜)의 종사관이 되어 활약하였다.

1604년 수안군수(遂安郡守)로 부임하였다가 불교를 믿는다는 탄핵을 받고 또다시 벼슬길에서 물러났다.

1606년 명나라 사신 주지번을 영접하는 종사관이 되어 글재주와 넓은 학식으로 이름을 떨치고, 누이 난설헌의 시를 주지번에게 보여 이를 중국에서 출판하는 계기를 만들었다. 이 공로로 삼척부사가 되었으나 여기서도 석달이 못 되어 불상을 모시고 염불과 참선을 한다는 탄핵을 받아 쫓겨난다.

그뒤 공주목사로 다시 기용되어 서류(庶流)들과 가까이 지냈으며, 또다시 파직당한 뒤에는 부안으로 내려가 산천을 유람하며 기생 계생(桂生)을 만났고 천민출신의 시인 유희경(柳希慶)과도 교분을 두터이 하였다.

1609년(광해군 1년) 명나라 책봉사가 왔을 때 이상의(李尙毅)의 종사관이 되었다. 이해에 첨지중추부사가 되고 이어 형조참의가 되었다.

1610년 전시(殿試)의 시관으로 있으면서 조카와 사위를 합격시켰다는 탄핵을 받아 전라도 함열로 유배되었다.

그뒤 몇 년간은 태인(泰仁)에 은거하였는데, 1613년 계축옥사에 평소 친교가 있던 서류출신의 서양갑(徐羊甲), 심우영(深友英)이 처형당하자 신변의 안전을 도모하기 위하여 이이첨에게 아부하여 대북(大北)에 참여하였다.

1614년 천추사(千秋使)가 되어 중국에 다녀왔으며, 그 이듬해에는 동지 겸 진주부사로 중국에 다녀왔다.

이 두 차례의 사행에서 많은 명나라 학자들과 사귀었으며 귀국할 때 「태평광기(太平廣記)」를 비롯하여 많은 책을 가지고 왔는데, 그 가운데에는 천주교 기도문과 지도가 섞여 있었다고 한다.

1617년 좌참찬이 되었으며 폐모론을 주장하다가 폐모를 반대하던 영의정 기자헌(奇自獻)과 사이가 벌어지고 기자헌은 길주로 유배를 가게 되었다. 그 아들 기준격(奇俊格)이 아버지를 구하기 위하여 허균의 죄상을 폭로하는 상소를 올렸으며, 허균도 상소를 올려 변명하였다.

1618년 8월 남대문에 격문을 붙인 사건이 일어났는데, 허균의 심복 현응민(玄應旻)이 붙였다는 것이 탄로났으며 허균과 기준격을 대질심문시킨 끝에 역적모의를 하였다 하여 허균은 그의 동료들과 함께 저자거리에서 능지처참을 당하였다.

당시의 허균에 대한 평가는 총명하고 영발(英發)하여 능히 시를
아는 사람이라 하여 문장과 식견에 대한 칭찬을 아끼지 않았다. 그러
나 그 사람됨에 대하여서는 경박하다거나 인륜도덕을 어지럽히고 이
단을 좋아하여 행실을 더럽혔다는 등 부정적 평가를 내리고 있다.
 그의 생애를 통해 볼 때 몇 차례에 걸친 파직의 이유가 대개 그러
한 부정적 견해를 대변해 주고 있다.
 허균은 국문학사에서는 우리나라 최초의 소설인「홍길동전」을 지
은 작가로 인정되고 있다. 한때 그가 지었다는 것에 대하여 이론이
제기되기도 하였으나 그보다 18년 아래인 이식(李植)이 지은「택당
집(澤堂集)」의 기록을 뒤엎을만한 근거가 없는 이상 그를〈홍길동
전〉의 작가로 보아야 할 것이다.
 특히 그의 생애와 그의 논설「호민론(豪民論)」에 나타난 이상적인
혁명가상을 연결시켜볼 때 그 구체적인 형상화가 홍길동으로 나타났
다고 보아도 좋을 것이다.
 그의 문집에 실린「관론(官論)」,「정론(政論)」,「병론(兵論)」,
「유재론(遺才論)」등에서 그는 민본사상과 국방정책, 신분계급의 타
파 및 인재등용과 붕당배척의 이론을 전개하고 있다.
 내정개혁을 주장한 그의 이론은 원시유교사상에 바탕을 둔 것으로
백성들의 복리증진을 정치의 최종목표로 삼아야 한다는 것이다.
 또한 허균은 유교집안에서 태어나 유학을 공부한 유가로서 학문의
기본을 유학에 두고 있으나 당시의 이단으로 지목되던 불교, 도교에
대하여 사상적으로 깊이 빠져들었다.
 특히 불교에 대해서는 한때 출가하여 중이 되려는 생각도 있었으
며 불교의 오묘한 진리를 접하지 않았더라면 한평생을 헛되이 보낼
뻔하였다는 술회를 하기도 하였다.
 불교를 믿어 사헌부의 탄핵을 받아 파직당하고서도 자신의 신념에
는 아무런 흔들림이 없음을 시와 편지글에서 밝히고 있다.
 도교사상에 대해서는 주로 그 양생술과 신선사상에 깊은 관심을
보이고 있으며, 은둔사상에도 지극한 동경을 나타내었다. 은둔생활
의 방법에 대하여 쓴「한정록(閑情錄)」이 있어 그의 관심을 보여주

고 있다.

 허균 자신이 서학(西學)에 대하여 언급한 것은 없으나 몇몇 기록에 의하면, 허균이 중국에 가서 천주교의 기도문을 가지고 온 것을 계기로 하늘을 섬기는 학을 하였다고 하였으니, 이는 곧 그가 새로운 문물과 서학의 이론에 남다른 관심을 보였음을 말해주는 것이다.

 이처럼 예교(禮敎)에만 얽매어 있던 당시 선비사회에서 보면 이단시할 만큼 허균은 다각문화에 대한 이해를 가졌던 인물이며, 편협한 자기만의 시각에서 벗어나 핍박받는 하층민의 입장에서 정치관과 학문관을 피력해나간 시대의 선각자였다.

 그의 문집「성소부부고」는 자신이 편찬하여 죽기 전에 외손에게 전하였다고 하며, 그 부록에「한정록」이 있다.

 그가 스물 다섯살 때 쓴 시평론집「학산초담(鶴山樵談)」이「성소부부고」가운데 실려 있는「성수시화」와 함께 그의 시비평 안목을 보여주는 좋은 자료가 된다.

 반대파에 의해서도 인정받는 그의 시에 대한 감식안은 시선집「국조시산(國朝詩刪)」을 통하여 오늘날까지도 평가받고 있다.「국조시산」에 덧붙여 자신의 가문에서 여섯 사람의 시를 뽑아 모은「허문세고(許門世藁)」가 전한다.

 이밖에「고시선(古詩選)」,「당시선」,「송오가시초」,「명사가시선(明四家詩選)」,「사체성당(四體盛唐)」등의 시선집이 있었다고 하나 전하지 않는다.

 또 임진왜란의 모든 사실을 적은「동정록(東征錄)」은「선조실록」편찬에 가장 중요한 자료가 되었다고 하는데 역시 전하지 않는다. 전하지 않는 저작으로「계축남유초(癸丑南遊草)」,「을병조천록(乙丙朝天錄)」,「서변비로고(西邊備虜考)」,「한년참기(旱年讖記)」등이 있다.

歌辭文學의 大家

정철(鄭澈)
1536(중종 31) ~ 1593(선조 26)

조선 중기의 정치가요 문호(文豪)인 정철은, 본관이 영일이고 자는 계함(季涵), 호는 송강(松江)이다. 서울에서 태어났으며 동녕부 판관 유침(惟沈)의 아들이다.

어려서 인종의 귀인인 큰 누이와 계림군 유의 부인이 된 둘째 누이로 인연하여 궁중에 출입, 같은 나이의 경원대군(慶源大君:명종)과 친숙해졌다. 10세 되던 해인 1545년(명종 즉위년)의 을사사화에 계림군이 관련되자 그 일족으로서 화를 입어 맏형은 장류(杖流) 도중에 죽고 아버지는 유배당하였는데, 그도 관북(關北), 정평(定平), 연일 등 유배지를 따라다녔다.

1551년에 아버지가 귀양살이에서 풀려나자 그 할아버지의 산소가 있는 전라도 담양 당지산(唐旨山) 아래로 이주하게 되고, 이곳에서 과거에 급제할 때까지 10년간을 보내게 된다.

여기에서 임억령(林億齡)에게 시를 배우고 김인후(金麟厚), 송순(宋純), 기대승(奇大升)에게 학문을 배웠으며, 이퇴계, 성혼(成渾), 송익필(宋翼弼) 같은 유학자들과 친교를 맺었다.

17세에 문화유씨 강항(強項)의 딸과 혼인하여 4남 2녀의 자녀를 두었다.

1561년(명종 16년) 26세에 진사시에 1등을 하였고, 이듬해 별시문과에 장원급제하였다.

첫 벼슬은 사헌부지평, 이어 좌랑, 현감, 전적, 도사를 지내다가 31세에 이르러 정랑, 직강, 헌납을 거쳐 지평이 되었다가 함경도암행어사를 지낸 뒤 32세 때 이이(李珥)와 함께 사가독서하였다. 이어 수찬, 좌랑, 종사관, 교리, 전라도 암행어사를 지내다가 40세인 1575년(선조 8년) 벼슬을 버리고 고향으로 돌아갔다. 그뒤 몇 차례 벼슬을 제수받았으나 사양하고, 43세 때 장악원정을 배수하고 조정에 나왔다. 이어 사간, 집의, 직제학을 거쳐 승지에 올랐으나, 진도군수 이수(李銖)의 뇌물사건으로 반대파인 동인의 탄핵을 받아 다시 고향으로 돌아갔다.

1580년 45세 때 강원도관찰사가 되었으며, 이때「관동별곡」과「훈민가(訓民歌)」16수를 지어 시조와 가사문학의 대가로서의 재질을 발휘하였다. 그뒤 전라도관찰사, 도승지, 예조참판, 함경도관찰사 등을 지냈으며, 48세 때 예조판서로 승진하였고 이듬해 대사헌이 되었으나 동인의 탄핵을 받아 다음해에 사직, 고향인 창평으로 돌아가 4년간 은거생활을 하였다.

이때「사미인곡」,「속미인곡」,「성산별곡」등의 가사와 시조, 한시 등 많은 작품을 지었다.

54세 때 정여립(鄭汝立)의 모반사건이 일어나자 우의정으로 발탁되어 서인의 영수로서 최영경(崔永慶) 등을 다스리고 철저히 동인들을 추방하였으며, 다음해 좌의정에 올랐다.

56세 때 왕세자 책립문제인 건저문제(建儲問題)가 일어나 동인파의 거두인 영의정 이산해(李山海)와 함께 광해군의 책봉을 건의하기로 하였다가 이산해의 계략에 빠져 혼자 광해군의 책봉을 건의하였다. 이에 신성군(信城君)을 책봉하려던 왕의 노여움을 사서「대신으로서 주색에 빠졌으니 나라일을 그르칠 수밖에 없다」는 논척을 받고 파직, 명천에 유배되었다가 진주와 강계로 이배되었다.

57세 때 임진왜란이 일어나자 귀양에서 풀려나 평양에서 왕을 맞이하고 의주까지 호종, 왜군이 아직 평양 이남을 점령하고 있을 때 경기도, 충청도, 전라도의 체찰사를 지내고, 다음해 사은사(謝恩使)로 명나라에 다녀왔다. 그러나 동인의 모함으로 사직하고 강화의 송정촌(松亭村)에 우거하다가 58세로 죽었다.

작품으로는「관동별곡」,「사미인곡」,「속미인곡」,「성산별곡」등 4편의 가사와 시조 107수가 전한다. 시조는「송강별집추록유사(松江別集追錄遺詞)」2권에「주문답(酒問答)」3수,「훈민가」16수,「단가잡편(端歌雜篇)」32수,「성은가(聖恩歌)」2수,「속전지연가(俗傳紙鳶歌)」1수,「서하당벽오가(棲霞堂碧梧歌)」1수,「장진주사(將進酒

辭)」등이 실려 있다.

　상당히 중복되기는 하나 성주본(星州本)과 이선본(李選本)「송강가사(松江歌辭)」에도 많은 창작시조가 실려 있다.

　저서로는 시문집인「송강집」과 시가 작품집인「송강가사」가 있다. 전자는 1894년(고종 31년)에 간행한 것이 전하고, 후자는 목판본으로 황주본(黃州本), 의성본(義城本), 관북본(關北本), 성주본(星州本), 관서본(關西本)의 다섯 종류가 알려져 있으나, 그중 관북본은 전하지 않고 나머지도 책의 일부만 전한다.

　또 필사본으로는 「송강별집추록유사」와 「문청공유사(文淸公遺詞)」가 있으며 한시를 주로 실은 「서하당유고」 2권 1책도 판각본으로 전한다.

　창평의 송강서원, 연일의 오천서원, 별사에 제향되었다.

　시호는 문청(文淸)이다.

불우했던 여류시인

허난설헌(許蘭雪軒)
1563(명종 18) ~ 1589(선조 22)

　조선 중기의 여류시인으로 허균의 누이다. 본명은 초희(楚姬), 호를 난설헌이라고 했다. 대대로 학자와 큰 인물을 배출한 가문의 딸로 태어나 어려서부터 시문에 능했다 한다.
　아버지가 첫부인 청주한씨에게서 성(筬)과 두 딸을 낳고 사별한 뒤 강릉김씨를 후취로 맞아 여기에서 봉, 그리고 난설헌, 균 3남매를 두었다.
　그녀는 이러한 천재적 가문에서 성장하면서 어릴 때 오빠와 동생의 틈바구니에서 어깨너머로 글을 배웠으며, 아름다운 용모와 천품이 뛰어나 8세에 광한전백옥루상량문(廣寒殿白玉樓上梁文)을 짓는 등 신동이라는 말을 들었다.
　허씨가문과 친교가 있었던 이달(李達)에게 시를 배웠으며, 15세 무렵 안동김씨(安東金氏) 성립(誠立)과 혼인하였으나 원만한 부부가 되지 못하였다.
　남편은 급제한 뒤 관직에 나갔으나, 가정의 즐거움보다 노류장화(路柳墻花)의 풍류를 즐겼다. 거기에다가 고부간에 불화하여 시어머니의 학대와 질시 속에 살았으며, 사랑하던 남매를 잃은 뒤 설상가상으로 뱃속의 아이까지 잃는 아픔을 당했다 한다.
　또한 친정집에서 옥사(獄事)가 있었고 아끼던 동생 허균마저 귀양가는 등 비극의 연속으로 삶의 의욕을 잃고 책과 붓으로 고뇌를 달랬던 것이다.
　그처럼 각박한 생에 항거하며 지내다가 27세의 꽃다운 나이로 생을 마쳤다.
　조선 봉건사회의 모순과 잇달은 가정의 참화로, 그의 시 213수 가운데 속세를 떠나고 싶은 신선시가 128수나 될만큼 신선사상을 가졌던 것으로 보인다.

작품의 일부를 동생 균이 명나라 시인 주지번에게 주어 중국에서 「난설헌집」이 간행되어 격찬을 받았다.
   1711년에는 일본에서도 분다이(文台屋次郎)가 간행되어 애송되었다.
   유고집에 「난설헌집」이 있고 국한문가사 「규원가(閨怨歌)」와 「봉선화가」가 있으나 규원가는 허균의 첩 무옥(巫玉)이, 봉선화가는 정일당 김씨가 지었다고 한다.

조선 후기의 인물

당쟁에 휘말려 폐위된 왕

광해군(光海君)
1575(선조 8) ~ 1641(인조 19)

조선의 제15대왕으로 본 이름은 혼(琿)이며 선조의 둘째 아들, 제1왕자 임해군 진을 세자로 삼으려 했으나 광패(狂悖)하다 하여 보류하고 1592년(선조 25년) 임진왜란이 일어나자 피난지 평양에서 서둘러 세자에 책봉되었다.

선조와 함께 의주로 가는 길에 영변에서 만약의 사태에 대비해 분조(分朝)를 위한 국사권섭(國事權攝)의 권한을 위임받았다.

그뒤 7개월 동안 강원, 함경도 등지에서 의병모집 등 분조활동을 하다가 돌아와 행재소(行在所)에 합류하였다.

서울이 수복되고 명나라의 요청에 따라 조선의 방위체계를 위해 군무사(軍務司)가 설치되자 이에 관한 업무를 주관하였고, 1597년 정유재란이 일어나자 전라도에서 모병, 군량조달 등의 활동을 전개하였다.

1594년 윤근수(尹根壽)를 파견하여 세자책봉을 명나라에 주청하였으나, 장자인 임해군이 있음을 이유로 거절당하였다.

1608년 선조가 죽자 왕위에 오르고 이듬해 왕으로 책봉되었다. 이에 앞서 1606년 선조의 계비 인목왕후 김씨에게서 영창대군(永昌大君)이 탄생하자, 서자이며 둘째아들이라는 이유로 영창대군을 후사(後嗣)로 삼을 것을 주장하는 소북(小北)과 그를 지지하는 대북(大北) 사이에 붕쟁이 확대되었다.

1608년 선조가 병이 위독하자 그에게 선위(禪位)하는 교서를 내렸으나 소북파의 유영경(柳永慶)이 이를 감추었다가 대북파의 정인홍(鄭仁弘) 등에 의해 음모가 밝혀져 왕위에 즉위하자 임해군을 교동(喬桐)에 유배하고 유영경을 사사(賜死)하였다.

그는 당쟁의 폐해를 막기 위해 이원익(李元翼)을 등용하고 초당파적으로 정국을 운영하려 하였으나 대북파의 계략에 빠져 뜻을 이루지 못하였다.

　1611년(광해군 3년) 이언적, 이황의 문묘종사(文廟從祀)를 반대한 정인홍이 성균관 유생들에 의하여 「청금록」에서 삭제당하자 유생들을 모조리 쫓아냈다.

　이듬해에는 김직재의 무옥(誣獄)으로 1백여 명의 소북파를 처단하였으며, 1613년 조령에서 잡힌 강도 박응서 등이 인목왕후의 아버지 김제남과 역모를 꾀하려 하였다는 허위진술에 따라 김제남을 사사하고 영창대군을 서인(庶人)으로 삼아 광화에 위리안치하였다가 이듬해 살해하였다.

　1615년 대북파의 무고로 능창군 전(綾昌君佺)의 추대사건에 연루된 신경희 등 반대세력을 제거하고, 1618년 이이첨 등의 폐모론에 따라 인목대비를 서궁에 유폐시켰다.

　이와 같은 실정은 대북파의 당론에 의한 책동에 의하여 나타난 것이었으나, 한편 그는 전란으로 인한 전화(戰禍)를 복구하는데 과단성 있는 정책을 펴기도 하였다.

　1608년 선혜청(宣惠廳)을 두어 경기도에 대동법(大同法)을 실시하고, 1611년 양전(量田)을 실시하여 경작지를 넓혀 재원을 확보하였으며, 선조말에 시역한 창덕궁을 그 원년에 준공하고 1619년에 경덕궁, 1621년에 인경궁을 중건하였다.

　이무렵 만주에서 여진족의 세력이 커져 마침내 1616년 후금을 건국하자 그 강성에 대비하여 대포를 주조하고, 평안감사에 박엽(朴燁), 만포첨사에 정충신(鄭忠臣)을 임명하여 국방을 강화하는 한편, 명나라의 원병요청에 따라 강홍립(姜弘立)에게 1만여 명을 주어 명나라와 연합하였으나, 부차(富車)싸움에서 패한 뒤 후금에 투항하게 하여 명나라와 후금 사이에 능란한 양면외교 솜씨를 보였다.

　또한 1609년에는 일본과 일본송사약조(日本送使約條:己酉約條)를 체결하고 임진왜란 후 중단되었던 외교를 재개하였으며, 1617년 오윤겸 등을 회답사(回答使)로 일본에 파견하였다.

　또 병화로 소실된 서적의 간행에 노력하여 「신증동국여지승람」, 「용비어천가」, 「동국신속삼강행실」 등을 다시 간행하고, 「국조보감」,「선조실록」을 편찬하였으며, 적상산성(赤裳山城)에 사고(史庫)를 설치하였다.

한편 허균의「홍길동전」, 허준의「동의보감」등의 저술도 이때 나왔다. 외래문물로는 담배가 1616년에 류큐(琉球)로부터 들어와 크게 보급되었다.

그의 재위 15년간 대북파가 정권을 독점하였다. 이에 불만을 품은 서인 김류, 이귀, 김자점 등의 인조반정으로 폐위되어 광해군으로 강등되고 강화로 유배되었다가 다시 제주도에 이배되었다.

세자로 있을 무렵부터 폐위될 때까지 성실하고 과단성 있게 정사를 처리했지만, 그의 주위를 에워싸고 있던 대북파의 장막에 의하여 판단이 흐려졌고, 인재를 기용함에 있어 파당성이 두드러져 반대파의 질시와 보복심을 자극하게 되었다.

뒷날 인조반정을 정당화하기 위한 책략과 명분에 의하여 패륜적인 왕으로 규정되었지만, 실은 당쟁의 소용돌이 속에서 희생되었다고 보아야 할 것이다.

따라서 같은 반정에 의하여 희생된 연산군과는 성격을 달리한다.

묘는 경기도 양주군 진건면 사능리에 있다.

실리외교의 주역

최명길(崔鳴吉)
1586(선조 19) ~ 1647(인조 25)

조선 중기의 문신, 본관은 전주, 자는 자겸(子謙)이고 호는 지천(遲川), 또는 창랑(滄浪)이다. 아버지는 영흥부사 기남(起南)이며 어머니는 참판 유영립(柳永立)의 딸이다. 일찍이 이항복의 문하에서 이시백, 장유 등과 함께 수학한 바 있다.

1605년(선조 38년) 생원시에 장원하고 그해 증광문과에 병과로 급제하여 승문원을 거쳐 성균관 전적이 되었다.

1614년(광해군 6년) 병조좌랑으로 있다가 국내정치문제와 관련한 조선인의 명나라 사신 일행과의 접촉금지를 둘러싼 말썽으로 관직을 삭탈당하였다.

그뒤 아버이의 상을 당하여 수년간 복상(服喪)한 뒤 환로(宦路)에 나가지 않았는데, 이무렵은 인목대비(仁穆大妃)의 유폐 등 광해군의 난정이 극심할 때였다.

1623년 인조반정에 가담하여 정사공신 1등이 되어 완성부원군에 봉하여졌으며, 이어 이조참판이 되어 비변사 유사당상을 겸임하였다. 그뒤 홍문관부제학, 사헌부대사헌 등을 거쳤다.

1627년(인조 5년) 정묘호란 때, 강화의 수비조차 박약한 위험 속에서도 조정에서는 강화문제가 거론되지 못하였다. 그러나 그는 대세로 보아 이미 강화가 불가피함을 역설함으로써 이로부터 강화가 논의되었다.

이로 인하여 화의가 성립되어 후금군이 돌아간 뒤 많은 지탄을 받았으며, 또 계운궁 신주(神主)의 흥경원(興慶園:인조의 생부, 뒤에 元宗으로 추존) 합부에 따른 문제로 옥당(玉堂)의 배척을 받았으나 인조의 배려로 외직인 경기관찰사로 나갔다.

다시 우참찬, 부제학, 예조판서 등을 거쳐 1632년부터는 이조판서에 양관(兩館) 대제학을 겸임하였다.

이무렵 후금은 명나라에 대한 공격에 조선이 원병을 보낼 것과 국경개시(國境開市) 등을 요구하였고, 이에 조선에서는 절화(絕和)의 의논이 높아진 바, 그는 당장은 후금의 요구에 어느 정도 응하여 몇 년간은 무사할 수 있으나 종막(終幕)은 심히 우려된다고 하면서 또한 원망을 불러일으켜 병화(兵禍)를 재촉함은 바른 대책이 아님을 지적하였다.

1635년 초 이조판서직을 면하고 몇 달 뒤에 호조판서가 되었다.

1636년 병자호란 때, 일찍부터 척화론 일색의 조정에서 홀로 강화론을 펴 극렬한 비난을 받았으나 난전(亂前)에 이미 적극적인 대책을 펴지 못한다면 현실적으로 대처할 수밖에 없다는 식의 강화론을 계속하여 주장하고 나섰다.

그리하여 싸워 지키거나 병화를 완화하는 어느 쪽도 제대로 조처하지 못한 채 일조에 적의 침입을 받으며 강도(江都)와 정방산성(正方山城)을 지키는 것으로는 도저히 지탱할 수 없음을 걱정하면서 강력하게 화의를 주장하였다.

이해 겨울 다시 이조판서가 되었는데, 12월에 청군(淸軍)의 침입으로 인조를 따라 남한산성으로 들어갔다. 주전론 일색 가운데 계속 주화론으로 일관하였는데, 결국 정세가 결정적으로 기울어져 다음해 정월에 인조가 직접 나가 청태종에게 항복하였다.

이때 진행과정에서 김상헌(金尙憲)이 조선측의 강화문서를 찢고 통곡하니, 이를 주워 모으면서「조정에 이 문서를 찢어버리는 사람이 반드시 있어야 하고, 또한 나 같은 자도 반드시 없어서는 안된다」라고 말하였다는 사실은 시국에 대한 각기의 견해를 잘 나타내고 있는 것이라 하겠다.

청군이 물러간 뒤, 그는 우의정으로서 흩어진 정사를 수습하는데 힘을 쏟아 국내가 점점 안정되었으며, 가을에 좌의정이 되고 다음해 영의정에 올랐는데, 그 사이 청나라에 사신으로 가서 세폐(歲幣)를 줄이고 명나라를 치기 위한 징병요구를 막았다.

1640년 사임하였다가 1642년 가을에 다시 영의정이 되었다.

이때 임경업(林慶業) 등의 명나라와의 내통과 조선의 반청적(反淸

的)인 움직임이 청나라에 알려져 다시 청나라에 불려가 김상헌 등과 함께 갇혀 수상으로서의 책임을 스스로 당하였고, 1645년에야 귀국하여 계속 인조를 보필하다가 죽었다.

성리학과 문장에도 뛰어나 일가를 이루었으며 글씨에 있어서도 동기창체(董其昌體)로 이름이 있었다. 특히 한때 양명학(陽明學)을 독수(獨修)한 것으로 알려지고 있는데, 교우 장유나, 계자(系子) 후량(後亮) 및 손자 석정(錫鼎) 등의 경우에도 양명학을 공부하여 강화학파의 기틀을 이루었다 한다.

저서로는 「지천집」 19권과 「지천주차(遲川奏箚)」 2책 등이 있다.

시호는 문충(文忠)이다.

우국충정에 불운했던 명장

임경업(林慶業)
1594(선조 27) ~ 1646(인조 24)

조선 중기의 명장으로 본관은 평택이고 충주 달천촌(達川村)에서 태어났다(평안도 개천에서 태어났다는 설도 있음).
1618년 (광해군 10년) 무과에 합격하고 1620년 삼수의 소농보권관(小農堡權管)으로 부임하여 군량과 군기를 구비하는데 공을 세워 절충장군에 승서되었다.
1624년 이괄의 난 때에 출정을 자원하여 정충신(鄭忠信)의 휘하로 들어가 공을 세우고 가선대부(嘉善大夫)에 올랐다.
1626년 전라도 낙안군수로 부임하였고 1627년 정묘호란이 일어나자 전라병사 신경인이 좌영장에 임명하고 청군을 무찌르기 위하여 서울로 향하였으나 이때는 이미 주화파에 의하여 강화가 성립된 뒤여서 싸움 한 번 하지도 못하고 군졸을 이끌고 낙안군으로 돌아왔다.
이듬해 체찰부(體察部)의 별장이 되었다가 나중에 평양중군에 임명되었다.
1631년 검산산성 방어사에 임명되어 정묘호란 이후 퇴락한 용골, 운암, 능한산성 등을 수축하였으며 정주목사에 승서되었다.
그의 이와 같은 활약에도 불구하고 당시 조정에서는 청천강 북쪽인 서북로의 군사력은 정묘호란 이후 큰 타격을 입어 한때 청북포기의 의논이 일어났다.
즉 그 방어선을 청천강 이남으로 후퇴시켜 안주중심의 방어를 펴는 동시에 강도(江都)와 남한산성(南漢山城)을 수축하여 수도권 방어에 전념하려 하였다. 이에 대하여 청천강 북쪽의 백성들은 맹렬한 반대를 하였는데, 이와 같은 청북인의 반대운동을 임경업이 뒤에서 조종하였다 하여 탄핵을 받고 구금되었으나 곧 석방되었다.
1633년 2월 기복(起復:상중에 벼슬에 나아감)하여 청북방어사(淸北防禦使)에 임명되고 곧 안변부사를 겸하였다. 이때 백마산성(白馬

山城)에 웅거하면서 이를 수축하고 방비를 튼튼히 하였다.

　그해 4월 명나라의 반장(叛將)인 공유덕(孔有德), 경중명(耿仲明)이 우가장(牛家莊) 앞바다를 경유하여 구련성(九連城)으로 들어가 후금군과 통하려고 하였다.

　이에 의주부윤 윤진경(尹進卿)과 함께 이 사실을 명나라 대도독 주문욱(朱文郁)에게 연락하여 이를 협격, 섬멸하였으나 명나라 장군간의 싸움으로 이들 반장을 사로잡는 데는 실패하였다. 이 공로로 명나라 왕으로부터 금화(金貨)와 많은 상을 받았고, 명나라의 총병(摠兵) 벼슬을 받아 이때부터 임총병으로 명나라에도 크게 알려졌다.

　그뒤 아버지의 탈상을 위하여 고향에 왔다가 1634년 부호군에 복직되고, 곧 의주부윤 겸 청북방어사에 임명되었으며 의주진병마첨절제사까지 겸하게 되었다. 그러나 그의 근거지인 백마산성을 방어하기에는 인적 물적 어려움이 많았다.

　그는 조정으로부터 백금(白金:은을 말함) 1,000냥과 비단 100필을 받아 중국상인과 무역을 하여 이(利)를 축적하는 동시에 유민(流民)을 모아 12곳에 둔전을 개설하여 안집해 살도록 하였다.

　이 공로로 1635년 가의대부(嘉義大夫)에 올랐다. 그러나 이와 같은 무역거래로 지나치게 이익을 추구하였다 하는 책임을 물어 파직되었다.

　이에 당시 도원수 김자점(金自點)은 강력하게 그의 복직을 주장하여, 1636년 다시 가선대부로 자급을 내린 채 의주부윤에 복직되어 압록강 맞은편의 송골산, 봉황산에 봉화대를 설치하는 등 국방태세를 강화하였다.

　1636년 병자호란이 일어나자, 송골·봉황의 봉화대에서 연락을 받고 산성을 굳게 지켜 적의 진로를 둔화시키는데 진력하였다. 청군은 임경업이 지키는 백마산성을 포기하고 직접 서울로 진격하였으며, 인조는 남한산성으로 피하였으나 역부족이었다.

　결국 이듬해 정월에 주화론자인 최명길(崔鳴吉) 등의 주장으로 굴욕적인 화의를 성립시켰다. 그뒤 청나라 태종은 조카인 요퇴로 하여금 300기의 정예기병을 이끌고 본국으로 돌아가게 하였는데 그는 이

요퇴군을 맞아 압록강에서 쳐 무찌르고 잡혀가던 우리 백성 남녀 120 여 명과 말 60여 필을 빼앗는 전과를 올렸다.

이후 청나라는 명나라를 칠 전초전으로서 눈의 가시였던 가도(椵島)에 주둔한 명군을 치기 위하여 1637년 2월 조선에 병력동원을 청해왔다. 이때 그는 수군장(水軍將)에 발탁되었으나 철저한 친명배금파(親明排金派)였으므로 선봉에 서는 것을 주저하였으며 명나라의 도독 심세괴에게 내통, 그들의 피해를 최소한으로 줄이게 하였다.

한편 피폐한 의주의 물적, 인적자원을 확보하기 위하여 다시 상인들을 심양에 보내 물화교역으로 이를 해결하려 하였으나, 이것이 청인에게 발각되어 인조의 노여움을 사, 평안도의 철산으로 유배되었다.

한편 청나라에서는 여러 차례 명나라를 치기 위한 병력의 동원을 요청해 왔으나 조정에서는 이에 응하지 않았다. 청나라는 이것이 조약에 명시된 사항이라 하여 질책이 대단하였다.

비변사에서는 임경업의 죄를 용서하고 마침내 조방장(助防將)으로 기용하여 그로 하여금 명나라를 치도록 하였다. 그는 군사 300명을 이끌고 구련성으로 나아가 진격하는 척하면서 군사동원과 군량조달의 어려움을 들어 심양으로 나아가 이 사명을 완수하였다.

이 공로로 인조로부터 숙마(熟馬) 한 필을 하사받고 의주부윤으로 복귀하였다가 9월 평안병사, 수군절제사 겸 안주목사로 승서되었다.

1639년 말부터 청나라는 명나라의 근거지인 금주위(錦州衛:지금의 京盛지방)를 공격하기 위하여 다시 병력동원과 군량미의 원조를 강력하게 요구하였다. 조정에서는 청나라의 요청에 의하여 임경업을 주사상장(舟師上將), 황해병사 이완(李浣)을 부장(副將)으로 삼았다.

이듬해 4월 그는 전선 120척, 격군(格軍) 1,323명, 사수 1,000명, 포수 4,000명, 화약 1만근, 철환 4만 2,000개, 조총 4,170정, 군량미 1만 7160석, 그리고 세공청국미(歲貢淸國米) 1만석을 싣고 안주를 출발하여 금주위로 향하였다.

한편 재상이었던 최명길과 밀의하여 승려 독보(獨步)를 보내어 이

사실을 등주의 명군문 홍승주(洪承疇)에게 통고하게 하고 애써 싸우게 하지 않았다.

그해 7월 청나라는 범문정(范文程)을 통하여 심양에 있는 세자에게 항의하였다. 그들은 임경업의 함대를 전진시키려 하나 전진하지 않고, 세폐미를 요하 입구까지 운반하라고 하였으나 거절하고, 또한 명나라 배를 만났으나 싸우지 않았으며, 배가 표류하였다고 속여 두 사람을 몰래 명나라로 보내어 내통하였으므로 우리 조정과 서로 짜고 명나라와 내통한 것이라고 힐책하였다.

소현세자(昭顯世子)는 모르는 사실이라고 극구 부인하였다. 이에 따라 범문정은 그들 황제의 칙서를 가지고 재삼 임경업을 달래었으나 듣지 않았다. 7월 14일 부장 이완은 본국으로 돌려보내고 임경업은 나머지 50척의 배와, 1,500명의 선군 및 격군을 이끌고 개주위(蓋州衛)에 이르러 배에 있던 세폐와 군량미를 모두 버리고, 다시 해주위(海州衛), 이주위(伊州衛), 금주위, 대승보(大勝堡) 등지로 진주하였으나 다만 청나라 장수의 지휘에 따라 진퇴를 같이 하였을 뿐, 그동안 한 번도 명군과 싸우지 않았다.

1641년 정월 임경업은 배를 버리고 육로로 요양, 심양, 압록강까지 청나라의 허와 실을 일일이 정탐하면서 서울로 돌아왔다.

청나라에서는 그가 명나라와 내통하고 있는 사실을 눈치는 채고 있었으나 확증을 잡지 못하여 고민하였으며 조정에서는 청나라의 압력으로 삭탈 관직하였으나, 그해 12월에는 행동지중추부사(行同知中樞府事)로 임명하였다. 1642년에 임경업의 청나라에 대한 비협조의 사실이 드러나기 시작하였다.

청나라의 금주위 공격으로 명장 홍승주가 청나라에 투항하자 그의 부하인 예갑(倪甲)과 선천부사 이계(李烓)의 실토로 임경업이 승려 독보를 명나라로 파견한 전말을 알게 되었다. 또한 그해 10월에는 정주의 고충원(高忠元)이 심양 감옥에서 이 사실을 목격하였다고 증언함으로써 그가 청나라에 협력하지 않은 죄상이 드러났다.

이러한 확증에 의한 청나라의 압력으로 조정에서는 형조판서 원두표(元斗杓)로 하여금 임경업을 체포하여 청나라로 압송하도록 하였다.

　압송도중 11월 6일 그 일행이 황해도 금천군 금교역에 이르렀을 때 임경업은 밤을 틈타 도망하였는데, 그는 붙잡히기 전에 심기원(沈器遠)을 만나 그에게서 은 700냥과 승복(僧服) 및 체도(剃刀)를 얻어 기회를 노리다가 붙잡혀 압송되던 도중 도망치는데 성공한 것이다.

　그는 명나라로 망명할 수 있는 기회를 잡기 위하여 처음 양주 회암사에 맡겨두었던 승복을 찾아 포천과 가평의 경계지대에서 승복으로 갈아 입고 중이 되어 양구현의 어느 골짜기에서 초막을 치고 겨울을 지냈다.

　이듬해 정월 양양으로 갔으나 복병 때문에 뜻을 이루지 못하고 다시 양구로 돌아왔다가 사잇길로 상원(祥原)으로 갔다가 다시 회암사로 숨어들어 탈출의 기회를 노렸다.

　그동안 조정에서는 청나라의 독촉에 못이겨 그의 처를 비롯하여 형제 등 가족을 체포하여 청나라로 압송하였으며, 그의 처 이씨는 그 이듬해 9월 심양옥에서 자살하였다.

　한편 임경업은 1643년 5월 26일 김자점의 종이었던 상인 무금(無金, 일명 孝元)의 주선으로 배 한 척과 사공 10명, 그리고 그의 군관이었던 이형남, 박수원과 일찍이 사귀어온 임성기, 최수명의 두 승려를 대동하고 상선을 가장하여 서울의 마포를 출발하여 황해로 나아갔다.

　그해 가을 중국 제남부(濟南府)의 해풍도(海豊島)에 도착하였다. 그곳에서 명나라의 수비대 군관인 곽이직의 조사를 받고 등주도독 황종예 군문의 총병인 마등고의 휘하에 들어가니 명나라에서는 그에게 평로장군을 내리고 4만의 병사를 이끌도록 하였다고 한다.

　그러나 청나라는 마침내 북경을 함락하였고 청태종은 산해관으로 들어가니 도독 황종예는 남경으로 도망쳤다.

　임경업은 마등고와 함께 석성(石城)으로 들어가 재기의 기회를 노렸다. 명나라 조정은 남경으로 갔으나 그곳도 곧 함락되자 마등고도 청나라에 항복하고 말았다.

　한편 본국에서는 그의 후원자인 심기원의 옥사가 일어나 임경업이 연루되었다는 소식이 전해지고 있었으니 그는 갈 곳을 잃어버렸다. 임경업은 이곳에서 탈출하기 위하여 독보에게 배의 주선을 부탁하였으나 실패로 돌아가고 마침내 그의 부하인 장련포수(長連砲手) 한사립의 밀고로 1645년 정월 명나라의 항장(降將) 마홍주에게 잡혀 북경으로 압송되었다.

청나라는 당시 섭정자 예친왕이 집권하면서 대사령을 내리고 임경업에 대하여도 그 재략(才略)을 아껴 과거의 일을 불문에 붙이려 하였다. 그러나 역관 정명수, 이형장, 그리고 조신, 김자점 등 반역 부청배가 결탁하여 본국으로 송환되었다.

1646년 6월 임경업은 죄인이 되어 사은사 이경석(李景奭)에 의하여 본국으로 송환되었으며, 18일에 서울에 이르러 인조의 친국을 받게 되었다. 조정에서는 임경업을 심기원의 옥사에 관련시키려 하였다.

그는 심기원으로부터 은 700냥과 승복 및 체도를 받은 것은 시인하였으나 역모가담은 극력 부인하였다. 그러나 임경업이 달아날 당시 형조판서로 있다가 그 사건으로 파직되었던 원두표와, 임경업과 지난날 가장 가까웠던 김자점이 이를 반대하고 죽여야 된다고 주장하였다.

김자점은 임경업이 평안병사 겸 의주부윤으로 있을 때 도원수로서 서북면의 방어에 전책임을 지고 있었고 임경업은 그의 막하로서 그를 따랐으며, 임경업이 상인 잠송사건을 일으켰을 때에도 적극적으로 그를 옹호하여 형벌을 면하게 해준 장본인이었는데, 임경업을 죽여야 된다고 주장한 데는 다음과 같은 이유가 있었다.

즉 그러니까 임경업에게 배를 알선하였던 무금은 그의 첩인 매환(梅環)의 오라비였고, 이들은 모두 김자점의 종이었으며, 임경업이 마포에서 탈출할 때 무금의 처에게 탈출사실을 알리라고 하였던 것이다.

결국 임경업이 살아서 문초를 받게 되면 무금의 처도 문초해야 되고 무금의 처가 김자점에게 알렸다고 하면 김자점도 임경업의 탈출을 도운 결과가 되며, 그러면 심기원의 당으로 몰려 자기도 죽어야 된다는 논리가 성립되기 때문이다.

그해 6월 20일 임경업은 심기원사건의 연루 및 자기 나라를 배반하고 남의 나라에 들어가서 국법을 어겼다는 죄를 뒤집어쓴 채 형리의 모진 매에 이기지 못하여 마침내 숨지고 말았다. 그의 나이 53세였으며 고향인 충주의 달천에서 장사를 지냈다.

임경업은 당시 친명반청의 사회분위기와 함께 우국충정에 뛰어난 충신이요 무장이었다. 그러나 가장 불행한 장수였다.

그가 명성을 떨치면서도 한 번도 청나라와 싸움다운 싸움을 해보지 못한 불운의 명장이었다. 뿐만 아니라 당시 사회분위기대로 의리와 명분에 투철하고 고집 센 무장이었지만, 당시 실제적인 국제정세, 즉 역사의 흐름에 어두운 장군이었다. 그러나 이는 그가 무능한 것이 아니라 이를 충족시켜주지 못한 그의 조국이 무능하였던 것이다.

그는 이미 망해가는 명나라와 힘을 합쳐 청나라에 저항하여 병자호란의 부끄러움을 씻으려 하였지만 그의 조국이 이를 뒷받침하지 못하였던 것이다.

그러나 그의 생애는 당시의 국민이나 조정의 감정과 함께 충의, 지조, 그리고 용기 등으로 점철되어 민족의 마음속에 자리하였으니 뒤에 그의 무용담을 소재로 한 고대소설「임경업전」이 널리 읽혀졌던 것으로도 알 수 있다.

1697년(숙종 23년) 12월 숙종의 특명으로 복관되었다.

충주의 충렬사(忠烈祠), 선천의 충민사(忠愍祠), 백마산성의 현충사(顯忠祠), 겸천(兼川)의 충렬사 등에 제향되었다.

시호는 충민(忠愍)이다.

道學政治 실현의 실상

송시열(宋時烈)
1607(선조 40) ~ 1689(숙종 15)

조선 후기의 문신이요 학자인 송시열은 충청도 옥천군 구룡촌(九龍村) 외가에서 태어나서 26세까지 그곳에서 살았으나 후에는 회덕(懷德)의 송촌(松村) 비래등, 소제 등지로 옮겨가며 살았다. 호는 우암(尤庵)이고 자는 영보(英甫)이며 은진송씨다.
8세 때부터 친척인 송준길(宋浚吉)의 집에서 함께 공부하게 되어, 훗날 양송(兩宋)으로 불리는 특별한 교분을 맺게 되었다.
12세 때 아버지로부터 「격몽요결」, 「기묘록(己卯錄)」 등을 배우면서 주자(朱子), 이이, 조광조 등을 흠모하도록 가르침을 받았다.
1625년(인조 3년) 도사 이덕사(李德泗)의 딸 한산이씨(韓山李氏)와 혼인하였다. 이 무렵부터 연산(連山)의 김장생에게 나아가 성리학과 예학을 배웠고, 1631년 김장생이 죽은 뒤에는 그의 아들 김집(金集)문하에서 학업을 마쳤다.
27세 때 생원시에서 「일음일양지위도(一陰一陽之謂道)」를 논술하여 장원으로 합격하였다. 이때부터 그의 학문적 명성이 널리 알려졌고 2년 뒤인 1635년에는 봉림대군(후에 효종)의 사부(師傅)로 임명되었다. 약 1년 간의 사부생활은 효종과 깊은 유대를 맺는 계기가 되었다.
그러나 병자호란으로 왕이 치욕을 당하고 소현세자와 봉림대군이 인질로 잡혀가자, 그는 좌절감 속에서 낙향하여 10여 년간 일체의 벼슬을 사양하고 전야에 묻혀 학문에만 몰두하였다.
1649년 효종이 즉위하여 척화파 및 재야학자들을 대거 기용하면서, 그에게도 사헌부장령 등의 관직을 주어 불렀으므로 그는 비로소 벼슬에 나아갔다. 이때 그가 올린 「기축봉사(己丑封事)」는 그의 정치적 소신을 장문으로 진술한 것인데, 그 중에서 특히 존주대의(尊周大義)와 복수설치(復讎雪恥)를 역설한 것이 효종의 북벌의지와 부합하여 장차 북벌계획의 핵심인물로 발탁되는 계기가 되었다.

그러나 다음해 2월 김자점 일파가 청나라에 조선의 북벌동향을 밀고함으로써, 송시열을 포함한 산당(山黨) 일파는 모두 조정에서 물러나지 않을 수 없었다.

그뒤 1653년(효종 4년)에 충주목사, 1654년에 사헌부집의, 동부승지 등에 임명되었으나 모두 사양하고 취임하지 않았다.

1655년에는 모친상을 당하여 10년 가까이 향리에서 은둔생활을 보내게 되었다.

1657년 상을 마치자 곧 세자시강원찬선(世子侍講院贊善)이 제수되었으나 사양하고 대신 「정유봉사(丁酉封事)」를 올려 시무책을 건의하였다.

1658년 7월 효종의 간곡한 부탁으로 다시 찬선에 임명되어 관직에 나아갔고, 9월에는 이조판서에 임명되어 다음해 5월까지 왕의 절대적 신임 속에 북벌계획의 중심인물로 활약하였다.

그러나 1659년 5월 효종이 급서한 뒤, 조대비(趙大妃)의 복제문제로 예송(禮訟)이 일어나고 김우명 일가와의 알력이 깊어진 데다 국왕 현종에 대한 실망 때문에 그해 12월 벼슬을 버리고 낙향하였다.

이후 15년간 조정에서 융숭한 예우와 초빙이 있었으나 그는 거의 관직을 단념하였다. 다만 1668년(현종 9년) 우의정에, 1673년엔 좌의정에 임명되었을 때 잠시 조정에 나갔을 뿐 시종 재야에 머물러 있었다.

그러나 그가 재야에 은거하여 있는 동안에도 선왕의 위광과 사림의 중망 때문에 막대한 정치적 영향력을 행사할 수 있었다. 사림의 여론은 그에 의해 좌우되었고 조정의 대신들은 매사를 그에게 물어 결정하는 형편이었다.

그러나 1674년 효종비의 상으로 인한 제2차 예송에서 그의 예론을 추종한 서인들이 패배하자 그도 예를 그르친 죄로 파직, 삭출되었고, 1675년(숙종 1년) 정월 덕원(德源)으로 유배되었다가 후에 장기, 거제 등지로 이배되었다.

유배기간 중에도 남인들의 가중처벌 주장이 일어나, 한때 생명에 위협을 받기도 하였다.

1680년 경신환국으로 서인들이 다시 정권을 잡자 그는 유배에서 풀려나 중앙정계에 복귀하였다.

그해 10월 영중추부사 겸 영경연사로 임명되었고, 또 봉조하(奉朝賀)의 영예를 받았다.

1682년 김석주, 김익훈 등 훈척들이 역모를 조작하여 남인들을 일망타진하고자 한 임신삼고변 사건에서 그는 김장생의 손자였던 김익훈을 두둔하였으므로 서인의 젊은 층으로부터 비난을 받았고, 또 제자 윤증(尹拯)과의 불화로 말미암아 1683년 노소분당이 일어나게 되었다.

1689년 1월 숙의 장씨가 아들(후일의 경종)을 낳자 원자(元子:세자 예정자)의 호칭을 부여하는 문제로 기사환국이 일어나 서인이 축출되고 남인이 재집권하였는데, 이때 그도 세자책봉에 반대하는 상소를 올렸다가 제주도로 유배되었고, 그해 6월 서울로 압송되어 오던 중 정읍에서 사약을 받고 죽었다.

그러나 1694년 갑술환국으로 다시 서인이 정권을 잡자 그의 억울한 죽음이 무죄로 인정되어 관작이 회복되고 제사가 내려졌다.

이해에 수원, 정읍, 충주 등지에 그를 제향하는 서원이 세워졌고, 다음 해에는 시장(謐狀) 없이 문정(文正)이라는 시호가 내려졌다.

이때부터 덕원, 화양동을 비롯한 수많은 지역에 서원이 설립되어 전국적으로 약 70여 개소에 이르게 되었고 그 중 사액서원만 37개소였다.

그의 행적에 대해서는 당파간에 칭송과 비방이 무성하였으나, 1716년의 병신처분(丙申處分)과 1744년(영조 20년)의 문묘배향으로 그의 학문적 권위와 정치적 정당성이 공인되었고, 영조 및 정조대에 노론의 일당전제가 이루어지면서 그의 역사적 지위는 더욱 견고하게 확립되고 존중되었다.

송시열의 학문은 전적으로 주자의 학설을 계승한 것으로 자부하였으나 조광조, 이이, 김장생으로 이어지는 조선 기호학파의 학통을 충실히 계승 발전시킨 것이다.

그는 언필칭 주자의 교의를 신봉하고 실천하는 것으로 평생의 사업을 삼았다. 그러므로 학문에서 가장 힘을 기울였던 것은 「주자대전(朱子大全)」과 「주자어류(朱子語類)」의 연구로서 일생을 몰두하여 저술을 남기기도 하였다.

따라서 그의 철학사상도 주자가 구축한 체계와 영역에서 벗어난 것이 아니었으나, 다만 사변적 이론보다는 실천적 수양과 사회적 변용에 더 역점을 둔 것이었다.

또한 그의 정치사상은 조선 중기의 사림 정치 이념을 대표하는 것이었다. 다른 사람들과 마찬가지로 그도 정치의 원리를 「대학」에서 구하였는데, 그것은 수기치인(修己治人)으로 표현된다. 즉 남을 다스리는 일은 자신의 수양에서부터 시작되어야 한다는 것인데, 이 때문에 그는 통치자의 도덕성 확립을 강조하였다. 특히 임금은 만화(萬化)의 근본이므로 군덕의 함양이 정치의 제일 과제라고 믿어, 맹자의 「한 번 임금을 바르게 하면 나라가 바르게 된다(一正君而國正)」는 주장을 자신의 정치활동에 지표로 삼았다.

따라서 그는 기회 있을 때마다 왕에게 수신, 제가, 면학을 강조하고 사심과 사은(私恩)을 억제할 것을 권하였다.

실제의 정책면에 있어서는 민생의 안정과 국력회복에 역점을 두었고, 그것을 위한 여러가지 대책을 건의하였다. 즉 국가의 용도를 절약하여 재정을 충실하게 하고, 궁중의 연악과 토목공사를 억제하며, 공안(貢案)을 바로잡고, 군포를 감하여 양민(良民)의 부담을 줄이며, 사노비의 확대를 억제하여 양민을 확보하며, 안흥에 조창(漕倉)을 설치하자는 것 등이었다.

이러한 일련의 서정쇄신책은 이이의 변통론과 맥을 같이하는 것이었다. 민생안전과 국력 양성 문제는 그 자체가 당면한 급선무였기도 하지만, 그는 이것이 북벌(北伐) 실현을 위한 선결 과제로 인식하였다.

그의 정치사상에서 또하나 간과될 수 없는 것은 예치(禮治)의 이념이었다. 이는 공자의 통치철학이기도 하였지만 특히 김장생의 예학에 영향을 받은 것으로 보인다.

그는「예가 다스려지면 정치도 다스려지고, 예가 문란하게 되면 정치도 문란하게 된다」고 강조하였다.

예는 유교정치에 있어서 교화의 수단일 뿐만 아니라 정치의 명분을 밝히는 것이기도 하였다. 때문에 그는 복제예송(服制禮訟)에 깊이 개입하였고, 만년에는 종묘제도의 이정과 문묘배향 문제, 정릉의 복위와 효종의 세실 문제, 만동묘의 설치 등 국가적 전례문제에 정력을 기울이기도 하였다.

한편 그는 효종대 북벌론의 중심인물로 알려져 있는데, 이 문제로 효종과 비밀대담(獨對)을 가지기도 하였고, 왕과 비밀서찰을 교환하기도 하였다. 그러나 그들의 북벌계획은 그렇게 구체적이고 실현 가능한 것은 아니었다.

효종과의 비밀대담이나 서신왕래에서 그가 건의한 것은 극히 이념적이고 원론적인 것이었으며, 실제적 대책은 아니었다.

북벌론은 1659년 봄에 본격적으로 논의되었으나, 그는 당시 형편으로는 즉각적인 북벌의 실현이 불가능한 것으로 보았고 민생의 안정과 국력회복이 더 시급한 과제라고 역설하였다.

따라서 양민의 부담이 컸던 급료병(給料兵:직업군인)을 줄이고 민병(民兵:농민군)을 활용하자고 주장하였는데, 이것은 효종의 양병정책과 반대되는 것이었다. 그는 북벌의 실제 준비보다 그것이 내포한 이념성을 강조하였다.

명나라를 향한 존주대의와 병자호란의 복수설치문제는 한시도 잊을 수 없는 국가적 과제이며, 그것이 모든 정책의 기조가 되어야 한다는 것이었다.

이는 물론 춘추대의 관념에서 나온 유교적 명분론의 표현이기도 하였지만, 이러한 강력한 이념이 국내정치에 있어서 부패와 부정을 억제하고 기강의 확립과 행정의 효율을 위한 방편이 되기도 한다는 것이었다.

그러나 이러한 북벌이념은 송시열 자신과 그 일파의 정치적 입지를 공고히 하기 위한 대의명분이 되기도 하였다.

그의 북벌론은 효종의 죽음과 함께 침묵되었다가 숙종 초기에 다시 제창되었는데, 효종대에 있어서 그의 북벌론은 그 이념성과 함께 부국안민의 정책을 내포하고 있었으나, 숙종대에 국가의 전례문제와 결부되어 다시 제창된 존주론(尊周論)에는 오직 당쟁에서 대의명분을 장악하기 위한 이념성만이 강조되었다.

그는 또한 김장생을 계승한 예학의 대가로서 중요한 국가전례문제에 깊이 관여하였는데, 이 때문에 예학적 견해차이로 인한 예송을 불러 일으키기도 하였다.

1659년 5월 효종이 죽자, 계모인 자의대비의 상복을 3년(만 2년)으로 할것인가, 기년(만 1년)으로 할 것인가 하는 문제가 제기되었다.

이것은 인조의 차자로서 왕위를 계승한 효종을 적장자로 인정할 것인가 아니면 차자로 간주할 것인가 하는 중요한 문제와 결부되어 있었다.

이때 윤휴는 「의례」 상복편의 소설(疏說)인 「제일자(第一子)가 죽으면 적처소생의 차장자를 세워 장자로 삼는다」는 근거에 의하여 대비가 3년 복을 입어야 할 뿐 아니라, 국왕의 상에는 모든 친속이 참최(斬衰)를 입는다는 설에 의하여 참최를 입을 것을 주장하였다.

그러나 송시열은 「의례」의 소설에 「서자(庶子)가 대통을 계승하면 3년 복을 입지 않는다」는 예외규정(四種說)을 들어 이에 반대하였다. 서자는 첩자(妾子)의 칭호이기는 하지만, 적장자 이외의 여러 아들을 지칭하는 용어이기도 하였기 때문이다.

또 국왕의 상에 친속들이 3년 복을 입는 것은 신하로서의 복을 입는 것인데, 어머니인 대비는 아들인 왕의 신하가 될 수 없다고 하여 윤휴의 참최설을 배척하였다.

그러나 문제의 심각성을 깨달은 정태화 등 대신들은 「의례」에 근거한 두 설을 다 취하지 않고, 「대명률」과 「경국대전」에 장자, 차자 구분없이 기년을 입게 한 규정, 즉 국제기년설에 따라 1년 복으로 결정하였다.

1660년 3월 허목이 또 차장자설을 주장하여 3년 복으로 개정할 것을 상소하고, 윤선도(尹善道)는 기년설이 「효종의 정통성을 위태롭게 하고 적통과 종통을 두 갈래로 만드는 설」이라고 공격하였다. 그러나 송시열과 송준길은 참최는 두 번 입지 않는다(不貳斬)는 설과 서자가 첩자를 뜻하지 않는다는 설을 논증하고, 제2,3,4자 등이 계속 죽을 경우에 생기는 차장자설의 모순을 지적하였다. 그리고 제1자가 죽고 차장자를 세워 장자로 간주하는 경우는 제1자가 미성년에 죽었을 때뿐이라고 단정하였다.

이 문제로 조정에서는 여러 차례 논의가 있었으나 기년설은 번복되지 않았고, 윤선도 등 남인들은 유배되거나 조정에서 축출되었다. 그러나 1674년 효종비의 상으로 다시 자의대비의 복제문제가 제기되어 서인들은 송시열의 설에 의하여 대공복(大功服:9개월복)을 주장하여 시행되었으나 영남유생 도신징(都愼徵)의 상소로 인하여 기년복으로 번복되고 말았다.

그 결과 송시열은 예를 그르친 죄를 입고 파직삭출되었다가 변방으로 유배되고 말았다.

송시열의 예론은 「의례」에 근거를 두고 전개되기는 하였으나, 대체로 제왕가의 예도 사서인(士庶人)과 다르지 않다는 성리학적 보편주의 예학의 정신에 입각한 것이었다. 그 때문에 왕위에 즉위하여 종묘를 주관하였던 효종의 제왕적 특수성에 관계없이 차자라는 출생의 차서만이 중시되었던 것이다.

이 때문에 그의 본의와는 달리 왕실을 낮추고 종통과 적통을 두 갈래로 만들었다는 비난을 받아 정치적 위기를 겪게 되었던 것이다.

그의 사회사상을 살펴보면, 송시열은 매우 보수적인 정통 성리학자라고 할 수 있으나, 당시의 고질적인 사회문제에 대해서는 상당한 관심을 가졌고, 또 여러가지 대안을 제시하기도 하였다.

사회신분문제에 있어서, 그도 양반의 우월성을 인정하고 있었지만 그들의 특권은 제한되어야 할 것으로 보았다. 우선 양민에게만 군포를 부과하는 호포제(戶布制)의 실시를 주장하였다.

또 노비종모법(奴婢從母法)의 실시를 통해 양반의 노비증식을 억제하고 되도록 양민이 노비화되는 것을 막고자 하였다. 그는 또 서북지방(평안도, 함경도) 인재의 등용과 서얼(庶孼)의 허통을 주장하고 양반부녀자들의 개가를 허용할 것을 말하기도 하였다.

그가 가장 역점을 두었던 사회정책은 양민의 생활안정이었는데 이를 위하여 공안(貢案)을 개정하고 대동법(大同法)을 확대, 시행하며, 양민들의 군비부담을 줄이는 호포제의 실시를 주장하였고, 그 자신이 빈민의 구제를 위한 사창(社倉)을 설치하기도 하였다.

그도 노비제를 인정하기는 하였으나, 노비도 같은 인간임을 인식시켜 부당한 사역이나 가혹한 행위를 억제하도록 역설하였다. 충절이나 선행이 드러난 경우에는 서얼, 농민, 천민에 이르기까지 전기나 묘문, 제문을 지어 표창하였다.

여성문제에 있어서는 효행, 정절, 순종 등 전통적 미덕을 강조하였으나 동시에 가계의 관리와 재산증식 등 주부권과 관련된 경제적 구실도 중시하였다.

사회풍속면에서는 중국적, 유교적인 것을 숭상하여 토속적, 비유교적인 것들을 개혁하고자 하였다. 혼례 등의 예속과 복식, 그리고 일상생활에서 세속과 다른 중국 습속들을 행하여 화제가 되기도 하였다.

그는 문장과 서체에도 뛰어났는데 문장은 한유, 구양수의 문체에 정자(程子), 주자의 의리를 기조로 하였기 때문에 웅장하면서도 유려하고 논리적이면서도 완곡한 면이 있었다.

그는 학문과 정계에서 가졌던 위치와 그 명망 때문에 교우관계가 넓었고 추종한 제자들도 매우 많았다. 그는 독선적이고 강직한 성품 때문에 교우관계에서 끝까지 화합하지 못한 경우가 많았는데, 특히 이경석, 윤휴 및 윤선거, 윤증 부자와의 알력은 정치적인 문제를 야기하여 당쟁의 한 요인이 되기도 하였다.

만년에는 사돈인 권시와도 틈이 생기고, 이유태와 분쟁을 일으키는가 하면 평생의 동반자였던 송준길마저도 뜻을 달리하게 되었다.

그는 방대한 저술을 남겼는데, 그 자신이 찬술하거나 편집하여 간행한 저서들과 사후에 수집되어 간행된 문집으로 대별된다. 저서로는 「주자대전차의」, 「주자어류소분」, 「이정서분류」, 「논맹문의통고」, 「경례의의」, 「심경석의」, 「찬정소학언해」, 「주문초선」, 「계녀서」등이 있다.

 문집은 1717년(숙종 43) 왕명에 의하여 교서관에서 처음으로 편집, 167권을 철활자로 간행하여「우암집」이라 하였고, 1787년(정조 11) 다시 빠진 글들을 수집, 보완하여 평양감영에서 목판으로 215권 102책을 출간하고「송자대전(宋子大全)」이라 명명하였다.

 그뒤 9대손 병선, 병기 등에 의하여「송서습유」9권,「속습유」1권이 간행되었다.

 이들은 1971년 사문학회(斯文學會)에서 합본으로 영인,「송자대전」7책으로 간행하였고, 1981년부터 한글발췌 번역본이 민족문화추진회에서 14책으로 출간되고 있다.

실학의 기초이론 제시

유형원(柳馨遠)
1622(광해군 14) ~ 1673(현종 14)

조선 후기의 실학자 유형원은 서울 출신으로 본관은 문화, 자는 덕부(德夫)이고 호는 반계(磻溪)다. 세종 때 우의정을 지낸 관(寬)의 9세 손으로 정랑 성민(成民)의 손자이며 예문관 검열 흠의 아들이다. 어머니는 참찬 이지완의 딸이며 부인은 부사 심은의 딸이다.

임진왜란 뒤 사회가 극도로 어지럽고 양반사회의 모순이 드러나던 17세기 초 한성 외가에서 출생했다.

전형적인 사대부집안에서 태어나 글공부도 제대로 할 수 있는 여건을 갖추고 있었으나, 불행히도 2세 때에 아버지를 잃게 되었다. 당시 아버지 흠은 유몽인(柳夢寅)의 옥에 연좌되어 28세라는 젊은 나이에 옥사하였다.

형원은 5세 때부터 취학하여 글을 배우기 시작하였는데, 그의 스승은 외삼촌 이원진(李元鎭)과 고모부 김세렴(金世濂)이었다. 이원진은 이익(李瀷)의 당숙으로 하멜 표류사건 당시 제주목사로 있었던 사람이다.

김세렴은 함경도와 평안도의 감사를 역임하였고 대사헌까지 지낸 당대의 이름 높은 외교관이기도 하다.

형원이 15세가 되던 해인 1636년(인조 14)에는 병자호란이 일어나서 가족들과 함께 강원도 원주로 피난을 갔었고, 다음해에는 지금의 양평땅인 지평 화곡리(花谷里)로 이사하였다가 그 다음해에 다시 여주 백양동으로 자리를 옮기기도 하였다.

1644년 23세 때에는 할머니의 상, 1648년 27세 되던 해에는 어머니의 상을 당하였으며, 탈상되면서 두 차례에 걸쳐 과거에 응시하였으나 모두 낙방하였다.

그뒤 1651년(효종 2년) 30세 때에는 할아버지의 상을 당하였다. 2년 뒤 복상(服喪)을 마치게 되자, 그해에 32세의 젊은 나이로 멀리 전라도 부안군 보안면 우반동에 은거하기 시작하여 20년간 이곳에서 여생을 보내다가 1남6녀를 남기고 1673년에 죽었다. 반계라는 호를 가지게 된 것도 이곳과 관련이 있을 것으로 생각된다. 우반동에 은거하면서 오랜 세월을 걸려서 쓴「반계수록(磻溪隨錄)」26권은 이곳에서 이루어졌다.

「반계수록」은 그의 주저(主著)로서, 그동안 그가 겪은 농촌생활에서의 체험과 농촌경제의 안정책 등을 제시한 경세제민의 책으로서 그의 정책론(政策論)이라 하겠다.

이 책의 성립연대는 정확하게 밝혀져 있지 않으나 그의 연보 등을 통하여 추정하면, 그가 우반동으로 와서 은거생활을 시작한 지 6년 후에서 11년 사이로, 그의 나이 38세부터 43세 사이가 될 것같다.

「반계수록」의 주된 내용은 ① 전제(田制:토지제도), ② 전제후록(田制後錄:재정, 상공업 관계), ③ 교선지제(敎選之制:향약, 교육, 고시 관계), ④ 임관지제(任官之制:관료제도의 운용 관계), ⑤ 직관지제(職官之制:정부기구 관계), ⑥ 녹제(祿制:관리들의 보수 관계), ⑦ 병제(兵制:군사제도의 운용 관계), ⑧ 병제후록(兵制後錄:축성, 병기, 교통, 통신 관계), ⑨ 속편의 의례, 언어, 기타, ⑩ 보유편(補遺篇)의 군현제(郡縣制:지방제도 관계) 등으로서 국가체제의 전반적인 개혁방안을 제시하였다.

「반계수록」이외에도 정치, 경제, 역사, 지리, 군사, 언어, 문학 등 다방면에 관심을 가지고 수십 권의 저서를 남겼다고 전하나 불행하게도「반계수록」이외에는 서목(書目)만이 전하여지고 있다.

그 주요한 것으로 ① 성리학 관계의「주자찬요」,「이기총론」, ② 지리서로는 1656년, 그의 나이 35세 때 박자진(朴自振)과 함께「동국지지(東國地志)」에 대하여 깊이 토론한 끝에 지리의 식견을 정리한「여지지(輿地志)」를 비롯하여「지리군서(地理群書)」등이 있으며, ③ 역사서로는 44세 때 편찬한「동국사강목조례(東國史綱目條例)」를 비롯한「동서계설변」,「동국가고」등이 있다.

그리고 ④ 병법서로「무경사서초」,「기호신서절요」, ⑤ 음운(音韻) 관계의「정음지남」, ⑥ 문학관계의「도정절집」,「동국문초」, ⑦

기타의 저술로「기행일록」등을 꼽을 수 있다.

 그가 죽은 뒤 그의 명성이 얼마 동안은 세상에 묻혀 있다가 죽은 지 100년 뒤에 와서야 그의 인물됨과「반계수록」의 내용이 알려지고 높은 평가를 받게 되었다.

 당시 국왕(영조)이 관심을 가지고는 그 초고(草稿)를 직접 읽어보고 크게 칭찬함과 동시에 인쇄하여 세상에 널리 반포하도록 명하였다고 한다.

 왕명을 받아「반계수록」의 서문과 함께 세상에 알린 사람이 경상도관찰사 겸 대구도호부사 이미였고, 반포한 때가 1770년(영조 46년)으로 그가 죽은지 꼭 97년 뒤의 일이다.

 이 일이 있기 이전 1753년에는 조정에서 그의 업적을 기리기 위하여 그에게 통정대부로서 집의 겸 세자시강원진선을 추증하였고, 1768년 10월에는 판중추 홍계희(洪啓禧)가 찬한 묘비가 죽산부사 유언지에 의하여 세워졌다. 그리고 1770년에는 다시 통정대부호조참의 겸 세자시강원찬선에 증직되었다.

「반계수록」에 나타난 그의 사상적 특징은 부민(富民), 부국(富國)을 위하여 제도적인 개혁이 이루어져야 한다는 것이다. 즉 나라를 부강하게 하고 농민들의 생활을 안정시키기 위하여 토지제도를 개혁하여야 하며, 그렇게 함으로써 농민들에게는 최소한의 경작지를 분배할 수 있다는 것이다.

 따라서 형원의 최대목표는 자영농민(自營農民)을 육성하여 민생의 안정과 국가경제를 바로잡자는 것이었다. 토지는 국가가 공유하고 농민들에게 일정량의 경지만을 나누어주는 균전제를 실시하자는 것이다. 즉 그는 경자유전(耕者有田)의 원칙과 균전제 사상을 지니고 있었다.

 그밖에도 그는 병농일치의 군사제도, 즉 부병제(府兵制)의 실시를 강조하였다. 원래 그가 주장한 균전제와 부병제는 중국의 수나라와 당나라에서 중시하였던 제도였다.

 또한 국가재정을 확립시키기 위하여 세제와 녹봉제를 정비할 것도 주장하였는데, 세제는 조(租)와 공물(貢物)을 합쳐 경세(經稅)라는 이름으로 불러야 한다는 주장이다.

그리고 과거제의 폐지와 공거제(貢擧制)를 실시, 신분제 및 직업 세습제의 개혁, 학제와 관료제의 개선 등 다방면에 걸쳐서 국운을 걸고 과감하게 실천하여야 할 것을 강조하였다.

이와같이 모든 제도의 개혁이 이루어지면 천덕(天德)과 왕도(王道)가 일치되어 이상국가가 실현될 수 있다는 것이었다.

그의 이와같은 주장은 실제로 실행되지는 못하였으나, 그의 개혁의지와 사상은 당시 재야지식인들의 이상론이 되었으며, 후학들의 학풍 조성에도 적지않은 영향을 주었다.

특히 그의 학문은 실학을 학문의 위치로 자리잡게 하였으며, 이익, 안정복 등으로 이어져 뒤에 후기 실학자로 불리는 정약용 등에게까지 미쳐 실학이 집대성되게 하였던 것이다.

斥和로 일관한 충절

김상헌(金尙憲)
1570(선조 3) ~ 1652(효종 3)

　조선 인조 효종 때의 재상으로 서울에서 출생했으며 우의정 상용(尙容)의 동생이다. 본관은 안동, 호를 청음(淸陰), 또는 석실산인(石室山人), 서간노인(西磵老人)이라 했다.
　3세 때 큰 아버지인 현감 대효(大孝)에게 양자로 들어갔다.
　1590년(선조 23년) 진사가 되고 1596년 전쟁 중에 보인 정시 문과에 병과로 급제, 권지승문원 부정자에 임명되었으며, 이후 부수찬, 좌랑, 부교리를 거쳐 1601년 제주도에서 발생한 길운절(吉雲節)의 역옥(逆獄)을 다스리기 위한 안무어사로 파견되었다가 이듬해 복명, 고산찰방(高山察訪)과 경성도호부 판관을 지냈다.
　1608년(광해군 즉위년) 문과중시에 급제, 사가독서한 후 교리, 응교, 직제학을 거쳐 동부승지가 되었으나 이언적과 이황 배척에 앞장선 정인홍을 탄핵하였다가 광주부사(廣州府使)로 좌천되었다.
　1613년 칠서지옥(七庶之獄)이 발생, 인목대비의 아버지인 김제남이 죽음을 당할 때 혼인관계(김상헌의 아들이 김제남의 아들의 사위가 됨)로 인해 파직되자 집권세력인 북인의 박해를 피하여 안동군 풍산으로 이사하였다.
　1623년 인조반정 이후 이조참의에 발탁되자 공신세력의 보합위주 정치(保合爲主政治)에 반대, 서인 청서파(淸西派)의 영수가 되었다. 이어 대사간, 이조참의, 도승지, 부제학을 거쳐, 1626년(인조 4년) 성절 겸 사은진주사로 명나라에 다녀왔으며, 이후 육조의 판서 및 예문관, 성균관의 제학 등을 지냈다.
　1632년 왕의 생부를 원종(元宗)으로 추존하려는데 반대하여 벼슬에서 물러났다.
　1635년 대사헌에서 재기용되자 군비의 확보와 북방 군사시설의 확충을 주장하였고, 이듬해 예조판서로 병자호란이 일어나자 주화론

(主和論)을 배척하고 끝까지 주전론(主戰論)을 펴다가 인조가 항복하자 안동으로 은퇴하였다.

1639년 청나라가 명나라를 공격하기 위해 요구한 출병에 반대하는 상소를 올렸다가 청나라에 압송되어 6년 후 풀려 귀국하였다.

1645년 특별히 좌의정에 제수되고, 기로사에 들어갔다.

효종이 즉위하여 북벌을 추진할 때 그 이념적 상징으로 대로(大老)라고 존경을 받았으며, 김육(金堉)이 추진하던 대동법에는 반대하고 김집 등 서인계 산림(山林)의 등용을 권고하였다.

윤근수(尹根壽)의 문하에서 경사(經史)를 수업하고, 성혼(成渾)의 도학에 연원을 두었으며, 이정구, 김유, 신익성, 이경여, 이경석, 김집 등과 교유하였다.

1653년 영의정에 추증되었으며, 1661년(현종 2년) 효종 묘정에 배향되었다.

양주 석실서원(石室書院), 정주 봉명서원(鳳鳴書院), 개성 숭양서원(崧陽書院), 제주 귤림서원 등에 제향되었다.

시문과 「청음전집」 40권이 전한다.

시호는 문정(文正)이다.

자연에 묻혀 산 詩心

# 윤선도(尹善道)
1587(선조 20) ~ 1671(효종 12)

조선 중기의 문신이요 정치가인 윤선도는 우리 국문학사에 시조시인으로 빛나는 업적을 남긴 분이다. 그의 본관은 해남, 자는 약이(約而), 호를 고산(孤山) 또는 해옹(海翁)이라 했다. 예빈사부정(禮賓寺副正)을 지낸 유심(唯深)의 아들이며 강원도 관찰사를 지낸 유기(唯幾)의 양자이다.

서울에서 출생하였으나 8세 때 큰아버지한테 입양되어 해남으로 내려가 살았다. 당시 금서(禁書)였던 소학(小學)을 보고 감명을 받아 평생의 좌우명으로 삼았다.

18세에 진사 초시에 합격하고 20세에 승보시에 1등하였으며 향시와 진사시에 연이어 합격했다.

1616년(광해군 8년) 성균관 유생으로서 이이첨, 박승종, 유희분 등 당시 집권세력의 죄상을 격렬하게 규탄하는 「병진소(丙辰疏)」를 올려, 이로 인하여 이이첨 일파의 모함을 받아 함경도 경원으로 유배되었다. 그곳에서 「견회요(遣懷謠)」5수와 「우후요(雨後謠)」1수 등 시조 6수를 지었다.

1년 뒤 경상남도 기장으로 유배지를 옮겼다가, 1623년 인조반정으로 이이첨 일파가 처형된 뒤 풀려나 의금부도사로 제수되었으나 3개월 만에 사직하고 해남으로 내려갔다. 그뒤 찰방 등에 임명되었으나 모두 사양하였다.

1628년(인조 6년) 별시문과 초시에 장원으로 합격하여 봉림대군(鳳林大君), 인평대군(麟坪大君)의 사부(師傅)가 되었고, 사부는 관직을 겸할 수 없음에도 특명으로 공조좌랑, 형조정랑, 한성부서윤 등을 5년간이나 역임하였다.

1633년 증광문과에 병과로 급제한 뒤 예조정랑, 사헌부지평 등을 지냈다. 그러나 1634년 강석기(姜碩期)의 모함으로 성산현감(星山

縣監)으로 좌천된 뒤, 이듬해 파직되었다.

그뒤 해남에서 지내던 중 병자호란이 일어나 왕이 항복하고 적과 화의했다는 소식에 접하자, 이를 욕되게 생각하고 제주도로 가던 중 보길도(甫吉島)의 수려한 경치에 이끌려 그곳에 정착하게 되었다. 정착한 그 일대를 부용동(芙蓉洞)이라 이름하고 격자봉(格紫峰) 아래 집을 지어 낙서재(樂書齋)라 하였다.

그는 조상이 물려준 막대한 재산으로 십이정각(十二亭閣), 세연정(洗然亭), 회수당(回水堂), 석실(石室) 등을 지어놓고 마음껏 풍류를 즐겼다. 그러나 난이 평정된 뒤 서울에 돌아와서도 왕에게 문안드리지 않았다는 죄목으로 1638년 다시 경상북도 영덕으로 귀양갔다가 이듬해에 풀려났다.

이로부터 10년 동안 정치와는 관계없이 보길도의 부용동과 새로 발견한 금쇄동(金鎖洞)의 산수자연 속에서 한가한 생활을 즐겼다. 이때 금쇄동을 배경으로 「산중신곡(山中新曲)」, 「산중속신곡」, 「고금영(古今詠)」, 「증반금(贈伴琴)」 등을 지었다.

그뒤 1651년(효종 2년)에는 정신적 안정 속에서 보길도를 배경으로 「어부사시사(漁父四時詞)」를 지었다.

다음해 효종의 부름을 받아 예조참의가 되었으나 서인의 모략으로 사직하고 경기도 양주 땅 고산(孤山)에 은거하였다.

마지막 작품인 「몽천요(夢天謠)」는 이곳에서 지은 것이다.

1657년, 71세에 다시 벼슬길에 올라 동부승지에 이르렀으나 서인 송시열(宋時烈) 일파와 맞서다가 삭탈관직되었다.

이무렵 「시무팔조소(時務八條疏)」와 「논원두표소(論元斗杓疏)」를 올려 왕권의 확립을 강력히 주장하였다.

1659년 효종이 죽자 예론문제(禮論問題)로 서인파와 맞서다가 패배하여 삼수에 유배되었다가, 1667년 풀려나 부용동에서 살다가 그곳 낙서재에서 85세로 죽었다.

정치적으로 열세에 있던 남인가문에 태어나서 집권세력인 서인 일파에 강력하게 맞서 왕권강화를 주장하다가, 20여 년의 유배생활과 19년의 은거생활을 하였다.

그러나 조상으로부터 물려받은 유산으로 화려한 은거생활을 누릴 수 있었고, 그의 탁월한 문학적 역량은 이러한 생활 속에서 표출되었다.

그는 자연을 문학의 제재로 채택한 시조작가 가운데 가장 탁월한 역량을 나타낸 것으로 평가되는데, 그 특징은 자연을 제재로 하되 그것을 사회의 공통적 언어습관과 결부시켜 나타내기도 하고, 혹은 개성적 판단에 의한 어떤 관념을 표상하기 위하여 그것을 임의로 선택하기도 한 데에 있다.

또 대부분의 경우 자연은 엄격히 유교적인 윤리세계와 관련을 맺는 것으로 나타난다. 그러나 자연과 직립적인 대결을 보인다든가 생활현장으로서의 생동하는 자연은 보이지 않는다.

이것은 그가 자연이 주는 시련이나 고통을 전혀 체험하지 못하고 유족한 삶만을 누렸기 때문이다.

문집「고산선생유고(孤山先生遺稿)」에 한시문(漢詩文)이 실려 있으며, 별집(別集)에도 한시문과 35수의 시조, 40수의 단가(어부사시사)가 실려 있다. 또 친필로 된 가첩(歌帖)으로「산중신곡」,「금쇄동집고」2책이 전한다.

정철, 박인로와 함께 조선시대 삼대가인(三大歌人)으로 불리는데, 이들과는 달리 가사(歌辭)는 없고 단가와 시조만 75수나 창작한 점이 특이하다.

국민문학 제창과 실현

김만중(金萬重)
1637(인조 15) ~ 1692(숙종 18)

조선 후기의 문신이며 소설가다. 본관은 광산, 자를 중숙(重淑), 호는 서포(西浦)다. 시호는 문효(文孝), 조선조 예학(禮學)의 대가인 김장생의 증손이고 충렬공 익겸(益謙)의 유복자이며 광성부원군 만기(萬基)의 아우로 숙종의 초비(初妃)인 인경왕후(仁敬王后)의 숙부이다.

그의 어머니는 해남부원군(海南府院君) 윤두수(尹斗壽)의 4대 손이며, 영의정을 지낸 문익공(文翼公) 방(昉)의 증손녀이고, 이조참판 지의 딸인 해평윤씨이다.

그는 어머니의 남다른 가정교육에 힘입어 성장하였다. 왜냐하면 그의 아버지 익겸은 일찍이 정축호란(1637) 때 강화도에서 순절하였기 때문에 형 만기와 함께 어머니 윤씨만을 의지하여 살아가야만 했다. 그런데 이 윤씨부인은 본래 가학(家學)이 있었기 때문에 두 형제들이 아비 없이 자라는 것에 대해 항상 걱정하면서 남부럽지 않게 키우기 위한 모든 정성을 다 쏟았다. 그 좋은 예로 궁색한 살림 중에도 자식들에게 필요한 서책을 구입함에 값의 고하를 묻지 않았고, 또 이웃에 사는 홍문관 서리를 통해 책을 빌려내어 손수 등사하여 교본을 만들기도 하였으며 「소학」, 「사략(史略)」, 「당률(唐律)」 등을 직접 가르치기도 하였다.

이같은 여러가지 면들, 즉 연원있는 부모의 가통(家統)과 어머니 윤씨의 희생적 가르침은 훗날 그의 생애와 사상에 적지않은 영향을 끼친 것으로 보인다.

그는 어머니로부터 엄격한 훈도를 받고 14세에 진사초시에 합격하고 이어서 16세에 진사에 일등으로 합격하였다. 그뒤 1665년(현종 6년)에 정시문과(庭試文科)에 급제하여 관료로 발을 디디기 시작하여 1666년에 정언(正言), 1667년에 지평(持平), 수찬(修撰)을 역임하였고, 1668년에는 경서교정관(經書校正官), 교리(校理)가 되었다.

1671년에는 암행어사로 신정, 이계, 조위봉 등과 함께 경기 및 삼남지방의 진정득실(賑政得失)을 조사하기 위해 분견(分遣)된 뒤 돌아와 부교리가 되는 등, 1674년까지 헌납, 부수찬, 교리 등을 지냈다.

그러다가 1675년 동부승지(同副承旨)로 있을 때 인선대비(仁宣大妃)의 상복문제로 서인이 패배하자 관작을 삭탈당했다. 30대의 득의의 시절이 점차 수난의 길로 들어서고 있었던 것이다.

그동안 그의 형 만기도 2품직에 올라 있었고 그의 질녀는 세자빈에 책봉되어 있었다. 그러나 이 2차 예송(禮訟)이 남인의 승리로 돌아가자, 서인은 정치권에서 몰락되는 비운을 맛보게 된 것이다.

그로부터 5년 뒤인 1680년(숙종 6년)에 남인의 허적(許積)과 윤휴 등이 사사(賜死)된 이른바 경신대출척에 의해 서인들은 다시 정권을 잡게 된다. 그는 이보다 앞서 1679년 예조참의로 관계에 복귀하였다.

1683년에는 공조판서로 있다가 대사헌이 되었으나, 당시에 사헌부의 조지겸, 오도일 등이 환수(還收)의 청(請)이 있자 이를 비난하다가 체직(遞職)되었다.

3년 뒤인 1686년에 대제학이 되었다. 이듬해인 1687년에 다시 장숙의(張淑儀)일가를 둘러싼 언사(言事)의 사건에 연루되어 의금부에서 추국(推鞫)을 받고 하옥되었다가 선천으로 유배되었다. 1년이 지난 1688년 11월에 배소에서 풀려나오기는 했으나 3개월 뒤인 1689년 2월 집의(執義) 박진규, 장령, 이윤수 등의 논핵(論劾)을 입어 극변(極邊)에 안치되었다가 곧 남해(南海)에 위리안치(圍籬安置)되었다.

이같이 유배가게 된 것은 숙종의 계비인 인현왕후 민씨(仁顯王后閔氏)의 여화(餘禍) 때문이었다.

이러한 와중에서 그의 어머니인 윤씨는 아들의 안위를 걱정하던 끝에 병으로 죽었으나, 효성이 지극했던 그는 장례에도 참석하지 못한 채 1692년 남해의 적소(謫所)에서 56세를 일기로 숨을 거두었다.

1698년 그의 관작이 복구되었고, 1706년에는 효행에 대하여 정표(旌表)가 내려지기도 하였다.

그의 사상과 문학은 이전의 여느 문인과는 다른 특징을 가지고 있다.

그는 말년에 와서 불운한 유배생활로 일생을 끝마치게 되지만, 생애의 전반부와 중반부는 상당한 권력의 비호를 받을 수 있는 득의의 시절을 보낸 것으로 보인다.

본래 총명한 재능을 타고났기도 했지만 가문의 훌륭한 전통 등으로 인해 그의 학문도 상당한 경지를 성취하였다. 그가 종종 주희(朱熹)의 논리를 비판했다든지 아니면 불교적 용어를 거침없이 사용했다든지 하는 점은 결코 위와 같은 배경이 없이는 불가능했을 것이다.

그의 사상의 진보성은 그의 뛰어난 문학이론에서도 찾아볼 수 있다. 일정한 한계는 있겠으나 그가 주장한 국문가사예찬론은 주목받아 마땅한 논설이다.

그는 우리 말을 버리고 다른 나라의 말을 통해 시문을 짓는다면 이는 앵무새가 사람의 말을 하는 것과 같다고 하여, 한문은 「타국지언(他國之言)」으로 보고 있다.

그렇게 때문에 송강 정철이 지은 「사미인곡」등의 한글가사를 굴원(屈原)의 이소(離騷)에 견주었다.

이러한 발언은 그의 개명적 의식의 소산으로 훌륭한 선견지명이라 아니할 수 없다.

요즈음에 와서 연구자들 사이에서 김만중이 국민문학론을 제창하였다고 할 만큼 그의 문학사조상의 공로는 매우 큰 것이다. 그러나 이같은 용어 사용이 적절한 것인지는 재론할 필요가 있을 것 같다.

아무튼 그가 살던 시대는 분명 중세의 봉건질서가 붕괴된 시대는 아니었던 만큼 국민문학이라는 용어도 성립할 수 없었을 것임은 자명하다. 적어도 국민문학론이 제창되는 것은 조선왕조가 끝나고도 한참 뒤에나 가능할 일이었기 때문이다.

그러나 이러한 용어사용의 여부와 관계없이 그의 우리말과 우리글에 대한 일종의 국자의식(國字意識)은 충분히 강조될만하며, 더구나 그가 「구운몽」, 「사씨남정기」와 같은 국문소설을 창작했다는 점과 관련해 볼 때, 허균(許筠)을 잇고 조선 후기 실학파 문학의 중간에서 훌륭한 소임을 수행한 것으로 믿어진다.
 그는 시가에 대해서뿐 아니라 소설에 대해서도 상당한 이론을 가지고 있었던 것 같다. 김만중은 소설의 통속성에 대하여 진수(陳壽)의 「삼국지」나 사마광(司馬光)의 「통감」, 그리고 나관중의 「삼국지연의」를 서로 구별하여 통속소설에 대한 예술적 기능을 높이 평가하고 있다.
 그는 스스로 한시 시학의 표준으로 고악부(古樂府)와 「문선(文選)」의 시를 생각하였다. 말하자면 율시(律詩) 이전의 시를 배울 것을 주장한 것이다. 물론 이 점은 주희의 학시관(學詩觀)과 상통하면서도 인간의 정감과 행동을 중요시하는 연정설(緣情說)을 시의 본질로 본 점은 자못 특징적이다.
 이러한 생각들은 363수에 이르는 그의 시편들의 주조를 형성하는 단서로 작용하였다.
 그의 많은 시들에서 그리움의 정서가 자주 표출되고 있는 점은 그의 생애와도 관련이 있겠으나 기본적으로 고시계열의 작품을 애송하였던 것과도 맥이 닿고 있다. 장편시 「단천절부시(端川節婦詩)」 또한 이러한 그의 주정적 시가관(主情的 詩歌觀)에서 지어진 작품으로 보인다.
 그밖에 그의 소설이나 시가에서 많은 인물이 여성으로 나타나고 있는 점도 흥미있는 현상으로 보이는데 이는 그의 낭만주의적 정감의 전달대상으로 선택된 것 같다.
 지금까지 국문학 연구자들 사이에 관심의 대상이 되어 온 것은 주로 「구운몽」, 「사씨남정기」 등과 같은 국문소설이었다. 그러다가 근년에 들어와서 그의 시가에 대한 검토가 진행되고 있다. 그러나 수효에 있어서 비교적 다른 인물보다 많은 연구논문들이 생산되었으나 아직도 새롭게 고찰해야 할 부분들이 많이 있다고 믿어진다.
 예컨대 그의 생애를 완벽하게 재구성해 보는 문제라든가 소설과 시가 사이의 관계, 또는 그의 사상의 진보성과 한계 등에 대한 정밀한 탐색이 계속 논의되고 있다.

國畵風의 기인화가

최북(崔北)

  조선 후기의 화가 최북의 생몰년의 기록은 없다. 다만 그의 본관이 무주(茂朱)이고 초명은 식(埴), 자는 성기(聖器), 유용(有用), 칠칠(七七) 등이 있고 호는 월성(月城), 성재(星齋), 기암(箕庵), 거기재(居基齋), 삼기재(三奇齋), 호생관(豪生舘) 등 여러가지로 사용했다.

  그는 49세의 나이로 일생을 마쳤다고만 전해져 있으나, 그의 행적을 통해 볼 때 대략 1720년(숙종 46년)에 출생한 것으로 믿어진다.

  1747년(영조 23년)에서 1748년 사이에 통신사를 따라 일본에 다녀왔다. 심한 술버릇과 기이한 행동으로 점철된 많은 일화를 남겼는데, 이에 관해서 남공철(南公轍)의 「금릉집(金陵集)」과 조희룡의 「호산외사(壺山外史)」에 비교적 자세히 기록되어 있다.

  그중에서도 금강산의 구룡연(九龍淵)을 구경하고 즐거움에 술을 잔뜩 마시고 취해 울다 웃다 하면서 「천하명인 최북은 천하명산에서 마땅히 죽어야 한다」고 외치고는 투신하였던 일이라든가, 어떤 귀인이 그에게 그림을 요청하였다가 얻지 못하고 협박하자 「남이 나를 손대기 전에 내가 나를 손대야겠다」고 하며 눈 하나를 찔러 멀게 해버린 이야기 등은 그의 괴팍한 성격을 단적으로 알려주는 대표적인 일화라하겠다.

  그래서 당시의 사람들은 그를 광생(狂生)이라고까지 지목하였다고 한다. 그러나 그가 평양이나 동래 등지로 그림을 팔러 가면 많은 사람들이 그의 그림을 구하기 위하여 모여들었다고 한다.

  또한 그는 「서상기(西廂記)」와 「수호전」을 즐겨 읽었으며, 김홍도(金弘道), 이인문(李寅文), 김득신(金得臣) 등과 교유하였고, 「호산외사」에 의하면 원말사대가(元末四大家)의 한 사람인 황공망(黃公望)의 필법을 존중하였다고 전한다.

현재 남아 있는 그의 작품들에는 인물, 화조, 초충 등도 포함되어 있으나 대부분이 산수화로서, 그의 괴팍한 기질대로 대체로 치기(稚氣)가 있는 듯하면서 소박하고 시정(詩情)어린 분위기를 자아내고 있다.

특히 그의 산수화들은 크게 진경산수화와 남종화 계통의 두 가지 경향으로 나누어진다. 진경산수화에서는 「표훈사도(表訓寺圖)」에 보이는 바와 같이 정선(鄭歚)의 화풍을 연상시키는 것도 있다.

진경산수에 대하여 최북은 「무릇 사람의 풍속도 중국사람들의 풍속이 다르고 조선사람들의 풍속이 다른 것처럼, 산수의 형세도 중국과 조선이 서로 다른데, 사람들은 모두 중국산수의 형세를 그린 그림만을 좋아하고 숭상하면서 조선의 산수를 그린 그림은 그림이 아니라고까지 이야기하지만 조선사람은 마땅히 조선의 산수를 그려야 한다」고 그 중요성을 크게 강조한 바 있다.

국립광주박물관 소장의 「한강조어도(漢江釣魚圖)」와 국립중앙박물관 소장의 「추경산수도(秋景山水圖)」 등을 대표작으로 하는 그의 남종화 계열의 작품에서는 심사정(沈師正) 등의 영향이 부분적으로 엿보이기도 한다.

이러한 화풍을 계승, 변천시키면서 개인 소장의 「조어도(釣魚圖)」와 「풍설야귀도(風雪夜歸圖)에 보이는 바와 같이 대담하고도 파격적인 자신의 조형양식을 이룩하여 조선 후기 회화의 발전에 기여한 바 크다.

이밖에 대표작으로 개인 소장의 「공산무인도(空山無人圖)」와 간송미술관 소장의 「수각산수도(水閣山水圖)」 등이 있다.

시련을 극복한 英王

정조(正祖)
1752(영조 28) ~ 1800(정조 24)

조선의 22대 왕으로 1777년부터 1800년까지 24년 동안 즉위했다. 영조의 둘째 아들인 장헌세자(일명 사도세자)와 혜경궁 홍씨 사이에서 맏아들로 태어났다.

1759년(영조 35년) 세손에 책봉되고 1762년 장헌세자가 비극적 죽음을 당하자 일찍 세상을 떠난 영조의 맏아들 효장세자(孝章世子)의 뒤를 이어 왕통을 이었다.

1775년에 대리청정을 하다가 다음해 영조가 죽자 25세로 왕위에 올랐는데, 생부(生父)인 장헌세자가 당쟁에 희생되었듯이 정조 또한 세손으로 갖은 위험 속에서 홍국영(洪國榮) 등의 도움을 받아 어려움을 이겨냈다.

그리고 개유와(皆有窩)라는 도서실을 마련하여 청나라의 건융문화(乾隆文化)에 마음을 기울이며 학문 연마에 힘썼다.

그리하여 즉위하자 곧 규장각(奎章閣)을 설치하여 문화정치를 표방하는 한편, 그의 즉위를 방해하였던 정후겸, 홍인한, 홍상간, 윤양로 등을 제거하고 나아가 그의 총애를 빙자하여 세도정치를 자행하던 홍국영마저 축출함으로써 친정체제를 구축하는데 주력하였다.

정조는 퇴색해버린 홍문관을 대신하여 규장각을 문형(文衡)의 상징적 존재로 삼고, 홍문관, 승정원, 춘추관, 종부시 등의 기능을 점진적으로 부여하면서 정권의 핵심적 기구로 키워나갔다.

우문지치(右文之治)와 작성지화(作成之化)를 규장각의 2대명분으로 내세우고 본격적인 문화정치를 추진하고 인재를 양성하고자 한 것이다. 작성지화의 명분 아래 기성의 인재를 모아들일 뿐만 아니라, 참상(參上), 참외(參外)의 연소한 문신들을 선택, 교육하여 국가의 동량으로 키우고, 나아가 자신의 친위세력으로 확보하고자 하였으며, 우문지치의 명분아래 세손 때부터 추진한 「사고전서(四庫全書)」

의 수입에 노력하는 동시에 서적의 간행에도 힘을 기울여 새로운 활자를 개발하기도 하였다.

임진자(壬辰字), 정유자(丁酉字), 한구자(韓構字), 생생자(生生字), 정리자(整理字), 춘추관자(春秋館字) 등을 새로 만들어 많은 서적을 편찬하였으니, 사서, 삼경 등의 당판서적(唐版書籍)을 수입하지 못하게까지 조처한 것도 이와같은 자기문화의 축적이 있었던 데서 가능한 것이었다.

그는 또한 왕조 초기에 제정, 정비된 문물제도의 보완, 정리를 위하여 영조 때부터 시작된 정비작업을 계승, 완결하였다.「속오례의」(續五禮儀),「증보동국문헌비고」(增補東國文獻備考),「국조보감」(國朝寶鑑),「대전통편」(大典通編),「문원보불」,「동문휘고」(同文彙考),「규장전운」(奎章全韻),「오륜행실」(五倫行實) 등은 그 결과였는데, 이와 함께 그는 자신의 저작물도 정리하여 뒷날「홍재전서(弘齋全書)」(184권 100책)로 정리, 간행되도록 하였다.

그는 아버지의 죽음으로 인하여 당쟁에 대하여 극도의 혐오감을 가지고 있었을 뿐 아니라, 왕권을 강화하고 체제를 재정비하기 위하여 영조 이래의 기본정책인 탕평책을 계승하였다.

그러나 강고하게 그 세력을 구축하고 있었던 노론이 끝까지 당론을 고수하여 벽파(僻派)로 남고, 정조의 정치노선에 찬성하던 남인과 소론 및 일부 노론이 시파(時派)를 형성하여, 종래의 사색당파에서 시파와 벽파의 갈등이라는 새로운 양상으로 전개되고 있었다.

그가 1794년에 들고 나온 문체반정(文體反正)이라는 문풍(文風)의 개혁론은 이러한 정치적 상황과도 관련되는 것이었다.

그는 즉위초부터 문풍이 세도(世道)를 반영한다는 전제 아래 문풍쇄신을 통한 세도의 광정(匡正)을 추구하기도 하였지만, 이를 본격적으로 내걸게 된 것은 정치적 난제를 해결하기 위한 고도의 정치술수였으며, 탕평책의 구체적인 장치였던 것으로 이해된다.

그는 학문적으로도 육경(六經) 중심의 남인학파와 친밀하였을 뿐 아니라 예론(禮論)에 있어서도 왕자례부동사서(王者禮不同士庶)를 주장하여 왕권우위의 보수적 사고를 지니고 있는 남인학파 내지 남인정파와 밀착될 소지를 다분히 안고 있었다.

　그러나 천하동례(天下同禮)를 주창하면서 신권(臣權)을 주장하였던 노론 중에서도 진보주의적인 젊은 자제들은 북학사상(北學思想)을 형성시키고 있었으므로 그의 학자적 소양은 이에도 관심을 기울이게 하였다. 그리하여 규장각에 검서관(檢書官)제도를 신설하고 북학파의 종장(宗匠)인 박지원(朴趾源)의 제자들, 즉 이덕무(李德懋), 유득공(柳得恭), 박제가(朴齊家) 등을 등용함으로써 그 사상의 수용을 기도하였다. 그런데 이 검사관들은 신분이 서얼로서 영조 때부터 탕평책의 이념에 편승하여 서얼통청운동(庶孼通淸運動)이라는 신분상승운동을 펴고 있었으므로 이들의 임용은 서얼통청이라는 사회적 요청에 부응하는 조처이기도 하였다.

　정조는 이와같이 남인에 뿌리를 둔 실학파와 노론에 기반을 둔 북학파 등 제학파의 장점을 수용하고 그 학풍을 특색있게 장려하여 문운(文運)을 진작시켜나가는 동시에, 한편으로는 문화의 저변확산을 꾀하여 중인(中人) 이하 계층의 위항문학(委巷文學)도 적극 지원하였다.

　여기서 인왕산을 중심으로 경아전(京衙典)이 주축이 된 중인 이하 계층의 위항인(委巷人)들이 귀족문학으로 성립되어온 한문학의 시단에 대거 참여하여 옥계시사(玉溪詩社)라는 그들 독자의 시사를 결성하고, 그들만의 공동시집인「풍요속선(風謠續選)」을 발간하는 등 성관(盛觀)을 이루게 되어 중인문화의 원동력이 되고 뒷날 필운대풍월(弼雲臺風月)의 효시를 보게도 되었다. 때문에 이 시기를 조선시대의 문예부흥기로 파악하기도 하는데, 그 문예부흥이 가능하였던 배경은 병자호란 이후 17세기 후반의 화이론(華夷論)에 입각한 소중화의식(小中華意識)이 고취되고, 이에 따른 북벌론(北伐論)의 대의명분 아래 안으로는 조선성리학의 이념인 예치(禮治)의 실현이라는 당면과제를 국민상하가 일치단결하여 수행해나가는 과정에서 이룩한 정신적 자긍심과 조선문화의 독자적 발전에 있었다고 하겠다.

　이러한 국수주의적 경향은 18세기 전반에 있어 문화의 제반 분야에 뚜렷하게 나타나고 있으니, 이를테면 그림에서 진경산수(眞景山

水)라는 국화풍(國畫風), 글씨에서 동국진체(東國眞體)라는 국서풍(國書風)이 그러한 것이다. 이는 조선성리학의 고유화에 따른 조선문화의 독자성의 발로이며, 바로 이러한 축적위에 정조의 학자적 소양에서 기인하는 문화정책의 추진과 선진문화인 건륭문화의 수입이 자극이 되어, 이른바 조선 후기의 도미적성관(掉尾的盛觀)으로 파악되는 황금시대를 가능하게 한 것이었다.

정조의 업적은 규장각을 통한 문화사업이 대종을 이루지만, 이밖에도 「일성록(日省錄)」의 편수, 「무예도보통지(武藝圖譜通志)」의 편찬, 장용영(壯勇營)의 설치, 형정(刑政)의 개혁, 궁차징세법(宮差徵稅法)의 폐지, 「자휼전칙(字恤典則)」의 반포, 「서류소통절목(庶類疏通節目)」의 공포, 노비추쇄법(奴婢推刷法)의 폐지, 천세력(千歲曆)의 제정 및 보급, 통공정책(通共政策)의 실시 등을 손꼽을 수 있다.

그리고 당시 정치문제로 되고 있던 서학(西學)에 대하여 정학(正學)의 진흥만이 서학의 만연을 막는 길이라는 원칙 아래 유연하게 대처한 점도 높이 평가할 것이었다.

한편 그는 비명에 죽은 아버지에 대한 복수와 예우문제에도 고심하였다. 외조부 홍봉한(洪鳳漢)이 노론 세도가로서 아버지의 죽음과 관련되었지만, 홀로 된 어머니를 생각하여 사면하여야 하는 갈등을 겪였고, 또 아버지를 장헌세자로 추존하였다가 뒤에 다시 장조(莊祖)로 추존하는 노력을 하였다. 그러면서 양주 배봉산 아래에 있던 묘를 수원 화산(花山) 아래로 이장하여 현륭원(顯隆園)이라 하였다가 다시 융릉(隆陵)으로 올렸고, 그 인근의 용주사(龍珠寺)를 개수, 확장하여 원찰(願刹)로 삼기로 하였다.

1800년 6월에 49세의 나이로 죽자 그의 유언대로 융릉 동쪽 언덕에 묻혔다가 그의 비 효의왕후가 죽으면서(1821) 융릉 서쪽 언덕에 합장되어 오늘날의 건릉(健陵)이 되었다.

시호는 문성무열성인장효왕(文成武烈聖仁莊孝王)이다. 대한제국이 성립되자 1900년에 황제로 추존되어 선황제(宣皇帝)가 되었다.

경세지표를 남긴 실학자

정약용(丁若鏞)
1762(영조 38) ~ 1836(헌종 2)

조선 후기의 문신이며 실학자인 정약용은 경기도 광주(지금의 양주군 조안면 능내리)에서 태어났다. 자는 귀농(歸農), 미용(美庸)이며 호는 다산(茶山), 그 외에도 몇 개의 호를 가지고 있다.

아버지는 진주목사 재원(載遠)이며, 어머니는 해남윤씨로 두서(斗緖)의 손녀이다.

15세 때 풍천홍씨를 취하여 6남 3녀를 두었으나 4남 2녀는 요절하고 2남 1녀만 남았다.

그의 일생은 대체로 3기로 나눌 수 있는데 제1기는 벼슬살이하던 시절이고 제2기는 귀양살이 시절이며 제3기는 향리에 돌아와 유유자적하던 시절이다.

제1기는 22세 때 경의진사(經義進士)가 되어 줄곧 정조의 총애를 한 몸에 받던 시절로서 암행어사, 참의, 좌우부승지 등을 거쳤으나, 한때 금정찰방, 곡산부사 등 외직으로 좌천되기도 하였다. 정조의 지극한 총애는 도리어 화를 자초하기도 하였는데 정조의 죽음과 때를 같이하여 야기된 신유교옥에 연좌된 까닭도 여기에 있다.

왜냐하면, 신유교옥사건은 표면적인 이유와는 달리 벽파가 남인계의 시파를 제거하기 위하여 일으킨 사건으로 평가되기 때문이다.

이 시기에 그의 학문적 업적은 그리 대단한 것은 없으나 16세 때 이미 서울에서 이가환, 이승훈 등으로부터 이익(李瀷)의 학에 접하였고, 23세 때에는 마재와 서울을 잇는 두미협(斗尾峽) 뱃길에서 이벽(李檗)을 통하여 서양서적을 얻어 읽기도 하였다.

유학경전에 관한 연구로는 「내강중용강의(內降中庸講義)」, 「내강모시강의(內降毛詩講義)」, 「희정당대학강의(熙政堂大學講義)」 등이 있으며, 기술적 업적으로는 1789년 배다리(舟橋)의 준공과 1793년 수원성의 설계를 손꼽는다.

1791년 진산(珍山)의 윤지충, 권상연의 옥 이후 천주교로 인하여 세정이 소연하던 중 1795년 주문모(周文謨)신부의 변복잠입사건이 터지자, 정조는 수세에 몰린 다산을 일시 피신시키기 위하여 병조참의에서 금정찰방으로 강등 좌천시켰다.

불과 반년도 채 못되는 짧은 기간이기는 하지만 천주교에 깊이 젖은 금정역 주민들을 회유하여 개종시킨 허물 때문에 후일 배교자로 낙인을 찍히기도 하였다. 그러나 소연한 세정이 가라앉지 않고 더욱 거세지자 정조는 다시금 그를 1797년까지 황해도 곡산부사로 내보내 1799년까지 약 2년간 봉직하게 하였다.

이 시절에 「마과회통(麻科會通)」, 「사기찬주(史記纂註)」와 같은 잡저를 남겼다.

내직으로 다시 돌아온지 채 1년도 못 되어 1800년 6월에 정조가 죽자, 그를 둘러싼 화기(禍機)가 무르익어 1801년 2월 책롱사건(册籠事件)으로 체포, 투옥되니, 이로써 그의 득의시절은 막을 내리고 말았다.

1801년 2월 27일 출옥과 동시에 경상북도 포항 장기로 유배되니 이로써 그의 제2기인 유배생활이 시작되었다.

그해 11월에 전라남도 강진으로 이배될 때까지 9개월간 머무르면서 「고삼창고훈(考三倉詁訓)」, 「이아술(爾雅述)」, 「기해방례변(己亥邦禮辨)」 등의 잡저를 저술하였으나 서울로 옮기던 중 일실하여 지금은 남아 있지 않다.

강진에 도착하자 첫발을 디딘 곳이 동문 밖 주가이다. 이곳에서는 1805년 겨울까지 약 4년간 거처하였고, 자기가 묵던 협실을 사의재(四宜齋)라 명명하기도 하였다. 이 시절은 유배 초기가 되어서 파문괴장 불허안접(破門壞墻 不許安接)할 정도로 고적하던 시절로 기록되어 있으나 이 시기에 주가의 한 늙은 주모의 도움이 있었고, 1808년 봄에 때마침 만덕사(萬德寺) 소풍길에 혜장선사(惠藏禪師)를 만나 유불상교의 기연을 맺기도 하였다.

1805년 겨울에는 주역연구자료가 담긴 경함을 고성사(高聲寺)로 옮겼으니, 여기에는 그를 위한 혜장선사의 깊은 배려가 스며 있었고 이로부터 두 사람의 인연은 날로 깊어갔다.
 한편 9개월 만에 다시금 목리(牧里) 이학래(李鶴來) 집으로 옮겨 1808년 봄 다산초당으로 옮기게 될 때까지 약 1년 반 동안 머물렀으니, 이때에 이학래로 하여금 다산역의 준공을 맞게 한 것을 보면 경함을 다시금 목리로 옮긴 사연을 짐작할 수 있다.
 이로부터 다산초당은 11년 간에 걸쳐서 다산학의 산실이 되었다. 「주역사전(周易四箋)」은 1808년에 탈고하였고 「상례사전(喪禮四箋)」은 읍거시절에 기고하였으나 초당으로 옮긴 직후 1811년에 완성하였다.
 「시경」(1810), 「춘추」(1812), 「논어」(1813), 「맹자」(1814), 「대학」(1814), 「중용」(1814), 「악경」(1816), 「경세유표」(1817), 「목민심서」(1818) 등을 차례로 저술하였고, 1818년 귀양이 풀리자 고향으로 돌아와서 「흠흠신서」와 「상서고훈」 등을 저술하여 그의 6경 4서와 1표 2서를 완결지었다.

국가적 富를 염원했던 실학자

박지원(朴趾源)
1737(영조 13) ~ 1805(순조 5)

조선 후기의 문신이요 학자인 박지원은 본관이 반남(潘南), 자는 미중(美仲) 또는 중미(仲美)이고 호는 연암(燕巖) 또는 연상(煙湘), 열상외사(洌上外史)라고도 했다.

서울 서쪽인 반송방 야동(冶洞)에서 태어났다. 아버지는 사유(師愈)이고 할아버지가 지돈녕부사 필균(弼均)이며 어머니는 함평이씨 창원(昌遠)의 딸이다.

성장하면서 신체가 건강하고 매우 영민하여 옛사람의 선침(扇枕)과 온피(溫被) 같은 일을 흉내내기도 하였다. 그의 아버지가 포의(布衣)로 지냈기 때문에 할아버지 필균에게서 양육되었다.

1752년(영조 28년)에 전주이씨(全州李氏) 보천(輔天)의 딸과 혼인하면서 「맹자」를 중심으로 학문에 정진하게 되었으며, 특히 보천의 아우 양천(亮天)에게서는 사마천의 「사기」를 비롯하여 주로 역사서적을 교훈받아 문장 쓰는 법을 터득하고 많은 논설을 습작하였다.

수년간의 학업에서 문장에 대한 이치를 터득하였으며, 처남 이재성(李在誠)과 더불어 평생의 문우로 지냄과 아울러 그의 학문에 충실한 조언자가 되었다.

1760년 할아버지가 죽자 생활은 더욱 곤궁하였다. 그 사이에 1765년에 처음 과거에 응시하였으나 뜻을 이루지 못했으며, 이후로 과거시험에 뜻을 두지 않고 오직 학문과 저술에만 전념하였다.

1768년에 백탑(白塔) 근처로 이사를 하게 되어 박제가(朴齊家), 이서구(李書九), 서상수(徐常修), 유득공(柳得恭), 유금(柳琴) 등과 이웃하면서 학문적 깊은 교유를 가졌다. 이때를 전후하여 홍대용(洪大容), 이덕무(李德懋), 정철조(鄭喆祚) 등과는 이용후생(利用厚生)에 대하여 자주 토론하였으며, 이 무렵 유득공, 이덕무 등과 서부지방을 여행하였다. 이 당시의 국내정세는 홍국영(洪國榮)이 세도를 잡아 벽파에 속했던 그의 생활은 더욱 어렵게 되고 생명의 위협까지 느끼게 되어 결국 황해도 금천(金川) 연암협(燕巖峽)으로 은거하게 되었는데 그의 아호가 연암으로 불려진 것도 이에 연유한다.

그는 이곳에 있는 동안 농사와 목축에 대한 장려책을 정리하게 되었다.

1780년(정조 4년)에 처남 이재성의 집에 머물고 있다가 삼종형 박명원(朴明源)이 청의 고종 70세 진하사절 정사로 북경을 갈 때 수행(1780년 6월 25일 출발, 10월 27일 귀국)하여 압록강을 거쳐 북경, 열하를 여행하고 돌아왔다.

이때의 견문을 정리하여 쓴 책이「열하일기」이며, 이 속에는 그가 평소에 생각하던 이용후생에 대한 생각이 구체적으로 표현되어 있다.

이 저술로 인하여 그의 문명이 일시에 드날리기도 하였으나 문원(文垣)에서 호된 비판을 받기도 하였다.

그뒤 뒤늦은 1786년에 음사(蔭仕)로 선공감 감역에 제수된 것을 필두로 1789년에는 평시서주부(平市署主簿), 사복시주부(司僕侍主簿), 1791년에는 한성부판관, 1792년에는 안의현감(安義縣監), 1797년에는 면천군수, 1800년에 양양부사를 끝으로 관직에서 물러났다.

그의 안의현감 시절은 북경여행의 경험을 토대로 실험적 작업을 시도하였으며, 면천군수 시절의 경험은「과농소초(課農小抄)」,「한민명전의(限民名田議)」,「안설(按說)」등을 남기게 되었다.

그가 남긴 저술 중에서 특히「열하일기」와 위의 책들은 그가 추구하던 현실개혁을 위한 포부를 이론적으로 펼쳐보인 작업의 하나이다. 특히「열하일기」에서 강조된 것은 당시 중국 중심의 세계관 속에서 청나라의 번창한 문물을 받아들여 낙후한 조선의 현실을 개혁하고자 한 그의 노력을 집대성하고 있다. 이때는 명(明)에 대한 의리와 결부된 청(淸)나라를 배격하는 풍조가 만연하던 시기였다.

이 속에서 그의 주장은 현실적 수용력이 부족하였으나 당시의 위정자나 지식인들에게는 강한 자극을 불러일으키는 결과가 되었다. 북학사상(北學思想)으로 불리는 그의 주장은 비록 적대적 감정이 쌓여 있는 처지이지만 그들의 문명을 수용함으로써 우리의 현실이 개혁되고 풍요해진다면 과감하게 받아들여야 한다는 것을 주장하고 있다.

또한 조선에 대한 인식의 잘못을 지적하면서 그 개선책을 제시하였으며, 나아가 역대 중국인들이 우리에게 갖는 왜곡된 시각을 바로잡는 방법도 서술하였다.

그의 관심은 서학(西學)에도 머물게 되었다. 이는 자연과학적 지식의 근원을 이해하려 한 것이며 그의 새로운 문물에 대한 애착을 나타내는 결과였다. 이러한 관심은 홍대용과의 교유에서 보이는 우주론의 심화를 위한 작업이며 실제로 북경을 여행할 때 그곳에 있는 천주당이나 관상대를 구경하면서 서양인을 만나고 싶어하였다.

천문학에 깊은 관심을 보인 그가 펼친 우주의 질서는 당시의 중국학자들을 놀라게 하였는데 이는 그가 가진 세계관의 확대와 전환을 의미하고 있다. 나아가 당시에 풍미하던 주자학(朱子學)이 사변적 세계에 침잠하는 것을 반성하면서 이론적 세계의 현실적용, 곧 유학의 본질 속에서 개혁의 이론적 근거를 찾고자 하였다.

이 생각은 당시로서는 받아들여지기 어려운 주창이었으나 과감한 개혁의지의 한 표출로 나타났다.

이러한 그의 생각을 집약적으로 나타낸 것이 곧 이용후생 이후에 정덕(正德)을 이루는 방법이다. 이는 정덕을 이룬 뒤에 이용후생을 추구하는 방법과는 그 발상의 일대전환이라 할 것이다.

이것이 그가 주창하는 실학사상(實學思想)의 요체이며 이를 위하여 제시되는 것들은 자기주장의 완성을 위한 방도이다.

그 방도의 구체적 현상은 정치, 경제, 사회, 군사, 천문, 지리, 문학 등의 각 분야에서 나타나고 있다. 특히 경제문제에서는 토지개혁정책, 화폐정책, 중상정책(重商政策) 등을 제창하고 있어 현실의 문제를 개혁하지 않고는 미래의 비전을 찾기 힘들다는 것을 강조하고 있다. 이러한 그의 생각은 그가 남긴 문학작품 속에서도 잘 나타나고 있다. 곧 당시에 주조를 이루는 복고적 풍조에서 벗어나 문학이 갖는 현실과의 대립적 현상을 잘 조화시켜 그 시대의 문제를 가장 첨예하게 수렴할 수 있는 주제와 그 주제를 어떻게 표현하는가를 깊이 생각하고 있다. 이것은 그의 사고가 고정적 관념에서의 일대전환을 시도한 것과 맥락을 이루는 방법으로서 문학작품에 있어서 매개체인 언어의 기능을 이해하고 당대에 맞는 문체의 개혁을 주장하게 된 것이다.

그 다음으로 나타난 것은 표현의 절제와 문장조직 방법의 운용, 사실적인 표현 등은 그가 생각한 당대의 현실과 문학과의 관계를 연결짓는 방법들이며, 이는 그의 문집 속에 수록된 당시 그와 교유했던 사람들의 문집서(文集序) 등에서 잘 나타나고 있다.

또한 그가 남긴 일련의 한문단편(漢文短篇)들 속에서도 구체적으로 형상화되고 있다. 초기에 쓴 9편의 단편들은 대개가 당시의 역사적 현실과 연관시킨 것들이거나 인간의 내면적인 세계, 혹은 민족문학의 맥을 연결하는 것들로 이루어지면서 강한 풍자성을 내포하고 있다.

「양반전」의 경우는 조선조 봉건사회의 와해와 그 속에서 군림하는 사(士)의 계급이 가지는 올바른 개념을 정립하고 있어서 많은 문제점을 던져주고 있다.

다음으로 북경을 여행하고 난 이후에 쓰여진 두 편의 단편은 여행기 속에 포함된 것으로 역시 그의 실학사상을 잘 대변해주는 작품들이다. 그 중에서 「허생전(許生傳)」은 중상주의적 사상과 함께 허위적 북벌론을 배격하면서 이상향을 추구하는 내용을 담고 있어 당시의 사회가 안고 있는 문제점을 잘 지적하고 있다.

이러한 일련의 작품들은 그의 사상을 나타내는 이론의 근거와 함께 그것을 실제로 작품화한 실례가 될 것이다. 이러한 생각들을 담고 있는 그의 저술은 모두 「연암집」에 수록되어 있는데 그가 가지는 생각들이 당대의 사고와 많은 차이를 내포하고 있어서 실제로 그의 문집이 1900년 김만식(金晩植) 외 23인에 의하여 서울에서 처음 공간된 것은 책을 초록한 형태였다.

그의 손자 박규수(朴珪壽)가 우의정을 지냈으면서도 그 할아버지의 문집을 간행하지 못했음은 그의 문집 내용이 갖는 의미를 짐작케

한다.

그의 저술에서 특이한 점은 문장 대부분이 논설을 중심으로 한 문장으로 되어 있으며, 시는 각체를 합하여 42수가 그 전부이다.

실제로 당시 교유한 문인들의 문집 속에는 그가 많은 작품들을 지었음을 말하고 있는 것을 보면 많은 작품이 유실되었음을 알 수 있다.

저서로는 「열하일기」, 작품집으로 「허생전」, 「민옹전」, 「광문자전」, 「양반전」, 「김신선전」, 「역학대도전」, 「봉산학자전」 등이 있다.

1910년(순종 4년)에 좌찬성에 추증되고 문도공(文度公)의 시호를 받았다.

뛰어난 과학사상가

홍대용(洪大容)
1731(영조 7) ~ 1783(정조 7)

조선 후기의 실학자인 홍대용은 특히 과학사상의 이론가로 잘 알려져 있다. 그의 본관은 남양(南陽), 자는 덕보(德保), 호는 홍지(弘之), 담헌(湛軒)이라는 당호로 불린다. 대사간 용조(龍祚)의 손자로 역의 아들이다.

특히 지전설(地轉說)과 우주무한론을 주장하였으며, 이러한 자연관을 근거로 화이(華夷)의 구분을 부정하여 민족의 주체성을 강조하고, 인간도 대자연의 일부로서 다른 생물과 마찬가지라는 주장을 펼치기도 하였다.

당대의 유학자 김원행(金元行)으로부터 배웠고, 북학파의 실학자로 유명한 박지원과는 깊은 친분이 있었다.

그는 여러번 과거에 실패한 뒤 1774년(영조 50년)에 음보(蔭補)로 선공감감역(繕工監監役) 및 세손익위사시직(世孫翊衛司侍直)이 되었고, 이어 1777년(정조 1년) 사헌부감찰, 그뒤 태인현감, 영천군수를 지냈다.

그의 활약은 이런 관직과 관련된 것이기보다는 1766년 초의 북경(北京)방문을 계기로 서양과학의 영향을 깊이 받아서 가능해진 것이었다. 「담헌서(湛軒書)」는 약간의 시·서를 제외하면 거의가 북경에서 돌아온 뒤 10여 년 사이에 쓴 것이다.

그가 중국을 방문한 것은 연행사(燕行使)의 서장관으로 임명된 작은아버지 억(檍)의 수행군관이라는 명목으로 이루어졌다. 60여일 동안 북경에 머무르면서 두 가지 중요한 경험을 하였는데, 하나는 우연히 사귀게 된 항주(杭州)출신의 중국 학자들과 개인적인 교분을 가지게 된 일이며 다른 하나는 북경에 머무르고 있던 서양 선교사들을 찾아가 서양문물을 구경하고 필담을 나눈 것이다.

이때 북경에서 깊이 사귄 엄성(嚴誠), 반정균(潘庭均), 육비(陸

飛) 등과는 귀국 후에도 편지를 통한 교유가 계속되었고, 그 기록은
「항전척독(杭傳尺牘)」으로 그의 문집에 남아 있다.
  그의 사상적 성숙에 결정적인 영향을 준 북경방문은「연기(燕記)」
속에 상세히 남아 있다. 그의「연기」는 조선시대의 대표적인 작품이
며, 그뒤 박지원의「열하일기」에 영향을 주었다.
  특히 이 기록 가운데「유포문답」은 당시 독일계 선교사로 중국의
흠천감 정(欽天監正)인 유송령(劉松齡, Hallerstein, A. von)과 부정
(副正)인 포우관(鮑友管, Gogeisl, A.)을 만나 필담을 통하여 천주교
와 천문학의 이모저모를 기록한 내용으로, 서양문물에 관한 가장 상
세한 기록이다.
  과학사상을 담은「의산문답」역시 북경여행을 배경으로 하여 쓰인
것이다. 의무려산(醫巫閭山)에 숨어 사는 실옹(實翁)과 조선의 학자
허자(虛子) 사이에 대화체로 쓰인 이글은 그가 북경방문길에 들른
의무려산을 배경으로 하고 있다.
  지전설, 생명관, 우주무한론으로 전개되는 홍대용의 자연사상은
상대주의의 입장으로 일관된 것으로, 이와 같은, 상대주의는 그의 사
회사상에 연장, 발전된다.
  첫째, 그는 중국과 조선 또는 서양까지를 상대화하여 어느 쪽이 화
(華)이고, 어느 쪽이 이(夷)일 수 없다고 중국중심적인 화이론(華夷
論)을 부정한다.
  둘째, 인간과 자연은 어느 쪽이 더 우월한 것도 아니라는 주장을
펼침으로서 종래의 인본적(人本的)인 사고방식을 부정하고 인간을
다른 생명체와 똑같은 것으로 상대화하였다.
  셋째, 그는 당시 사회의 계급과 신분적 차별에 반대하고, 교육의
기회는 균등히 부여되어야 하며, 재능과 학식에 따라 일자리가 주어
져야 한다고 주장하였다.
  그의 과학사상과 그에 바탕을 둔 사회사상 등은 상당한 독창성을
보이고 있지만, 서양과학과 도교적인 사상에도 깊은 영향을 받은 것
으로 평가된다.
  그는 서양과학의 근본이 정밀한 수학과 정교한 관측에 근거하고

있음을 간파하고「주해수용」이라는 수학서를 썼으며, 여러가지 천문 관측기구를 만들어 농수각(籠水閣)이라는 관측소에 보관하기까지 하였다.

　홍대용의 사상 속에는 근대서양과학과 동양의 전통적 자연관, 또 근대적 합리주의와 도교의 신비사상, 그리고 지구중심적 세계관과 우주무한론 등이 때로는 서로 어울리지 못한 채 섞여 있는 혼란을 보이기도 한다. 그러나 이러한 한계성에도 불구하고 그는 조선조의 가장 뛰어난 과학사상가였다.

선진문화 도입을 주창한 학자

박제가(朴齊家)
1750(영조 26) ~ 1805(순조 5)

밀양박씨 후예로 조선 후기의 실학자, 자는 차수(次修), 재선(在先), 또는 수기(修其)이고, 호는 초정(楚亭), 정유, 위항도인 등이 있다.

소년시절부터 시, 서, 화에 뛰어나 문명을 떨쳤고 19세를 전후하여 박지원을 비롯한 이덕무, 유득공 등 서울에 사는 북학파들과 교유하였다.

1776년(정조 즉위년)에는 이덕무, 유득공, 이서구 등과 함께「건연집」이라는 사가시집(四家詩集)을 내어 문명을 청나라에까지 떨쳤다.

1778년에는 사은사 채제공(蔡濟恭)을 따라 이덕무와 함께 청나라에 가서 이조원(李調元), 반정균(潘庭筠) 등의 청나라 학자들과 교유하였다. 돌아온 뒤 청나라에서 보고 들은 것을 정리하여「북학의(北學議)」내·외편을 저술하였는데, 내편에서는 생활도구의 개선을, 외편에서는 정치, 사회제도의 모순점과 그 개혁방안을 다루었다.

한편 정조는 서얼들의 누적된 불만을 무마시키려는 정책의 하나로 1777년 3월에 서얼허통절목(庶孼許通節目)을 발표하는가 하면, 1779년 3월에는 규장각에 검서관직(檢書官職)을 설치하여 그를 비롯한 이덕무, 유득공, 서이수(徐理修) 등의 서얼출신 학자들을 초대, 검서관으로 임명되었다.

이로부터 13년간 규장각 내·외직에 근무하면서 여기에 비장된 서적들을 마음껏 읽고, 정조를 비롯한 국내의 저명한 학자들과 깊이 사귀면서 왕명을 받아 많은 책을 교정, 간행하기도 하였다.

1786년에는 왕명으로 당시의 관리들이 시폐(時弊)를 시정할 수 있는「구폐책(救弊策)」을 올리게 하였는데, 이때 그가 진언한 소는 주로 신분적인 차별을 타파하고 상공업을 장려하여 국가를 부강하게 하고 국민의 생활을 향상시켜야 한다는 내용이었다. 이렇게 하기 위하여서는 청나라의 선진적인 문물을 받아들이는 것이 급선무라고 주장하였다.

그뒤 1790년 5월 건륭제(乾隆帝)의 팔순절에 정사(正使) 황인점을 따라 두번 째 연행(燕行)길에 오르고, 돌아오는 길에 그는 압록강에서 다시 왕명을 받아 연경에 파견되었다.

원자(元子:뒤의 순조)의 탄생을 축하한 청나라 황제의 호의에 보답하기 위하여 정조는 한낱 검서관이었던 그를 정3품 군기시정(軍器侍正)에 임시로 임명하여 별자(別咨) 사절로서 보낸 것이다.

1793년 정원에서 내각관문(內閣關文)을 받고「비옥희음송(比屋希音頌)」이라는 비속한 문체를 쓰는 데 대한 자송문(自訟文)을 왕에게 지어바쳤다.

1794년 2월에「춘당대무과」를 보아 장원으로 급제하였다. 또한 1798년에는 영조가 적전(籍田)에 친경한 지 회갑이 되는 날을 기념하기 위하여 널리 농서를 구하였다.

이때 그도「북학의」의 내용을 골자로 하는「응지농정소(應旨農政疏)」를 올렸는데,「소진본북학의(疏進本北學議)」는 이때 작성된 것이다.

그리고 1801년(순조 1년)에는 사은사 윤행임(尹行恁)을 따라 이덕무와 함께 네 번째 연행길에 올랐으나 돌아오자마자 동남성문의 흉서사건 주모자인 윤가기(尹可基)와 사돈이었기 때문에 이 사건에 혐의가 있다 하여 종성에 유배되었다가 1805년에 풀려났으나 곧 죽었다.

그가 죽은 연대는 1805년과 1815년 설이 있는데, 그의 스승이며 동지인 박지원이 죽었다는 소식을 듣고 상심하여 곧 죽었다는 기록과, 1805년 이후에 쓴 그의 글이 보이지 않는 점 등으로 보아 1805년에 죽은 것으로 볼 수 있다.

그의 묘는 경기도 광주에 있다. 아들은 장임, 장름, 장엄 등 셋인데 막내아들 장엄은 유득공의 아들 본예(本藝), 본학(本學) 형제와 함께 순조 때 검서관이 되었다.

시, 그림, 글씨에도 뛰어난 재질을 보였는데, 청대(淸代)「사고전서(四庫全書)」계열 학자들과의 교류를 통하여 우리나라에 처음으로 대련형식(對聯形式)을 수용해왔을 뿐 아니라 글씨는 예서풍을 띠고 있으며 조선 말기의 서풍과 추사체의 형성에 선구적 구실을 하였다.
　구양순(歐陽詢)과 동기창(董其昌)풍의 행서도 잘 썼으며 필적이 굳세고 활달하면서 높은 품격을 보여준다.
　그림은 간결한 필치와 맑고 옅은 채색에 운치와 문기(文氣)가 짙게 풍기는 사의적(寫意的)인 문인화풍의 산수, 인물화와 생동감이 넘치는 꿩 그림과 고기 그림을 잘 그렸다.
　유작으로「대련글씨」,「시고(詩稿)」,「목우도(牧友圖)」,「의암관수도」,「어락도(魚樂圖)」,「야치도(野雉圖)」등이 있고, 저서로는「북학의」,「정유집」,「정유시고」,「명농초고」등이 있다.

국어발전에 공이 큰 음운학자

# 유희(柳僖)
1773(영조 49) ~ 1837(헌종 3)

조선 후기 실학자에 속하는 유학자이며 음운학자인 유희의 본관은 진주, 당초 이름은 경(儆)이었다. 자는 계중(戒仲), 호를 서파(西陂), 방편자(方便子), 또는 남악이라 했다.

아버지는 역산(曆算)과 율려(律呂)에 조예가 깊은 현감 한규(漢奎)이며 어머니는 통덕랑 이창식(李昌植)의 딸로 경사에 능통하여 「태교신기(胎敎新記)」를 저술한 전주이씨 사주당(師朱堂)이다.

나면서부터 특출하여 13세에 이미 시부(詩賦)를 지으며 구장산법(九章算法)을 이해하고, 15세에 역리복서(易理卜筮)를 꿰뚫었으며, 18세에 향시(鄕試)에 합격하였다.

그러나 11세에 아버지를 여의고 어머니의 가르침을 받아 과거에 나아가지 않았다. 37세에 충청북도 단양으로 옮겨 농사를 짓다가 10년이 지난 48세에 고향인 광주로 돌아왔으며, 이듬해에 어머니의 상을 당하였다.

53세에 누나의 권유로 과거에 세번 응시하여 생원시에, 57세에 황감제에 3등 3석으로 입격하는 것으로 그쳤다. 일찍 경학에 잠심하여 성리학을 주로 하고 춘추대의(春秋大義)를 본으로 삼아 경서의 주석에 전념하였다.

그의 유서로 방대한 「문통(文通)」100권이 초고로 남아 있었으나 지금은 행방을 알지 못한다.

그의 학문은 천문, 지리, 의약, 복서, 종수(種樹), 농정(農政), 풍수, 충어(蟲魚), 조류 등에 두루 통하였고, 특히 그 중에서 따로 전하는 「시물명고(詩物名考)」, 「물명유고(物名類考)」, 「언문지(諺文志)」는 국어학사적 사료로서 논의의 대상이 되고 있다.

일찍이 실학자이며 정음학자인 정동유(鄭東愈)를 직접 사사하여 당대의 문자음운학에 일가견을 가지게 되었다.

30세 전후에 저술한「언문지」의 원고를 분실하고, 20여 년이 지난 1824년 52세에 다시 저술한 것이 지금에 전한다.

이 책은 된소리 표기의 병서 ㅇ, ㆁ의 구분과 ㆁ의 부활, 아래아(·)의 음가를 ㅏ, ㅡ의 간음(間音)으로 본 것, 사이ㅅ 표기 등의 주장이 높이 평가된다.

신경준과 함께 조선 후기의 대음운학자이다. 그러나 그들의 문자음운학이란 주로 당시의 한자음을 이상적으로 표기함에 그 목적이 있었다.

그러므로「언문지」의 유씨교정 초성, 중성, 종성 41자를 보면, 당시 쓰이지 않는 글자가 상당수 채택되었고, 종성에는 ㅅ이 폐기된 내용이었다. 즉 그것은 당시 한자의 현실음을 교정함에 목적이 있었으며, 이것으로 표기되는 글자 수 1만 250개라는 것도 따라서 사람이 발음할 수 있는 모든 소리로서 초성례, 중성례, 종성례, 전자례의 4부로 구성되어 훨씬 체계적인 논술이다.

또한 정음의 문자구조가 정교하고 표음문자로서 훌륭함을 정확히 설파하며, 정음에 대한 천대를 한탄한 것은 후대의 학자를 기대하는 뜻에서 큰 의의가 있다.

한편 그의「물명유고」는 당시의 다양한 국어어휘 7,000여 물명을 수집하여 해박하게 주석한 물보류(物譜類)로서, 그 주석에 쓰인 우리 어휘는 무려 1,600이 넘는다.

「물명유고」는 그 섬세한 기술과 희귀한 어휘 등으로 보아 가히 그의 대표적 저술로 손꼽을 수 있으며, 그를 어휘학자로 평가되게 하였다.

시·서·화의 대가
신위(申緯)
1769(영조 45) ~ 1845(헌종 11)

　조선 후기의 문신이고 화가이며 서예가다. 본관은 평산(平山), 자는 한수(漢叟), 호를 자하(紫霞) 또는 경수당(警修堂)이라 했다.
　아버지는 대사헌 대승(大升)이며 어머니는 이영록(李永錄)의 딸이다.
　1799년(정조 23년) 알성문과에 을과로 급제하여 초계문신(抄啓文臣)에 발탁되었다.
　1812년(순조 12년) 진주 겸 주청사(陣奏兼奏請使)의 서장관(書狀官)으로 청나라에 갔는데, 이때 그는 중국의 학문과 문학에 대하여 실지로 확인하면서 자신의 안목을 넓히는 기회로 삼아 중국의 학자, 문인과의 교류를 돈독히 하였다.
　특히 당대 대학자 옹방강(翁方綱)과의 교유는 그의 문학세계에 많은 영향을 주었다.
　1814년에 병조참지를 거쳐, 이듬해 곡산부사로 나갔다. 이때 피폐한 농촌의 현실을 확인하고 농민의 고통을 덜어주기 위하여 조정에 세금을 탕감해달라는 탄원을 하기도 하였다.
　1816년 승지를 거쳐, 1818년에 춘천부사로 나갔다. 이때 그는 그 지방의 토호들의 횡포를 막기 위하여 맞서다 파직까지 당하였다.
　1822년 병조참판에 올랐으나 당쟁의 여파로 다시 파직된 뒤, 곧 복관되어 1828년에는 강화유수로 부임하였다.
　그러나 윤상도(尹尙度)의 탄핵으로 2년 만에 또다시 물러나 시흥 자하산에서 은거하였다.
　1832년 다시 도승지에 제수되었으나 벼슬생활에 환멸을 느낀 끝에 사양하여 나가지 않았다.
　다음해에 대사간에 제수되어 이에 나아갔으나 경기 암행어사 이시원(李是遠)이 강화유수 때의 실정을 거론, 상소함으로써 평산에 유배되었다.

그뒤 다시 복직되어 이조참판, 병조참판 등을 역임하였다.

그는 글씨, 그림 및 시로써 많은 업적을 남겼다. 그는 시에 있어 한국적인 특징을 찾으려고 노력하였다. 특히 없어져가는 악부(樂府)를 보존하려 하였는데, 한역한 소악부(小樂府)와 시사평(詩史評)을 한 동인론시(東人論詩) 35수와 우리나라의 관우희(觀優戲)를 읊은 관극시(觀劇詩)가 바로 그것이다.

이러한 그의 시를 김택영(金澤榮)은 시사적(詩史的)인 위치로 볼 때 500년 이래의 대가라고 칭송하였다.

이러한 그의 영향은 강위(姜偉), 황현(黃玹), 이건창(李建昌), 김택영에 이어져 우리나라 한문학을 마무리하는 구실을 하였다.

또한 그림은 산수화와 함께 묵죽에 능하였는데 이정(李霆), 유덕장(柳德章)과 함께 조선시대 3대 묵죽화가로 손꼽힌다.

강세황(姜世晃)에게서 묵죽을 배웠던 그는 남종화(南宗畫)의 기법을 이어받아 조선 후기의 남종화의 꽃을 피웠으며, 그의 묵죽화풍은 아들 명준(命準), 명연(命衍)을 비롯, 조희룡(趙熙龍) 등 추사파(秋史派) 화가들에게까지 영향을 미쳤다.

대표적 작품으로「방대도(訪戴圖)」와「묵죽도」가 전한다.

또한 글씨는 동기창체(董其昌體)를 따랐으며, 조선시대에 이 서체가 유행하는 데 계도적 구실을 하였다.

저서로는「경수당전고」와 김택영이 600여 수를 정선한「자하시집」이 간행되어 전하여지고 있다.

經世致用 사상을 정립

안정복(安鼎福)
1712(숙종 38) ~ 1791(정조15)

조선 후기의 실학자 안정복의 본관은 광주(廣州), 자는 백순(百順)이고 호는 순암(順菴) 또는 한산병은(漢山病隱) 등이 있다. 이익(李瀷)의 문인이다.

제천출신으로 예조참의 서우(瑞雨)의 손자이고 오위도총부부총관 극(極)의 아들이며 어머니는 이익령의 딸이다.

1717년(숙종 43년) 외할머니 상을 당하여 어머니를 따라 외가인 영광(靈光) 월산(月山)의 농장에서 생활하다가 1719년 할아버지가 서울에서 벼슬을 하게 됨에 따라, 남대문 밖 남정동(藍井洞)으로 귀경한 뒤 1721년(경종 1년) 10세에 처음으로 학문길에 들어섰다.

그뒤 할아버지의 임지를 따라 여러 지방을 전전하다가 1736년(영조 12년) 25세 때 선영이 있는 광주 경안면(慶安面) 덕곡리(德谷里)에 정착하였다.

그의 집안은 전통적으로 남인이었기 때문에 다른 남인의 집안과 마찬가지로, 그 아버지 때부터 당쟁에 희생이 되어 벼슬길이 끊긴 불우한 집안이었다.

그러나 그는 어려서부터 공부를 시작하여 경학(經學)은 물론, 역사, 천문, 지리, 의약 등에 걸쳐 넓고도 깊은 경지에 도달하였다. 그러면서도 그는 과거에는 단 한 번도 응시하지 않았다.

1746년 35세 때 특히 이익의 문하에 들어가서 공부하면서부터는 학문의 목표를 경세치용(經世致用)에 두고 이를 위해서 진력하였다.

1749년 처음으로 만녕전참봉에 부임한 것을 시작으로 내직으로는 감찰, 익위사익찬(翊衛司翊贊)을 역임하였고, 외직으로는 65세 때에 목천(木川) 현감을 지냈다.

그러나 70세 이후에 받은 통정대부, 가선대부 등의 산직은 고령에 따른 예우에 지나지 않는다.

어쨌든 그는 노령에 들자 80세의 나이로 죽을 때까지 학문연구와 선비로서 갖추어야 할 몸가짐을 게을리하지 않았다. 그동안 그는 이익의 가르침을 받는 한편, 성호학파(星湖學派)의 여러 학자들과 어울려서 토론하고 학문적 교환을 가지면서 실학의 사상적 영역을 넓혀나갔으며, 경세치용의 구체적인 모색을 위한 사상적 정립을 꾀하여 갔다. 그리고 이러한 성과들은 저술로 남기게 되었다.

그의 저술로는「순암선생문집(順菴先生文集)」30권 15책이 있고, 「동사강목(東史綱目)」, 「하학지남(下學指南)」, 「열조통기(列朝通紀)」, 「임관정요(臨官政要)」, 「계갑일록(癸甲日錄)」, 「가례집해(家禮集解)」등이 있다.

이밖에 그가 지은「잡동산이」와「성호사설유선」등도 안정복을 이해하는 데 빼놓을 수 없는 책들이며, 문집에 수록되어 있는「천학고(天學考)」, 「천학문답(天學問答)」은 그의 주변을 위협하였던 천주교의 박해와 안정복과 같은 전통적 조선학인의 서학(西學)에 대한 인식을 살펴보는 데 중요한 저술이기도 하다.

그는 18세기 조선 후기에 살면서 사상적으로 무던히도 고민하였던 학자이며 사상가였다.

조선시대의 전통적인 봉건체제가 무너져가고 있던 제도적 모순과, 중국을 통해서 전래되고 있던 이단적(異端的)인 서학의 충격 속에서 조선시대의 전통적 가치와 유교이념을 되살리되, 이를 합리적으로 개진하기 위해서 고민하였다.

특히 그는 역사적 현실을 실증적으로 새로 정립해서 정신적인 정통성을 확립하기 위하여「동사강목」과「열조통기」를 편술하였고, 경사(經史)의 부연적인 측면을 위해서「잡동산이」를 지었으며, 행정에 임하여 취해야 할 목민관(牧民官)의 자세를「임관정요」에 담았다.

목천현감을 지낼 때에는 향약(鄕約)을 실시하여 농촌을 자치적인 유교의 실천세계로 기대하기도 하였다. 당시는 이른바 실학의 학풍이 선구적인 학자, 사상가들에 의해서 개진, 선양되고 있었는데, 그는 이러한 실학의 한 지도자인 이익의 학문과 사상을 계승하여 이를 구체적으로 밝히고자 하였다.

그렇지만 성호학파에 속하였던 그는 다른 사람들과는 달리 천주교에 대해서는 어디까지나 비판적이었다. 그는 철저한 주자학자였고 전통성을 고집하는 전통적인 조선학인이었다.

오늘날 그의 주요한 저술과 편찬물은 거의 전해지지만, 그의 연보가 전해오는 저술과 황필수(黃泌秀)가「하학지남」에 적어놓은 저술목록과, 그리고 그의 일록 등에서 전해오는 저술목록과는 일치하지 않고 있다.

이밖에 그의 사상적 편력을 찾아볼 수 있는 그의 일부 저작물이 아직도 발견되지 않고 있는 실정이다.

그는 정치적으로는 불행하였던 시대에 살았지만, 사상적으로는 비교적 자유스럽고 개방적인 시대에 산 인물이었다.

따라서 그가 역사상에 차지하는 비중은 정치적 행적이나 정책적 업적보다는 학문적, 사상적인 공헌과 영향에 있다고 하겠다.

이에 정통성으로 대표되는 그의 역사적 감각과 모든 학문과 사상 체계를 합리적이고 실증적으로 정립하고자 하였던 학구적 방법은 당시의 학풍에서도 매우 뛰어난 것으로 평가될 수 있다.

國語學 계발에 큰 업적

신경준(申景濬)
1712(숙종 38) ~ 1781(정조 5)

조선 영조대의 학자, 본관은 고령이고 자는 순민(舜民), 호는 여암(旅菴)이며 전북 순창(淳昌) 출신이다.

신숙주의 아우 말주(末舟)의 10대 손인 진사 내의 아들이며 어머니는 한산이씨다.

33세까지 여러 곳으로 옮겨다니며 살다가 33세부터 43세까지 고향에 묻혀 살면서 저술에 힘썼다.

그의 대표적인 저작으로는 「운해훈민정음(韻解訓民正音:세칭 훈민정음운해)」을 꼽을 수 있다.

43세 되던 1754년(영조 30년) 비로소 향시에 합격했는데 당시의 시험관은 홍양호(洪良浩)였다. 그해 여름 증광시에 을과로 급제하였으며, 상경 후 홍양호와의 교분이 두터웠다.

과거합격 후 정언, 장령, 현감 등을 역임한 다음 1769년 종부시정(宗簿寺正)이 되어 강화의 선원각(璿源閣)을 중수한 뒤 일단 고향에 돌아갔으나 곧 영조의 명으로 「여지승람(輿地勝覽)」을 감수하고, 1770년에는 문학지사(文學之士) 8인과 함께 「문헌비고」를 편찬할 때 「여지고(輿地考)」를 담당하였으며, 이어서 그해 6월 6일부터 8월 14일까지 「동국여지도」의 감수를 맡았다.

이후 승지, 북청부사, 순천부사, 제주목사 등을 역임하고 고향으로 돌아가서 여생을 보낸 다음 1781년(정조 5년) 70세로 일생을 마쳤다.

업적은 여러 문헌들에 다음과 같은 논제(論題)나 책이름으로 나타나 있다.

「운해훈민정음」(행장에는 오성운해), 「일본증운(日本證韻)」, 「언서음해(諺書音解:유고목록과 서에는 동음해)」, 「평측운호거」, 「거제책」, 「병선책」, 「수차도설」, 「논선거비어」, 「의표도」, 「부앙도」,

「소사문답」, 「직서」, 「장자변해」, 「강계지」, 「산수경」, 「도로고」, 「산수위」, 「사연고」, 「가람고」, 「군현지제」 등이다.

이상에서 그가 문자학(文字學), 성운학(聲韻學), 지리학 등을 중심으로 다방면에 걸쳐서 업적을 남겼다는 것을 알 수 있다.

특히 「운해훈민정음」은 송학(宋學)의 시조의 한 사람이라는 소옹(邵雍)의 「황극경세성음도(皇極經世聲音圖)」(正聲正音圖라고도 함.)를 본보기로 하여 일종의 운도(韻圖)를 만들려고 전개한 이론이기는 하였으나, 훈민정음 창제 이후 가장 깊이 문자론(文字論)을 전개한 학술적인 업적이었다.

楊明學 이론의 제일인자

이긍익(李肯翊)
1736(영조 12) ~ 1806(순조 6)

조선 후기의 학자, 본관은 전주이고 서울출생이다. 자는 장경(長卿)이고 호는 완산(完山), 또는 연려실(燃藜室)이라고도 했다. 광사(匡師)의 아들이다.

연려실이란 그의 서실 이름으로 한나라의 유향(劉向)이 옛 글을 교정할 때 태일선인(太一仙人)이 청려장(명아주로 만든 지팡이)에 불을 붙여 비추어 주었다는 고사에서 온 것인데, 그의 아버지가 서실 벽에 손수 휘호해준 것에서 유래된 말이다.

그의 가문은 전통적으로 소론에 속하였는데, 경종대의 신임무옥사 건과 1728년의 이인좌(李麟佐)의 난으로 크게 화를 당하였으며, 그의 나이 20세 때 아버지 광사가 나주괘서사건에 연루, 유배를 당하여 배소에서 죽었다.

그는 역경과 빈곤 속에서 벼슬을 단념한 채 일생을 야인으로 보냈다. 이이, 김장생, 송시열, 송준길, 최립 등 서인계열의 사상에 영향을 많이 받았고, 동인 및 훈구세력, 영남학파와는 사상적으로 별 관련이 없었다.

그는 특히 양명학(陽明學)계열에 속하였는데 이는 양명학을 그 집안의 가학(家學)으로서 내수(內修)해왔기 때문이다. 일찍이 장유, 최명길에서 비롯된 양명학은 정제두(鄭齊斗)를 통하여 그에게 전하여졌다.

실제로「계곡만필(鷄谷漫筆)」,「학곡집(鶴谷集)」을 통하여 장유를 접하였고,「지천집(遲川集)」에서 최명길과 대화하였으며, 정제두를 사숙하였다.

한편 아버지 광사는 정제두의 학을 접하기 위하여 강화도로 이사하였으며, 정제두의 손녀를 며느리로 맞기까지 하였다.

강화도에서 정제두를 중심으로 한 이들 양명학파를「강화학파」라고 부르기도 한다.

 양명학은 광사 이후 충익(忠翊), 면백(勉佰), 시원(是遠), 상학(象學), 건창(建昌)의 5대를 거치면서 이어져왔다.

 그의 역사의식은 「연려실기술」을 통하여 살필 수 있다. 그는 고증을 역사에서 제일의 생명으로 여기고 어디까지나 술이부작(述而不作), 불편부당의 정신으로 남인, 북인, 노론, 소론 및 유명, 무명인사를 가리지 않고 자료들을 섭렵, 인용하였으며, 거의 국내자료에 국한하였다.

 이것은 한치윤이 「해동역사」를 쓸 때 외국자료를 통하여 한국사를 이해하려 한 것과 대조된다. 우리의 역사는 내 나라의 자료에 의하여 이루어져야 한다는 강한 자아의식 때문이었다.

 뿐만 아니라, 역사서술에서 생명으로 다룬 것은 객관성, 공정성, 체계성, 계기성, 그리고 현실성이었다.

 「연려실기술」의 찬술은 이러한 그의 사관에서 이루어진 것이다. 또 지금까지 역사서술에서 선현을 칭할 때 본명을 직서(直書)하지 않고 호나 자, 시호 등으로 표시해온 것을 비판하면서 역사서술의 공정성을 위해서도 성명의 직서를 강조하였다.

 그는 글씨에도 뛰어났으며, 실학을 연구한 고증학파 학자로서 조선사연구의 선구자이다.

 저서로는 「연려실기술」이 있다.

地理學 개척한 실학자

# 이중환(李重煥)
1690(숙종 16) ~ 1752(영조 28)

조선 후기의 실학자 이중환의 자는 휘조(輝祖), 호는 청담(淸潭), 또는 청화산인(靑華山人)이다. 본관은 여주이며 참판 진휴(震休)의 아들이다. 이익(李瀷)의 문인으로 실사구시(實事求是) 학풍의 영향을 많이 받았다.

1713년(숙종 39년) 증광문과에 병과로 급제, 1717년에 김천도찰방(金泉道察訪)을 거쳐, 1722년(경종 2년)에 병조정랑이 되었다.

영조가 즉위하자 목호룡(睦虎龍)의 당여로 구금되어 1725년(영조 1년) 2월부터 4월까지 네 차례나 형을 받았고, 이듬해 12월에 섬으로 유배되었다가, 그 다음해 10월에 석방되었으나 그해 12월에 사헌부의 탄핵을 받아 다시 유배되었다.

그뒤부터 세상을 떠날 때까지 일정한 거처도 없이 이곳저곳을 떠돌아 다니면서 세상의 온갖 풍상을 다 겪으며 살았다. 전라도와 평안도를 제외한 우리나라 전역을 두루 답사하였는데, 이 과정에서 당시 전국의 인심과 풍속 및 물화의 생산지, 집산지 등을 파악할 수 있었던 것이다.

이 방면에 특히 관심을 가지게 된 동기는 관직에서 물러난 사대부들이 살아갈 수 있는 새로운 삶의 터전을 찾아보자는 데 있었다.

그가 가장 좋은 곳을 선정하는 기본관점은 인심이 좋고, 산천이 좋을 뿐만 아니라 경제적 교류가 좋은 곳이었는데, 이러한 것을 바탕으로 쓴 저서가 바로「택리지」이다.

그는 당시의 정치와 경제 및 문화 등 각 방면에 주목할만한 많은 견해를 피력해 놓았다. 먼저 그의 신분관은 사대부와 농, 공, 상의 등분을 단순히 직업상의 차이에 불과한 것이라고 생각하였으며, 지배계급의 특권을 인정하지 않았다.

그의 경제관은 인간의 생산활동을 중시하여 결국 인간은 그들 스스로를 위한 생산활동에 의해서 의식을 해결하여가지 않으면 안 된 다는 것을 인식하고 있었다. 그러기 위하여서는 지리적 환경을 가장 잘 이용해야 된다는 것이 그의 기본적인 지론이요, 사상이었다.

가장 좋은 지리적 환경이란 땅이 기름진 곳이 제일이고, 배, 수레 와 사람 및 물자가 모여들어서 필요한 것을 서로 바꿀 수 있는 곳이 그 다음이라는 것이다.

수전(水田)의 벼 생산량에 대한 것뿐만 아니라 각 지방의 특수농 작물에 대해서도 대단한 관심을 기울였다. 진안의 담배밭, 전주의 생 강밭, 임천 한산의 모시밭, 안동 예안의 왕골밭 등이었는데, 부농들 이 이것을 매점해서 이(利)를 보는 자원으로 삼고 있다는 것이다.

또한 상업적 농업을 중시하였는데, 상업의 발달은 필연적으로 도 시의 발전과 교역의 증대를 가져온다는 것이다.

우리나라의 지리적 환경이 상선의 운용에 가장 좋은 조건을 갖추 고 있음에도 불구하고 이것을 최대한으로 이용하지 못하고, 가장 불 리한 말(馬)로써 모든 물화를 운송하고 있음을 조선술의 미발달에 기인한 것으로 보고 물화의 운반수단에 대해서 개선을 주장하기도 하였다.

그의 이러한 주장은 박지원, 박제가 등의 북학파 학자들에 의해서 계승되어 배, 수레의 제조, 활용을 열렬히 주창하는 데 큰 보탬이 되 었다.

그는 실로 조선 후기의 대지리학자로 불려 손색이 없다 하겠으나, 풍수지리적인 경지를 완전히 벗어나지는 못하였다.

이러한 한계는 주로 시대적인 한계에서 온 것이었고, 지리학에 있 어서 그의 한계는 정치, 사회, 경제적 관점에 있어서도 마찬가지로 나타나며, 그것은 또한 그의 신분적인 한계에서 온 것이라 볼 수 있 다.

그는 사대부로서의 신분적 위치와 서민적 현실생활의 괴리에서 무 척 고민하였던 실학자였으며, 30여년의 방랑생활 동안 지리 및 경제, 사회를 연구하여 우리나라 실학사상 빛나는 업적을 남겼다.

순교한 최초의 신부

김대건(金大建)
1822(순조 22) ~ 1846(헌종 14)

우리나라 최초의 천주교 신부이고 천주교 103위 성인 가운데 한 사람이다. 본관은 김해이고 당진 출생이다.

어렸을 때의 이름은 재복(再福)이고 보명(譜名)은 지식(芝植)이다. 아버지는 제준(濟俊)인데 증조부가 10년 동안의 옥고 끝에 순교하자 할아버지 택현(澤鉉)이 경기도 용인군 내사면 남곡리로 이사함에 따라 그곳에서 성장하였다.

아버지도 독실한 천주교 신자였으며 1839년 기해박해 때 서울 서소문 밖에서 순교했다.

1831년 조선교구 설정 후 신부 모방(Maubant.p)에 의해 신학생으로 발탁되어 최방제, 최양업과 함께 15세 때 마카오에 있는 파리외방전교회 동양경리부로 가게 되었다.

그곳 책임자인 신부 리부아의 배려로 마카오에서 중등과정의 교육을 마친 뒤 다시 철학과 신학과정을 이수하였다. 그뒤 조선교구 제2대교구장 주교 페레올 지시로, 동북국경을 통하는 새로운 잠입로를 개척하고자 남만주를 거쳐 두만강을 건너 함경도 땅에 잠입했으나 여의치 못하여 다시 만주로 돌아갔다.

그 동안에도 꾸준히 신학을 공부하고, 1844년에 부제(副祭)가 되었다. 그해 말에 서북 국경선을 돌파하고, 1845년 1월 10년 만에 귀국하였다.

서울에 자리잡은 뒤 박해의 타격을 받은 천주교회를 재수습하고, 다시 상해로 건너가서 완탕신학교 교회에서 주교 페레올의 집전하에 신품성사를 받고 우리나라 최초의 신부가 되었다.

같은해 8월에 주교 페레올, 신부 다블뤼와 서울에 돌아와서 활발한 전교활동을 폈다.

1846년 5월 서양성직자 잠입해로를 개척하다가 순위도(巡威島)에서 체포되었다.
　서울로 압송된 뒤 문초를 통하여 국금(國禁)을 어기고 해외에 유학한 사실 및 천주교회의 중요한 지도자임이 밝혀졌다.
　이에 정부는 그에게 염사지죄반국지율(染邪之罪反國之律)을 적용, 군문효수형(軍門梟首刑)을 선고하고 9월 16일 새남터에서 처형하였다. 이때 그의 나이 25세였다.
　그의 시체는 교인들이 비밀리에 거두어 경기도 안성군 양성면 미산리에 안장했다.
　한국 천주교회의 수선탁덕(首先鐸德:첫번째의 성직자라는 칭호)이라 불리는 김대건의 성직자로서의 활동은 1년여의 단기간에 지나지 않는다.
　그러나 이 기간에 한국인 성직자의 자질과 사목능력을 입증하여 조선교구의 부교구장이 되었고, 투철한 신앙과 신념으로 성직자로서의 진면목을 보여주었다.
　따라서 오늘날 한국천주교회는 그를 성직자들의 대주보(大主保)로 삼고 있다.
　1925년 로마교황 비오11세에 의해 복자로 선포되었고, 1984년 성인으로 선포되었다.
　옥중에서 정부의 요청을 받아 세계지리의 개략을 편술하였고, 영국제의 세계지도를 번역, 색도화(色圖化)해서 정부에 제출하였다.

천주교사의 영광과 시련

이승훈(李承薰)
1756(영조 32) ~ 1801(순조 1)

이승훈은 한국천주교회 창설자의 한 사람이며 한국인 최초의 영세자다. 세례명은 베드로, 그의 본관은 평창, 자는 자술(子述)이고 호는 만천(蔓川)이다. 아버지는 참판 동욱(東郁)이며 어머니는 이가환(李家煥)의 누이다.

서울 남대문 밖 반석동(지금의 중림동 일대)에서 태어났고 장성해서는 마재(馬峴)의 정재원(丁載遠)의 딸을 아내로 맞아 정약전(丁若銓), 약현, 약종, 약용과 처남매부 사이가 되었다.

1780년(정조 4년) 진사시에 합격하였으나 벼슬을 단념하고 학문에만 전념하였는데, 이때 북경으로부터 들어온 서학이 남인 소장학자들 사이에 활발히 연구되어 오던 터라 그도 역시 서학에 접하게 되고, 서학모임의 중심인물인 이벽과도 자연 친교를 맺어 천주교를 알게 되었다.

1783년 동지사의 서장관으로 떠나는 아버지를 따라 북경에 들어가 약 40일간 그곳에 머물면서 선교사들로부터 필담으로 교리를 배운 뒤, 그라몽신부로부터 세례를 받아 한국인 최초의 영세자가 되었다.

1784년 수십 종의 교리서적과 십자고상(十字苦像), 묵주, 상본 등을 가지고 귀국하여 이벽, 이가환, 정약종형제 등에게 세례를 주고 그들과 상의하여 명례동의 김범우(金範禹) 집을 신앙집회소로 정하고 정기적인 신앙의 모임을 가짐으로써 비로소 한국천주교회가 창설되었다.

그러나 이듬해인 1785년 김범우의 집에서 종교집회를 가지던 중 형조의 관헌에게 적발된 이른바 을사추조적발사건(乙巳秋曹摘發事件)이 발생하자 한때 배교하였지만, 곧 교회로 돌아가 신자들에게 세례와 견진성사(堅振聖事)를 집전하는 등 가성직제도(假聖職制度)를 주도하였고, 1787년에는 정약용과 반촌(伴村:지금의 惠化洞)에서 천주교 교리를 강술하는 등 교회활동을 영도하였다.

그러나 가성직제도가 교회법에 어긋난 행위임을 알고는 이 조직을 해산하고 성직자 영입운동을 추진하였다.

1789년에 평택현감으로 등용되었는데, 때마침 1790년 북경에 밀파되었던 윤유일(尹有一)이 돌아와 가성직제도와 조상제사를 금지한 북경주교의 명을 전하자, 보유론적(補儒論的)인 이해에서 출발한 그의 신앙은 유교적 예속과 천주교회법의 상치라는 현실에 직면하게 되어 고민하던 끝에 다시금 교회를 떠나게 되었다.

그러나 1791년 전라도 진산(珍山)에서 윤지충, 권상연의 폐제분주(廢祭焚主)로 인한 진산사건이 일어나자 권일신과 함께 체포되어 향교에 배례하지 않았던 사실과 1787년의 반회사건(伴會事件)이 문제되어 투옥되었지만, 관직만을 삭탈당하고 곧 방면되었다.

1795년 주문모(周文謨)신부를 체포하려다 실패한 을묘실포사건(乙卯失捕事件)이 일어나 성직자 영입운동에 관계하였던 혐의로 다시 체포되어 충청남도 예산으로 유배되었다가 얼마 뒤 풀려났으나, 순조가 즉위한 1801년 신유박해로 이가환, 정약용, 홍낙민 등과 함께 체포되어 4월 8일 서대문 밖 형장에서 대역죄로 참수되었다.

문집으로「만천유고」를 남겼다.

그의 가문은 4대에 걸쳐 순교자를 내었다. 즉 1868년(고종 5년)에 아들 신규와 손자 재의가 순교하고, 1871년에 증손인 연구, 균구가 제물포에서 순교하였다.

이승훈은 1856년(철종 7년)에 아들 신규의 탄원으로 대역죄만은 신원되었다.

西學 수용의 산파역

# 이벽(李檗)
1754(영조 30) ~ 1786(정조 10)

조선 후기의 학자로 본관은 경주이고 자는 덕조(德操), 호는 광암(曠庵), 세례명은 요한세자다. 경기도 광주출신으로 무반의 이름높은 가문의 후손 부만(溥萬)의 아들이다. 정약용의 누이와 결혼하였다.

이익을 스승으로 하는 남인학자의 일원이었으며 이가환, 정약용, 이승훈, 권철신, 권일신 등과 깊은 교우관계를 맺었다.

무반으로 출세하기를 원하는 아버지의 소원을 뿌리쳤으며, 문신으로도 진출하지 않고 포의서생(布衣書生)으로 생애를 마쳤다.

이른 시기부터 조선 후기 주자학의 모순과 당시의 유교적 지도이념이 흔들리고 있음을 깨달아 새로운 사상을 모색하던 중, 사신들을 통하여 청나라로부터 유입된 서학서(西學書)를 탐독하였다.

당시 중국에 와 있던 서양선교사들과 중국의 실학자 서광계(徐光啓), 이지조(李之藻) 등이 저술한 한문으로 된 천주교 서적들은 천주교의 교리, 신심, 철학, 전례와 아울러 서구의 과학, 천문 지리 등의 방대한 내용을 담고 있었는데, 이러한 서적들을 치밀히 연구함으로써 자발적으로 천주교를 수용할 수 있는 단계에 도달하였다.

1779년(정조 3년) 권철신, 정약전 등 기호지방의 남인학자들이 광주의 천진암(天眞庵)과 주어사(走魚寺)에서 실학적인 인식을 깊이하고 새로운 윤리관을 모색하려는 목적의 강학회(講學會)를 열었는데, 이때 그가 천주교에 대한 지식을 동료학자들에게 전하고, 후일 우리나라에서 자생적으로 천주교 신앙운동이 일어나게 되는 계기를 만들었다고 알려져 있다.

1784년 이승훈이 중국에 서장관으로 가게 되었을 때 영세를 받아올 것을 부탁하고, 그 절차를 잘 가르쳤다. 그리하여 이승훈이 세례를 받고 많은 천주교 서적들을 가지고 오자, 다시 그에게서 세례를 받아 정식으로 천주교신자가 되었다.
 그리고 서울 수표교(水標橋)에 집을 마련하여 교리를 깊이 연구하는 한편, 교분이 두터운 양반학자와 인척들 및 중인계층의 인물들을 일일이 찾아다니면서 천주교를 전교하였다.
 이때 세례받은 사람들은 권철신, 권일신, 정약전, 정약용, 이윤하 등 남인 양반학자들과 중인 김범우(金範禹) 등이었다.
 그뒤 천주교의 의식이나 전교를 위하여 교단조직과 교직자가 있어야 할 필요성을 느끼고, 다른 신자들과 더불어 우리나라 최초의 교단조직인 이른바 가성직자(假聖職者) 계급을 형성하였다.
 이러한 교단조직은 자발적으로 수용된 한국천주교의 진면목을 보여주는 것이었다.
 이벽은 이 교단조직의 지도자로서 그의 집에서 포교, 강학, 독서, 사법(師法) 등의 천주교 전례의식을 주도하였으며, 새로 입교한 남인학자들은 모두 그의 제자로 칭하였다.
 1785년 봄에는 장례원 앞에 있는 김범우의 집에서 사대부, 중인 수십 명이 모인 가운데 설법교회(說法敎誨)하는 모임을 매우 엄격하게 진행하였다.
 그러나 이러한 천주교모임은 그해 을사추조적발사건(乙巳秋曹摘發事件)으로 세상에 드러나 커다란 타격을 받았으며, 성균관유생들의 척사운동으로 인하여 일단 해산되었다.
 그뒤 천주교신앙에 대한 아버지의 결사적인 반대를 받아, 당시 사회에서 포기할 수 없었던 효정신(孝精神)의 윤리관과 새로운 진리를 체득한 천주교사상 중에서 양자택일을 하여야 하는 심각한 갈등 속에서 고뇌하다가 페스트에 걸려 죽었다.
 그의 말년의 신앙에 대하여 달레(Dallet,C.H.)는 「한국천주교회사」에서 배교로 단정하고 있으나, 효를 절대적인 이념으로 하던 당시 상황을 고려할 때 그렇게 단순히 처리할 수 없다는 견해도 있다.
 「성교요지(聖敎要旨)」가 유일한 저작으로 전한다. 이것의 전반부는 신구약성서를 중심으로 한 한시로 기독교성서의 이해와 복음정신의 사회화인 구세관(救世觀)을 표현하고, 후반부는 로마서를 중심으로 하여 사회정의론이라 할 수 있는 정도관(正道觀)을 서술한 것으로서, 저자의 성서에 대한 철저한 인식을 드러내는 동시에, 당시 우리나라의 자발적인 천주교수용이 성서를 기반으로 이루어졌음을 보여준다.

그는 기독교사상과 동양유학사상이 결합된 윤리와 규범을 제시하였으며, 그것은 후일 한국천주교가 유례없는 대박해를 이겨낼 수 있는 사상적 기반이 되었다.

한국화의 독자적 기법

정선(鄭敾)
1676(숙종 2) ~ 1579(영조 35)

조선 후기의 화가, 본관은 광산이고 아버지 시익(時翊)과 어머니 밀양박씨 사이에서 태어났다. 자는 원백(元伯)이고 호는 겸재(謙齋) 또는 겸초(兼艸), 난곡(蘭谷)이다.

그의 선대는 전남 광산 나주지방에서 오래 살아온 사대부 집안이었다. 뒤에 경기도 광주로 옮기고 고조부 연(演) 때 서울로 다시 옮겨 살기 시작하였다.

13세 때 아버지를 여의고 늙은 어머니를 모시게 되었다. 어려서부터 그림을 잘 그렸다고 하며 그뒤 김창집(金昌集)의 도움으로 관직생활을 시작하였는데, 위수(왕세자를 따라 호위하는 직책)라는 벼슬을 비롯하여, 1729년에 한성부주부, 1734년 청하현감을 지냈으며, 또 자연, 하양의 현감을 거쳐 1740년 경에는 훈련도감랑청, 1740년 12월부터 1745년 1월까지는 양천의 현령을 지냈다.

그뒤 약 10년 동안은 활동이 알려지지 않고 있으나 1754년에 사도시첨정, 1755년에 첨지중추부사, 그리고 1756년에는 화가로서는 파격적인 가선대부지중추부사라는 종2품에 제수되기까지 하였다.

그는 어려서부터 그림에 재주가 있었다는 기록과 현재 남아 있는 30세 전후의 금강산그림 등을 통하여 젊었을 때 화가로서 활동한 것이 확실하지만, 40세 이전의 확실한 경력을 입증할만한 작품이나 생활기록 자료는 없다.

그가 중인(中人)들이 일하고 있었던 도화서화원(圖畫暑畫員)이었다는 주장도 있다. 그러나 그의 집안은 원래 사대부출신으로 신분상의 중인은 아니며 몇 대에 걸쳐 과거를 통하여 출세하지 못한 한미한 양반이었으나 그의 뛰어난 그림재주 때문에 관료로 추천을 받았으며 마침내 화단에서 명성을 얻게 되었다.

지금까지 막연한 중국의 자연을 소재로 하던 시나 문학의 영향에서 이루어진 산수화의 화제(畫題)는 빛을 잃고, 대신 우리 자연으로 대치하게 되는 시기에 태어난 그는 마침 중국에서 밀려들어오는 남종화법(南宗畫法)이나 오파(吳派)와 같은 새로운 산수화 기법에 접하게 되고, 또 당시 다시 유행하게 된 시서화 일체사상을 중시하던 문인들 사이에 참여하여 자신의 교양을 높이거나 창작하는 계기를 얻게 되었다.

특히 이병연(李秉淵) 같은 시인과의 교우를 통하여 자기 회화세계에 대한 창의력을 넓히고 일상적 생활의 주제를 회화로 승화시킬 수 있는 자극을 받게 되었다.

우리나라 자연을 다룬 그의 화제들은 당시 기행문의 소재였던 금강산, 관동지방의 명승, 그리고 서울에서 남한강을 오르내리며 접할 수 있는 명소들과 그가 실제 지방수령으로 근무하던 여가에 묘사한 것들이다.

그밖에도 자기 집과 가까웠던 서울장안의 사철의 경치들, 특히 인왕산 동북 일대의 계곡과 산등성이들이 화제가 되었으며, 문인지우(文人知友)들과 관련되는 여러 곳의 명소나 특수한 고장들의 자연을 다루기도 하였다.

그러나 고사도(故事圖) 같은 중국적 소재도 많이 다루고 있으며, 성리학자들의 고사도 제작에서 그의 관심거리가 무엇이었는지 알 수 있다.

회화기법상으로는 전통적 수묵화법이나 채색화의 맥을 이어받기도 하지만 자기 나름대로의 필묵법을 개발하는데, 이것은 자연미의 특성을 깊이 관찰한 결과이다.

예를 들면, 호암미술관 소장의 「인왕제색도」에서는 인왕산의 둥근 바위 봉우리 형태를 전혀 새로운 기법으로 나타내는데, 바위의 중량감을 널찍한 쉬운 붓으로 여러 번 짙은 먹을 칠하여 표현하며 또 간송미술관의 「통천문암도」에서는 동해안 바위구조를 굵직한 수직선으로 처리하여 세밀한 붓놀림이나 채색, 명암 등 효과를 무시하면서도 물체의 외형적 특성을 아주 잘 표현하고 있다.

또 한 가지 두드러진 붓쓰임의 예는 서울 근교나 해금강은 물론 우리나라 도처에서 볼 수 있는 소나무의 묘사법인데, 몇 개의 짧은 횡선과 하나의 굵게 내려긋는 사선(斜線)으로 소나무의 생김새를 간략하면서도 들어맞게 그린다.

호암미술관 소장의 1734년작「금강전도」(130.7×95cm)는「금강내산」을 하나의 큰 원형구도로 묶어서 그리는데, 이는 기법상 천하도(天下圖)라는 전통적인 지도제작기법에 근거하며, 금강내산을 한 떨기 연꽃 또는 한 묶음의 보석다발로 보는 종래의 자연묘사시에서 조형적원리를 따오는 기발한 착상이다.

우선 원형을 대강 오른쪽의 골산(骨山:금강내산의 화강암바위로 된 삐쭉삐쭉한 모습)과 왼쪽의 토산(土山:금강내산의 수림이 자라는 둥근 묏부리)으로 구분하되, 골산은 예리한 윤곽선으로, 토산은 그의 독특한 침엽수법(針葉樹法)과 미점(米點)으로 묘사한다. 그다음 이 원형외곽을 엷은 청색으로 둘러 여타 공간을 생략함으로써 산 자체만을 돋보이게 한다.

골짜기마다 흐르는 물은 원의 중심이 되는 만폭동에 일단 모이게 하여 구도상의 중심을 이룬 다음, 화면의 앞쪽으로 흘러 장안사 비홍교를 지난다.

이 그림은 실제의 자연을 새로 해석하여 조형화한 좋은 예이며, 오른편 위쪽에 쓴 제시(題詩)의 내용과 형태가 일치한다.

그의 회화기법은 다른 화가들에 비하여 아주 다양하여 정밀묘사법에서부터 간결하고 활달한 사의화(寫意畫)까지 있어, 자연에서 얻은 인상을 나름대로 재구성하는 과감성과 회화의 원리를 발전시키는 등 여러 단계의 작품을 보여주는 가운데, 특히 우리 주위에서 친숙하게 대할 수 있는 구체적 자연을 특징짓는 기법이 독창적인 면이다.

이러한 그의 창의력은 그가 즐겨하였다는 역(易)의 변화에 대한 이해에서 연유하는 것으로 생각된다.

그림의 소재, 기법 어느 것에나 구애됨이 없이 소화하였으며, 심지어 지두화(指頭畫)까지도 실험하고 있다.

또한 문인들과의 가까운 교류와 자신의 성리학에 대한 지식 등 중국 고전문학과 사상도 두루 섭렵하여 이들을 조형세계에 반영하고 있다.
 특히 이미 청나라 문인들 사이에서도 유행한 시화첩(詩畵帖) 같은 것은 선비들 간에 시짓고 그림그리기와 글씨쓰기놀이를 통하여 이루어지는데, 실경산수화를 다루는 경우에는 시인들과 함께 하는 여행에서 이루어질 때도 있다.
 그는 이미 말한 노론의 명문인 안동 김씨네와의 관계에서 관로(官路)에 진출하였을 뿐만 아니라, 선진적인 사상과 우수한 수장품들을 접할 수 있는 기회를 얻었을 것이며, 그 중에서도 김창흡(金昌翕)의 영향을 받았다고 한다.
 그러나 어느 특정한 파벌에만 치우치지 않은 매우 폭넓은 교우관계를 가지고 있었다.
 그의 생애 후반의 계속적인 승진은 영조가 세제로 있을 때 위솔이라는 직책으로 있었기 때문에 입은 배려로 생각되며, 이것이 노년에도 창작에 전념할 수 있었던 또 하나의 이유라고 하겠다.
 그는 조선시대의 어느 화가보다 많은 작품을 남겼을 뿐만 아니라 선비 직업화가를 막론하고 크게 영향을 주어 겸재파화법(謙齋派畵法)이라 할 수 있는 한국실경 산수화의 흐름을 적어도 19세기 초반까지 이어가게 하였다.
 이들 중에는 강희언, 김윤겸, 최북, 김응환, 김홍도, 정수영, 김석신 등을 꼽을 수 있다.
 그러나 그의 두 아들인 만교(萬僑)와 만수(萬邃)는 아버지의 가업을 잇지 못하고 손자인 황(榥)만이 할아버지의 화법을 이어받고 있다.
 정선에 관한 기록은 어느 화가보다 많으며 작품수도 가장 많다. 그러나 그가 지었다는 「도설경해(圖說經解)」라는 책과 유고(遺稿) 수십 권은 전하지 않으며, 자작시나 화론(畵論)이 거의 남아 있지 않아 그를 더 깊이 연구하는 데 아쉬움을 주고 있다.
 또 초년기의 작품이 거의 밝혀지지 않아 화가로서의 생애를 전부 조명하는 데 공백이 있다.

한국 서도의 최고봉

김정희(金正喜)
1786(정조 10) ~ 1856(철종 7)

김정희는 조선 말기의 문신이요 실학자요 서화가다. 그의 본관은 경주이고 예산에서 태어났다. 자는 원춘(元春), 호는 추사(秋史), 완당(阮堂), 예당(禮堂), 시암(詩庵), 노과(老果), 농장인(農丈人), 천축고선생(天竺古先生) 등 백여 가지에 이른다.

조선조 훈척가문의 하나인 경주김씨 문중에서 병조판서 노경(魯敬)과 기계유씨 사이에서 장남으로 태어나 큰아버지 노영(魯永) 앞으로 출계하였다.

그의 가문은 안팎이 종척으로 그가 문과에 급제하자 조정에서 축하를 할 정도로 권세가 있었다.

1819년(순조 19년) 문과에 급제하여 암행어사, 예조참의, 설서, 검교, 대교, 시강원보덕을 지냈다.

그러나 1830년 생부 노경이 윤상도(尹商度)의 옥사에 배후조종혐의로 고금도(古今島)에 유배되었으나, 순조의 특별배려로 귀양에서 풀려나 판의금부사로 복직되고, 그도 1836년에 병조참판, 성균관대사성 등을 역임하였다.

그뒤 1834년 순조의 뒤를 이어 헌종이 즉위, 순원왕후 김씨가 수렴청정을 하게 되자, 그는 다시 10년 전 윤상도의 옥에 연루되어 1840년부터 1848년까지 9년간 제주도로 유배되어 헌종 말년에 귀양이 풀려 돌아왔으나, 1851년 친구인 영의정 권돈인의 일에 연루되어 또다시 함경도 북청으로 유배되었다가 2년 만에 풀려 돌아왔다.

이때는 안동김씨가 득세하던 시기였기 때문에 정계에 복귀하지 못하고 아버지의 묘소가 있는 과천에 은거하면서 학예(學藝)와 선리(禪理)에 몰두하다가 생을 마쳤다.

그는 어려서부터 총명기예(聰明氣銳)하여 일찍이 북학파(北學派)의 일인자인 박제가의 눈에 띄어 어린 나이에 그의 제자가 되었고,

그로 말미암아 그의 학문방향은 청나라의 고증학쪽으로 기울어졌다.
 24세 때 아버지가 동지부사로 청나라에 갈 때 수행, 연경에 체류하면서, 옹방강(翁方綱), 완원(阮元) 같은 거유와 접할 수가 있었다.
 이 시기의 연경학계는 고증학의 수준이 최고조에 이르러 점차 난숙해갔으며, 종래 경학(經學)의 보조학문으로 존재하였던 금석학(金石學), 사학, 문자학, 음운학, 천산학(天算學), 지리학 등의 학문이 모두 독립적인 진전을 보이고 있었다.
 그 가운데서 금석학은 문자학과 서도사(書道史)의 연구와 더불어 독자적인 학문분야로 큰 발전을 이루고 있었다. 따라서 그는 경학을 비롯한 모든 분야에서 많은 영향을 받아 귀국 후에는 금석학 연구에 몰두하고, 금석자료의 수탐(搜探)과 보호에 많은 노력을 기울이게 되었다.
 그 결과 북한산 순수비를 발견하고 「예당금석과안록(禮堂金石過眼錄)」, 「진흥이비고(眞興二碑攷)」와 같은 역사적인 저술을 남기게 되었으며, 깊은 연구를 바탕으로 후학을 지도하여 조선금석학파를 성립시켰는데, 그 대표적인 학자들로서는 신위, 조인영, 권돈인, 신관호, 조면호 등을 들 수 있다.
 한편 그의 경학은 옹방강의 한송불분론(漢宋不分論)을 근본적으로 따르고 있으며, 그의 경학관을 요약하여 천명하였다고 할 수 있는 「실사구시설(實事求是說)」은 경세치용(經世致用)을 주장한 완원의 학설과 방법론에서 영향을 많이 받았다.
 그밖에 수많은 청대학술의 거벽들의 학설을 박람하고 자기 나름대로 그것을 소화하였다. 음운학, 천산학, 지리학 등에도 상당한 식견을 가지고 있음이 그의 문집에 수록된 왕복서신과 논설에 나타난다.
 다음으로 그의 학문에서 크게 비중을 차지하는 것은 불교학(佛敎學)이다. 저택 경내에 화엄사(華嚴寺)라는 가족의 원찰(願刹)을 두고 어려서부터 승려들과 교유하면서 불전(佛典)을 섭렵하였다.
 그는 당대의 고승들과도 친교를 맺고 있었는데, 특히 백파(白坡)와 초의(草衣) 양 대사와의 관계가 깊었으며, 많은 불경을 섭렵하여 고증학적인 안목으로 날카로운 비판을 하기도 하였다.

당시 승려들과의 왕복서간 및 영정(影幀)의 제발(題跋) 등이 그의 문집에 실려있다. 말년에 수 년 간은 과천 봉은사(奉恩寺)에 기거하면서 선지식(善知識)의 대접을 받았다. 이와 같이 그의 학문은 여러 방면에 걸쳐서 두루 통하였다.

그렇기 때문에 청나라의 거유들이 그를 가리켜 해동제일통유(海東第一通儒)라고 칭찬하였으며, 그 자신도 이 미칭(美稱)을 사양하지 않을 만큼 자부심을 가졌던 민족문화의 거성적 존재였다.

또한 그는 예술에서도 뛰어난 업적을 남겼다. 그의 예술은 시, 서, 화 일치사상에 입각한 고답적인 이념미(理念美)의 구현으로 고도의 발전을 보인 청나라 고증학을 바탕에 깔고 있었다. 그래서 종래 성리학을 바탕으로 독자적인 발전을 보여온 조선 고유의 국서(國書)와 국화풍(國畫風)에 대하여는 철저하게 비판적인 태도를 보였는데, 이는 바로 전통적인 조선성리학에 대한 그의 학문적인 태도와 일치하는 것이었다.

그는 어릴 때부터 천재적인 예술성(특히 서도)을 인정받아 20세 전후에 이미 국내외에 이름을 떨쳤다.

그러나 그의 예술이 본궤도에 오른 것은 역시 연경(燕京)에 가서 명유들과 교유하여 배우고 많은 진적(眞蹟)을 감상함으로써 안목을 일신한 다음부터였다.

옹방강과 완원으로부터 금석문의 감식법과 서도사 및 서법에 대한 전반적인 가르침을 받고 서도에 대한 인식을 근본적으로 달리했다. 옹방강의 서체를 따라 배우면서 그 연원을 거슬러 올라 조맹부, 소동파, 안진경 등의 여러 서체를 익히고, 다시 더 소급하여 한(漢), 위(魏)시대의 여러 예서체(隸書體)에 서도의 근본이 있음을 간파하고 본받기에 심혈을 기울였다.

이들 모든 서체의 장점을 밑바탕으로 해서 보다 나은 독창적인 길을 창출(創出)한 것이 바로 졸박청고(拙樸淸高)한 추사체(秋史體)이다.

추사체는 말년에 그가 제주도에 유배되었을 때 완성되었는데, 타고난 천품에다가 무한한 단련을 거쳐 이룩한 고도의 이념미의 표출로서, 거기에는 일정한 법식에 구애되지 않는 법식이 있었다.

그는 또 시도(詩道)에 대해서도 당시의 고증학에서 그러했듯이 철저한 정도(正道)의 수련을 강조했다. 스승인 옹방강으로부터 소식, 두보에까지 도달하는 것을 시도의 정통과 이상으로 삼았다.

그의 시상이 다분히 실사구시(實事求是)에 입각한 것은 당연한 일로서 그의 저술인「시선제가총론(詩選諸家總論)」에서 시론의 일면을 엿볼 수 있다.

화풍(畫風)은 대체로 소식으로부터 이어지는 철저한 시, 서, 화 일치의 문인취미를 계승하는 것으로서, 그림에서도 서권기(書券氣)와 문자향(文字香)을 주장하여 기법보다는 심의(心意)를 중시하는 문인화풍(文人畫風)을 매우 존중하였다.

마치 예서를 쓰듯이 필묵의 아름다움을 주장하여 고담(枯淡)하고 간결한 필선(筆線)으로 심의를 노출하는 문기(文氣)있는 그림을 많이 그렸다.

특히 그는 난(蘭)을 잘 쳤는데, 난 치는 법을 예서를 쓰는 법에 비겨서 말하고 문자향이나 서권기가 있는 연후에야 할 수 있으며 화법을 따라 배워서는 안 된다고 강조하고 있다.

그의 서화관은 가슴속에 청고고아(淸高古雅)한 뜻이 있어야 하며, 그것이 문자향과 서권기에 무르녹아 손끝에 피어나야 한다는 지고한 이념미의 구현에 근본을 두고 있다.

이러한 그의 예술은 조희룡(趙熙龍), 허유(許維), 이하응(李昰應), 전기(田琦), 권돈인 등에게 많은 영향을 미쳤으며, 당시 서화가로서 그의 영향을 받지 않은 사람이 거의 없을 정도로 조선 후기 예원(藝苑)을 풍미하였다.

현존하고 있는 그의 작품 중 국보 제180호인「세한도」와「모질도」,「부작란」등이 특히 유명하다.

시, 서, 화 이외에 그의 예술에서 빠뜨릴 수 없는 것이 전각(篆刻)이다. 전각이 단순한 인신(印信)의 의미를 넘어서 예술의 한 분야로 등장한 것은 명나라 중기였으며, 청나라의 비파서도(碑派書道)가 낳은 등석여(鄧石如)에 이르러서 크게 면목을 새롭게 하였는데, 그는 등석여의 전각에 친밀히 접할 수가 있었고, 그밖에 여러 학자들로부터 자신의 인각(印刻)을 새겨 받음으로서 청나라의 전각풍에 두루 통달하였다.

또 고인(古印)의 인보(印譜)를 구득하여 직접 진한(秦漢)의 것까지 본받았다. 그의 전각수준은 청나라와 어깨를 겨누었다. 그의 별호가 많은 만큼이나 전각을 많이 하여서 서화의 낙관(落款)에 쓰고 있었는데, 추사체가 확립되어감에 따라 독특한 자각풍(自刻風)인 추사각풍(秋史刻風)을 이룩하여, 졸박청수(拙樸淸廋)한 특징을 드러내었다.

그의 문학에서 시 아닌 산문으로서 한묵(翰墨)을 무시할 수 없다. 단순한 편지가 아니라 편지형식을 빌린 문학으로서 수필과 평론의 기능을 가지는 것이다.

그의 문집은 대부분이 이와 같은 편지글이라고 할 만큼 평생 동안 편지를 많이 썼고, 그를 통해서 내면생활을 묘사하였던 것이다.

그 중에도 한글편지까지도 많이 썼다는 것은 실학적인 어문의식(語文意識)의 면에서 높이 평가할 일이다.

현재까지 발굴된 그의 친필 언간(諺簡)이 39통에 이르는데 제주도 귀양살이 중에 부인과 며느리에게 쓴 것이 많다.

국문학적 가치로 볼 때 한문서간보다 월등한 것이며, 또 한글 서예면에서 민족예술의 뿌리가 되는 고무적인 자료이다. 한문과 국문을 막론하고 그의 서간은 학문적 가치면에서 새로운 주목을 받고 있다.

우리나라 역사상에 예명(藝名)을 남긴 사람들이 많지만 이만큼 그 이름이 입에 오르내린 경우도 드물다. 따라서 그에 대한 연구도 학문, 예술의 각 분야별로 이루어져왔다.

그 결과 그는 단순한 예술가, 학자가 아니라 시대의 전환기를 산 산지식의 기수로서, 새로운 학문과 사상을 받아들여 조선왕조의 구 문화체제로부터 신문화의 전개를 가능하게 한 선각자로 평가된다.

한국적 서정을 완성한 화가

김홍도(金弘道)
1745(영조 21) ~ ?

조선 후기의 대표적 화가인 김홍도는 본관이 김해, 자는 사능(士能)이고 호는 단원(檀園), 단구(丹邱), 서호(西湖), 고면거사(高眠居士), 취화사(醉畵士) 등이 있다. 만호를 지낸 진창(震昌)의 증손이자 석무(錫武)의 아들이다.

당대의 감식자이며 문인화가인 강세황의 천거로 도화서화원이 된 그는 강세황의 지도 아래 화격(畵格)을 높이는 동시에 29세인 1773년에는 영조의 어진(御眞)과 왕세자(뒤에 정조)의 초상을 그리고, 이듬해 감목관의 직책을 받아 사포서(司圃署)에서 근무하였다.

1781년(정조 5년)에는 정조의 어진 익선관본(翼善冠本)을 그릴 때 한종유, 신한평 등과 함께 동참화사로 활약하였으며 찰방을 제수받았다.

이 무렵부터 명나라 문인화가 이유방의 호를 따라 단원이라는 호를 사용했다.

1788년에는 김응환과 함께 왕명으로 금강산 등 영동일대를 기행하며 그곳의 명승지를 그려 바쳤다.

그리고 1791년 정조의 어진 원유관본(遠遊冠本)을 그릴 때도 참여하였으며, 그 공으로 충청도 연풍현감에 임명되어 1795년까지 봉직하였다.

현감퇴임 후 만년에는 병고와 가난이 겹친 생활고에 시달리다가 여생을 마쳤다.

조희룡(趙熙龍)의 「호산외기(壺山外記)」와 홍백화(洪白華)의 발문(김응환이 김홍도에게 그려준 〈금강전도〉의 시화첩에 쓴 글)에 의하면, 그는 외모가 수려하고 풍채가 좋았으며, 또한 도량이 넓고 성격이 활달해서 마치 신선과 같았다 한다.

그는 산수, 도석인물(道釋人物) 풍속, 화조 등 여러 방면에 걸쳐 뛰어난 재능을 발휘하여, 당대부터 이름을 크게 떨쳤다.
 정조는「회사(繪事)에 속하는 일이면 모두 홍도에게 주장하게 했다」고 할 만큼 그를 총애했으며, 강세황으로부터는 근대명수(近代名手) 또는 우리나라 금세(今世)의 신필(神筆)이라는 찬사를 받기도 하였다.
 그의 작품은 비교적 많이 남아 있는 편인데, 대체로 50세를 중심으로 전후 2기로 나누어지는 화풍상의 변화를 보인다.
 산수화의 경우 50세 이전인 1778년작인「서원아집육곡병(西園雅集六曲屛)」(국립중앙박물관 소장)이 말해주듯이, 주로 화보(畫譜)에 의존한 중국적인 정형산수(定型山水)에 세필로 다루어지는 북종원체화적(北宗院體畫的) 경향을 나타내었다.
 그리고 연풍현감에서 해임된 50세 이후로 한국적 정서가 어려 있는 실경을 소재로 하는 진경산수(眞景山水)를 즐겨 그리면서,「단원법」이라 불리는 보다 세련되고 개성이 강한 독창적 화풍을 이룩하였다.
 물론 석법(石法), 수파묘(水波描) 등에서 정선, 심사정, 이인상, 김응환의 영향이 다소 감지되지만, 변형된 하엽준이라든지 녹각 모습의 수지법(樹枝法), 탁월한 공간구성, 그리고 수묵의 능숙한 처리, 강한 묵선(墨線)의 강조와 부드럽고도 조용한 담채의 밝고 투명한 화면효과는 한국적 정취가 물씬 풍기는 김홍도 특유의 화풍이다.
 또한 만년에 이르러 명승의 실경에서 농촌이나 전원 등 생활주변의 풍경을 사생하는 데로 관심이 바뀌었으며, 이러한 사경산수 속에 풍속과 인물, 영모 등을 가미하여 한국적 서정과 짙게 밴 일상사의 점경으로 승화시키기도 하였다.
 그는 산수뿐만 아니라 도석인물화에서도 자신만의 특이한 경지를 개척하였다.
 전기에는 도석인물 중 주로 신선도를 많이 다루었는데, 굵고 힘차면서도 거친 느낌을 주는 의문(衣紋), 바람에 나부끼는 옷자락, 그리고 티없이 천진한 얼굴 모습 등으로 특징지어지는 이 시기의 신선묘사법은 1776년에 그린 군선도병(群仙圖屛)(호암미술관소장, 국보

제139호)에서 그 전형을 찾아볼수 있다.

후기가 되면 화폭의 규모도 작아지고, 단아하면서도 분방하며 생략된 필치로 바뀌게 된다.

이러한 도석인물화와 더불어 그를 회화사적으로 보다 돋보이게 한 것은 그가 후기에 많이 그렸던 풍속화이다.

조선 후기 서민들의 생활상과 생업의 점경이 간략하면서도 짜임새 있는 원형구도 위에 풍부한 해학적 감정과 더불어 표현되고 있다.

그의 풍속화들은 정선이 이룩한 진경산수화의 전통과 더불어 조선 후기 화단의 새로운 경향을 가장 잘 대변해준다.

그가 이룩한 한국적 감각의 이러한 화풍과 경향들은 그의 아들인 양기를 비롯하여 신윤복, 김득신, 김석신, 이명기, 이재관, 이수민, 유운홍, 엄치욱, 이한철, 유숙 등 조선 후기와 말기의 여러 화가들에게 많은 영향을 미치는 등 한국화 발전에 뚜렷한 발자취를 남겼다.

앞서 설명한 작품 외에 그의 대표작으로는 「단원풍속화첩」(국립중앙박물관 소장, 보물 제527호)을 비롯해서 「금강사군첩」(개인 소장), 「무이귀도도」(간송미술관 소장), 「선인기려도」, 「단원도」(개인 소장)와 「섭우도」, 「기로세련계도」, 「단원화첩」(호암미술관 소장), 「마상청앵도」 등이 있다.

사실적 묘사의 풍속화

신윤복(申潤福)
1758(영조 34) ~ ?

　조선 후기 김홍도와 함께 이름높은 화가의 한 사람이다. 그의 본관은 고령(高靈), 자는 입부(笠父)이고 호는 혜원(蕙園)이다. 본래 화원(畫員)이었던 한평(漢枰)의 아들이다.
　그가 도화서(圖畫書)의 화원으로 첨절제사(僉節制使)라는 벼슬을 지냈다는 사실 이외에 그의 생애는 거의 알려져 있지 않다.
　산수화에서 김홍도(金弘道)의 영향을 토대로 참신한 색채감각이 돋보이는 작품을 남기기도 하였지만, 한량과 기녀를 중심으로 한 남녀간의 낭만이나 애정을 다룬 풍속화에서 특히 이름을 날렸다.
　그의 풍속화 등은 소재의 선정이나 포착, 구성방법, 인물들의 표현방법과 설채법(設彩法) 등에서 김홍도와 큰 차이를 보인다.
　그는 남녀간의 정취와 낭만적 분위기를 효과적으로 나타내기 위하여, 섬세하고 유려한 필선과 아름다운 채색을 즐겨 사용하여, 그의 풍속화들은 매우 세련된 감각과 분위기를 지니고 있다. 또한 그의 풍속화들은 배경을 통해서 당시의 살림과 복식 등을 사실적으로 보여주는 등 조선 후기의 생활상과 멋을 생생하게 전하여준다.
　그의 대부분의 작품들에는 짤막한 찬문(贊文)과 함께 자신의 관지(款識)와 도인(圖印)이 곁들여 있지만, 한결같이 연기(年記)를 밝히고 있지 않아 그의 화풍의 변천과정을 파악하기 어렵다.
　김홍도와 더불어 조선 후기의 풍속화를 개척하였던 대표적 화가로서 후대의 화단에 많은 영향을 미쳐, 작가미상의 풍속화와 민화 등에는 그의 화풍을 따른 작품들이 많다.
　대표작으로는 간송미술관에 소장된 「미인도」와 「풍속화첩」이 있는데, 「풍속화첩」에 수록된 주요작품으로 「단오도(端午圖)」, 「연당(蓮塘)의 여인(女人)」, 「무무도(巫舞圖)」, 「산궁수진(山窮水盡)」, 「선유도(船遊圖)」 등이 있다.

國樂藝術 중흥에 큰 공헌

# 신재효(申在孝)
1812(순조 12) ~ 1884(고종 21)

조선조 후기 판소리 이론가로 판소리를 개척하고 후원하여 큰 업적을 남겼다. 본관은 평산, 자는 백원(百源), 혹은 동리(桐里)다.

전라북도 고창출신이며 아버지 광흡(光洽)은 경기도 고양사람으로 한성부에서 직장(直長)을 지내다가 고창현의 경주인(京主人)을 하던 선대의 인연으로 고창에 내려와 관약방(官藥房)을 하여 재산을 모았다. 어머니는 경주김씨로 절충장군 상려(常礪)의 딸이다.

신재효는 어려서 총명하였고, 또한 효성이 지극하여 재효라는 이름을 지었다 한다. 어려서 아버지에게 수학하였고, 사십이 넘어서 부근에 살던 대석학과 학문을 의논하였다고 하는데, 그가 누구인지는 확실하지 않다.

그는 고창현의 향리와 서민들과 깊이 사귀었을 뿐만 아니라, 죽은 뒤에 여러 향반(鄕班)들이 만장을 써보낸 것으로 보아, 신분을 넘어선 폭넓은 교유를 맺었으리라 추정된다.

그는 아버지가 마련한 기반을 바탕으로 35세 이후에 이방이 되었다가 나중에 호장(戶長)에 올랐다.

1876년(고종 13)에 기전삼남(畿甸三南)의 한재민(旱災民)을 구제한 공으로 정3품 통정대부가 되고, 이어 절충장군을 거쳐 가선대부에 승품(陞品)되고, 호조참판으로 동지중추부사를 겸하였다.

신분상승을 꾀하면서도 한시가 아닌 판소리에서 정신세계를 찾은 그는 판소리를 즐기는 동시에 자신의 넉넉한 재력을 이용하여 판소리 광대를 모아 생활을 돌보아주면서 판소리를 가르치기도 하였다.

직선적이고 고졸(古拙)한 성음을 갖추면서 박자가 빨라 너름새를 할 여유가 없는 동편제(東便制)와 유연하고 화려한 성음을 갖추면서 박자가 느려 너름새가 쉽게 이루어지는 서편제(西便制)의 장점을 조화시키면서, 판소리의 듣는 측면에 덧붙여 보는 측면을 강조하였다.

또한 진채선(陳彩仙) 등의 여자 광대를 길러내어 여자도 판소리를 할 수 있는 길을 열었으며, 「춘향가」를 남창과 동창으로 구분하여 어린 광대가 수련할 수 있는 대본을 마련하기도 하여, 판소리의 다양화를 시도하였다.

「광대가」를 지어서 판소리의 이론을 수립하였는데, 인물, 사설, 득음(得音), 너름새라는 4대 법례를 마련하였다. 인물은 타고나는 것이니 어쩔 수 없으며, 사설의 우아한 표현, 음악적 기교 및 관중을 사로잡을 수 있는 연기가 중요하다고 하면서, 판소리는 상스럽지 않고 한문학과 견줄만한 예술임을 은연중에 드러내었다.

만년에는 「춘향가」, 「심청가」, 「박타령」, 「토별가」, 「적벽가」, 「변강쇠가」의 판소리 여섯 마당을 골라서 그 사설을 개작하여, 작품 전반에 걸쳐 합리적이고 체계적인 구성을 갖추게 하고, 상층 취향의 전아(典雅)하고 수식적인 문투를 많이 활용하였다.

그래서 하층의 발랄한 현실인식이 약화되기도 하였으나, 아전으로서 지닌 비판적 의식이 부각되고, 사실적인 묘사와 남녀관계의 비속한 모습을 생동하게 그리기도 하였다.

그래서 판소리가 상하의 관심을 아우르면서 신분을 넘어선 민족문학으로 성장하는데 진전을 가져올 수 있었다.

고창읍 성두리에 묘가 있으며, 1890년에 한산시회(寒山詩會)에서 송덕비를 건립하였다.

판소리 사설 외에도 30여 편의 단가 혹은 허두가(虛頭歌)라고 하는 노래를 지었다. 자신의 경험에서 우러난 재산을 모으는 방법을 다룬 「치산가」(治産歌), 서양의 침입이라는 시대적 시련을 걱정하는 「십보가」(十步歌), 「괘씸한 西洋되놈」, 경복궁 낙성 공연을 위해 마련한 「방아타령」, 그밖에 「오섬가」, 「도리화가」(桃梨花歌), 「허두가」 등이 대표적이다.

茶道를 이룩한 禪師

초의(草衣)
1786(정조 10) ~ 1866(고종 3)

조선 후기의 대선사(大禪師) 초의의 본명은 의순(意恂)이다. 선사로뿐만 아니라 우리나라 다도(茶道)의 정립자로도 알려져 있다.

그의 성은 장(張)씨이고 자는 중부(中孚), 호가 초의(草衣)다. 당호는 일지암(一枝庵), 전남 무안출신이다.

그는 15세 때 강변에서 놀다가 물에 휩쓸려 죽을 고비인데 부근에 있던 승려가 건져주어 살게 되었다. 그 승려가 출가할 것을 권하여 16세 때 남평 운흥사(雲興寺)에 들어갔고 민성(敏聖)을 은사로 삼아 득도했으며 해남 대흥사(大興寺)에서 민호(玟虎)에게 구족계를 받았다.

22세 때부터 전국의 선지식(善知識)들을 찾아가 삼장(三藏)을 배워서 통달하였을뿐 아니라, 대오(大悟)하여 유일의 선지(禪旨)를 이어받았다.

그는 불교학 이외에도 유학, 도교 등 여러 교학에 통달하였고 범서(梵書)에도 능통하였다.

그리고 정약용, 홍현주, 추사 김정희 등과 폭넓은 교유를 가졌는데, 특히 다산 정약용에게서는 유서(儒書)를 받고 시부(詩賦)를 익히기도 하였다.

명성이 널리 알려지자 대흥사의 동쪽 계곡으로 들어가 일지암을 짓고 40여 년 동안 홀로 지관(止觀)에 전념하면서 불이선(不二禪)의 오의(奧義)를 찾아 정진하였으며, 다선삼매(茶禪三昧)에 들기도 하였다. 또한 모든 것을 구비한 인간이 될 것을 주장하면서「동다송(東茶頌)」을 제작하여 다생활의 멋을 설명하였고, 범패와 원예 및 서예에도 능하였으며, 장 담그는 법, 화초 기르는 법, 단방약 등에도 능하였다.

이는 실사구시를 표방한 정약용의 영향과 김정희와의 교유에서 얻은 힘이라고 보고 있다.
 1866년 나이 80세, 법랍 65세로 입적하였다.
 평범한 일생을 통하여 선(禪)과 교(敎)의 한쪽에 국집함이 없이 수도하고 중생을 제도하였으며, 이상적 불교인으로 존경한 인물은 진묵(震默)이었다.
 그는 또한 대흥사 13대종사 중 13번째 대종사이기도 하다. 그러나 「대둔사지(大芚寺誌)」에는 의순을 생략하고 있다. 이는 「대둔사지」의 편자가 의순이었기 때문이며, 실제로는 마지막으로 그를 쳐서 13대종사라고 부르는 것이 관례이다.
 그의 사상은 선사상(禪思想)과 다선일미사상(茶禪一味思想)으로 집약된다. 선사상은 저서인 「선문사변만어(禪門四辨漫語)」에 잘 나타나 있다.
 「선문사변만어」는 당대의 유명한 대선사 백파(白坡)가 「선문수경(禪門手鏡)」이라는 저술을 발표하자 의순이 선배 백파의 잘못을 하나하나 변증하기 위하여 저술한 것이다.
 백파는 선을 조사선(祖師禪), 여래선(如來禪), 의리선(義理禪)의 3종으로 나누어 설명하였으나, 의순은 선을 3종으로 판별하는 것부터가 잘못이라고 보고, 조사선과 여래선, 격외선(格外禪)과 의리선 등의 사변(四辨)을 중심으로 백파와는 다른 의견을 제시하였다. 즉 그는 조사선, 여래선, 의리선 등은 근기(根機)에 따른 구별일 수 없고, 인명으로 조사선과 여래선, 법명으로 격외선과 의리선으로 판별되지만, 조사선이 격외선이며 여래선은 의리선이라고 주장하였다.
 이와 같은 선에 대한 논쟁은 김정희, 우담(優曇), 축원(竺源) 등에게까지 파급됨으로써 조선 후기의 한국선사상에 중대한 영향을 주었다.
 또한 의순이 전선(專禪)으로 기울지 않고 지관을 수행하였다고 하는 데에서 그의 선사상의 큰 특색을 찾아볼 수 있다.
 그의 다선일미사상은 차와 선이 서로 별개의 것이 아니라는 데에서 시작된다. 의순은 차를 마시되 법희선열식(法喜禪悅食)하여야 한다고 강조하였다. 한 잔의 차를 통하여 법희선열을 맛본다고 한 것은 바로 다선일미사상을 엿보게 하는 것이다.

그는 차의 성품이 사됨이 없어서 어떠한 욕심에도 사로잡히지 않는 것이라고 보았고, 때문지 않은 본래의 원천과도 같은 것이라고 하여 무착바라밀(無着波羅蜜)이라고도 하였다. 그리하여 그는 「차의 진예없는 정기를 마시거늘 어찌 큰 도를 이룰 날이 멀다고만 하겠는가」라고 하였다.

의순의 다도는 불을 피우고 물을 끓이며, 그 잘 끓은 물과 좋은 차를 적절히 조합하여 마시는 평범하고 일상적인 생활이었다.

그의 생애는 오로지 좌선하는 일에만 머물러 있지 않고 일상생활 속에서 멋을 찾고 불법(佛法)을 구하고자 노력하는 데에 있었다. 그러므로 그는 언제나 제법불이(諸法不二)를 강조하였다.

그에게는 차와 선이 별개의 둘이 아니고, 시와 그림이 둘이 아니며, 시와 선이 둘이 아니었다.

그의 법을 이은 제자로는 각안(覺岸)이 있으며, 저서로는 「선문사변만어」 1권, 「이선래의(二禪來儀)」 1권, 「초의시고(草衣詩藁)」 2권, 「진묵조사유적고」 1권, 「동다송」 1권, 다신전(茶神傳) 1권 등이 있다.

무한세도의 영고성쇠

홍국영(洪國榮)
1748(영조 24) ~ 1781(정조 5)

조선 후기의 문신으로 본관이 풍산, 자는 덕로(德老)이다. 관찰사 창한(昌漢)의 손자이며 판돈녕부사 낙춘(樂春)의 아들이다.

큰 아버지는 낙순(樂純)이며 정조의 외조부인 우의정 홍봉한과 이조판서 홍인한은 가까운 집안이었으나 그의 아버지는 벼슬을 하지 못하였다.

1771년(영조 48년) 정시문과에 병과로 급제하여 승문원부정자를 거쳐, 설서가 되었다. 이때 마침 영조는 사도세자(思悼世子)를 뒤주에 가두어 죽이고 그 소생인 손자(뒤의 정조)를 후계로 정하였다.

영조 말년 벽파의 횡포 속에서 세손을 보호한 공로로 세손의 두터운 총애와 신임을 얻게 되었다. 이어 사서에 승진하였고, 이때 세손의 승명대리(承命代理)를 반대하던 벽파 정후겸(鄭厚謙), 홍인한, 김구주(金龜柱) 등을 탄핵하여 실각시키고, 1776년 홍상간(洪相簡), 홍인한, 윤양로(尹養老) 등이 세손을 반대, 모해하려는 모역을 적발하여 처형시켰다.

그해 정조가 즉위하자 곧 동부승지로 특진 임명되었고, 날랜 군사를 뽑아 숙위소(宿衛所)를 창설하여 숙위대장을 겸직하여 왕궁호위를 전담하고 도승지에 올랐다.

실권을 잡게 되자 삼사(三司)의 소계(疏啓), 팔로(八路)의 장첩(狀牒), 묘염, 전랑(銓郞)의 차제(差除) 등을 모두 총람(總攬)하였고, 또 당시의 삼공육경(三公六卿)까지도 그에게 맹종하게 되었다.

정조의 두터운 신임에 힘입어 자연히 조정의 백관은 물론 8도감사나 수령들도 그의 말이라면 감히 이의를 제기하지 못하였다. 모든 관리들은 그의 명령을 얻어야 행동하게 되므로 세도(勢道)라는 말이 생기게 되었다.

1778년(정조 2년) 누이동생을 후궁으로 바쳐 원빈(元嬪)으로 삼았으나 20세도 못 되어 1년 만에 병들어 죽자, 정조의 동생인 은언군 인의 아들 담(湛)을 원빈의 양자로 삼아 완풍군(完豊君)에 봉하고, 다시 상계군(常溪君)으로 개봉하여 왕의 후계자로 삼도록 함으로써 세도정권 유지에 급급하였다.

 왕비 순정왕후(純貞王后)가 원빈을 살해한 것으로 믿고 왕비를 독살하기 위하여 1780년에 독약을 탄 음식을 왕비전에 넣었다가 발각되어, 집권 4년 만에 가산을 몰수당하고 전리(田里)로 방축되었다.

 고향에 내려와 울화를 풀지 못하고 전전긍긍하던 중 병을 얻어 죽었다.

 실각할 때까지 도승지로 이조참의, 대제학, 이조참판, 대사헌 등을 역임하였다.

 일설에는 자진해서 물러가라는 정조의 권고로 일시 은퇴하였다가 삼사의 탄핵으로 형벌을 받았다고도 한다.

반봉건 민란을 지휘한 혁명아

홍경래(洪景來)
1771(영조 47) ~ 1812(순조 12)

　조선 후기 농민반란을 일으키게 한 인물, 본관은 남양이고 용강(龍岡) 출신이다. 외숙 유학권에게 학문을 배웠고 1798년(정조 22년) 사마시에 실패하였으나 과거를 치를만큼 경서에 대한 일정한 수준의 교양과 함께 병서(兵書)나 제반 술서(術書), 특히 정감록 등에 통달하였다.
　과거에 실패한 뒤 관로를 포기하고 집을 나와 풍수로서 각지를 전전하며 빈한한 생활을 하였다.
　당시 과거제도의 부패상, 안동김씨의 세도정치, 삼정의 문란 등으로 일반백성들의 비참한 현실을 체험하면서 사회의 모순에 대한 객관적인 인식을 가지게 되었다.
　그러던 중 가산에서 풍수로 부호의 집을 드나들던 우군칙(禹君則)을 만나 시국을 논하던 중 깊이 공감하고 반란을 일으키기로 약속하였다.
　그는 시국에 불만을 품고 있는 자들을 이용하여야 한다고 판단, 당시 향촌에서 부를 축적하여 하층 지배자로 진출한 계층과 황해도, 평안도 일대의 사상인(私商人)에게 접근하였다. 또 관로가 막혀 현실에 불만을 품고 있던 양반지식층에게도 접근, 진사 김창시 등을 끌어들였다.
　한편으로 우군칙과 친하게 지내던 이희저를 이용, 부상대고들의 후원을 받도록 하였다. 즉 정주성의 거부 이침, 김석하, 안주상인 나대곤, 송상(松商) 박광유, 홍용서 등이 그 대표적인 인물들이다.
　또 역사(力士)의 발굴에도 주력하여 제상(蹄商) 홍총각, 가난한 평민 이제초 등의 장수, 그리고 지략과 무용을 겸비한 우군칙의 제자 김사용과 함께 가산 다복동(多福洞)을 근거지로 하여 인재와 비용을 준비하기 20여 년 만인 1811년(순조 11년) 극심한 흉년으로 인심이

흉흉해진 틈을 타 난을 일으켰다.

　난의 초기에는 각지의 내응세력의 도움으로 민폐를 끼치지 않고 엄한 군율에 따라 쉽사리 가산, 곽산 등 7개 읍을 점령할 수 있었다. 그러나 안주, 연변의 진공을 앞두고 내분이 일어나는가 하면 홍경래마저 부상을 당하자 사태는 더욱 불리해졌다. 더욱이 봉기의 주축 세력 가운데는 그를 암살하여 관군에 공을 세우려는 배반자도 있었다.

　이런 가운데 박천, 송림전투에서 패배하기에 이르렀고, 반란군은 정주성으로 후퇴할 수밖에 없었다. 고립된 정주성에서 4개월간 버티었으나 결국 성은 함락되고 그도 총에 맞아 죽고 말았다.

　그는 조선 후기사회가 가진 모순을 깊이 인식한 뒤 사회변혁을 위하여 10여 년간 동지를 규합하고 치밀한 준비 끝에 거병하여 5개월간 평안도 일대를 휩쓸었던 것이다. 그러나 하층 농민들의 반봉건적인 거대한 힘과 절실한 이해를 흡수하여 대변하지 못한 인식의 한계, 그리고 당시의 사회적 제약으로 난은 끝내 실패하였다.

　홍경래 난의 원인과 경위 등을 살펴보면 다음과 같다.

　조선 후기 봉건사회는 17, 18세기에 이르러 커다란 변화를 겪게 되었다. 토지겸병이 광범하게 진전되어 지주전호제(地主佃戶制)가 양적으로 팽창되어갔는데, 특히 이앙법(移秧法), 이모작으로 대표되는 농업생산기술의 변화, 상품 화폐경제의 발달로 농민층의 분해가 촉진되었다.

　이 결과 진난 날의 봉건 지주와는 다른 서민지주라는 새로운 형태의 지주가 등장하고 한편으로는 개선된 농업생산 기술과 시장의 확대라는 유리한 여건속에서 차경지(借耕地)의 확대를 통하여 상업적 농업을 하는 경영형 부농이 성장하였다.

　이와는 대조적으로 다수의 소농민들은 몰락하여 영세빈농, 전호(佃戶), 또는 무토부농지민(無土富農之民)이 되었으며 토지에서 유리된 농민들은 유민이 되거나 임금노동으로 생계를 유지할 수밖에 없었다.

　이른바 이 시기 농민층 분해는 다수의 소농민들을 중세사회의 특징인 토지에 대한 긴박을 해체시켜 임금노동자로 만들면서 한편으로는 부농, 서민지주로 양극화되어 갔던 것이다.

상공업은 상품경제의 발달로 인해 부분적으로는 수공업자의 전업화(專業化)가 이루어지고 봉건적인 특권 상인에게 도전하는 사상인(私商人)들의 활동이 활발해졌으며, 특히 개성상인이나 의주상인들은 대외무역을 통하여 부를 축적하는 등 상권쟁탈전이 벌어지기도 하였다.

봉건적인 신분질서의 구조에도 부를 통한 신분상승의 확대에 의하여 양반의 증가와 평민·천민의 감소, 다수의 몰락양반의 존재라는 새로운 변화가 일어났으며, 이에 따라 양반신분의 절대적인 권위도 동요되었다.

이러한 사회·경제적 변화는 19세기가 되면서 더욱 심화되어 봉건사회의 해체를 촉진시켰다. 특히 정치적으로 치열하였던 17, 18세기의 당쟁이 끝나고 노론에 의한 안동김씨 척족의 일당전제가 성립됨으로서 삼정문란은 농민층 분해를 더욱 촉진시켰고, 특권상인과 지방 사상인간의 대립도 심화되었다.

더욱이 평안도 지방은 대청무역(對淸貿易)이 정부의 규제에도 불구하고 더욱 활발해져서 송상, 만상 가운데는 대상인으로 성장한 사람들이 많았다.

또 18세기를 전후한 시기부터, 견직물업, 유기 등 수공업 생산과 담배 등 상품작물의 재배, 금·은의 수요급증으로 인한 광산개발이 활발하였다. 따라서 양반지주, 상인층에 의한 고리대금업의 성행으로 소농민의 몰락은 심화되었고, 일부 농민층은 부를 축적하여 향촌에서 군림하였다.

이와 같은 사회·경제적 상황에서 이 난은 홍경래, 우군칙, 김사용, 김창시 등으로 대표되는 몰락양반, 유랑지식인들의 정감록 등에 의한 이념제공과 농민층 분해과정에서 새로이 성장한 향무 중의 부호, 요호부민(饒戶富民) 등 부농, 서민지주층과 사상인층의 물력(物力) 및 조직력이 결합되어 10여 년간 준비되었던 조직적 반란이다.

이들은 역노출신(驛奴出身)으로 대청무역을 통하여 부를 축적한 가산의 부호 이희저의 집이 있는 다복동(多福洞)을 거점으로 삼고,

각지의 부호·부상대고(富商大賈)들과 연계를 맺는 한편, 운산 촛대봉 밑에 광산을 열고 광산노동자, 빈농, 유민 등을 급가고용(給價雇用)하여 봉기군의 주력부대로 삼았다.

봉기군은 남진군, 북진군으로 나뉘어 거병한지 열흘 만에 별다른 관군의 저항도 받지 않고 가산, 곽산, 정주, 선천, 철산 등 청천강 이북 10여 개 지역을 점령하였다.

이것은 특히 각지의 내응세력들의 적극적인 호응 속에서 가능하였는데, 내응세력은 주로 죄수, 별감, 풍헌 등 향임(鄕任)과 별장(別將), 천총, 파총, 별무사(別武士) 등 무임(武任) 중의 부호들이었다.

이들은 부농이나 사상인들로 대부분이 납전승향(納錢陞鄕)한 계층이었다.

그러나 곧 전열을 수습한 관군의 추격을 받은 농민군은 박천, 송림, 곽산, 사송야(四松野) 전투에서의 패배를 계기로 급속히 약화되어 정주성으로 후퇴하게 되었다.

농민군은 전세가 이와 같이 급격하게 변화하게 된 것은 주력부대가 지닌 취약성 때문이었다. 농민군은 비록 안동김씨의 세도정권으로 대표되는 봉건지배층에 대한 공동의 이해에도 불구하고, 지휘부인 부농, 상인층과 일반병졸을 구성하는 소농, 빈농, 유민, 임노동자층이 가지는 상호 대립적 성격으로 인하여 이들 하층민의 자발적인 참여를 유도하지 못하였던 것이다.

이러한 갈등에 대하여 격문의 내용에서는 단지 서북인의 차별대우, 세도정권의 가렴주구, 정진인(鄭眞人)의 출현 등만을 언급할 뿐 정작 소농, 빈민층의 절박한 문제를 대변하지 않고 있었던 것이다.

이러한 현상은 지휘부가 점령지역에서 이임(里任), 면임(面任) 등으로 하여금 병졸들을 징발하도록 한 데에서도 단적으로 드러난다.

그러나 일단 정주성으로 퇴각한 농민군은 고립된 채 수적인 면에서나 군비에 있어 몇 배나 우세한 경군(京軍), 향군(鄕軍), 민병(民兵)의 토벌대와 맞서 거의 4개월간 공방전을 펼쳤다.

이러한 강인한 저항은 곧 주력부대의 구성상의 변화에 기인하는데, 정주성의 농민군은 이전의 급가고용이나 소극적 참여자가 아니라 주로 박천, 가산일대의 소농민들로 구성되었다. 즉 관군의 초토전술에 피해를 입은 이 지역의 대다수 농민들이 정주성에 퇴각하여 적극적으로 저항하였으며, 관군의 약탈에 피해를 입은 성밖의 농민들의 협조와 또 지휘부에서도 부민(富民)에 대한 가혹한 징발을 통하여 평등한 분배를 제공한 때문이었다.

결국 관군의 화약매설에 의한 성의 폭파로 농민군은 진압되고, 생포자 가운데 남정(男丁) 1,917명과 홍경래 등 주모자가 모두 처형되었다.

이 난은 비록 실패로 끝나고 말았지만 조선 사회에 큰 타격을 가하여 그 붕괴를 가속화시켰다.

홍경래는 죽은 뒤에도 여전히 살아 있는 존재로 민간의 의식 속에 남아 있었고, 이 난에서 부농과는 달리 소극적인 구실만을 담당하였던 광범한 소농, 빈민층은 이후 임술민란(壬戌民亂)에서는 오히려 적극적인 주도층으로 성장해 나갔다.

또 이 난에서는 이씨왕조에 대한 전면적인 부정과 새로운 정치체제가 구성되고 있었으며, 비록 평안도지방이 주요무대였지만 동시에 도성(都城)에서 소론 박종일(朴鍾一)을 중심으로 중인, 서얼층이 연계하여 정권탈취를 계획한 것이라든지, 기타지역에서 일어난 농민층의 산발적인 소요는 같은 맥락 속에서 파악해야 할 것이다.

이 난에 대한 평가는 6·25 이전에는 오다(小田省吾) 등에 의해 당쟁사적 관점에서 사북인의 푸대접에 대한 반발이라든가, 이를 이용한 홍경래 개인의 정권탈취 기도로 파악되었다.

그러나 1960년대 이후 정체성 비판의 일환으로 내재적 발전론의 관점에서 조선 후기 사회에 대한 자본주의 맹아 연구가 활발해짐에 따라, 그 주도층의 성격을 농민층 분해과정에서 성장한 향무 중의 부호, 경영형 부농, 서민지주, 사상인 및 일부 몰락한 양반지식인 등이 광산노동자, 유민, 빈농을 동원하여 일으킨 반봉건 농민전쟁으로 규정하기에 이르렀다.

독도를 수호한 어부

안용복(安龍福)
17세기 경 (숙종 때)

조선조 숙종 때 울릉도와 독도가 조선땅인 것을 일본막부가 자인하도록 활약한 민간 외교가요 어부이기도 한 안용복의 생몰년(生沒年)은 알려져 있지 않다.

동래부 출신으로 홀어머니 아래에서 나라의 은혜에 보답해야 한다는 엄한 가르침을 받고 자랐다.

일찍이 동래수군으로 들어가 능로군(能櫓軍)으로 복무, 부산의 왜관(倭館)에 자주 침입하여 일본말을 잘 하였다.

1693년(숙종 19년) 동래어민 40여 명과 울릉도에서 고기잡이를 하던 중 고기를 잡기 위하여 침입한 일본어민을 힐책하다가 부하 박어둔(朴於屯)과 함께 일본으로 잡혀갔다.

이때 호키주(百耆州)태수와 에도막부에게 울릉도가 우리 땅임을 주장하고 대마도주(對馬島州)가 조선과 일본 사이에서 쌀의 두량(斗量)과 베의 척(尺)을 속이는 등 중간에 농락이 심한 것 등을 밝히고, 막부로부터 울릉도가 조선영토임을 확인하는 서계를 가지고 오는 도중에 나가사키(長崎)에서 대마도주에게 그 서계를 빼앗겼다.

대마도주는 울릉도를 차지할 계획으로 다케시마(竹島)문서를 위조하여 같은 해 9월 차왜(差倭)를 동래에 보내어 안용복을 송환하는 동시에 예조에 서계를 보내어 조선의 어민이 일본영토인 다케시마에서 고기잡는 것을 금지시켜달라고 요청하였다.

당시 좌의정 목내선(睦來善)과 우의정 민암이 무사외교정책을 취하여, 비워둔 땅으로 인하여 왜인과 평화를 깨뜨리는 것은 좋지 않은 계책이라 하고 멀리 떨어진 왕래를 금지하는 조선정부의 공도정책(空島政策)에 일본도 협조할 것을 권하는 예조복서(禮曹覆書)를 작성하여 동래의 일본사신에게 보냈는데 그 내용에서 울릉도가 우리의 영토임을 분명히 밝혀두었다.

그런데 이듬해인 1694년 8월에 대마도주는 다시 사신을 보내어 예조복서를 반환하면서 울릉도라는 말을 빼고 다시 작성해줄 것을 요청하였다.

이때 영의정 남구만(南九萬), 우의정 윤지완(尹趾完)이 강경한 태도로 삼척첨사로 하여금 울릉도를 조사하게 하고 접위관을 동래에 보내어 오히려 일본이 남의 영토에 드나든 무례함을 책하는 예조서계를 차왜에게 전달하였다.

1696년 봄에 안용복은 다시 10여 명의 어부들과 울릉도에 출어하여 마침 어로중인 일본어선을 발견하고 송도(松島)까지 추격하여 우리의 영토에 들어와 고기를 잡는 침범사실을 문책하였다. 또 울릉우산양도감세관(鬱陵于山兩島監稅官)이라 자칭하고 일본 호키주에 가서 태수에게 범경(犯境)의 사실을 항의, 사과를 받고 돌아왔다.

나라의 허락없이 국제문제를 일으켰다는 이유로 조정에 압송되어 사형까지 논의되었으나 남구만의 간곡한 만류로 귀양을 보냈다.

이듬해인 1697년 대마도에서 자신들의 잘못을 사과하고 울릉도를 조선땅으로 확인한다는 막부의 통지를 보냈으나 안용복의 죄는 풀리지 않았다.

그의 활약으로 철종시대까지는 울릉도에 대한 분쟁은 없었다. 한 어부로서 나라의 일에 크게 공헌한 모범이 된다.

해학풍자의 저항시인

정수동(鄭壽銅)
1808(순조 8) ~ 1858(철종 9)

    조선조 말엽의 풍류시인으로 많은 일화를 남긴 사람이다. 본관은 동래, 본명은 지윤(芝潤)이고 자는 경안(景顔), 호는 하원(夏園)이다.
    태어날 때 손바닥에 수(壽)자의 문신이 있었고, 이름 지은의 지(芝)자가 한서(漢書)에 지생동지(芝生銅池)로 있다고 하여 동(銅)자를 따서 수동이라는 별호를 사용했다 한다.
    그는 왜어역관(倭語譯官)의 가계에서 출생했으나 문인으로 생활하였다. 아들 낙술(樂述)은 「역과방목(譯科榜目)」에 이름이 올라 있는 역관이다.
    정수동은 생업을 돌보지 않고 세상을 떠돌아 다니기 좋아했으므로 극도의 가난을 면할 수 없었다. 그리고 사회적인 제모순에 불만을 느낀 나머지 평생을 광인처럼 행세하였으나 그 언동에는 날카로운 풍자가 깃들어 있었다.
    본디 규율적인 생활을 싫어하는 자유분방한 성격을 지니고 있어서 평생 포의시객(布衣詩客)으로 만족하였고, 두뇌가 명석하여 아무리 뜻이 깊고 어려운 문장도 한 번 훑어보고는 그 요지를 깨달았으나 모르는 것처럼 겸손했다고 한다.
    위항시인(委巷詩人)으로서 대표적인 인물이며, 그에 관련된 허다한 일화들이 유포되어 「기발한 익살꾼 정수동」으로 유명하였다.
    시풍은 권력이나 금력에 대한 저항 속에 날카로운 야유로 일관하고 있으며, 시를 짓는 것은 구속에서 벗어나는 길이라 생각하여 「성령이 한 번 붙으면 붓끝을 다할 따름이지, 시체나 신풍을 쫓거나 묘하고 섬세한 것을 다투지 않는다」는 성령론(性靈論)을 구현한 시인이다.
    번거로운 문장이나 허황한 형식을 배격하고, 간결한 가운데 높은 격조를 담은 시를 썼다.

최성환은 그의 시를 일컬어 고법(古法)에 얽매이지 않으면서도 고법을 저버리지 않았다고 평하였다. 또한 그의 시는 기발하면서도 품격을 잃지 않아 자연스럽게 일가를 이루고 있다.

술을 좋아하였으며 김흥근, 김정희, 조두순 등 명사들과 교분이 두터웠다. 그들이 그의 재주를 아껴 도우려 하였으나 거절하고 자유롭게 살다가 50세에 과음으로 인하여 죽었다.

저서로는 「하원시초(夏園詩抄)」가 있다.

그의 생애에 관한 일화는 많지만 문헌설화로는 일사유사(逸士遺事)에 전하며 구전설화는 그의 활동지역이었던 서울을 중심으로 하여 수원, 의정부 등 중부지방에 분포되어 있고, 최근 여러 출판사에서 간행한 야담과 야사집을 통해서 다른 지방에도 널리 알려져 있다.

술과 이야기, 시문과 풍류를 즐긴 그는 당대의 문인, 정치가로 이름을 떨친 명사들과 교유하면서 그들의 허위와 부정을 풍자한 일화들이 많은데, 주로 양반관료들의 부정축재를 비판하는 이야기가 많다. 부정한 돈은 술로 씻어야 한다면서 늘 술에 취하여 있었다.

가깝게 지내던 조두순(趙斗淳)의 잔치에 초대받은 정수동이 솟을대문을 들어서니, 사람들이 어린애가 동전 한 닢을 삼켰는데 창자에 동전이 붙으면 죽게 된다고 야단법석이었다.

이때 그가 나서서 사랑에 모인 대감들이 들으라는 투로, 「걱정할 것 없네. 아랫배만 슬슬 쓰다듬으면 그만일세. 어느 대감은 남의 돈 몇 만 냥을 삼키고도 배만 쓸고 있으면 아무일 없는데, 까짓 제돈 한 닢을 삼키고야 무슨 배탈이 나겠는가!」하고 소리를 쳤다.

대감들이 이 말에 흠칫하였으나, 이윽고 술잔이 돌고 유흥이 무르익자 조대감이 좌중에게 세상에서 가장 무서운 것이 무엇이냐고 물었다. 어느 대감은 호랑이라 하고 도둑이라고도 하는데, 다른 대감이 나서더니,「양반의 호령 한 마디면 호랑이도 잡고 도둑도 잡을 뿐 아니라, 양반네의 명령에 누군들 꿈쩍하겠소. 그러니 가장 무섭고 두려운 것이 양반이오」하며 좌중을 둘러보자, 잠자코 있던 정수동이 「세상에서 가장 무서운 것은 호랑이를 탄 양반도둑입니다. 가슴에 호랑이(옛날의 호패)를 달고 온갖 도둑질을 자행하여 백성들의 고혈을 빨고 삼천리강산을 망치니 이보다 더 무서운 것이 어디 있겠소!」라고 하여 좌중을 숙연하게 하였다.

구전설화는 수편에 지나지 않으나 야담집과 야사집에 20여 편의 유형이 전하고 있다.

정수동은 하농민인 방학중과는 달리 당대의 최고 지배층과 교분을 나눌 정도로 학문이 높고 지체도 상당했지만 이들에 영합하지 않고 비판하며 관직에도 오르지 않았다.

따라서 정수동설화는 지배층의 위정을 풍자하는 것이 많았기 때문에, 당대 정치현실에 대한 비판적 인식 및 풍자문학의 역사적 전개과정을 이해하는 데 중요한 자료가 된다.

悔悟풍자의 방랑시인

# 김립(金笠)
1807(순조 7) ~ 1863(철종 14)

 조선 후기의 방랑시인 김립의 본명은 김병연(金炳淵)이다. 본관은 안동, 자는 난고(蘭皐)이고 별호는 김삿갓, 곧 김립이다.
 경기도 양주출생으로 선천(宣川) 부사였던 할아버지 익순(益淳)이 홍경래난 때 투항한 죄로 집안이 멸족을 당하였다. 노복 김성수의 구원으로 형 병하(炳夏)와 함께 황해도 곡산(谷山)으로 피신해 공부하였다.
 후일 멸족에서 폐족으로 사면되어 형제는 어머니에게로 돌아갔다. 그러나 아버지 안근(安根)은 홧병으로 죽었다. 어머니는 자식들이 폐족자로 멸시받는 것이 싫어서 강원도 영월로 옮겨 숨기고 살았다.
 이 사실을 모르는 김병연이 과거에 응시,「논정가산충절사탄김익순죄통우천(論鄭嘉山忠節死嘆金益淳罪通于天)」이라는 그의 할아버지 익순을 조롱하는 시제로 장원급제하였다.
 그러나 자신의 내력을 어머니에게서 듣고는 조상을 욕되게 한 죄인이라는 자책과 폐족자에 대한 멸시 등으로 20세 무렵부터 처자식을 둔 채 방랑의 길에 오른다.
 이때부터 그는 푸른 하늘을 볼 수 없는 죄인이라고 삿갓을 쓰고 죽장을 짚은 채 방랑생활을 시작하였다.
 금강산 유람을 시작으로 각지의 서당을 주로 순방하고, 4년 뒤에 일단 귀향하여 1년 남짓 묵었는데, 이때 둘째 아들 익균(翼均)을 낳았다. 또다시 고향을 떠나서 서울, 충청도, 경상도로 돌았으며, 도산서원(陶山書院) 아랫마을 서당에서 몇 해 훈장노릇도 하였다.
 다시 전라도, 충청도, 평안도를 거쳐 어릴 때 자라던 곡산의 김성수 아들집에서 1년쯤 훈장노릇을 하였다. 충청도 계룡산 밑에서 찾아온 아들 익균을 만나 재워놓고 도망하였다가 1년 만에 또 찾아온 그 아들과 경상도 어느 산촌에서 만났으나, 이번에는 심부름을 보내놓고 도망쳤다.

 3년 뒤 경상도 진주땅에서 또다시 아들을 만나 귀향을 마음먹었다가 또 변심하여 이번에는 용변을 핑계로 도피하였다.

 57세 때 전라도 동복(同福) 땅에 쓰러져 있는 것을 어느 선비가 발견하고 나귀에 태워 자기집으로 데려갔는데 거기에서 반 년 가까이 신세를 졌다.

 그뒤 지리산을 두루 살펴본 뒤 3년 만에 쇠약한 몸으로 그 선비집에 되돌아와 한많은 생애를 마쳤다. 뒤에 익균이 유해를 강원도 영월군 의풍면 태백산 기슭에 묻었다.

 그의 한시는 풍자와 해학을 담고 있어 희화적(戲畫的)인데 한시에 있어서는 파격적 요인이 되었다. 그 파격적인 양상을 한 예로 들어보면, 「스무나무 아래 앉은 설운 나그네에게 / 망할 놈의 마을에선 쉰밥을 주더라 / 인간에 이런 일이 어찌 있는가 / 내 집에 돌아가 설은 밥을 먹느니만 못하다」(二十樹下三十客 四十村五十食 人間豈有七十事 不如歸家三十食)

 전통적인 한시의 신성함 혹은 권위에 대한 도전, 그 양식 파괴 등에서 이러한 파격의 의미를 찾을 수 있을 것이다.

 국문학사에서는 「김삿갓」으로 칭해지는 인물이 김병연 외에도 여럿 있었음을 들어 김삿갓의 이러한 복수성은 당시 사회의 몰락한 양반계층의 편재와 깊은 관련이 있었다고 보고 있다. 특히 과거제도의 문란으로 인하여 선비들의 시 창작기술은 이같은 절망적 파격과 조롱, 야유, 기지로 나타나게 된 것이다.

 1978년 후손들이 중심이 되어 광주 무등산 기슭에 시비(詩碑)를 세웠으며, 1987년 영월에 전국시가비건립동호회에서 시비를 세웠다.

 그의 시를 묶은 「김립시집(金笠詩集)」이 있다.

禪風의 혁명가

경허(鏡虛)
1849(헌종 15) ~ 1912

　불교계의 대선사로서 선종(禪宗)을 중흥시킨 경허는 성우(性牛)라는 이름을 가지고 있다. 성은 송(宋)씨이고 속명은 동욱(東旭)이고 법호가 경허다.
　전주출신으로 아버지는 두옥(斗玉)이다. 태어난 해에 아버지가 죽었으며 9세 때 과천의 청계사(淸溪寺)로 출가하였다. 계허(桂虛) 밑에서 물긷고 나무하는 일로 5년을 보냈다.
　1862년(철종 13년) 여름부터 마을의 선비에게서 한학을 배우기 시작하여 사서삼경과 기초적인 불교경론을 익혔다.
　그뒤 계룡산 동학사의 만화강백(萬化講伯) 밑에서 불교경론을 배웠으며 9년 동안 그는 불교의 일대시교(一代時敎)뿐 아니라 논어, 맹자, 시경, 서경 등의 유교서적과 노장(老莊) 등의 제자백가를 모두 섭렵하였다.
　1871년(고종 8년) 동학사의 강사로 추대되었으며, 그의 문하에서 공부하는 학인은 항상 70, 80명을 넘었다.
　1879년에 옛 스승인 계허를 찾아 한양으로 향하던 중, 심한 폭풍우를 만나 가까운 인가에서 비를 피하려고 하였지만, 마을에 돌림병이 유행하여 집집마다 문을 굳게 닫고 있었다. 비를 피하지 못하고 마을 밖 큰 나무 밑에 앉아 밤새도록 죽음의 위협에 시달리다가 이제까지 생사불이(生死不二)의 이치를 깨닫고 새로운 발심(發心)을 하였다.
　이튿날, 동학사로 돌아와 학인들을 모두 돌려보낸 뒤 조실방(祖室房)에 들어가 용맹정진을 시작하였다. 창문 밑으로 주먹밥이 들어올 만큼의 구멍을 뚫어놓고, 한 손에는 칼을 쥐고, 목 밑에는 송곳을 꽂은 널판지를 놓아 졸음이 오면 송곳에 다치게 장치하여 잠을 자지 않고 정진하였다.
　석달 째 되던 날, 제자 원규(元奎)가 동학사 밑에 살고 있던 이처사(李處士)로부터「소가 되더라도 콧구멍 없는 소가 되어야지」라는 말을 듣고 의심이 생겨 그 뜻을 물어왔다. 그 말을 듣자 모든 의심이 풀리면서 오도(悟道)하였다.

그뒤 천장암(天藏庵)으로 옮겨 깨달은 뒤에 수행인 보임(保任)을 하였다. 그때에도 얼굴에 탈을 만들어 쓰고, 송곳을 턱 밑에 받쳐놓고 오후수행(悟後修行)의 좌선을 계속하였다.

1880년 어느날, 천장암에서 설법하면서 자신이 법통을 이어받은 전등연원(傳燈淵源)을 밝혔다.

그의 법통은「용암(龍巖)의 법통을 이었으며, 청허(淸虛)의 11대손이요, 환성(喚惺)의 7대손」이라고 하였다.

1884년 천장암에서 만공(滿空), 혜월(慧月), 수월(水月) 등의 삼대제자를 지도하였다.

1886년 6년 동안의 보임공부(保任工夫)를 끝내고 옷과 탈바가지, 주장자 등을 모두 불태운 뒤 무애행(無碍行)에 나섰다. 이때부터 충청남도 일대의 개심사(開心寺)와 부석사(浮石寺)를 왕래하면서 후학들을 지도하고 교화활동을 하면서 크게 선풍을 떨쳤다.

그 당시 일상적인 안목에서 보면 파계승이요 괴이하게 여겨질 정도의 일화를 많이 남겼다.

문둥병에 걸린 여자와 몇 달을 동침하였고, 여인을 희롱한 뒤 몰매를 맞기도 하였으며 술에 만취해서 법당에 오르는 등 낡은 윤리의 틀로서는 파악할 수 없는 행적들을 남겼다.

1894년에는 동래 범어사의 조실이 되었고 1899년에는 합천 해인사에서 임금의 뜻에 따른 인경불사(印經佛事)와 신설하는 수선사(修禪社) 등의 불사에 법주(法主)가 되어「해인사 수선사 방함인」과「합천군 가야산 해인사 수선사 창건기」를 집필하였다.

또 금릉군 청암사에서 방한암(方漢巖)을 만나서 설법하여 한암을 대오(大悟)하게 하였으며, 1900년에는 지리산 천은사에서 여름을 지낸 뒤 화엄사로 옮겼으며, 1902년에는 범어사 금강암과 마하사 나한상의 개분불사(改粉佛事)에 증사(證師)가 되었다.

1904년에는 오대산, 금강산 등을 두루 돌아 안변 석왕사에서 오백

나한상의 개금불사(改金佛事)에 증사로 참여하였다.

그해에 천장암에서 다시 만공을 만나 최후의 법문을 한 뒤 사찰을 떠나 갑산(甲山), 강계(江界) 등지에서 머리를 기르고 유관(儒冠)을 쓴 모습으로 살았으며, 박난주(朴蘭州)라고 개명하였다.

그곳에서 서당의 훈장이 되어 아이들을 가르치다가, 1912년 4월 25일 새벽에 임종게(臨終偈)를 남긴 뒤 입적하였다. 나이 64세, 법랍 56세이다.

그는 생애를 통하여 선(禪)의 생활화, 일상화를 모색하였다. 산중에서 은거하는 독각선(獨覺禪)이 아니라 대중 속에서 선의 이념을 실현하려고 하였다는 점에서 선의 혁명가로 평가받고 있다. 법상(法床)에서 행한 설법뿐만 아니라 대화나 문답을 통해서도 언제나 선을 선양하였고, 문자의 표현이나 특이한 행동까지도 선으로 겨냥된 방편이요 작용이었다.

그의 이와 같은 노력으로 우리나라의 선풍은 새로이 일어났고, 문하에도 많은 선사들이 배출되어 새로운 선원들이 많이 생겨났.

오늘날 불교계의 선승(禪僧)들 중 대부분은 그의 문풍(門風)을 계승하는 문손(門孫)이거나 간접적인 영향을 받은 사람들이다. 그의 선풍은 대략 몇 가지로 요약될 수 있다.

① 무생(無生)의 경지를 이상으로 삼는다. 무생이란 생기지 않음을 뜻한다. 인간의 참모습을 그는 「생김 없고, 없어짐 없는」 근원적 예지에서 비롯된다고 본 것이다. ② 무상(無常)을 초극(超克)하는 길은 오직 선(禪)에 있다고 보았다. 스스로 무상을 체험하였고, 또 선의 참구(參究)를 통해서 이것을 극복하였다. 따라서, 그의 가치관은 선의 수행과 선의 생활화를 통한 무상의 초극이 가장 가치있는 것이라는 해석을 내리고 있다. ③ 선(禪)과 교(敎)는 하나라고 주장하였다. 이것이 그에 의해서 독창적으로 제기된 교설은 아니지만, 그는 이 두 가지가 마치 지혜와 자비의 양 날개와 같아서 어느 하나만을 고집할 때 궁극적 경지의 증득(證得)이 불가능함을 역설하고 교선겸수(敎禪兼修)를 강조하였다. ④ 간화선(看話禪)과 염불선(念佛禪)을 궁극적인 면에서 하나로 보고 있다는 점이다. 선과 염불은 방법상

의 차이일 뿐 구경(究竟)의 완성된 경지에서 볼 때는 조금도 다를 것이 없다고 하였다.

선문에서 정혜(定慧)가 원만히 갖추어져야만 견성(見性)이 이루어진다고 하듯이, 염불문에서도 일심(一心)이 불란(不亂)한 삼매지경에서만 정불국토(淨佛國土)가 실현된다고 보았다.

견성과 불국토의 실현, 그리고 선정삼매(禪定三昧)와 염불삼매(念佛三昧)는 같은 경지임을 지적한 것이다.

그는 근대불교사에서 큰 공헌을 남긴 중흥조이다. 승려들이 선을 사기(私記)의 형식으로 기술하거나 구두로만 일러오던 시대에 선을 생활화하고 실천화한 선의 혁명가였으며, 불조(佛祖)의 경지를 현실에서 보여준 선의 대성자이기도 하였다.

근대 선의 물결이 그를 통하여 다시 일어나고 진작되었다는 점에서 그는 한국의 마조(馬祖)로 평가된다. 저서로는「경허집」이 있다.

풍운의 정치인

흥선대원군(興宣大院君)
1820(순조 20) ~ 1898

영조의 현손 남연군 구(球)의 넷째 아들이며 26대왕 고종의 아버지다. 본명은 이하응(李昰應), 어린 고종이 왕위에 오른 뒤 섭정을 했고 세간에서는 대원위대감(大院位大監)이라 불렀다.

12세에 어머니를 여의고 17세 때에는 아버지를 여읜 뒤 사고무친의 낙방 왕손으로 불우한 청년기를 보냈다. 21세가 된 1841년(헌종 7년) 흥선정(興宣正)이 되었고, 1843년에 흥선군에 봉해졌다.

1846년 수릉천장도감의 대존관(代尊官)이 된 뒤 종친부의 유사당상(有司堂上), 오위도총부의 도총관 등의 한직을 지내면서 안동김씨의 세도정치하에서 불우한 처지에 있었다.

철종 때에는 안동김씨가 세도권을 잡고 왕실과 종친에 갖가지 통제와 위협을 가했으므로, 호신책으로 천하장안(千河張安)이라 불리는 시정의 무뢰한인 천희연, 하정일, 장순규, 안필주와 어울려 파락호(破落戶)의 생활을 하였다.

또 안동김씨 가문을 찾아다니며 구걸도 서슴지 않으니 궁도령(宮道令)이라는 비웃음을 사기도 하였다.

그는 시정인과 어울려 지낸 이러한 호신생활을 통하여 서민생활을 체험하였으며, 국민의 여망이 무엇인가를 깨달을 수도 있었다.

이러한 가운데에도 난세의 뛰어난 정략가로 장차 국정을 요리할 식견을 소지하고 있었던 그는 왕궁내의 최고 어른으로 익종비(翼宗妃)였던 조대비(趙大妃)와 연줄을 맺고 있었다.

안동김씨 가문에 원한을 품고 있던 조대비의 친조카 승후군(承候君) 조성하(趙成夏)와 친교를 맺고, 그 자신이 조대비와의 인척관계를 내세워 조대비에게 접근하여 장차 후계자 없이 돌아갈 철종의 왕위계승자로 그의 둘째아들 명복(命福:고종의 兒名)을 지명하기로 묵계를 맺어두었다.

1863년 12월 초 철종이 사망하자 조대비는 이하응의 아들 명복을 익성군(翼成君)으로 봉하고, 익종대왕의 대통을 계승하게 하자는 원로대신 정원용(鄭元容)의 발의를 채납하여, 12세인 고종을 왕위에 오르게 하고 자신이 수렴청정하였다.

흥선군은 흥선대원군으로 봉하여졌으며 대비로부터 섭정의 대권을 위임받아 국정을 관리하게 되었다.

흥선대원군은 세도정치를 분쇄하고 쇠락한 왕권을 다시 견고히 다졌으며 밖으로는 침략적 접근을 꾀하는 외세에 대적할 실력을 키워 조선을 중흥시킬 과감한 혁신정책을 강력히 추진했다.

당색과 문벌을 초월하여 인재를 등용하였으며, 당쟁을 뒷받침하는 조직이 없는 지방 양반토호들의 발호를 두둔하는 기관으로 화한 서원(書院)을 대폭 정리하였다.

또한 토색과 주구에 힘쓰는 탐관오리를 처벌하고, 무토궁방세(無土宮房稅)의 폐지, 양반, 토호의 면세전결의 철저한 조사와 징세, 무명잡세(無名雜稅)의 폐지, 진상제도(進上制度)의 폐지, 은광산의 개발허용 등 경제, 재정개혁을 단행하였다.

또한 군포제(軍布制)를 호포제(戶布制)라는 균일세(均一稅)로 개혁하여 강제로 양반도 세부담을 지도록 하였다.

사회의 악습개량에 힘쓰고 복식을 간소화하였으며 사치를 금하였다. 그리고「대전회통」,「육전조례」,「양전편고」등 법전을 편찬하여 법질서를 확립하는 데에도 공헌하였다.

또한 의정부를 부활하였으며 비변사(備邊司)를 폐하고 삼군부(三軍府)를 두어 정무(政務)와 군무(軍務)를 분리하여 군국기무(軍國機務)를 맡게 하고 국방을 강화하였다.

한편 왕권을 드러내고자 경복궁 중건의 대역사를 착수하였다. 이를 위하여 원납전(願納錢)을 징수하고 문세(門稅)를 거두었으며, 소유자에 관계없이 전국에서 거목(巨木), 거석(巨石)을 징발하고 역역(力役)을 부담시켜 국민의 원성을 사기도 하였다.

민심수습을 위한 대출척, 당쟁의 본거지 정리, 국가재정의 질서확립, 경제개혁과 행정개혁 등으로 세도정치의 폐해를 광정(匡正)함에 큰 공을 세웠다.
 그러나 경복궁 중수의 강행과 더불어 천주교도 박해는 그의 정치생명에 타격을 가져다주었다. 한때 천주교도들이 건의해온 이이제이(以夷制夷)의 방아책(防俄策)에 흥미를 가지고 천주교도와의 제휴를 꾀한 일도 있었으나, 도리어 정적들에게 이용되어 그의 정치적 생명에 위협을 받게 될 것을 염려하여 천주교도 박해명령을 내려 전후 6년간(1866～1872)에 걸쳐 8,000여 명의 천주교도를 학살하는 대박해를 감행하였다.
 한편 프랑스의 천주교도 학살을 구실로 무력을 동원하여 침공을 시도한 병인양요와 제너럴셔먼호 사건을 구실로 개국을 강요한 미국의 군사적 도전을 강력한 지도력을 발동하여 극복하였고 쇄국정책을 고수하였다.
 이리하여 구미열강의 식민주의적 침략의 도발을 극복할 수 있었으나, 쇄국의 강화는 결과적으로 조선왕조의 세계사와의 합류를 지연시켜, 근대화의 길을 지연시키는 결과도 가져왔다.
 그는 척족(戚族)의 세도를 봉쇄하고자 부대부인 민씨의 천거로 영락한 향반 여흥민씨(驪興閔氏) 집안에서 고종의 비를 맞이하게 하였던 것이나, 민비와 완화군(完和君)의 문제로 사이가 갈라져 일생을 두고 화합될 수 없는 정치적 대결을 벌이게 되었다.
 민비는 장성하여 친정(親政)을 바라는 고종을 움직여 대원군 축출공작을 추진하여 마침내 최익현의 대원군 탄핵상소를 계기로 대원군을 정계에서 추방하는데 성공하게 되었다.
 1873년 11월 대원군이 전용하던 창덕궁의 전용문을 사전 양해없이 왕명으로 폐쇄하니 그는 하야(下野)하지 않을 수 없었고, 양주 곧은골(直谷)로 은거하였다.
 타의에 의해서 정계에서 축출된 대원군의 정권에 대한 집념과 민비에 대한 감정은 격렬하였으며, 그뒤 기회 있을 때마다 정계로의 복귀를 꾀하여 물의를 빚었다.
 1881년「조선 책략」의 반포를 계기로 민씨척족 정부의 개화시책을 비난하는 전국 유림의 척사상소운동(斥邪上疏運動)이 격렬히 전개되자 그의 서장자(庶長子) 재선(載先)을 옹립하여 민씨척족정권을 타도하고 그의 재집정을 실현하려는 대원군계인 안기영(安驥永)의 국왕폐립음모(國王廢立陰謀)에도 간여하였다.

1882년 임오군란 때에는 봉량미(捧糧米) 문제로 도봉소사건(都捧所事件)을 일으킨 난병(亂兵)이 운현궁으로 몰려와 정국에 개입을 요청하자 그는 입궐하여 왕명으로 사태수습을 위임받고 출분(出奔)한 민비의 사망을 공포하고 재집권하였다.

그러나 청국군의 개입으로 사태가 역전되면서 대원군은 청국으로 연행되어 바오딩(保正)에서 3년간 유수생활(幽囚生活)을 겪어야 하였다.

1885년 2월에 조선통상사무전권위원으로 부임하는 원세개와 같이 귀국한 뒤에도 정권에 대한 집념을 버리지 않고 민씨척족정권 타도의 기회를 노렸다.

민씨정부가 조러조약을 체결한 뒤 러시아와 가까워지게 되자 1886년 불평을 품은 원세개와 결탁하여 1887년 큰 아들 재황(載晃)을 옹립하고 재집권하려고 시도하다 실패하였고, 1894년 동학농민운동이 벌어지자 동학세력과도 기맥을 통하기도 하였다.

청일전쟁을 앞두고 일본이 조선에서의 정치적 세력을 부식하고자 내정개혁을 강요하며 온건개화세력과 손잡고 갑오경장을 일으켰을 때, 그를 궁중으로 영입하여 국왕으로부터 군국기무를 총괄하도록 위임받게 하였다.

그러나 그가 일본이 바라는 것과 달리 자신의 정치소신을 피력하자 그를 은퇴하게 하고 김홍집내각을 중심으로 경장사업(更張事業)을 추진하였다.

1895년에 정부는 그의 행동을 제약하는 대원군존봉의절(大院君尊奉儀節)을 제정하여 대소 신민과의 접촉을 제한하고 외국사신들과도 정부의 관헌입회하에만 만나도록 조치하였다.

유폐생활을 강요당하던 그가 다시금 궁중에 나타나 오랜 정적인 민비의 최후를 보게 되는 것은 을미사변 때의 일이다.

삼국간섭으로 궁지에 몰리는 일본을 본 뒤 친러노선을 취하게 되는 민씨와 친러정객의 득세에 조선에서의 일본의 영향권을 무력으로 돌이키고자 무도하게도 정치낭인들과 일본병을 동원하여 궁중을 습격할 때 일본공사 미우라(三浦梧樓)는 입궐의 명색을 꾸미기 위하여 은거중이던 그를 받들고 경복궁에 쳐들어가 민비를 살해하고 친일내각을 세우며 대원군의 위세를 빌려 만행을 은폐하고자 하였다.

러시아의 기민한 반격으로 아관파천에 의하여 국왕이 러시아공사관으로 이어(移御)하고 친러정부가 정권을 다시 잡게 되자 대원군은 양주 곧은골로 돌아와 다시 은거하게 되었다. 죽은 뒤 부대부인 민씨와 더불어 공덕리에 안장되었다.

남달리 정권에 집착하여 민비와 대립하게 된 생애 후반에는 정치노선이 변화무쌍하였으나 고종초 10년간의 집정은 강직한 성격과 과감한 개혁정치로 내치에 실적을 올렸고, 서구침략세력의 침략적 접근에서 민족을 수호할 수 있었다.

그러나 국제정세와 세계사 대세에 어두운 나머지, 근대사의 추세에 능동적으로 대응하지 못하여 근대국가로의 전환을 실현하지 못하였다.

1907년 대원왕(大院王)에 추봉되었으며, 시호는 헌의(獻懿)이다. 서화에도 능하였으며 특히 난초를 잘 그렸다.

조선조 마지막 여류정객

민비(閔妃)
1851(철종 2) ~ 1895(고종 32)

고종의 비로 명성왕후다. 본관은 여흥이고 여성부원군(驪城府院君) 치록(致祿)의 딸이다.

여덟 살의 나이에 부모를 여의고 혈혈단신으로 자랐다. 흥선대원군의 부인인 부대부인(府大夫人) 민씨의 천거로 왕비로 간택되어 1866년(고종 3) 한살 아래인 고종의 비로 입궁하였다.

민비가 왕비로 간택된 것은 외척에 의하여 국정이 농단된 3대(순조, 헌종, 철종) 60여 년간의 세도정치의 폐단에 비추어 외척이 적은 민부대부인(閔府大夫人)의 집안에서 왕비를 들여 왕실과 정권의 안정을 도모한 흥선대원군의 배려에 의해서였다.

소녀시절부터 집안일을 돌보는 틈틈이 「춘추(春秋)」를 읽을 정도로 총명했으며, 수완이 능란한 민비는 수년 후부터 곧 왕실정치에 관여하여 흥성대원군의 희망과는 달리 일생을 두고 시아버지와의 정치적 대립으로 각기 불행을 겪어야만 했다.

민비가 대원군과 사이가 갈라진 것은 궁녀 이씨의 몸에서 태어난 왕자 완화군(完和君)에 대한 대원군의 편애와 세자책립 공작 때문이라 하지만, 그 배후에는 민씨를 중심으로 한 노론의 세력과 새로 들어온 남인(南人)과 일부 북인(北人)을 중심으로 한 세력간의 정치적 갈등이 작용했다.

민비는 갖은 방법으로 흥선대원군을 정계에서 물러나도록 공작하여 마침내 대원군의 정적 조성하를 중심으로 한 조대비 세력, 조두순, 이유원 등 노대신 세력, 김병국을 중심으로한 안동김씨 세력, 대원군의 장자 재면과 형 이최응 세력 및 최익현 등 유림세력과 결탁하고, 최익현의 대원군규탄 상소를 계기로 흥선대원군을 하야하게끔 하여 양주 곧은골(直谷)에 은퇴시켰다.

대원군의 실각 후 민씨척족을 앞세워 정권을 장악하고 고종을 움직여 근대일본과 강화도조약을 맺고 일련의 개화시책을 승인했다.
　1882년 민씨 정부의 정책에 불평을 품어온 위정척사파와 대원군세력이 봉량미(俸糧米) 문제로 폭동을 일으킨 구군인(舊軍人)의 세력을 업고 쿠데타를 감행하자, 민비는 재빨리 궁중을 탈출하여 충주목(忠州牧) 민응식의 집에 피신하였다.
　이곳에서 비밀리에 국왕과 연락하는 한편, 청국에 군사적 개입을 요청하여 청국군을 출동하게 하고 일시 정권을 장악했던 흥선대원군을 청국으로 납치하게 하였으며, 다시 민씨세력이 집권하도록 암약하였다.
　그러나 이때부터 민비는 친청사대(親淸事大)로 흐르게 되어 개화파의 불만을 사게 되었다.
　1884년 급진개화파의 갑신정변이 일어나 잠시 개화당정부에 정권을 빼앗겼으나 곧 청국세력의 도움으로 다시 정권을 장악하였다.
　이때부터 민비는 왕궁에서 외교적 국면에 매우 민첩하게 대응하며 정치적 수완을 발휘하였다.
　1885년에 거문도사건(巨文島事件)이 일어나자 묄렌도르프를 일본에 파견하여 영국과 사태수습을 협상하면서 한편으로는 러시아와도 접촉하게 하였고, 또한 청국과의 관계에 있어서도 흥선대원군의 환국을 묵인하면서 유연성 있는 접촉을 유지하였다.
　1894년 동학농민운동으로 조선의 정국이 복잡하게 얽혔을 때 조선에 적극적인 침략공세를 펴게 된 일본은 갑오경장에 간여하면서 흥선대원군을 내세워 민비세력을 거세하려고 공작하였다.
　민비는 일본의 야심을 간파하고 일본이 미는 개화세력에 대항하였다. 그러나 청일전쟁에 일본이 승리하고 한반도에 진주한 군사력을 배경으로 조선정계에 적극 압력을 가하게 되자, 사세가 불리해진 민비는 친러정책을 내세워 노골적으로 일본세력에 대항하였다.
　삼국간섭으로 일본의 대륙침략의 기세가 꺾이게 되자, 조선정계의 친러경향은 더욱 굳어졌다.
　이에 일본공사 미우라는 일본의 한반도 침략정책에 정면대결하는 민비와 그 척족 및 친러세력을 일소하고자 일부 친일정객과 짜고,

1895년 4월에 일본군대와 정치낭인(政治浪人)들이 흥선대원군을 내세워 왕궁을 습격하고 민비를 시해한 뒤 정권을 탈취하는 을미사변의 만행을 저질렀다.

이때 민비는 나이 35세로 일본인의 손에 살해되고 시체가 불살라지는 불행한 최후를 마쳤다. 이때의 정부는 친일정책을 펴 폐비조칙(廢妃詔勅)까지 내렸던 것이나, 곧 복위되어 숭릉(崇陵) 우강(右崗)에 국장(國葬)하였고 능호를 숙릉(肅陵)이라 하였다.

2년 뒤 대한제국으로 국체가 바뀌자 왕비 민씨는 명성왕후로 추책(追冊)되고, 10월에 다시 청량리 홍릉으로 이장되었다.

1919년 고종이 죽자 다시 양주군 미금면 금곡리의 홍릉으로 이장되었다.

갑오경장의 주역

김홍집(金弘集)
1842(헌종 8) ~ 1896

조선 말기의 관료이며 정치가. 본관은 경주이며 어려서 이름은 굉집(宏集)이다. 자는 경능(景能), 호는 도원(道園)이고 경은부원군 주신(柱臣)의 5대 손이다.

개성부 유수 영작의 아들이며 어머니는 창녕성씨로 혼(渾)의 후손이다.

1867년(고종 4) 경과정시(慶科庭試)로 문과에 급제한 다음, 이듬해 승정원사변가주서에 임명되었다. 몇달 뒤 아버지의 상을 당하고, 이어 1870년 어머니의 상을 당하여 관직을 사직하고 약 5년간 거상(居喪)하였다.

1873년 복직하여 권지승문원부정에 임명되었으며, 승문박사(承文博士)를 겸직하였다.

1875년 부사과(副司果), 훈련도감, 종사관을 지낸 뒤 약 3년간 홍양현감을 지내면서 백성과 정부의 신망을 받았다.

그 결과 내직으로 승진, 1877년 사과, 다음해 남학교수(南學敎授), 이어서 호조, 공조, 병조, 예조참의를 차례로 역임하였고, 1879년 돈녕도정을 지냈다. 1880년 일본의 인천개항, 공사주차와 해관세칙(海關稅則)의 요구 등 현안문제를 타결짓기 위한 제2차 수신사로 임명되어 58명의 수행원을 거느리고 일본에 다녀왔다.

일본정부와의 협상에는 실패하였으나 황준헌의 「조선책략」, 정관응(鄭觀應)의 「이언(易言)」을 가지고 돌아와 고종을 비롯한 위정자들의 개화정책 채택에 직접적인 영향을 미쳤으며, 귀국한 뒤 예조참판으로 승진하였다.

1880년말 우리나라에 온 일본 변리공사 하나부사와 인천개항문제를 협의, 20개월 뒤에 인천을 개항한다는데 합의하였다. 아울러 정부가 개화정책을 추진하기 위한 중추적인 기구로서 통리기무아문(統理

機務衙門)을 설치하자, 12월 통상관계를 전담하는 당상경리사에 박탈되었다.
　1881년 위정척사운동(衛正斥邪運動)이 격화되면서 보수유생들로부터 집중적인 비난을 받았다.
　이 때문에 여러차례 사직소를 올린 끝에 관직에서 물러났으나, 얼마 뒤 통리기무아문이 개편되면서 통상사당상(通商司堂上)에 임명되었다.
　1882년 3월과 5월 사이 미국, 영국, 독일과 차례로 수호통상조약을 체결할 때 조약체결을 담당한 전권대신들의 부관으로 협상의 실무책임을 맡았다.
　4월 부제학에 임명되었고, 이어서 호조참판, 공조참판, 경기감사를 역임하였다. 특히 임오군란의 사후수습책으로 정부에서 일본 및 청나라와 제물포조약 및 조청 상민 수륙무역장정을 체결할 때에도 전권부관으로 임명되어 협상의 실무책임을 맡았다.
　그뒤 1883년 8월 규장각직제학을 거쳐 1884년초 지춘추관사를 역임한 다음 9월에 예조판서와 독판교섭통상사무(督辦交涉通商事務)를 겸임함으로서 대외교섭의 최고책임자가 되었다.
　그는 온건개화파로서 중도개혁노선을 견지했는데, 급진개화파의 갑신정변이 실패로 끝난 직후 조정에서 그 뒷수습을 담당할 적임자로 선택되어 좌의정 겸 외무독판(外務督辦)의 중직을 맡아 1885년초 일본과 한성조약을 체결하였다.
　그해 판중추부사라는 한직에 물러나 있다가, 1887년 재차 좌의정으로 임명되었으나 곧 사직하였다. 1889년 수원부 유수로 밀려나 그곳에서 일어난 민요(民擾) 때문에 곤경에 처하였다.
　1894년 봄 동학농민군의 봉기를 계기로 청, 일 양국군이 우리나라에 진주하자 총리교섭 통상사무에 임명되어 고종에게 민심수습과 내정개혁의 필요성을 상주하였다.
　그해 7월 일제는 왕궁을 기습, 점령하고 대원군을 앞세워 청나라의 세력을 배경으로 한 민씨척족정권을 타도하고 내정개혁을 하도록 강요하였다. 이어서 군국기무처(軍國機務處)가 신설되자 영의정이었던 그는 군국기무처 총재관에 임명되었다.

그뒤 12월 이것이 해체될 때까지 그는 제1차 갑오경장을 주도하여 과거제 폐지, 새로운 관리 임용법의 채용, 은본위(銀本位) 신식 화폐제도의 채택, 의정부와 궁내부의 관제 시행, 새로운 도량형제도의 채택 등 약 210건의 개혁을 단행하였다.

이어 박영효와의 연립내각이 수립되자, 내정개혁의 목표로서「홍범 14조」를 발표하여 제2차 갑오경장을 실시하였다. 이때 의정부는 내각으로, 각 아문은 부(部)로 개편되고 7부의 제정, 군제개편 등의 개혁이 있었다. 그러나 재정궁핍으로 개혁이 중단된 동안 박영효와의 갈등, 수구파와 급진파간의 갈등이 심화되어 총재직을 사임하였고, 1895년 박정양, 박영효의 연립내각이 수립되었다.

그러나 박영효의 역모사건이 드러나 박영효가 일본으로 망명하자, 재차 입각하여 새로운 내각을 구성하고 제3차 갑오경장을 추진하였다. 이 내각은 친미(親美), 친로파(親露派)와 제휴하였다.

이때 민비가 러시아를 끌어들여 일본을 견제함으로서 열세에 몰린 일본은 1895년 을미사변을 일으켰다.

김홍집내각은 이를 수습하는 과정에서 시종 반일, 반외세의 처지에 있던 대다수 국민의 지지를 상실하였다.

1896년 2월 아관파천으로 김홍집내각이 붕괴, 친로정권이 수립되자 왜대신(倭大臣)으로 지목되어 광화문 앞에서 군중들에 의하여 타살되었다.

1910년 충헌(忠獻)이라는 시호가 내려졌고, 대제학에 추증되었다. 묘지는 경기도 파주군 임진면에 있었으나, 6.25남침 뒤 경기도 고양군 벽제면 대자리로 이장하였다. 유고집으로「김총리유고(金總理遺稿)」가 있다.

실리추구의 국제외교가

어윤중(魚允中)
1848(헌종 14) ~ 1896(건양 1)

충북 보은출신으로 개화기에 정치일선에서 활약했다. 본관은 함종이고 자는 성집(聖執), 호는 일재(一齋)다.

9세에 어머니를, 그리고 16세에 아버지를 여의고 어려서부터 농사일을 하면서 밤에 독서하였다.

20세 때인 1868년(고종 5년) 지방유생 50명을 뽑아 바로 전시(殿試)를 볼 수 있게 하는 칠석제(七夕製)라고 하는 자격시험에 장원급제하였다.

이듬해인 1869년 문과에 병과로 급제한 뒤 승정원의 주서로 임명되어 관리생활을 시작하였다. 뒤이어 헌납, 교리, 지평, 필선을 거쳐 양산군수를 역임하였다.

1877년 전라우도 암행어사로 임명되어 만 9개월간 전라도 일대를 고을마다 샅샅이 돌아다니면서 지방행정을 정밀하게 조사하여 탐관오리들을 징벌하고 돌아와서 파격적인 개혁안을 내놓아 국왕과 대신들을 놀라게 하였다.

이때의 개혁안은 전라도지방 농민의 참상 원인이 조세수탈에 있음을 지적하고, ① 잡세혁파, ② 지세제도(地稅制度) 개혁, ③ 궁방전, 아문둔전제도의 개혁, ④ 환곡제도 폐지, ⑤ 삼수포세(三手砲稅) 폐지, ⑥ 재결감세(災結減稅), ⑦ 도량형의 통일, ⑧ 지방수령의 5년 이상의 임기보장, ⑨ 조운선제도(漕運船制度) 개혁, ⑩ 역로제도 개혁 등 구체적 방안을 제시하였다.

고종은 이 개혁안을 경청하여 어윤중과 오랫동안 논의하였으나, 개혁안은 결국 채택되지 못하였고 그뒤 갑오경장 때는 자신의 손으로 더욱 전진된 개혁을 단행하였다.

그가 정계의 주요인물로 등장하여 큰 영향을 미치기 시작한 것은 1881년에 일본국정시찰단인 신사유람단(紳士遊覽團) 60명을 일본에 파견할 때 조사(朝士)의 한 사람으로 선발된 이후이다.

박정양, 홍영식 등과 함께 이 시찰단의 중심인물이었으며, 재정, 경제 부문을 담당하였다.

이 무렵에 국내에서는 수신사 김홍집이 가져온, 황준헌의 「조선책략」을 둘러싸고 유생들의 위정척사론이 비등하였으므로 신사유람단의 파견은 극비리에 진행되었으며, 시찰단원의 조사들은 동래암행어사로 발령을 받아 일본으로 출국하였다.

어윤중은 1881년 1월 동래암행어사의 발령을 받고 그의 수행원으로 유길준, 유정수, 윤치호, 김양한 등과 통역, 하인들을 거느리고 4월 부산을 출항하여서 일본의 나가사키, 대판(大阪), 경도(京都), 고베, 요코하마를 거쳐 동경(東京)에 도착하였다. 이들은 약 3개월간 일본의 메이지유신의 시설, 문물, 제도 등 모든 부분을 상세히 시찰하고 많은 참고자료를 수집하였다.

다른 조사들은 이해 7월 귀국하였지만 어윤중은 자기의 수행원인 유길준과 윤치호를 일본에서 더 공부하도록 남겨둔 뒤 다른 수행원만 거느린 채 청나라 톈진(天津)에 가 있는 영선사 김윤식(金允植)과 합류하기 위하여 한 달 더 일본에 체류하였다가 이해 9월 청나라에 도착하였다.

그는 영선사 김윤식과 공학도를 만나보고 중국의 개화정책을 견문하였으며, 북양대신 이홍장 등과 회담한 다음 이해 12월 귀국하였다.

그는 1년 간의 일본, 중국 시찰의 복명서를 제출하고 국왕에게 그가 견문한 사실과 조선의 개화정책을 위한 그의 의견을 개진하여, 초기개화정책을 추진하는데 큰 작용을 하였다.

1882년 귀국한 지 두 달 뒤에 문의관(問議官)에 임명되어 청나라에 다시 파견되었다. 그 이유는 청나라의 이홍장이 조미수호조약의 체결을 강력히 권고하고 그 초안까지 준비하여 미국과의 수호통상을 주장하고 있었으므로, 조선조정에서 그에 대한 문의를 함과 동시에 청나라에 파견되어 있는 공학도들을 점검하기 위해서였다.

그는 이해 4월에 청나라에서 조미통상조약 문제를 심의하고 조미수호조규에 합의하였으며, 영국대표와 만나 조영수호조규문제와, 독일대표와 조독수호조규문제를 협의하였다.

그가 톈진에 머물러 있는 동안 본국에서 임오군란이 일어났으므로 청군과 함께 귀국하였다가 난이 평정된 뒤 다시 청나라에 파견되어, 이홍장 등이 이미 초안해놓은 불평등조약인 조중수륙무역장정(朝中水陸貿易章程)에 조인하는 굴욕을 겪지 않으면 안되었다.

종래 청나라에 대하여 비교적 호의를 가지고 있던 그가 그뒤 청나라에 대하여 냉담하게 된 것은 이때 청나라의 종주권을 주장하는 부당한 요구를 경험하였기 때문이었다.

1883년에는 서북경략사(西北經略使)로 임명되어, 조중수륙무역장정에 의거한 북방무역에서 조선측의 이익을 증진시키며 국경을 튼튼히 하기 위한 노력을 전개하였다.

1883년 3월에 청나라측과 중강무역장정(中江貿易章程)을 협정하고, 6월에는 회령통상장정(會寧通商章程)을 협정하였으며, 도문강과 두만강의 국경지대를 조사하였다.

그의 이러한 활동의 공로로 1884년에 서북경략사와 함께 처음에는 병조참판, 뒤에는 호조참판을 겸임하였다.

이 무렵의 활동은 매우 정열적이었으며 눈부신 바가 있었다.

그는 1883년에 20개조로 된 과감한 정부기구 개혁안을 제출하여 그 실행을 요청하기도 하였는데, 이 개혁안은 채택되지 않았다.

그가 잠시 보은에 귀향하여 있는 동안에 1884년 12월 갑신정변이 일어났다. 그는 이 정변에 가담하지는 않았으나, 그뒤 민비정부는 그를 중용하지 않았다.

1893년에 동학도들이 보은집회를 열고 교조신원(敎祖伸寃)과 척왜양창의(斥倭洋倡義)를 천명하여 호서, 호남지방이 동요하게 되자 양호순무사(兩湖巡撫使)로 임명, 파견되었다. 당시 관료들이 모두 동학도들을 비도(匪徒)라고 탄압만 하는 분위기 속에서 어윤중은 처음으로 동학도들을 대담하게 민당(民黨)이라고 하여 그들의 요구에 동정을 표시함으로써, 동학농민들로부터는 지지를 얻고 관료들로부터는 빈축을 샀다.

하층농민들로 구성된 동학도들을 민당이라고 부른 것은 그가 처음이었다.

1894년에 갑오경장 내각이 수립되자 김홍집내각과 박정양내각에서 탁지부대신(度支部大臣)이 되어, 재정, 경제부문의 대개혁을 단행하였다. 특히 그의 잡세혁파 및 무토궁방세 혁파와 조세법정주의에 의거한 조세제도의 개혁은 농민층의 부담을 크게 경감시켜 국민들로부터 상당한 지지와 환영을 받았다.

어윤중은 온건개혁파에 속한 인물이었지만 개인적 성품은 매우 강직하고 담대하여서, 갑오경장 중에는 고종과 민비의 작은 요청도 법률에 어긋난 것은 모두 거절하였으며, 일제측도 300만원의 차관을 일본화폐로 주려고 제의하였다가 은(銀)이 아니면 받지 않겠다고 하여 거절당하였다.

유명한 갑오경장의 재정, 경제부문의 전반적 대개혁은 그가 중심이 되어 단행된 것이었다.

1896년 2월 아관파천(俄館播遷)에 의하여 갑오경장 내각이 붕괴되자 대부분의 각료들이 국외로 망명하게 되었다. 그러나 어윤중은 김홍집과 함께 일본으로의 망명을 거절하고 고향인 보은으로 피신하였다. 이때 어윤중은 농민들로부터 지지를 얻고 있었으므로 고향으로의 피란이 안전할 것으로 생각하고 있었다.

그러나 그가 경기도 용인군을 지날 때 산송문제(山訟問題)로 사원을 품은 향반배가 자기의 머슴을 동원하여 기습하여서 1896년 2월 17일 49세의 나이로 피살되었다.

1910년에 규장각대제학에 추증되었으며, 시호는 충숙(忠肅)이다.

저서로는 「동래어사서계」, 「수문록(隨聞錄)」, 「서정기(西征記)」, 「간독요초(簡牘要抄)」, 「종정연표(從政年表)」 등이 있다. 근년에 「어윤중전집」이 간행되었다.

國恥에 죽음으로 항거한 충절

민영환(閔泳煥)
1861(철종 12) ~ 1905

조선 말기의 문신이었던 민영환은 호조판서 겸호(謙鎬)의 아들로 서울에서 태어났다. 본관은 여흥이고 자는 문약(文若), 호는 계정(桂庭)이다.

1877년(고종 14년) 동몽교관(童蒙敎官)이 되었으며, 이듬해 문과에 급제한 뒤 홍문관 정자(正字), 검열, 설서(說書), 수찬(修撰), 검상(檢詳), 사인(舍人) 등을 역임하였다.

1881년 동부승지, 이듬해에는 성균관대사성에 발탁되었다. 그러나 이해 6월 균제개혁으로 인한 구군대의 불만과 대원군의 재집권욕의 복합으로 폭발한 임오군란의 발발로 아버지 겸호가 살해되자 사직하였다.

1884년 이조참의에 임명된 뒤 도승지, 전환국총판, 홍문관부제학, 이조참판, 내무협판, 개성유수, 해방총관, 기기국총판을 역임하였다.

1887년에는 상리국총판, 친군전영사, 호조판서가 되었다. 1888년과 1890년 두 차례 병조판서를 역임하였고, 1893년 형조판서, 한성부윤, 1894년 독판내무부사, 형조판서가 되었으며, 1895년 8월에는 주미전권대사에 임명되었다.

당시 일제는 한국에서의 세력우위를 점하고자 1894년 도발한 청일전쟁에서 승리한 뒤 청나라의 요동반도를 점유하고자 하였으나, 러시아가 독일, 프랑스와 연합하여 삼국간섭으로 이를 좌절시켜 조선에서 그 세력이 약화되었다.

그는 1895년 일제가 명성황후를 시해하는 을미사변을 일으키자 주미전권대사에 부임하지 않고 고향에 내려갔으며, 때때로 입궐하여 고종에게 간언을 올렸다.

1896년 4월에는 러시아황제 대관식에 특명전권공사로 임명되어 윤치호, 김득련, 김도일 등을 대동하고 참석하였다. 이때 인천을 떠나 상해, 나가사키, 동경, 캐나다, 뉴욕, 런던, 네덜란드, 독일, 폴란드를 지나 모스크바에 여장을 풀었고, 시베리아를 횡단하여 이해 10월 하순 귀국하였다. 해외파견사절 중 최초로 세계일주를 하였으며, 의정부찬정, 군부대신을 역임하였다.

다음해 1월에는 영국, 독일, 러시아, 프랑스, 이탈리아, 오스트리아 등 6개국 특명전권공사가 되었으며, 영국여왕의 즉위 60년 축하식에 참석하기도 하였다.

이 도중에 손병균, 김병옥 등을 대동하고 러시아에 들러 러시아황제에게 고종의 친서를 전달하고 각국 외교사절을 예방하였다.

이와 같은 두 차례에 걸친 해외여행으로 각국, 특히 구미제국의 발전된 문물제도와 근대화 모습을 직접 체험하였다. 그리하여 귀국 후에는 마침 발족한 독립협회의 취지에 찬동, 이를 극력 후원하였다.

독립협회의 핵심인 정교(鄭喬)는 지금 정부요인 중 국민이 신임할 수 있는 인물은 한규설과 민영환밖에 없으므로 민영환을 군부대신과 경무사에 임명하면 민심이 수습될 것이라고 고종에게 상주까지 하였다.

1898년 의정부참정, 내부대신 겸 군부대신을 지냈으나, 어용단체인 황국협회(皇國協會)의 지탄과 공격을 받아 한때 관직에서 물러나기도 하였다.

그뒤 다시 참정대신, 탁지부대신에 임명되었고, 그의 건의에 의해 설치된 원수부(元帥府)의 회계국총장(會計局總長), 장례원경(掌禮院卿), 표훈원총재(表勳院總裁), 헌병사령관을 역임하였고, 훈일등태극장(勳一等太極章), 대훈위이화장(大勳位李花章)을 받았다.

러일전쟁 후 다시 내부대신, 군법교정총재(軍法校正總裁), 학부대신을 역임하였다. 그러나 날로 심해지는 일본의 내정간섭에 항거하여 친일내각과 대립하였기 때문에 한직인 시종무관으로 좌천당했으며, 1905년에는 참정대신, 외무대신을 역임하였으나, 다시 시종무관으로 밀려났으며, 순국할 때까지 시종무관으로 있었다. 시종무관으로 밀려난 뒤 외교권강탈 같은 사태가 나올 것에 대비하여 무장이었던 한규설을 총리대신으로 추대하려고 노력하였으나 실패하였다.

1905년 11월 일제가 을사조약을 강제 체결하여 외교권을 박탈하자, 원임의정대신 조병세를 소두(疏頭)로 백관들과 연소(連疏)를 올려 조약에 찬동한 5적의 처형과 조약의 파기를 요구하였다. 그러나 황제의 비답이 있기도 전에 일본헌병에 의해 조병세는 구금되고 백관들이 해산당하자, 자신이 소두가 되어 다시 백관들을 거느리고 두 차례나 상소를 올리고 궁중에 물러나지 않았다.

이에 일제의 협박에 의한 왕명 거역죄로 구속되어 평리원(平理院: 재판소)에 가서 대죄한 뒤 풀려났다. 그러나 이들은 다시 종로 백목전도가(육의전)에 모여 소청(疏廳)을 설치하고 항쟁할 것을 의론하였으나 국운이 이미 기울어졌음을 깨닫고 죽음으로 항거하여 국민을 각성하게 할 것을 결심, 본가에서 자결하였다.

세 통의 유서가 나왔는데, 한 통은 국민에게 각성을 요망하는 내용이었고, 다른 한 통은 재경 외국사절들에게 일본의 침략을 바로보고 한국을 구해줄 것을 바라는 내용이었으며, 또 다른 한 통은 황제에게 올리는 글이었다.

그의 자결소식이 전해지자, 원임대신 조병세를 비롯하여 전참판 홍만식, 학부주사 이상철, 평양대(平壤隊) 일등병 김봉학 등 많은 인사들도 스스로 목숨을 끊었고, 그의 인력거꾼도 목숨을 끊어 일제침략에 항거하였다.

이러한 그의 충절을 기려 나라에서 후하게 예장하라는 명령이 내려졌고, 대광보국숭록대부 의정대신의 최고 관작이 추증되었으며, 의절의 정문도 세워졌다. 유해는 경기도 용인에 예장되었다.

1962년 건국훈장 대한민국장에 추서되었으며, 동상은 안국동 로터리에서 와룡동 비원 앞으로 옮겨졌다.

유고 중 대표적인 것으로 「해천추범」, 「사구속초」, 「천일책」 등이 있고, 그 밖에 많은 소(疏), 차(箚) 등이 있다. 시호는 충정(忠正)이다.

이루지 못한 개화정국의 꿈

# 김옥균(金玉均)
1851(철종 2) ~ 1894(고종 31)

조선 말기 개화운동을 주도했던 정치가다. 본관은 안동, 자는 백온(伯溫), 호는 고균(古筠), 또는 고우(古愚), 공주 출신이다. 병태(炳台)의 장남으로 7세 때 재종숙 병기(炳基)에게 입양되어 서울에서 성장하였다.

11세 때인 1861년 양부 병기가 강릉부사가 되어 임지에 가자, 양부를 따라 강릉에 가서 16세까지 율곡사당이 있는 서당에서 율곡학풍의 영향을 받으면서 공부하였다. 어려서부터 재주가 뛰어나서 학문뿐만 아니라 문장, 시, 글씨, 그림, 음악 등 예능부문에서 탁월한 소질을 발휘하였다.

당시 오경석, 유홍기, 박규수 등에 의하여 나라의 근대개혁을 위한 개화사상이 형성되자, 김옥균은 다른 청년들과 함께 1870년 전후부터 박규수의 사랑방에서 개화사상을 배우고 발전시켜 개화사상을 가지게 되었다.

1872년 알성문과에 장원급제하고 1874년 홍문관 교리에 임명되었다.

이 무렵부터 정치적 결사로서의 개화당의 조직에 진력하여 다수의 동지들을 모으고 그 지도자가 되었다. 1879년 개화승 이동인을 일본에 파견하여 일본의 근대화 실태를 알아보게 하고 신사유람단(紳士遊覽團)의 파견을 주선하도록 하였다.

또한 국내에서 혁신의 뜻을 가지고 있는 관리들과 청년들을 모아 개화당의 세력확장에 진력하는 한편, 스스로 일본의 근대화 실정을 시찰하기 위하여 1881년 음력 12월 일본에 건너가서 일본의 명치유신의 진전과정을 돌아보고 일본의 대표적인 정치가들과도 접촉하여 그들의 정치적 동향 등을 상세히 파악한 다음 돌아오는 도중에 일본의 시모노세키에 이르렀을 때, 본국에서 임오군란이 일어났다는 소식을 듣고 황급히 귀국하였다.
 제1차 도일(渡日) 직후에 「기화근사(箕和近事)」를 편찬하였다.
 임오군란이 수습된 뒤 승정원 우부승지, 참의교섭통상사무, 이조참의, 호조참판, 외아문협관 등의 요직을 거치면서 나라의 자주근대화와 개화당의 세력 확대에 진력하였다.
 그는 일본이 동양의 영국과 같이 되어가는 것을 보고 조선은 동양의 프랑스와 같이 자주 부강한 근대국가를 만들어야 나라의 완전독립을 성취하여 유지할 수 있으며, 이를 위해서는 나라의 정치 전반에 대경장개혁(大更張改革)을 단행하여야 한다고 주장하였다.
 양반신분제도의 폐지, 문벌의 폐지, 신분에 구애받지 않는 인재의 등용, 국가재정의 개혁, 공장제도에 의거한 근대공업의 건설, 광업의 개발, 선진과학기술의 도입과 채용, 상업의 발달과 회사제도의 장려, 화폐의 개혁, 관세 자주권의 정립, 농업과 양잠의 발전, 목축의 발전, 임업의 개발, 어업의 개발과 포경업의 개발, 철도의 부설과 기선 해운의 도입, 전신에 의거한 통신의 발전, 인구조사의 실시 등을 주장하였다.
 또한 나라의 자주근대화를 위해서 학교를 널리 설립하고 신교육의 실시를 주장하였으며, 자주 국방력 양성, 경찰제도의 개혁, 형사행정의 개혁, 도로의 개선과 정비, 위생의 개혁, 종교와 신앙의 자유 허용, 조선의 중립화 등을 주장하였다.
 김옥균은 조선의 완전 자주독립과 자주 근대화를 달성하기 위하여 이러한 주장을 국가의 정책으로 실천하고자 하였으나 청국의 극심한 방해를 받았다.
 당시 청국은 임오군란의 진압을 위하여 3천 명의 군대를 조선에 파견하여 대원군을 납치해가고 임오군란을 진압, 민비정권을 재수립한 뒤에도 철수하지 아니하고 청군을 그대로 서울에 주둔시킨 채, 조선을 실질적으로 속방화(屬邦化)하기 위한 적극적 간섭정책을 자행하였다.
 청국은 김옥균 등의 자주근대화 정책이 그들의 속방화정책에 저항하는 것이며 조선이 청국으로부터의 독립을 추구하는 것이라고 보고 김옥균 등의 개화당과 개화정책을 극도로 탄압하였으며, 청국의 도움으로 재집권한 민비친청 사대수구파들도 이에 야합하여 김옥균 등 개화당을 박해하였다.

김옥균은 임오군란 후 1882년 9월 수신사 박영효의 고문이 되어 제2차로 일본에 건너가서 수신사 일행을 먼저 귀국시키고 서광범(徐光範)과 함께 더 체류하면서 본국으로부터 유학생들을 선발해 보내도록 하여 일본의 여러 학교에 입학시킨 다음 1883년 3월 귀국하였다.

김옥균은 일본 동경에 체류하는 동안「치도약론(治道略論)」을 저술하였다.

김옥균은 1883년 6월 국왕의 위임장을 가지고 제3차로 일본에 건너가서 국채(國債)를 모집하려 하였다. 그러나 묄렌도르프와 민비수구파의 사주를 받은 주조선 일본공사 다케조에(竹添進一郎)가 김옥균이 휴대한 조선 국왕 고종의 국채위임장을 위조한 것이라고 본국에 허위 보고하여 방해함으로써, 국채모집은 완전히 실패하고 1884년 4월 귀국하였다.

그는 세 차례에 걸친 도일과정에서 일본 명치유신의 성과를 견문하고 닥쳐올 나라의 위기를 급박하게 느껴 더욱 초조해졌으며, 그가 개화정책을 서두르면 서두를수록 청국 및 민비수구파와의 정치적 갈등과 대립은 더욱 첨예하게 되었다.

이에 김옥균은 정변의 방법으로 먼저 정권을 장악한 다음, 그의 개화사상과 주장을 실천하며 나라를 구하기 위한「위로부터의 대개혁」을 단행할 것을 모색하게 되었다.

청국과 프랑스가 안남문제를 둘러싸고 청·불전쟁의 조짐을 보이자, 1884년 5월 청국은 조선에 주둔시켰던 3천 명의 청군병력 중에서 1,500명을 안남전선으로 이동시켜 서울에 청군은 1,500명만 남게 되었으며, 1884년 8월 마침내 청·불전쟁이 일어났는데 청국은 연전연패하였다.

이에 김옥균은 정변을 일으킬 기회가 왔다고 판단하고, 1884년 9월 개화당 동지들과 함께 정변을 일으키기로 결정하였다.

또한 일본공사 다케조에가 일본에 갔다가 그해 10월 30일 서울에 귀임하여 종래의 개화당에 대한 적대정책을 바꾸어 개화당에 접근하면서 추파를 던져오자, 김옥균은 정변에 대한 청군의 무력개입을 막는데 이용하기 위하여 조선군 1천 명 이외에 일본공사관 호위용의 일본군 150명을 정변에 끌어들이는 계획을 세웠다.

그리하여 1884년 양력 12월 4일(음력 10월 17일) 우정국 준공 축하연을 계기로 마침내 갑신정변을 단행하여 그날밤으로 민비수구파의 거물 대신들을 처단하고, 12월 5일 이재원(국왕의 종형)을 영의정으로, 홍영식을 좌의정으로 한 개화당의 신정부를 수립하였다.

김옥균은 신정부에서 판서가 임명되지 않은 호조참판을 맡아 재정권을 장악하고 실질적으로 정변과 신정부를 모두 지휘하였다.

개화당은 정권을 장악하자 12월 5일 저녁부터 6일 새벽까지 밤을 새워가며 회의를 열어서 김옥균의 주도하에 혁신정강(革新政綱)을 제정하여 6일 오전 9시 경에 국왕의 전교형식(傳敎形式)을 빌려 공포하였으며, 이날 오후 3시에는 국왕도 이를 추인하여 대개혁정치를 천명하는 조서(詔書)를 내려서 국정전반의 대개혁이 이루어질듯 하였다.

그러나 청군 1,500명은 이날 오후 3시부터 갑신정변을 붕괴시키기 위한 무력개입을 시작하여 불법으로 궁궐에 침입하면서 공격해들어 왔다.

외위(外衛)를 담당했던 조선군이 청군침략군에 저항하다가 패퇴하자, 중위(中衛)를 맡았던 일본군은 개화당이 사태를 수습할 사이도 없이 도망하고 철수해버렸다.

이에 개화당은 청군의 무력공격을 방어하지 못하여 갑신정변은 실패하고, 김옥균 등 개화당의 집권은 삼일천하(三日天下)로 끝나고 말았다.

김옥균은 갑신정변이 실패로 돌아가자 후일의 재기를 기약하고 박영효, 서광범, 서재필 등 9명의 동지들과 함께 일본으로 망명하였다.

그러나 일본정부는 망명한 김옥균을 박해하여 1886년 8월 오가사와라섬(小笠原島)에 귀양을 보냈으며, 또한 1888년 북해도(北海道)로 추방하여 연금시켰다.

그뒤 동경으로 돌아올 수 있게 되어 1894년 3월 청국의 상해로 망명하였으나, 민비수구파가 보낸 자객 홍종우(洪鍾宇)에게 상해 동화양행(東和洋行) 객실에서 암살당하였다.

청국과 민비수구파정부는 야합하여 시체를 서울 양화진(楊花津)에 실어다가 능지처참하였다. 4개월 뒤에 갑오경장으로 개화파정부가 수립되자 이듬해 법부대신 서광범과 총리대신 김홍집(金弘集)의 상소에 의하여 그의 죄가 사면, 복권되었으며, 1910년 규장각대제학에 추증되었다.

시호는 충달(忠達)이다.

저서로는 「기화근사」, 「치도약론」, 「갑신일록」 등이 있다.

개화의 시련과 좌절

박영호(朴泳孝)
1861(철종 12) ~ 1939

조선 말기의 정치가로 판서 원양(元陽)의 아들이다. 본관은 반남, 자는 자순(子純)이고 호는 춘고(春皐), 또는 현현거사(玄玄居士)이고 수원 출신이다.

1872년(고종 9년) 철종의 부마가 되었으나 3개월 만에 아내와 사별하였다.

큰형 영교(泳敎)를 따라 박규수(朴珪壽)의 사랑방을 출입하면서 오경석, 유대치, 이동인 등 실학, 특히 북학파의 학맥을 이은 개화사상가들의 영향을 받아 1879년 경 김옥균, 서광범 등과 개화당(開化黨)을 조직하였다.

1882년 9월 임오군란의 사후수습을 일본정부와 협의하기 위하여 특명전권대신 겸 제3차 수신사로 임명되어 종사관 서광범 등 14명의 수행원을 거느리고 일본으로 갔다.

그곳에 약 3개월 간 체류하면서 일본정계의 지도자 및 구미 외교사절들과 접촉하여 국제정세를 파악하는 한편, 명치일본(明治日本)의 발전상을 살펴보았다.

이때 항해하는 배 위에서 태극사괘(太極四卦)의 국기를 제정, 일본에 도착한 직후부터 사용하였다.

1883년 초 귀국한 뒤 한성판윤에 임명되어 박문국(博文局), 순경부(巡警部), 치도국(治道局)을 설치하여 신문발간과 신식경찰제도의 도입, 도로정비사업, 유색의복(有色衣服) 장려 등 일련의 개화시책을 폈다.

그러나 민태호, 김병시 등 수구파의 반대에 부딪쳐, 삼국(三局)은 폐쇄되고 광주유수 겸 수어사로 좌천되었다. 이때 수어영의 연병대(鍊兵隊)를 신설하여 신식군대의 양성에 주력하였다.

다시 수구파가 이를 문제삼음으로써 같은 해 12월 사임하였다. 그러나 그의 노력으로「한성순보(漢城旬報)」의 창간을 볼 수 있었다.

이처럼 정계진출이 계속 좌절되자, 1884년 2월 미국유람을 계획하였으나, 이 계획 역시 좌절되었다.

이때 개화당 인사들이 정권장악을 기도하자 이에 가담하여 먼저 미국에 협조를 얻고자 접촉하였으나 미국은 불응하였다.

다시 일본에 접근하여 여러 차례의 협의 끝에 군사적 지원을 확약받고, 같은 해 12월 갑신정변을 일으켜 친청수구파(親淸守舊派)를 숙청하고 혁신내각을 수립하여 전후영사 겸 좌포도대장직을 맡아 병권을 장악하였다.

그러나 청국군의 즉각적인 개입으로 정변이 삼일천하(三日天下)로 실패하자 일본으로 망명하였다. 그뒤 본국정부의 집요한 송환기도와 일본정부의 냉대로 1885년 미국으로 건너갔다. 그러나 그곳 생활에 적응하지 못하고 일본으로 되돌아와 야마자키(山崎永春)로 이름을 고친 뒤 명치학원(明治學院)에 입학, 영어를 배우면서 미국인 선교사들과도 친분을 맺었다.

1888년 초 일본에 있으면서 고종에게 국정전반에 관하여 13만 여 자에 달하는 장문의 개혁상소를 올렸다.

이것이 이른바 개화상소(開化上疏) 혹은 건백서(建白書)이다. 이 상소문에서 봉건적인 신분제도의 철폐, 근대적인 법치국가의 확립에 의한 조선의 자주독립과 부국강병을 주장하였다.

여기에 그의 개화정치에 대한 이상이 설계되어 있으며, 그뒤 그가 시행한 개혁정치는 그것의 실천이었다고 볼 수 있다.

1893년 말 후쿠자와 등 일본 조야(朝野)의 유력인사들의 도움을 받아 동경에 친린의숙(親隣義塾)이라는 사립학교를 세워 유학생들의 교육에 힘을 썼다.

이때 조선정부의 밀명을 맡고 이일직 등이 박영효를 암살하고자 친린의숙에 잠입하였으나 미수에 그쳤다.

1894년 봄 동학농민군의 봉기를 계기로 청일전쟁이 발발하자 일본정부의 주선으로 그해 8월 귀국하였다. 그뒤 조선정부에 친일세력을 부식하려는 일본공사 이노우에(井上馨)의 지원을 받아 수립된 제2차 김홍집 내각의 내부대신으로 입각하였다.

1895년 삼국간섭으로 일본세력이 퇴조하자 불안을 느껴 이노우에의 권고를 무시하고 김홍집파를 내각에서 퇴진시킨 뒤 독자적으로 제2차 갑오개혁을 추진하였다.

이 시기에 중점적으로 추진하였던 개혁은 근대적인 내각제도의 도입, 지방제도의 개편, 새로운 경찰·군사제도의 확립 등이었다. 이러한 개혁을 통하여 조선의 부국강병을 도모하는 한편, 자신의 권력기반을 공고히 하려고 하였다.

그러나 왕실과 이노우에공사로부터 배척당하고 1895년 7월 역모를 음모하였다는 혐의를 받아 다시 일본으로 망명하였다. 그뒤 상소를 통하여 자신의 역모 혐의의 부당함을 고종에게 호소했으나 성공하지 못하였다.

그래서 1898년에 접어들면서 독립협회(獨立協會)가 강력한 정치단체로 부상함에 따라 본국에 이규완, 황철, 이정길 등의 심복을 밀파하여 독립협회와의 제휴를 통한 자신의 정계복귀를 기도하였다.

그 결과 독립협회의 신진소장파가 중심이 되어 그의 소환서용운동(召喚敍用運動)을 전개하였다. 그러나 고종과 수구파대신들은 오히려 이를 구실로 독립협회를 해산시켜버렸다.

이렇게 되자 1900년 7월 본국에 밀파되어 있던 이규완 일행에게 의화군 강(義和君堈)을 국왕으로 추대하기 위한 쿠데타 음모를 지시하였다. 그러나 이 음모도 사전에 발각됨으로써 그의 정계복귀공작은 실패로 돌아갔고, 궐석재판결과 교수형이 선고되었다.

1907년 비공식으로 귀국하여 부산에 체류하다가 상경, 궁내부고문 가토(加藤增雄)와 접촉, 공작하여 고종의 특사조칙을 제수받았을 뿐 아니라 성대한 환영식과 연회로 정계복귀를 할 수 있었다.

이어 헤이그특사사건을 계기로 궁내부대신에 임명되어, 통감 이등박문과 이완용 내각의 고종 양위압력을 무마시키려고 하였으나 실패하였다.

순종이 즉위한 뒤 군부(軍部) 내의 반양위파(反讓位派)와 통모, 고종의 양위에 찬성한 정부대신들을 암살하려 하였다는 혐의를 받아

1년 간 제주도로 유배되었다.

 국권이 늑탈된 뒤 일제가 회유정책의 일환으로 수여한 후작의 작위를 받았으며, 1911년 조선귀족회회장, 1918년 조선은행이사를 역임하였다.

 3·1운동이 일어난 뒤 일제의 이른바 문화통치에 순응하여 유민회(維民會), 동광회(同光會), 조선구락부(朝鮮俱樂部), 민우회(民友會) 등 친일 내지 개량주의적 단체와 관계를 맺는 한편, 1920년 동아일보사 초대사장에 취임하였다.

 1926년 중추원 의장, 1932년 일본귀족원 의원을 지냈으며, 1939년 중추원 부의장 재직 중 죽었다.

 저서로「사화기략(使和記略)」이 있다.

개화사상 실천 이론가

유길준(兪吉濬)
1856(철종 7) ~ 1914

조선 말기의 개화사상가이며 정치가로 본관은 기계(杞溪), 자는 성무(聖武)이고 호는 구당(矩堂)으로 서울 출신이다.

진사 진수(鎭壽)의 아들로 어려서부터 아버지와 외할아버지 이경직(李敬稙) 등에게 한학을 배웠다.

1870년(고종 7년) 박규수의 문하에서 김옥균, 박영효, 서광범, 김윤식 등 개화청년들과 실학사상을 배우는 한편, 위원(魏源)의「해국도지(海國圖志)」와 같은 서적을 통하여 해외문물을 습득하였다.

1881년 박규수의 권유로 어윤중(魚允中)의 수행원으로 신사유람단에 참가하여, 우리나라 최초의 일본유학생의 한 사람이 되었다.

이때 일본의 문명개화론자인 후쿠자와가 경영하는 게이오의숙에서 유정수와 함께 수학하였다.

이때 그는 한국, 중국, 일본 등 동양 삼국의 단결을 목적으로 조직된 홍아회(興亞會)에도 참가하여 일본의 학자 및 정치가들과 교유하였다.

1882년 임오군란이 일어나자 민영익의 권유로 학업을 중단하고, 1883년 1월에 귀국하여 통리교섭통상사무아문(統理交涉通商事務衙門)의 주사(主事)에 임명되어 한성판윤 박영효가 계획한「한성순보」발간사업의 실무책임을 맡았다. 그러나 민씨척족세력의 견제로 신문발간사업이 여의치 않게 되자 주사직을 사임하였다.

그해 7월 보빙사(報聘使) 민영익의 수행원으로 도미, 일본유학 때에 알게 된 생물학자이며 처음으로 다윈의 진화론을 일본에 소개한 매사추세츠주 세일럼시의 피바디박물관장인 모스의 개인지도를 받았다.

1884년 가을 담머(대학예비)고등학교에서 수학하여 우리나라 최초의 미국유학생이 되었다.

1884년 갑신정변이 실패하였다는 소식을 듣자, 12월에 학업을 중단하고 유럽 각국을 순방한 뒤 1885년 12월 귀국하였다. 그러나 갑신정변의 주모자인 김옥균, 박영효 등과 친분관계가 있었다 하여 개화파의 일당으로 간주되어 체포되었다.

그러나 한규설의 도움으로 극형을 면하고 1892년까지 그의 집과 취운정에서 연금생활을 하면서「서유견문(西遊見聞)」을 집필, 1895년에 출판하였다.

그는 이 책을 국한문 혼용체로 서술하여 서양의 근대문명을 한국에 본격적으로 소개하는 한편, 한국의 실정에 맞는 자주적인 개화, 즉 실상개화(實狀開化)를 주장하였다.

그는 개화를 인간사회가 지선극미(至善極美)한 상태에 도달하는 것이라고 정의하고, 역사가 미개화, 반개화, 개화의 단계를 거쳐 진보한다는 문명진보사관(文明進步史觀)을 제시하였다.

그의 문명진보사관은 종래의 상고주의사관(尙古主義史觀)을 비판하여 문명의 진보를 주장하였다는 점에서 커다란 의의를 지닌다.

그의 개화사상은 실학의 통상개국론(通商開國論), 중국의 양무(洋務) 및 변법론(變法論), 일본의 문명개화론, 서구의 천부인권론 및 사회계약론 등의 영향을 받아 형성되었으며, 군민공치(君民共治), 즉 입헌군주제의 도입, 상공업 및 무역의 진흥, 근대적인 화폐 및 조세제도의 수립, 근대적인 교육제도의 실시 등을 기본적인 내용으로 하고 있다. 그의 개화사상에 나타난 개혁론은 갑오경장의 이론적 배경이 되었다.

그는 1894년 동학농민운동을 계기로 인한 청일전쟁의 발발과 동시에 수립된 친일내각에 참여, 의정부도헌(議政府都憲), 내각총서, 내무협판 등의 요직을 지내면서 갑오경장의 이론적 기초를 제공하였다.

1895년 10월에 을미사변 후 이 사건의 뒷수습을 위하여 일본 공사 이노우에와 접촉하는 한편, 내부대신이 되어 단발령을 강행함으로써 보수적인 유림과 국민들로부터 반감을 사기도 하였다.

1896년 2월 아관파천으로 친일내각이 붕괴되고 친로내각이 수립되자, 일본으로 망명하여 일본육군사관학교 출신의 한국인 청년장교들이 조직한 일심회(一心會)와 연결, 쿠데타를 기도하였으나 실패하였다. 이 음모가 양국간의 외교분규로 비화되자 일본정부에 의하여 오가사와라섬(小笠原島)에 유폐되었다.

1907년 고종이 폐위된 뒤 귀국하여 흥사단 부단장, 한성부민회(漢成府民會) 회장을 역임하고, 계산학교(桂山學校), 노동야학회(勞動夜學會) 등을 설립하여 국민계몽에 주력하는 한편, 국민경제회, 호남철도회사, 한성직물주식회사 등을 조직하여 민족산업의 발전에도 힘을 쏟았다.

또 1909년에는 국어문법서인 「대한문전(大韓文典)」을 저술, 간행하였고 1910년에 훈일등태극대수장(勳一等太極大綬章)을 받았다.

일진회의 한일합방론에 정면으로 반대하였으며, 국권상실 후 일제가 수여한 남작의 작위를 거부하였다.

그의 저서로는 「서유견문」, 「구당시초(矩堂詩抄)」, 「대한문전」, 「노동야학독본」 등이 있으며, 1971년에 유길준전서 편찬위원회가 구성되어 「유길준전서」 전4권이 간행되었다.

東學의 교조

최제우(崔濟愚)
1824(순조 24) ~ 1864(고종 1)

동학의 교조로 경주 출신이며 본관도 역시 경주최씨다. 복술(福述), 제선(濟宣)이라는 어릴 때 이름이 있었고 자는 성묵(性默)이며 호는 수운(水雲), 또는 수운재라 한다.

그의 7대조인 최진립(崔震立)은 임진왜란과 병자호란 때 큰 공을 세워 병조판서의 벼슬과 정무공(貞武公)의 시호가 내려진 무관이었으나 6대조부터는 벼슬길에 오르지 못한 몰락한 양반집이었다.

어릴 때부터 총명하여 경사(經史)를 익혔으나 기울어져가는 가세(家勢)와 함께 조선 말기의 체제내부적 붕괴양상 및 국제적인 불안정이 그의 유년기에 커다란 영향을 미쳤다.

13세의 나이로 울산출신의 박씨(朴氏)와 혼인하였고, 4년 뒤 아버지를 여의었다. 3년상을 마친 뒤에는 집안살림이 더욱 어려워져 여기저기로 떠돌아다니며 갖가지 장사와 의술(醫術), 복술(卜術) 등의 잡술(雜術)에 관심을 보였으며, 서당에서 글을 가르치기도 하였다. 그러다가 세상인심의 각박함과 어지러움이 바로 천명을 돌보지 않기 때문에 나타난 것을 깨닫고 천명을 알아낼 수 있는 방법을 찾기 시작하였다.

1856년 여름 천성산(千聖山)에 들어가 하느님께 정성을 드리면서 시작된 그의 구도(求道) 노력은 그 이듬해 적멸굴(寂滅窟)에서의 49일 정성, 그리고 울산 집에서의 계속된 공덕닦기로 이어졌고, 1859년 10월 처자를 거느리고 경주로 돌아온 뒤 구미산 용담정(龍潭亭)에서 계속 수련하였다.

이무렵 가세는 거의 절망적인 상태에까지 기울어져 있었고, 국내 상황은 삼정의 문란 및 천재지변으로 크게 혼란된 분위기였으며, 국제적으로도 애로호사건을 계기로 중국이 영불연합군에 패배하여 텐진조약(天津條約)을 맺는 등 민심이 불안정하던 시기였다.

이러한 상황에서 하느님의 뜻을 알아내는데 유일한 희망을 걸고 이름을 제우(濟愚)라고 고치면서 구도의 결심을 나타냈다. 그러다가 1860년 4월 5일 결정적인 종교체험을 하게 되었다. 하느님에게 정성을 드리고 있던 중 갑자기 몸이 떨리고 정신이 아득하여지면서 천지가 진동하는듯한 소리가 공중에서 들려왔다.

이러한 종교체험을 통하여 그의 종교적 신념은 결정적으로 확립되기 시작하여 1년 동안 그 가르침에 마땅한 이치를 체득, 도를 닦는 순서와 방법을 만들 수 있게 되었다.

1861년 포교를 시작하였고, 곧 놀라울 정도의 많은 사람들이 동학의 가르침에 따르게 되었다.

동학이 세력을 얻게 되자 기존 유림층에서는 비난의 소리가 높아져 서학, 즉 천주교를 신봉한다는 지목을 받게 되었다.

또한 톈진조약 후 영불연합군이 물러가서 조선침공의 위험이 없어졌다는 소식을 듣고 민심이 가라앉게 되자, 조정에서는 서학을 다시 탄압하게 되었으므로 1861년 11월 호남으로 피신을 하게 되었다.

1862년 3월 경주로 되돌아갈 때까지의 남원의 은적암(隱寂庵) 피신생활 중 동학사상을 체계적으로 이론화하였고, 「논학문(論學文)」, 「안심가(安心歌)」, 「교훈가」, 「도수사(道修詞)」 등을 지었다.

경주에 돌아와 포교에 전념하여 교세가 크게 확장되었는데, 1862년 9월 사술(邪術)로 백성들을 현혹시킨다는 이유로 체포되었으나 수백 명의 제자들이 석방을 청원하여 무죄방면되었다.

이 사건은 사람들에게 동학의 정당성을 관이 입증한 것으로 받아들여져 신도가 더욱 증가하였으며, 포교방법의 신중성을 가져와 마음을 닦는데 힘쓰지 않고 오직 기적만 추구하는 것을 신도들에게 경계하도록 하였다.

신도가 늘게 되자 그해 12월 각지에 접(接)을 두고 접주(接主)가 관내의 신도를 다스리는 접주제를 만들어 경상도, 전라도 뿐만 아니라 충청도와 경기도에까지 교세가 확대되어 1863년에는 교인 3,000여 명, 접소 13개소를 확보하였다.

이해 7월 제자 최시형(崔時亨)을 북접주인으로 정하고 해월(海

月)이라는 도호를 내린 뒤 8월 14일 도통을 전수하여 제2대교주로 삼았다. 이는 관헌의 지목을 받고 있음을 알고 미리 후계자를 마련하여 놓은 것이다.

이때 조정에서는 이미 동학의 교세확장에 두려움을 느끼고 그의 체포계책을 세우고 있었는데, 11월 20일 선전관(宣傳官) 정운구에 의하여 제자 20여 명과 함께 경주에서 체포되었다.

서울로 압송되는 도중 철종이 죽자 1864년 1월 대구 감영으로 이송되었다. 이곳에서 심문받다가 3월 10일 사도난정(邪道亂正)의 죄목으로 대구장대에서 41세의 나이로 효수형에 처해졌다.

그가 본격적으로 종교활동을 할 수 있었던 기간은 득도한 이듬해인 1861년 6월부터 1862년 12월까지 약 1년 반 정도의 짧은 기간이었다. 게다가 대부분 피신하며 지낸 기간이어서 안정되게 저술에 몰두할 수는 없었으나 틈틈이 자신의 사상을 한문체, 가사체 등으로 표현하였다.

그러다가 갑자기 처형당하게 되자 남아 있던 신도들은 그의 글들을 모아서 기본되는 가르침으로 삼게 되었는데, 한문체로 된 것을 엮어 놓은 것이 「동경대전(東經大全)」이고, 가사체로 된 것을 모아 놓은 것이 「용담유사(龍潭遺詞)」이다.

「동경대전」, 「용담유사」에는 두 가지 신앙대상에 대한 명칭이 나타나는데 천주(天主)와 하느님이 그것이다.

천주 또는 하느님에 대하여 명확하게 규정을 내리지 않았기 때문에 그의 입장을 알아보려면 간접적으로 파악하여 보는 수밖에 없는데, 시천주(侍天主)에 대한 두 가지의 해석이 하나의 단서를 제공하여 준다. 하나는 하느님은 초월자이나 부모님같이 섬길 수 있는 인격적 존재라는 것을 강조하며, 다른 하나는 사람은 누구나 나면서부터 하느님을 모시고 있다는 것을 강조하는 입장이다. 따라서 그의 하느님은 인간의 내면에 존재함과 동시에 인간밖에 존재하는 초월자의 성격을 지니고 있다.

이러한 그의 신관은 매우 독특한 것으로 그의 종교체험이 무속적인 원천에 뿌리박고 있다는 주장과 접맥될 수 있다고 보여진다.

동학 농민봉기의 지도자

전봉준(全琫準)
1855(철종 6) ~ 1895(고종 32)

　동학농민운동의 지도자였던 전봉준의 출생지는 여러 설이 있으나 고부군 궁동면 양교리(지금의 정읍군 이평면 장내리)라는 설이 가장 유력하다.
　본관은 천안이고 처음 이름은 명숙(明淑), 호는 해몽(海夢)이다. 그는 몸이 왜소하였기 때문에 흔히 녹두(綠斗)라고 불렸고 뒷날에는 아예 녹두장군이라는 별명이 붙었다.
　고부군 향교의 장의(掌議)를 지낸 창혁(彰爀)의 아들이다. 아버지 창혁은 고부군수 조병갑의 탐학에 저항하다가 모진 곤장을 맞고 한 달만에 죽음을 당하였다.
　뒷날 그가 사회개혁의 큰 뜻을 품게 된 것은 아버지의 영향에서 비롯된 것으로 믿어진다.
　처음 집안이 가난하여 안정된 생업이 없이 약을 팔아서 생계를 유지하였고 방술(方術)을 배웠으며, 항상 말하기를 「크게 되지 않으면 차라리 멸족되는 것만 못하다」고 하였다고 한다.
　태인 산외리 동곡(山外里東谷) 마을에 옮겨 자리잡았을 때에는 다섯 명의 가솔을 거느린 가장으로서 스스로 선비로 자처하면서 세마지기(三斗落)의 전답을 경작하는 소농(小農)이었으며, 이 무렵 농사일 외에 동네 어린이들에게 글을 가르쳐 주는 훈장일로 생계를 보태기도 하였다.
　1890년(고종 27년)경인 35세 전후에 동학에 입교, 그뒤 얼마 안되어 동학의 제2채 교주 최시형으로부터 고부지방의 동학 접주(接主)로 임명되었다.
　동학에 입교하게 된 동기는 스스로가 말하고 있듯이, 동학은 경천수심(敬天守心)의 도(道)로, 충효를 근본으로 삼고 있기 때문에 보국안민(輔國安民)하기 위하여서였다고 한다.

동학을 사회개혁의 지도원리로 인식하고 농민의 입장에서 동학교도와 농민을 결합시킴으로써 농민운동을 지도해 나갈 수 있었던 것이다.

농민봉기의 불씨가 된 것은 고부군수 조병갑의 탐학에서 비롯되었다. 조병갑은 영의정 조두순(趙斗淳)의 서질(庶姪)로서 여러 주·군을 돌아다니며 가렴주구를 일삼아 농민들의 원성을 사고 있었다.

1892년 고부군수로 부임한 이래 농민들로부터 여러가지 명목으로 과중한 세금과 재물을 빼앗는 등 탐학과 비행을 자행하였는데, 한재(旱災)가 들어도 면세해주지 않고 도리어 국세의 3배나 징수하였고, 부농을 잡아다가 불효, 음행, 잡기, 불목(不睦) 등의 죄명을 씌워 재물을 약탈하였다. 그 중에서도 특히 만석보(萬石洑)의 개수에 따른 탐학으로 큰 물의를 일으켰다.

1893년 12월 농민들은 동학접주 전봉준을 장두(狀頭)로 삼아 관아에 가서 조병갑에게 진정하였으나 받아들여지지 않고 쫓겨나고 말았다.

이에 그는 동지 20명을 규합하여 사발통문(沙鉢通文)을 작성하고 거사할 것을 맹약, 드디어 이듬해인 1894년 정월 10일 1,000여 명의 동학농민군을 이끌고 봉기하였다. 이것이 고부민란이다.

농민군이 고부관아를 습격하자 조병갑은 전주로 도망했다.

고부읍을 점령한 농민군은 무기고를 파괴하여 무장하고 불법으로 빼앗겼던 세곡(稅穀)을 창고에서 꺼내 농민들에게 돌려주었다.

이 보고에 접한 정부는 조병갑 등 부패 무능한 관리를 처벌하고 새로 장흥부사 이용태(李容泰)를 안핵사로 삼고, 용안현감 박원명(朴源明)을 고부군수로 임명하여 사태를 조사, 수습하도록 하였다.

이 동안 자연발생적으로 고부민란에 참여하였던 농민들은 대개 집으로 돌아가고 전봉준의 주력부대는 백산(白山)으로 이동, 주둔하고 있었다.

그러나 안핵사로 내려온 이용태가 사태의 모든 책임을 동학교도들에게 돌려 체포와 분탕, 그리고 살해를 일삼는 등 악랄한 행동을 자행하자 이에 격분, 1894년 3월 하순 드디어 인근 각지의 동학접주에게 통문을 보내 보국안민을 위하여 봉기할 것을 호소하였다.

이에 따라 백산에 집결한 동학농민군의 수는 1만 명이 넘었으며, 여기에서 그는 동도대장(東徒大將)으로 추대되고 손화중(孫和中), 김개남(金開南)을 총관령(總管領)으로 삼아 보좌하게 하였다.

그는 4개 항의 행동강령을 내걸고 창의(倡義)의 뜻을 밝혔으며 또한 격문을 작성, 통문으로 각처에 보내어 농민들의 적극적인 호응을 요청하였다.

이로써 민란은 전반적인 동학농민전쟁으로 전환되었다.

1894년 4월 4일 그가 이끄는 동학농민군은 부안을 점령하고 전주를 향하여 진격 중 황토현(黃土峴)에서 영군(營軍)을 대파하고, 이어서 정읍, 흥덕, 고창을 석권하고 파죽지세로 무장에 진입, 이곳을 완전히 장악하였다.

여기에서 전봉준은 창의문을 발표하여 동학농민이 봉기하게 된 뜻을 재천명하였고, 4월 12일에서 4월 17일 사이에는 영광, 함평, 무안 일대에 진격하고, 4월 24일에는 드디어 장성을 출발, 4월 27일에는 전주성을 점령하였다.

한편 이보다 앞서 양호초토사(兩湖招討使) 홍계훈은 정부에 외병차입(外兵借入)을 요청하였고, 결국 정부의 원병요청으로 청국군이 인천에 상륙하고 일본군도 텐진조약을 빙자하여 조선에 진출해왔다.

국가운명이 위태로워지자 홍계훈의 선문(宣撫)에 일단 응하기로 하고 폐정개혁안(弊政改革案)을 내놓았은데 이를 홍계훈이 받아들임으로써 양자사이에는 5월 7일 이른바 전주화약이 성립되었다.

그리고 전라도 각 지방에는 집강소(執綱所)를 두어 폐정의 개혁을 위한 행정관청의 구실을 하도록 하였다.

그러나 오래지 않아 청일전쟁이 일어나 사태는 또다른 국면으로 접어들게 되었다.

마침내 9월 중순을 전후하여 동학농민군은 항일구국의 기치아래 다시 봉기하였다. 여기에 그의 휘하의 10만여 명의 남접농민군과 최시형을 받들고 있던 손병희(孫秉熙) 휘하의 10만 명의 북접농민군이 합세하여 논산에 집결하였다.

자신은 주력부대 1만여 명을 이끌고 공주를 공격하였으나 몇 차례의 전투를 거쳐 11월 초 우금치(牛金峙)싸움에서 대패하였고, 나머지 농민군도 금구(金溝)싸움을 마지막으로 일본군과 정부군에게 진압되고 말았다.

그뒤 전라도 순천 및 황해, 강원도에서 일부 동학농민군이 봉기하였으나 모두 진압되자 후퇴하여 금구, 원평(院坪)을 거쳐 정읍에 피신하였다가 순창에서 지난날의 부하였던 김경천(金敬天)의 밀고로 12월 2일 체포되어 일본군에게 넘겨져 서울로 압송되고, 재판을 받은 뒤 교수형에 처해졌다.

주체신관 확립한 동학 2대 교주

최시형(崔時亨)
1827(순조 27) ~ 1898

최시형은 경주 출신으로 동학의 제2대 교주를 역임했다. 본관은 경주이고 자는 경오(敬悟) 호가 해월(海月)이다.

5세 때 어머니를 잃었고 12세 때 아버지를 여의게 되어 어려운 유년기를 보냈고 17세 때부터 종이 만드는 공장에서 일하며 생계를 이어갔다.

19세 때 밀양손씨를 맞아 결혼한 뒤 28세 때 경주 승광면 마복동(馬伏洞)으로 옮겨 농사를 지었다. 이곳에서 마을 대표인 집강(執綱)에 뽑혀 6년 동안 성실하게 소임을 수행하다가 33세 때 자신의 농토로 농사를 짓기 위하여 검곡(劍谷)으로 이주하였다.

최제우(崔濟愚)가 동학을 포교하기 시작한 1861년(철종 12년) 6월 동학을 믿기 시작하여, 한 달에 3, 4차례씩 최제우를 찾아가 가르침을 받고 집에 돌아와 배운 것을 실천하고, 명상과 극기로 도를 닦았다.

1861년 11월 최제우가 호남 쪽으로 피신한 뒤, 스승의 가르침을 깨닫고 몸에 익히기 위하여 그가 보인 정성과 노력은 많은 일화로 남아있다.

1863년 동학을 포교하라는 명을 받고 영덕, 영해 등 경상도 각지를 순회하여 많은 신도를 얻게 되었고, 이해 7월 북도중주인(北道中主人)으로 임명되어 8월 14일 도통을 승계받았다.

이해 12월 최제우가 체포되자 대구에 잠입, 옥바라지를 하다가 체포의 손길이 뻗치자 태백산으로 도피하였고, 이어 평해와 울진 죽변리에 은거하면서 처자와 최제우의 유족을 보살피다가 동학의 재건을 결심하고, 교인들이 많이 살고 있는 영양(英陽)의 용화동(龍化洞)으로 거처를 정하였다.

이곳에서 1년에 4회씩 정기적으로 49일 기도를 하고 스승의 제사를 지내기 위한 계를 조직하여 신도들을 결집시켰고, 경전을 다시 필사하고 편집하여 신도들에게 읽게 하였다.

이와 같은 교세의 재건은 1871년(고종 8년) 진주민란의 주모자인 이필제(李弼濟)가 최제우의 기일(忌日)인 3월 10일에 영해부(寧海府)에서 민란을 일으킴으로써 다시 탄압을 받게 되었다.

관헌의 추격을 피하여 소백산으로 피신하면서 영월, 인제, 단양 등지에서 다시 기반을 구축하여 1878년 개접제(開接制), 1884년 육임제(六任制)를 마련하여 신도들을 합리적으로 조직하고 교리연구를 위한 집회를 만들었다.

1880년 5월 인제군에 경전간행소를 세워「동경대전(東經大全)」을 간행하였고, 1881년 단양에도 경전간행소를 마련하여 「용담유사(龍潭遺詞)」를 간행하였다.

이와 같은 신도의 교화 및 조직을 위한 기틀이 마련되어 교세가 비약적으로 증가하게 됨에 따라 1885년 충청도 보은군 장내리로 본거지를 옮겼다.

동학교도들의 활동이 활발하여지자 그에 따른 관헌의 신도 수색과 탄압이 가중되었는데, 동학의 교세도 만만하지 않게 성장하여 1892년부터는 교조의 신원(伸寃)을 명분으로 한 합법적 투쟁을 전개하여 나갔다.

제1차 신원운동은 1892년 11월 전국에 신도들을 전주 삼례역에 집결시키고, 교조의 신원과 신도들에 대한 탄압중지를 충청도, 전라도 관찰사에게 청원하였으나 여전히 탄압이 계속되자 1893년 2월 서울 광화문에서 40여 명의 대표가 임금에게 직접 상소를 올리는 제2차 신원운동을 전개하였다.

정부측의 회유로 일단 해산하였으나 태도가 바뀌어 오히려 탄압이 가중되자 제3차 신원운동을 계획, 3월 10일 보은의 장내리에 수 만명의 신도를 집결시켜 대규모 시위를 감행하였다.

이에 놀란 조정에서 선무사 어윤중(魚允中)을 파견, 탐관오리를 파면하자 자진 해산하였다. 당시 많은 신도들은 무력적인 혁신을 위하여 봉기할 것을 권유하였으나 시기상조임을 이유로 교세확장에 몰두하였다.

그러나 1894년 1월 10일 전봉준(全琫準)이 고부군청을 습격한 것을 시발로 하여 동학농민운동이 일어나자 신도들의 뜻에 따라 4월 충청도 청산(靑山)에 신도들을 집결시켰고, 9월 전봉준이 다시 봉기하자 적극 호응하여 무력투쟁을 전개하였다.

일본군의 개입으로 1894년 12월말 동학운동이 진압되자 피신생활을 하면서 포교에 진력을 다하였고, 향아설위(向我設位), 삼경설(三敬說), 이심치심설(以心治心說), 이천식천설(以天食天說), 양천주설(養天主說) 등의 독특한 신앙관을 피력하였다.

1897년 손병희(孫秉熙)에게 도통을 전수하였고, 1898년 3월 원주에서 체포되어 서울로 압송, 6월 2일 교수형을 당하였다.

그의 신관은 범신론적, 내재적 경향을 띠어 하느님을 인간과 동일시하며, 나아가 만물과 동일시하기 때문에 인간이 음식을 먹는 것은 하느님이 하느님을 먹는 것(以天食天)으로 파악된다.

이런 신관에 의해 자연스럽게 삼경사상(三敬思想)이 도출되는데, 이는 경천(敬天), 경인(敬人), 경물(敬物)의 사상이다.

또한 각자의 마음 속에 있는 하느님을 잘 길러나가는 것(養天主)이 곧 하느님을 모시는 것이라는 입장도 같은 맥락 속에서 나타난 것이다.

甑山道의 창시자

강증산(姜甑山)
1871 ~ 1909

증산도의 창시자로 본명은 일순(一淳)이다. 본관은 진주이고 전북 고부군 덕천면 객망리(지금의 정읍군 덕천면 신월리)에서 아버지 흥주(興周)와 어머니 권양덕(權良德) 사이에서 2남 1녀 중 장남으로 태어났다.

어렸을 때 이름은 학봉(鶴鳳)이고 자는 사옥(士玉), 호가 증산(甑山)이다. 일반적으로 강증산 또는 증산상제님으로 불린다.

증산교의 경전인 「대순전경」(大巡典經)에 의하면 그의 어머니 권씨가 1870년 9월 친정에 근친 가 있을 때 대낮에 소나기가 내린 뒤 깊이 잠들었는데 갑자기 하늘이 남북으로 갈라지며 큰 불덩어리가 내려와 몸을 덮으며 온 세상이 밝아지는 꿈을 꾸고 그로부터 잉태하여 13개월 만에 그를 낳았다 한다.

출산할 무렵에는 또 그의 아버지가 비몽사몽속에 하늘에서 두 선녀가 내려와 산모와 아기를 보살피는 것이 보였고 이로부터 이상한 향기가 온 집안에 가득하고 상서로운 기운이 밝게 둘러싸더니 이레 동안이나 계속되었다 한다.

어쨌든 그는 가난한 농가에서 태어났지만 그의 선조들이 이조참의와 도승지 등의 벼슬을 지낸 것으로 보아 몰락한 양반의 후예였던 것 같다.

증산은 집이 워낙 가난하여 외가와 진외가를 옮겨다니며 살았다. 어릴 때부터 호생(好生)의 덕이 많아 여섯 살 때 마당 구석에 화초를 심어 아담하게 가꾸고 밭둑에 나가 나무를 즐겨 심고 미물인 곤충까지도 함부로 해치지 않았다 한다.

7세 때 아버지가 훈장을 구하여 천자문을 가르치는데 하늘천(天)자와 땅지(地) 자는 집안이 울리도록 큰 소리로 읽었으나 그 뒤는 따라 읽지 않으므로 훈장이 아무리 타일러도 끝내 읽지 않으므로 하는 수 없어 그만 두었다. 부친이 그 까닭을 물으니 하늘천 자로 하늘의 이치를 알았고 땅지 자로 땅 이치를 알았으니 더 배울 것이 없다면서 훈장을 돌려보내라 했다 한다.

9세 되던 해 부친께 청하여 후원에 별당을 짓고 홀로 거처하며 외인의 출입을 금하고 하루 건너 암꿩 한 마리와 비단 두 자 다섯 치씩 구하여 들이더니 두 달 후에 홀연히 어디로 나갔는데 방안에는 아무것도 남아 있지 않았다. 그뒤에 집으로 돌아와 스스로 글을 익혔다는 것이다.

그는 천성적으로 학문적 소질이 있었음에도 불구하고 경제적 빈곤 때문에 일찍 학문 수업을 중단하고 14, 15세 때에는 다른 지방으로 가서 남의 집 머슴살이를 했고 때로는 산판에 나가 나무를 베는 고된 일도 하며 그야말로 불우한 속에서 유랑생활을 보냈다.

16세 되던 해에는 금산사 심원암에 들어가 깊은 사색에 잠기기도 했으며 19세 되던 해 가을에는 내장산에 들어가서 깊은 명상에 잠겨 자아수련을 쌓았다 한다. 그 후 집에 돌아와서는 객망리 시루봉에서 큰 소리로 진법주를 읽으며 공부에 정진했다.

김제 내주평의 정씨 가문에 장가들고 나서는 처가에서 한동안 훈장생활을 하기도 했다.

24세 되던 갑오년에도 금구 처남의 집에 글방을 차리고 학동들을 모아 글을 가르치고 있었는데 그해 전봉준을 중심으로 한 동학군이 난을 일으켰다.

그러나 증산은 동학군은 겨울에 이르러 패망할 것이니 경거망동하지 말기를 권유했는데 그해 겨울 그의 말대로 동학군이 관군에 의해 패멸된 후 사람들은 시세의 운을 예견하는 신인(神人)이라 칭송했다 한다.

동학혁명 후에 나타난 사회적 혼란과 참상을 보고서 인간과 세상을 구원할 새로운 종교를 세울 결심을 하게 된 그는, 이러한 혼란에서 벗어나는 길은 기성종교나 인간의 능력으로는 할 수 없으며 오직 하늘과 땅의 질서를 근본적으로 뜯어 고치는 방법밖에 없다고 판단하였다. 따라서 그는 유·불·선 등의 기성종교의 교리와 음양, 풍수, 복서, 의술 등을 연구하는 한편, 신명(神明)을 부리는 도술과 과거, 미래를 알 수 있는 공부를 하고 1897년부터 3년간 세상을 보다 널리 알기 위해 전국을 순력하였다.

이 기간에 충청도 비인(庇仁) 사람인 김경흔으로부터 증산교의 중요한 주문이 된 태을주(太乙呪)를 얻었으며, 연산(連山)에서는 당시 정역(正易)을 저술한 김일부(金一夫)를 만나 정역에 대한 지식을 얻고 후천개벽의 천지대세를 논하였다.

공주에 나와 태전(太田)에 한 달 동안 머물고 그 길로 경기, 황해, 강원, 평안, 함경, 경상 각지를 차례로 유력하였다. 이렇게 3년 동안 유력하면서 민심과 풍속을 살피고 명산대천의 지운(地運)과 기령(氣靈)을 관찰한 후 30세 되는 해(1900년)에 고향으로 돌아왔다.

객망리 본댁에 돌아온 그는 대대로 전하여 오던 진천군 교지와 공명첩을 불사르며, 앞으로 오는 세상에서는 이런 것을 의지해서는 안된다 하고, 또 모든 것이 나로부터 새롭게 된다고 하였다. 이후로 항상 시루산 상봉에서 머리를 풀고 수도정진하였다.

1901년에 이르러 이제 천하의 대세가 알며 행하는 모든 법술로는 세상을 건질 수 없다고 생각하고 비로소 모든 일을 자유자재로 할 조화권능이 아니고서는 광구천하의 뜻을 이루지 못한다고 깨닫고 더욱 수도에 정진하였다.

같은 해 6월 초 시루산에서 14일간 수도하고 6월 16일에 객망리 댁을 떠나 전주 모악산 대원사에 이르러 칠성각에서 도를 닦으니 이날부터 스무 하루만인 신축년 7월 7일에 천둥과 지진이 크게 일어나고 상서로운 큰 비가 쏟아지는 가운데 탐음진치(貪淫瞋癡) 사종마를 비롯한 모든 마를 굴복시키고 무상의 대도로 천지대신문(天地大神門)을 열게 되니 이로부터 삼계대권(三界大權)을 주재하고 우주의 조화권능을 뜻대로 행할 수 있었다. 당시 수종 들었던 박금곡의 말에 의하면 칠성각에 홀로 앉아 외인의 출입을 엄금하고 거의 식음을 전폐하며 일념으로 정진하면서 때로는 무엇인가를 태우느라 방안에 연기가 자욱했다 한다. 그리고 어느 때는 모악산의 높은 봉우리를 훨훨 뛰어넘었다 한다.

삼계대권의 무극대도통을 연 증산은 1901년(신축년) 겨울에 객망리 본댁에서 천지신문을 열고 1909년(기유년) 음력 6월 24일 어천하기까지 9년간 천지공사(天地公事)를 집행하여, 인류가 맞이하는 천지개벽의 운로와 후천(後天) 5만 년의 무궁한 지상선경(地上仙境) 건설 프로그램을 준비했다고 한다.

대원사에서 성도한 그는 집으로 돌아와 그해 겨울부터 증산교 교리의 핵심인 천지공사를 행하였는데, 1902년부터 1909년까지 7년간은 모악산 근방을 중심으로 하여 포교하였다.

그러나 이 지역 이외에도 전주, 태인, 정읍, 고부, 부안, 순창, 함열 등 전라북도 각 지역에서도 활동하였지만 점점 그 교세는 확장되어 갔다.

그는 자신이 세운 종교를 만고(萬古)에 없는 무극대도(無極大道)라고만 하였을 뿐, 증산교라는 명칭은 훗날 그의 호를 따서 일컬어진 것이다.

1907년 추종자 20여 명과 함께 고부경무청에 의병을 모의했다는 혐의로 체포된 일도 있었지만 증거 불충분으로 추종자들은 15일 만에 풀려나고 강증산은 40여 일만에 석방되었다.

이러한 상황 속에서 그는 1909년 갑자기 자신의 죽음을 미리 예고하여 사방에 흩어져 있던 추종자들을 모이게 한 뒤 세상에 있는 모든 병을 대속하고 죽었다고 한다.

그가 운명한 뒤 추종자 몇 사람이 남아 장례식을 치렀는데 그뒤 강증산의 교단은 다시 부흥하게 되어 민족항일기에는 한때 7백 만 신도를 호칭하던 보천교 등으로 계승되었으며, 현재에도 수십 개의 교파로 이어져 내려오고 있다.

그는 후천세계에 관해서 예언한 「현무경(玄武經)」을 남겼으며, 증산교에서는 교단의 창시자일 뿐 아니라, 신앙대상으로서의 의미도 지니고 있다.

강증산의 종교사상과 이념은 좌절과 슬픔 속에 빠져있는 오늘의 인류와 천상 신명들에게 전대미문의 「천지공사(天地公事)」로서 전혀 새로운 구원의 길을 열었다. 이 천지공사의 전반에 깔려있는 핵심이

념인 원시반본(原始返本)과 이들을 이루기 위한 행동 이념으로서 해원(解冤), 상생(相生), 보은(報恩)의 3대 이념은 증산 사상의 근본 토대를 이루고 있다.

원시반본의 순수한 의미는 우주 생명이 도의 근원인 무극(無極)의 통일 상태로 다시 돌아가는 것을 말하는데, 나무의 입장에서 볼 때 가을이 되면 언제나 물이 봄 여름(선천)의 분열, 생장 운동을 끝마치고 본래의 자기 모습으로 뒤돌아 가는 것이 바로 자연이 원시반본하는 모습이다. 이러한 원시반본은 선천의 상극을 상생으로 질적 변화를 일으키며 분열의 선천시대를 조화의 통일시대로 이끌어낸다.

이 원시반본의 절대정신을 이루기 위해서는, 첫째는 해원(解冤), 곧 선천의 상극정신 때문에 인간은 욕망을 제어하지 못하여 원(冤)을 이루게 되는데, 이 원을 풀어내지 못하고는 상생의 후천세상이 도래할 수 없으므로 먼저 해원, 즉 모든 원을 풀어 없애버림으로써 영원한 화평을 이루려는 이념이다. 둘째는 상생(相生), 곧 서로를 살리고 구원하여 잘 살게 한다는 말인데, 내가 잘되고 구원받기 위해서는 먼저 남을 잘 되게 하여 살리고 구원해줄 때만 가능하다는 행동 이념이다. 이것은 곧 모순과 상극이 극복된 사랑과 통일의 완성이념이다. 셋째는 보은(報恩), 곧 받은 은혜를 되돌려 보답하는 것으로 이는 생명의 조화와 창조의 원리다. 그러므로 인간은 상호간에 신세진 것과 은덕을 베푼 것을 서로 갚으며, 천상에서는 신명끼리, 또 인간과 천상의 신명간의 은혜를 서로 갚도록 하는 보은의 길을 통해서 후천세계로 나아갈 수 있다는 것이다.

천지공사란 하늘과 땅을 뜯어고쳐 새 세상을 열기 위한 구원의 방법론을 말한다. 따라서 천지공사는 신명과 인간이 공동으로 참여하여 세계정세를 이끌어 가는 세운(世運)판과 종교세계의 난법을 고르는 도운(道運)판으로 구성되고 선천에 나온 모든 법과 술을 모아 함께 사용하는 천하 정리공사를 말하는 것이다.

대동여지도 제작

김정호(金正浩)
? ~ 1864(고종 1)

조선 후기의 실학자이며 지리학자로 대동여지도를 작성한 사람이다. 그의 생몰년은 정확히 알려져 있지 않지만 고종 즉위 초까지 활동한 것으로 믿어진다. 본관은 청도이며 자를 백원(佰元), 또는 백지(伯之) 등을 썼고 호는 고산자(古山子)다.

당대의 실학자 최한기와 친교가 두터웠고「대동여지도」의 재간(再刊)과「대동지지」의 간행연도가 모두 1864년(고종 1년)인 것으로 보아 1800년 경에서 1864년 경까지 살았으며, 순조·헌종·철종대에 걸쳐 활동한 것으로 짐작된다.

황해도에서 출생하였다고 하며 서울에 와서는 남대문 밖 만리현(萬里峴)에 살았다고도 하고 공덕리(孔德里)에 살았다고도 한다.

불우한 생활속에서 오직 지도제작과 지지(地志) 편찬에 온 정성을 다했다.

또 그의 후손들에 대해서도 별로 알려진 것이 없다. 다만 전해오는 이야기에 의하면 딸이 하나 있었는데 아버지의 지도 판각을 도왔다고 한다.

불과 120여 년 전의 일이면서도 그의 생애와 후손에 대해 이토록 알려진 바가 없는 것은 사대부 집안이 아닌데다, 당시까지만 해도 실학에 대한 인식, 특히 지도제작에 대한 사회적 인식이 미약했던데 그 원인이 있지 않았나 추측된다. 특히 개인의 지도제작은 천기를 누설한다 하여 당시로서는 금기로 여겼기 때문이라 생각된다.

조선의 지도와 지지를 집대성한 학자이며, 행정구역을 기준으로 만든 지도에서 좌표(座標)에 의거하여 구분한 대축척지도첩을 발달시켰다.

유재건(劉在建)의「이향견문록(里鄕見聞錄)」에는 김정호는 어려서부터 여지학(輿地學), 즉 지리학에 열중하여 널리 제가(諸家)의

도지(圖志)를 비교 연구하여 1834년(순조 34)에 「청구선표도(靑邱線表圖)」(일명 청구도) 2책을 만들었고, 이어서 「지구도(地球圖)」를 만들었으며, 「대동여지도」를 손수 판각하여 세상에 인포(印布)하였고, 「동국여지고」 즉 「대동지지」를 편집하였다고 간략하게 기록하고 있다.

이규경(李圭景)의 「오주연문장전산고」 안에 있는 「만국경위지구도변증론」에 의하면 위의 「지구도」는 최한기가 중국 장정병의 「지구도」 탑본(榻本)을 1834년에 판각하였는데 그것을 새긴 사람은 김정호라고 기록하였다.

김정호는 「지구도」를 판각한 1834년에 「청구도」 상하 2책을 만들었으며, 이어서 1861년(철종 12년)에는 혼자의 힘으로 「대동여지도」 22첩을 판각하여 간행하였다. 「청구도」는 필사본이고, 「대동여지도」는 22첩으로 된 목판본이다.

「대동여지도」는 약 16만 2천분의 1 축적으로 남북은 22단(1단은 120리)으로 나누고, 다시 각 단을 6치 6푼의 폭(1폭은 80리)으로 하여 횡절(橫折)하도록 하여 이합(離合)이 자유로운 절첩식 지도로서 10리마다 눈금을 찍어 거리측정이 용이하도록 하였으며, 당시로서는 가장 정확한 지도였다.

내용은 산과 산맥, 하천의 이름과 형상, 그리고 관청, 병영, 성터, 역참(驛站), 창고, 목장, 봉수, 능묘, 방리(坊里), 고현(古縣), 도로 등을 상세히 기록하였다.

그는 「신증동국여지승람」과 이를 기초로 하여 자신이 제작한 「청구도」를 참고자료로 이용하여 이 지도를 제작하였으며, 「동국지지」와도 관련이 깊다.

「대동여지도」는 서양 지도학의 영향을 받지 않고 동양의 전통적인 도법을 이어받아 집대성한 것인데, 위치의 설정에 있어서 중강진(中江鎭) 부근이 북쪽으로 약간 치우쳐 있고, 울릉도가 남쪽으로 내려온 것을 제외하면 오늘날의 지도와 손색이 없을 정도로 정확하다.

「청구도」는 남북 100리, 동서 70리를 1판으로 하였고, 「대동여지도」는 남북 120리, 동서 80리를 1판으로 하고 있다. 「대동여지도」는

「청구도」에 비하면 산세와 하계망(河系網)이 훨씬 더 자세하고 사용하기에 편리하도록 되어 있다.

전국을 한장의 지도로 만들어 쉽게 볼 수 있도록 하기 위해 그는 다시 약 90만분의 1 소축척전도인「대동여지전도」를 목판본으로 간행하였다.

항간에 전하는「대동여지도」는 김정호가 30여 년간 전국 각지를 두루 답사하면서 실측에 의해 만들었으며, 이를 위해 백두산만도 17여회나 올라갔다고 전해지고 있다.

그러나 당시의 교통사정과 김정호 개인의 재정적인 형편으로 볼 때 전국을 모두 답사했을 것으로는 믿기 어렵고, 그때까지의 지도를 기초로 하여 보충, 수정한 것으로 보인다.

그러나 다른 지도에서 볼 수 없는 지형표시법의 개발, 상세한 하계망의 기입 등은 물론, 행정구역 대신에 좌표에 의하여 일정한 규격으로 지표를 구분한 점 등은 당시의 지도학에서 한 걸음 발전한 것이라 볼 수 있다.

전하는 바에 의하면 홍선대원군 집정 때에「대동여지도」의 인본을 조정에 바쳤던 바 그 정밀하고 자세함에 놀란 조정대신들이 나라의 기밀을 누설시킬 우려가 있다는 혐의로 판각을 압수, 소각하고, 그도 옥에 가두어 마침내 옥사하였다고 한다.

그러나「청구도」와「대동여지도」가 오늘날까지 온전히 전해졌고, 목판도 그 일부가 전해지고 있는 것으로 보아 이는 와전된 것이 아닌가 추측된다.

그는 또한「여지승람」의 착오를 정정하고 이를 더욱 보완하기 위해「청구도」와「대동여지도」의 자매편으로 전 32권 15책의「대동지지」를 완성하였다.

이「대동지지」역시 다년간의 현지답사와 고증을 통해 당시의 지지를 집대성한 거작이다.「청구도」의 내용과「대동지지」의 내용은 서로 깊은 연관성을 가지고 지도와 지지가 서로 보완적인 관계에 있다.

「대동지지」의 내용은 각종 지리지와 군현읍지, 그리고 기타 내외

서적을 광범위하게 참고하고 있다.
 그밖에도 20권의「여도비지(輿圖備志)」(국립중앙도서관 소장)를 최성환과 함께 편술(編述)하여 조선 후기 지리지(地理志)의 발달에 중요한 업적을 남겼다.
 이러한 자료들은 당대의 석학으로 알려진 최한기를 통해서 얻은 것으로 생각된다.
 그의 위대한 작품인「청구도」,「대동여지도」,「대동지지」는 모두 영인(影印)되어 오늘날 널리 이용되고 있다.

현대의학의 선구자

지석영(池錫永)
1855(철종 6) ~ 1935

    조선 후기의 의사이며 문신이고 국어학자이다. 본관은 충주, 자는 공윤(公胤)이고 호는 송촌(松村)이다. 서울 낙원동 중인집안에서 태어났다.
    그가 의학교육을 받은 일은 없으나 일찍부터 서학(西學)을 동경하여 중국에서 번역된 서양의학책을 탐독하였는데 특히 관심을 둔 것은 영국인 제너의 종두법(種痘法)에 관한 것이었다.
    1876년(고종 13년) 병자수호조약이 일본과 체결되면서 그해 수신사로 지석영의 스승인 박영선(朴永善)이 가게 되어 그에게 일본에서 실시되고 있는 종두법의 실황을 조사하도록 간청하였다. 그래서 박영선은 오다키(大瀧富川)에게 우두법을 배우고 구가(久我克明)의 「종두귀감」을 얻어다 전해주었다.
    그뒤 1879년 일본해군이 세운 부산의 제생의원에 가서 원장 마쓰마에와 군의 도즈카로부터 2개월간 종두법을 배우고 두묘(痘苗)와 종두침 두 개를 얻어 서울로 돌아오는 길에 처가가 있는 충주에 들러 40여 명에게 우두를 놓아주었다. 이것이 우리나라 사람에 의한 공개적인 종두법 실시의 시초이다.
    이듬해 서울로 돌아와 종두를 실시하여 호평을 받았으나 두묘의 공급이 잘 안 되었으므로 1880년 제2차 수신사 김홍집의 수행원으로 일본 도쿄에 건너가서 그곳 위생국 우두종계소장(牛痘種繼所長) 기쿠치에게 종두기술을 익히고 두묘의 제조, 저장법과 독우(犢牛)의 사양법(飼養法), 채장법(採漿法)을 배운 뒤 두묘 50병(柄)을 얻어가지고 귀국하였다.
    서울에서 두묘를 만들어 종두를 보급하면서 군의 마에다로부터 서양의학을 배웠다.
    1882년 임오군란이 일어나자 일본에서 종두법을 배워왔다는 죄목으로 체포령이 내렸다. 그는 재빨리 피신하였으나 종두장은 난민들의 방화로 불타버렸다.

정국이 바뀌면서 서울로 돌아와 종두장을 재건하였다.

그는 전라도어사 박영교의 초청을 받아 전주에 우두국을 설치하고 종두를 실시하면서 종두법을 가르쳤고, 이듬해에는 충청도어사 이용호의 요청에 의하여 공주에도 우두국을 만들었다.

「한성순보」에 외국의 종두에 관한 기사가 실려 종두법은 널리 알려지게 되었다.

이렇게 종두법의 보급에 진력하면서도 1883년 문과에 등제(登第)하여 성균관전적과 사헌부지평을 역임하였다.

1885년 그동안 쌓은 지식과 경험을 종합하여 「우두신설(牛痘新說)」을 지어냈다. 이것은 우리나라에서 처음 나온 우두법에 관한 저서로 2권으로 되어 있는데, 제너의 우두법 발견을 비롯하여 우두의 실시, 천연두의 치료, 두묘의 제조, 독우의 사양법·채장법이 간명하게 서술되어 있다.

같은해 우두교수관으로서 전라도지방을 순회, 시종(施種)을 하여 큰 성과를 거두었고, 1887년 전라남도 강진의 신지도(薪智島)에 유배되어 가서도 여전히 우두를 실시하였다.

1892년 유배에서 풀려 서울로 돌아온 그는 이듬해 우두보영당(牛痘保嬰堂)을 설립하고 많은 어린이들에게 시종하였다.

1894년 갑오개혁과 함께 위생국의 종두를 관장하게 되어 떳떳하게 우두를 보급할 수 있었다.

김홍집내각이 들어서면서 형조참의, 승지를 거쳐 동래부사를 지냈는데 임지에서도 우두를 실시하기를 잊지 않았다. 학부대신에게 의학교의 설립을 제의하였고, 1899년 의학교가 설치되자 초대교장으로 임명되었다.

그는 일본인 교사들을 초빙하고 일본 의학책을 번역하여 가르치게 되었다.

1902년 그의 제창으로 훈동(勳洞)에 의학교의 부속병원이 설립되었고, 이듬해 의학교는 첫 졸업생 19명을 내놓았다.

그는 「황성신보」에 「양매창론(楊梅瘡論)」을 발표하여 매독의 해독을 대중에게 알렸고, 온역(瘟疫)·전염병·앵매창의 예방법을 만들 것을 주장하기도 하였다.

1907년 의학교가 폐지되고 대한의원의육부(大韓醫院醫育部)로 개편됨과 함께 학감에 취임하였다. 1910년에 사직하였으니 11년 동안 의학교육에 헌신한 셈이다.

그의 업적은 근대의학의 도입에만 그치지 않았다. 1882년에 올린 상소에서 급속한 개화의 필요성을 역설하고, 이를 위하여 일종의 훈련원을 세우자고 주장하였다.

그곳에 당시의 세계정세를 알 수 있는 책과 외국의 과학기술에 관한 책들을 모으고, 구할 수 있는 여러 가지 문물을 수집하여 전국에서 뽑아온 젊은이들에게 보이고 가르치자는 야심적인 계획이었다.

이처럼 일찍이 개화에 눈을 뜬 그는 1890년대 후반에는 독립협회가 주최하는 가지가지 토론회에 참가하여 의견을 발표하였으며, 그럼으로써 시야를 넓혀갔다. 그러나 다른 회원들이 대부분 서양문물이라면 무조건 받아 들이자는 태도로 쏠려 있던 때 좀 다른 생각을 가졌던 듯하다.

예컨대, 그는 음력을 주로 쓰되 그 옆에 양력을 아울러 표시하자는 의견이었다.

또한 개화가 늦어지는 이유가 어려운 한문을 쓰기 때문이라고 보고 1905년 널리 교육을 펴기 위하여 알기 쉬운 한글을 쓸 것을 주장하였다. 더우기 주시경과 더불어 한글의 가로쓰기를 주장한 선구자였다.

1908년 국문연구소 위원에 임명되었고 이듬해 한글로 한자를 해석한 「자전석요(字典釋要)」를 지어냈다.

그의 주장은 인정을 받아 많이 받아들여졌고, 고종은 그의 공을 인정하여 태극장(太極章), 팔괘장(八卦章) 등을 내렸다. 그러나 얼마 안 되어 한일합병을 당하자 모든 공직을 버렸다.

일본의 간곡한 협조요청이 있었으나 초야에 묻혀 살다가 80세를 일기로 일생을 마쳤다.

국어계발의 큰 스승

주시경(周時經)
1876(고종 13) ~ 1914

우리 국어연구와 국어운동을 통하여 일제침략에 항거한 국어학자 주시경은 황해도 봉산 출생이며 본관이 상주이고 한힌샘, 또는 백천(白泉)이라는 별칭을 가지고 있다.

아버지 면석(冕錫)의 둘째 아들로 태어나 숙부 면진(冕鎭)에게 입양되었다.

그는 당초 아버지에게 한문를 배우다가 양아버지를 따라 1887년 6월에 상경하였다. 서당에서 한문을 계속 배우면서 신학문에 눈뜨자 1894년 9월 배재학당에 입학하였다. 도중에 인천부 관립이운학교(官立利運學校) 속성과 관비생으로 선발되어 졸업하였으나, 정계의 격변으로 해운계에의 진출이 무산되고, 1896년 4월 다시 배재학당 보통과에 입학하였다.

마침 1896년 4월「독립신문」을 창간한 서재필(徐載弼)에게 발탁되어 독립신문사 회계사무 겸 교보원(校補員)이 되었다.

순한글 신문제작에 종사하게 되자, 그 표기 통일을 해결하기 위한 국문동식회(國文同式會)를 조직하여 그 연구에 진력하였다. 동시에 서재필이 주도하는 배재학당협성회, 독립협회에 참여하였다가 그의 추방과 함께 물러나서「제국신문」기재(記載), 영국선교사 스크랜턴의 한어교사, 상동청년학원(尙洞靑年學院) 강사를 지내면서 1900년 6월에 배재학당 보통과를 졸업하였다.

그러나 신학문에 대한 지식욕은 대단하여 야간에 흥화학교(興化學校) 양지과(量地科)를 마치고, 정리사(精理舍)에서는 수물학을 3년간 34세가 되도록 공부하는 열성을 가졌다.

경력으로는 간호원양성학교, 공옥학교(攻玉學校), 명신학교(明信學校), 숙명여자고등학교, 서우학교(西友學校) 교원을 역임하였고, 협성학교(協成學校), 오성학교(五星學校), 이화학당(梨花學堂), 흥화학교, 기호학교(畿湖學校), 융희학교(隆熙學校), 중앙학교(中央學校), 휘문의숙(徽文義塾), 보성학교(普成學校), 사범강습소, 배재학당 등의 강사를 맡아 바쁜 생활을 보냈다.

그 담당과목은 1913년 3월 중앙학교의 예로 보아서 지리, 주산, 조선어 등으로 광범위하나, 그의 연구업적으로 보아 국어 교육이 중심이었던 것으로 보인다.

그의 활동은 계몽운동·국어운동·국어연구로 나누어지는데, 계몽운동은 배재학당협성회 전적(典籍)과 찬술원, 독립협회 위원,「가정잡지」교보원, 서우학회 협찬원, 대한협회 교육부원, 보중친목회 제술원(製述員) 등을 통한 애국계몽운동이었다.

이에 관한 논저는「가정잡지」와「월남망국사」(1907),「보중친목회보」등에 나타나 있다.

국어운동은 특히 한어개인교사, 상동사립학숙, 국어문법과 병설, 상동청년학원 교사 및 국어야학과 설치, 국어강습소 및 조선어 강습원 개설 등에서 심혈을 기울였다.

경술국치 후에는 숙명여자고등학교를 비롯하여 무릇 9개 교에서 가르치는 한편, 일요일에는 조선어강습원에서 수많은 후진을 깨우치기에「주보따리」라는 별명이 붙을 만큼 동분서주하며 정열을 불태웠다.

그가 가장 정성을 다한 국어연구는 국문동식회를 비롯한 의학교내 국어연구회 연구원 및 제술원, 학부 국문연구소 주임위원(奏任委員), 국어강습소 졸업생과 설립한 국문연구회, 조선광문회 사전편찬 등의 활동을 통하여 깊어졌다.

그의 연구는 새받침을 처음으로 주장한 1897년 국문식,「독립신문」에 발표한 논설「국문론」에서 그 방향이 시사된 바와 같이 우리말을 핵심으로 한 국어문법의 체계화였다.

주된 업적은 필사본「국문문법」(1905년), 유인본「대한국어문법」(1906년), 국문연구소 유인본「국문연구안」(1907년~1908년),「국어문전음학」(1908년), 필사본「말」(1908년 경), 국문연구소 필사본「국문연구」(1909년), 유인본「고등국어문전」(1909년 경) 등이며, 학문적 축적을 거쳐 대표적 저술인「국어문법」(1910년)을 이룩하였다.
 이 책은 독자적으로 개척한 초기 국어문법의 하나로서 국어의 특성에 입각한 음운, 품사, 구문, 어휘의 4부를 갖추고 있다. 특히 그 구문론은 직소분석(IC分析)의 원리가 엿보이는 구문도해를 최초로 이룩한 것으로 크게 평가되고 있다.
 그의 연구는 여기에 그치지 않고, 거듭된 그 수정판(1911년, 1913년), 유인본「소리갈」(1913년 경)을 거치는 동안에 순 우리말로 서술하기에 그 나름대로 성공한「말의 소리」(1914년)를 저술하였다.
 마지막 저술인 이책은 구조언어학적 이론을 구체적으로 창안한 세계 최초의 업적으로 높이 평가된다. 즉 음운론에서 음소(phoneme)에 해당하는「고나」의 발견, 형태론으로 어소(morpheme)에 해당하는「늣씨」의 발견은 서구언어학에 비해 수십 년 앞선 큰 업적이었기 때문이다.
 수리학을 바탕으로 한 논리적 구성으로 심화시켜 이러한 학문을 이룩하였는데, 그것은 황무지에서 국어학을 개척한 커다란 공로로 인정된다.
 그는 또한 이러한 논리에 입각해서 새받침에 의한 표의주의적 철자법, 한자폐지와 한자어의 순화, 한글의 풀어쓰기 등 급진적인 어문혁명을 부르짖었다.
 그의 이러한 학문과 주장은 학교와 강습소에서 길러낸 많은 후진으로 형성된 후 주시경학파를 통해서 이어지고 크게 영향을 끼치고 있다.
 후진양성에 관해서는 새로 나타난「한글모죽보기」에서 최현배(崔鉉培), 신명균(申明均), 김두봉(金枓奉), 권덕규(權悳奎), 정열모(鄭烈模), 이규영(李奎榮), 장지영(張志暎), 정국채(鄭國采), 김원우(金元祐), 안동수(安東洙) 등 550여 명의 강습생 명단으로 구체적으로 밝혀졌다.

근대소설 선두주자

이인직(李人稙)
1862(철종 13) ~ 1916

한국 근대문학의 선구자라 할 수 있는 이인직은 신소설 작가이자 언론인이며 신극운동가다. 호는 국초(菊初), 경기도 이천 출생이다.

1900년 관비유학생으로서 일본 동경의 정치학교에 수학하였다. 러일전쟁 때는 일본 육군성 한국어 통역에 임명되어 제1군사령부에 소속되어 종군하였다.

1906년 「국민신보」 주필, 「만세보(萬歲報)」 주필 등을 역임하였고, 1907년 「대한신문」을 창간하여 사장이 되었다.

1908년에는 원각사(圓覺寺)를 세워 「은세계(銀世界)」를 무대에 올려 상연하였다. 또한 신파극을 수용하여 상업적 호응을 얻는 등 신연극운동의 선구자로 활동하였다.

그뒤 선릉참봉(宣陵參奉), 중추원부찬의(中樞院副贊議) 등을 지냈다.

친일지식인으로서 일본을 자주 내왕하였고, 경술국치 이전에는 이완용(李完用)의 비서로서 그의 정치적 노선에 동조하여 일본 관원 고마쓰(小松綠)와 내통, 일본강점에 협력하였다.

국치 이후에는 경학원사성(經學院司成)을 지냈다.

주요작품으로는 「혈(血)의 누(淚)」(1906년)를 비롯하여 「귀(鬼)의 성(聲)」, 「치악산(雉岳山)」(1908) 상편과 「은세계」, 「모란봉」(1913), 「빈선랑(貧鮮郎)의 일미인(日美人)」(1912) 등이 있다.

특히 「혈의 누」는 처녀 장편소설로서 본격적인 신소설의 효시에 해당하는 작품이다.

이 작품은 청일전쟁으로부터 10여 년간의 옥련의 삶을 통하여 자주독립, 신교육, 신결혼관, 국제세력의 인식, 봉건성의 탈피 등 새로운 주제를 제시하였으나 표면적인 주제의식과 내면적인 형상화간의 괴리가 있는 점이 지적될 수 있다. 바로 후편에 해당하는 「모란봉」

은 그러한 주제의식이 후퇴하여 평범한 애정소설에 머무르고 만다.

한편「귀의 성」,「치악산」은 처첩의 비극·갈등·고부간의 불화를 통한 봉건적 윤리비판, 가부장제의 모순, 양반과 상민간의 신분갈등, 관료의 학정과 비호를 비판적으로 제시한 계몽소설로서 참신하지는 않으나 사회비판적 현실반영, 장면이나 사건의 세부묘사, 문장의 입말체 등 근대소설적인 성격을 보여주고 있다.

또한「은세계」는 관료층의 수탈과 학정에 대한 고발정신, 민요의 풍자적 삽입 등 이야기의 현실성에 있어 적절한 표현을 함으로써 객관적 관점이 살아난 작품으로 신소설 중 가장 뛰어난 작품의 하나로 손꼽힌다.

그밖에 단편「빈선랑의 일미인」에서도 장편과는 다른 측면에서 객관적 서술 및 뛰어난 단편양식적 인식을 보여준다.

이처럼 문학사적인 측면에서 볼 때, 이인직은 최초의 신소설 작가로서 구소설과 근대소설로 이어지는, 소설의 전통적 연결을 시도하고 확립한 주요작가이다.

물론 계몽주의 사상을 기저에 깔고 있으면서 제국주의적 국가관을 암암리에 담고 있다는 점에서 비판의 여지는 많지만, 문장에서 입말체와 묘사체 시도의 효시를 보이며, 객관묘사와 심리묘사의 뛰어난 기량 등 신소설 최고의 작가로 평가된다.

의병투쟁을 지휘한 우국지사

최익현(崔益鉉)
1833(순조 33) ~ 1906

　면암(勉菴) 최익현은 한말의 의병투쟁을 지휘한 애국지사다. 본관은 경주이고, 자는 찬겸(贊謙), 호가 면암이다. 경기도 포천에서 출생하였으며 대(岱)의 아들이다.
　6세 때 입학하여 9세 때 김기현(金琦鉉) 문하에서 유학의 기초를 공부하였고 14세 때 벽계에 은퇴한 성리학의 거두 이항로의 문하에서 「격몽요결」, 「대학장구(大學章句)」, 「논어집주」 등을 통하여 성리학의 기본을 습득하였으며, 이항로의 「애군여부 우국여가(愛君如父 憂國如家)」의 정신, 즉 애국과 호국의 정신을 배웠다.
　1855년(철종 6년) 명경과에 급제하여 승문원 부정사로 출사한 이후 순강원수봉관, 사헌부지평, 사간원정언, 신창현감, 성균관직강, 사헌부장령, 돈녕부도정 등의 관직을 두루 역임하고 1870년(고종 7년)에 승정원 동부승지를 지냈다.
　수봉관, 지방관, 언관으로 재직시 불의와 부정을 척결하여 자신의 강직성을 발휘하였고, 특히 1868년에 올린 상소는 경복궁 재건을 위한 대원군의 비정을 비판, 시정을 건의한 것이다.
　이 상소는 그의 강직성과 우국애민정신의 발로이며 막혔던 언로를 연 계기가 되었다. 또 1873년에 올린 「계유상소」는 1871년 신미양요를 승리로 이끈 대원군이 그 위세를 몰아 만동묘(萬東廟)를 비롯한 많은 서원의 철폐를 단행하자 그 시정을 건의한 상소다.
　이 상소를 계기로 대원군의 10년 집권이 무너지고 고종의 친정이 시작되었다. 한편 고종의 신임을 받아 호조참판에 제수되었고 누적된 시폐를 바로잡으려 하였으나, 권신들은 반발을 하여 도리어 대원군 하야를 부자이간의 행위로 규탄하였다. 이에 「사호조참판겸진소회소」를 올려 민씨일족의 옹폐를 비난하였으나 상소의 내용이 과격, 방자하다는 이유로 제주도로 유배되었다.

1873년부터 3년 간의 유배생활을 계기로 관직생활을 청산하고 우국애민의 위정척사의 길을 택하게 되었다.

그 첫 시도로서 1876년 「병자지부소(丙子持斧疏)」를 올려 일본과 맺은 병자수호조약을 결사 반대하였다. 이 상소로 흑산도로 유배되었으나 그 신념과 시조는 꺾이지 않았다.

유배에서 풀려난 뒤 1895년 을미사변이 일어날 때까지 약 20년 동안 침묵을 지켰다. 이 시기는 일본과의 개국 이래 임오군란, 갑신정변, 동학운동, 청일전쟁 등 여러 사건이 연속적으로 일어나 국내외 정세가 복잡하였던 때였다. 특히 1881년에 신사척사운동이 일어나 위정척사 사상이 고조되고 있을 때 이 운동의 선봉에 섰던 그가 침묵을 지켰다는 것은 이해하기 어렵다.

이러한 침묵에도 불구하고 일본의 침략이라는 역사적 위기 상황 속에서 항일투쟁의 지도이념으로 성숙하게 된 것은 그의 위정척사사상이 고루한 보수적인 것이 아님을 말해주는 것이다.

또 항일정치투쟁방법도 이제까지의 상소라는 언론수단에 의한 개인적, 평화적이 아닌 집단적, 무력적인 방법으로 바뀌었고 위정척사 사상도 배외적인 국수주의로부터 민족의 자주의식을 바탕으로 한 자각된 민족주의로 심화되었다.

이러한 그의 항일구국이념은 1895년 을미사변의 발발과 단발령의 단행을 계기로 폭발하였다. 오랜만의 침묵을 깨고 「청토역복의제소 (請討逆復衣制疏)」를 올려 항일척사운동에 앞장섰다. 이때 여러 해에 걸쳐 고종으로부터 호조판서, 각부군선유대원(各府郡宣諭大員), 경기도관찰사 등 요직에 제수되었으나 사퇴하고 오로지 시폐의 시정과 일본을 배격할 것을 상소하였다.

당시 올린 상소는 1896년에 「선유대원명하후진회대죄소」, 1898년 「사의정부찬정소」와 재소, 「사궁내부특진관소」와 재소, 1904년 「사궁내부특진관소」의 삼소·사소, 「수옥헌주차」·「궐외대명소」재소·삼소·사소 등이 있다.

1905년 을사조약이 체결되자 곧바로 「청토오적소」와 재소를 올려서 조약의 무효를 국내외에 선포할 것과 망국조약에 참여한 박제순 등 오적을 처단할 것을 주장하였다. 이 사건을 계기로 언론수단에 의한 위정척사운동은 집단적, 무력적인 항일의병운동으로 전환되었다.

1906년 윤4월 전라북도 태인에서 궐기하고 한편으로「창의토적소」를 올려 의거의 심정을 피력하고 궐기를 촉구하는「포고팔도사민」의 포고문을 돌리고 일본정부에 대한 문죄서「기일본정부(寄日本政府)」를 발표하였다.

74세의 고령으로 의병을 일으켜 최후의 진충보국하고자 하였으나 뜻을 이루지 못하고 적지 대마도 옥사에서 순국하였다. 그러나 그의 우국애민의 정신과 위정척사사상은 한말의 항일의병운동과 일제강점기의 민족운동, 독립운동의 지도이념으로 계승되었다.

그의 학문은 위정척사운동에 비하여 큰 업적을 남기지 못하였다. 그는 성리학에 기본을 두고 있는 이항로의 학문을 이어받고 있었으나 이기론(理氣論)과 같은 형이상학적인 관심보다는 애국의 실천도덕과 전통질서를 수호하는 명분론에 더 큰 관심을 가지고 있었다.

그러므로 그의 이기론은 이항로의 설을 조술하고 스승의 심전설(心專說)을 계승하였을 뿐이다. 그러나 그의 사상과 이념은 역사적 현실에 바탕을 둔 실천성을 지니고 있었기 때문에 구국애국사상으로, 또 민족주의사상으로 승화·발전할 수 있었다.

여기서 위정척사사상의 역사적 역할과 의의를 찾아볼 수 있다. 최익현의 사우관계는 김기현, 이항로를 스승으로 하여 성리학을 배웠으나 후자의 영향이 절대적이었고 학우관계는 이항로문하에서 수학한 동문인 이준, 이박, 임규직, 김평묵, 박경수, 유중교 등 비교적 단순하였다.

저서는「면암집」40권, 속집 4권, 부록 4권이 있다.

1962년 건국훈장 대한민국장이 추서되었다. 최익현의 대의비인 춘추대의비(春秋大義碑)가 현재 충청남도 예산군 광시면 관음리에 있다.

제향은 모덕사(慕德祠:충청남도 청양군에 있음)와 포천, 해주, 고창, 곡성, 순화, 무안, 함평, 광산, 구례 등에서 봉향되고 있다.

忠義 강직한 대문장가

이건창(李建昌)
1852(철종 3) ~ 1898

　조선 말기의 문신이다. 특히 대문장가로 이름이 높다. 본관은 전주이고 어렸을 때의 이름은 송열(松悅)이었고, 자는 봉조(鳳朝), 호는 영재(寧齋)다. 이조판서 시원(是遠)의 손자이며 증이조참판 상학(象學)의 아들이다.
　할아버지가 개성 유수로 재직할 때 유수관아에서 태어나 출생지는 개성이나 선대부터 강화에 살았다. 할아버지로부터 충의(忠義)와 문학(文學)을 바탕으로 한 가학(家學)의 가르침을 받았으며, 5세에 문장을 구사할 만큼 재주가 뛰어나 신동이라는 말을 들었으며, 장성한 뒤에는 모든 공사(公私) 생활에서 할아버지의 영향을 받았다. 강위(姜瑋), 김택영(金澤榮), 황현(黃玹) 등과 교분이 두터웠다. 용모가 청수(淸秀)하였으며, 천성이 강직하여 부정·불의를 보면 추호도 용납하지 않고 친척·지구(知舊)나 지위의 고하를 막론하고 처단하였다. 일반 대인관계에 있어서도 의례적인 의식이나 양보가 없이 소신대로 피력하는 성격이므로 인심포섭에는 도리어 결점이 되기도 하였다. 그러므로 정사를 처리하는 과정에서 지나친 충간(忠諫)과 냉철 일변도의 자세는 벼슬길에 많은 지장을 초래하기도 하였다.
　1866년(고종 3년) 15세의 어린 나이로 별시문과(別試文科)에 병과로 급제하였으나 나라에서도 너무 일찍 등과하였기 때문에 19세에 이르러서야 홍문관직에 벼슬을 주었다.
　1874년 서장관으로 발탁되어 청나라에 가서 그곳의 황각(黃珏), 장가양, 서보 등과 교유하며 이름을 떨쳤다.
　이듬해 충청우도 암행어사가 되어 충청감사 조병식의 비행을 낱낱이 들쳐내다가 도리어 모함을 받아 벽동(碧潼)으로 유배되었고, 1년이 지나서 풀려났다. 공사(公事)에 성의를 다하다가 도리어 당국자의 미움을 사 귀양까지 갔으며, 그뒤 벼슬에 뜻을 두려 하지 않았다.

그러나 임금이 친서로「내가 그대를 아니 전과 같이 잘 하라」는 간곡한 부름에 못이겨 1880년 경기도 암행어사로 나가서 관리들의 비행을 파헤치는가 하면, 흉년을 당한 농민들을 일일이 찾아다니면서 식량문제 등 구휼에 힘썼다. 한편 세금을 감면하여 주기도 하여 백성들로부터 환심을 얻어 그의 불망비(不忘碑)가 각처에 세워졌다.

그뒤 어버이상을 당하여 6년간 집상(執喪)을 마치고 1890년 한성부소윤이 되었다.

당시 나라 안에 거류하는 청국인과 일본인들이 우리 백성들의 가옥이나 토지를 마구 사들여 방관하는 사이에 그 규모가 점차 커지면서 그들이 소유권을 보호한다는 명목으로 온갖 문제를 일으킬 것에 대비, 시급히 국법을 마련하여 국민들의 부동산을 외국인에게 팔아 넘기지 못하도록 금지령을 실시하여야 한다는 상소를 올렸다.

그때 우리나라에 큰 영향력을 행사하던 이홍장(李鴻章)의 부하인 청국공사 당소의(唐紹儀)가 한성소윤의 상소내용을 알고 화가 나서 공한으로「청국사람과의 가옥이나 토지매도를 금한다는 조항이 조약상에 없는데 왜 금지조치를 하려는가」라고 항의하였다. 이에 그는 「우리가 우리 국민에게 금지시키는 것인데 조약이 무슨 상관인가」라고 일축하였다.

그러자 당소의는 이홍장의 항의를 빙자하여 우리 정부에 압력을 가함으로써 금지령을 내리지 못하게 하였다.

그러나 그는 단념하지 않고, 만약 외국인에게 부동산을 판 사람이 있으면 그에게 다른 죄목으로써 토죄하고 가중처벌을 하였으므로, 이러한 기미를 알아차린 백성들은 감히 외국과 매매를 못하게 되니, 청국인들도 하는 수 없이 매수계획을 포기하게 되었다.

1891년 승지가 되고 다음해 상소사건으로 보성에 재차 유배되었다가 풀려나서 1893년 함흥부의 난민(亂民)을 다스리기 위하여 안핵사(按覈使)로 파견되어 그곳에서 관찰사의 죄상을 명백하게 가려내어 파면시켰다.

임금도 지방관을 보낼 때에「그대가 가서 잘못하면 이건창이 가게 될 것이다」라고 할 정도로 공사를 집행하는 그의 자세는 완강하고 당당하였다.

갑오경장 이후로는 새로운 관제에 의한 각부의 협판(協辦), 특진관(特進官) 등이 제수되었으나 모두 거절하고 나아가지 않았다.

1896년 해주관찰사에 제수되었으나 극구 사양하다가 마침내 고군산도로 세번째 유배되었다가 특지(特旨)로 2개월이 지난 뒤에 풀려났다.

그뒤 향리인 강화에 내려가서 서울과는 발길을 끊고 지내다가 2년 뒤에 47세로 세상을 떠났다.

그의 저서 「당의통략(黨議通略)」은 파당을 초월하고 족친을 초월하여 공정한 입장에서 당쟁의 원인과 전개과정을 기술한 명저로 높이 평가되고 있다.

원래 그의 문필은 송대(宋代)의 대가인 증공, 왕안석의 영향을 많이 받았으며, 정제두(鄭齊斗)가 양명학(陽明學)의 지행합일(知行合一)의 학풍을 세운 이른바 강화학파(江華學派)의 학문태도를 교훈받고 실천하였다.

한말의 대문장가요 대시인인 김택영이 우리나라 역대의 문장가를 추숭할 때에 여한구대가(麗韓九大家)라 하여 아홉 사람을 선정하면서 그 최후의 사람으로 이건창을 꼽은 것을 보면, 당대의 문장가라기보다 우리나라 전대(全代)를 통하여 몇 안되는 대문장가의 한 사람임에 손색이 없을 듯하다.

글씨에도 뛰어났으며, 성품이 매우 곧아 병인양요 때에 강화에서 자결한 할아버지의 유지를 받들어 개화를 뿌리치고 철저한 척양척왜주의자로 일관하였다.

저서로는 「명미당집(明美堂集)」, 「당의통략」 등이 있다.

항일 의병의 선봉장

이석용(李錫庸)
1878(고종 15) ~ 1914

한말의 의병장인 이석용은 전북 임실출생으로 본관은 전주이고 자는 경항(敬恒), 호는 정암(靜庵)이다. 처음 이름은 갑술(甲戌)이라 했다. 승문박사(承文博士) 태환(泰煥)의 손자이며 봉선(鳳善)의 아들이다.

러일전쟁에서 승리한 일제가 우리나라의 재정간섭을 강화하자, 1906년 임실, 장수, 진안, 남원, 함양, 순창, 곡성 등지에서 동지를 얻고 조정을 비롯하여 전국의 동포, 그리고 일본정부와 세계열강들에게 격문, 통고문, 규탄문, 건의문 등을 선포하면서 민족의 주권확립에 노력하였다.

1907년 8월 우라나라 군대가 강제 해산당하자, 같은 고향의 전해산(全海山)이 서신을 보내 함께 거의토적(擧義討賊)할 것을 의논하였다.

이때 기삼연(奇蔘衍)이 영광 수록산(隨錄山) 석수승암(石水僧庵)에서 회맹하여 호남창의맹소(湖南倡義盟所)를 구성하자, 전해산과 더불어 종사 중 1인이 되었다.

그러나 기삼연의 의진에 입진하지 않고 독자적인 의진구축이 필요함을 절감, 뒤에 연합할 것을 기약하고 8월 26일 고향으로 가 상이암(上耳庵)과 황사현에서 재차 동지들과 창의계획을 숙의하였다.

이에 의진을 「의병창의동맹」이라 명명하고, 진용을 정비하여 선봉, 중군, 후군, 참모, 총지위, 연락, 도로부장, 보급, 운량 등의 부서를 정한 뒤 9월 4일 진안 석전리에서 거병, 의병대장에 추대되었다. 전해산을 참모에 기용하고, 박만화, 여운서, 김공실들의 용장들을 각 부서에 임용하였다.

1907년 9월 12일 마이산(馬耳山) 남쪽 기슭의 용암(龍巖) 위에 설단제천(設壇祭天)하여 오로지 「왜인을 이 땅에서 몰아내라」고 외쳤다. 13일에는 진안읍을 기습하여 적장에게 총상을 입혀 패주시킨 뒤 그들의 복장, 양총, 비단, 문부(文簿) 등을 노획하는 대첩을 거두었다. 또한 우편소를 습격, 파괴하여 우편물을 소각하고, 전선을 모조리 끊었다. 16일에는 내원사(內源寺) 골짜기에서 적병 10여 명을 사살하기도 하였다.

10월 8일 화암리 후방산(後方山)에서 적과 접전하였으나 일본군과의 병력 차이로 많은 의병을 잃었으나, 진안, 용담, 정천, 임실, 순창 등지를 거쳐 태인, 남원 등지에서 전투를 벌였고, 11월 14일 성수산(聖壽山)에서 의진을 재편하였다.

11월 17일 장수읍을 공격, 일본군을 남원으로 후퇴하게 하였으며, 12월 25일 진안 무술촌(武戌村)에서 적 2명을 사살하였다.

1908년 3월 5일 진안 시동(矢洞), 3월 14일 마근현(麻根峴), 3월 17일 수류산(殊流山), 3월 27일 관촌역(舘村驛), 4월 30일 가수리(嘉水里) 등지에서 적과 접전하였다.

이때 휘하의 봉수, 덕홍 등 승려와 박철규, 허천석 등 소년의병이 전사하는 손실을 입었다.

1909년 9월 의진해산 뒤 잠행 유랑하던 중 1912년 성수면 삼청리에서 붙잡혀 1914년 1월 12일 사형선고를 받고, 그해 4월 대구에서 교수형을 받았다.

1962년 건국훈장 국민장이 추서되었다.

의병활동에 관한 진중일기를 남겨「정재선생호남창의일록(靜齋先生湖南倡義日錄)」이 간행되었다.

항일 의병의 선봉장

이강년
1858(철종 9) ~ 1908

경북 문경출신으로 한말의 의병장이다. 본관은 전주, 자는 낙인(樂仁), 호는 운강(雲岡)으로 기태(起台)의 아들이다.

1880년 무과에 급제하여 절충장군행용양위부사과로서 선전관이 되었으나, 1884년 갑신정변이 일어나자 사직하고 낙향하였다.

1895년 명성황후 민비가 시해되고 단발령이 내려지자, 1896년 1월 11일 가산을 털어 문경에서 의병을 일으켜 안동관찰사 김석중과 순검 이호윤, 김인담을 체포하여 농암장터에 운집한 군중 앞에서 효수하였다.

이어 제천으로 유인석을 찾아가 그의 사문(師門)이 되고, 유인석 의병부대의 유격장으로서 문경, 평천, 조령 등지에서 활약하였다.

이해 4월에 장기렴이 거느린 관군과 제천에서 싸워 패한 다음, 유인석이 요동으로 가자 그도 의병을 해산하고 유인석을 따라가서 3년 동안 그곳에서 지내고 다시 돌아와 단양 금채동에서 학문에 전념하였다.

1907년 일본의 침략이 더욱 노골화하여 헤이그특사 사건으로 고종이 강제로 선위하고 정미칠조약으로 한국군대가 해산당하자, 영춘(永春)에서 다시 의병을 일으켜 때마침 원주진위대를 이끌고 봉기한 민긍호부대와 합세하여 충주를 공격하였다.

1907년 7월 7일 제천에서 일본군과 교전한 것을 비롯하여 9월 16일에는 싸릿재, 9월 27일에는 죽령, 10월 5일에는 고리평(故里平), 10월 23일에는 백자동(柏子洞)에서 큰 전과를 올렸다. 이해 12월에는 전국의 의병들이 서울을 공격하기 위하여 각도 의병장을 따라 양주에 집결하여 13도 연합의병부대를 편성하자 호서창의대장(湖西倡義大將)으로 이에 참석하였다.

그러나 이 연합의병부대의 서울진격작전이 미수에 그치자, 다음해인 1908년 봄부터 휘하장병들을 독려하여 2월 17일의 용소동전투를 비롯하여 2월 26일의 갈기동전투, 3월 12일의 백담사전투, 4월의 안동 서벽전투에서 빛나는 승리를 거두었다.

그의 의병활동지역은 주로 강원도, 충청도, 경상북도 일대에 걸쳤는데, 그 밑에서 활약한 김상태, 이만원, 백남규, 하한서, 권용일, 윤기영과 그밖의 장졸들이 모두 이 지방 출신자들로서 이 지역의 지리에 밝고 또 엄격한 군율로 의병부대의 기강이 서있어서 지방민들의 절대적인 지지를 받고 있었기 때문에 일본군이 가장 두려워한 막강한 의병세력이었다.

그러나 1908년 6월 4일 청풍(清風), 작성(鵲城)에서 벌어진 일본군과의 결전에서 발목에 총알을 맞고 일본군에게 붙잡혔다.

수원의 일본수비대에 구류되었다가 같은 해 7월 8일에 서울의 일본군 헌병사령부로 압송되어 이곳에서 다시 평리원으로 옮겨 9월 22일에 교수형을 선고받았다.

시신은 유언에 따라 그의 두 아들 승재(承宰), 긍재(兢宰)와 부하인 도선봉장 권용일에게 인계되어 과천의 효령대군(孝寧大君)의 묘 아래에 장례하였다가 나중에 제천으로 옮긴 듯하다.

저서로는 「운강문집」이 있고, 또 그 제자와 의병시절의 부하들에 의하여 엮어진 「운강선생창의일록」이 있다.

1962년 건국훈장 대한민국장이 추서되었다.

救國 의병의 지도자

이인영(李麟榮)
1867(고종 4) ~ 1909

한말의 의병장, 일명 준영(峻榮)으로도 불린다. 경기도 여주에서 태어났다. 정동헌(鄭東鉉)의 문인으로 일찍이 대성전재임을 지냈다.

1895년 을미사변으로 명성황후 민비가 시해되고 이어서 단발령이 내려지자 유인석, 이강년 등의 의거에 호응하여 원주에서 의병을 일으켰다. 그리고 유인석의 제천전투에 참여하기도 하였으나 별로 성과를 거두지 못하고 있다가 경상북도 문경으로 이주하여 은둔생활을 하면서 농업에 종사하였다.

1905년 을사조약을 계기로 국권회복을 위한 의병이 전국적으로 확대되어가자 의병을 일으킬 결심을 하였으나 때마침 아버지가 병석에 누워 있었으므로 뜻을 이루지 못하였다.

그뒤 1907년 고종의 강제퇴위, 군대해산을 계기로 의병을 재기하여 일부 해산군인과 제휴하였는데, 원주에서 의병을 일으킨 이은찬, 이구재가 해산군인 80명을 포함한 500명의 의병을 소모한 뒤 그를 찾아와 총대장이 되어줄 것을 요청하였다. 아버지가 병석에 누워 망설였으나 사사로운 일로 공사를 미룰 수 있겠느냐는 그들의 간곡한 권유에 이를 수락하고 원주로 출진하여 관동창의대장에 오른 뒤 사방으로 격문을 발하여 의병을 소모하였다.

의병의 수가 수 천 명에 이르자 식량과 자금의 조달이 큰 문제였는데, 반역배들의 재산을 몰수하여 이를 충당하도록 하였다.

그리고 9월에는 서울주재 각국 영사관으로 사람을 밀파하여 일본의 불의를 성토하고, 의병은 순수한 애국단체이니 열강은 이를 국제법상의 전쟁단체로 인정하여 적극 성원해줄 것을 바란다는 관동창의대장명의의 격문을 전달하기도 하였다.

원주는 교통이 불편하여 대사를 도모할만한 곳이 못 된다고 판단, 횡성, 지평, 춘천 등지를 전전하며 의병규합에 노력하면서, 평안도와 함경도를 제외한 각 도에 격문을 발하여 경기도 양주로 집합할 것을 촉구하였다.

격문에 호응하여 11월에는 각 도의 의병장들이 속속 양주로 집결하였으니 경기도의 허위(許蔿), 황해도의 권중희(權重熙), 충청도의 이강년, 강원도의 민긍호(閔肯鎬), 경상도의 신돌석(申乭石), 전라도의 문태수(文泰洙), 평안도의 방인관(方仁寬), 함경도의 정봉준(鄭鳳俊) 등이었다.

평안도와 함경도에는 격문을 보내지 않았는데도 방인관이 평안도에서 80여 명, 정봉준이 함경도에서 70여 명을 거느리고 자진 참여하였다.

이때 양주에 집결한 의병의 수는 약 1만 명(또는 8,000명)에 달하였는데, 그 중에 근대식 무기를 가진 진위대출신의 병사와 기타 훈련받은 군인이 약 3,000명이었다.

의병장들의 연합전략회의 결과 13도 의병연합부대를 편성하여 원수부 13도총대장에 추대되어 전병력을 24진으로 하는 연합부대를 편성, 의병부대는 서로 기일을 정하고 서울 동대문 밖에 집결하여 대오를 정비한 뒤 일거에 서울을 공략할 작전계획을 세우고 진격을 개시하였다.

그런데 이 중대한 시기에 아버지의 사망 부고가 전하여져 문경으로 돌아가 아버지의 장례를 마쳤다. 그뒤에도 여러 차례 의병들이 찾아가 재기할 것을 권유하였으나 아버지의 3년상을 마친 뒤 다시 13도의 창의군을 일으켜 권토중래(捲土重來)의 세력으로 일본인을 소탕하겠다고 말하면서 그들의 권유를 받아들이지 않았다.

그뒤 노모와 두 아들을 데리고 상주군에 숨어 살다가 다시 충청북도 황간군 금계동으로 옮겼는데, 1909년 6월 7일 일본 헌병에게 잡혀 경성감옥에서 죽었다.

1962년 건국훈장 대한민국장이 추서되었다.

의병투쟁의 전설적 인물

신돌석(申乭石)
1878(고종 15) ~ 1908

태백산 호랑이라는 별명이 붙어 있을 정도로 활약이 두드러진 한말의 의병장이다. 경북 영해 출신이며 본관은 평산이고 본명은 태호(泰浩), 자는 순경(舜卿), 다른 이름으로 돌석, 태홍, 태을, 대호 등이 있다.

그가 태어난 영해지방은 1871년(고종 8년)에 이필제가 중심이 되어 부사를 죽이고 관아를 불태운 농민봉기가 일어났던 곳으로 봉건체제에 항거하는 기질이 강한 지방이었다.

이러한 영향으로 그는 어려서부터 반봉건의식을 가지게 되었고, 일제의 침략으로 국권을 잃게 되자 강렬한 항일의식에 눈뜨게 되었다.

1895년 명성황후의 시해사건과 단발령을 계기로 각처에서 의병이 봉기하자, 19세의 젊은 나이로 1896년(건양 1년) 3월 13일 영해에서 100여 명의 의병을 이끌고 창의하였다.

1905년 을사조약을 계기로 전국 각지에서 의병운동이 재개되자 1906년 3월 13일 의병 100여 명을 모아 그가 사는 마을에서 영릉의 병장이라는 기호를 내걸고 재차 기의하였다. 4월에 울진 장흥관(長興館)에 이르러 일본군의 배 9척을 기습파괴하고, 6월에는 원주의 병정들을 습격하게 하였다.

이어 삼척, 강릉, 양양, 간성 등지에 주둔한 일본군을 무찌르고 또 그들의 전선가설을 방해하였다.

1907년 울진 매화당(梅花堂)에서 수동(壽洞)으로 돌아와 다시 의병을 모집, 영덕의 관공서를 습격하고 원구(元邱)에 진을 쳤다. 이때 일본군이 청송에 집결해 있었는데 이를 공격하기 위하여 의병을 청부역(靑鳧驛)으로 진군시켰다.

이 소식을 들은 지방민 3,000여 명이 가세하자 주둔병은 영양의 주곡(注谷)으로 퇴각하였는데, 이를 추격하여 격전 끝에 물리쳤다.
 이곳에서 10여 일간 머물면서 흩어진 주민들을 위무하고, 진보(眞寶)의 삼위(三危)에서 또다시 적을 격파하였다.
 이어 경주의 대산성(垈山城)에서 연일 전투를 벌이다가 다시 청하(淸河)로부터 영덕의 조현(鳥峴)에 이르러 적과 싸워 이기고 소항(所項)을 지나 대동(大洞)에 이르렀다.
 10월에는 영해경무서를 습격하고, 수동으로 돌아와 군량을 조달하였다.
 12월에 의병장 이인영을 중심으로 13도 의병이 연합하여 서울 공격을 목적으로 전국의 의병부대가 양주로 모여들었다.
 이때 신돌석도 경상도 의병을 대표하여 의병 1,000여 명을 이끌고 올라왔다. 그러나 13도 연합의병의 서울 침공계획은 실천하지도 못하였을 뿐만 아니라, 진호(鎭護)와 부서개편에서 신돌석부대는 제외되고 말았다.
 당시 13도 연합의병부대의 각도 의병대장은 양반, 유생출신의 의병대장으로만 편성되고, 평민출신 의병장인 신돌석을 비롯하여 홍범도, 김수민 등을 참여시키지 않아 폭넓은 민중의 지지를 받지 못하였다.
 그는 부하 장병을 이끌고 경상도 영해로 되돌아와 1908년 1월에 평해의 두곡에서 일본군을 격파하고 2월에 영양읍에 진을 쳤다가 3월에 수비(首比)로 돌아와 안동, 울진, 삼척, 강릉 등지의 의병과 합쳐서 군세를 강화하여 춘양, 황지, 소봉동 등지의 적을 격파하였다.
 4월에는 울진 도곡(道谷)에서 적의 무기를 다수 빼앗았으며, 7월에 평해 한곡(寒谷)에서, 9월에는 희암(喜巖)에서 싸웠다.
 10월에 안동 재산(才山)으로부터 영양 검정여점(黔丁旅店)으로 돌아왔다. 날씨가 추워져 이듬해 봄을 기약하고 장병을 돌려보낸 후 눌곡(訥谷)의 부하 김상렬(金相烈)의 집에 은신하였는데, 이들 형제의 계략에 빠져 암살당하였다.
 신돌석은 한말 의병투쟁에 있어서 평민출신의 의병대장으로는 가장 먼저 기병하여 민중적 기반 위에 막강한 의병세력으로 성장, 일본군에게 큰 타격을 입혔다. 특히 그는 교묘한 게릴라전법으로 장기간 전투를 계속하였는데 이것은 그의 의병부대가 군율이 엄격하고 민폐를 끼치지 않았기 때문에 이르는 곳마다 민중들의 환영과 보호를 받을 수 있었기 때문이었다.

그러나 당시 양반과 유생출신 의병장들의 봉건적인 신분질서 관념은 평민출신인 그를 받아들이지 않고 백안시하였다. 이와 같은 의병지도자간의 이념적인 차이는 의병부대간의 통일전선 형성을 저해하는 요인이 되어, 평민출신 의병장의 능력을 충분히 발휘하지 못한 결과를 가져왔다.

1963년 건국훈장 대통령장이 추서되었다.

항일 의병의 선봉장

전해산(全海山)
1879(고종 16) ~ 1910

　한말의 의병장으로 어렸을 때의 이름은 종기(鍾棄)였다. 천안전씨로 전북 임실 출신이다. 자는 수용(垂鏞), 호가 해산이다. 그러나 기홍(基泓)이 본명이다.

　9세에 이한용(李漢龍)의 문하에 입문하여 24세까지 수학하였는데 특히「춘추좌씨전」에 관심과 안목을 갖게 되었다.

　1907년 한일신협약이 강제로 체결되고 한국군이 강제 해산되자, 그해 겨울 임실의 이석용(李錫庸)을 찾아가 기병하였다. 이때 호남 일대에서 제일 먼저 의거를 일으킨 고광순(高光洵)이 적에게 붙잡히고, 기삼연(奇參衍)이 붙잡히자, 그의 부하 김준(金準)이 의병을 재수습하여 장성(長城)일대를 중심으로 전세를 떨쳐가고 있었다.

　이에 이석용에게 김준의 의병들과 연합전선을 전개할 것을 제안, 이들은 북진하고 이석용의 의병들은 남진하여 장성에서 합류하기도 하였다.

　그즈음 부하를 거느리고 남하한 정원집에 의하여 7월 25일 대동의 병장으로 추대되었다.

　의진은 선봉장 정원집, 중군장 김원범(金元範), 후군장 윤동수(尹東秀), 호군장 박영근(朴永根), 도포장 이범진(李凡振) 등으로 구성되었다.

　의병은 불갑산(佛甲山)으로 진군하여 약간의 적을 포살하고, 27일에 나주 석문동(石門洞)에서 적을 대파하여 위명을 크게 떨쳤다. 이어서 10월 16일의 대명동(大明洞), 10월 24일 대치(大峙), 11월의 고막병참(古幕兵站) 전투에서 많은 전과를 올렸으며, 명성을 듣고 입대하는 의병의 수도 날로 증가하였다.

　그러나 1909년에 이르러 한국을 완전 식민지로 점령하고자 획책하던 일제가 의병 대토벌전을 강력하게 추진하자, 1월 17일 일시 고향으로 돌아가 마지막 인사를 하고, 고향일대에「본고을 반당(反黨)에게 보내는 격문」을 띄웠다.

그리고 2월 22일 의병들을 거느리고 화산(化山)을 거쳐 궁관산(宮冠山)으로 행군하여 3월 27일 영광 오동치(梧桐峙)에 이르러 적에게 포위되어 접전하였으나, 형세가 불리하여 많은 사상을 낸 뒤에 간신히 포위망을 뚫고 탈출하여 의병들은 일시 해산하였다.

그뒤 장수 고래산(古萊山)의 서당에서 훈장을 하면서 지내던 중 조두환(曺斗煥), 이경오(李景五)의 밀고와 김현규(金顯圭) 인솔로 일병에게 붙잡혀 영산포 일본헌병대로 압송되었다. 광주재판소에서 교수형을 선고받고, 1910년 5월 대구형무소로 이송되어, 7월 18일 교수형으로 순국하였다.

1962년 건국훈장 대통령장이 추서되었다.

저서로는「전해산진중일기(全海山陣中日記)」 5책이 있으며, 그중 2책이 전해진다.

현대의 인물

민족 자주독립 정신의 선구자

안창호(安昌浩)
1878(고종 15) ~ 1938

한말의 독립운동가이고 교육자인 안창호는 평남 강서출신으로 부친 흥국(興國)의 셋째 아들이다.

선대는 대대로 평양 동촌(東村)에서 살았으나 아버지 때에 대동강 하류의 도롱섬으로 옮겨왔다.

8세까지 가정에서 한문을 수학하고 9세에서 14세까지는 강서군 심정리에 머물면서 김현진(金鉉鎭)에게 한학을 배웠다. 이때 서당 선배인 필대은(畢大殷)과 교유하면서 그로부터 민족주의사상을 형성하는 데 큰 영향을 받았다. 1895년 청일전쟁이 일본의 승리로 끝나자 국력배양의 중요성을 절감하고 상경하여 언더우드(Underwood, H. G.)가 경영하는 구세학당(救世學堂)에 입학하였다. 이곳에서 3년간 수학하면서 기독교인이 되었으며, 서구문물과 접하게 되었다. 1897년 독립협회에 가입하여 필대은과 함께 평양에서 관서지부조직을 맡게 되었다. 이때 평양지회 결성식이 열린 평양의 쾌재정에서 감사 조민희와 수백 군중이 모인 가운데 18조목의 쾌재(快哉)와 18조목의 부재(不哉)를 들어 정부와 관리를 비판하고 민중의 각성을 촉구하는 연설을 함으로써 명성을 얻었다.

1898년 서울 종로에서 이상재, 윤치호, 이승만 등과 만민공동회(萬民共同會)를 개최하였으며, 1899년에는 강서군 동진면 화암리에 강서지방 최초의 근대학교인 점진학교(漸進學校)를 설립하였다. 점진 공부와 수양을 계속하여 민족의 힘을 기른다는 교육목표를 설정하였으며, 초등과정의 남녀공학을 실시하였다.

1900년에 미국으로 건너가 샌프란시스코에서 한국인 친목회를 조직하고, 이를 기반으로 하여 「대한인공립협회」를 설립하였다. 여기에서 야학을 개설, 회원들을 교육시키고 「공립신보(共立新報)」를 발행하여 교포들의 생활향상 및 의식계몽에 힘썼다.

1905년 11월의 을사조약 체결 소식을 듣고 국내에서 구국운동을 전개하기 위하여 이듬해에 귀국하였다. 귀국길에 일본 동경에서 일주일 동안 머물면서 우리나라 유학생단체인 태극학회(太極學會)의 청년들을 만나 국내정세에 대한 지식을 얻고 강연회를 개최하였다.

귀국 후 1907년에 이갑, 양기탁, 신채호 등과 함께 비밀결사인 신민회를 조직,「대한매일신보」를 기관지로 하여 민중운동을 전개하였다. ① 국민에게 민족의식과 독립사상을 고취하고, ② 동지를 찾고 단합하여 국민운동의 역량을 축적하며, ③ 각지에 교육기관을 설치하여 청소년의 교육을 진흥시키고, ④ 각종 상공업기관을 만들어 단체의 재정과 국민의 부력(富力)을 증진하게 한다는 목적으로 출발하였다.

이러한 목적을 실현하기 위하여 1907년 평양에 대성학교(大成學校)를 설립하고 평양과 대구에 출판기관인 태극회관(太極會館)을 건립하였으며, 평양에 도자기회사를 설립하여 민족산업 육성에도 힘썼다. 또한 1909년에는 박중화, 최남선, 김좌진, 이동녕 등과 함께 청년학우회를 조직하여 민족계몽운동 및 지도자 양성에 주력하였다.

1909년 10월에 있었던 안중근의 이등박문 암살사건에 관련되었다는 혐의로 3개월간 일제에 의하여 피체되었다가 1910년 중국으로 망명하여 산동성에서 민족지도자들과 청도회의(靑島會議)를 열었다.

청도회의는 북만주에 독립운동의 근거지를 만들어 영농과 군사양성을 기하기 위한 것이었다. 그러나 이 회의는 자금관계와 급진파의 반대로 실패하였으며, 이어 시베리아를 거쳐 1911년 미국으로 망명하였다.

1912년 샌프란시스코에서 대한인국민회(大韓人國民會) 중앙총회를 조직하고 초대총장에 취임하였으며,「신한민보」를 창간하였다.

1913년에는 로스엔젤레스에 홍사단을 창설하여 본국에서 이루지 못한 대성학교, 신민회, 청년학우회의 뜻을 실현하기 위하여 노력하였다.

1919년 3.1 독립운동 직후 상해로 건너가 상해임시정부 내무총장 겸 국무총리 대리직을 맡아 독립운동방략 작성, 연통제(聯通制) 수립, 각 지역 독립운동가들의 상해소집 등을 실행하였다.
　임시정부의 국무위원에 취임한지 2년째인 1921년에 임시정부 내각 통일을 위하여 노력하다 실패하여 사임하고 국민대표회의 소집을 주장하였다.
　1923년 상해에서 국민대표회의가 개최되어 부의장에 취임하게 되었으나 공산당의 전략에 의하여 실패하고 말았다.
　1924년에는 북중국 만주방면을 시찰, 여행하며 이상촌(理想村) 후보지를 탐사하고 난징에 동명학원을 설립하였다.
　1924년에 다시 미국으로 건너가 각지를 순행하며 국민회와 흥사단의 조직을 강화하였으며, 1926년 중국에 돌아와서 만주 길림성일대를 답사하여 이상촌사업을 추진하였다.
　1927년 길림에서 군사행동단체의 통일과 대독립당(大獨立黨)의 결성을 토의하던 중 동지 200여 명과 함께 중국경찰에 감금되었다가 중국내 사회여론이 비등하게 되어 20일 만에 석방되었다.
　1928년 상해에서 이동녕, 이시영, 김구 등과 함께 한국독립당을 결성하고 대공주의(大公主義)를 제창하였다.
　1931년에는 만주사변으로 만주에서의 이상촌계획을 단념하고 난징에서 토지를 매입하였다.
　1932년 일본의 중국본토 침략정책에 대응하여 독립운동 근거지 건설계획을 재검토하던 중, 같은 해 4월 윤봉길의 상해 홍커우공원 폭탄사건으로 일본경찰에 붙잡혀 서울로 송환되었다. 4년의 실형을 받고 서대문감옥과 대전감옥에서 복역하다가 1935년 2년6개월 만에 가출옥하여 지방순회 후 평안남도 대보산(大寶山) 송태산장(松苔山莊)에서 은거하였다.
　1937년 6월 동우회사건(同友會事件)으로 흥사단 동지들과 함께 다시 일본경찰에 붙잡혀 수감중, 같은 해 12월에 병으로 보석되어 이듬해 3월 경성대학 부속병원에서 간경화증으로 죽었다.
　1962년 대한민국 건국공로훈장 중장을 받았다.
　죽은 뒤 망우리에 안장되었다가 1973년 11월 미국에 있던 부인 김혜련의 유해와 함께 도산공원(島山公園)으로 이장, 안장되었다.

3.1 독립운동의 지도자

손병희(孫秉熙)
1861(철종 12) ~ 1922

천도교 지도자로서 독립운동과 교육사업으로 일생을 보낸 손병희는 충북 청원출신으로 밀양손씨다. 규동(奎東)이라는 이름도 있었고 일본 망명시절에는 이상헌이라는 가명을 썼다. 호는 소소거사(笑笑居士), 도호(道號)는 의암(義菴)이다. 동학교도들은 성사(聖師), 또는 천도교 제3세 교주, 교종(敎宗), 후천황씨(後天皇氏)라고도 불렀다.

두흥(斗興)의 큰아들로 어머니는 둘째 부인 최씨이며 아동문학가 방정환은 그의 사위이다.

서자로 태어나서 어린 시절부터 자기와 같은 약하고 불우한 사람을 도우려는 마음이 자라났다. 가난 속에서도 호방한 기질을 조금도 굽히지 않았고 의리도 남달리 뛰어났다.

12세 때 아버지의 심부름으로 관청에 공금을 내려고 가다가 눈길에 쓰러진 사람의 구휼비로 지급하는가 하면, 옥에 갇힌 친구 아버지의 석방을 위하여 친구에게 자기 집의 돈 있는 곳을 알려줘 그 돈으로 친구 아버지를 풀려나게 한 적도 있었다.

22세 때인 1882년(고종 19년) 큰조카인 천민(天民)의 노력으로 평등사상을 내세운 동학에 입도하였다. 입도 3년 만에 제2세 교주 최시형을 만나 착실한 신도가 되었다. 이 사이에 동학의 교세는 날로 확산, 1892년에는 최시형 등 간부들과 함께 교조 최제우의 신원운동(伸冤運動)을 전개하였고, 동학대표 40여 명은 서울 광화문 앞에서 복합상소(伏閤上疏)를 하며 척왜척양(斥倭斥洋)을 부르짖었다.

그들은 다시 충청북도 보은군 장내(帳內)에 모여 보국안민(輔國安民)과 척왜척양 등 정부에 대한 본격적인 시위운동을 전개하였으며, 이 과정에서 최시형의 참모로서 크게 활약하였다.

이무렵 정부의 부정부패는 심화되었으며, 특히 고부군수 조병갑의 탐학과 가렴주구에 대항하여 동학접주 전봉준이 남접(南接) 산하의 동학교도들과 함께 일대 항쟁을 전개하였다.

이 과정에서 남, 북접의 관계가 미묘하여지자 최시형은 타협 조절을 대도소(大都所)에 맡겼으며, 손병희는 두령으로서 대도소장 김연국 등과 함께 남접에 대한 성토를 주장하였다.

그러나 오지영의 중재로 1894년 보국안민의 기치 아래 타협하여 갈등은 해소되었다. 그뒤 김연국의 뒤를 이어 북접통령(北接統領)이 되어 통령기(統領旗)를 받고 공주전투 등 항일구국전선에 나섰다. 또한 북접 산하 동학교도를 지휘, 통솔하여 논산에서 남접의 전봉준과 합세하여 행동을 같이하였다.

그러나 공주 우금치전투(牛金峙戰鬪)에서 패배하여 남접과 헤어졌다. 이후부터 최시형과 함께 충주 부근에 이르렀으나 12월 14일 개별적으로 행동하기로 하고 해산하였다.

그뒤에 최시형과 손병희 등 주요간부들은 관군의 추격을 받았으나 생존한 북접 간부들의 노력으로 교세는 명맥을 유지하게 되었으며, 특히 탄압의 손길이 적게 미쳤던 함경도와 평안도지방으로 피신하여 그곳의 교세확장, 포교에 힘썼다.

최시형에게 이러한 꾸준하고 지략 있는 생활태도와 역량을 인정받아 의암이라는 도호를 받게 되었고, 1897년 12월 24일 실질적인 제3세 교주로서의 일을 맡게 되었으며, 최시형이 체포되어 서울 감옥에서 처형된 뒤 마침내 교주가 되었다. 먼저 두령이 참석한 데서 설법식(設法式)을 거행한 다음, 여러 지방을 돌며 동학의 재건에 진력하였다.

공주전투에서 패배한 뒤 포교가 사실상 불가능해지자 세계사정을 살피고 동학재건 구상을 위하여 미국 시찰을 계획하였고, 1901년에는 동생 병흠, 이용구와 함께 일본 나가사키를 거쳐 대판(大阪)에 머물렀다.

그러나 간신배들의 책동이 두려워 그해에 상해로 가서 수개월을 지내며 미국행을 시도하였으나 좌절되고, 다시 일본으로 되돌아갔다. 일본에 이미 망명해 있던 권동진, 오세창, 조희연, 이진호, 박영효 등과 만났으나, 가명을 썼으므로 누구도 알아보지 못하였다.

망명생활 중 본국과 연락하면서 교세의 재건에 힘쓰는 한편, 교도로 하여금 새로운 문명학술을 배우게 하고자 일본유학을 알선하여 유학생이 상당히 나오기도 하였다.

1904년 러일전쟁이 일어나자 국내의 교도들로 하여금「진보회」를 조직하게 하여 조직체계를 강화하는 한편, 교도의 교양을 위하여 삼전론(三戰論)을 발표하고 의정대신과 법무대신에게 글을 보내어 정치개혁을 주장하였다.

한편 진보회는 지방회원이 11만 명에 달하는 큰 단체로 발전하는 사이에 태천(泰川)의「관치사건」등으로 많은 회원이 참살, 익사당하기도 하였다.

이러함에도 불구하고 급속도로 발전하여 390여 개의 지회 조직을 비롯하여 30여만 명이 단발(短髮)을 실천하는 등 생활개선에 앞장서 관민을 놀라게 하였다.

그러나 이 단체가 동학교도인 것을 알게되자 정부에서도 1894년 동학농민봉기 당시를 생각하여 일본측과 교섭, 이를 탄압하므로 어려움에 직면하게 되었다. 또한 일제는 이등박문 등이 친일세력을 기르기 위하여 조직한 유신회의 송병준과 합세하여 겨우 그 명맥을 유지하다가 진보회가 확대되자 손병희의 지령을 배반한 이용구와 합병함으로써 진보회의 혁신운동은 실패하였다.

나아가 친일화하여 정부개혁과 일본과의 동맹을 체결하고 러시아에 선전포고를 하여 전승국의 일원으로 행동하려던 본래의 목적은 실패로 끝나고, 갑진혁신운동도 실패를 면하지 못하였다.

이용구의 동학 배반과 친일추구화를 나중에야 알고서 이용구 일파를 동학교에서 축출하는 한편, 동학의 이용을 막기 위하여 정교분리와 사후대책을 강구하였다.

먼저 동학포교 46년 12월 1일「동경대전」의 도즉천도(道則天道)를 인용하여 동학을 천도교로 개칭하면서, 동학의 참신한 정신을 되살리며 본래의 종교운동으로 되돌아갔다.

이때 동학의 본지(本旨)인 인내천사상(人乃天思想)을 일깨워, 사람이 곧 하늘이니 지금의 세상이 이와같이 혼란한 것은 사람의 마음이 혼란한 때문이라면서 먼저 사람의 마음을 고쳐 안정시켜야 된다고 역설하였다. 이어서 우리 도(道)는 후천개벽(後天開闢)의 도라, 후천개벽은 인심개벽(人心開闢)에서 시작되는 것이요, 인심개벽은 정신개벽에서 시작되는 것이니 정신개벽은 우리가 지금 하고 있는 천도(天道) 그것을 잘 행하는데 있는 것이라 하였다.

이어서 이용구 등 친일 배교분자(背敎分子)들의 매국행위를 보고 1906년 1월에 일본에서 귀국하여, 2월 16일에「천도교대헌(天道敎大憲)」을 반포하고 천도교 중앙총부를 서울의 다동에 설치하였다.

이미 천도교를 선포할 때 오세창 등을 6임소(任所)에 임명하였거니와 자신은 대도주(大道主)의 직무를 겸무하며, 교도를 설교하고 일요일을 시일(侍日)이라 정하여 시일식(侍日式)을 거행하였다.

귀국 후 천도교의 조직과 교세재건 확장에 힘쓰며 친일 배교한 이용구 일파까지도 회유시켜보고자 하였으나, 이용구는 듣지 않았을 뿐만 아니라, 일진회에 속한 천도교인들의 포섭공작을 펴는 한편 손병희를 중상묘략하며 천도교의 파괴를 공작하였다.

또 일제침략세력의 배경인 일진회와 맞서는 것이 여러모로 불리함을 깨닫고, 1906년 9월 17일 자신이 가장 신임하고 재정문제까지 맡아서 처리하던 이용구 이하 62명에 대하여 동학으로부터 출교처분(黜敎處分)을 내렸다.

이들은 손병희의 망명기간 중 재정권을 거의 위임받아 처리하였던 관계로 동산, 부동산이 그들의 명의로 되어 있었으며, 이 때문에 타격이 컸다.

이에 교세의 재건과 정교분리를 내세워 오직 종교활동만을 전개하기로 하고, 궁핍한 재정난은 교도들이 한줌의 쌀을 내는 성미법(誠米法)의 제정을 통한 타개책을 모색하였다.

그러나 1911년 4월 일제가 성미의 염출마저 금지시켜 한때 큰 고통을 받았으나 교도의 자발적인 특별의연금으로 보충시켜나갔고, 1914년 3월에는 무기명 성미제가 실시되어 재정은 호전되었으며 3.1운동 때에는 운동자금으로 크게 이바지하였다.

한편 천도교에서 쫓겨난 이용구, 송병준 등 친일파는 시천교(侍天教)를 만들고 그들의 재산과 일제침략세력의 비호를 받아 적극적으로 활동을 한데 비하여, 천도교는 교세의 약화와 함께 재정도 궁핍하였다.

이에 1907년 손병희는 일선에서 물러나고 대도주의 직을 김연국에게 물려주었으나, 김연국이 대도주의 직을 지닌 채 평소 비난하던 시천교의 대례사(大禮師)로 취임하자 1908년 1월 박인호(朴寅浩)로 하여금 대도주의 직을 맡게 하였다.

또한 일본망명 중 민족혼을 일깨우고 독립정신을 함양시키는 가장 중요한 것은 교육임을 깨닫고, 귀국 후 먼저 보성학교를 비롯하여 합동소학교, 광명소학교, 석촌동소학교 등에 정기적인 보조와 일시적인 보조를 하여 학교폐쇄를 면하게 하였으며, 문창보통학교에도 관계하였다. 또한 여자교육기관인 동덕여자의숙을 돕고 보성학원을 인수, 경영하였다.

1914년 말에는 동덕여자의숙의 경영권도 인수하였다.

이밖에도 지방에는 대구의 교남학교, 일신보통학교, 청주의 종학학교 등 7,8개교에 관계하였다. 또한 최석창, 민건식 등의 도움을 받아 출판기관으로 주식회사 보문관(普文館)을 설립하였다.

그러나 이 시설은 한 사람의 사기사건으로 경무총감부에 계류되었고, 1910년 초 사동(寺洞) 중앙교당 옆에 창신사(彰新社)를 설립하여 「천도교월보」 제1호를 내고 뒤이어 보성사와 병합하여 보성사로 하고 시설을 확충하였다. 한때 일제의 탄압으로 운영난이 심각하였지만 이를 잘 극복하였다.

1910년 우리나라를 강점한 일제가 일진회의 활동을 금지, 해산시키자 시천교도 급속도로 약화되었다. 또한 일제는 천도교의 교세확장을 막기 위하여 손병희를 헌병대에 소환하고, 천도교의 재원인 성미법을 폐지하려고까지 하였다.

그러나 포교에 더욱 힘쓰고 교당 건립에 진력하여 4월 5일의 천일기념일(天日紀念日), 8월 14일의 지일기념일(地日紀念日), 그리고 12월 24일의 인일기념일(人日紀念日)의 3대 행사에는 시일식을 마치고 축연을 베푸는 등 활발하게 활동하였으며, 드디어는 대안동(大安洞) 중앙교당이 이루어졌다.

그런 가운데 일제의 탄압은 더욱 혹독했으나 상대적으로 우리의 민족의식은 더욱 높아졌다. 주권회복의 정신이 높아지는 가운데 천도교측에서도 제1차 세계대전이 막바지에 이른 1916년에 이미 천도교도 중 민중봉기를 건의한 신도가 있었고, 1917년에도 같은 건의가 있었다.

이러한 가운데 1918년 민족자결주의의 영향과 연합국의 승리에 의한 국제정세의 유리한 전망을 포착한 권동진, 오세창의 건의와, 1919년 일본 동경(東京)의 2.8독립선언에 접한 최린, 권동진, 오세창의 독립운동 허락요청이 있었다. 이에 찬동, 천도교측의 대표로 3.1운동의 주동체로 참가, 그해 1월 20일경 권동진, 오세창, 최린 등과 함께 독립운동은 대중화하여야 하고, 일원화하여야 하며, 방법은 비폭력으로 할 것이라는 중대한 합의를 하고, 구체적 방법과 진행은 권동진, 오세창, 최린, 정광조에게 일임하였다.

1919년 2월 27일밤 천도교 직영의 보성사에서 독립선언문 2만1000매를 인쇄했고, 이튿날 가회동 자신의 집에 민족대표 23명이 모여 내일의 거사를 재확인했으며, 파고다공원에서 독립선언식을 할 경우의 불상사를 염려하여 파고다공원 부근 태화관에서 기념식을 거행하기로 하였다.

3월 1일 기념식을 거행한 뒤 일본경찰에 자진 검거되어 1920년 10월 징역 3년형을 언도받고 서대문형무소에서 복역중, 1년 8개월만에 병보석으로 풀려나 상춘원(常春園)에서 치료하였다.

논저로는 「수수명실록」, 「도결」, 「명리전」 등 수십 종이 있다.

1962년 건국훈장 대통령장이 추서되었다.

민족얼을 일깨운 지도자

이상재(李商在)
1850(철종 1) ~ 1927

한말의 정치인이며 민권운동과 청년운동으로 민족얼을 일깨운 지도자다. 충남 서천 출신으로 본관은 한산(韓山), 자는 계호(季皓)이고 호가 월남(月南)이다.

어려서는 전통교육을 받고 1864년(고종 1년) 강릉유씨와 결혼하였다. 1867년 과거에 응시하였으나 매관매직 때문에 낙방하는 비운을 거쳤다. 이를 개탄하고 낙향하여 세상을 등지고 살고자 하였으나 친족 장직(長稙)의 권유로 당시 승지였던 박정양(朴定陽)의 집에서 1880년까지 개인비서일을 보았다.

1881년 박정양의 추천으로 박정양, 어윤중, 홍영식, 조준영, 김옥균 등 10여 명으로 구성된 신사유람단의 수행원으로 유길준, 윤치호, 안종수, 고영희 등 26명과 함께 일본에 갔다.

이때 일본의 신흥문물과 사회의 발전상을 보고 크게 충격을 받았으며, 홍영식과 두터운 교분을 쌓고 귀국한 뒤 개화운동에 참가할 수 있는 소지를 마련하였다.

1884년 신관제에 의하여 개설된 우정총국의 총판(總辦) 홍영식이 그를 주사로 임명하였으나, 그해 12월 갑신정변의 실패로 낙향하였다.

1887년 박정양에 의하여 친군영(親軍營)의 문안(文案)으로 임명되었고, 그해 6월 박정양이 초대 주미공사로 갈 때 2등서기관으로 채용되었다.

이때 청나라가 우리나라와 미국이 직접 외교관계를 맺지 못하도록 국서(國書)의 수교를 방해하였으나 이상재는 청국공사와 담판을 벌여 박정양으로 하여금 단독으로 국서를 전달하게 하였다.

귀국한 뒤 낙향하였으나 1892년에 전환국위원, 1894년에 승정원 우부승지 겸 경연각 참찬, 학부아문참의 겸 학무국장이 되었다.

이때 신교육제도를 창안하여 사범학교, 중학교, 소학교, 외국어학교를 설립, 한때는 외국어학교 교장을 겸하기도 하였다.

1896년 내각총서(內閣總書)와 중추원 1등 의관이 되고, 다시 관제개편에 따라 내각총무국장에 올라 탐관오리의 구축 등 국운을 바로잡기에 힘썼다.

이해 7월 서재필, 윤치호 등과 독립협회를 조직하였으며, 독립협회가 주최한 만민공동회의장 그리고 사회를 맡아보았다. 만민공동회가 종로에서 개최되었을 때 척외(斥外), 황권(皇權) 확립등의 6개 조항을 의결, 두 차례 상소문을 올렸다.

이때문에 16명과 함께 경무청에 구금되었으나 참정 심상훈의 간곡한 상소로 10일 만에 석방되었다.

그러나 1898년 12월 25일 독립협회가 정부의 탄압과 황국협회의 방해로 해산되자, 모든 벼슬을 버리고 초야에 묻혀서도 나라의 운명을 걱정, 탐관오리의 부패상과 비정을 탄핵하다가 정부대신들의 미움을 받아, 1902년 6월 국체개혁(國體改革)을 음모하였다는 이른바 개혁당사건으로 둘째 아들 승인(承仁)과 함께 다시 구금되었다가 1904년 2월 석방되었다.

1905년 을사조약이 강제체결된 뒤 고종의 애절한 하명을 거절할 수 없어 잠시 의정부참찬에 머물렀고, 1907년 법부대신의 교섭을 받았으나 사양하였으며, 군대해산이 있은 뒤 관계를 떠났다.

한편 1902년 이른바 개혁당사건으로 구금되어 있을 때 기독교신자가 되었으며, 석방된 뒤 함께 감옥에 있었던 김정식, 유성준 등과 함께 황성기독교청년회(YMCA)에 가입, 초대 교육부장이 되어 민중계몽운동에 투신하였다.

1910년 일제에 의하여 국권이 강탈되고, 일제는 무단정치를 강행하여 1913년에는 어용단체인 유신회(維新會)를 동원, 이 청년회를 파괴하였고, 이 때문에 간부들은 축출, 구금, 국외추방 당하거나 해외망명을 하였다. 그러나 그는 1913년 총무에 취임, 사멸직전의 청년회를 사수하는데 성공하였다.

1914년에는 재일본조선 YMCA를 비롯한 세브란스, 배재, 경신과 개성의 한영서원, 광주의 숭일, 군산의 연맹, 전주의 신흥, 공주의 연맹 등 학생 YMCA를 망라하여 조선기독교청년회 전국연합회를 조직하였다.

이때 모든 민간단체는 해산되는 동시에 집회, 출판, 언론의 자유를 완전히 박탈당하였으나, 오직 YMCA만은 해산당하지 않고 튼튼히 서 있음으로써 국내의 유일한 민간단체가 되게 하였고, 1919년 3·1운동의 발판이 되게 하였다.

또한 3·1운동에 연루되어 6개월간 옥고를 치렀고, 특히 3·1운동의 무저항, 비폭력의 혁명운동정신을 이루어 놓았다.

1920년부터는 YMCA의 명예총무 또는 전국연합회회장으로서 1920년 미국회의원으로 구성된 시찰단이 내한하였을 때의 이른바 제2독립운동, 물산장려운동, 소년척후대(보이스카웃)운동, 학생청년회운동 등 YMCA운동을 주관하였으며, 각종 강연회, 토론회, 일요강좌, 농촌운동, 지방순회강연 등 폭넓은 민족운동을 주도하였다.

1922년에는 신흥우, 이대위, 김활란, 김필례 등 YMCA대표단을 인솔, 북경에서 열린 세계 학생기독교 청년연맹대회(WSCF)에 참석하여 한국YMCA가 단독으로 세계YMCA연맹에 가입할 수 있는 길을 터놓았으며, 한국YMCA 창설에도 기여하였다.

한편 1922년에 조선교육협회를 창설하여 회장에 취임하였고, 조선민립대학 기성회를 조직하여 회장이 되었다.

1924년 조선일보사 사장, 1925년 제1회 전국기자대회 의장으로서 한국언론의 진작 및 단합에 크게 기여하는 한편, 공산주의 사상에 물들어가는 지식인과 언론인들을 민족주의의 편으로 끌어들이는데 결정적인 구실을 하였다.

1927년 2월 15일 민족주의 진영과 사회주의 진영에서 이른바 민족의 단일전선을 결성하고 공동의 적인 일본과 투쟁할 것을 목표로 신간회(新幹會)를 조직할 때 여러 번 사양 끝에 창립회장으로 추대되었다.

그러나 그해 사망, 4월 7일 사상초유의 성대한 사회장으로 치러졌고, 한산 선영에 안치되었다.

1957년 경기도 양주군 장흥면 삼하리로 이장되었고, 시인 변영로가 비문을 썼다.

유저로는 논문집「청년이여」를 비롯하여「청년위국가지기초」(靑年爲國家之基礎), 「진평화」(眞平和), 「경고동아일보집필지우자」, 「청년회문답」과「상정부서」제1, 2,「독립문건설소」등 다수가 있다.

내용으로는 풍자와 기지가 넘쳐 차원 높은 해학으로 살벌한 사회 분위기를 순화시켰고, 악독한 일제의 침략과 불의를 날카로운 풍자와 경구로써 제어하였다.

1962년 건국훈장 대통령장이 추서되었다.

자주민족 육성에 바친 일생

이승훈(李昇薰)
1864(고종 1) ~ 1930

조선의 독립과 민족교육에 일생을 바친 인물로 본관은 여주이고 본명은 인환(寅煥)이다. 호는 남강(南岡)이며 평북 정주에서 태어났다. 아버지는 석주(碩柱), 어머니는 홍주김씨(洪州金氏)다.

빈한한 서민집안에서 태어나 두 살 때 어머니를 여의고 6세 때에는 고향 정주를 떠나 납청정(納淸亭)으로 이사하여 그곳에서 아버지가 죽을 때까지 3, 4년간 서당에서 한문을 익혔다.

1874년 학업을 중단하고 그곳의 이름난 유기상(鍮器商)인 임권일 상점의 사환으로 들어가 3년 뒤에는 외교원 겸 수금원이 되었다.

근면성과 성실성이 인근에까지 알려져 1878년 이도제(李道濟)의 딸 경선(敬善)과 결혼하게 되고, 이때부터 점원생활을 그만두고 본격적으로 상인의 길을 밟았다.

보부상으로 평안도 및 황해도 각 지역 장시를 전전하면서 자본을 모아 납청정에 유기점을 차리고 평양에 지점을 설치하기도 하였다.

여기에 만족하지 않고 1887년 유기공장을 세워 민족기업가로서의 면모를 보여주었다.

공장경영 방법을 개선하여 첫째 노동환경을 일신하였고, 둘째 근로조건 개선에 힘썼으며, 셋째 근로자의 신분이나 계급에 구애됨이 없이 평등하게 그들을 대접하였다.

이와같이 근로자들의 작업의욕을 북돋아 생산능률이 향상되고 품질도 좋아져 사업은 날로 번창하였다.

그러나 1894년 동학농민운동이 일어나고 이어 청일전쟁이 발발하여 한반도가 전장화 되자 납청정의 그의 상점과 공장은 전화(戰禍)를 입어 잿더미가 되었다.

그는 곧 덕천으로 피난했다가 돌아와 철산의 오희순(吳熙淳)의 자본을 얻어 상점과 공장을 재건하고, 1901년 평양에 진출, 본격적으로 무역업에 손을 대 진남포에 지점을 설치하는 한편, 서울 인천을 내왕하면서 착실히 사업에 성공하여 국내 굴지의 부호가 되었다. 그러나 1904년 러일전쟁으로 다시 사업에 실패하자 향리로 낙향하였다.

1907년 7월 평양에서 안창호(安昌浩)의「교육진흥론」이라는 강연을 듣고 난 뒤 개인의 영달보다는 민족을 구하여야겠다는 굳은 결심 아래 금연, 금주와 단발을 결행하고 안창호가 조직한 비밀결사 신민회에 가담하였다.

평양에서 용동에 돌아와 서당을 개편하여 신식교육을 가르치기 위한 강명의숙(講明義塾)을 설립하고, 이어서 이해 11월 24일 중등교육기관으로 민족운동의 요람인 오산학교(五山學校)를 개교하여 교장이 되었다.

이 학교는 그의 열과 성을 바탕으로, 그리고 이종성(李鍾聲), 이광수(李光洙), 조만식(曺晩植) 등의 노력으로 많은 인재를 배출하여 민족교육사상 금자탑을 이루어 놓았다.

이처럼 교육사업에 헌신하면서 민족운동에 가담하던 중 일제의 간악한 탄압으로 1911년 2월 안악사건(安岳事件)에 연루되었다 하여 제주도에서 유배생활을 하였다.

이해 가을에는 105인 사건이 일어나 유동열, 윤치호, 양기탁, 안태국, 임치정 등 신민회 간부와 600여 명의 애국지사가 잡혔는데 그도 주모자로 인정되어 제주도에서 서울로 압송되고 1912년 10월 윤치호 등과 함께 징역 10월을 선고받아 복역하다가 1915년 가을에 가출옥되었다.

오산학교로 돌아온 그는 학교와 교회일에 정성을 다 하였으며, 출옥 즉시 세례를 받고 장로가 되었다가 신학을 더 공부하기 위하여 평양신학교에 입학하였다.

1919년 3.1운동 때에는 민족대표 33인의 한 사람으로 이 운동의 기독교 대표로 참가하여 민족운동을 이끌었다.

3.1운동으로 종로서에 구속되어 다른 47인과 함께 1920년 경성지방법원에서 징역 3년형을 선고받고 마포형무소에서 복역하다가 1922년 가출옥하여 오산학교로 돌아왔다.

이해 일본 시찰을 하여 견문을 넓히고 오산학교 경영에 심혈을 기울이던 중 1924년 김성수(金性洙)의 간청으로 동아일보사 사장에 취임, 1년 동안 신문경영을 맡기도 하였다.

이때 물산 장려운동, 민립대학 설립운동 등에 가담하였으며, 조선교육협회에도 관여하여 그 활동범위가 매우 넓었다.

동아일보 사장에서 물러난 뒤 다시 오산학교로 돌아와 학교운영에 심혈을 기울였으며, 죽기 직전 유언으로 자기의 유골을 해부하여 생리학 표본으로 만들어 학생들의 학습에 이용하라고 하였으나 일제의 금지로 실행되지 못하고 오산에 안장되었다.

1962년 건국훈장 대한민국장이 추서되었다.

민족사학을 정립한 언론인

장지연(張志淵)
1864(고종 1) ~ 1921

한말의 애국운동가이자 언론인 장지연은 경북 상주에서 태어났다. 본관은 인동, 자는 화명(和明), 호는 위암(韋庵), 숭양산인(崇陽山人)이다. 용상(龍相)의 아들이고 장석봉(張錫鳳)의 문인이다.

1894년(고종 31년) 진사가 되고, 1895년 10월 일제의 민비시해만행이 자행되자 의병의 궐기를 호소하는 격문을 지어 각처에 발송하였고, 1896년에 아관파천이 일어나자 고종의 환궁을 요청하는 만인소(萬人疏)를 기초하였다.

한편 사례소(史禮所) 직원으로 「대한예전」(大韓禮典) 편찬에 참여하고, 이듬해 내부 주사(內部主事)가 되었으나 곧 사직하였다.

같은 해 7월 독립협회에 가입하여 활동하였으며, 1898년 9월 황성신문이 창간되자 기자로 활약하였다. 같은 해 11월 만민공동회(萬民共同會)의 간부로 맹활약하다가 그해 말 독립협회, 만민공동회가 해산당할 때 체포, 투옥되었다.

1899년 「시사총보」(時事叢報)의 주필에 임명되었으나 곧 사직하고, 출판사인 광문사(光文社)를 설립하여 정약용의 「목민심서」와 「흠흠신서」 등을 간행하였다.

1901년 황성신문사의 사장에 취임하여 민중계몽과 자립정신 고취에 진력하였다.

1905년 11월 17일 을사조약이 강제로 체결되자 황성신문 1905년 11월 20일자에 「시일야 방성대곡」(是日也放聲大哭)이라는 제하에 국권침탈의 조약을 폭로하고, 일제의 침략과 을사 5적을 규탄, 국권회복을 위한 국민의 총궐기를 호소하는 논설을 써서 일제 헌병대의 사전검열을 거치지 않고 전국에 배포하였다.

이 일로 체포, 투옥되어 65일 후 석방되었으며, 황성신문도 압수 및 정간처분되었다.

1906년 윤효정, 심의성, 임진수, 김상범 등과 함께 대한자강회(大韓自强會)를 조직, 국권회복을 위한 본격적 애국계몽운동을 시작하였다. 대한자강회월보, 조양보(朝陽報) 등에 전국민이 나설 것을 호소하는 논설을 다수 발표하였다.

1907년 1월 대구의 김광제, 서상돈 등이 국채보상운동을 전개하자, 이 운동을 전국적인 규모로 확산시키고자 신문과 잡지 등에 다수의 논설을 게재하여 전국민이 합심하여 국채보상운동에 참여할 것을 호소하였다.

같은 해 7월 일제가 헤이그특사사건을 구실로 고종을 강제양위시키고, 애국계몽운동에 대한 탄압법들을 잇달아 제정하자, 대한자강회 회원들과 함께 격렬한 반대시위운동을 전개하였다.

이 일로 인하여 8월 19일 대한자강회가 강제 해산되자, 11월에 권동진, 남궁억, 여병헌, 유근, 오세창 등과 함께 대한협회(大韓協會)를 발기하여 조직하였다.

1908년 2월 일제의 탄압을 피하여 블라디보스토크로 망명, 정순만 등이 간행하고 있던 「해조신문」(海潮新聞)의 주필에 취임하였다.

재정난으로 「해조신문」이 폐간되자, 상해(上海)와 난징(南京) 등 중국 각지를 유랑하다가 양쯔강의 배 안에서 일제의 첩자로 보이는 괴한의 습격을 받고 부상을 당하여 8월에 귀국하였다.

귀국 즉시 「해조신문」에서의 격렬한 일제침략규탄이 문제되어 일제 헌병대에 체포되었으나 얼마 뒤 석방되었다.

1909년 1월 영남지방의 교육구국운동단체인 교남교육회의 취지문을 지어 지원하였으며, 학회의 편집원으로 활약하였다.

같은 해 2월 대한협회의 「정정부문」(呈政府文)을 지었으며, 한편 신민회(新民會)에도 가입, 활약하였다.

1909년 10월 진주에서 발행되는 경남일보의 주필로 초빙되어 다시 언론구국운동을 계속하다가 1910년 8월 일제가 나라를 병탄함에 따라 이에 항의하는 선비들이 잇달아 자결하자 황현(黃玹)의 「절명시」(絶命詩)를 경남일보에 게재하여 일제를 규탄하였다. 이로 인하여 경남일보가 폐간되자 활동무대를 잃었다.

1911년 이후 향리에 칩거하면서 나라를 빼앗긴 울분을 통탄하다가 1921년 마산에서 죽었다.

묘지는 창원군 구산면 현동리 독마산(犢馬山)에 있다.

저서는 「증보대한강역고」(增補大韓疆域考), 「유교연원」(儒教淵源), 「위암문고」(韋庵文稿), 「대한최근사」(大韓最近史), 「동국역사」(東國歷史), 「대동문수」(大東文粹), 「대한신지지」, 「대한기년」(大韓記年), 「일사유사」, 「농정전서」, 「만국사물기원역사」, 「소채재배전서」, 「화원지」, 「숭산기」, 「남귀기행」, 「대동시선」 등 많은 작품이 있다.

또한 그의 저작을 수집하여 「장지연전서」가 간행되었다.

한국사학의 개발 수호자

신채호(申采浩)
1880(고종 17) ~ 1936

한말의 역사학자이고 언론인이며 독립운동가인 신채호는 충남 대덕에서 출생하여 충북 청원에서 성장했다. 본관은 고령, 호를 일편단생(一片丹生), 혹은 단생(丹生), 단재(丹齋)라 했다.
 신숙주의 후예로 아버지는 광식(光植)이다.
 문과에 급제하여 정언(正言)을 지낸 할아버지 성우(星雨)로부터 한학교육을 받았으며, 10여 세에「통감」과 사서삼경을 읽고 시문에 뛰어나 신동이라 불렸다.
 18세 때에는 할아버지의 소개로 전 학부대신 신기선의 사저에 드나들며 장서를 섭렵하여 그의 총애를 받게 되었고, 신기선의 천거로 성균관에 입학, 관장 이종원(李鍾元)의 총애를 받았다.
 당시 이름높은 유학자로서 성균관교수이던 이남규의 문하에서 수학하며 김연성, 변영만, 이장식, 유인식 등과 교유하였다. 이무렵에 그는 독립협회운동에 참여하여 소장파로 활약하였다.
 22세 때에는 향리 부근인 인차리의 문동학원(文東學院) 강사로서 신규식 등과 계몽운동을 전개하였고, 25세 때에는 신규식, 신백우 등과 함께 향리 부근에다 산동학원(山東學院)을 설립, 신교육운동을 전개하기도 하였다.
 26세 되던 1905년 2월에 성균관박사가 되었으나, 관직에 나아갈 뜻을 버리고 장지연의 초청으로 황성신문의 기자가 되어 논설을 쓰며 크게 활약하였다.
 1905년 11월 황성신문이 무기정간되자, 그 이듬해 양기탁의 천거로 대한매일신보에 초빙, 그뒤 주필이 되어 당당한 시론(時論)을 써서 민중을 계몽하고 정부를 편달하며 항일언론운동을 전개하는 한편, 우리나라 역사관계 사론(史論)을 써서 민족의식을 고취하였다.
 1910년 망명할 때까지「대한매일신보」에 역사관계 논문 및 시론을 다수 연재하였다. 그밖에 역술서, 을지문덕 등을 국한문판으로 발행하기도 하였고 가정 잡지 발행에도 관여하였다.

그가 쓴 독사신론(讀史新論)은 그뒤 내용의 일부가 가감, 수정되어 최남선이 발행하던 「소년」지에 「국사사론」(國史私論)이라는 제목으로 발표되었는데 이 글에서 이미 그의 단군, 부여, 고구려 중심의 주체적인 민족주의사관이 나타나기 시작하였다.

이무렵 그가 집필한 「동국거걸최도통전」과 「이순신전」, 「을지문덕전」은 한말의 민족적인 위기를 타개할 영웅의 출현을 대망하면서 썼던 것으로 영웅사관을 일정하게 보여주고 있다.

한말 애국계몽운동에 힘쓰던 그는 28세 무렵 양기탁, 이동녕, 이회영, 이동휘, 안창호, 전덕기, 이갑, 이승훈 등과 더불어 항일비밀결사인 신민회(新民會) 조직에 참여하였으며, 국채보상운동에도 참여, 논설을 통하여 적극 지원하기도 하였다.

또한 그가 30세 되던 해에는 윤치호, 안창호, 최광옥, 최남선, 박중화, 장응진 등과 신민회의 방계조직인 청년학우회를 발기, 그 취지서를 집필하였다.

1910년 봄에는 평안북도 정주의 오산학교(五山學校)와 안동현(安東縣)을 거쳐 산동반도의 칭다오(靑島)에 도착, 신민회 동지들과 함께 청도회의에 참석하고 독립운동을 위하여 러시아령 블라디보스토크로 가서 윤세복, 이동휘, 이갑 등과 광복회를 조직, 그 부회장으로 활약하는 한편, 「해조신문」의 후신 「대동공보」에도 관여한 듯하며, 이해 12월에 창설된 권업회(勸業會)에서 기관지 권업신문을 창간하자 주필로 활약하였다.

1913년 북만주 밀산(密山)을 거쳐 상해로 가서 「동제사」(同濟社)에 참여, 활동하는 한편, 문일평, 박은식, 정인보, 조소앙 등과 「박달학원」을 세워 교육에도 힘썼다.

그 이듬해 윤세용, 윤세복 형제의 초청을 받아 만주 봉천성 회인현에 가서 동창학교 교사로 재직하면서 「조선사」를 집필하기도 하였으며 백두산 등반, 광개토왕릉 답사 등 고구려와 발해의 고적지를 돌아보아 부여, 고구려, 발해 중심의 한국고대사를 체계화하는데 많은 도움을 받기도 하였다.
　다시 북경으로 돌아가 한국사의 새로운 체계화를 구상하면서 중편소설「꿈하늘」을 집필하였는데 이는 일종의 환상적인 사상소설로서 그의 애국적 항일투쟁의식을 그린 것이다.
　1918년 경부터 북경의 보타암(普陀庵)에 우거하면서 국사연구를 계속하는 한편,「북경일보」등에 논설을 기고하기도 하였다.
　1919년 북경에서 대한독립청년단을 조직, 단장이 되었다.
　그해 4월 상해임시정부 수립에 참여, 임시의정원 의원이 되었으며, 한성정부(漢城政府)에서는 평정관(評定官)에 선임되기도 하였다.
　그해 7월 전원위원회(全院委員會) 위원장 겸 의정원 의원에 선출되었으나 이승만의 노선에 반대, 이를 사임하였으며, 이어 임시정부 기관지 독립신문에 대립적인「신대한(新大韓)」을 창간, 주필이 되어 적극적인 독립노선을 주창하였다. 특히 이승만, 정한경 등의 위임통치청원은 그뒤에도 신채호 등에 의하여 반민족적인 행위로 규탄받았다.
　1922년 의열단장 김원봉의 초청을 받아 상해에 가서 그 이듬해 초에 조선혁명선언으로 불리는 의열단 선언을 집필, 발표하였는데, 이 선언에서 그는 폭력에 의한 민중의 직접혁명을 주창하였다.
　이 선언은 일제의 침략과 압제를 경험하면서 성장한 민중세력을 일제의 이족통치(異族統治)로부터 뿐만 아니라, 당시 세계를 지배하고 있는 약탈적, 불평등적인 제국주의체제를 타파하는 주인공으로 부각시켰다는 의미에서 그의 민족주의이념의 폭과 질의 강도를 잘 보여주고 있다.
　그는 이해 1월 초 상해에서 개최된 국민대표회의에서 창조파(創造派)의 맹장으로 활약하였으나, 개조파(改造派)와의 대립으로 5월 그 회의가 결렬되자 북경으로 돌아와 석등암(石燈庵)에 우거하면서 한국고대사 연구에 전념하였다.
　이무렵 북경대학 도서관에 출입하면서 이석증, 이대교와 교유하게 되었다.
　1924년 경부터 그가 쓴 평론과 논문들이 동아일보, 조선일보 등에 발표되었다.
 그의 연보에 의하면, 1925년에 민족독립운동의 방편으로 대만인 임병문의 소개로 무정부주의 동방연맹에 가입하였는데, 1928년에 발표된 「용과 용의 대격전」, 「꿈하늘」 등의 사상소설에서는 자유, 평등, 폭력, 혁명을 예찬하는 무정부주의의 논리가 강하게 나타난다고 한다.
 1928년 4월 무정부주의 동방연맹대회에 참석하여 활동하는 등 점점 행동투쟁에 나섰던 그는 5월 대만에서 외국위체위조사건(外國爲替僞造事件)의 연루자로 체포되어 대련(大連)으로 이송, 1930년 5월 대련지방법원에서 10년 형을 선고받고 여순감옥(旅順監獄)으로 이감, 복역하던 중 뇌일혈로 순국하였다.
 신채호는 한말의 애국계몽운동과 일제하 국권회복운동에 헌신하면서, 그러한 운동 못지않게 한국사 연구를 통한 민족운동에 앞장섰다.
 한말 대한매일신보에 사론을 싣기도 하였고, 소년에 국사사론을 연재하였으며, 최영, 이순신, 을지문덕 등 국난을 극복한 민족영웅에 관한 전기도 썼다. 이 무렵 그는 역사의 주체를 영웅으로 보는 영웅중심사관을 가지고 있었다.
 1910년 해외에 망명한 그는 본격적으로 국사연구에 노력, 1920년대에 이르러 「조선상고사」, 「조선상고문화사」, 「조선사연구초」 등 그의 역사연구의 주저(主著)들을 집필하였고, 그 논문들은 1930년대에 동아일보, 조선일보에 연재되었다.
 이러한 일련의 저서들에 보이는 그의 역사학은, 첫째 사학의 이념이나 방법론에서 중세의 사학을 극복하고 근대적인 사학으로 발전하고 있으며, 둘째 당시 일본 관학자(官學者)들의 조선사 연구자세에서 보이는 식민주의적 사학을 극복하는 민족주의적 사학으로서의 성격이 강하게 나타나며, 셋째 조선혁명선언 이후 역사의 주체를 민중에게서 발견하려는 민중중심사관이 뚜렷이 나타나며, 넷째 역사를 「아」(我)와 「비아」(非我)의 투쟁의 기록으로서 파악하는 한편, 역사연구에 있어서 실증(實證)을 강조하게 되었다.

「아」(我)와 「비아」(非我)의 투쟁으로서의 역사학의 인식은 변증법적 역사발전에 대한 인식으로 보인다.

그는 앞에서 열거한 한국고대사 관계의 논문과 저서를 남겼는데, 그러한 논술들은 민족주의 이념에 입각하여 독자적인 경지를 내보인 것으로, 과거의 유교주의에 입각한 관학적 역사학과 재야에서 면면히 이어온 비유교적인 사학을 종합한 데서 가능한 것이었다. 그러한 의미에서 그의 사학은 한국사학사의 여러 흐름들을 종합한 것이다.

그의 한국사 기술은 거의 고대사에 국한되고 있는 바, 그 특징은 다음 몇 가지로 요약될 수 있다. 첫째 단군, 부여, 고구려 중심으로 상고사를 체계화하였고, 둘째 상고사의 무대를 한반도, 만주 중심의 종래의 학설에서 벗어나 중국 동북지역과 요서지방(遼西地方)에까지 확대하고 있으며, 셋째 종래 한반도 내에 존재하였다는 한사군을 반도 밖에 존재하였거나 혹은 전혀 실존하지 않았다고 주장하였으며, 넷째 상고시대의 조선족과 삼국시대의 백제가 중국의 산동반도 등에 진출하였다는 것이며, 다섯째 삼한의 이동설 및 「전후 삼한설」을 주장하였고, 여섯째 부여와 고구려 중심의 역사인식에 따라 신라의 삼국통일을 부정적으로 과소평가하는 것 등이라 하겠다.

이러한 그의 역사학은 우리나라 근대사학 및 민족주의 사학의 출발로서 평가되기도 하나 민족주의 사상의 역사연구에의 지나친 투영이 그의 역사이론 및 한국고대사 인식을 교조적(敎條的), 독단적으로 이끌어갔다는 점을 배제할 수 없다고 주장하기도 한다.

독립정신 고취에 바친 일생

박은식(朴殷植)
1859(철종 10) ~ 1925

　한말의 학자이며 언론인이고 독립운동가다. 본관은 밀양, 자는 성칠(聖七)이고 호가 겸곡(謙谷), 백암(白巖)이며 황해도 황주 출생이다. 고향의 서당훈장 용호(用浩)의 아들로 태어났다.
　국권을 잃은 후 중국에 망명하여 독립운동에 종사할 때에는 박기정이라는 별명을 쓰기도 했고 태백광노(太白狂奴), 또는 무치생(無恥生)이라는 별호를 쓰기도 했다.
　10세 때부터 17세까지 아버지의 서당에서 정통파 성리학과 과거시험 공부를 하다가, 과거공부에 회의를 느껴 출향해서 당시 황해도 일대에 성망이 있던 안태훈(안중근의 아버지)과 교우하여 문장을 겨루어서 황해도의 두 신동이라는 이름을 듣기도 하였다.
　이후 전국을 답사하던 중 1880년(고종 17년)에 경기도 광주 두릉(斗陵)에 사는 정약용의 제자인 신기영과 정관섭을 찾아가서 정약용이 저술한 정법상(政法上)의 학문을 섭렵하고 실사구시의 학풍을 가지게 되었다.
　1882년에 상경하여 서울에 머물고 있는 동안 7월의 임오군란을 목도하고 시무책을 지어 정부와 국왕에게 제출했으나 받아들여지지 않자 매우 실망하여 낙향해서, 태천(泰川)에 사는 큰 학자 박문일(朴文一)의 문하에 들어가 오직 성리학의 연구에 몰두하였다.
　1885년 어머니의 간절한 요구에 따라 향시에 응시해서 특선으로 뽑히었다. 그뒤 1888년부터 1894년 갑오경장이 일어날 때까지 6년 간 능참봉을 한 것이 그의 관직생활의 전부였다. 이 시기에 박은식의 성리학이 높은 경지에 도달하여 서북지방에서는 물론이요 중앙에서도 유학자로서의 그의 이름이 널리 알려지게 되었다.
　이름높은 성리학자로서 자기학문을 정립한 후인 1898년에 독립협회의 사상과 운동의 영향을 받고 성리학과 위정척사사상으로부터 전환하여 개화사상을 갖게 되기 시작하였다.

1898년에 독립협회 회원이 되었으며, 그해 11월, 지식인들이 중심이 된 만민공동회에서는 문교부장급 간부로 활동하였다.

1898년 9월 남궁억, 유근, 나수연 등이 황성신문을 창간하자 얼마 후에 장지연과 함께 주필(논설기자)이 되었다.

독립협회가 강제해산당한 후에는 1900년부터 경학원(經學院) 강사와 한성사범학교의 교수를 역임하였다. 이때 「겸곡문고」와 「학규신론」의 두 권의 저서를 써 주로 교육의 진흥책을 논구하였다.

1904년 7월 양기탁과 베셀 등에 의하여 「대한매일신보」가 창간되자, 양기탁의 추천으로 이 신문의 주필을 지냈다.

일제가 1905년 11월 을사조약을 강제 체결하여 국권을 빼앗아가고, 이를 비판한 장지연의 「시일야방성대곡」의 논설을 이유로 일제가 황성신문을 정간시켰다가 1906년에 복간은 되었으나 장지연이 이 신문에 복귀하지 못하게 되자 황성신문을 지키기 위하여 1910년 8월까지 이 신문의 주필로서 활동하였다. 대한매일신보에는 주로 객원으로서 논설만 기고하였다.

1906년 이후의 박은식의 정력적 애국계몽운동은 황성신문의 주필을 하면서 동시에 광범위한 부문에서 전개된 것이었다.

박은식은 이 시기부터는 완전히 변법적 개화사상가가 되어 위정척사사상과 유림을 신랄히 비판하고 국권회복의 실력을 양성하기 위해서 개화사상과 신학문에 힘쓸 것을 계몽하였다.

1906년 3월 대한자강회(大韓自強會)가 창립되자 이에 가입하여 적극 활동했으며, 「대한자강회월보」에 다수의 애국계몽논설들을 발표하였다.

1906년 10월에는 그 자신이 앞장서서 동지들과 함께 서우학회(西友學會)를 조직했으며, 그 기관지인 「서우」(西友)의 주필을 맡아서 국민을 계몽하는데 진력하였다.

「서우」는 1906년 12월에 창간호를 낸 후 1908년 1월까지 모두 4책을 내었는데, 이를 모두 직접 편집하고 지도하였다. 1907년 4월 양기탁, 안창호, 전덕기, 이동녕, 이동휘, 이회영, 이갑, 유동열 등을 비롯한 다수의 애국계몽운동가들에 의하여 국권회복을 위한 비밀결사로서 신민회(新民會)가 창립되자, 이에 가입하여 원로회원으로서 교육과 출판 부문에서 적극 활동하였다.

신민회의 방침에 따라 서우학회와 한북흥학회(漢北興學會)가 통합해서 1908년 1월 서북학회(西北學會)가 창립되자, 실질적으로 이 학회를 지도하고, 그 기관지「서북학회월보」의 주필이 되어 적극 활동하였다. 또한 서북학회의 산하 교육기관으로서 서울에 서북협성학교를 설립하는데 주도적 구실을 수행하였다. 처음에는 이종호(李鍾浩)를 교장으로 추천했으나 이종호가 동지들과 함께 독립군기지 창설을 목적으로 국외로 망명하게 되자, 이 학교의 교장이 되어 신교육구국운동을 정력적으로 전개하였다.

이어 서북학회 담당지역에 서북협성학교의 지교(支校) 설립을 적극 추진하여 1908년 5월부터 1909년 말까지 사이에 63개 지교를 설립하고 신교육구국운동을 광범위하게 발전시켰다.

이무렵 일제가 신기선 등의 대동학회(大東學會)를 내세워 유림계를 친일화하려는 정치공작을 전개하자 이에 대항하여 장지연, 이범규, 원영의, 조완구 등과 함께 대동교(大同敎)를 창립하였다.

박은식은 대동사상(大同思想)과 양명학에 입각하여 유교를 개혁해서 유림계와 유교문화를 국권회복운동편에 서게 하려고 적극 활동했다. 이때 유교개혁운동의 일환으로 저술한 것이「왕양명실기」이다.

1905년~1910년 사이에는 대한매일신보와 황성신문을 비롯하여 다수의 신문과 잡지들에 많은 논설을 써서 국권회복의 실력배양을 위한 신교육구국사상, 실업구국사상, 사회관습개혁사상, 애국사상, 대동사상 등 애국계몽사상을 설파하고 애국계몽운동을 적극 고취함으로써 한말 최고의 애국계몽사상가로서 커다란 영향을 끼쳤다.

그의 애국계몽사상의 또하나의 큰 특징은 국권회복을 위한 애국계몽운동을 의병운동과 연계를 지어 함께 전진시킬 것을 강조한 점이었다. 그는 이것을 일제의 검열하에서 연무제진(聯武齊進)이라고 표현했는데, 이것은 무장운동(의병운동)과 연계하여 함께 나란히 전진하는 것을 의미한 것이었다.

박은식의 이러한 사상과 활동은 애국계몽운동기에 역사의 전면에 나서서 활동한 사상가들 중에서 최고의 애국계몽사상가로서 전국민에게 애국사상을 배양하는데 가장 큰 영향력을 끼쳤다고 후학들에 의하여 평가되었다.

일제가 1910년 8월 한국을 완전히 식민지로 병탄한 직후 황성신문, 서북학회월보를 비롯한 모든 신문과 잡지와 언론기관들을 폐쇄할 때, 박은식이 저술한 모든 저서들도 일제에 의해 금서(禁書)로 처리되어 발행과 독서가 엄금되고 위반자는 체포당하였다.

박은식은 일제의 이러한 무단탄압에 의하여 한국민족의 국혼(國魂)이 들어 있는 역사책들이 모두 압수, 소각됨으로써 국민과 다음 세대들이 한국민족의 역사를 잃어버리고 한국인의 긍지와 민족성마저 잃어버리게 되지 않을까 매우 우려했으며, 「국체는 비록 망했지만 국혼이 소멸당하지 않으면 부활이 가능한데, 지금 국혼인 역사마저 불태워 소멸하니 통탄하지 않을 수 없다」고 탄식하였다.

박은식은 마침내 1911년 4월 독립운동과 국혼이 담긴 역사서를 쓰기 위하여 망명을 결행했다. 압록강을 건너 국경을 탈출해서 만주의 환인현 홍도천에 있는 동지 윤세복의 집에 1년간 머물면서 정력적으로 저술에 집중하여 「동명성왕일기」, 「발해태조건국지」, 「몽배금태조」, 「명림답부전」, 「천개소문전」, 「대동고대사론」 등을 저술하였다.

그는 또한 이때 독실한 대종교(大倧敎) 신도인 윤세복의 영향을 받아 대종교 신도가 되었다.

1912년 상해로 가서 신규식 등과 함께 동제사(同濟社)를 조직하고, 동포들의 자녀교육을 위하여 박달학원(博達學院)을 설립하였다.

1914년에는 홍콩으로 가서 중국인 친우들의 요청으로 중국어잡지 「향강」(香江)의 주간이 되었다. 이 시기에 캉유웨이, 량치차오, 탕사오이, 징메이주 등을 비롯하여 그밖에 다수의 중국혁명동지회 계통 인물들과 깊은 친교를 맺었다.

이 잡지를 통하여 위안스카이(袁世凱)의 전제정치를 비판하다가

「향강」이 폐간당하자 다시 상해로 돌아왔다.

상해에서「안중근전」을 저술하고, 망명 후 꾸준히 집필하던「한국통사」를 완성하여 중국인 출판사에서 1915년에 간행하였다.

「한국통사」는 3편 114장으로 구성된 대작으로서, 1864년부터 1911년까지의 한국근대사를 ① 일반근대사, ② 일제침략사, ③ 독립운동사의 3면에서 일제침략을 중심으로 하여 하나의 체계로 서술한 것이었다.

그는「한국통사」에서 일제침략사를 중심으로 근대사를 서술함으로써 ① 대외적으로 일본제국주의 침략의 잔학성과 간교성을 폭로, 규탄하고, ② 대내적으로 국민들에게 통(痛)을 가르쳐주어 민족적 통분의 격발에 기초한 독립운동의 정신적 원동력을 공급하며, ③ 국혼과 국백(國魄)을 나누어 일제에게 빼앗긴 것은 국백뿐이요 국혼은 남아 있으니 국혼을 잘 유지, 강화하여 완전한 독립을 쟁취하도록 교육하고, ④ 자손만대에 일제에게 침략당한 아픈 역사의 교훈을 새기고 반성을 촉구하려고 하였다.

「한국통사」는 간행 직후 중국, 노령, 미주의 한국인동포들은 물론이요 국내에도 비밀리에 대량 보급되어 민족적 자부심을 높여주고 독립투쟁 정신을 크게 고취하였다.

일제는 이에 매우 당황하여 1916년에 조선반도사 편찬위원회를 설치하고 처음에는「조선반도사」를 준비하다가 계획을 수정하여「조선사」37책을 편찬하여 그들의 식민주의사관에 의한 한국역사의 왜곡을 시도하면서, 그 편찬동기를 박은식의「한국통사」와 같은 독립을 추구하는 역사서의 해독을 소멸시키기 위한 것이라고 밝혔다. 여기서도 박은식의「한국통감」의 영향이 얼마나 컸는가를 미루어 알 수 있다.

박은식은 상해에서 뒤이어「이순신전」을 저술하였다. 그는 이 시기에 캉유웨이의 위탁을 받고 중국신문인「국시일보」의 주간이 되었다가 이 신문이 얼마 뒤 정간되어 사임하였다.

그는 상해에서 이상설, 신규식, 유동열 등 동지들과 함께 신한혁명당(新韓革命黨)을 조직하여 그 취지서를 쓰고 감독으로 선임되었다.

이어 다시 상해에서 신규식 등과 함께 대동보국단(大同補國團)을 조직하여 그 단장으로 추대되기도 하였다.

1918년 노령 한국인동포들의 간곡한 요청에 응하여 송왕령(宋王嶺)으로 가서「한족공보(韓族公報)」의 주간으로 일하였다. 그러나 이 신문이 재정난으로 곧 발행이 중단되자, 한국인촌의 여러 학교를 순회하면서 한국역사에 대한 강연으로 독립사상을 고취했으며,「발해사」와「금사」(金史)를 한글로 역술하고,「이준전」을 저술하였다.

박은식은 1919년 3·1운동을 노령 해삼위에서 맞이하였다. 그는 이때 61세의 고령이었음에도 불구하고 동지들과 함께 대한국민노인동맹단을 조직하여 그 취지서를 쓰고 그 지도자로서 독립운동을 전개하였다. 대한국민노인동맹단은 강우규를 국내에 파견하여 일제총독 사이토에 대한 폭탄투척의거를 일으켰다.

1919년 8월 상해로 가서 상해 임시정부와 노령 국민의회임시정부와 서울의 한성 정부의 통합에 의한 9월의 통합 대한민국 임시정부의 수립을 지원하였다. 이때에도 전면에 나서지 않고 원로로서 뒤에서 임시정부의 통합과 그 독립운동을 적극 지원하였다. 동시에 상해에서「한국독립운동지혈사」의 집필을 시작하여 1920년 12월 이를 간행하였다.

「한국독립운동지혈사」는 1884년 갑신정변부터 1920년 독립군 항일무장투쟁까지의 일제침략에 대한 한국민족의 독립투쟁사를 3·1운동을 중심으로 서술한 것으로서, 한국근대사 체계에 또하나의 고전을 만든 것이었다.

이 책에서 일본제국주의 침략의 죄상을 낱낱이 비판하고 3·1운동은 갑신정변 이래의 민족독립운동이 민족내부에 축적되어 봉기한 것임을 설명하면서, 역사의 대세와 국내정세는 일본제국주의가 반드시 패망하도록 변화하고 있으며, 3·1운동을 전환점으로 한 한국민족의 불굴의 헌신적 독립운동이 반드시 독립을 쟁취하도록 전개되고 있다는 최후의 승리에 대한 낙관적 견해를 설명하여 독립운동 정신을 무한히 고취하였다.

1923년 국민대표회의 실패 후 임시정부가 극도로 약화되고 독립운동계 전체가 극도의 혼란과 분열에 빠지자, 우선 사태를 수습하고 임시정부의 기관지「독립신문」의 간행을 지속하기 위하여 1924년에 독립신문사 사장으로 취임하였다.

뒤이어 임시정부 의정원이 1924년 6월 이승만대통령유고안을 통과시킨 다음 임시정부의 거듭되는 혼란을 수습해줄 원로로서 박은식을 임시정부 국무총리 겸 대통령대리로 추대하자, 그는 사태의 중대성에 비추어 이를 수락하였다. 그가 1924년 6월부터 임시정부를 책임지고 이끌어가는 상태하에서 의정원은 1925년 3월 21일 결단을 내려 수년 동안 독립운동가들을 소동시켜온 위임통치청원과 기타 실정의 책임을 물어서 임시대통령 이승만 탄핵안을 통과시키고 이 문제를 일단락지었다.

박은식은 뒤이어 1925년 3월 23일 의정원에서 대통령으로 선출되었으며, 이튿날인 3월 24일 의정원에서 대한민국임시정부 제2대 대통령 취임을 선언하였다.

그는 임시정부 대통령으로서 사태를 수습하기 위한 기본방책의 하나로 1925년 3월 30일 헌법개정안을 의정원에 제출하였다. 개헌의 초점은 대통령제를 폐지하고 국무령제(國務領制)를 실시하여 국무령을 중심으로 한 내각책임제로 바꾼 것이었다.

박은식은 신헌법에 의거해서 서로군정서(西路軍政署) 총재였던 이상룡을 국무령으로 추천하여 선출시켜놓고, 스스로 대통령을 사임하였다.

박은식이 대통령을 사임하고 은퇴했을 때에는 인후염과 기관지염으로 병색이 완연히 나타나기 시작한 때였다.

그는 임종이 가까워오자 동포들에게 독립쟁취의 최후목적 달성을 위하여 반드시 통일, 단결하라는 간곡한 유촉을 남기고, 그의 장엄한 애국적 일생을 마쳤다.

저서로는 앞에서 언급한 것 이외에「대동민족사」,「단조」(檀祖)가 있다.

임시정부 수립에 공훈

신규식(申圭植)
1879(고종 16) ~ 1922

　독립운동가이며 대종교인인 신규식은 충북 청원에서 태어났다. 본관은 고령, 별명으로 성(誠), 목성(木聖), 호는 일민(一民), 청구(靑丘), 여서(余胥) 등이 있다.

　1895년 서울에 유학하여 1898년 관립한어학교에 입학하였다. 2년 뒤 육군무관학교에 진학하여 재학 중 학교당국의 부정에 반발하는 모의에 참여하였는데 신병으로 하향 중에 모의가 실행되어 처벌을 면하였다. 졸업 뒤 임관되어 참위(參尉), 부위(副尉)에까지 진급하였다.

　그뒤 하향 중 을사조약이 강제 체결된 소식을 듣고 지방 진위대와 연락하여 거사를 계획하다가 실패한 뒤 음독자살을 기도하였다.

　이때 오른쪽 눈의 신경이 마비되어 흘려보는 상이 되므로 스스로 예관이라고 하였다.

　1905년 을사조약 이후 쓰러져가는 나라를 구해보려고 학회를 조직하여 공업계잡지도 발간하였으며, 「대한자강회」와 「대한협회」등 애국계몽단체에 참가하였다. 또한 중동학교, 청동학교, 문동학교 등의 교육기관을 설립하였다.

　1909년에는 대종교를 믿고 광산경영도 하였다.

　1910년 망국조약의 소식을 듣고 다시 음독자살하려고 하였으나 나철(羅喆)에 의하여 구원되었다.

　이듬해 중국 상해로 망명하여 정(檉)으로 개명하고 손문(孫文)이 이끄는 동맹회(同盟會)에 한국인으로서는 처음 가맹한 뒤 10월의 무창의거에 참가하여 신해혁명에 공헌하였다.

　당시 상해에서 혁명사상을 고취시키려고 호한민(胡漢民) 등이 「민권보」 발행을 준비하자 망명 때의 여비 2만원 가운데 잔액 1만원을 희사하였다. 이로 인하여 청국정부와 일본영사 경찰에게 현상수배되어 프랑스조계로 피신하였다.

1912년에는 상해의 교민이 늘어남에 따라 독립운동을 위한 교민단체로서 동제사(同濟社)를 조직하여 이사장이 되었고, 동시에 중국국민당의 인사와 우호를 증진시키기 위하여 신아동제사(新亞同濟社)를 발기하였다. 또한 「환구중국학생회」에 가입하여 이동휘, 여일장, 주가화 등의 명사와 교유하고 시인단체인 남사(南社)에 가입하여 장정강, 진과부 등과도 사귀었다.

1913년 상해 프랑스조계에 박달학원을 설립하여 박은식, 신채호 등과 중국혁명의 선구자 농죽(農竹) 및 미국화교 묘대위 등을 강사로 초빙 3기에 걸쳐 100여 명을 배출, 중국 각 대학 및 구미유학을 주선하였다.

또한 군사교육도 장려하여 한국청년 100여 명을 중국 각지의 군사학교에 입학시키기도 했으며 대종교의 포교를 통하여 독립의식의 고양에 힘썼다.

1915년 박은식과 대동보국단을 조직하여 만주와 노령지방의 독립운동가와 연결하였으며, 잡지 「진단」(震壇)을 발행하였다.

1917년 8월에는 스톡홀름 국제사회주의자대회에 한국독립의 지원을 요청하기 위하여 동제사를 개칭하여 조선사회당을 급조하였으나 대회가 무산되자 유야무야되고 말았다.

1918년 제1차 세계대전의 종전에 앞서 미국대통령 윌슨이 14개조의 민족자결주의를 발표하자 만주와 각지의 독립운동가와 연락하여 길림에서 독립선언을 하게 하였고, 이어 독립의군부(獨立義軍府) 조직의 계기를 만들었다. 또한 동제사의 지식인 청년그룹으로 신한청년당을 조직하였다.

3·1운동 이후 정부수립운동이 일어나 3월에 해삼위의 대한국민회의, 4월에 서울의 한성정부(漢城政府)가 수립되었는데, 상해에서도 4월 제헌의정원회의(制憲議政院會議)에서 정부가 수립되고 10개조의 헌장이 채택되었으나 신병으로 참석하지 못하여 각료선출에는 빠졌다.

그뒤 제1회 의정원회의에서 부의장으로 선출되었다. 그러나 7월의 제2회 회의에서는 이의 사퇴와 아울러 의원직도 사퇴하였다. 9월에 3개 정부를 통합하여 대한민국임시정부가 수립되자 11월에 법무총장에 취임하였다.

이듬해 대통령 이승만(李承晩)이 미국으로 돌아가자 국무총리대리를 겸임하였고, 1921년에는 외무총장도 겸하였다.

이해 10월 임시정부에서는 국무회의의 의결을 거쳐 그를 특사로 하여 부사 박찬익, 수행원 민필호 등을 광동(廣東)의 중화민국정부에 파견하였다. 중화민국정부의 북벌서사식(北伐誓詞式)에 참여하고 11월 대총통 손문을 만나 국서를 봉정한 뒤 임시정부의 승인을 받았다.

그뒤 신병으로 사표를 제출하였으나 처리되지 않았고, 1922년 임시정부의 내분이 표면화되어 이승만에 대한 대통령불신임안이 그의 불참 속에서 통과되었다.

병상에서 25일간 절식을 하다가 독립을 기원하는 유언을 남기고 사망하였으며, 상해 훙차오로 만국공묘(萬國公墓)에 안장되었다.

1962년 건국훈장 대통령장이 추서되었다.

저서로는 「한국혼」과 시집 「아목루」(兒目淚)가 있다.

애국애족정신의 표상

남궁억(南宮檍)
1863(철종 14) ~ 1939

　독립운동가이고 교육자이며 언론인이었던 남궁억은 서울에서 태어났다. 본관은 함열, 자는 치만(致萬), 호는 한서(翰西)다.
　아버지는 도사(都事) 영(泳)이다.
　1884년(고종 21년)에 영어학교인 동문학(同文學)을 수료하고 해관(海關)의 견습생으로 있다가 1886년 내부주사(內部主事)가 되었다.
　1887년 전권대신 조민희의 수행서기관으로 영국, 러시아, 독일의 순방길에 올라 홍콩까지 갔으나 청나라의 간섭과 방해로 2년간 홍콩에 체류하다가 소환되어 돌아왔다.
　1889년 궁내부별군직을 거쳐 1893년에는 칠곡군수를 지냈다.
　1894년 갑오경장 내각에 내부토목국장으로 중용되어 서울 종로와 정동일대 및 육조 앞과 남대문 사이의 도로를 정비하는 동시에 파고다공원을 세웠다.
　1896년 2월 아관파천 후에 관직을 사임하고, 그해 7월 서재필, 이상재 등과 함께 독립협회를 창립하여 중앙위원, 서기, 사법위원, 평의원 등에 선출되고 고위지도자로 활동하였으며, 독립협회의 기관지인「대조선독립협회회보」의 발행에도 참가하였다.
　1898년 9월 나수연, 유근 등과 함께「황성신문」을 창간하고 사장에 취임하여 국민을 계몽하고 독립협회의 활동을 적극 지원하였다.
　대한제국의 정치체제를 개혁하여 의회를 설립하고 대대적 개혁을 단행하려는 독립협회운동의 지도자로 활동하다가, 1898년 11월에 17명의 지도자와 함께 붙잡혔다.
　독립협회가 해산당한 뒤 1900년 7월「황성신문」에 러시아와 일본의 한국분할설을 외국신문에서 옮겨 실어, 러시아와 일본의 한국침략야욕을 폭로하고 경각심을 촉구하는 논평을 실었다가 경무청에 구금되었다.

 또한 1902년 5월 「황성신문」에 일본이 갑오년(1894년) 동학운동 이래 우리나라를 침략해 들어오면서 러시아와 맺은 러일협정의 침략적 성격을 논박한 사설을 실었다가, 총무 나수연과 함께 다시 경무청에 구속되어 심한 고문을 받고 4개월 만에 석방되었다.

 1903년 영관(領官)을 지낸 유동근이 「황성신문」의 사장 남궁억과 총무 나수연이 일본에 망명해 있는 박영효 등과 공모하여 의병을 일으키기로 하였다고 모함하여 다시 경무청에 구속되었으나, 진상이 밝혀져 4개월 뒤에 석방되었다.

 출옥한 뒤 황성신문 사장을 사임하였다.

 1905년 3월 고종의 간곡한 요구로 다시 관직을 맡아 성주목사로 부임하여 선정을 베풀었으나, 일본이 1905년 11월 무력으로 위협하여 을사조약을 강제로 체결하고 국권을 박탈하자 통분하여 사임하고 귀경하였다.

 1906년 2월 다시 양양군수에 임명되자 애국계몽운동에 참가하여 1907년 7월 양양의 동헌 뒷산에 현산학교(峴山學校)를 설립하고 구국 교육을 실시하였다.

 1907년 일본이 헤이그특사사건을 구실로 고종을 강제 양위시키고 정미7조약을 체결하여 침략정책을 강화하자 관직을 사임하고 상경하였다.

 1907년 11월 권동진, 여병현, 유근, 이우영, 오세창, 윤효정, 장지연, 정운복, 홍필주 등과 함께 대한협회(大韓協會)를 창립하고 회장이 되어 애국계몽운동을 전개하였으며, 그 기관지로 「대한협회월보」와 「대한민보」를 발행하였다.

 1908년 4월 강원도지방의 애국계몽운동단체로 관동학회(關東學會)를 창립하여 회장으로 활동하였으며, 교육구국운동 잡지로서 「교육월보」를 발행하였다.

 1910년 8월 일본이 우리나라를 병탄하자 새 세대교육의 현장에 뛰어들어야 한다고 생각하여 그해 10월 배화학당(培花學堂)의 교사가 되었고, 1912년 상동청년학원의 원장을 겸하면서 독립사상 고취, 애국가사 보급, 한글서체 창안 및 보급에 힘썼다.

  1918년 건강이 악화되어 친지들의 권고에 따라 선조의 고향인 강원도 홍천군 서면 보리울(牟谷)에 낙향, 1919년 9월 모곡학교(牟谷學校)를 설립하였다. 모곡학교에 무궁화묘포를 만들어 나라꽃인 무궁화의 보급운동을 전국에 걸쳐 전개하였다.

  또한 애국적 찬송가를 만들어 전국의 교회와 기독교계 학교들에 보급하였다.

  1933년 11월 기독교계열 독립운동의 비밀결사인 십자당(十字黨)을 조직하여 활동하다가 일본경찰에 붙잡혀 8개월간 투옥되었다.

  노령이 참작되어 석방되었으나 일본 경찰로부터 받은 잔혹한 고문의 여독으로 사망하였다.

  1977년에 건국훈장 국민장이 추서되었다.

  저서에「동사략」(東史略),「조선이야기」등이 있다.

단군의 얼 이어받아 대종교 창설

나철(羅喆)
1863(철종 14) ~ 1916

　대종교의 초대교주이자 독립운동가로서 본명은 인영(寅永), 호는 홍암(弘巖)이다. 전남 보성에서 태어났다.
　29세 때 문과에 장원급제하여 승정원 가주서와 승문원 권지부정자를 역임하였다.
　일본의 침략이 심해지자 관직을 사임하고 호남출신의 지사들을 모아 1904년「유신회」라는 비밀단체를 조직하여 구국운동을 하였다.
　을사조약체결 직전인 1905년 6월 오기호, 이기, 홍필주 등과 함께 일본에 건너가「동양평화를 위하여 한, 일, 청 삼국은 상호 친선동맹을 맺고 한국에 대하여는 선린의 교의로서 부조(扶助)하라」는 의견서를 일본의 정객들에게 제시하였으나 응답이 없자 일본의 궁성 앞에서 3일간 단식투쟁하였다.
　그러던 중 이등박문이 조선과 새로운 협약을 체결한다는 소식이 각 신문에 발표되자, 나라 안에 있는 매국노들을 모두 제거해야 국정을 바로 잡을 수 있다고 생각하고 단도(短刀) 두 자루를 사서 품에 넣고 귀국하였다.
　전하는 말로는 서울에 도착하여 숙소로 걸어가는 도중에 한 백발노인으로부터 두권의 책을 받았는데 그 책이 바로「삼일신고」와「신사기」라고 한다.
　1906년, 일본의 반성을 다시 한번 촉구하기 위해 도일하여 당시 이토와 대립관계에 있던 오카모토, 도야마 등을 만나 협조를 구하였으나 별효과를 얻지 못하고, 귀국길에 폭탄이 장치된 선물상자를 구입하여 을사오적을 살해하려 하였으나 실패하였다.
　1907년 1월부터 암살계획을 구체적으로 추진하여 3월 25일을 거사일로 정하고 오적의 주살을 시도하였으나 서창보(徐彰輔) 등이 붙잡히고 사건의 전모가 탄로되자, 동지들의 고문을 덜어주기 위해 오기호, 최인식 등과 함께 평리원(平理院)에 자수하여 10년의 유배형을 받고 무안군 지도(智島)에 유배되었다가 고종의 특사로 그해에 풀려났다.

1908년 다시 일본으로 건너가 외교적인 통로에 의한 구국운동을 계속하였으나 소득없이 귀국하였다.

전하는 말로는 일본에 체류할 때 두일백(杜一白)이라는 노인이 찾아와 단군교의 포교를 사명으로 하라는 가르침이 있었다 한다.

어쨌든 귀국하자마자 오기호, 강우, 유근, 정훈모, 이기, 김인식, 박호암, 김춘식 등의 동지들과 함께 서울 재동에서 단군대황조신위(檀君大皇祖神位)를 모시고 제천의식을 거행한 뒤 단군교를 공표하였다.

이 날이 바로 중광절(重光節)이라고 불리는 날이다. 곧 교직을 설치하고, 초대교주인 도사교(都司敎)에 취임하여 오대종지를 공포하였다. 또한 단군의 개국과 입도(立道)를 구분하여 서기전 2333년에 124년을 가산하여 천신강세기원(天神降世紀元)이라 하고 단군교의 원년으로 발표하였다.

1910년 8월에는 단군교의 이름을 빙자한 친일분자들의 행각으로 인해, 원래의 명칭으로 환원한다는 의미와 함께 대종교라고 이름을 바꾸었다.

1911년에는 대종교의 신관(神觀)을 삼신일체의 원리로 설명한 「신리대전」(神理大全)을 발간하는 한편, 강화도 마니산 제천단(祭天壇)과 평양의 숭령전(崇靈殿)을 순방하고 만주 화룡현 청파호(靑波湖)에 교당과 지사(支司)를 설치하였다.

교세의 급속한 확장에 당황한 일제는 1915년 종교통제안을 공포하고 대종교를 불법화하였다.

이로 말미암아 교단이 존폐의 위기에 봉착하자 1916년 음력 8월, 상교(尙敎) 김두봉(金枓奉)을 비롯한 시봉자(侍奉者) 6명을 대동하고 구월산 삼성사(三聖祠)에 들어가 수행을 시작하였다.

8월 14일, 사당 앞 언덕에 올라 북으로는 백두산과 남으로는 선조의 묘소를 향해 참배한 뒤「오늘 3시부터 3일 동안 단식 수도하니 누구라도 문을 열지 말라」고 문 앞에 써붙인 뒤 수도에 들어갔다. 16일 새벽에 이상스럽게 인기척이 없어 제자들이 문을 뜯고 들어가니, 그는 자신의 죽음의 이유를 밝힌 유서를 남기고 조식법(調息法)으로 이미 숨을 거둔 뒤었다.

그의 유언에 의하여 청파호에 유해를 안정하였으며 그 이후에 대종교에서는 그가 운명한 날을 가경절(嘉慶節)이라 하여 4대절(四大節)의 하나로 기념하고 있다.

1962년에 건국훈장 국민장이 추서되었다.

조국애, 민족혼의 화신

안중근(安重根)
1879(고종 16) ~ 1910

한말의 의병장이자 의사(義士)인 안중근은 또한 교육가이기도 하다. 본관은 순흥(順興)이고 황해도 해주출신이다.

할아버지는 진해현감이었고 아버지는 진사였다. 3남 1녀 중 맏아들로 태어났다. 아내는 김아려(金亞麗), 어려서는 응칠(應七)로 불렸고 해외생활 중에도 응칠이라는 이름을 많이 사용하였다.

6~7세 때에 황해도 신천군 두라면 청계동으로 이사하였다. 이곳에서 아버지가 만든 서당에서 동네 아이들과 함께 사서(四書)와 사기류(史記類)를 읽었다. 또 틈만 나면 화승총을 메고 사냥하여 명사수로 이름이 났다.

16세가 되던 1894년에 아버지가 감사(監司)의 요청으로 산포군(山砲軍)이라는 사냥꾼 군대를 조직하여 동학군의 진압에 나서자 이에 참가하였다.

다음해에 그는 천주교에 입교하여 토마스라는 세례명을 얻었다. 한때는 교회의 총대(總代)를 맡아서 많은 일을 하다가 뒤에 만인계(萬人稧:1,000명 이상의 계원을 모아 돈을 출자한 뒤 추첨이나 입찰로 돈을 융통해주는 모임)의 채표회사(彩票會社:만인계의 돈을 관리하고 추첨을 하는 회사) 사장으로 선임되었다. 그뒤로 교회의 신자들과 만인계의 어려운 일을 도맡아서 수완을 발휘하기 시작하였다.

1904년에 러일전쟁이 일어나자 해외망명을 결심, 산동(山東)을 거쳐 상해에 도착하였다. 이곳에서 지면이 있는 프랑스인 신부로부터 국내에서 교육 등 실력양성을 통하여 독립사상을 고취하는 것이 급선무라는 충고를 듣고 다음해에 귀국하였다.

1906년 3월에 진남포 용정동으로 이사하여 석탄상회를 경영하다가 정리한 뒤 서양식 건물을 지어 삼흥학교(三興學校)를 설립하였다. 곧이어 남포(南浦)의 돈의학교(敦義學校)를 인수하여 학교경영에 전념하였다.

  1907년에는 국채보상기성회 관서지부장이 되어 반일운동을 행동화하기 시작하였다. 이해 7월에 한일신협약이 체결되자 북간도로 망명한 뒤 약 3, 4개월 뒤에 노령으로 갔다. 노브키에프스크를 거쳐 블라디보스토크에 도착, 한인청년회 임시사찰이 되었다.

  이곳에서 이범윤(李範允)을 만나 독립운동의 방략을 논의하였고, 엄인섭, 김기룡 등 동지를 만나 동포들에게 독립정신을 고취하고 의병참가를 권유하였다.

  의병지원자가 300여 명이 되자 김두성, 이범윤을 총독과 대장으로 추대하고 안중근은 대한의군 참모중장으로 임명되었다. 이때부터 무기를 구하여 비밀 수송하고 군대를 두만강변으로 집결시켰다.

  1908년 6월에 특파독립대장 겸 아령지구군사령관이 되어 함경북도 홍의동의 일본군을 공격하고 다음으로 경흥의 일본군 정찰대를 공격, 격파하였다. 그러나 제3차의 회령전투에서는 5,000여 명의 적을 만나 혈투를 벌였으나 중과부적으로 처참한 패배를 당하였다. 천신만고로 탈출한 뒤 노브키에프스크, 하바로프스크를 거쳐 흑룡강의 상류 수천여 리를 다니면서 이상설, 이범석 등 애국지사를 만났다.

  노브키에프스크에서는 국민회, 일심회(一心會) 등을 조직하였고, 블라디보스토크에서는 동의회(同義會)를 조직하여 애국사상 고취와 군사훈련을 담당하였다.

  1909년 3월 2일에는 노브키에프스크 가리(可里)에서 김기룡, 엄인섭, 황병길 등 12명의 동지가 모여 단지회(斷指會, 일명 단지동맹)라는 비밀결사를 조직하였다. 안중근, 엄인섭은 침략의 원흉 이등박문을, 김태훈은 이완용의 암살 제거를 단지(斷指)의 피로써 맹서하고 3년 이내에 성사되지 못하면 자살로 국민에게 속죄하기로 하였다. 9월에 블라디보스토크에서「원동보」(遠東報)와「대동공보」(大東共報)의 기사를 통하여 이등박문이 러시아의 대장대신(大藏大臣) 코코프체프와 하얼빈에서 회견하기 위하여 만주에 오게 됨을 알게 되었다.

  안중근은 우덕순(일명 연후), 조도선, 유동하와 저격 실행책에 대한 중대모의를 하고 만반의 준비를 하였다.

1909년 10월 26일 이등박문를 태운 특별열차가 하얼빈에 도착, 코코프체프와 약 25분간의 열차회담을 마치고 차에서 내려 러시아 장교단을 사열하고 환영군중 쪽으로 발길을 옮기는 순간 안중근이 뛰어나오며 권총을 발사, 이토에게 3발을 명중시켰다.

러시아 검찰관의 예비심문에서 한국의용병 참모중장, 나이 31세로 자신을 밝힌 다음 거사 동기를 이등박문이 대한의 독립주권을 침탈한 원흉이며 동양평화의 교란자이므로 대한의용군사령의 자격으로 총살한 것이지 안중근 개인의 자격으로 사살한 것이 아님을 밝혔다.

관동도독부 지방법원 원장 마나베의 주심으로 여섯 차례의 재판을 받았는데 안중근은 일반살인 피고로 취급하지 말고 전쟁포로로 취급하기를 주장하였다.

국내외에서 변호모금운동이 일어났고 변호를 지원하는 인사들이 여순(旅順)에 도착하였으나 허가되지 않았다. 심지어는 일본인 관선변호사 미즈노와 가마타의 변호조차 허가하지 않으려 하였다.

재판과정에서의 그의 태도와 정연하고 당당한 논술에 일본인 재판장과 검찰관들도 내심 탄복을 하지 않을 수 없었다. 관선변호인 미즈노는 검찰관에 대한 그의 답변 태도에 감복하여「그 범죄의 동기는 오해에서 나왔다고 할지라도 이등박문을 죽이지 않으면 한국은 독립할 수 없다는 조국에 대한 적성(赤誠)에서 나온 것은 의심할 여지가 없다」고 변론하였다.

언도공판은 1910년 2월 14일 오전 10시 30분에 개정되었는데 재판장 마나베는 사형을 언도하였다. 죽음을 앞둔 며칠 전 정근(定根), 공근(恭根) 두 아우에게「내가 죽거든 시체는 우리나라가 독립하기 전에는 반장(返葬)하지 말라. ……대한독립의 소리가 천국에 들려오면 나는 마땅히 춤을 추며 만세를 부를 것이다」라고 유언하였다.

3월 26일 오전 10시 여순감옥형장에서 순국하였다.

그의 일생은 애국심으로 응집된 행동의 인간상으로서 그의 행동은 총칼을 앞세운 일제의 폭력적인 침략에 대한 살신의 항거였다.

독립과 민족애에 바친 일생

이상설(李相卨)
1870(고종 7) ~ 1917

충북 진천출신으로 독립운동을 주도한 관리, 본관은 경주이고 자는 순오(舜五), 호는 부재(溥齋)다. 행우(行雨)의 장남이며 어머니는 달성서씨인데 7살 때 용우(龍雨)에게 입양되었다.

이범세, 여규형, 이시영, 이회영 등과 신학문을 공부하였다. 또 헐버트와 친교를 맺어 영어 프랑스어 등을 익혔으며, 특히 수학, 물리, 화학, 경제학, 국제법 등을 공부하였다.

1894년(고종 31년) 문과에 급제하여 이이(李珥)를 조술(祖述)할 학자라는 평가를 받기도 하였다.

1896년 성균관 교수 겸 관장, 한성사범학교 교관, 탁지부 재무관 등을 역임하고 궁내부 특진관에 승진하였다.

1904년 6월 박승봉과 연명으로 일본인이 요구하는 전국 황무지 개척권 요구의 침략성과 부당성을 배척하는「일인요구전국황무지개척권불가소」를 올렸는데, 고종이 이 상소를 받아들여 일본의 요구를 물리쳤다. 이를 계기로 상소가 연이었다.

이해 8월 보안회의 후신인 대한협동회의 회장에 선임되었다.

1905년 학부협판(學部協辦)과 법부협판을 역임하였으며, 11월초 의정부참찬에 발탁되었다.

1905년 11월 이완용, 박제순 등 5적(五賊)의 찬성으로 을사조약이 체결되었을 당시, 그는 대신회의의 실무책임자인 참찬이었으나 일본의 제지로 참석하지 못하였다.

이 조약이 고종의 인준을 거치지 아니한 사실을 알고 고종이 순사직(殉社稷)의 결심으로 5적을 처단하고, 5조약을 파기할 것을 주장하는 상소를 올렸다.

한편 조약체결 직후 조병세, 민영환, 심상훈 등 원로대신들을 소수(疏首)로 백관의 반대상소와 복합항쟁(伏閤抗爭)을 벌이도록 주선하였다.
 11월말 민영환의 자결소식을 듣고 종로에 운집한 시민에게 울면서 민족항쟁을 촉구하는 연설을 한 뒤 자신도 자결을 시도하였으나 실패하였다.
 1906년 봄 이동녕, 정순만 등과 북간도 용정으로 망명하여, 8월경 그곳에 항일민족교육의 요람인 서전서숙(瑞甸書塾)을 건립하고 숙장(塾長)이 되었다.
 여기에서 이동녕 등과 역사, 지리, 수학, 국제법, 정치학 등의 신학문과 민족교육을 실시하였다.
 1907년 6, 7월경 이준, 이위종과 네덜란드 헤이그에서 개최된 제2회 만국평화회의에 고종의 특사로 참석 활약하였다. 대한제국의 실정과 국권 회복문제를 제기하고자 노력하였다.
 그러나 국력의 뒷받침이 없었고 제국주의 열강의 이권협상의 성격을 띤 회의였기 때문에 목적을 달성하지 못하였다. 그러나 그해 6월 대한제국의 주장을 밝힌 공고사(控告詞)를 평화회의와 각국 위원에게 보냈다.
 또 헐버트와 이위종, 송헌주, 윤병구를 대동하고 영국, 프랑스, 독일, 미국, 러시아 등지를 순방하면서 일제의 침략상을 폭로하고 한국의 독립이 동양평화의 관건임을 주장하였다. 나아가 한국의 영세중립을 역설하기도 하였다.
 이 때문에 그해 8월 본국정부에서는 재판에 회부되어 궐석판결로 사형이 선고되기도 하였다.
 1908년부터 미국에 1년여 동안 머무르면서 미국 조야에 대한제국의 독립지원 호소를 계속하는 한편, 각지의 교포를 설득하여 조국독립운동의 새로운 계기를 만드는데 힘썼다.
 또한 1908년 8월 콜로라도주 덴버시에서 개최된 애국동지대표자회의(愛國同志代表者會議)에 이승만과 연해주 대표로 참석하였다.
 1909년 4월 국민회(國民會) 총회장 최정익 등과 국민회의 제1회 이사회를 열고 구체적 사업을 결정한 다음, 정재관과 연해주로 떠났다.

연해주 블라디보스토크에서 이승희, 김학만, 정순만 등과 항카호 남쪽 봉밀산 부근에 땅 45방(方)을 사서 100여 가구의 한국교포를 이주시키고, 최초의 독립운동기지라 할 수 있는 한흥동(韓興洞)을 건설하였다.

국내외의 의병을 통합하여 보다 효과적인 항일전을 수행하고자 1910년 6월 유인석, 이범윤, 이남기 등과 연해주 방면에 모인 의병을 규합하여 13도의군(十三道義軍)을 편성하였다.

유인석과 상의하여 이해 7월에는 전 군수 서상진을 본국에 보내어 고종에게 13도의군 편성을 상주하고, 군자금의 하사와 고종의 아관파천을 권하는 상소문을 올려 망명정부의 수립을 기도하였다.

8월에 국권이 상실되자, 연해주와 간도 등지의 한족을 규합, 블라디보스토크에서 성명회(聲明會)를 조직하였다.

그런데 9월 일제와 교섭한 러시아에 의하여 연해주 니콜리스크(雙城子)로 추방되었다가 블라디보스토크로 왔다. 1911년 한민장, 김학만, 이종호, 정재관, 최재형 등과 권업회(勸業會)를 조직하여 회장으로 선출되었으며,「권업신문」의 주간을 맡기도 하였다.

1913년 이동휘, 김립, 이종호, 장기영 등과 나자구(羅子溝)에 사관학교를 세워 광복군 사관을 양성하였다.

1914년 이동휘, 이동녕, 정재관 등과 중국의 러시아령 안에서 동지들을 규합하여 대한 광복군정부를 세우고 정통령(正統領)에 선임되었다.

1915년 3월 경 상해 영조계(英租界)에서 박은식, 신규식, 조성환, 유동열, 유홍렬, 이춘일 등의 민족운동자들이 화합하여 신한혁명단을 조직하여 본부장에 선임되었다.

조국의 국권회복을 위하여 노력하다가 1917년 3월 니콜리스크에서 죽었다.

1962년 건국훈장 대통령장이 추서되었다.

국권회복에 할복순국한 열사

이준(李儁)
1859(철종 10) ~ 1907

　애국계몽운동가로 순국한 열사다. 본관은 전주, 함경남도 북청출신이다. 자는 순칠(舜七)이고 호는 일성(一醒), 해사(海史), 해옥(海玉) 등이 있다.
　1887년(고종 24년) 북청에서 초시에 합격하여 1894년 함흥의 순릉참봉이 되었다.
　1895년 법관양성소를 졸업하고 1896년 한성재판소 검사보가 되었다. 같은해 2월 아관파천이 일어나자 사임하고, 일본으로 건너가 와세다대학 법과를 졸업하고 귀국하였다.
　1898년 독립협회에 가입하여 11월의 만민공동회에서는 가두연설을 하는 등 적극적 활동을 하였다.
　1902년 이상재, 민영환, 이상설, 이동휘, 양기탁 등과 비밀결사인 개혁당(改革黨) 운동을 추진하였다.
　1904년 일제가 러일전쟁을 일으키고, 일본군을 한국에 불법상륙시켜 제1차 한일의정서를 강제체결하고 내정간섭을 자행하면서 침략정책을 강화하자, 이에 대한 반대시위운동을 일으키는데 주동적 구실을 하였다.
　같은해 일본이 전국의 황무지개척권을 요구하자, 송수만, 원세성 등 다수의 동지들과 함께 대한보안회(大韓輔安會)를 조직하여 그 총무를 맡고 이에 대한 반대투쟁을 전개하였다.
　보안회가 일제의 강압에 의하여 해산되자 그 후속단체로 이상설과 함께 대한협동회(大韓協同會)를 조직하여 그 부회장을 맡고, 또다시 일본의 황무지개척권 요구를 강력히 반대하여 결국 이를 저지시키는데 성공하였다.
　1904년 12월 일제가 친일분자들로 일진회(一進會)를 조직하여 매국활동을 시작하게 되자, 이에 대항하여 윤하영, 양한묵 등과 공진회

(共進會)를 조직하여 회장이 되고, 반일진회투쟁을 전개하다가 일제의 강압으로 황해도 철도에 6개월간 유배당하였다.

민영환의 주선으로 석방된 뒤 1905년 5월 윤효정, 양한묵 등과 헌정연구회를 조직하여 다시 항일국민운동을 벌였다.

같은 해 평리원 검사를 거쳐 특별법원 검사로 임명되었다.

1905년 11월 일제가 무력으로 위협하여 을사조약을 강제체결하고 국권을 박탈하자, 상동교회에 모인 전덕기, 최재학, 정순만, 이동녕 등 다수의 동지들과 함께 을사조약폐기 상소운동을 전개하기로 결정하여, 이준이 그 상소문을 짓고 대한문(大漢門) 앞과 서울시내에서 일본경찰과 투석전을 벌이며 격렬한 시위운동을 전개하였다.

1906년 국권회복을 위한 실력양성을 목적으로 전덕기, 유상준과 함께 국민교육회를 조직하여, 회장으로 있으면서 교육구국운동을 시작하고 보광학교를 설립하였다. 또한 설태희 등 동지들과 고향인 함경도의 애국계몽운동단체로 한북흥학회(漢北興學會)를 조직, 지도하여 함경도지방의 교육구국운동의 발흥에 큰 계기를 마련하였다.

1907년 1월 대구에서 국채 보상운동이 일어나자 이를 적극 지지하고 전국운동으로 확대하기 위하여 서울에 국채보상 연합회의소를 설립하고 소장이 되어 모금운동을 벌였다.

같은 해 4월 양기탁, 안창호, 전덕기 등이 중심이 되어 국권회복을 위한 비밀결사로 신민회(新民會)가 창립되자, 이에 가입하여 활동하였다.

그리고 같은 해 6, 7월 네덜란드의 헤이그에서 세계평화회의가 열린다는 소식이 있자, 그는 전덕기, 이회영, 박상궁 등의 도움을 받아 고종을 만나 이 평화회의에 특사를 파견하여, 을사조약이 고종의 의사에 의하여 이루어진 것이 아니라 일본의 강압으로 체결된 조약이므로 무효라는 것을 세계만방에 선언하고, 한국독립에 관한 열국의 지원을 요청할 것을 제의하여 고종의 동의를 받았다.

그리하여 그는 헤이그특사단의 부사가 되어 1907년 4월 22일 서울을 출발하여, 블라디보스토크에 가서 정사 이상설과 합류하고, 다시 러시아의 수도 페테르스부르크로 가서 이위종과 합류, 6월 25일 헤이

그에 도착하였다.

　세계평화회의의장에게 고종의 친서와 신임장을 전하고 평화회의장에 한국대표로서 공식적으로 참석하기 위한 활동을 전개하였으나, 일본대표와 영국대표의 방해로 성공하지 못하였다.

　이에 세 특사는 일제의 한국침략을 폭로, 규탄하고 을사조약이 무효임을 선언하는 공고사(控告詞)를 작성하여 평화회의의장과 각국 대표에게 보내는 한편, 신문을 통하여 이를 공표하여 국제여론을 환기시켰다.

　신문기자들과 언론들은 세 특사의 활동에 호의적이었으나, 열강의 대표들은 냉담하였으므로 이에 격분한 그는 통분을 누르지 못하여 헤이그에서 할복으로 순국하였다.

　일제 통감부는 궐석재판에서 그에게 종신징역을 선고하였다.

　1962년 건국훈장 대한민국장이 추서되었다.

　1963년 헤이그에서 유해를 옮겨와 국민장으로 서울 수유리에 안장하였으며, 1964년 장충단공원에 동상이 건립되었다.

독립전선에 바친 청년열사

윤봉길(尹奉吉)
1908 ~ 1932

　윤봉길의사의 본관은 파평이고 충남 예산에서 출생했다. 본명은 우의(禹儀)였고 호는 매헌(梅軒)이다. 아버지는 황(璜)이며 어머니는 경주김씨로 원상(元祥)이다.
　1918년 덕산보통학교에 입학하였으나 다음 해에 3·1운동이 일어나자 이에 자극받아 식민지 노예교육을 배격하면서 학교를 자퇴하였다. 이어 최병대 문하에서 동생 성의(聖儀)와 한학을 공부하였으며, 1921년 성주록(成周錄)의 오치서숙(烏峙書塾)에서 사서삼경 등 중국 고전을 익혔다.
　1926년 서숙생활을 마치고 농민계몽, 농촌부흥운동, 독서회운동 등으로 농촌부흥에 전력하였다. 다음해 이를 더욱 이론적으로 뒷받침하기 위하여「농민독본」을 저술하고, 야학회를 조직하여 향리의 불우한 청소년을 가르쳤다.
　1929년 부흥원(復興院)을 설립하여 농촌운동을 본격화 하였으며, 그해 1월 초부터 1년간 기사일기(己巳日記)를 쓰기 시작하였다.
　그해 2월 18일 부흥원에서 학예회를 열어 촌극「토끼와 여우」를 공연하였는데 대성황리에 마치게 되자 일제당국의 주목을 받았다.
　그러나 이에 구애받지 않고 지방 농민들을 규합하여 자활적 농촌진흥을 위하여 월진회(月進會)를 조직, 회장에 추대되었다. 한편 수암체육회(修巖體育會)를 설치, 운영하면서 건실한 신체 위에 독립정신을 고취하였다.
　1930년「장부(丈夫)가 집을 나가 살아서 돌아오지 않겠다」라는 신념이 가득찬 편지를 남긴 채 3월 6일 만주로 망명하였다. 도중 선천(宣川)에서 미행하던 일본경찰에 발각되어 45일간 옥고를 치렀다.
　그뒤 만주로 탈출, 그곳에서 김태식, 한일진 등의 동지와 함께 독립운동을 준비하였다.

그해 12월에 단신으로 다렌(大連)을 거쳐 중국 칭다오(靑島)로 건너가 1931년 여름까지 현지를 살펴보면서 독립운동의 근거지를 모색하였고, 이곳에서 세탁소의 직원으로 일하면서 모은 돈을 고향에 송금하기도 하였다.

1931년 8월 활동무대를 대한민국 임시정부가 있는 상해로 옮겨야 보다 큰 일을 수행할 수 있을 것이라 믿고 그곳으로 갔다.

상해 프랑스조계 하비로화합방(霞飛路和合坊) 동포석로(東蒲石路) 19호 안공근(安恭根)의 집 3층에 숙소를 정하였다. 우선 생계를 위하여 동포 실업가 박진(朴震)이 경영하는 공장의 직공으로 종사하면서 상해영어학교에서 수업하는 한편, 노동조합을 조직한 뒤 새로운 활동을 모색하였다. 그해 겨울부터 임시정부의 김구(金九)를 찾아가 독립운동에 신명을 바칠 각오임을 호소하였다.

1932년 한인애국단의 이봉창이 1월 8일 일본 동경에서 일본왕을 폭살하려다가 실패하자 상해일대는 복잡한 정세에 빠지게 되었다.

더욱이 일제는 1월 28일 고의로 죽인 일본승려사건을 계기로 상해사변을 도발하였다. 일본은 이때 시라카와(白川義則)대장을 사령관으로 삼아 중국과의 전쟁을 승리로 이끌었다.

윤봉길은 이해 봄 야채상으로 가장하여 일본군의 정보를 탐지한 뒤, 4월 26일 한인애국단에 입단하여 김구의 주관하에 이동녕, 이시영, 조소앙 등의 협의와 동의 아래 4월 29일 이른바 천장절 겸 전승축하기념식에 폭탄을 투척하기로 하였다.

식장에 참석하여 왕웅(본명은 金弘一)이 만들어 폭발시험까지 하였던 수류탄을 투척함으로써, 상해파견군사령관 시라카와, 상해의 일본거류민단장 가와바다(河端貞次) 등은 즉사하고, 제3함대사령관 노무라(野村吉三郎) 중장, 제9사단장 우에다(植田謙吉) 중장, 주중공사 시게미쓰(重光葵) 등이 중상을 입었다.

거사 직후 현장에서 잡혀 일본 군법회의에서 사형을 선고받았다. 그해 11월 18일 일본에 호송되어 20일 오사카(大阪) 위수형무소에 수감, 12월 19일 총살형으로 순국하였다.

1962년 건국훈장 대한민국장이 추서되었다.

만세장에 뿌려진 소녀의 애국혼

유관순(柳寬順)
1904 ~ 1920

충남 천안에서 출생한 유관순은 본관이 고흥이고 아버지는 중권(重權)이며 어머니는 이씨이다.

1916년 기독교 감리교 공주교구의 미국인 여자선교사의 도움으로 이화학당의 교비생으로 입학하고, 1919년 3·1운동이 일어나자 이 학교 고등과 1년생으로 만세시위에 참가하였다.

그뒤 일제가 이화학당을 휴교시키자 고향으로 돌아와 교회와 청신학교(靑新學校)를 찾아다니며 서울에서의 독립시위운동상황을 설명하고, 이곳에서도 만세시위운동을 전개할 것을 권유하였다. 조인원, 김구응 등의 마을지도자를 규합하여 연기, 청주, 진천 등지의 교회와 유림계를 규합, 이해 음력 3월 1일 아오내(並川)장날을 기하여 만세시위를 전개할 것을 추진하였다.

이날 수 천 명의 군중을 모아 독립만세를 선창하며 격렬한 독립만세시위를 전개하였다.

이 시위전개에서 잔인한 일본헌병의 총칼로 아버지와 어머니가 피살당하고 자신은 아오내 만세시위 주동자로 잡혀 일제의 무자비한 고문을 받았으나 끝내 굴하지 않았다.

공주지방법원에서 징역 3년 형을 언도받았으나 이에 불복, 항소하여 경성복심법원에서 재판을 받을 때 독립만세를 고창하며 일제의 한국침략을 규탄, 항의하고, 일제법률에 의하여 일제법관에게 재판받음이 부당함을 역설하다가 법정모욕죄까지 가산되어 징역 7년 형을 언도받았다.

서대문형무소에서 복역 중에도 틈만 있으면 독립만세를 고창하였고, 그때마다 형무관에게 끌려가 모진 악형을 받았다.

불굴의 투혼으로 계속 옥중항쟁을 전개하다가 1920년 17세의 나이로 끝내 서대문형무소에서 옥사하였다.

유관순이 참살된 지 이틀 뒤에 이 소식을 들은 이화학당 교장 푸라이와 윌터선생은 형무소 당국에 유관순의 시체인도를 요구하였으나 일제는 이를 거부하였다.

유관순의 학살을 국제여론에 호소하겠다고 위협하고 강력하게 항의하자 일제는 할 수 없이 시체를 인도하였다.

시체를 인수한 이들이 석유상자 속에 든 유관순의 시체를 열어보니 토막으로 참살된 비참한 모습이었다.

1962년 건국훈장 국민장이 추서되었다.

항일 무력투쟁의 선봉장

홍범도(洪範圖)
1868(고종 5) ~ 1943

  홍범도는 포수출신의 독립운동가다. 일명 범도(範道)라고도 하며 평북 양덕 출신이다.
  1907년 전국적인 의병봉기에 자극을 받고있던 중 이해 9월 일제가 민중의 무장투쟁을 약화시키기 위하여「총포급화약류단속법」을 만들어 공포하고 포수들의 사냥총을 모두 회수하자 그해 11월 차도선, 태양욱 등과 산포대(山砲隊)를 조직했다. 곧 이어 의병을 일으키고 북청의 후치령(厚峙嶺)을 중심으로 갑산, 삼수, 혜산, 풍산 등지에서 유격전으로 일본 수비대를 격파하였다.
  1910년에는 소수의 부하를 이끌고 간도로 건너가 차도선, 조맹선 등과 함께 포수단(砲手團)을 조직, 교포에게 광복사상을 고취하며 국내와 연락, 애국지사 소집과 독립군 양성에 진력하였다.
  1919년 3·1운동 후 동만주에 거주하는 동포들이 간도대한국민회(間島大韓國民會)를 결성하자 그 예하의 대한독립군(大韓獨立軍) 총사령관에 취임하였다.
  같은 해 8월 200명의 부하를 거느리고 두만강을 건너 혜산진, 갑산 등지의 일본군을 습격, 큰 전과를 거두었다. 이에 자신을 가지고 정예부대를 인솔하여 다시 압록강을 건너 강계(江界) 만포진(滿浦鎭)을 습격한 뒤 자성에서 3일 동안 일본군과 교전하여 70여 명을 사살하는 대전과를 거두었다.
  이후 최진동이 지휘하는 도독부(都督府)와 통합, 500여 명의 대부대로 국내 진입작전을 감행하였다.
  1920년 6월 최진동과 협력하여 종성(鍾城) 삼둔자(三屯子) 부근에서 국경수비대와 격전을 벌여 120명을 사살하는 대전과를 올렸으며, 두만강 대안의 봉오동(鳳梧洞)에서 일본군 대부대를 전멸시켜 대전적을 올렸으니 이것이 유명한 봉오동전투이다.

또한 같은 해 10월 청산리전투에서도 제1연대장으로 참가, 제2연대장 김좌진(金佐鎭), 제3연대장 최진동 등과 함께 일본군을 크게 격파하였다.

봉오동과 청산리에서 치욕적인 패배를 거듭한 일본군이 계속적인 추격을 해옴에 따라 독립군조직을 총망라하여 대한독립군단(大韓獨立軍團)을 조직, 부총재에 선임되었으며 그뒤 간도지방의 김좌진, 최진동부대와 함께 노령(露領)으로 이동, 흑룡강 자유시(自由市)를 새로운 근거지로 삼고 러시아군과 교섭하여 협조를 얻었으나, 러시아공산당의 배반으로 독립군이 무장해제되고, 사살되거나 포로가 되는 등 이른바 자유시 참변을 겪게 되었다.

이 사변 이후 1922년 고려공산당과 한족공산당이 통합되어 조직된 고려중앙정청(高麗中央政廳)의 고등군인징모위원에 임명되었으나 독립운동의 지도자로서 후진양성에만 심혈을 기울이다가 1943년 시베리아에서 죽었다.

1962년 건군훈장 대통령장이 추서되었다.

해외 항일운동을 이끈 무인

이동휘(李東輝)
1872(고종 9) ~ 1935

함남 단천 출신의 독립운동가다. 아호는 성재(誠齋)이고 8세 때부터 향리 대성제(大成齊)에서 한문을 수학하였고 18세 때 지방관장의 잔심부름을 하다가 서울에 올라와 이용익의 소개로 군관학교에 입학, 졸업 후 육군 참령(參領)을 지냈다.

1907년 7월 한일신협약에 의하여 한국군이 강제해산될 당시까지 참령으로서 강화진위대를 이끌었다.

일제의 강압에 의한 군대해산을 몸소 겪었기 때문에 1909년 3월 군대동지 연기우, 김동수 등과 더불어 강화도 전등사에서 의병조직의 모의를 획책하였으나 실패하고 잡혀 유배되었다. 그러나 미국인 선교사 벙커의 활약으로 10월 초순 경에 해금되었다.

이해에 이동녕, 안창호 등과 신민회(新民會)를 조직하여 개화운동과 항일투쟁을 벌였다.

1911년에는 윤치호, 양기탁 등과 함께 105인사건에 연루, 투옥되었다가 무혐의로 석방되었다.

한편 그는 무관출신이었으나 교육문화사업에도 적지 않은 활동을 하였다.

강화도진위대장으로 있으면서도 미국인 선교사 벙커와 박능일 목사를 움직여 강화도에 합일학교(合一學校)를 설립하였고, 개성, 평양, 원산 등지에도 여러 학교를 설립하였다.

또한 민족계몽을 위한 단체로서 1906년 오상규, 유진호 등 함경도 출신 청년들을 중심으로 한북흥학회(漢北興學會)를 조직, 1908년에는 서우학회(西友學會)와 합하여 서북학회(西北學會)로 발전시켰다.

국내에서의 여러 활동과 아울러 1915년 경에는 노령(露領)으로 망명하여 거기에서 한인사회당(韓人社會黨)을 조직하였다.

1919년 8월 말 경에는 김립(金立)의 사위인 오영선(吳永善)을 대동하고 대한민국 임시정부의 국무총리에 취임하기 위하여 상해(上海)에 도착, 취임 후 좌파세력의 확장을 위하여 민족진영인사 일부까지도 규합하여 1920년 봄 공산주의자그룹을 조직하였다.

이것의 발전형태로서 1921년 종래의 한인사회당을 고려공산당(高麗共産黨)으로 개칭하였다.

그는 국무총리직에 있는 동안 모스크바의 레닌으로부터 200만 루블의 원조를 받았으며, 그 중 40만 루블을 고려공산당 조직기금으로 유용한 것이 임시정부에 발각되어 사임하였다. 한편 만주, 간도 방면의 독립운동 무장단에도 일찍부터 관심을 가져왔다.

1920년 말에는 간도의 독립군이 일본에게 쫓겨 밀산(密山)을 거쳐 시베리아의 이만으로 퇴각할 때에 긴급구호금으로 1만원을 보냈다. 그는 비록 공산주의운동의 선구적 활동을 하였으나, 그의 사상은 근본적으로 반일민족독립을 우위에 놓은 것이었다.

이동휘 자신도 「공산주의가 무엇인지 아무것도 모르는 인물이었다」고 스스로 고백한 바 있다.

그는 오직 반일민족독립운동의 숙원을 이루기 위한 한 방편으로써 소련정부와 제휴한 민족주의적 혁명운동자라고 할 수 있다. 임시정부국무총리 사임 후 시베리아에서 죽었다.

무장독립군을 이끈 무장

김좌진(金佐鎭)
1889(고종 26) ~ 1930

　만주벌판을 누빈 독립군 지휘자로 이름이 높은 김좌진은 충남 홍성 출신으로 안동김씨 후예다. 자는 명여(明汝), 호는 백야(白冶), 아버지는 형규(衡奎)이고 그의 아들은 국회의원을 지낸 두한(斗漢)이다.
　그는 3세에 아버지를 여의고 편모 슬하에서 성장하였다.
　15세 때인 1904년에는 대대로 내려오던 노복 30여 명을 모아놓고 그들 앞에서 종문서를 불에 태우고 농사를 지어먹고 살만한 논밭을 골고루 나누어 주었다.
　1905년 서울로 올라와 육군무관학교에 입학하였다. 1907년 향리로 돌아와서 호명학교(湖明學校)를 세우고, 가산을 정리하여 학교운영에 충당하게 하고 90여 칸의 자기집을 학교교사로 제공하였다. 그리고 홍성에 대한협회 지부와 기호흥학회를 조직하여 애국계몽운동에 앞장섰다.
　1909년 한성신보 이사를 역임하고, 안창호, 이갑 등과 서북학회를 세우고 산하교육기관으로 오성학교(五星學校)를 설립하여 교감을 역임하였다.
　한편 청년학우회 설립에도 협력하였다.
　1911년에 북간도에 독립군사관학교를 설립하기 위하여 자금조달차 돈의동(敦義洞)에 사는 족질 김종근(金鍾根)을 찾아간 것이 원인이 되어 2년 6개월간 서대문형무소에 투옥되었다.
　1916년 노백린, 신현대 등과 함께 박상진, 채기중 등 애국지사들이 중심이 되어, 이미 결성된 광복단에 가담하여 격렬한 항일투쟁을 전개하였다.
　1918년 일본의 감시를 피하여 만주로 건너가서 대종교(大倧敎)에 입교하고, 3·1독립선언서에 전주곡이 되는 무오독립선언서에 39명의 민족지도자의 한 사람으로 서명하였다. 그리고 서일(徐一)을 중심으로 한 대한정의단(大韓正義團)에 가담하여 군사책임을 맡고, 정의단을 군정부(軍政府)로 개편한 다음 사령관으로 추천되었다.

1919년 대한민국 임시정부의 권고를 받아들여 북로군정서(北路軍政署)로 개칭하고, 소속 무장독립군의 총사령관이 되어 독립군 편성에 주력하였다.

우선 독립군 양성을 위하여 왕청현 십리평(汪淸縣十里坪) 산곡에 사관연성소를 설치하고, 스스로 소장이 되어 엄격한 훈련을 시키는 한편, 무기 입수에 전력하였다.

1920년 9월 제1회 사관연성소 졸업생 298명을 졸업시켰다. 그러나 10월 일본군 대부대가 독립군 토벌을 목적으로 만주로 출병하자 소속독립군을 장백산으로 이동시키던 도중 청산리(靑山里)에서 일본군과 만나 전투를 전개하였다.

3일간 계속된 10여 차례의 전투에서 일본군 3천 여 명을 살상하는 대전과를 올렸다. 신비한 전술전략이 기적과도 같은 승리를 거두어 독립전투상 승리의 금자탑을 세웠다.

그뒤 북진을 강행하며 그해 말에 러시아와 인접한 북만주 밀산(密山)에 도착하였고, 여기에 집결한 10여 개의 독립군 단체가 통합, 대한독립군단이 결성되자 여기에 부총재로 취임하였다.

약소국의 독립을 원조한다는 레닌정부의 선전에 한가닥 희망을 걸고 많은 사람이 북쪽 러시아로 넘어갈 때, 우수리강을 건넜다가 생각한 바 있어 만주로 되돌아와 흩어진 동지들을 재결합하여 대기하다가, 1925년 3월 신민부(新民府)를 창설하고 군사부위원장 및 총사령관이 되었으며, 또한 성동사관학교(城東士官學校)를 세워 부교장으로서 정예사관 양성에 심혈을 기울였다.

이때 대한민국 임시정부가 국무위원으로 임명하였으나, 취임하지 않고 독립군 양성에만 전념하였다.

1927년 많은 간부가 일제에 붙잡히자, 신민부를 재정비하여 중앙집행위원장으로서 신민부를 통솔하였다.

1929년 신민부의 후신으로 한국총연합회(韓國總聯合會)가 결성되자, 주석으로 선임되어 계속 항일독립운동을 전개하였다.
  1930년 1월 24일 중동철도선 산시역(山市驛) 앞 자택에서 200미터 거리에 있는 정미소에서 공산주의자 박상실의 흉탄에 맞아 순국하였다.
  1962년 건국훈장 대한민국장이 추서되었다.

만주벌판에 심은 독립사상

오동진(吳東振)
1889(고종 26) ~ ?

평북 의주 출신의 독립운동가로 호는 송암(松菴)이고 의주의 일신학교를 졸업한 뒤 평양의 대성학교(大成學校) 사범과를 졸업하였다. 졸업 뒤 고향에서 상업에 종사하던 중 1919년 3·1운동이 일어나자 의주에서 만세시위운동에 참가하였다가 체포의 손길이 미치자 가족을 데리고 만주 관전현(寬甸縣)으로 망명하였다.

간도에 자리잡은 뒤 안병찬과 독립운동단체인 대한청년단연합회를 조직하고 교육부원이 되어 만주와 국내로 다니며 독립사상 고취를 위한 강연회를 개최하였다.

1920년 광복군총영(光復軍總營)을 결성, 총영장(總營長)이 되어 독립군을 편성하여 항일전투를 전개하였다.

이때 미국 국회의원단이 우리나라를 방문하게 되자 우리 민족의 항일독립운동의 존재를 그들에게 내보이기 위하여 소속 독립군 중에서 안경신(安敬信) 등 3명은 평양으로, 정인복(鄭仁福) 등 2명은 신의주로, 임용일(林龍日) 등 2명은 선천으로, 김영철(金榮哲) 등 3명은 서울로 잠입시켜 각기 일제의 통치기관을 파괴하고 요인을 암살하도록 하였다.

평양 잠입조는 평안남도 경찰부에, 신의주 잠입조는 신의주역 철도호텔에, 선천 잠입조는 선천경찰서와 선천군청에 각기 폭탄을 던져 폭파하였다.

그러나 서울 잠입조는 총독부 폭파를 계획하던 중 발각, 체포됨으로써 실패하였다.

1922년 재만독립운동단체가 통합하여 대한통의부(大韓通義府)를 결성하자 교통부장, 재무부장으로 국내외에서 군자금 모금활동을 전개하였으며, 뒤에는 군사부장 겸 사령장(司令長)이 되어 소속 독립군을 지휘, 활발한 국내 진입작전을 전개하였다.

1925년 대한통의부, 의성단(義成團), 대한독립단, 광정단(光正團) 등 10여 개 단체를 규합하여 정의부(正義府)를 결성하고 군사부위원장 겸 사령장으로 소속 독립군을 지휘하여 국경지방의 일본경찰관서를 습격, 파괴하였다.

그 대표적인 것은 평안북도 초산경찰서의 추목주재소, 외연주재소 및 벽동경찰서 여해주재소 습격사건과 1925년 차련관주재소 습격사건이었다.

1926년 고려혁명당을 조직하여 활동하다가 1928년 일본경찰의 밀정인 김종원(金宗源)의 모략에 빠져 체포되었다.

국내로 압송되어 신의주지방법원과 평양복심법원에서 무기징역을 언도받았다.

경성형무소와 공주형무소에서 복역하였으며, 1934년 20년으로 감형되기도 하였으나 모진 고문 끝에 옥사하였다.

1962년 건국훈장 대한민국장이 추서되었다.

근대산업국가에 대한 열망

이용익(李容翊)
1854(철종 5) ~ 1907

함북 명천 출신으로 한말의 정치가다. 서민의 아들로 태어나 소년시절에 서당에서 수학하였다.

고향을 떠나 한때 보부상으로 행상하여 약간의 자금을 모아 금광에 투자하여 거부가 되었다. 재화를 왕실에 기부하여 감역(監役)이 되었다.

1882년 임오군란이 일어났을 때 발이 빠른 그는 충주로 피신한 민비(閔妃)와 민씨정권의 영도자인 민영익(閔泳翊) 사이의 비밀연락을 담당하였고, 민영익의 천거로 고종의 신임을 얻어 출세의 길을 잡았다.

정계에 중대한 영향을 미치게 된 것은 1897년 내장원경(內藏院卿)에 발탁되었을 때부터이다. 왕실내정을 관리하게 되어 궁내부 소속의 삼포(蔘圃)와 광산을 엄중 관리하여 왕실의 수입을 늘렸고, 탁지부대신을 겸직하였다. 또한 전환국장마저 겸무하게 되자 1900년 개정화폐조례에 따라 파탄지경이 된 국가재정을 충당하고자 백동화(白銅貨)를 대량 발주하였다.

그러나 그의 백동전 발주는 물가앙등과 화폐가치 하락을 가져와 유통계에 혼란을 일으켜 실패하였다.

출생이 미천하고 전통적인 유교교양을 갖추지 못하고 우직하였으나 청렴하고 정치가로서의 식견은 탁월하였다. 감리서북광무 겸 철도사감사, 서북철도국 총재, 원수부 회계국장, 중앙은행 총재를 역임하면서 근대화에 기여하였다. 즉 궁내부 내장사의 직조소(織造所)를 근대적 공장으로 개편하고자 그 소속으로 모범양잠소를 설치하여 근대적 견직기술을 강습하게 하였고, 각 도에 공업전습소를 설치하여 염직, 직조업, 제지업, 금은세공, 목공의 근대 기술자 양성을 시도하였다.

또 사기제조소를 서울에 설치, 일본 기술자를 초빙하여 사기제작을 시작하였으며, 총포공장을 건립하기도 하였다.

이밖에도 1898년 정부에서 근대식 석판인쇄기계를 도입하여 우표, 상표지계 등을 인쇄, 발매하고, 1903년에는 박람회개최를 기도하기도 하였다. 철도의 부설, 근대금융기관의 설립 등을 적극적으로 지원하는 등의 근대적 개혁에 그의 진언이 크게 작용하였다 한다.

그의 정치적 입장은 친로반일(親露反日)로 일관되는 것이어서, 1904년 러일전쟁이 일어나기 전에 조선의 국외엄정중립을 선언하게 하였다.

전쟁이 일어나자 일본은 그를 붙잡아 일본으로 압송하고 갖가지의 회유정책을 썼으나 포섭할 수 없었다.

1905년 1월 일본으로부터 귀국하자 잠시 경상북도관찰사, 제실회계심사국장, 강원도관찰사 등을 역임하였다. 이러한 공직에 있으면서도 항일투쟁의 선두에 섰으며, 특히 일진회의 타도를 강력히 주장하였다.

일본에 납치되어 있을 때 일본의 개화문물에 접하고 귀국하면서 다수의 도서와 인쇄기를 구입, 지참한 뒤 민족의 역량을 배육하고자 자비로 보성소학(普成小學)과 중학, 그리고 전문학교를 설립하여 장차 국강의 동량이 될 인재를 키워내기에 힘썼으며, 신해영, 김주병과 더불어 편집소인 보성관(普成館), 인쇄소인 보성사(普成社)를 설치하여 민족계몽에 기여하기도 하였다.

1905년 을사조약의 강제체결로 국권이 박탈되고 이른바 보호정치가 시작되자, 육군부장(陸軍副長)이라는 직명으로 고종의 밀서를 가지고 원조를 요청하기 위하여 고국을 탈출, 프랑스로 향하던 중 6월에 중국 산동성 옌타이항에서 일본관헌에게 발각되었다.

이때에 조선정부는 밀령의 책임을 추궁받을까 하여 그를 일체의 공직으로부터 파면해버렸다.

그뒤 해외를 유랑하면서 계속 구국운동을 전개하다가 뜻을 이루지 못하고 블라디보스토크에서 죽었다.

통일조국을 향한 민족지도자

김구(金九)
1876(고종 13) ~ 1949

조선독립을 위해 일생을 바친 정치지도자, 본관은 안동이고 어렸을 때의 이름은 창암(昌巖)이었으나 곧 창수(昌洙)로 고쳤으며 다시 구(九)로 고쳤다. 법명은 원종(圓宗)이었고 환속후에도 두래(斗來)로 불렸다. 자는 연상(連上), 호는 백범(白凡)이다.

황해도 백운방 텃골이라는 곳에서 태어났고 아버지 순영(淳永)의 7대 독자이며 어머니는 곽낙원(郭樂園)이다.

인조 때 삼정승을 지낸 방조(傍祖) 김자점이 권세다툼에서 청나라 병사를 끌어들였다는 역모죄로 효종의 친국을 받고 1651년 사형당하자 화를 피하여 선대가 그곳으로 옮겨갔다 한다.

4세 때 심한 천연두를 앓아 가까스로 목숨을 건졌고, 9세에 한글과 한문을 배우기 시작하였으며, 아버지의 열성으로 집안에 서당을 세우기도 하였다. 14세에 「통감」, 「사략」과 병서를 즐겨 읽었으며, 15세에는 정문재의 서당에서 본격적인 한학수업에 정진하였고, 17세에 조선왕조 최후의 과거에 응시하였으나 뜻을 이루지 못하고, 벼슬자리를 사고 파는 부패된 세태에 울분을 참지 못하여 18세에 동학에 입도하였으며, 황해도 도유사(都有司)의 한 사람으로 뽑혀 제2대 교주 최시형과도 만났다. 19세엔 팔봉접주(八峰接主)가 되어 동학군의 선봉장으로 해주성을 공략하였는데, 이 사건으로 1895년 신천 안태훈의 집에 은거하며 당시 그의 아들 중근(重根)과도 함께 지냈다.

또한 해서지방의 선비 고능선 문하에서 훈도를 받았고, 솟구치는 항일의식을 참지 못하여 압록강을 건너 남만주 김이언의 의병부대에 몸담아 일본군 토벌에 나서기도 하였다.

을미사변으로 충격을 받고 귀향을 결심, 1896년 2월 안악 치하포에서 왜병 중위 쓰치다를 맨손으로 처단하여 21세의 의혈청년으로 국모의 원한을 푸는 첫 거사를 결행하였다.

그해 5월 집에서 은신 중 체포되어 해주감옥에 수감되었고, 7월 인천 감리영에 이감되었으며, 다음해인 1897년 사형이 확정되었다. 사형집행 직전 고종황제의 특사로 집행이 중지되었으나, 석방이 되지 않아 이듬해 봄에 탈옥하였다.

삼남일대를 떠돌다가 공주 마곡사에 입산하여 승려가 되었고, 1899년 서울 새절을 거쳐 평양 근교 대보산 영천암(靈泉庵)의 주지가 되었다가 몇 달 만에 환속하였다.

수사망을 피해 다니면서도 황해도 장연에서 봉양학교 설립을 비롯하여, 교단 일선에서 계몽·교화사업을 전개하였으며 20대 후반에 기독교에 입교하여 진남포예수교회 에버트청년회 총무로 일하던 중 1905년 을사조약이 체결되자 상경하여 상동교회 지사들의 조약반대 전국대회에 참석하였으며, 이동녕, 이준, 전덕기 등과 을사조약의 철회를 주장하는 한편, 종로에서 가두연설에 나서기도 하여 구국대열에 앞장섰다.

1906년 해서교육회(海西敎育會) 총감으로 학교설립을 추진하여, 다음해 안악에 양산학교를 세웠다.

1909년 전국강습소 순회에 나서서 애국심 고취에 열성을 다하는 한편, 재령 보강학교 교장이 되었다. 그때 비밀단체 신민회의 회원으로 구국운동에 가담하였다. 그해 가을 안중근의 거사에 연좌되어 해주감옥에 투옥되었다가 석방되었다.

그뒤 1911년 1월 데라우치 총독 암살모의 혐의로 안명근사건(安明根事件)의 관련자로 체포되어 17년 형을 선고받았다.

1914년 7월 감형으로 형기 2년을 남기고 인천으로 이감되었다가 가출옥하였다. 자유의 몸이 되자 김홍량의 동산평(東山坪) 농장관리인으로 농촌부흥운동에 주력하였다.

1919년 3·1운동 직후에 상해로 망명하여 대한민국 임시정부의 초대경무국장이 되었고, 1923년 내무총장, 1924년 국무총리대리, 1926년 12월 국무령(國務領)에 취임하였다. 이듬해 헌법을 제정, 임시정부를 위원제로 고치면서 국무위원이 되었다.

1928년 이동녕, 이시영 등과 한국독립당을 창당하였고, 1929년 재

중국거류민단 단장도 겸임하였다.

1931년 한인애국단을 조직, 의혈청년들로 하여금 직접 왜적 수뇌의 도륙항전(屠戮抗戰)에 투신하도록 지도력을 발휘하였다. 이에 중국군 김홍일 및 상해병공창 송식마의 무기공급과 은밀한 거사준비에 따라 1932년 1·8이봉창의거와 4·29윤봉길의거를 주도한 바 있는데, 윤봉길의 상해의거가 성공하여 크게 이름을 떨쳤다.

1933년 장개석을 만나 한·중 양국의 우의를 돈독히 하고 중국 뤄양군관학교를 광복군 무관양성소로 사용하도록 합의를 본 것은 주목받을 성과였으며, 독립운동가들에게 큰 용기를 주었다.

1934년 임시정부 국무령에게 재임되었고, 1939년 임시정부 주석에 취임하였다.

이듬해 충칭(重慶)에서 한국광복군을 조직하고 총사령관에 지청천, 참모장에 이범석을 임명하여 항일무장부대를 편성하고, 일본의 진주만 기습에 즈음하여 1941년 12월 대한민국 임시정부의 이름으로 대일선전포고를 하면서 임전태세에 돌입하였다.

1942년 7월 임시정부와 중국정부간에 광복군 지원에 대한 정식협정이 체결되어, 광복군은 중국 각처에서 연합군과 항일공동작전에 나설 수 있었다. 그뒤 개정된 헌법에 따라 1944년 4월 충칭 임시정부 주석에 재선되고 부주석에 김규식, 국무위원에 이시영, 박찬역 등이 함께 취임하였다.

그리고 일본군에 강제징집된 학도병들을 광복군에 편입시키는 한편 산서성 서안(西安)과 안후이성 푸양에 한국광복군 특별훈련반을 설치하면서 미육군전략처와 제휴하여 비밀특수공작훈련을 실시하는 등, 중국 본토와 한반도 수복의 군사훈련을 적극 추진하고 지휘하던 중 서안에서 8·15광복을 맞이하였다.

1945년 11월 임시정부 국무위원 일동과 함께 제1진으로 환국하였다. 그해 12월 28일 모스크바삼상회의에서의 신탁통치결의가 있자 신탁통치반대운동에 적극 앞장섰으며, 오직 자주독립의 통일정부수립을 목표로 광복정계를 영도해나갔다.

1946년 2월 비상국민회의의 부총재에 취임하였고, 1947년 비상국민회의가 국민회의로 개편되자 부주석이 되었다. 그해 6월 30일 일본에서 운구해온 윤봉길, 이봉창, 백정기 등 세 의사의 유골을 첫 국민장으로 효창공원에 손수 봉안하였다.

이를 전후하여 대한독립촉성 중앙협의회와 민주의원, 민족통일총본부를 이승만, 김규식과 함께 이끌었다.

1947년 11월 국제연합 감시하에 남북총선거에 의한 정부수립결의안을 지지하면서, 그의 논설「나의 소원」에서 밝히기를「완전자주독립노선만이 통일정부수립을 가능하게 한다」고 역설하였다.

그러나 1948년 초 북한이 국제연합의 남북한 총선거감시위원단인 국제연합 한국임시위원단의 입북을 거절함으로써, 선거가능지역인 남한만의 단독선거가 결정되었다. 그러나 이러한 상황에서도 김구는 남한만의 선거에 의한 단독정부 수립방침에 절대 반대하는 입장을 취하였다.

그해 2월 10일「3천 만 동포에게 읍고(泣告)함」이라는 성명서를 통하여 마음 속의 38선을 무너뜨리고 자주독립의 통일정부를 세우자고 강력히 호소하였다. 분단된 상태의 건국보다는 통일을 우선시하여 5·10제헌국회의원선거를 거부하기로 방침을 굳히고, 그해 4월 19일 남북협상차 평양으로 향하였다. 김구, 김규식, 김일성, 김두봉(金枓奉) 등이 남북협상 4자회담에 임하였으나, 민족통일정부수립의 시련을 맛보고 그해 5월 5일 서울로 돌아왔다.

그뒤 한국독립당의 정비와 건국실천원양성소의 일에 주력하며 구국통일의 역군 양성에 힘썼다.

남북한의 단독정부가 그해 8월 15일과 9월 9일에 서울과 평양에 각각 세워진 뒤에도 민족분단의 비애를 딛고 민족통일운동을 재야에서 전개하던 가운데, 이듬해 6월 26일 자택 경교장에서 육군소위 안두희에게 암살당하였다.

7월 5일 국민장으로 효창공원에 안장되었고, 1962년 건국공로훈장 중장(重章)이 추서되었으며, 4월의거 뒤 서울 남산공원에 동상이 세워졌다. 저서로는「백범일지」를 남겼다.

못다이룬 통일독립국의 꿈

김규식(金奎植)
1881 ~ 1950

항일독립운동가이며 정치인, 본관은 청풍이고 교명(敎名)은 요한이다. 아호는 우사(尤史), 동래 출신이다. 중방파(仲房派) 23대 손으로 1881년 지성(智性)의 둘째 아들로 태어났다.

당시 우리나라에 파견된 청나라의 원세개가 내정간섭을 단행하자, 동래부사의 막료로 있던 그의 아버지 지성은 일본과의 관계설정에 관한 상소문을 올렸는데, 이것이 화근이 되어 귀양갔다. 게다가 1887년에는 어머니마저 사망하여 6세에 고아가 되었는데, 마침 우리나라에 와 있던 미국 북장로파의 선교사 언더우드의 보살핌으로 성장하였으며, 그때 요한이라는 교명을 받았다.

1906년에 조순환의 딸 은수(恩受)와 결혼하여 아들 둘을 얻었으나, 차남 진동(鎭東)만 남았다.

1917년에 첫 부인과 사별하고, 1919년에 김순애와 재혼하여 장녀 우애(尤愛)를 얻었다.

1897년부터 1903년까지 미국 버지니아주의 로노크대학교에서 공부하였으며, 이듬해 프린스턴대학원에서 석사학위를 받고 귀국하여 1904년부터 1913년까지 언더우드목사의 비서, 그리고 YMCA학교의 교사, 경신학교 학감으로 재직했다.

1910년부터 1912년까지는 연희전문학교 강사를 역임하였다.

그의 교회활동으로는 1910년에 새문안교회의 헌당식을 보게 되었고 장로가 되었으며, 1911년에는 경기·충청장로회 서기로 뽑혔고, 1912년에는 전국 주일학교연합회 집행위원회 부위원장직을 맡기도 하였다.

1911년 일본의 교회탄압이 시작되자, 1913년 중국으로 망명하여 화북(華北)과 몽고지방에서 상업에 종사하기도 하였으며, 1916년에 앤더슨 마이어회사에 입사하여 몽고 울란바토르 지점장을 지내기도

하였다.

　정치적 활동으로는 1918년 모스크바에서 개최된 약소민족대회 및 1919년 파리강화회의에 한국대표로 참석하여 1945년 11월 고국에 돌아올 때까지의 해외활동을 들 수 있다.

　1919년 3월 파리에 도착한 그는 조선혁명당의 이름으로 항일전선을 구축하고, 파리에 조선공보국을 설치하여 그해 4월 10일 공보국회보를 발간하는 한편, 젊은층을 흡수하여 신한청년당을 조직, 그 대표가 되었다.

　이들은 대한민국 임시정부 대표 명의로 된 탄원서를 강화회의에 제출하고「한국민족의 주장」,「한국의 독립과 평화」등의 민족선언서를 작성, 배포하였다.

　이어 대한민국 임시정부 구미위원부 위원장, 학무총장 등에 선임되었으며, 1921년 동방피압박민족대회에 참석하여 상설기구를 창설하고, 1927년에 그 회장직을 맡으면서 기관지「동방민족」(東方民族)을 창간하였다.

　1935년 민족혁명당을 창당하여 그 주석이 되었고, 1942년 임시정부 국무위원을 지냈다.

　8·15광복이 되자 11월 23일 환국, 그해 12월 27일 모스크바삼상회의의 결정문을 국민에게 발표하고 즉각 반탁운동을 전개하였다.

　1946년 2월 민주의원 부의장, 3월 미소공동위원회 한국대표, 5월에 좌우합작 준비작업을 추진하고, 그해 6월부터 7월까지 미군정 좌우합작위원회 예비회담에 참가하였고, 12월 입법의원 의장, 1947년 10월 민족자주연맹 의장이 되었다.

　1948년 1월 유엔한국위원단의 서울도착을 계기로 더욱 자기의 정치노선에 정열을 쏟아 남북협상의 정치활동을 펼쳤다. 그해 2월 이승만의 남한 단독정부수립안에 반대하고, 김구와 연합하여 그해 2월 남북협상을 제안하였다. 3월 15일 김일성, 김두봉의 회신에 따라 남북협상 5원칙을 제시하고, 4월 21일 38선을 넘어 평양을 방문, 4자회담을 가졌다.

　그러나 성과없이 돌아온 이들은 5월 14일 북한측의 제2차 남북협상 제의를 거절하고, 5월 21일 통일독립촉성회를 결성하여, 5·30남한단독총선거에는 불반대, 불참가의 성명을 발표함으로써 건국 기초작업에 대한 그의 정치활동에 종지부를 찍었다.

한편 교육가와 학자로서의 활동은 만주 복단대학에서의 영문학 강의, 모교인 로노크대학교에서 명예법학박사 학위 취득, 천진(天津) 북양대학의 생활, 남경(南京) 중앙정치학원 교수, 사천대학에서의 강의 등과 같은 강단생활을 하였으며, 1950년에 6·25가 일어나면서 납북되어 그해 12월 10일 만포진 근처에서 일생을 마친 것으로 알려졌다.

저서로는「엘리자베드시대의 연극입문」, 중국 근대 비극시「원용사」의 영문번역,「실용영작문법」,「실용영어」, 그리고 시집으로「양자강의 유혹」등이 남아 있다.

애국애족의 굳은 절개

조만식(曺晩植)
1882(고종 19) ~ 1950

　독립운동가이며 정치인. 본관은 창녕, 호는 고당(古堂)이고 평남 강서 출신이다. 아버지는 경학(景學)이며 어머니는 진강김씨다.
　어린시절 아버지로부터 한학을 수학하고 15세에 평양 성내상점에서 일하며 소년시절을 보냈다.
　23세에 평양에 숭실중학에 입학하면서 기독교에 입교하였다.
　1908년 일본 동경으로 유학, 세이소쿠영어학교를 거쳐 1910년 메이지대학 법학부에 입학하였다.
　유학 중 백남훈, 김정식과 함께 장로교, 감리교 연합회 조선인교회를 설립하였고, 간디의 무저항주의에 심취하여 민족운동의 거울로 삼았다.
　1913년 졸업 후 귀국하여 평안북도 정주에 동지인 이승훈이 설립한 오산학교(五山學校)의 교사가 되었으며, 2년 후인 1915년 교장이 되었다.
　1919년 교장직을 사임하고 3·1운동에 참가하였다가 잡혀 1년간 옥고를 치렀다. 출옥 후 다시 오산학교 교장으로 복귀하였으나 일본 관헌의 탄압으로 제대로 재직하지 못하고 평양으로 돌아가 1921년 평양기독교청년회 총무에 취임하는 한편, 산정현교회의 장로가 되었다.
　이무렵 알게 된 평생의 심우(心友) 오윤선과 함께 1922년 조선물산 장려회를 조직, 그 회장이 되어 국산품 애용운동을 벌였다.
　1923년 송진우, 김성수 등과 함께 연정회(硏政會)를 발기하여 민립대학기성회(民立大學期成會)를 조직하였으나 일제탄압으로 실패하였고, 숭인중학교 교장을 지내다가 1926년 일제에 의해 강제 사임당하였다.
　이듬해 신간회에 참여했으나 일제의 방해로 활동이 좌절되었다.

1930년 관서체육회(關西體育會) 회장으로 민족지도자 육성에 기여하였고, 1932년 조선일보사 사장에 추대되어 언론을 통하여 민족의 기개를 펴는데 앞장섰다.

1936년 전국적인 민족정신 앙양운동의 일환으로 평양에서 을지문덕장군수보회를 설립하였다.

이 무렵에 평양 조선인사회의 유일한 공회당이었던 백선행기념관(白善行記念館)을 개설하고 인정도서관을 세웠다.

1943년 지원병제도가 실시되자 협조를 간청하여온 조선군사령관 이타카키의 면담요청을 거절하여 한때 구금당하였다.

광복 직후 평안남도 건국준비위원회를 구성하여 그 위원장이 되었다. 소련군정 당국이 그들이 만든 최고행정기관인 북조선인민정치위원회 위원장에 취임할 것을 종용하였으나 거절하였다.

그해 11월 3일 조선민주당을 창당하여 당수가 되었다. 이 조선민주당을 통하여 북한에서 반탁운동을 전개하다가 1946년 1월 5일 소련군에 의해 고려호텔에 연금당하였다.

그뒤 생사가 분명하지 않은 가운데 1950년 6·25직전 평양방송이 그와 체포된 간첩 김상룡, 이주하의 교환을 제의하였다.

평생을 기독교정신의 실천가로서 생활하였고 일제에 대하여는 비폭력, 무저항, 불복종의 간디즘으로 대항하였으며 공산군의 평양철수시 그들에 의하여 총살되었다.

민족교육에 앞장 선 유림대표

김창숙(金昌淑)
1879(고종 16) ~ 1962

유학자이고 독립운동가이고 정치인인 김창숙은 경북 성주 출신이다. 본관은 의성, 자는 문좌(文佐), 호는 심산(心山)이다.

일제의 감시 아래 한 때는 우(愚)로 개명하였고 일제의 고문으로 다친 뒤에는 벽옹이라는 별호를 사용하기도 하였다. 호림(護林)의 아들로 곽종석, 이승희의 문하에서 수학하였다.

1905년 을사조약이 체결되자 이승희와 함께 상경하여「청참오적소(請斬五賊疏)」를 올리고 이완용을 비롯한 매국오적을 성토하였다.

일진회가 한일합병론을 제창할 때는 동지를 규합하여 중추원에 그들을 토역(討逆)하는 글을 보내는 한편, 대한협회 성주지부를 조직하여 계급타파를 부르짖고, 단연회(斷煙會)의 기금으로 1909년 사립 성명학교(星明學校)를 창립, 신교육을 시도하였다.

1910년 경술국치를 당하자 통분을 이기지 못하고 음주로 세월을 보내다가 어머니의 교훈에 따라 유학에 정진하였다.

유학적 소양과 한학의 조예는 주로 이 시기에 기반이 닦여졌다.

3·1운동이 일어나자 전국의 유림을 규합하여 130여 명의 연명으로 한국독립을 호소하는 유림단의 진정서를 작성하여 중국 상해로 망명한 뒤 프랑스 파리에서 개최된 만국평화회의에 우편으로 제출하였다. 이것이 이른바 제1차 유림단사건이다.

1924년 만주와 몽고 접경지대에 황무지를 조차(租借) 개간하여 새로운 독립운동기지 건설계획을 추진하였다. 그곳에 군정학교를 설립하기 위한 자금조달문제로 국내에 잠입하여 모금운동을 전개하다가 탄로나자, 거듭 출국하는 이른바「제2차 유림단사건」을 일으켰다.

그 기간동안 대한민국 임시정부의 수립과 그 내부의 파쟁조정에도 힘썼다. 자신의 유교적 교양을 바탕으로 손문(孫文)을 비롯한 중국 국민당의 인사들과 교류하였고, 그들로 하여금 한국독립후원회와 한

중호조회(韓中互助會)를 결성하게 하는데 공헌하였다.

특히 망명한 한국청년들의 교육에 힘써 능월(凌越), 오산(吳山) 등의 도움을 받아 50여 명의 학생에게 숙식을 제공하고, 영어·중국어 강습을 받도록 주선하였다.

독립운동을 고양하기 위하여 신채호 등과 함께 독립운동지인 「천고(天鼓)」를 발행하였고, 이어 박은식 등과 협력하여 「사민일보」(四民日報)도 발간하였다. 또 서로군정서를 조직하여 군사선전위원장으로 활약하였으며, 1925년 임시정부 의정원 부의장에 선출되었다.

1927년 상해 공공조계(公共租界)의 영국인 병원에서 일본영사관원에게 붙잡혀 본국으로 압송되어, 그뒤 14년의 형을 선고받아 대전형무소에서 복역하다가 옥중투쟁과 일본경찰의 고문에 의한 두 다리 마비로 형집행정지를 받아 출옥하였다. 출옥한 뒤에도 창씨개명에 반대하는 등 항일의 자세를 조금도 굽히지 않았다.

1945년 일제 말기의 비밀결사인 조선건국동맹의 남한책임자로 추대되었다가 광복 직전에 발각되어 구속, 왜관경찰서에서 광복을 맞이하였다.

광복 이후 곧 상경하여 민주의원의 의원에 선출되었으나, 정당의 난립과 신탁통치의 찬반, 미소공동위원회 참가여부의 문제 등으로 일반 정치인들과 의견이 맞지 않아 정치에 깊이 관여하지 않고 육영사업에 힘썼다.

1946년 봄 전국유림대회가 서울에서 개최되자 유도회 총본부위원장으로 선출되고, 성균관장을 겸임하였다. 이어 유교이념에 입각한 교육을 실시하고자 성균관대학기성회를 결성하였다. 이석구로부터 재단법인 학린회의 토지재산을 기부받고 명륜전문학교를 병합하여 1946년 9월 25일 성균관대학의 설립을 인가받았다. 초대학장에 취임하여 타대학에서는 볼 수 없는 유학개론을 교양필수과목으로 선정하였다.

또한 남한만의 단독정부수립에 반대하고, 김구와 함께 민족분열을 막기 위해 노력하였으며, 이승만정권 때는 독재와 부패를 막기 위한 투쟁을 벌였다.

6·25남침 이후 대통령 이승만의 하야경고문사건으로 부산형무소에 40일간 수감된 적이 있고, 1952년 부산의 정치파동 때에는 이시영, 조병옥 등과 반독재 호헌구국선언문을 발표, 폭행을 당하기도 하였으나, 끝끝내 이승만정권과 투쟁하였다.
  1953년 2월 6일 전국에 흩어져 있는 향교재단을 규합하여 성균관대학의 종합대학 승격을 인가받고, 성균관대학교 초대 총장에 취임하였으며, 1955년 재단내 분규로 사임하였다.
  1962년에 죽자, 사회장으로 장례가 치러졌으며, 건국훈장 대한민국장이 수여되었다.
  저서로는 시문집인 「심산만초」(心山謾草)와 「벽옹만초」, 자서전인 「벽옹칠십삼년회상기」 등의 초고(草稿)를 김황(金榥)이 편집하여 1973년에 국사편찬위원회에서 「심산유고」(心山遺稿)로 간행하였다.

독립과 조국근대화의 열망

서재필(徐載弼)
1864(고종 1) ~ 1951

독립운동가이자 개화기에 민족운동을 주도한 정치인이다. 본관은 대구, 호가 송재(松齋)다. 미국 귀화이름은 제이슨, 전남 보성 출신으로 광효(光孝)의 둘째 아들이다. 어렸을 때 충청도 진잠현에 사는 재당숙 광하(光夏)에게 입양되었다.

일곱 살 때에 상경하여 외삼촌인 김성근의 집에서 한학을 수학하고 1882년 3월에 실시된 별시문과 병과에 세 번째로 합격하여 교서관(校書館)의 부정자에 임명되었다.

이 무렵 김옥균, 서광범, 홍영식, 박영효 등 개화인사들과 교유하여 점점 개화사상을 가지게 되었다.

1882년 임오군란 이후 국방 근대화의 시급함을 절감하고 김옥균의 권고를 받아들여 1883년 일본 도야마육군학교에 유학하였다.

이 학교에서 동료 14명과 1년간 현대군사훈련을 공부하고, 1884년 7월 귀국하여 사관학교의 설립을 건의, 국왕의 승낙을 받고, 조련국(操練局)의 사관장이 되었다.

1884년 12월에는 김옥균 등과 함께 갑신정변에 적극적으로 참가하였다. 갑신정변 진행 중에 사관생도들을 지휘하여 왕을 호위하고 수구파를 처단하는 일을 맡았으며, 갑신정변에 의한 새 정부에서 병조참판 겸 후영영관(後營領官)에 임명되었다.

정변이 3일천하로 실패하자 김옥균, 박영효, 서광범 등과 함께 일본으로 망명하였으나, 일본이 망명객들을 냉대하자, 도착한지 4개월 뒤인 1885년 4월 박영효, 서광범 등과 함께 미국으로 망명하였다.

이때 그의 가족은 역적으로 몰려 부모, 형, 아내는 음독자살하고, 동생 재창(載昌)은 참형되었으며, 두살 된 아들은 굶어죽었다.

미국 샌프란시스코에 도착하여 낮에는 노동을 하고 밤에는 기독교 청년회에서 영어공부를 하였다.

1886년 9월에는 펜실베이니아주 윌크스베어시에 있는 해리힐맨 고등학교에 입학했는데 1889년 6월 이 학교의 졸업생 대표로 고별연설자가 될 정도로 특출한 성적으로 졸업하였다.

그는 이 학교에 입학할 때 미국 국적을 가지고 제이슨이라는 미국식 이름을 가졌는데 당시 역적으로 몰려 있었고 가족들이 모두 희생되었으며 본국에 돌아갈 날을 기약할 수 없었으므로 생활을 위해서 귀화한 것으로 보인다.

고등학교를 졸업하자 1889년 9월 펜실베이니아주 이스튼시에 있는 라파에트 대학에 진학하였으나 학비를 조달하기가 어려워 워싱턴시로 가서 낮에는 육군의학 도서관에서 일하고 밤에는 컬럼비아 의과대학 야간부에서 공부하였다.

1893년 6월에 2등으로 졸업한 뒤 이학교의 병리학 강사가 되었다. 다음해 6월에 미국 철도우편사업의 창설자 암스트롱 딸과 결혼하였다.

그무렵 학생들이 유색인종을 차별하는 행위를 하자 분개하여 모교의 강사직을 사임하고 워싱턴에서 병원을 개업하여 의료사업을 시작하였다.

한편 1894년 조선에서는 갑오경장이 일어나 대개혁을 단행함과 동시에 갑신정변 뒤 서재필 등 급진개화파들에게 내려진 역적의 죄명이 벗겨졌다.

그리고 1895년 5월 박정양내각은 서재필을 외무협판으로 임명하고 그의 귀국을 종용하였으나 갑자기 귀국할 수 없었다.

뒤이어 갑오경장 내각에서 내부대신이었다가 실각하여 미국에 들렀던 박영효가 또다시 귀국을 종용하자 그는 사업을 정리하고 1895년 12월 말에 귀국하였다. 귀국 직후 1896년 1월에 중추원고문에 임명되었다.

그는 귀국 후 가장 시급히 해야 할 일이 국민의 계몽이며, 정부의 개화정책을 국민에게 알리고 국민의 여론을 정부에 전달하는 것이라고 보고 신문의 발간사업을 추진하였다.

정부의 재정자금 4,400원의 지원을 받고 국내의 온건개화파의 각종 보호와 지원을 받아 1896년 4월 7일 마침내「독립신문」을 창간하는데 성공하였다.

독립신문은 우리나라 역사상 최초로 발간된 민간신문으로서 순한글로 간행되어 폐간될 때까지 국민을 계몽하고 우리나라의 개화에 지대한 공헌을 하였다.

독립신문의 창간에 성공하자 뒤이어 국내 개화독립세력과 함께 1896년 7월 2일 독립협회를 창설하고 고문이 되었다.

독립협회는 창립 후 우리나라의 독립과 자주근대화를 추진하는데 큰 소임을 하였다. 독립협회의 창설과 함께 종래의 영은문(迎恩門)을 헐고 그 자리에 독립문을 건립하는 운동을 제의하였다.

이 제의는 국민 각계각층의 호응을 받아 1897년 11월에 국민의 성금으로 영은문 자리에 독립문을 건립하였다.

그는 또한 배재학당에 강사로 나가 청년들을 교육하면서 1896년 11월 교내에 협성회(協成會)라는 학생토론회를 조직하였는데, 협성회는 서울의 청년학생들을 교육, 계몽하고 인재들을 양성하는데 큰 기여를 하였다.

또한 신문논설과 강연 및 강의를 통하여 우리 민족에게 서양의 사정과 세계의 형편을 가르쳤고, 민족독립사상을 고취하고 민주주의사상을 가르쳤다. 한국인의 정치의식과 사회의식의 발전에 그가 끼친 공헌은 매우 큰 것이었다.

그러나 수구파정부를 비판하기 시작하고 열강의 이권침탈을 정면으로 비판하자 그의 막대한 영향력을 꺼려한 우리나라의 수구파정부와 국제열강들은 합의하여 그를 다시 미국으로 추방하였다.

그리하여 펜실베이니아에서 3·1운동 봉기 때까지 다시 병원을 개업, 의료사업에 종사하였다.

1919년 3월 1일을 기하여 본국에서 3·1운동이 일어나자 전재산을 정리, 독립운동자금으로 바쳐서 독립운동에 종사하였다. 잡지「The Evening Ledger」와 제휴하여 우리나라 독립을 세계여론에 호소하고 일본제국주의를 전세계에 규탄하는 한편, 한인친우회를 조직하여 재미교포들을 결속시키고 미국인 친우들을 모아서 독립운동후원회를 만들었다.
　상해임시정부의 구미위원회 위원장의 자격으로 필라델피아에 구미위원회 사무실을 설치하고 영자 독립신문「인디펜던트」를 간행하면서 우리나라 독립을 위한 언론활동과 외교활동에 온 정력을 쏟았다.
　1922년 워싱턴에서 군축회의가 개최되자 우리나라의 370여 단체의 서명을 받은 연판장을 제출하고 우리나라의 독립을 각국 대표와 세계여론에 호소하였다.
　1925년 하와이 호놀룰루에서 범태평양회의가 개최되자 일본대표의 갖은 방해공작을 물리치고 우리나라 대표로 참석하여 일본제국주의의 한국침략과 한국에서의 만행을 폭로, 규탄하고 우리나라 독립운동에의 지원을 전세계에 호소하였다.
　이러한 독립운동에의 헌신으로 가재(家財)가 완전히 파산하여 더 이상 활동이 어렵게 되자 다시 펜실베이니아 대학의 강사로 강의에 종사하고 여러 병원의 고용의사로 종사하였다.
　1945년 8월 15일 광복이 되고 9월부터 미군정이 실시되자, 미군정장관 하지의 요청을 받아 1947년 미군정청 최고정무관이 되어 귀국하였다.
　1948년 대한민국정부 수립 때 대통령에 출마하였으나 이승만에게 패하여 1948년 다시 미국으로 돌아가 그곳에서 죽었다.

재미한인 독립운동 지도자

박용만(朴容萬)
1881(고종 18) ~ 1928

한말의 독립운동가로 강원도 철원출신이다. 호는 우성(宇醒), 1904년 미국으로 건너가 이듬해 네브라스카주에 있는 링컨고등학교에서 1년간 수학한 뒤 1906년 헤이스팅스대학에서 정치학을 공부하여 학사학위를 취득하였다.

1909년에 네브라스카의 커니농장에서 독립운동 인재양성을 목적으로 한인소년병학교를 설립하여 1912년 첫번 졸업생 13명을 배출하였다.

1911년 미주에서 설립된 재미동포 단체인 대한인국민회의 기관지 「신한민보」의 주필로 활동하였다. 이때 「국민개병설」, 「군인수자」라는 책을 저술 발간하였다.

1912년 하와이로 건너가 대한인국민회 하와이지방총회의 기관지 「신한국보」의 주필이 되어 언론활동을 폈으며, 1914년에는 농장을 임대하여 동포의 청년이 공동으로 경작하여 항일무장독립운동단체인 대조선국민군단(大朝鮮國民軍團)을 조직하여 군사훈련을 실시함으로써 130여 명을 독립전쟁에 대비한 인원으로 확보할 수 있었다.

1915년 「아메리카혁명사」를 한글로 번역, 출판하였으며 1917년 상해의 신규식, 조소앙 등과 대동단결선언을 발표하여 임시정부의 수립을 계획하는 한편, 뉴욕에서 개최된 약소국동맹회에 참석하여 조국독립을 위한 외교활동을 전개하였다.

1918년 국제정세의 홍보를 목적으로 「태평양시사」(太平洋時事)라는 신문을 창간하여 주필이 되었다.

1919년 3월 호놀룰루에 대조선독립단을 창단하고 「태평양시사」를 인수하여 기관지로 삼았다.

1919년 4월 서울에서 세칭 한성임시정부(漢城臨時政府)가 수립되면서 외무총장에 선출되었고, 그해 9월 상해에서 각처의 임시정부를 통합하여 대한민국 임시정부로 개편할 때 역시 외무총장으로 선임되었다.
 그러나 대통령인 이승만과는 독립운동 방법에 큰 견해차이를 가지고 있었으므로 부임하지 않고 5월 19일 하와이를 떠나 북경에 도착하여 신채호, 신숙 등 이승만의 독립노선에 반대하는 인사들과 같이 군사통일촉성회를 결성하였다.
 이승만이 한국독립 방안으로 국제 외교활동에 중점을 두고 있는데 반하여 이들은 모든 독립군을 통합하여 무력으로 독립을 쟁취하여야만 한다고 생각하였던 것이다.
 1923년 중국 상해에서 국민대표대회가 개최되자 임시정부 불신임운동에 앞장섰다.
 1925년 7월 호놀룰루에서 태평양연안 국제신문기자대회에 한국대표로 참가, 활동하였고 1926년 독립운동기지건설을 목적으로 북경에 대본공사를 설립하였다.
 대본공사는 중국에 미개간지를 구입, 개간사업을 하여 독립운동 근거지를 마련하는 한편, 독립군 양성자금을 마련하는데 그 목적을 두었다.
 1927년 4월 호놀룰루 팔라마지방에 국어학교를 설립하고 학교이름을 우성학교(宇醒學校)라 하였으며 직접 초등국어 교과서를 편찬하여 교재로 사용하게 하였다.
 1928년 북경에서 대본공사사업을 추진하던 중 10월 17일 이해명의 권총저격을 받고 피살되었다.

조선독립과 민족단결에 바친 일생

이동녕(李東寧)
1869(고종 6) ~ 1940

　독립운동가로 상해 대한민국 임시정부의 국무총리, 대통령 대리, 주석, 국무위원장, 국무위원을 지냈다. 본관은 연안, 자는 봉소(鳳所)이고 호는 석오(石吾), 또는 암산(巖山)이다. 충남 천원출신으로 영해군수 병옥의 큰아들이며 어머니는 광주안씨이다.
　향리 서당에서 전통교육을 받고 10세 때 충청북도 청원군 문의면 후곡리의 할아버지 석구(錫九)의 집에서 소년시절을 보냈다.
　1885년 일가가 상경, 서울 종로 봉익동에 정착하였고, 다음해 아버지를 따라 경상북도 영해읍으로 갔으며, 1888년 평양으로 갔다.
　1892년 응제진사시에 합격하였고, 다음해 아버지를 따라 원산으로 가서 육영사업에 조력하였다.
　1896년 독립협회에 가담, 개화민권의 기수로 구국운동을 전개하였다. 다음해 독립협회 주최로 서울 종로네거리에서 만민공동회가 열렸을 때 잘못된 정치를 탄핵하고 상소하며 국민운동 일선에 나섰으며, 이로 인하여 이준, 이승만과 함께 옥고를 치렀다.
　1898년 7개월간의 옥고를 치르고 출옥한 뒤 이종일이 창간, 경영하는「제국신문」에 사설을 집필, 이종일의 가르침을 받으면서 본격적으로 민족의식과 사상정립을 위하여 수련하였으며,「제국신문」논설위원으로 개화논설 수십 편을 집필하였다.
　1903년 이상재, 전덕기 목사 등 종교인과 손잡고 YMCA운동을 전개하였고, 1904년 한일협약이 강제체결되자 서울 상동교회에서 전덕기, 양기탁, 신채호, 조성환 등과 같이 청년회를 조직하여 국권회복운동을 전개하면서 김구, 이회영 등과 교유하기 시작하였다.
　1905년 을사조약이 일제의 강압으로 체결되자 동지들과 결사대를 조직하고, 이 조약이 체결된 덕수궁 대한문 앞에서 연좌시위를 벌이면서 조약의 무효와 파기를 선언하였다가 일본헌병에 잡혀 2개월간 갖은 고문을 받았다.

1906년 만주 북간도 용정촌으로 망명, 이상설, 여준(呂準) 등과 같이 서전평야에 서전의숙을 설립, 한국동포와 2세의 민족교육을 본격적으로 실시하여 독립운동의 기수들을 길러내었다.

1907년 이준, 이상설, 이위종이 헤이그특사로 헤이그만국평화회의에 가자, 귀국하여 안창호, 진덕기, 양기탁, 이동휘, 이갑, 유동열 등과 신민회(新民會)를 조직하였으며, 안창호, 이회영과 협력하여 전국에 교육단을 조직하고「대한매일신보」발행을 지원하였다.

한편 대성학교와 오산학교 설립에도 크게 조력하였으며, 상동학교를 설립, 교사로 재직하기도 하였다.

1910년 나라를 일제에 빼앗긴 뒤 만주서간도 유하현 삼원보에 망명하여 이석영, 이철영, 이회영, 이시영, 이상룡 등과 함께 한국인 자치기관인 경학사(耕學社)를 설립하여 교포들의 신분보장과 독립정신고취에 앞장섰다.

곧이어 신흥학교를 설립하고 초대소장으로 취임하였다.

이 학교는 1919년 신흥무관학교로 확장, 개편되어 항일독립군 양성의 중추기관이 되었다.

1913년 노령 블라디보스토크로 떠났으며, 대종교에 입교하였다. 2년 뒤 이상설의 알선으로 시베리아 총독 보스타빈이 약속한 한국군관학교 설립을 추진하다가 발각, 3개월간 투옥되었다.

1915년 이상설, 이동휘 등과 함께 대한광복회정부를 수립하였으며, 독립운동가의 사업기관으로 권업회(勸業會)를 조직,「대동신문」과「해조신문(海潮新聞)」을 발행, 보급하였다.

1918년 길림성에서 대종교 김교헌 외에 조소앙, 조완구, 김좌진, 여준 등 민족대표 39명이 독립선언서(무오독립선언서)를 내외에 선포할 때 대종교 서도본사(西道本司)의 포교책으로 활약하였다.

그해 2월 블라디보스토크와 니콜리스크에서 상해로 건너가 정부조직을 모색하였으며, 국내에서 3.1운동이 혁명적인 성격을 띠고 일어나자 4월 13일 임시의정원의 초대의장으로 선임되어 대한민국 임시정부의 탄생을 주선하였다.

4월 13일 동지들과 임시정부 수립을 내외에 선포하고 얼마 뒤 국무총리로 취임하였고, 그해 9월 국내, 노령, 중국 3갈래의 임시정부가 통합되고, 헌법이 대통령중심제로 바뀌어 내무총장이 되었다.

1921년 이승만대통령이 미국에서 돌아와 국무총리로 지명하자 사양하다가, 이동휘 일파가 임시정부에서 사퇴한 뒤 국무총리대리를 맡아 위기를 극복하였다.

그뒤 국민대표회의 소집 등 임시정부 불신이 표면화되자, 안창호, 여운형, 조소앙, 이시영, 차이석, 홍진, 노백린 등과 시사책진회(時事策進會)를 조직, 대동단결을 호소하였다.

전장(鎭江)에서 요양중 상해로 와서 1924년 국무총리로 정식 취임하였고, 군무총장(軍務總長)도 겸임하였다. 이승만대통령이 장기궐석으로 직무수행이 어렵게 되자 대통령직권을 대행하였다.

1925년, 두 번째로 의정원의장(11대)이 되었고, 1926년 임시정부의 헌법이 대통령중심제에서 국무령제도로 개정되자 잠시 국무령(國務領)이 되었으며, 법무총장도 겸임하였다.

다음 해에는 임시정부의 주석이 되어 약화된 임시정부를 튼튼한 반석 위에 올려놓았다.

1929년 김구 등과 한국독립당을 조직, 이사장에 추대되었고, 당기관지「한보(韓報)」, 「한성(韓聲)」을 발행하였다.

1929년 10월 세 번째로 의정원의장(13대)이 되어 존폐의 위기를 극복하고, 두 번째의 임시정부 주석(1930~1932)이 되는 중책을 짊어졌다.

1932년 이봉창, 윤봉길의거를 김구, 이유필 등과 지도, 윤봉길의 쾌거를 이룩하였다. 이로 인하여 임시정부 요인과 같이 절강성 가흥 수륜사창으로 피신하였다.

1935년 세 번째로 임시정부의 주석이 되었다. 이때 양우조, 엄한섭, 이시영, 조성환 차이석, 송병조 등과 함께 한국국민당을 조직하여 당수로 추대되었다.

1937년 한국국민당 대표로 대한광복전선을 결속하고 그 진로를 모색하였다.

1939년 임시정부의 네 번째 주석이 되어 김구와 합심하여 전시내각을 구성, 서안(西安)에 군사특파단을 파견하였다.

그뒤 급성폐렴으로 사천성 기강에서 숨을 거두었다.

조국광복 후 1948년 사회장으로 봉환식을 거행하였고, 효창공원에 안장되었다.

1962년 건국훈장 대통령장이 추서되었다.

조선독립과 불교혁신에 바친 일생

한용운(韓龍雲)
1879(고종 16) ~ 1944

불교 승려이자 시인이며 독립운동가인 한용운은 충남 홍성출신으로 청주한씨다. 본명은 정옥(貞玉), 법명이 용운이다. 법호가 만해(萬海)여서 평소 만해로 불린다.

그의 유년시대에 관해서는 본인의 술회가 없고, 측근에게도 잘 알려져 있지 않다. 유년기는 대원군의 집정과 외세의 침략 등으로 나라 안팎이 어수선한 시기였다.

그 불행한 시대적 배경과 사회적 여건은 결국 그를 독립운동가로 성장시킨 간접적 요인이 되었다고 볼 수 있다. 4세 때 임오군란이 일어났으며, 6세 때부터 향리 서당에서 10년 동안 한학을 익혔다.

14세에 고향에서 성혼의 예식을 올렸다. 16세 되던 해 동학란과 갑오경장이 일어났다. 「나는 왜 중이 되었나」라는 그 자신의 술회에 의하면 세상에 대한 관심과 생활의 방편으로 집을 떠나 설악산 오세암에 입산하여 처음에는 머슴으로 일하다가, 출가하여 승려가 되었다.

출가직후에는 오세암에 머무르면서 불교의 기초지식을 섭렵하면서 선(禪)을 닦았다. 이후 세계에 대한 관심이 깊은 나머지 블라디보스토크 등 시베리아와 만주 등을 순력하였다.

27세 때 다시 입산하여 설악산 백담사에서 연곡(連谷)을 은사로 하여 정식으로 득도(得度)하였다.

불교에 입문한 뒤로는 주로 교학적 관심을 가지고, 대장경을 열람하였으며, 특히 한문으로 된 불경을 우리말로 옮기는 일, 즉 불교의 대중화작업에 주력하였다.

1910년에는 불교의 유신을 주장하는 논저「조선불교유신론」을 저술하였다. 36세 때「불교대전」과 함께 청나라 승려 내림(來琳)의 증보본에 의거하여「채근담」주해본을 저술하였다.

30세 되던 해에 안중근의 장거가 있었는데, 그해 5월부터 약 6개월간 일본을 방문하였다. 주로 동경과 경도를 중심으로 새로운 문물을 익히고, 일본의 풍물을 몸소 체험하였다.

일본여행중에 3.1독립운동 때의 동지가 된 최린 등과 교우하였다.

1910년 한일합방이 되면서 국권은 물론, 한국어마저 쓸 수 없는 피압박민족이 되자, 그는 국치의 슬픔을 이기지 못한 채 중국 동북삼성(東北三省)으로 갔다.

이곳에서 만주지방 여러 곳에 있던 우리 독립군의 훈련장을 순방하면서 그들에게 독립정신과 민족혼을 심어주는 일에 전력하였다.

40세 되던 해에 월간「유심(惟心)」이라는 불교잡지를 간행하였다. 불교의 홍포와 민족정신의 고취를 목적으로 간행된 이 잡지는 뒷날 그가 관계한 불교잡지와 함께 가장 괄목할만한 문화사업의 하나이다.

「유심」지는 3호를 끝으로 폐간되었으나 불교에 관한 가장 종합적인 잡지였다.

41세 때 3.1독립운동이 있었는데, 백용성 등과 함께 불교계를 대표하여 참석하였다. 그는 독립선언문의 내용을 둘러싸고 최남선과 의견충돌을 하였다. 내용이 좀더 과감하고 현실적이어야 하겠다고 생각하였으나 결국 마지막의 행동강령이 공약 3장만을 삽입시키는데 그쳤다.

42세 때 그 만세사건의 주동자로 지목되어 재판을 받아 3년 동안 옥살이를 하였다. 출옥 후에도 일본경찰의 감시 아래에서 강연 등 여러방법으로 조국독립의 열변을 토하였다.

47세 때인 1926년 근대한국시의 기념비적 작품으로 시집「님의 침묵」을 발간하였다. 이곳에 수록된 88편의 시는 대체로 민족의 독립에 대한 신념과 희망을 사랑의 노래로서 형상화한 것으로 볼 수 있다.

49세 되던 해 일제에 대항하는 단체였던 신간회를 결성하는 주도적 소임을 맡았다. 그는 중앙집행위원과 경성지회장의 자리를 겸직하였다.

나중에 신간회는 광주학생의거 등 전국적인 민족운동으로 전개, 추진되었다.

52세 때 「불교」라는 잡지를 인수하여 그 사장에 취임하였다. 그 전까지는 권상로(權相老)가 맡아오던 이 잡지를 인수하여 불교의 홍포에 온 정력을 기울였다.

특히 고루한 전통에 안주하는 불교를 통렬히 비판하였으며, 승려의 자질향상, 기강확립, 생활불교 등을 제창하였다.

55세 때 부인 유씨(兪氏)와 다시 결합하였다.

57세 때 조선일보에 장편소설「흑풍(黑風)」을 연재하였고, 이듬해에는 「조선중앙일보」에 장편 「후회」를 연재하였다. 이러한 소설을 쓴 까닭은 원고료로 생활에 보탬을 얻기 위한 까닭도 있지만 그보다도 소설을 통하여 민족운동을 전개하려는 의도가 더 큰 것으로 이해된다.

60세 때 그가 직접 지도해오던 불교계통의 민족투쟁 비밀결사단체인 만당사건(卍黨事件)이 일어났고, 많은 후배동지들이 검거되고 자신도 고초를 겪었다.

1939년 회갑을 맞으면서 경남 사천군 다솔사에서 몇몇 동지들과 함께 자축연을 가졌다. 다솔사는 당시 민족독립운동을 주도하던 본거지였다.

1944년 5월 9일 성북동의 심우장(尋牛莊)에서 중풍으로 눈을 감았다. 동지들에 의하여 미아리 사설 화장장에서 다비된 뒤 망우리 공동묘지에 유골이 안치되었다.

친하던 벗으로는 이시영, 김동삼(金東三), 신채호, 정인보, 박광(朴珖), 홍명희, 송월면(宋月面), 최범술 등이 있었으며 신채호의 비문은 바로 그가 쓴 것이다.

신문화운동의 선구자

최남선(崔南善)
1890(고종 27) ~ 1957

사학자이며 작가이고 문화운동가인 최남선은 본관이 철원이고 자는 공륙(公六), 호는 육당(六堂), 한샘, 남악주인, 곡교인, 육당학인, 축한생, 대몽, 백운향도 등이 있다. 중인계 출신인 헌규(獻圭)와 강씨 사이에서 차남으로 서울에서 출생했다.

1895년(고종 32년)부터 글방에 다니기 시작하였으며, 1902년 경성학당(京城學堂)에 입학하였고, 1904년 10월 황실유학생으로 뽑혀 일본에 건너가 동경부립 제일중학교에 입학하였으나 석달 만에 자퇴하고 귀국하였다.

1906년 3월 사비생(私費生)으로 다시 일본에 건너가 와세다대학 고등사범부 지리역사과에 입학하였으나, 같은 해 6월 이 학교에서 개최된 모의국회에서 경술국치문제를 의제로 내걸자 격분한 일군의 한국인 유학생들과 함께 이 학교를 자퇴하고 귀국하였다.

1907년 18세의 나이로 출판기관인 신문관(新文館)을 창설하고 민중을 계몽, 교도하는 내용의 책을 출판하기 시작하였다.

1908년 근대화의 역군인 소년을 개화, 계몽하여 민족사에 새 국면을 타개하려는 의도로 종합잡지「소년」을 창간하고, 창간호에「해에게서 소년에게」를 실어 한국 근대시사에서 최초로 신체시를 선보였으며, 이후 1919년 3.1만세운동 때는 독립선언문을 작성하였다.

문학과 문화, 언론 등 다방면에 걸친 그의 활동을 살펴보면 다음과 같다.

첫째, 신문관의 설립, 운영과「소년」,「붉은 저고리」,「아이들 보기」,「청춘(靑春)」등의 잡지발간을 통하여 대중의 계몽, 교도를 꾀하는 한편, 창가, 신체시 등 새로운 형태의 시가들을 발표하여 한국 근대문학사에 새로운 시가양식이 발붙일 터전을 닦았다.

당시까지 창가, 신체시를 제작, 발표한 사람은 이광수(李光洙)가 있었는데 양과 질에서 그를 앞질렀던 것이다.

둘째, 그때까지 쓰여온 문장들이 대개 문주언종(文主言從), 한문투가 중심이었는데 이것을 새 시대에 맞도록 구어체로 고치고 그와 동시에 우리말 위주가 되게 하여 여러 간행물과 잡지 매체를 통해서 그것을 선전, 보급시켰다.

이로 인하여 그 이전까지 우리 주변의 지배적 경향인 문어체 문장이 지양 극복되고, 아울러 낡고 고루한 말투가 없어지는 등 문장개혁이 이루어졌다.

셋째, 민족문화가 형성, 전개된 모습을 한국사, 민속, 지리연구와 문헌의 수집, 정리, 발간을 통해 밝히기도 하였다. 이것은 민족사의 테두리를 파악하려는 의도와 함께 그 바닥에는 한국민족의 정신적 지주를 탐구, 현양하려는 속셈이 깔려 있었다.

나아가 민족주의 사상을 집약시킨「조선정신」을 제창하기까지 하였다.

한편 여러 분야에서 방대한 양의 업적을 발표하였는데 이는 구체적으로 다음과 같은 다섯 분야로 나누어 볼 수 있다.

첫째, 한국사에 대한 연구로 이는「청춘」1918년 6월호에 발표한「계고차존」에서 비롯되었다. 이 글은 당시로 보아서는 상당 수준의 논문으로 그 내용이 단군시대에서부터 부여, 옥저, 예맥 등에 걸치는 것이었다.

1920년 대에는 「조선역사통속강화」,「삼국유사해제」,「불함문화론(不咸文化論)」,「단군신전」의 고의(古義) 등을 발표하였고, 1930년대 이후에「역사일감(歷史日鑑)」,「고사통(古事通)」등 방대한 규모의 작업을 이룩하였다.

둘째, 문화유산의 발굴·정리 및 그 평가 시도로 이는 다시 조선광문회(朝鮮光文會), 동명사(東明社), 계명구락부(啓明俱樂部) 등의 단계로 나누어볼 수 있다.

조선광문회 단계에서는 우리 고전소설인「춘향전」,「옥루몽」,「사씨남정기」,「흥부놀부전」,「심청전」,「장화홍련전」,「조웅전」등을 정리, 발간하였고, 동시에「동국통감」,「열하일기」등 한문 고전들도

복각, 보급하였다.

동명사 때에는 「조선어사전」 편찬을 기도하였으며, 이는 계명구락부 때로 이어졌다. 이때 한글연구가의 한 사람인 박승빈(朴勝彬)과 제휴하여 사전편찬사업을 구체화시켜나갔다.

또한 「삼국유사」의 주석정리 해제를 하고 「금오신화」의 보급판도 간행하였다.

셋째, 국토산하순례 예찬과 그 현양 노력은 「심춘순례(尋春巡禮)」, 「백두산근참기」, 「송막연운록(松漠燕雲錄)」 등으로 대표된다. 이 글들을 통하여 한반도 전역뿐만 아니라 만주와 몽고에 이르기까지 여러 명소, 고적들을 더듬고 거기서 우리 민족의 옛날을 되새겼다.

넷째, 시조부흥운동을 중심으로 한 민족문학운동은 시조의 창작활동과 그 이론을 다진 일들로 대표된다. 구체적으로 살펴보면, 민족적 시가양식으로서 시조가 재정리, 창작되어야 한다는 견해를 가지고 카프의 계급지상주의에 맞서 다수작품을 제작, 발표하였다.

이의 집대성이 창작시조집 「백팔번뇌」이다. 또한 「조선국민문학으로서의 시조」, 「시조태반으로서의 조선민성(朝鮮民性)과 민속」 등을 발표하여 시조부흥운동의 논리적 근거를 세웠다.

다섯째, 민속학에 대한 연구는 「동국세시기」 등 당시까지 사본으로 전해오던 것을 수집, 간행한 것을 비롯하여 「단군론」, 「신라 경문왕과 희랍의 미다스왕」 등의 발표로 나타났으며, 「불함문화론」 등은 민속학적으로 주목되는 논문이다.

그는 단군을 건국의 시조인 개인이 아니라 원시사회의 신앙에 근거를 둔 종교적 제사장으로 이해하였으며, 그가 불함문화권으로 주장한 동북아시아계의 여러 민족의 공통된 신앙, 즉 샤머니즘을 배경으로 단군신화를 이해하려고 한 것은 우리 신화와 문화에 대한 최초의 민속학적 연구 시도로 인정되고 있다.

이와 같이 다양한 활동으로 인하여 우리 민족문화운동사에 높은 봉우리의 하나가 되었다.

그러나 3·1운동으로 구금 투옥되고 나서 석방된 뒤 계속 일제의 감시 규제를 받아 친일의 길을 걸었다.

그리하여 식민지 정책 수행과정에서 생긴 한국사 연구기구인 조선사 편수회에 관계를 가졌고, 이어 만주 건국대에서 교편을 잡았으며, 뿐만 아니라 일제 말기에는 침략전쟁을 미화, 선전하는 언론활동도 하게 되었다.

광복 후에는 민족정기를 강조하는 사람들에 의하여 비난과 공격의 대상이 되었다.

총체적으로 보면 유능한 계몽운동가였고 우리 민족의 근대화 과정에 중요한 임무를 담당한 문화운동가의 한 사람이다.

죽은 뒤 1958년 만년에 기거한 서울 우이동 소원(素園)에 기념비가 세워졌고 1975년 15권에 달하는 방대한 양의 전집이 간행되었다.

한국 현대문학에 남긴 공로

이광수(李光洙)
1892 ~ ?

 소설가이자 시인이며 평론가이고 언론인이기도 한 이광수는 평북 정주에서 아버지 종원(鍾元)과 어머니 충주김씨 사이에서 태어났다. 본관은 전주이고 어려서 이름은 보경(寶鏡), 호는 춘원(春園)이 대표적이고 그외에 장백산인, 고주(孤舟), 외배, 올보리 등이 있다.
 5세에 한글을 비롯하여 천자문을 깨우치고 외할머니에게 「덜걱전」, 「소대성전」, 「장풍운전」 등을 읽어드릴 정도로 명석하였다 한다.
 8세 경에는 동네의 글방에서 「사략」, 「대학」, 「중용」, 「맹자」, 「고문진보」 등을 읽어 한시 백일장에서 장원하여 인근 동네에서는 신동으로 소문날 정도였다 한다.
 그러나 가세가 기울기 시작하여 가난의 설움을 가슴 깊이 느끼다가 11세 때인 1902년 콜레라로 부모를 잃었다.
 이듬해 동학에 입도하여 천도교의 박찬명대령 집에 기숙하며 서기일을 맡아 보다가 1905년에 일진회의 유학생으로 선발되어 일본에 건너가 대성중학에 입학하였으나 학비곤란으로 이해 11월에 귀국하였다.
 이듬해 다시 도일하여 명치학원 중학부 3학년에 편입하여 학업을 계속하였다.
 이 무렵 안창호가 미국으로부터 귀국하는 중 동경에 들러 행한 애국연설을 듣고 크게 감명을 받았다. 메이지학원의 분위기에 따라 청교도적 생활을 흠모하게 되고 서양선교사들의 성경시간에서 익힌 기독교생활을 하기로 결심하기도 하였다. 홍명희, 문일평 등과 공부하면서 소년회(少年會)를 조직하고 회람지 「소년」을 발행하면서 시, 소설, 문학론, 논설 등을 쓰기 시작하였다.
 1909년 11월 7일에 「노예」, 18일에 일문 「사랑인가」, 24일에 「호

(虎)」를 쓸 정도로 습작에 열중하였다.
 그해 12월에는 「정육론(情育論)」을 황성신문에 발표하였다.
 1910년 메이지학원 보통부 중학 5학년을 졸업하고 귀국하여 정주 오산학교의 교원이 되었다. 이해에 언문일치의 새 문장으로 된 단편 「무정」을 대한흥학보에 발표하였다.
 그해 7월에 백혜순(白惠順)과 중매로 혼인을 하였으나 날이 갈수록 애정 없는 혼인을 후회하며 실망의 나날을 보냈다.
 1912년 나라를 잃은 슬픔과 자신의 장래에 대한 번민으로 건강이 많이 나빠졌다.
 오산학교 재직시에는 톨스토이를 애호하면서 학생들에게 생물진화론을 가르쳤다고 하여 교계에서 비난을 받기도 하였다.
 1913년 스토부인의 「검둥이의 설움」을 초역하여 신문관에서 간행하고, 시 「말 듣거라」를 「새별」에 발표하였다.
 그해 11월 세계여행을 목적으로 상해에 들렀다가 1914년 미국에서 발간되던 「신한민보」의 주필로 내정되어 도미하려고 하였으나 제1차 세계대전 발발로 귀국하였다. 김병로, 전영택, 신석우 등과 교우하며 사상가 내지 교육자가 되기를 꿈꾸었다.
 1915년 9월 김성수의 후원으로 재차 도일하여 와세다대학 고등예과에 편입한 뒤 이듬해 1916년 9월 와세다대학 철학과에 입학, 광범위한 독서를 하였다. 계몽적 논설을 매일신보에 연재하여 문명(文名)을 높이고, 이듬해 1917년 1월 1일부터 한국 신문학사상 획기적인 장편 「무정」을 연재하였다. 이어서 「소년의 비애」, 「윤광호」, 「방황」을 탈고하고 「청춘」에 발표하였다.
 격심한 과로 끝에 폐환에 걸려 1917년 귀국, 매일신보 특파원으로 남한지역 오도답파여행(五道踏破旅行)을 떠났다.
 1917년 두 번째 장편 「개척자」를 매일신보에 연재하기 시작하여 청년층의 호평을 받았다. 이듬해 폐환이 재발하였으나 허영숙의 헌신적 간호로 위기에서 소생하였다.
 전통적인 부조중심의 가족제도와 봉건적인 사회제도를 비판하는 「신생활」, 「자녀중심론」 등의 논문을 발표하여 많은 물의를 일으키기도 하였다.
　백혜순과 이혼에 합의한 뒤 1918년 10월 여의사 허영숙과 장래를 약속하고 북경으로 애정도피를 떠났다.
　그러나 11월 중순 경 윌슨 미국대통령의 14원칙에 의거한 파리평화회의가 열리게 된다는 소식을 듣고 급거 귀국하였다가 다음 달에 다시 일본에 건너가 조선 청년독립단에 가담하고 2·8독립선언서를 기초한 뒤 상해로 탈출하였다.
　상해에서 안창호를 만나 그의 민족운동에 크게 공명하여 안창호를 보좌하면서 독립신문의 사장 겸 편집국장에 취임하고 애국적 계몽의 논설을 많이 쓰면서 안창호의 인도로 주요한, 박현환 등과 독서, 정좌, 기도를 함으로써 수양생활에 힘썼다.
　1921년 4월 단신으로 상해를 떠나 귀국, 선천에서 왜경에게 체포되었으나 곧 불기소처분되자 이때부터 변절자라는 비난을 받았다. 이 해 허영숙과 정식으로 혼인하였다.
　「개벽」에 「소년에게」를 게재한 것이 출판법 위반혐의를 받아 종로서에 연행된 바 있었다. 이어서 「개벽」에 「민족개조론」을 발표하여 민족진영에게 물의를 일으켜 문필권에서 소외당하였다.
　이 무렵 「원각경(圓覺經)」을 탐독하면서 단편 「할멈」, 「가실」을 집필하였고, 김성수, 송진우의 권고로 동아일보사의 객원이 되어 논설과 소설을 발표하기 시작하였다.
　1923년에는 안창호를 모델로 한 장편 「선도자(先導者)」를 동아일보에 연재하다가 총독부의 간섭으로 중편완(中篇完, 111회)에서 중단되었으며, 이 무렵 금강산을 순례하면서 보광암의 월하노사(月河老師)의 인도로 뒷날 「법화경」에 심취하는 인연을 맺게 된다.
　동아일보 사설 「민족적 경륜」(1923년)이 물의를 일으켜 일시 퇴사하게 되고, 이때에 동아일보에 「허생전」, 「재생」, 「마의태자」, 「단종애사」, 「혁명가의 아내」, 「이순신」, 「흙」 등을 연재하였다.
　이광수의 문학관은 「동시대 최선의 세계관을 선택하고 동시대 인물의 중심계급을 전형화하였다」는 작자의 말을 참고하더라도 퇴폐적인 문학이나 한쪽으로 지나치게 기울어지는 극단적인 문학관을 지양하였다. 그는「무정」을 노일전쟁에 눈뜬 조선,「개척자」를 한일합방으로부터 대전(大戰) 전까지의 조선,「재생」은 만세운동 이후 1925년 경의 조선,「군상」은 1930년대의 조선의 기록이라고 스스로 말했듯이 사실주의문학을 지향하려 하였다.

이광수는 가운이 기울어짐에 따라 가난을 체험하면서 청일전쟁을 겪었고, 부모를 잃은 뒤 동학당 일을 본 탓으로 일본헌병에 쫓겨 고향을 떠났을 때가 노일전쟁중이었다. 그는 오산학교 교원시절에는 경술국치의 망국인의 설움을 겪었고, 방랑시절 시베리아의 치타에서 1차 세계대전의 발발을 들었으며, 그 종말을 사랑의 도피처인 북경에서 알았다.

3·1만세운동의 소식을 상해에서 들었는가 하면, 중일전쟁 폭발시에는 수양동우회사건으로 옥에 갇혔고, 광복 후에는 일제 말엽 훼절로 친일파라는 심판을 받고 수난을 당하였으며, 6·25중에는 젊은 시절부터 고생한 병고에 시달리면서도 공산당에게 납치되어 생사불명, 거처불명의 불귀객이 되었다.

그는 민족근대사의 수난을 순교자처럼 받았고, 그것을 민감하게 소설, 논설문, 시가, 수필류, 기행문 형식으로 표현하였다(그의 원고 매수는 8만 매로 추량할 정도로 방대함). 그의 직업은 교육자, 언론인, 민족운동가 등 다양하였으나 시종일관한 것은 작가이다.

흔히 이광수는 한국 근대문학사에서 선구적인 작가로서 계몽주의, 민족주의, 인도주의의 작가로 평가를 받는다. 그것은 시대분위기와 사회적 조건, 그리고 개인의 취향에 의한 결과인 것이다.

대체로 춘원의 초기 작품들은 인간의 개성과 자유를 계몽하기 위하여 자유연애를 고취하고, 조혼의 폐습을 거부하였는가 하면「무정」에서는 신교육 문제를,「개척자」에서는 과학사상을,「흙」에서는 농민계몽 사상을 고취하면서 민족주의 사상을 계몽하였다.

그러나 이광수 연구자들은 그가 당면한 사회적 갈등에 철저히 대응하기 보다는 이상적인 설교로 힘을 무산시켰다는 부정적 측면도 검토되어 왔다.

교육과 한글운동에 바친 일생
이윤재(李允宰)
1888(고종 25) ~ 1943

사학자이자 항일 독립투사이고 국어학자이다. 호는 환산(桓山), 한뫼, 경남 김해출신이다.

김해 공립보통학교를 졸업하고 김해 합성학교(合成學校)에서 교편을 잡은 뒤, 다시 대구 계성학교에서 수업하였다.

1913년부터 마산의 창신학교, 의신여학교에서 교편을 잡다가 평안북도 영변의 숭덕학교 교사로 재직중 3·1운동에 관련되어 평양 감옥에서 3년간 옥고를 치렀다.

1921년 중국에 건너가 북경대학 사학과에서 수업한 뒤 1924년 귀국하여 정주의 오산학교를 거쳐 협성, 경신, 동덕, 배재, 중앙 등의 학교에서 교편을 잡았다.

1927년 계명구락부(啓明俱樂部)의 조선어사전 편찬위원이 되었고, 민족정신의 보전, 계승을 위한 잡지「한빛」을 편집, 발행하였다.

1929년 조선어연구회, 조선어사전 편찬위원회의 집행위원, 1930년 한글맞춤법 통일안의 제정위원이 되어 국어통일운동의 중진으로 활동하기 시작하였다.

1931년 연희전문학교에서 강의를 맡았으며, 이해부터 4년간 여름마다 동아일보사, 조선일보사 등에서 벌인 하기 한글강습회 강연차 지방을 순회하였다.

1932년에는 조선어학회의 기관지「한글」의 편집 및 발행 책임을 맡았으며, 1934년에는 진단학회의 창립에 참여하였다.

이듬해 감리교 신학교에서 강의를 맡았으며 조선어 표준어 사정위원회의 사정위원이 되고, 1936년 조선어사전 편찬위원회의 편찬 전임 집필위원이 되었다.

1937년 수양동우회사건(修養同友會事件)에 관련되어 서대문 감옥에서 약 1년 반 옥고를 치른 뒤, 1939년 대동출판사에서 근무하였다.

1941년 기독신문사 주필로 일하면서 한글보급과 우리말사전 편찬에 주력하다가, 1942년 조선어학회사건으로 동지들과 함께 홍원경찰서에 붙잡혀 함흥형무소에서 복역 중 옥사하였다.

1947년 유고「표준한글사전」이 간행되었다.

이는 조선어학회에서 발표한「한글맞춤법 통일안」과 사정된「조선어표준말모음」을 기준삼아 처음으로 엮은 것이다. 그밖에「성웅 이순신」,「도강록」,「문예독본」등의 저서가 있다.

1962년 대한민국 건국공로훈장 단장(單章)이 추서되었다.

개화기를 이끈 선각자

윤치호(尹致昊)
1865(고종 2) ~ 1945

대한제국 시절의 정치인이며 민족운동가, 본관은 해평(海平)으로 충남 아산출신이다.
할아버지가 취동(取東)이고, 무관출신으로 개화인사였던 웅렬(雄烈)과 어머니 전주이씨 사이에서 태어났다. 어려서는 개화적인 분위기에서 전통적인 유학교육을 받으면서 성장하였다.
1881년 신사유람단의 일원인 어윤중의 수행원으로 일본에 건너가 시찰을 마치고 1883년 4월까지 일본에 머물렀다. 머무르는 동안 일본 외무경 이노우에의 알선으로 동인사(同人社)에 입학하여 신학문을 배웠고, 1882년에는 동경대학 철학교수의 부인 밀레트와 동경대학 영어강사 간다로부터 영어를 배웠다. 또한 체류 중 김옥균, 서광범, 박영효 등 개화파 인물과 일본개화의 선구자 후쿠자와, 나카무라 등과 교유하였다.
1883년 초대 주한미주공사 푸트의 통역으로 귀국하여 통리교섭통상사무아문의 주사가 되었으며, 고종과 푸트와 개화당간의 교량적 역할을 하면서 조선의 자주권 확립과 정치개혁에 힘썼다.
1884년 12월의 갑신정변에 직접 가담하지는 않았으나 개화당의 일원으로 정변의 주역인 김옥균, 박영효 등과 각별히 친밀하였기에 정변 실패 후 신변의 위협을 느껴 1885년 1월 상해로 망명하였다.
미국 총영사 스탈의 알선으로 중서서원(中西書院)에 입학하여 3년 6개월 동안 보다 체계적인 근대교육을 받았다. 또한 이 학교의 선교교육자 알렌학장과 본넬교수의 영향으로 기독교에 인도되었다.
중서서원을 수료한 뒤 알렌과 본넬의 알선과 감리교회의 후원으로 미국 밴더빌트대학 신학과 영어코스에서 3년, 즉 6학기를 우수한 성적으로 졸업하였으며, 틸레트교수의 영향을 받았다.
졸업 후 에모리대학에서 인문사회과학과 자연과학을 수강하였고,

캔들러학장으로부터 많은 영향을 받았다.

미국에 유학하는 동안 교내외 각종 행사와 집회에 참석하여 적극적으로 활동하였다.

일본유학 기간에 명치유신의 근대화과정과 자유민권 운동을 체험하였으며 중국유학 기간에는 중국과 조선의 낙후된 전통사회에 대한 강한 비판의식을 가지고 기독교의 세례교인이 되었다. 그리고 미국 유학기간에는 기독교와 민주주의와 과학문명에 기초한 성숙한 근대사회를 체험하였다.

이처럼 전통사회와 근대화과정사회, 그리고 근대사회를 고루 체험함으로써 전통사상, 전통질서, 전통체제를 철저히 부정하고 근대사상, 근대질서, 근대체제를 적극 수용, 체득하여 조국을 전통사회로부터 근대사회로 전환시키려는 강력한 근대변혁사상을 가지게 되었다.

1895년 미국유학을 마치고 상해를 거쳐 귀국한 뒤 외부협판과 학부협판 등을 지냈고, 1896년에는 러시아 황제 니콜라이2세의 대관식에 민영환의 수행원으로 참석하였다.

1897년 후반부터 독립협회에 가담하여 서재필, 이상재 등과 독립협회운동을 이끌어갔다.

서재필이 추방당한 뒤 1898년 8월 제2대 회장이 되어 이해 10월 1만 여 명이 참석한 만민공동회를 개최하여 대외적인 자주국권의 수호와 대내적인 자유민권의 보장 및 근대적인 자강체제의 수립을 포괄하는 헌의6조(獻議六條)를 결의하여 이를 국정에 반영시켰다. 또한 독립신문 사장과 만민공동회 회장으로 자주국권운동과 자유민권운동 및 자강개혁운동을 통한 자주적 근대화운동을 주도하였다.

그뒤 독립협회에 대한 정부의 탄압과 황국협회의 테러에 의한 1898년 12월 정부의 강제 해산조처로 독립협회와 만민공동회의 자주민권 운동이 좌절되었다.

민중운동가에 대한 대대적인 탄압으로 은신하고 있던 중, 1899년 덕원감리 겸 덕원부원으로 임명되었으며, 1900년 6월 삼화감리 겸 삼화부윤, 1901년 7월에는 다시 덕원감리 겸 덕원부윤에 복귀하였다.

1903년 7월 천안군수, 1904년 2월 무안감리로 발령받았다가 부임

3개월 만에 외부협판에 임명되었다.

1905년 을사조약이 강제 체결되자 관직을 사퇴하고 1906년 장지연, 윤효정 등과 대한자강회를 조직하여 회장으로 추대되어 국민의 자주자강 정신과 능력을 기르는데 힘썼다.

개성에 한영서원(韓英書院)을 설립하여 원장으로서, 그리고 안창호 등이 주도하는 신민회의 교육기관인 평양의 대성학교(大成學校) 교장으로서 신교육 구국운동에 진력하였다. 한편 대한기독교청년회연맹(YMCA)의 이사와 부회장을 맡고, 세계주일학교 한국지회의 회장에 선임되어 청소년 계몽운동을 통한 기독교 구국운동을 전개하였다.

우리나라가 강점된 뒤 1912년에는 일제가 한국의 민족지도자를 말살하기 위하여 날조한 이른바 105인 사건의 주모자로 검거되어 옥중생활을 하다가 1915년에 석방되었다.

출옥 이후 YMCA의 총무와 회장으로 활동하였고, 연희전문학교, 세브란스의학전문학교, 이화여자전문학교의 이사와 송도고등보통학교와 연희전문학교의 교장 등을 역임하였으며, 조선체육회 회장과 민족운동단체인 흥업구락부(興業俱樂部)의 회장으로 신교육운동과 기독교운동을 중심으로 하여 국권회복을 위한 민족의 실력양성에 매진하였다.

그러나 1920년 대에 교풍회(矯風會), 각도 조선인대표자대회, 조선인산업대회 등 일제의 통치정책에 이용된 친일단체와 모임에 깊이 관여하였다.

1937년 중일전쟁을 전후하여 일제의 전시체제가 더욱 강화되자, 국민정신총동원 조선연맹 상무이사와 국민총력 조선연맹이사로 친일활동을 하였다. 1941년 친일세력을 총망라한 조선임전보국단의 고문과 1945년 귀족원 의원을 지냈다.

저서로는 「우스운 소리」, 「영어문법첩경」이 있고, 역술서로 「찬미가」, 번역서로 「의회통화규칙」, 「이솝우화」, 「걸리버여행기」가 있다.

젊은 나이에 옥사한 항일시인

윤동주(尹東柱)
1917 ~ 1945

시인 윤동주의 본관은 파평이고 어렸을 때의 이름은 해환(海煥), 북간도 명동촌(明東村)에서 출생했다. 아버지는 영석(永錫)이며 어머니는 김용(金龍)으로 기독교 장로인 할아버지의 영향을 받고 성장했다. 아우 일주(一柱)와 당숙 영춘(永春)도 시인이다.

14세에 명동소학교를 졸업하고 대립자 중국인 관립학교를 거쳐 이듬해 가족이 용정(龍井)으로 이사하자 용정 은진중학교에 입학하였다.

1935년 평양 숭실중학교로 학교를 옮겼으나 이듬해 신사참배 문제가 발생하여 문을 닫자 다시 용정으로 돌아가 광명학원(光明學院) 중학부에 편입, 졸업하였다.

1941년 연희전문학교 문과를 졸업하고, 이듬해 일본으로 건너가 입교대학(立敎大學) 영문과에 입학하였고, 같은 해 가을에는 동지사대학(同志社大學) 영문과로 전학하였다.

1943년 7월 귀향 직전에 항일운동의 혐의를 받고 일경에 검거되어 2년 형을 선고받고 광복을 앞둔 1945년 2월 28세의 젊은 나이로 일본의 후쿠오카형무소(福岡刑務所)에서 생을 마쳤다.

교우관계는 연희전문학교 재학시 함께 하숙생활을 하였으며 그의 자필시집을 보관, 출간한 정병욱(鄭炳昱), 초간시집에 추모시를 쓴 유령, 연희전문학교 후배 장덕순, 고향후배 문익환 등이 있다.

처녀작은 15세 때 쓴 시「삶과 죽음」,「초한대」이며, 이 두 편의 수준이 상당한 것으로 미루어 습작은 이미 그 이전부터 있었던 것으로 짐작된다.

발표된 작품을 살펴보면 광명중학교 4학년 당시 간도 연길(延吉)에서 나온「가톨릭 소년(少年)」에 동시「병아리」(1936. 11.),「빗자루」(1936. 12.),「오줌싸개지도」(1937. 1.),「무얼 먹구사나」(1937.

3.),「거짓부리」(1937. 10.) 등과 연희전문시절에 조선일보 학생란에 발표한 산문「달을 쏘다」, 연희전문학교 교지「문우(文友)」에 게재된「자화상」,「새로운 길」, 그의 사후인 1946년 경향신문에 발표된 시「쉽게 쓰여진 시」등이 있다.

연희전문학교를 졸업하던 해인 1941년에 자선시집「하늘과 바람과 별과 시」를 발간하려 하였으나 실패하고, 자필로 3부를 남긴 것이 광복 후에 정병욱과 윤일주에 의하여 다른 유고와 함께「하늘과 바람과 별과 시」(정음사, 1948)라는 제목으로 간행되었다.

20세를 전후하여 10여 년간 전개된 그의 시력여정(詩歷旅程)은 청년기의 고독감과 정신적 방황, 조국을 잃음으로써 삶의 현장을 박탈당한 동일성의 상실이 그 원천을 이룬다.

초기 시에는 암울한 분위기와 더불어 동시(童詩)에 깃들인 유년적 평화를 지향하고자 하는 현실파악 태도를 볼 수 있는데, 이러한 경향의 작품으로는「겨울」,「조개껍질」,「버선본」,「햇빛·바람」등이 있다.

후기 시로 볼 수 있는 연희전문학교 재학시절에 쓰여진 시들은 일제 말기의 암흑기를 살아간 역사감각을 지닌 독특한 자아성찰의 시 세계를 보여준다.「서시」,「자화상」,「또 다른 고향」,「별 헤는 밤」,「쉽게 쓰여진 시」등이 이러한 경향을 나타내 보이고 있는 대표적 작품들이다.

윤동주의 시는 한 마디로 어두운 시대를 살면서도 자신의 명령하는 바에 따라 순수하게 살아가고자 하는 내면의 의지를 노래하였다.

자신의 개인적 체험을 역사적 국면의 경험으로 확장함으로써 한 시대의 삶과 의식을 노래하는 동시에 특정한 사회, 문화적 상황속에서의 체험을 인간의 항구적 문제들에 관련지음으로써 보편적인 공감대에 도달하였다.

유해는 고향 용정에 묻혔고, 1968년 연세대학교 교정에 그의 시비가 세워졌다.

한국 최초의 비행사

안창남(安昌男)
1901 ~ 1930

  한국 최초의 비행사 안창남은 서울에서 태어났다. 아버지 이름은 상준(尙俊)이지만 일찍 부모를 잃었다.
  휘문고등학교를 중퇴하고 1919년 일본으로 건너가 자동차 운전기술을 배운 뒤 동경 오쿠리비행학교에 입학하여 3개월 만에 3등 비행사의 면허를 따냄으로써 우리나라 최초의 비행사가 되었다.
  1921년 6월에는 일본에서 열린 민간항공대회에서 2등으로 입상하여 무시험으로 1등 비행사 면허를 따내고 일본의 동경과 대판간의 우편비행에 성공하여 단기간에 비행사로서 급성장하였다.
  1922년 12월 10일 동아일보사 초청「고국방문대비행」이 열렸는데, 서울 여의도에 전국에서 모여든 5만여 명의 대관중이 지켜보는 가운데 비행기 금강호(金剛號)를 타고 서울 장안을 일순하고 여의도 상공에서 고등비행의 묘기를 선사하였다.
  금강호는 단발쌍엽(單發雙葉)의 1인승으로 일본 오쿠리비행학교 소속의 영국제 비행기였다.
  고국에서는 그에게 전용비행기를 마련해주고자 박영효(朴泳孝), 권동진(權東鎭) 등 47명의 유지들이 후원회를 조직하고 모금운동을 벌였으나 실패하였다.
  고국방문비행을 마치고 일본으로 돌아간 뒤 1923년 9월의 관동대지진(關東大地震) 때 피살되었다는 소문이 있었으나, 뒤에 중국 상해(上海)로 탈출하여 산서성(山西省) 여석산(閻錫山) 군벌 막하에서 비행학교 교관으로 비행 중에 사망하였다.

어린이운동에 바친 일생

방정환(方定煥)
1899～1931

호는 소파(小波), 아동문학가, 서울 아주개(지금의 당주동) 출신으로 아버지는 방경수(方慶洙)다.
1909년 매동보통학교에 입학, 이듬해 미동보통학교에 전학하여 1913년 졸업하였다.
그해 선린상업학교에 입학하였으나 이듬해 가정사정으로 중퇴하였다.
1917년 손병희(孫秉熙)의 딸 용화(溶嬅)와 결혼하였다. 그해에 청소년운동단체인 청년구락부를 조직하여 활동하였다.
1918년 보성전문학교에 입학, 이듬해인 1919년 3·1운동이 일어나자 독립선언문을 배포하다가 일본 경찰에 체포되어 고문을 받고 1주일 만에 석방되었다.
1920년 일본 동양대학(東洋大學) 철학과에 입학하여 아동예술과 아동심리학을 연구하였다.
1921년 김기전, 이정호 등과 함께 천도교 소년회를 조직하여 본격적으로 소년운동을 전개하였다.
1922년 5월 1일 처음으로 「어린이의 날」을 제정하고, 1923년 3월 우리나라 최초의 순수아동 잡지 「어린이」를 창간하였다.
이 잡지는 월간으로서 일본 동경에서 편집하고 서울 개벽사(開闢社)에서 발행을 대행하였다.
같은해 5월 1일에 「어린이날」기념식을 거행하고, 어린이날의 약속이라는 전단 12만 장을 배포하였다.
1925년에는 제3회 어린이날을 기념하는 동화구연대회(童話口演大會)를 개최하였고, 1928년에 세계 20여 개국 어린이가 참가하는 세계아동예술 전람회를 개최하였다.
그가 남긴 작품은 번안물이 대부분이다. 그는 원문의 뜻과 흐름을 손상시키지 않고 외국어의 장벽을 무난히 돌파하여 동화번안작가로서의 면모를 잘 보여 주었다.

그가 번안 내지 개작한 동화들이 지닌 일관된 특징은 풍자와 해학의 정신과 교훈성에 있다고 할 것이다. 말하자면 종래의 유교도덕에 얽매어 있던 어린이들을 어린이다운 감성으로 해방시키고자 하였다.

그러나 그의 이 감성해방은 시대적 상황과 결부되어 그들을 웃기기보다는 울리는 결과를 가져왔다.「웬일인지 별 하나/보이지 않고/남은 별이 둘이서/눈물 흘린다」(형제별)와 같은 동요에서 그의 이러한 모습은 잘 나타나고 있다.

그가 생전에 실천하고 남긴 업적을 간추려보면, 먼저 그는 민족주의를 바탕으로 한 최초의 아동문화운동가요, 사회운동가였다.「소년입지회(少年立志會)」의 조직과 3·1독립운동 참가, 천도교소년회 결성 및 육성이나 아동을「어린이」라는 용어로「늙은이」,「젊은이」와 대등하게 격상시킨 일 및 아동문제연구단체인「색동회」조직, 어린이의 날 제정 등이 그것을 입증한다.

둘째로 번안 및 개작작가, 동화작가, 동화연구가, 아동잡지 편집인으로서의 업적이다.「사랑의 선물」(開闢社, 1922)을 비롯한 본격적인 개작 번안, 창작동화를 남기며 최초의 대표적인 구연동화가로 활약하고「어린이」지를 통하여 윤석중, 이원수, 서덕촌 등 아동문학가의 발굴, 육성에 힘썼다.

셋째로 그는 아동들을 소박하고 천진난만하며 순진무구하게 보고 감상적, 관념적, 권선징악적인 작품을 통해서 그들이 자유롭고 행복한 생활을 누릴 수 있도록 이끌어주었다.

그러나 그것은 어디까지나 어린이의 현실적, 경제적 어려움을 이해하고 종래의 전통적인 부당한 대우를 시정하여 감성해방(동심회복)을 하려는데 그 목적을 두었다. 그러므로 그는 금세기 우리나라의 지사(志士)요, 선구적 언론인이요, 교육자요, 문학가로 불려야 마땅한 인물이다.

1957년 그의 정신을 기리기 위하여「소파상(小波賞)」이 제정되고, 1971년 40주기를 맞아 서울남산공원에 동상이 세워졌으나 1987년 5

월 3일 서울 어린이 대공원 야외음악당으로 이전되었다.

　1983년 5월 5일에는 망우리 묘소에 이재철의 비문을 새긴 소파 방정환 선생의 비가 건립되었으며, 1987년 7월 14일에는 독립기념관에 그가 쓴 「어른들에게 드리는 글」을 새긴 어록비가 건립되었다.

　1978년 금관문화훈장, 1980년 건국포장이 수여되었다.

　그가 생전에 발간한 책은 「사랑의 선물」이 있고, 그 밖에 사후에 발간된 「소파전집」(박문출판사, 1940), 「소파동화독본」(朝鮮兒童文化協會, 1947), 「방정환아동문학독본」(을유문화사, 1962), 「칠칠단의 비밀」(글벗집, 1962), 「동생을 찾으러」(글벗집, 1962), 「소파아동문학전집」(문천사, 1974) 등 8종이 있다.

한국에 심은 현대음악

홍난파(洪蘭坡)
1897 ~ 1941

바이올리스트로서 작곡가이며 지휘자인 홍난파의 본명은 영후(永厚)다. 경기도 화성군 남양읍 활초리에서 출생했다.

일제 강점기에 널리 애창되었던 가곡「봉선화」의 작곡자이기도 하며, 그 외에 다양한 문예활동을 통하여 한국문화계에 큰 족적을 남긴 인물이다.

5세 때 상경하여 14세 되던 해인 1912년 YMCA중학부에 들어가면서 음악에 관심을 가지기 시작하였다.

1913년 근대 이후에 설립된 최초의 전문음악기관인 조선 정악전습소(正樂傳習所) 서양악과에 입학하여 1년 동안 김인식에게 바이올린을 배웠고 졸업 후 조선 정악전습소의 교사로 활동하던 중, 1917년 동경음악학교(東京音樂學校)에 입학하여 음악, 문학, 미술 등 세 가지 분야에 걸쳐 잡지 발간 등의 문예활동에 주력하였다.

재일유학생들이 중심이 된 항일운동에 가담한 것이 원인이 되어 귀국한 뒤로는 대한매일신보 등의 기자로 활동하는 한편, 창작곡집「처녀혼」을 출간하였다.

대표작「봉선화」는「처녀혼」의 첫머리에「애수(哀愁)」라는 곡명으로 발표된 것이다.

1922년 서울 연악회(硏樂會)를 창설하고 교육 및 음악보급에도 진력하였다.

1925년 우리나라 최초의 음악잡지「음악계」를 창간하였으며, 1926년에는 다시 일본으로 건너가 동경고등학교를 졸업하고 동경신교향악단 단원으로 활동한 바 있다.

한편 1925년에 편찬한「세계음악곡집」에「봉선화」등을 발표한 이래, 1929년「조선음악백곡집」상하권, 1933년「조선가요창작곡집」등을 세상에 내놓았고, 이밖에 현제명과 함께 합창곡「봄노래」를 발표하기도 하였다.

이밖에 주요작품으로는 바이올린독주곡「애수의 조선」,「동양풍의 무곡」,「로망스」등이 있다.

한편「관현악곡 즉흥곡」,「관현반주 붙은 즉흥곡」, 기타「명작합창곡집」,「특선가요선집」등을 출간하였다.

그의 작곡경향은 한국선율의 요소를 반영시켜 서정적 분위기를 자아내고자 하는데서 발견된다.

이같은 그의 의도는 그가 남긴 평론에서도 잘 나타나며 바로 이런 점이 그를 1930년대 이후 한국 음악 창작의 패턴을 정립시킨 주요작곡가로 평가하는데 큰 몫을 한다.

1931년 바이올린 수업을 위해 도미하여 셔우드음악학교를 졸업한 뒤 미국에서 본격적인 독주회를 가지고 귀국하였는데, 그뒤로는 연주활동 이외에 주로 경성보육학교, 이화여자전문학교 등에서 가르쳤다.

1936년 경성방송 현악단의 지휘자, 빅터레코드의 양악부장을 역임한 바 있으며, 이영세(李永世) 등과 난파트리오를 조직하여 실내악 활동에 관심을 가졌는가 하면, 다른 한편으로는 평론집「음악만필」등을 통하여 음악문화의 계몽발전에 기여하였다.

근대 판소리의 명창

송만갑(宋萬甲)
1865(고종 2) ~ 1939

　조선 말 고종때부터 일제 강점기에 이르기까지 활약한 판소리 명창이다. 당시 국내에 이름있던 다섯 명창 중의 한 사람이다.
　전남 구례읍 봉북리(鳳北里)에서 태어났고 순조 때 가왕(歌王)이라는 칭호를 받던 홍록(興祿)의 종손이며 철종때 명창 우룡(雨龍)의 아들로 판소리 명문에서 태어났다.
　7세 때부터 아버지에게서 판소리를 공부하였고, 천재적 재질이 있어 13세 때에는 소년 명창으로 이름이 자자하였다.
　아명(兒名)이 밤쇠였는데 어린 나이로 전주대사습에 나가 성인들을 무색케 하였다.
　전라감사로부터 참봉직을 받았고 원각사(圓覺社) 시절에는 여러 차례 임금 앞에서 소리를 하여 고종으로부터 감찰직(監察職)을 제수받았으며, 원각사 폐쇄 뒤에는 궁내부(宮內部)의 별순검(別巡檢)의 직을 3개월 정도 수행하였다.
　어느 때 서편제(西便制) 선배 명창 정창업의 소리를 듣고 뜻한 바 있어 집안에서 대대로 내려오는 고매한 동편제(東便制)에 새로운 통속적인 소리조를 가미하여 불렀다.
　이 때문에 집안에서 쫓겨나 객지로 돌아다니며 소리를 하였다.
　조선시대 말기에 서울에 올라와 김창환(金昌煥)과 함께 원각사 간부로 있으면서 판소리와 창극공연에 힘을 기울였다.
　1933년에 이동백, 정정렬 등과 함께 조선성악연구회를 조직하여 제자양성과 창극공연에 힘쓰다가 74세로 죽었다.
　생전에 많은 제자를 길러 장판개, 박중근, 김정문, 박봉래, 박녹주 등 쟁쟁한 명창들을 배출하였다.
　그러나 이상하게 그의 제자들이 일찍 세상을 떠나 소리가 많이 전승되지 못하였다.

그의 소리는 매우 정교하고 치밀하나 '아니리'가 부족하였다.
　일제강점기에 판소리교육과 더불어 많은 창극공연을 하였으며 이 때 취입한 음반도 많이 남아 있다.
　판소리 다섯 마당을 두루 잘 하였고, 특히 「춘향가」, 「심청가」, 「적벽가」를 잘 하였다.
　일제 때의 음반 중 「수궁가」의 고고천변(皐皐天邊), 「춘향가」의 이별가(離別歌), 「날다려가오」 단가(短歌) 중 「진국명산(鎭國名山) 등은 걸작이었다.

민족영화의 선각자

나운규(羅雲奎)
1902 ~ 1937

민족 항일기에 선구적인 영화인이다. 호는 춘사(春史), 회령출신이다. 한의사 형권(亨權)의 6남매 중에 셋째 아들로 태어났다.

1912년에 회령보통학교를 졸업한 뒤 신흥학교 고등과로 진학했다가 1918년에는 만주 간도에 있는 명동중학에 들어갔으나, 일제의 탄압으로 학교가 폐교됨으로써 1년여 동안 북간도와 만주지방을 유랑했다.

이때 독립군단체와 관련을 맺으면서 독립운동을 하다가「청회선터널폭파미수사건」의 용의자로 잡혀 1년 6개월의 형기를 마친 뒤 1923년 출감하였다.

1924년 부산에 조선키네마주식회사가 설립되자, 부산으로 내려가 연구생이 되었다. 조선키네마가 제작한 윤백남(尹白南) 감독의「운영전(雲英傳)」에 단역인 가마꾼으로 첫 출연, 연기력을 인정받아 1925년 백남프로덕션의 제1회 작품인「심청전」에서 처음으로 주역 심봉사역을 맡아 연기파 배우로 인정받았다.

이듬해 조선키네마프로덕션의「농중조(籠中鳥)에 출연하여 절찬을 받음으로써 일약 명배우가 되었다.

그는 배우로 만족하지 않고 직접 영화 만들기를 결심하고, 독립운동을 배경으로 한 저항적인 작품「아리랑」과「풍운아」를 직접 쓰고 감독, 주연을 맡아 영화계의 귀재(鬼才)로 불리게 되었다.

1927년에는 윤봉춘 등과 함께 나운규프로덕션을 창립하여「옥녀(玉女)」,「사나이」,「사랑을 찾아서」를 만들었고, 1929년에는 격조높은 문예영화「벙어리 삼룡」을 발표하였다.

그러나 독립투쟁하는 늙은 나팔수를 그린 영화「사랑을 찾아서」때문에 일본경찰에게 붙잡힐 뻔하였다. 대중적 인기는 절정에 달했으나 무질서한 사생활로 회원들이 떠나 다른 영화사를 창설함으로서 나운규프로덕션은 해체되었다.
 그뒤 박정현의 원방각사(圓方角社)와 손잡고 「아리랑 후편」, 「철인도」를 만들었고 우리 영화계에서 꺼리던 도야마프로덕션의 「금강한(金剛恨)」에도 출연하였다.
 이 때문에 나운규의 인기는 하루아침에 떨어지고 말았다.
 그는 생활을 위하여 배구자(裵龜子) 일행의 악극단 무대에 출연하기도 하였다.
 1931년에는 일본으로 건너가 동경 영화계를 1년여 동안 시찰하였고, 1932년에 귀국하여 윤봉춘을 비롯한 옛 동지들을 모아 영화 「개화당이문(開化黨異聞)」을 만들었으나, 검열로 많은 장면이 잘린 채 개봉되었기 때문에 흥행에서 큰 실패를 보았다.
 같은 해 이규환(李奎煥) 감독의 「임자 없는 나룻배」에 주연으로 출연하여 좋은 연기를 보여주었다.
 이 시기는 제2기에 해당하는데, 이때의 작품들은 「무화과」, 「강 건너 마을」 등에서 볼 수 있는 것처럼 문명비판, 사회비판 등 부정정신을 나타낸 것들이다.
 그밖에 「종로」, 「칠번통의 소사건」, 「그림자」 등을 제작했으나 실패작이었다.
 이때는 그에게 가장 불우했던 시기로서, 극단 신무대나 현성완이 이끌던 극단 형제좌(兄弟座)를 위하여 연쇄극(連鎖劇)을 만들어 지방으로 순회공연을 다녔다.
 1936년 우리나라 영화계에 획기적 선풍을 일으킨 발성영화가 등장하자, 나운규는 「아리랑」 제3편을 발성영화로 제작하였다.
 그는 계속 문예작품의 영화화에 주력하였는데, 이때 이태준의 소설 「오몽녀(五夢女)」를 영화화하여 큰 성공을 거두었다.
 이 작품은 침체에서 벗어나기 위해 혼신의 정열을 기울여 예술적 승화를 이루었으나, 오랫동안 무리를 거듭한 탓에 지병인 폐결핵이 악화되어 죽음으로써 최후의 작품이 되고 말았다. 이 시기가 제3기이다.
 그가 일관되게 추구한 예술 테마는 식민통치의 억압과 수탈에 대한 저항, 통치권에 결탁한 자본가에 대한 비판이었다.

그의 모든 작품은 약자에 대한 동정을 담고 있으며, 악덕, 난윤(亂倫)에 대한 신랄한 고발과 풍자를 담고 있다.

영화인으로 활동한 약 15년 동안 29편의 작품을 남겼고, 26편의 영화에 출현했으며, 직접 각본, 감독, 주연을 맡은 영화가 15편이나 된다.

그의 영화사적 위치는 그대로 우리나라 영화 자체의 성장과정이라 볼 수 있다. 그는 투철한 민족정신과 영화예술관을 가진 최초의 시나리오작가일 뿐 아니라, 뛰어난 배우양성자이며 연기지도자였다.

그는 민족영화의 선각자이며, 「아리랑」이라는 불후의 명작을 남기고, 영화의 정신과 수준을 크게 끌어올린 불세출의 영화작가로 평가된다.

투쟁과 영광과 비극의 정치인

이승만(李承晩)
1875(고종 12) ~ 1965

　독립운동을 해온 정치인으로 대한민국 초대대통령이다. 본관은 전주, 어려서의 이름은 승룡(承龍)이고 호는 우남(雩南)이며 황해도 평산에서 태어났다. 경선(敬善)의 아들이다.
　1894년(고종 31년) 배재학당에 입학했다가 이듬해 8월에는 역시 배재학당의 영어교사가 되었다.
　같은 해 10월 일제가 명성황후를 시해하자 국모살해한 원수를 갚고 국왕을 구출하여 친일적인 정권을 타도하기 위한 시위운동을 벌이다가 지명수배를 당하였다.
　1896년 서재필이 미국에서 돌아와 협성회(協成會), 독립협회 등을 조직하자, 이에 가담하여 개화, 독립운동에 투신하였다.
　서재필이 미국으로 추방당한 뒤「협성회보」와「매일신문」의 주필로 활약하고 만민공동회를 개최하는 등 독립사상 고취와 민중계몽에 앞장섰다.
　또한 부패, 무능한 정부를 비판하고 민주적 자문기관으로 중추원(中樞院)의 설치를 주장하다가 1898년 황국협회의 무고로 투옥되어 종신형을 선고받았으나, 1904년 민영환의 주선으로 석방되었다.
　이해 겨울 고종의 밀서를 가지고 루즈벨트 미국대통령을 만나 한국에서 일본의 침략을 퇴치하는데 협조하여 줄 것을 호소하였으나 뜻을 이루지 못하자, 미국에 머물면서 수학하기로 결심하고 조지워싱턴대학에 입학하여 1907년 졸업하였다.
　1908년 하버드대학에서 석사학위를 받고, 이어 1910년에는 프린스턴대학에서「미국의 영향을 받은 영세중립론」으로 철학박사 학위를 받았다.
　같은 해 8월 한국이 일제에 강점당하자 9월에 귀국하여 조선기독교 청년연합회(YMCA)를 중심으로 후진들을 지도하였다.

1912년 일제가 조작한 이른바 「105인 사건」에 연루되었으나 미국 선교사들의 주선으로 위기를 모면하고 1012년 미국에서 열린 세계감리교대회에 한국 대표로 참가하기 위하여 다시 미국으로 건너갔다.

1913년 하와이로 건너가 한인학원(韓人學院)을 운영하고, 1914년 「한국태평양」을 창간하였다. 또 주간잡지 「태평양」을 창간하여 1939년까지 사설을 썼다.

그러나 하와이 한인사회에서 한인학교, 교회 등의 경영권 논란과 공금 유용문제가 제기되기도 하였다. 또한 열강과의 외교를 통하여 독립을 달성해야 한다는 외교론을 주장하여 교포사회의 대립과 분열을 초래하였다.

한성정부, 노령정부, 상해임시정부 등 3·1운동 이후 국내외에 설립된 모든 정부조직에 대통령, 수상, 총리 등으로 추대되었다.

1919년 4월 상해에 대한민국 임시정부가 수립되어 초대국무총리로 추대되었으나 대통령제를 주장하고 자신이 스스로 대통령이라는 직함을 사용하여 임시정부에서는 논란이 되었다. 그러나 결국 임시정부의 직제를 대통령제로 고치게 되었고, 워싱턴에 구미위원부의 책임을 맡아 외교활동에 주력하였으나 미국 관리들의 비협조적인 태도와 대한민국 임시정부의 반대에 봉착하였다.

1920년 12월 상해로 건너가 대통령에 취임하였으나, 워싱턴군축회의에 대비하기 위하여 1921년 5월 다시 미국으로 건너가 상해로 돌아오지 않고 미국에 머물러 임시정부의 대통령으로서의 직능을 제대로 행사하지 못하여 임시정부의 활동에 제약을 주었고, 위임통치안 제출설 등으로 임시정부내에서 계속 논란이 되다가 1922년 6월 대한민국 임시정부 의정원(議政院)은 대통령 이승만에 대한 불신임안을 결의하고, 1925년 3월에는 탄핵안을 상정, 통과시켰다.

그러나 그는 이러한 임시정부의 모든 결정을 무시하고 구미위원부를 통하여 독립을 위한 활동을 독단으로 계속하였다.

1933년 제네바에서 열린 국제연맹회의에 참석하여 한국의 독립을 호소하였으며, 워싱턴, 하와이 등지에서 항일투쟁과 외교활동을 계속하였다.

1945년 광복을 맞아 이해 10월에 귀국, 민주진영의 지도자로 독립촉성중앙위원회 총재, 대한국민대표민주의원의장, 민족통일총본부 총재 등을 역임하면서 좌우합작반대, 미소공동위원회 참가거부, 김구(金九)의 남북협상거부 등의 정치적 반탁, 반공 및 단독정부의 즉각적인 수립을 주장하여 단독정부의 수립 노선을 지속적으로 견지하였고, 미군정의 용공정책에 반대하였다.

1948년 제헌국회의원에 무투표 당선되어 초대 국회의장에 선출되고, 내각책임제 헌법초안에 강력히 반대하여 대통령제로 헌법이 제정되도록 하여 그해 7월 초대 대통령에 당선되어 대한민국정부 수립과 함께 취임하였다.

그뒤 강력한 반공, 배일주의자로서 국내의 공산주의운동을 분쇄하고 일본에 대해서는 강경외교를 견지하였다.

6·25 때에는 유엔군의 도움을 얻어 공산군을 격퇴하였고, 동란중 국토가 분단된 상태에서의 휴전협상에 강력히 반대하였으며, 1953년 6월 남한 각지에 수용되어 있던 반공 애국포로 2만 7천여 명을 유엔군의 양해없이 단독으로 석방하였다.

같은 해 7월 27일 휴전협정이 조인되자, 한미양국은 휴전 후에도 긴밀한 유대관계를 유지하고 상호방위조약을 체결한다는 조건으로 이를 수락하였다.

6·25로 정부가 부산에 피난해 있던 1951년 12월 자신의 장기집권을 위하여 자유당을 창설하였으며, 다음 해 정치파동을 일으켜 대통령직선제 개헌안을 강압적으로 통과시키고 4년 임기의 대통령직에 재선되었다.

1954년 국회는 이승만에게 대통령 3선금지를 면제해주는 사사오입(四捨五入) 개헌안을 통과시켰다.

1956년의 선거에서 민주당 대통령후보 신익희가 투표 며칠 전에 사망하여 투표권자 56%의 지지를 얻어 세 번째 당선되었다.

1960년 3·15 정부통령선거에서는 민주당 대통령후보 조병옥이 선거 전에 사망하여 4선이 확실해졌으나 자유당의 부통령후보 이기붕을 당선시키기 위하여 대대적인 부정이 감행되었다.

이와 같이 장기집권을 위하여 여러 차례 불법적인 개헌을 하고 정적과 야당을 강압함으로써 정치발전에 지장을 주었으며, 대외적으로는 융통성 없는 강경책으로 일관하였다.
　결국 3·15부정선거와 자유당 독재로 4·19를 초래하여 대통령직을 사임하고 자유당정권이 붕괴되어 그해 5월 하와이로 망명하여 그곳에서 죽었다.
　유해는 하와이에서 국내로 옮겨와 가족장으로 국립묘지에 안장되었다.
　저서로는「독립정신」,「일본내막기」(영문) 등이 있다.

자유민주정치를 신봉한 정치인

장면(張勉)
1899 ~ 1966

　자유당 시절 부통령과 4·19후 내각책임제 헌법하에서 국무총리를 지낸 정치인. 본관은 옥산(玉山)이고 호는 운석(雲石)이며 서울 출신이다. 일제 강점기 때 부산세관장을 지낸 기빈(箕彬)의 아들이다.
　8세에 인천 사립박문학교에 입학, 한학을 수학하였다.
　1917년 수원고등농림학교(지금의 서울농대)를 졸업하고 1919년 서울 기독교청년회관 영어학과를 수석으로 졸업하였다.
　1925년 한국천주교 청년회 대표자격으로 미국 맨하탄 카톨릭대학 문과를 마치고 로마에서 열린 한국 79위 순교복자 시복식에 참석하였다. 귀국 후 천주교 평양교구에서 교회일을 보았다.
　1913년 동성상업학교에 부임, 1936년 이 학교 교장이 되고, 계성학교의 교장직도 겸임하여 광복 때까지 근무하였다. 이동안에 천주교 청년연합회 회장이 되어 「구도자의 길」, 「조선천주공교회약사」, 「교부들의 신앙」등의 저서를 출판하였다.
　1946년 정계에 투신, 민주의원(民主議院)과 입법의원의 의원을 역임하면서 좌익과의 투쟁, 군정당국과의 절충, 미소공동위원회에 대비한 정책수립 등의 활약을 하였다.
　1948년 서울 종로 을구에서 제헌의원으로 당선되고, 같은 해 파리에서 열린 제3차 유엔총회에 조병옥, 장기영 등과 한국 수석대표로 참석, 총회에서 대한민국은 한반도의 유일한 합법정부라는 국제적 승인을 얻어내었다.
　이어 대통령 특사로 교황청을 방문하고 돌아오는 길에 맨하탄대학에서 법학박사 학위를 취득하였다.
　1949년 초대 주미대사로 임명되고 이듬해 6·25가 발발하자 유엔군 한국 파병을 끌어내는데 큰 역할을 하였다.
　1951년 국무총리가 되었으나 이듬해 사임하였다.

이후 야당의 지도자로서 자유당 독재정권과의 투쟁에 앞장섰다.

1955년 신익희, 조병옥 등과 민주당(民主黨)을 창당하여 최고위원이 되었고, 1956년에는 대통령후보였던 신익희가 사망한 민주당의 부통령후보로 출마하여 당선되었다.

이해 9월 민주당 전당대회에서 저격당하였으나 경상에 그쳤다.

1957년 미국 시튼 홀대학에서 다시 법학박사 학위를 받았으며, 1959년 민주당의 최고위원에 선출되었다.

1960년 정·부통령선거에서 대통령후보 조병옥이 선거 1개월을 앞두고·사망함으로써 다시 한 번 부통령후보만의 투쟁을 하였다.

3·15부정선거로 인하여 이기붕 자유당후보에게 833만표 대 180만표의 차이로 낙선하였다.

4·19로 이승만정권이 무너지자, 의원내각제하에서 1960년 제5대 민의원 의원에 당선되고, 국회에서 제2공화국의 국무총리가 되었다.

집권 후 민주당의 구파가 신민당(新民黨)을 창당, 이탈해나가는 어려움을 겪었다. 국민의 자유를 최대한 보장하려던 정책이 혼란과 무질서를 초래하여 1961년 5·16쿠데타로 집권 9개월 만에 실각하였다.

그뒤 군사정권의 「정치정화법」에 묶여 연금생활을 강요당하고, 세칭 이주당(二主黨)사건인 반혁명음모사건에 연루, 징역 10년 형을 선고받았으나, 형집행 면제로 풀려났다.

석방된 뒤 5년간 신앙생활을 하다가 간염으로 죽었다.

국민장으로 경기도 포천 카톨릭묘지에 안장되었다.

교육 경제입국의 선각

김성수(金性洙)
1891～1955

　교육가이며 언론인이고 정치인이었던 김성수는 전북 고창 출신이다. 본관은 울산, 호는 인촌(仁村), 호남의 거부였던 경중(暻中)의 넷째 아들로 태어나 3세 때 큰아버지인 기중(棋中)의 양자가 되었으며 13세에 고광석과 혼인하였다.
　1906년 전남 창평에서 송진우와 함께 영어공부를 하였고 1908년 18세 때 군산의 금호학교에 다녔다.
　그해 10월 새 학문을 배울 생각으로 송진우와 함께 일본 동경으로 건너가 세이소쿠영어학교와 긴조중학교를 거쳐 1910년에 와세다대학에 입학하여 1914년에 정경학부를 졸업했다.
　그는 내나라의 독립을 찾기 위해서는 먼저 민족의 교육이 앞서야 한다고 생각하고 1915년 4월 중앙학교를 인수하여 1917년 3월에 교장이 되었으며, 같은 해 경서직뉴주식회사를 맡아 경영하였다.
　1919년 1월부터 송진우, 현상윤 등과 함께 중앙학교 숙직실을 근거지로 독립운동을 펼 방책을 꾸미며서 그 뜻이 3·1독립운동으로 결실 맺었다.
　그해 10월 민족의 산업을 일으키는 바탕으로 경성방직주식회사를 세웠으며, 1920년 4월 동아일보사를 창립하였다.
　동아일보를 통해 1922년에는 물산장려운동을 폈으며, 1923년에 민립대학 설립운동을 펴서 민족의식을 불러 일으키고자 힘을 썼다.
　1929년 2월 재단법인 중앙학원(中央學院)을 설립했다.
　유럽과 미국을 비롯한 세계 여러나라의 문물과 교육실태를 두루 살피고 돌아와, 이듬해인 1932년 3월에는 어려운 형편에 있던 보성전문학교(普成專門學校)를 맡아 경영하여 교장이 되었다.
　1945년 10월 미군정청 고문회의 의장에 취임하였고, 1946년 1월에는 복간된 동아일보의 사장을 다시 맡았으며, 같은 달에 송진우의 뒤를 이어 한국민주당의 수석총무(당수)가 되었다.

또 그해 8월에는 보성전문학교를 기초로 고려대학교를 설립하였다.

1947년에는 반탁독립투쟁위원회의 부위원장으로 신탁통치 반대운동을 지도하였고, 1949년 2월 한국민주당과 대한국민당이 통합하여 민주국민당(民主國民黨)이 창당되자 그 최고위원이 되었다.

1951년 5월 대한민국의 제2대 부통령이 되었으나, 정부의 국회탄압사건에 항거하여 이듬해 5월 그자리에서 물러났다.

1953년 10월 피난지인 부산에서 서울로 올라온 뒤에는 병석에서 호헌(護憲)세력의 단결을 호소하다가 1955년 2월 18일 눈을 감았다.

1955년 2월 24일 국민장으로 고려대학교 교내에 안장되었으나 지금은 경기도 남양주군으로 이장하였다.

1962년 대한민국 건국공로훈장 복장(複章)을 받았다.

사법권 독립의 師表

김병로(金炳魯)
1887 ~ 1964

　대한민국 초대 대법원장을 지낸 법조인이자 정치인이다. 본관은 울산이고 호는 가인(街人), 전북 순창 출신이다. 아버지는 사간원정언 상희(相熹)이고 어머니는 장흥고씨이다. 3남매 중 외아들로 태어났다.
　부모가 서울에 머물렀기 때문에 유년시절은 조부모 슬하에서 자랐고 13세에 담양정씨와 결혼하였다.
　17세 때 한말 거유(巨儒)인 전우(田愚)한테 한학을 배우고 18세 때 담양의 일신학교(강습소)에서 서양인 선교사로부터 산술과 서양사 등 신학문에 접하였다.
　1905년 을사조약이 체결된 해에 향리의 용추사를 찾아온 최익현(崔益鉉)의 열변에 감화를 받았고 1906년 20세 때 70여 명의 의병과 함께 순창읍 일인보좌청(日人補佐廳)을 습격하였다.
　그리고 그해 창평(昌平)의 창흥학교에 입학하였으며, 1910년 일본으로 건너가 니혼대학(日本大學) 전문부 법학과와 메이지대학 야간부 법학과에 입학하여 동시에 두 학교를 다녔으나 폐결핵으로 귀국했다.
　1912년에 다시 도일하여 메이지대학 3학년에 편입하여 이듬해 졸업하고, 1914년 주오대학(中央大學) 고등연구과를 마치고 귀국했다.
　일본유학 중에 잡지「학지광(學之光)」의 편집장을 지냈고, 한편으로는 금연회(禁煙會)를 조직하여 조선유학생의 학자금을 보조했다.
　귀국한 뒤 경성전수학교(경성법학전문학교 전신)와 보성법률상업학교(보성전문학교 전신)의 강사로 형법과 소송법 강의를 맡았으며, 1919년 경성지방법원 소속 변호사로서 개업했다.
　변호사시절 그는 수많은 독립운동 관련사건을 무료변론하였으며, 다채로운 사회활동으로 독립운동에 공헌했다.

1923년 허헌, 김용무, 김태영 등과 서울 인사동에 형사변호공동연구회를 창설하였는데, 겉으로는 연구단체임을 내세웠으나 실제로는 항일변호사들이 공동전선을 형성, 법정을 통해 독립운동이 무죄임을 주장하는 독립운동 후원단체였다.

이 연구회는 독립투사들에 대한 무료변론뿐만 아니라 그들의 가족을 돌보는 일까지도 했다.

10여 년 동안 그가 맡았던 사건 가운데에는 여운형, 안창호 등에 대한 치안유지법 위반사건, 김상옥의사사건, 광주학생사건, 6·10만세운동, 정의부·광복단사건, 조선공산당사건 등이 있다.

한편 1927년에 이상재의 뒤를 이어 신간회의 중앙집행위원장이 되었고, 광주학생사건 때는 진상조사위원으로 활약하였다.

1932년 보성전문학교의 이사로서 운영난을 타개하기 위하여 김성수(金性洙)에게 인수를 알선하였으며, 신간회가 해체되고 사상사건(思想事件)의 변론에서도 제한을 받게 되자 1932년부터는 경기도 양주군으로 내려가 농사를 지으면서 광복될 때까지 13년 간을 은둔생활로 일관하였다.

따라서 성을 바꾸지 않았고 일제의 배급도 받지 않았다.

광복이 되면서 잠시 한국민주당 창당에 참여하여 중앙 감찰위원장이 되었고 1946년 남조선 과도정부 사법부장을 지냈다.

1948년 초대대법원장, 1953년 제2대 대법원장이 되어 1957년 70세로 정년퇴임하였다.

정년퇴임 뒤에도 재야법조인으로서 활약했으며, 1955년 고려대학교 명예법학박사를 받았으며, 1960년 자유법조단대표, 1963년 민정당(民正黨) 대표최고위원과「국민의 당」의 창당에 참여하여 그 대표최고위원으로 윤보선, 허정과 함께 야당통합과 대통령단일후보 조정작업 등 야당활동을 전개하였다.

대법원장 재임 9년 3개월 동안 그는 사법부 밖에서 오는 모든 압력과 간섭을 뿌리치고 사법권 독립의 기초를 다졌다. 그의 사법권 독립에 대한 신념이 얼마나 확고했던가는 이에 대한 견해차로 말미암아 일어난 이승만과의 마찰에서도 잘 알 수 있다.

1952년 부산정치파동 직후 대법관들에게「폭군적인 집권자가 마치 정당한 법에 의거한 행동인 것처럼 형식을 취해 입법기관을 강요하거나 국민의 의사에 따르는 것처럼 조작하는 수법은 민주법치국가에서는 있을 수 없는 일이며, 이를 억제할 수 있는 길은 오직 사법부의 독립뿐이다」라고 강조하였다.

  그에게 있어 사법권의 독립과 재판의 독립성은 한치도 양보할 수 없는 절대명제였다.

  6·25사변 때 다리가 절단되었으나 의족을 짚고 등원할 만큼 강인하고 강직한 성품이었으며, 세태의 변천에도 조금도 흔들리지 않은 곧은 절개는 후인들에게 깊은 감명과 교훈을 주고 있다.

  1964년 1월 13일 간장염으로 서울 인현동 자택에서 사망하였다. 사회장으로 서울 수유리에 안장되었으며, 1963년 건국공로훈장 단장이 수여되었다.

민주정도를 지켜온 지도자

신익희(申翼熙)
1894 ~ 1956

　상해 임정요인이었던 신익희는 독립운동가이고 건국초기의 정치가다. 경기도 광주에서 조선조 판서를 지낸 신단(申壇)의 다섯 아들 중 막내로 태어났다. 호는 해공(海公). 어려서 사서삼경을 비롯한 한학을 익혔고 1908년 한성관립외국어학교를 졸업한 뒤 일본 와세다대학 정경학부에 유학하였다.

　1913년 와세다대학을 마치고 귀국하여 중동학교(中東學校)에서 교편을 잡았으며, 1917년부터는 보성전문학교의 전신인 보성법률고등학교에서 비교헌법 등의 강의를 맡기도 하였다.

　1918년 미국대통령 윌슨의 민족자결원칙이 발표됨과 더불어 독립운동에 뛰어들어 만주, 북경, 상해 등지를 드나들면서 해외독립운동원과의 연락을 맡아보고, 안으로는 민족지도자들과 독립운동의 방법을 토의하여 3·1운동의 도화선을 당기는데 일역을 담당하였다.

　만세시위에 가담했던 그는 1919년 3월 다시 상해로 떠나 그로부터 26년 간의 망명생활을 시작하였다. 상해에 있는 동안 대한민국임시헌법을 기초하고 임시정부의 초대대의원과 초대내무차관을 지냈으며, 그뒤 내무총장, 법무총장, 문교부장, 외무부장 등을 두루 맡았고 국무원 비서실장과 의정원 부의장을 겸임하였다.

　그는 독립운동에 몸담기 시작하면서부터, 독립운동이 처음에는 평화적인 방식으로 시작되더라도 나중에는 반드시 군사행동에 의하여 뒷받침되어야 한다는 신념을 가지고 있었다.

　그래서 임시정부에 있으면서도 정부는 상징적인 것에 불과할 뿐 실력은 저항군에 있다는 믿음 아래, 중국 각지를 돌아다니며 한국청년들에 의한 군대조직을 시도해보기도 하고, 당시 상승기에 있던 중국혁명군과 연결하여 한중합작에 의한 군사행동의 실현을 추진해보기도 했지만 큰 성과를 거두지는 못하였다.

광복이 된 뒤 1945년 12월 임정요인의 한 명으로 귀국한 그는 곧바로 대한독립촉성국민회를 만들어 부회장을 맡았으며, 국민대학 학장과 자유신문사 사장직도 맡았다.

그뒤 미군정 하의 남조선 과도입법의원 의장을 거쳐, 정부수립과 함께 제헌국회에 진출하였고, 대통령으로 뽑힌 초대 국회의장 이승만의 뒤를 이어 국회의장이 되었다.

1947년에는 대한국민당을 결성하여 대표최고위원이 되었으며, 1950년 한국민주당과 합당한 뒤, 개편된 민주국민당의 위원장으로 뽑혔다.

그동안 그는 3선 국회의장으로 정치적 비중을 더해갔으며, 권력의 연장을 위하여 사사오입 개헌까지 자행한 이승만한테서 민심이 등이 돌리자, 1956년 야당의 대통령후보로 출마하였다.

그는 5월 2일 한강 백사장에서 열린 그의 유세에는 무수한 인파가 모여 그의 인기를 실증하였다.

그러나 그 3일 뒤인 5월 5일 호남지방에서의 유세를 위하여 전주로 가던 중 기차 속에서 심장마비로 죽었다.

그에게는 추모표로서 185만여 표가 던져졌으며, 5월 23일 국민장으로 장례가 치러졌으며 서울 우이동에 안장되었다.

건국 초의 풍운아

여운형(呂運亨)
1886(고종 23) ~ 1947

독립운동가이며 정치인이었던 여운형은 경기도 양평에서 아버지 정현과 어머니 경주이씨 사이에서 태어났다. 본관은 함양이고 아호는 몽양(夢陽)이다.

그는 아버지가 30세가 넘은 나이에 늦게 장남으로 태어나서 묘곡에서 자랐으며, 14세 때에 용인 유세영(柳世永)의 장녀와 혼인하였으나 4년 만에 사별하고 그뒤 충주군의 진씨와 재혼하였다.

15세에 배재학당에 입학하였으나 1년도 못되어 사립흥화학교로 옮겼다가 1903년 다시 관립우체학교로 옮겼다. 그러나 졸업 한 달을 앞두고 그 학교마저 그만두었다.

그뒤 1907년부터 시작한 성경공부를 하여 기독교를 믿게 되었고, 1908년 경에는 미국인 선교사 곽안련목사와 친분을 맺었으며, 그의 도움을 받아 1909년 사립기독광동학교를 세웠다.

1910년 봉제사(奉祭祀)의 집안 전통을 혁신하고 노복들을 풀어주는 등 안팎으로 변혁을 일으켰으며, 1911년 평양장로신학교에 입학하였다. 그러나 또 중퇴하고, 1914년 중국으로 건너가 난징의 금릉대학에서 영문학을 전공하였다.

1917년 상해로 활동무대를 옮기면서 이 학교 역시 중퇴하였다.

1918년 상해에서 청년 동포들을 규합하여 민단(民團)을 조직하여 광복운동의 터전을 마련하였고, 또한 신한청년당을 조직하여 총무간사에 취임하기도 하였다.

1919년 3월 임시정부 수립에 가담하여 임시의정원 의원을 역임하였다. 그해 12월 일본이 우리나라의 자치문제를 타진해오자 찬부양론이 있는 가운데 동경으로 건너가 당시 척식국장관(拓殖局長官)인 고가를 비롯하여 노다(野田)체신대신, 무단정치가의 중심인물인 다나카, 그리고 미즈노정무총감 등과 일련의 회담과 의견교환을 하고 돌아온 일도 있다.
　1920년 소련공산당에 가입하였고, 1921년 모스크바에서 열린 원동민족근로자대회에 참석하였고, 상해에서 한중호조사(韓中互助社)를 조직하고, 1922년 노병회(勞兵會)를 조직하기도 하였으며, 1924년 중국국민당에 가입하여 한중상호협조를 위한 남방혁명군(南方革命軍)을 위하여 활동하였다.
　1929년 영국의 식민정책을 비난하였다가 영국 경찰에 체포되어 일본에 인도 3년간 복역한 뒤 1932년 출옥하였다.
　1933년 조선중앙일보사 사장에 취임하여 언론을 통한 항일투쟁도 하였다.
　1934년 조선체육회장직에 취임하였으나 1936년 손기정 선수의 일장기 말살사건으로「조선중앙일보」가 폐간되자 사장직을 물러났다.
　1944년 9월 일본의 패전을 예상하고 조선건국동맹의 지하조직을 전국적으로 조직하여 그 위원장에 취임하여 광복에 대비하였으며 10월에는 양평 용문산 속에서 농민동맹을 조직하기도 하였다.
　1945년 광복이 되자 조선건국준비위원회를 조직하고 그 위원장이 되었고, 9월에는 조선인민공화국을 선포하여 스스로 부주석에 취임하였으며, 10월에는 인민당(人民黨)을 결성하여 당수직에 앉았다. 그러나 인민당은 인민공화국 선포, 모스크바 3상회의 결정(1945. 12. 27.), 민주주의민족전선(1946. 1. 19. 결성), 미소공동위원회 등에 대한 노선에서 공산당과 보조를 같이하였고, 또한 1946년 5월 좌우합작운동이 일어났을 때 좌익을 대표하여 중간적인 위치에 선 일이 있다.
　이 좌우합작운동은 우익의 강력한 반탁운동과 공산당의 반대에 부딪혔는데 북한공산당의 지령을 받은 조선인민당의 비여운형계가 조선공산당, 남조선신민당과 합동하여 남조선노동당을 결성하였던 것이다.
　이에 여운형은 1946년 10월 15일 신민당과 공산당과의 공동명의로 좌우합작 지지, 입법기관설치 반대라는 3당합동 결정서를 발표하고 11월 12일 사회노동당을 조직하였다. 그러나 당시의 정치정세로서는 사회노동당에 대한 좌우양쪽의 공격을 받지 않을 수 없게 되어 큰 활동은 하지 못하였다.

　미소공동위원회가 다시 열리게 됨에 따라 1947년 5월 24일 사회노동당을 근로인민당으로 개편하였는데 밖으로는 영국 노동당 좌파의 노선을 모색하였고, 안으로는 좌우 중간노선을 모색하려 하였다.

　그러나 이러한 노선은 현실적으로 정치적 입장을 강화시켜 주기가 어려웠다. 또 이러한 노선의 추구 때문에 자연히 인물본위의 정당이 될 수밖에 없었다.

　그는 1947년 7월 19일 서울 혜화동 로터리에서 한지근이라는 19세의 소년으로부터 2발의 권총사격을 받아 절명하였다.

　그는 호방담대하면서도 관용적이고 인자하였다는 평을 받았다.

민주 민권운동의 거목

조병옥(趙炳玉)
1894(고종 31) ~ 1960

　독립운동과 건국초기 정치인으로 일생을 보낸 조병옥은 충남 목천(木川:지금의 천안) 출신이다. 어려서의 이름은 병갑(炳甲)이고 호는 유석(維石), 인원(仁元)의 아들이다.
　공주소학교를 거쳐 1909년 평양 숭실중학교와 1914년 연희전문학교를 졸업하였다. 그뒤 1918년 미국 와이오밍대학을 졸업하고, 1925년 컬럼비아대학에서 경제학으로 박사학위를 받았다.
　학위를 받은 그해 귀국하여 연희전문학교 교수로 있으면서 신간회(新幹會) 등에 깊이 관여하였다.
　광주학생운동, 신간회사건, 수양동우회사건 등 항일운동에 연루되어 5년에 걸치는 옥중생활을 하였으며, 1931년에는 조선일보사 경영에도 한때 가담하였다. 그뒤 광복이 되기까지 야인생활을 하였다.
　광복 후 한국민주당 창당에 참가하였으나 미군정청 경무부장으로 혼란기의 치안을 맞게 되자 정치일선에서 한때 물러났다.
　1948년 정부수립과 함께 대통령특사로 우방을 순방하고 유엔총회에 참석하여 신생대한민국의 국제적 신임을 얻는데 크게 기여하였다.
　1950년 남침해 온 북한군에 밀려 전세가 극도로 불리할 때 내무부장관으로 등용되어 대구방위에 결정적인 공을 세웠으나, 이듬해 5월 독재화 되어가는 이승만에 실망하고 대통령 이승만에게 「대한민국은 민주국가로 탄생하였으므로 반드시 민주국가로 발전, 성장해야 한다」는 건의서를 낸 뒤 물러났다.
　1953년에는 반공포로 석방에 반대하는 견해를 취하다가 테러를 당하고 잠시 투옥되는 변을 당하였다.
　제3대 민의원에 당선되고, 1955년 민주당 조직에 참여하여 최고위원, 1958년 민주당 최고위원으로 추대되면서 자유당 독재정치에 항거하는 반독재투쟁을 선도하였다.

1960년 민주당 대통령후보로 출마하였으나 선거를 1개월 앞두고 미국의 월터리드육군병원에서 수술 끝에 심장마비로 죽었다.

그의 정치관은 매우 폭이 넓고 거시적이었다는 평을 듣고 있다. 사사오입개헌으로 이승만정권의 독재화가 노골화되자 민주당을 창당하여 반독재투쟁을 전개하면서도 「빈대를 잡기 위하여 초가삼간을 태울 수는 없다」고 하는 국가관과 정당성을 남겼다.

장례는 국민장으로 치러졌다.

저서로는 「민주주의와 나」, 「나의 회고록」이 있다.

1962년 건국훈장 국민장이 추서되었다.

국수주의적인 군 지도자

이범석(李範奭)
1900 ~ 1972

　독립운동가로서 독립군을 지휘한 군인이고 정치가다. 서울 출신으로 본관은 전주이고 호는 철기(鐵驥)이며 아버지 문하(文夏)와 어머니 연안이씨 사이에서 태어났다.

　1910년 사립 장훈학교에 들어갔고 1913년 이천공립보통학교를 거쳐서 경기고등보통학교에 입학하였다.

　1915년 여운형과 함께 중국으로 건너가 1916년 항주체육학교(杭州體育學校)에서 6개월 간 수학하였으며, 운남강무학교(雲南講武學校)를 수석으로 졸업하자 구대장 서가기(徐家驥)가 자기의 기(驥)에 철(鐵)을 덧붙여 철기라는 호를 지어주었다.

　그뒤 건해자(乾海子) 기병연대 견습사관이 되었으며, 1919년 신흥무관학교 교관, 북로군정서 교관, 1920년 사관연성소 교수부장이 되었다.

　같은 해 10월에는 청산리대첩에서 총사령관 김좌진을 도와 제2제대(第二梯隊) 지휘관으로 크게 활약하였으며, 1923년 고려혁명군 기병대장이 되었다.

　1925년에는 소련합동민족군의 수분지구(綏芬地區) 지휘관으로서 소련혁명전에 참가하였으며, 그뒤 중국항일군의 흑룡강성군(黑龍江省軍) 작전과장, 중국군 유럽 군사시찰단원을 역임하였고 1934년 낙양군관학교 한적군관대장(漢籍軍官隊長)을 지냈다.

　이어 중국육군 제3로군 참의급(參議級) 고급참모(중국군 소장), 중국군 제3집단군 55군 군단참모처장, 1940년에는 중국군 중앙훈련단 중대장을 거쳤다.

　그리고 1940년 9월 대한민국 임시정부가 광복군총사령부를 창설한 뒤에는 제2지대장으로서 미국군과 합동작전에 참가하였고, 1945년에는 광복군의 참모장(중장)이 되었다.

1945년 8월에는 연합군의 자격으로 귀국하려고 하였으나 뜻을 이루지 못하고 중국으로 다시 돌아간 일도 있었으며, 1946년 6월 정식으로 환국하였다.

1946년 10월에는 조선민족청년단을 결성, 비정치, 비군사를 내걸고 국가지상, 민족지상의 청년운동을 전개하였으나 집권자로부터의 억제와 국수주의적 극우단체라는 비난도 받아 대한청년단으로 통합되었다.

1948년 정부수립과 더불어 초대 국무총리와 국방부장관을 겸임하였고, 1950년에는 주중국대사, 같은 해에 내무장관을 역임하였다.

1952년에는 원외 자유당 부당수로 부통령에 입후보하였으나 패하였으며, 1953년 이승만의 족청계 숙청으로 자유당에서 추방당하였다.

1956년에는 무소속으로 다시 부통령에 입후보하였으나 낙선하였고, 1960년 자유연맹을 바탕으로 참의원 의원에 당선되었다.

1963년에는 「국민의 당」 결성에 참여하여 최고위원이 되었으나 같은 해 탈당하였으며, 건국훈장 대통령장을 수여받았다.

1969년 5월 이후에는 국토통일원 최고고문을 지냈으며, 1972년 사망한 뒤, 유해는 국립묘지에 묻혀 있다.

저서로는 회고록인 「방랑의 정열」, 논설집 「민족과 청년」, 「우등불」 등이 있다.

민족사학 연구의 집대성

정인보(鄭寅普)
1892(고종 29) ~ ?

한학자이며 교육인 정인보는 서울 출생으로 동래정씨다. 아호는 위당(爲堂), 조선 명종대의 대제학 유길(惟吉)의 후손으로 철종대에 영상 원용(元容)의 손자로 장례원부경, 호조참판을 지낸 은조(誾朝)의 아들이다.

어려서 아버지로부터 한문을 배웠고 13세 때부터 이건방(李建方)을 사사하였다.

그의 문명은 이미 10대 때부터 널리 알려졌다. 을사조약의 체결로 국가의 주권이 손상받고 이에 대한 국권 회복투쟁이 활발히 전개되던 한말의 소요에 관계에 뜻을 버리고 부모와 더불어 진천(鎭川), 목천(木川) 등지에 은거하며 학문에 전념하였다.

1910년 일제가 마침내 무력으로 한반도를 강점하게 되어 조선조가 종언을 고하자 중국 상해로 망명, 국제정세를 살폈다.

얼마 후 귀국하였다가 1912년 다시 상해로 건너가 신채호, 박은식, 신규식, 김규식 등과 함께 동제사(同濟社)를 조직, 교포의 정치적, 문화적 계몽활동을 주도하며 광복운동에 종사하였다. 그러나 부인 성씨(成氏)의 갑작스러운 죽음과 노모의 비애를 위열(慰悅)하고자 귀국하였다.

귀국 후 국내에서 비밀리에 독립운동을 펴다가 여러 차례 일본경찰에 붙잡혀 옥고를 겪였다.

서울로 이사한 뒤 연희전문학교, 협성학교, 불교 중앙학림 등에서 한학과 역사학을 강의하였다. 후배의 훈도를 통하여 민족의 역량과 배육하는 교수생활에 힘쓰는 한편, 동아일보, 시대일보의 논설위원으로 민족의 정기를 고무하는 논설을 펴 민족계몽운동을 주도하였다.

1926년 순종이 죽었을 때 유릉지문(裕陵誌文) 찬술의 일을 맡아보왔다.

다음 해 불교전문학교, 이화여자전문학교에도 출강하였다.

1931년에는 민족문화의 유산인 고전을 민족사회에 알리고자 다수의 고전을 소개하는 「조선고전해제」를 동아일보에 연재하였고, 1935년 조선 후기 실학집대성자인 정약용이 죽은지 100주년을 맞아 조선 후기의 실학을 소개하기 위한 학문행사를 주도, 실학연구를 주도하였다.

실학이라는 역사적 용어는 바로 이때부터 사용되기 시작하였다.

이무렵부터 조선 양명학에 관심을 가지고 일련의 양명학자들의 학문을 추적하였고, 1933년 66회에 걸쳐 동아일보에 「양명학연론」을 연재하여 많은 호응을 얻었다.

양명학이나 실학에 학문적 관심을 가졌음을 볼 때 단순한 한학자가 아니라 성리학과 더불어 유학의 또다른 유파나 또는 성리학내에 자생적으로 발생하게 된 새로운 실(實)의 유학풍을 밝혀 조선유학의 폭넓은 이해를 시도해보고자 하는 진취적 학풍을 가진 학문활동으로 이해된다.

1936년 연희전문학교의 교수가 되어 한문학, 국사학, 국문학 등 국학 전반에 걸친 강좌를 담당하였다. 그러나 태평양전쟁이 일어난 뒤 국학에 대한 일제의 탄압이 광폭하여지는 사태에 직면하자 1943년 가솔을 이끌고 전라북도 익산군 황화면 중기리 산중에 은거하였다.

광복이 되자 곧 서울로 상경하여 일제의 포악한 민족말살정책의 금압으로 가려졌던 국학의 부흥과 교육에 진력하여 민족사를 모르는 국민에게 바른 국사를 알리고자 1946년 9월 「조선사연구」를 간행하였다.

그의 역사의식은 신채호의 민족주의 사학의 전통을 잇는 것이기는 하나 독립투쟁의 방도로의 민족사 연구를 지향하던 신채호의 민족사학과 달리, 엄밀한 사료적 추적에 의한 사실의 인식과 그에 대한 민족사적 의미의 부각을 의도하는 신민족주의 사학의 입장에 서는 것이었다.

1947년에 국학의 최고학부를 표방하고 설립된 국학대학의 학장에 취임하여 일제의 광폭한 식민정책으로 일시 단절된 듯하던 국학을 부흥, 발전시키려는 새로운 각오로 다시금 육영사업에 투신하였다.

1948년 대한민국이 수립되자 초대대통령인 이승만의 간곡한 청으로 신생조국의 관기(官紀)와 사정(司正)의 중책을 지닌 감찰위원장이 되었다.

그러나 1년 후 정부의 작용으로 그의 의지를 펼 수 없다고 생각하게 되자 미련없이 그 자리를 사임하였다. 한때나마 학문과 교육을 떠났던 심정을 달래고자 남산동에 은거하며 오로지 국학연구에 몰두하였다.

1950년 6·25가 일어난 뒤 그해 7월 31일 서울에서 공산군에 의하여 납북되었다.

시문, 사장(詞章)의 대가로 광복 후 전조선문필가협회의 회장으로 선출되기도 하였으며 서예에 있어서도 일가를 이루었고, 인각(印刻)에도 능하였다.

30여 년을 두고 대학 강단에서 국고(國故), 절의(節義), 실학, 양명학과 역사학으로 후학들을 지도하였고, 국혼, 경세, 효민(曉民)의 학덕이 높았던 학자이고 교육가였다.

저서로는 「조선사연구」와 「양명학연론」이 있고 시문과 국학 논고의 글은 「담원시조집」, 「담원문록」, 「담원국학산고」에 수록되어 있다.

국어운동을 주도해온 학자

최현배(崔鉉培)
1894(고종 31) ~ 1970

　국어운동을 주도해온 국어학자이며 교육가, 경남 울산에서 태어났으며 호는 외솔이다.
　서당에서 한문을 배운 뒤 고향의 일신학교에서 신식교육을 받고 1910년 상경하여 한성고등학교(뒤에 경성고등보통학교)에 입학하여 1915년 졸업하였다.
　그해 일본 히로시마고등사범학교 문과에 입학하여 1919년 졸업하고 1922년 4월 일본 경도제국대학 문학부 철학과에 입학, 교육학을 전공하여「페스탈로치의 교육학설」이라는 논문으로 1925년 졸업, 계속하여 그 대학원에서 수학하였다.
　1926년 4월 연희전문학교 교수로 취임하여 1938년 9월 흥업구락부 사건으로 파면당할 때까지 재직하였다.
　1941년 5월 연희전문학교에 도서관 직원으로 복직하였으나, 그해 10월 조선어학회사건으로 사임, 1945년 광복까지 4년 간의 옥고를 치렀다.
　1945년 9월부터 1948년 9월까지, 1951년 1월부터 1954년 1월까지 문교부 편수국장에 두 차례 재직하였다.
　1954년 연희대학교 교수로 취임하여 문과대학 학장과 부총장을 역임하고 1961년 정년퇴임으로 연세대학교 명예교수로 추대되었다.
　1964년 3월부터 2년간 부산 동아대학교 교수로 재직한 일이 있다.
　1954년 학술원 회원에 뽑혔고 이어 임명회원, 부회장을 맡았다.
　1955년 연희대학교에서 국어학연구와 그 발전에 기여한 공로로 명예문학박사 학위를 취득하였다.
　그밖에 1949년 한글학회 이사장에 취임하여 20년간 계속하여 한글학회를 이끌어왔으며, 1949년 한글전용촉진회 위원장, 1957년부터 세종대왕기념사업회 이사, 부회장, 대표이사 등으로 국어운동의 중심적인 인물로 활동하였다.

이러한 여러 방면에 걸친 활동과 공로로 1955년 제1회 학술원공로상, 1967년 5·16민족상 학예부문 본상을 수상하였고, 1970년 3월 죽자 국민훈장 무궁화장이 추서되었다.

국어학의 연구, 국어정책의 수립, 그리고 교육학의 연구와 관련한 20책에 이르는 저서와 100편에 이르는 논문을 발표하였다.

국어학의 연구논 1910년 봄, 일요일마다 보성중학교에서 열리는 조선어 강습원에서 주시경의 가르침을 받으면서 싹튼 것이라 한다.

이 분야의 업적은 「우리말본」과 「한글갈」로 집약된다. 「우리말본」은 1929년 「우리말본 첫째매 소리갈」, 이어 1937년 온 책이 출판되었다.

이 책은 주시경 이래의 문법연구를 계승하고 발전시켜 20세기 전반기의 문법연구를 집대성한 저술이다. 전반적인 체계는 중학교 교재로 편찬된 「중등 조선말본」(1934)에 이미 나타나 있었으나, 이를 보완하고 확대하였는데 인용된 자료의 해박함, 설명의 논리정연함, 체계의 정연함에 있어서 아직 이것을 능가할만한 문법서가 없다고 하여도 지나치지 않는다.

「한글갈」(1941)은 한글 연구의 체계화를 추구한 업적인데, 역사편과 이론편으로 되어 있다. 역사편은 한글제정의 동기와 경위, 한글문헌에 대한 해설, 한글 연구의 역사를 다루고, 이론편은 한글창제 이후 없어진 글자를 주로 다루어서 그 음가를 추정한 것이다.

국어정책의 수립과 국어운동에 대한 집념과 활동도 대단하여 항상 최선봉에서 그 운동을 추진하고 그에 대한 이론투쟁을 정력적으로 전개하였다. 「글자의 혁명」(1947), 「한글의 투쟁」(1958), 「한글 가로글씨 독본」(1968), 「고희기념 논문집」(1968), 「한글만 쓰기의 주장」(1970) 등 단행본으로 한글전용과 풀어쓰기의 이론을 발표하여, 그 운동의 이론적인 지침서가 되었다.

이밖에 국어정화를 주장하면서 일본어의 잔재를 몰아내는 등 우리말 도로찾기운동을 전개하였는데, 이의 이론적인 근거는 「우리말 존중의 근본뜻」(1953)에 나타나 있다.

국어 정책에 대한 그의 주장은 전후 6년에 걸친 문교부 편수국장 재직 중에 교과서에 실행되었다. 이에 대한 시비는 아직도 계속되고 있지만, 현행 각종 교과서에 한글만으로 가로쓰는 체재를 확립한 일은 그의 업적이다.

교육학적인 연구는 대학의 졸업논문으로 비롯되는데, 민족주의적인 국민 계몽사상을 고취한 「조선민족갱생(更生)의 도(道)」(1930)가 공개된 최초의 업적이다.

이 책에는 일생을 일관한 애국·애족의 사상이 뚜렷이 나타난다. 먼저 우리 민족의 성격상의 결함과 질병을 진단하여 그 역사적인 원인을 구명하고서, 민족이 되살아날 원리를 말하고 이어 그 원리를 실천하고 노력할 것을 역설한 것이다.

이 책에 나타난 그의 정신은 광복 이후에 확대, 발전되어 「나라 사랑의 길」(1958)과 「나라 건지는 교육」(1963)으로 간행되었다. 나라와 민족을 사랑하는 정신을 고취하여 부강한 자유국가와 훌륭한 자주민족으로 만들어야 한다는 주장이 담겨 있다.

국어운동의 추진에 있어서는 지나치게 급진적인 점도 없지 않으나, 국어문법 체계를 확립한 국어학자로서, 국어와 한글운동의 이론가이며 실천가로서, 민족의 중흥과 민주국가 건설을 외친 교육자로서 남긴 업적과 공로는 크다. 민족의 수난기에 살면서도 고난에 굴하지 않고 꿋꿋하게 살아간 그 의지는 민족사의 한 귀감이 된다.

그의 학문과 유지는 한글학회를 중심한 학자들에 의하여 계승되고 있으며, 그의 사상을 기리는 모임인 외솔회가 1970년 창립되어 기관지 「나라사랑」을 발간하며, 해마다 국학연구와 국어운동에 뛰어난 사람에게 외솔상을 시상함으로써 그의 정신을 이어가려 하고 있다.

애국가를 작곡한 국제적 음악인
안익태(安益泰)
1906 ~ 1965

작곡가이며 지휘자로 명성을 갖고 있는 안익태는 평양 출신이다. 애국가를 작곡하여 더욱 잘 알려져 있다.

그는 6세 때 동네 예배당의 찬송가에 이끌려 음악수업을 시작하고 그뒤 선교사로부터 바이얼린을 배웠다.

1914년 평양 종로보통학교에 입학하여 트럼펫과 바이얼린을 수업하고 1918년 평양 숭실중학교에 입학하여 첼로 수업을 시작하였다.

1919년에 3·1운동에 가담하여 숭실중학교를 퇴교당하고 당시 교장인 마오리박사의 배려로 1921년 동경 세이소쿠중학교에 음악특기자로 입학하였다.

그뒤 동경 구니다치음악학교에서 첼로를 전공하여 본격적인 음악수업을 계속하였는데, 당시 김원복(金元福), 홍성유(洪盛裕) 등이 함께 다녔다.

음악학교 예과에 입학한 뒤 여름방학 동안에는 국내에 돌아와 연주활동을 하는 등, 당시 국내음악계에 서양음악에 대한 관심을 유발하는 자극을 주었다.

평양에서 YMCA의 이상재, 조만식 등을 알게 되어 애국운동에도 관심을 가지게 되었다.

1931년 구니다치음악학교를 졸업하고 동경, 서울 등지에서 독주회를 가졌는데, 이때의 연주곡목은 하이든의 첼로협주곡, 스트라우스의 첼로소나타 등이었다.

1932년 미국 신시내티음악학교로 유학하는 한편, 신시내티교향악단의 첼로주자로 입단하여 동양인 최초의 주자가 되었다.

그뒤 필라델피아교향악단에도 입단하였으며, 신시내티, 필라델피아 등지에서 첼로독주회를 가졌다.

1934년 유럽으로 가서 독일, 오스트리아 등지에서 지휘 및 작곡을 수업하였으며, 헝가리 등지에도 여행하며 수업하였다.

지금의 애국가는 1936년에 작곡하였다.

제2차 세계대전 발발 후 독일, 오스트리아 등지에서 지휘자로 활동하며, 빈필, 베르린필, 로마교향악단, 부다페스트교향악단을 지휘하고, 1945년 제2차 세계대전 종전과 함께 스페인 마요르카에 정착, 교향악단을 지휘하였다.

1950년대 중반 이후에는 런던, 남미, 미국 등의 교향악단을 객원지휘하였다.

특히 1936년에는 애국가를 주제로 한「한국환상곡」등을 자작, 지휘하였다.

1959년에 귀국하여 KBS교향악단, 시립교향악단을 지휘하고, 1962년에는 제1회 서울국제음악제에서 지휘하였으며, 그뒤 제2회부터 제4회까지 국제음악제를 주도, 지휘하였다.

1965년 스페인 마요르카에서 죽었다. 작품으로「강천성악(降天聲樂)」,「한국환상곡」, 첼로곡「한송이 흰 백합화」등을 남겼고, 작풍(作風)은 후기낭만주의적인 경향을 띠었다.

농업발전에 기여한 육종학자

우장춘(禹長春)
1898 ~ 1959

육종학자 우장춘은 한말의 혁명정객 범선(範善)과 일본인 어머니 사이에서 일본에서 태어났다.

그는 극심한 빈곤과 주위의 학대 속에서 국민학교와 중학교를 히로시마에서 마치고 1916년 동경제국대학 실과에 들어가 1919년 졸업과 동시에 일본 농림성 농업시험장에 취직하여 1937년 퇴직할 때까지 18년간 육종연구에 몰두하였다.

1936년 동경제국대학에서 농학박사 학위를 받았으나 한국인이라는 것과 정규대학을 나오지 않았다는 이유로 승진이 되지 않다가, 퇴임 직전에 기사(技師)로 승진하면서 퇴임하였다.

그는 1950년 정부의 초청으로 귀국하여, 사망하던 1959년까지 만 9년 5개월간 한국농업과학연구소장, 중앙원예기술원장, 원예시험장장을 역임하였다.

연구업적은 1926년 「종자(種子)로써 감별할 수 있는 나팔꽃 품종의 특성에 대하여」를 비롯하여 모두 19편의 논문이 있는데, 초기에는 나팔꽃이나 피튜니아에 대한 연구를 계속하다가 드디어 겹꽃이 피는 피튜니아계통을 육성해냈다.

그는 이어 유채(油菜)의 유전과 육종연구에 들어가 1931년 유채품종의 특성조사를 비롯하여 여러가지 논문을 발표하던 중 1935년 십자화과속의 식물에 관한 게놈분석을 시도한 박사학위논문을 발표하여 연구의 절정을 이루었다.

이 논문의 중요성은 현존종(現存種)을 재료로 하여 또다른 종을 실험적으로 합성해 냈다는데 있다. 이것을 「종의 합성」이라 하며 세계적으로 이 방면연구의 새 길을 터놓은 것이다. 즉 염색체 수 10개의 일본 재래종 유채와 염색체 9개의 양배추를 교배하여 염색체 19개의 고유유채를 만들어 우리의 주위에 이러한 종간잡종(種間雜種)이 있음을 밝힌 것이다.

또 이 연구에서 학리적으로 밝힌 점은 다윈의 진화론에 나오는「종은 자연도태의 결과로 성립된다」는 설에 수정과 보충을 가한 것이다. 즉 종은 기존의 종간교잡으로 새로운 종을 낳고 이것은 그들이 지니고 있는 세포내 염색체의 배가에 의한 것이라는 것이다.

또 1945년에 발표된「채소의 육종기술」은 그의 오랜 연구와 경험을 체계적으로 확립한 결론이며, 이 논문에서 말한 예언이 현재 성공적으로 대부분 실용화되고 있다.

그는 1950년 정부초청으로 귀국한 뒤 그의 지식을 바탕으로 그때까지만 하여도 거의 일본에 의존하던 채소종자를 국내에서 완전히 자급할 수 있도록 하였으며, 우리나라 육종학도와 종묘기술자를 양성하는데 전력을 기울였다.

그의 국내업적으로는 큰 것을 들면, 채소종자의 국내자급해결 외에 무균종서(無菌種薯) 생산으로 6·25동란 이후의 식량난을 해결하는데 크게 기여한 것이다. 사망 전에는「수도이기작(水稻二期作)」에 관한 연구를 통하여 세상의 이목을 끌기도 하였다.

그가 1959년 8월 11일 사망하자 정부는 부산시문화상에 이어 두번째의 문화포장을 수여하였고, 전국민의 애도 속에 윤일선(尹日善)을 위원장으로 하는 사회장이 치러졌다.

유해는 농촌진흥청 구내의 여기산(麗妓山)에 안장하였다.

매년 8월 10일이면 그가 양성한 제자들과 전국의 원예인들이 모여 그를 추모하는 행사를 올리고 있다.

천재적 민요시인

김소월(金素月)
1902~1934

　민요풍의 서정시인으로서 천재적 재질을 보인 시인 김소월의 본명은 정식(廷湜)이다. 본관은 공주이고 평북 구성출생이다.
　두 살 되던 해 아버지 성도(性燾)가 평북 정주와 곽산 사이의 철도를 부설하던 일본인 목도꾼들에게 폭행을 당하여 정신병을 앓게 되자 광산업을 하던 할아버지의 훈도를 받고 성장하였다. 평양 오산학교(五山學敎) 중학부에 다니던 3·1운동 직후 한때 폐교되자 배재고등보통학교에 편입, 졸업하였다.
　1923년 일본 동경상과대학 전문부에 입학하였으나 9월 관동대진재로 중퇴하고 귀국하였다.
　오산학교 시절에 조만식(曺晩植)을 교장으로 서춘(徐椿), 이돈화(李敦化), 김억(金億)을 스승으로 모시고 배웠다. 특히 그의 시재(詩才)를 인정한 김억을 만난 것이 그의 시에 절대적 영향을 끼치게 되었다.
　일본에서 귀국한 뒤 할아버지가 경영하는 광산 일을 도우며 고향에 있었으나 광산업의 실패로 가세가 크게 기울어져 처가가 있는 구성군으로 이사하였다. 그곳에서 동아일보지국을 개설, 경영하였으나 실패한 뒤 심한 염세증에 빠졌다.
　1930년 대에 들어서 작품활동은 저조해졌고 그 위에 생활고가 겹쳐서 생에 대한 의욕을 잃기 시작하였다. 그리하여 1934년에 고향 곽산에 돌아가 아편을 먹고 자살하였다.
　시작활동은 1920년 「창조(創造)」에 시 「낭인(浪人)의 봄」, 「야(夜)의 우적(雨滴)」, 「오과(午過)의 읍(泣)」, 「그리워」, 「춘강(春崗)」 등을 발표하면서 시작되었다.
　작품발표가 활발해지기 시작한 것은 1922년 배재고등보통학교에 진학하면서부터인데, 주로 「개벽」을 무대로 활약하였다.

이 무렵 발표한 작품들로는, 1922년 「금잔디」, 「첫치마」, 「엄마야 누나야」, 「진달래꽃」, 「개여울」, 「제비」, 「강촌(江村)」 등이 있고, 1923년 「예전엔 미처 몰랐어요」, 「삭주구성(朔州龜城)」, 「가는 길」, 「산(山)」, 교지「배재」 2호에 「접동」, 「신천지(新天地)」에 「왕십리(往十里)」 등을 발표했다.

그 뒤 김억을 위시한 「영대(靈臺)」 동인에 가담하여 활동하였다.

이무렵에 발표한 대표적 작품들을 게재지별로 살펴보면, 「영대」에 「밭고랑 위에서」(1924), 「꽃촉(燭)불 켜는 밤」(1925), 「무신(無信)」(1925) 등을 동아일보에, 「나무리벌노래」(1924), 「옷과 밥과 자유」(1925)를, 「조선문단」에 「물마름」(1925)을, 「문명(文明)」에 「지연(紙鳶)」(1925)을 발표하고 있다.

소월의 시작활동은 1925년 시집 「진달래꽃」을 내고 1925년 5월 「개벽」에 시론 「시혼(詩魂)」을 발표함으로써 절정에 이르렀다.

이 시집에는 그동안 써두었던 전 작품 126편이 수록되었다. 이 시집은 그의 전반기의 작품경향을 드러내고 있으며, 당시 시단의 수준을 한층 향상시킨 작품집으로서 한국시단의 이정표 구실을 한다.

민요시인으로 등단한 소월은 전통적인 한(恨)의 정서를 여성적 정조(情調)로서 민요적 율조와 민중적 정감을 표출하였다는 점에서 특히 주목되고 있다.

생에 대한 깨달음은 「산유화」, 「첫치마」, 「금잔디」, 「달맞이」 등에서 피고 지는 꽃의 생명원리, 태어나고 죽는 인생원리, 생성하고 소멸하는 존재원리에 관한 통찰에까지 이르고 있음을 보여준다.

또한 시 「진달래꽃」, 「예전엔 미처 몰랐어요」, 「먼후일」, 「꽃촉불 켜는 밤」, 「못잊어」 등에서는 만나고 떠나는 사랑의 원리를 통한 삶의 인식을 보여줌으로써 단순한 민요시인의 차원을 넘어서는 시인으로 평가되고 있다.

이러한 생에 대한 인식은 시론 「시혼」에서 역설적 상황을 지닌 음영의 시학이라는 상징시학으로 전개되고 있다.

시집 「진달래꽃」 이후의 후기 시에서는 현실인식과 민족주의적인 색채가 강하게 부각된다.

민족혼에 대한 신뢰와 현실 긍정적인 경향을 보인 시로는 「들도리」(1925), 「건강한 잠」(1934), 「상쾌한 아침」(1934)을 들 수 있고, 삶의 고뇌를 노래한 시로는 「돈과 밥과 맘과 들」(1926), 「팔벼개 노래」(1927), 「돈타령」(1934), 「삼수갑산(三水甲山)」, 차안서선생삼수갑산운〈次岸曙先生三水甲山韻〉(1934) 등을 들 수 있다.

시의 율격은 삼음보격을 지닌 7·5조의 정형시로서 자수율보다는 호흡률을 통해 자유롭게 성공시켰으며, 민요적 전통을 계승 발전시킨 독창적인 율격으로 평가된다. 또한 임을 그리워하는 여성화자(女性話者)의 목소리를 통하여 향토적 소재와 설화적 내용을 민요적 기법으로 표현함으로써 민족적 정감을 눈뜨게 하였다.

1981년 예술분야에서 대한민국 최고인 금관문화훈장이 추서되었다. 시비가 서울 남산에 세워져 있다.

저서로 생전에 출간한 「진달래꽃」 외에 사후에 김억이 엮은 「소월시초」(1939), 하동호 백순재 공편의 「못잊을 그사람」(1966)이 있다.

민족정신의 수호자

송진우(宋鎭禹)
1890~1945

　언론인이자 정치가이며 교육자인 송진우는 전남 담양에서 태어났다. 본관은 신평(新平)이고 호를 고하(古下)라 했다.
　네 살 때부터 한문공부를 시작하였으며 뒤에는 항일의병장이었던 담양의 기삼연(奇參衍) 한테서 수학하였다.
　1904년 15세 때 정읍의 유씨(柳氏)와 혼인하였고, 2년 뒤에 담양 창평의 영학숙(英學塾)에 들어가 신학문을 배우기 시작하였는데, 이때 김성수(金性洙)를 알게 되었다.
　1907년 변산 내소사(來蘇寺)의 청련암(靑蓮庵)에서 공부를 하던 중 일본 유학을 결심하고 절에서 나와 군산 금호학교(金湖學校)에서 수학을 하였다.
　같은해 10월에는 김성수와 함께 신 학문을 연마하여 기울어지는 나라의 운명을 바로잡아야겠다는 결심으로 일본 동경으로 건너가 세이소쿠영어학교(正則英語學校)와 긴조중학교(錦城中學校)를 거쳐 21세가 되던 1910년에 와세다대학(早稻田大學)에 입학하였으나 일제 강점에 충격을 받고 귀국하였다.
　이듬해 다시 동경으로 건너가 메이지대학(明治大學) 법과로 전입학하였으며, 이무렵 유학생 친목회를 조직하고 총무일을 맡아보았다.
　1915년 이 대학 법과를 졸업하고 이듬해에 김성수와 함께 중앙학교(中央學校)를 인수하여 교감이 되었으며 이어 교장에 취임하였다.
　1918년 김성수, 현상윤, 최린, 최남선 등과 함께 중앙학교 숙직실을 근거지로 독립운동을 펼 방책을 꾸미서 천도교와 기독교의 궐기가 확정되고 양교계의 행동통일이 이룩되어 3·1운동으로 결실되었다.
　1919년 3·1운동이 일어난 며칠 뒤 구속되어 서대문감옥에 수감되었다. 다음해 10월 경성복심법원 판결에서 적용법조문 관계로 무죄 선고를 받고 곧 출옥하였으나 사실상 1년 반 동안 옥고를 치렀다.

1921년 동아일보사가 주식회사로 되면서 김성수의 뒤를 이어 3대 사장에 취임하였다. 이로부터 1940년 강제 폐간될 때까지 사장 또는 고문·주필 등으로 동아일보와 운명을 같이하였다.

1922년에는 동아일보를 통하여 물산장려운동(物産奬勵運動)을 벌인데 이어 민립대학(民立大學) 설립을 제창, 추진하였으며, 1923년 재외동포위문회를 조직하고 국내 각지를 순회하여 위문금품의 모집운동을 개시하였다.

1924년 4월에 동아일보사 사장을 사임, 이 해 10월에 동아일보사 고문에 취임하고 다음 해에 주필에 취임하였다.

1925년에는 호놀룰루에서 개최된 제1회 범태평양회의에 서재필 등과 함께 참석하고 귀국한 뒤,「세계의 대세와 조선의 장래」라는 논설을 12회에 걸쳐 집필, 연재하여 한반도의 앞날을 예언하였다.

1926년 3월 국제농민본부에서 보낸 3·1절기념사 관계로 동아일보가 제2차 무기정간을 당하고, 이때 주필로 징역 6월을 선고받았다.

1926년 순종이 죽자 정인보(鄭寅普)와 유칙위작(遺勅僞作)을 획책하였으나 이루지 못하였다. 또, 같은해 11월 「국제농민본부기념사」사건으로 징역 6월형이 확정되어 복역하던 중, 다음해 2월 일본의 새로운 왕의 즉위를 기념하는 특사로 출옥하였다.

1927년 10월에는 김성수의 뒤를 이어 다시 동아일보사 제6대 사장으로 취임하였다. 1928년 제3회 범태평양회의가 일본 경도(京都)에서 개최되어 윤치호(尹致昊) 등과 함께 참석하였으며, 1930년에는 동아일보 창간 10주년 기념축사 관계로 제3차 무기정간을 당했으나 그해 9월에 속간하였다.

1931년 4월에 동아일보를 통하여 이충무공 유적보존운동을 일으켜 모금으로 아산 현충사를 중수하였다.

1931년부터 4년간은 동아일보사를 중심으로 문맹퇴치를 위하여 하기방학을 이용,「브나로드운동」을 전개하였다.

1931년 만주에서 만보산사건(萬寶山事件)이 일어나자 이 사건이 일본의 한중이간책(韓中離間策)임을 사설로 논파하여 한중민간의 보복중지를 호소하며, 또 희생된 중국인의 위문사업을 전개하여 뒷날 장개석(蔣介石) 중국 국민정부 주석으로부터 은패(銀牌)를 받았다.

1933년에는 동아일보사가 6년 간의 준비 끝에 마련한 새 철자법에 의한 활자를 사용하는 등 한글의 보존과 발전에 힘썼다.

1934년 동아일보의 사설로써 신사불참배사건을 옹호 지지하여 종교의 자유를 지지하였다.

1936년 8월에는 베를린올림픽대회 마라톤 우승자 손기정의 운동복 가슴에 새겨진 일장기를 지워버린 사진을 신문에 게재한 사건으로 동아일보가 제4차 무기정간을 당하자 총독부의 압력으로 11월에 사장을 사임하였다.

다음해 6월 동아일보가 복간되어 고문에 취임하였으나, 1939년 12월 총독부로부터 동아일보의 자진폐간을 강요당하자 이를 거절하였다.

1940년 일본으로 건너가 일본 정객들에게 동아일보 폐간의 부당함을 역설하고 귀국도중 피검, 구속되어 다시 폐간을 강요받아 같은해 8월에 동아일보는 강제로 폐간되었다.

1941년 12월 8일 태평양전쟁이 일어난 뒤 총독부로부터 학도병 권유유세 등 대일협력을 강요받았으나 「동아일보는 내 입이요 내 귀며 호흡하는 코요 손과 발인데, 그 전부를 잘려버린 사람이 어떻게 행동할 수 있는가!」하며 거부하고 병을 핑계로 드러누웠다.

1943년 주식회사 동아일보사 청산위원회가 해체되고, 동본사(東本社)가 설립되자 사장에 취임하였다.

광복이 된 후 1945년 9월 7일 국민대회준비회를 조직하고 위원장으로 취임하였다. 9월 16일 한국민주당(韓國民主黨)이 결성되자 당수격인 수석총무에 추대되고, 12월 1일 동아일보가 복간되어 제8대 사장에 취임하였다.

12월 28일에는 신탁통치문제로 아놀드 미군정장관과 회담을 통하여 반탁시위의 정당성을 강조하였으며, 29일 밤에는 경교장(京橋莊)

에서 임시정부 요인들과 회담하였는데, 이 자리에서 미군정청과는 충돌을 피하고 국민운동으로 반탁을 관철하여야 한다는 신중론을 피력하고 자택으로 돌아온 뒤 다음날 30일 상오 6시 한현우(韓賢宇) 등 6명의 습격을 받고 서울 특별시 원서동 74번지 자택에서 숨을 거두웠다.

1963년 3월 1일 건국공로훈장 군민장이 추서되었다.

암살당한 민족지성

장덕수(張德秀)
1895~1947

일제 치하에서 김성수, 송진우와 함께 항일운동을 했고 해방 후에는 정치인으로 활동했다. 호를 설산(雪山)이라 했으며 황해도 재령 출신이다.

빈농의 아들로 태어나 10세 때 아버지를 잃었고 편모슬하에서 소학교도 제대로 다니지 못했다.

진남포의 한 기관의 급사로 있으면서 강의록으로 공부하다가 일본으로 건너가 와세다대학(早稻田大學) 정경학부를 졸업하였다. 모교 은사가 조선총독부의 관리가 되기를 종용하였으나, 조선총독부의 머슴이 되려고 배운 공부가 아니라며 이를 거부하고 상해(上海)로 망명, 조국광복운동에 가담하였다.

3·1운동의 모의를 위하여 국내에 들어오다가 일본경찰에 잡혀 전라도 하의도에 거주제한을 당하였으나 여운형(呂運亨)의 이른바「동경회담」에 통역으로 동행하게 되어 거주제한에서 풀려났다.

1920년 동아일보 창간과 더불어 초대 주필이 되었다. 변설(辯說)에도 능하였지만 문재(文才)에도 뛰어났다. 그가 집필한 창간사는 명문장으로 높이 평가되고 있다.

1923년 미국유학의 길에 올라 컬럼비아대학에서 경제학박사 학위를 받고 귀국, 한때 보성전문학교에서 교편을 잡기도 하였다.

1936년 동아일보사 부사장으로 언론계에 복귀하였으나, 동아일보가 폐간당한 뒤에는 조용히 광복되는 날까지 기다렸다.

광복과 더불어 송진우, 김병로(金炳魯) 등과 한국민주당을 창당, 외교부장, 정치부장 등을 지내면서 보수진영의 대표적 이론가로 활약하였다. 광복 직후 민주국가를 위하여 노력하다가 현직경관인 암살범에 의하여 피살되었다.

강직한 법조의 수호자

함태영(咸台永)
1873~1964

함경북도 무산출신으로 독립운동가이며 정치인이고 또한 종교인이다. 본관은 강릉이고 호는 송암(松岩)이다.

1884년(고종 21년) 방랑벽이 심한 아버지를 찾아 어머니와 함께 서울에 올라왔으며 조선 말엽 격동하는 내외정세 속에서 사숙(私塾)을 전전하면서 학문을 깨치는 한편, 밀려오는 신문화에 적응하기 위하여 노력하였다.

1895년 「재판소구성법」 공포에 박영효(朴泳孝), 서광범(徐光範) 등이 설치한 한국 최초의 근대식 법조인 교육기관인 법관양성소(法官養成所)에 입학, 6개월 과정을 수석으로 수료하였다.

이듬해 법관양성소 동기였던 이준(李儁)의 뒤를 이어 한성재판소(漢城裁判所) 검사시보로 임명되면서 법관생활을 시작하였는데, 재직중 강직한 성품과 불의를 응징하는 성격을 그대로 과시하였다.

1898년 10월 독립협회 주최로 종로에서 만민공동회가 조직되고 시국에 대한 6개 조의 개혁안을 결의하여 고종에게 그 실행을 주청하였는데, 사태전개에 불안을 느낀 고종이 독립협회에 혁파령을 내리고 이상재(李商在) 등 중심인물 17인을 검거하여 재판에 회부하였다.

당시 한성재판소 검사로 이 사건을 담당한 그는 사건을 공정하게 조사한 결과 내란죄를 적용할 수 없음을 알고 경미한 처벌을 받도록 하였다가 파면당하였다.

이후 고등재판소 검사, 평리원 검사, 법부 법률기초위원, 대심원(大審院) 판사, 복심법원(覆審法院) 판사를 역임하면서도 강직함은 변하지 않았는데, 이 때문에 당시 집권층의 미움을 받아 면관(免官), 복직되기를 여러 차례 거듭하다가 1910년 경술국치 이후 공직에서 벗어나 사인(私人)으로 돌아갔다.

한편 그가 기독교에 입교한 정확한 연대는 확인할 수 없으나 아버지가 일찍부터 기독교 신자로 장로의 직분을 가졌던 것으로 보아 자연스러운 일로 믿어진다. 그때 나라 잃은 설움을 교회활동을 통하여 극복해 나갔던 것이다.

1919년 조국광복을 위한 독립운동계획이 구체화되자 교회세력을 배경으로 3·1운동을 막후에서 주도하였다.

3·1운동에 참여한 기독교 계통의 독립운동은 두 곳에서 규합되었는데, 연동교회와 평양신학교에 적을 두고 있던 그가 감리교세력을 흡수하여 그 중심적 위치에서 3·1운동을 이끈 것은 주목할만하다.

이밖에도 천도교계와의 연락, 파리강화회의, 미국대통령에게 독립선언서 발송, 독립선언서의 지방배포 등을 담당하는 등 주요역할을 하였으나, 자신은 다른 민족대표들이 잡힐 경우 그들의 가족을 보호하고 독립운동을 계속하기 위하여 최린(崔麟) 등의 완곡한 부탁을 받아 33인의 민족 대표로는 서명하지 않았다. 거족적인 3·1독립운동이 계획대로 전개된 뒤 주동인물로 잡혀, 이듬해 10월 경성복심원에서 징역 3년을 선고받았다.

출옥 후 평양신학교를 졸업하고 목사가 되어 종교활동에 힘썼고, 광복 후 1949년 제2대 심계원장(審計院長), 1951년 한국신학대학장을 지냈다.

1952년에는 발췌개헌에 성공한 이승만(李承晚)대통령과 함께 제3대 부통령에 당선되어 1956년 임기만료 때까지 재임하였다.

1962년 건국훈장 국민장이 수여되었으며, 장례는 국민장으로 거행되었다.

항일구국운동의 정신적 지주

이시영(李始榮)
1869～1953

대한민국 초대 부통령이었던 이시영은 서울출신으로 본관이 경주이고 호를 성재(省齋), 자를 성옹(聖翁)이라 했다.
이조판서 유승(裕承)의 아들이며 어머니는 동래정씨다. 첫 부인은 영의정 김홍집의 딸이며 둘째 부인은 반남박씨였다.
1885년(고종 22년) 관직에 나아가 10여 년간 형조좌랑, 홍문관교리, 승정원부승지, 궁내부수석참의 등을 역임하였다.
1895년 관직에서 물러난 뒤로는 중형 이회영(李會榮), 이상설(李相卨) 등과 근대학문 탐구에 몰두하였다.
1905년 외부 교섭국장에 임명되었으나 을사조약의 강제체결을 계기로 사직하였다. 그러나 1906년 재차 평안남도 관찰사에 등용되었고, 근대학교 설립 및 애국계몽운동에 종사하였으며, 1907년 중추원 칙임의관, 1908년 한성재판소장, 법부 민사국장, 고등법원판사 등을 역임하였다.
한편으로는 안창호, 진덕기, 이동녕, 이회영 등과 함께 비밀결사 신민회(新民會)를 조직, 국권회복운동을 전개하였다.
국권피탈 후 신민회의 국외독립운동 기지건설계획에 의거하여 6형제의 가재(家財)를 재원으로 삼아 1910년 말 서간도(西間島) 유하현 삼원보 추가가(柳河縣三源堡鄒家街)로 솔가, 망명하였다.
1911년 4월 유하현 삼원보 대고산(大孤山)에서 노천군중대회를 개최하여 교육진흥 및 독립군 양성을 표방한 경학사(耕學社)와 신흥강습소(新興講習所) 설립을 주도하였다. 경학사 초대사장에는 이상룡(李相龍)이, 신흥강습소 초대교장에는 이동녕이 추대되었다.
1912년 통화현 합니하(通化縣哈泥河)에 토지를 매입하여 신흥강습소를 신흥무관학교(新興武官學校)로 확대 발전시켰다. 그뒤 신흥무관학교는 유하현 고산자로 이전하였고, 합니하의 교사는 분교역할을 하는 등 1910년 대 서간도지역 독립군 양성의 총본산이 되었다. 신흥무관학교는 1920년 폐교 때까지 재만항일독립군의 핵심간부를 양성하였으며, 이들은 청산리대첩의 주역으로 활동하는 등 1920년 대 국외 독립전쟁의 골간으로 성장하였다.

1913년 겨울에는 북경에서 위안스카이 정부와 한·중 연합전선의 결성을 도모하였으나 위안스카이의 사망으로 중단되었다.

1919년 1월 고종황제의 죽음을 계기로 북경에서 이동녕, 조성환, 이광 및 이회영 등과 국내 3·1운동에 호응하여 항일운동을 전개하였다.

이 무렵 상해(上海)로부터 북경에 온 여운형(呂運亨), 현순(玄楯)과 논의, 이회영, 이동녕, 이광 등과 상해로 가서 대한민국 임시정부 수립에 참여, 임시정부 초대 법무총장에 선임되었으며, 같은해 9월에는 재무총장을 거쳐 1926년 무렵까지 임시정부 국무위원으로 재임하였다.

1929년에는 한국독립당(韓國獨立黨) 창당에 참여, 감찰위원장을 역임하였다.

1931년 4월 윤봉길(尹奉吉) 의거 때에는 미리 항저우(杭州)로 가서 임시정부 요인들의 피신처를 장만하였다.

1933년 중반 자싱(嘉興)에서 김구, 이동녕, 송병조, 차이석, 조완구, 김봉준 등과 함께 임시정부 활동을 재건하고 국무위원 겸 법무위원이 되었다.

1934년 「감시만어(感時漫語)」를 저술하여 한국사의 주체성과 독자성을 강조하였다.

1935년 10월에는 김구 등과 함께 임시정부 지원정당으로서 한국국민당을 창당하여 감사를 맡았다.

1938년 중일전쟁 발발 후 임시정부가 충칭(重慶)으로 이동한 이후 임시정부 국무위원, 재무부장, 의정원의원을 역임하는 등 광복 직전 임정활동의 핵심적 역할을 수행하였다.

1945년 8월 15일 조국광복과 함께 11월 임시정부 국무위원 자격으로 환국한 이래 1946년 봄 성균관총재와 대한독립촉성국민회(大韓獨

立促成國民會) 위원장에 선출되기도 하였으며, 대종교(大倧敎)활동에 진력하여 사교교질(司敎敎秩), 원로원장, 사교(司敎), 도형(道兄) 등의 주요직책을 역임하였다.

환국 직후부터 신흥무관학교 부활위원회를 조직하여 신흥무관학교의 건학이념 계승과 인재양성에 착수하였다. 그 결과 1947년 2월 재단법인 성재학원(省齋學院)을 설립, 신흥전문학관(新興專門學館)으로 발전시켜 1·2회 졸업생을 배출하였지만 한국전쟁으로 일시 침체국면에 처하기도 하였으며, 그 뒤 현재의 경희대학교로 계승되었다.

한편, 1947년 9월 공직사퇴 성명을 발표, 임시정부 국무위원직을 사퇴하였다. 그러나 1948년 7월 20일 제헌국회에서 실시된 정·부통령선거에서 대한민국 초대 부통령에 당선되었다. 그러나 대통령 이승만(李承晩)의 전횡에 반대하여 1951년 5월 9일 국회에 부통령직 사임서를 제출함과 동시에 국정혼란과 사회 부패상에 대한 책임을 통감한다는 요지의 대국민성명서를 발표하고 이승만정부를 떠났다.

1952년 8월 5일 시행된 제2대 대통령선거 때에는 야당인 민주국민당(民主國民黨)후보로 출마하였으나 낙선하였고, 그 뒤 국민의 정신적 지주역할을 하다가 죽었다.

장례는 9일간의 국민장으로 거행되었으며, 서울 정릉묘소에 안장되었다가 1964년 수유리 현 묘소로 이장하였다.

1949년 건국훈장 대한민국장이 수여되었다.

항일 무장투쟁에 바친 일생

지청천(池青天)
1888 ~ 1959

일명 이청천(李青天)으로 더 잘 알려진 지청천은 고종 25년 서울에서 태어났다. 호는 백산(白山), 본명은 대형(大亨)이다.

한말 무관학교에 입교하였다가 2학년 때 정부유학생 40명에 뽑혀 동경 육군 중앙유년학교에 들어갔다.

이때는 본명인 지대형을 사용하였다. 유년학교는 뒤에 일본사관학교 예과가 된 3년제이며, 다시 본과 2년이 있는데, 유학도중 한일합병이 되어 본과에는 일반학생으로 편입하는 곤경을 겪었다.

제26기생으로 1913년 졸업, 중위가 되면서 1919년 만주로 망명하여 대일무력항쟁을 지도하기 위해 일본의 병서와 군용지도를 가지고 신흥무관학교(新興武官學校)를 찾았다. 그 후 독립군 간부양성에 진력하고 1920년 상해임시정부 산하의 만주군정부(滿洲軍政府), 서로군정서(西路軍政署)의 간부가 되었다.

같은해 10월 일본이 혼춘사건(琿春事件)을 조작하고 청산리싸움에서 대패하자, 일본군은 무차별 살육을 감행하였다. 이에 서로군정서를 이끌고 간도성(間島省) 안도현 밀림으로 이동, 서일, 김좌진 등과 대한독립군단을 조직하고 군단의 여단장이 되었는데, 이때 이청천이라는 이름을 사용하였다.

1921년 6월 소련혁명군과의 마찰로 흑하사변(黑河事變)이 났을 때 포로가 되었으나, 북만주로 탈출하여 고려혁명군(高麗革命軍)을 조직하였다. 이것이 계기가 되어 북만주에는 신민부(新民府), 대한국민단(大韓國民團), 대한의용군사회(大韓義勇軍事會)가 생기게 되고, 남만주에는 서로군정서가 모태가 되어 대한통군부(大韓統軍部)가 조직되었다.

그뒤 양기탁, 오동진 등과 함께 대한통군부를 개편하여 정의부를 조직, 군사위원장 겸 사령장이 되었고, 1925년에는 남·북만주의 두

단체를 통합하여 국민부를 만들었다.

　김좌진이 저격당한 뒤, 1930년 7월 한국독립당(韓國獨立黨) 창당에 참여, 군사위원장이 되었으며, 별도로 한국독립군을 만들어 총사령관이 되었다.

　1932년에는 동아혈성동맹(東亞血成同盟)의 간부로서 각지의 항일단체를 규합하는데 힘썼다.

　1933년 치치하얼에 잠입하여 항일지하운동을 지휘하면서 한중연합군의 총참모장이 되었으나, 중국공산당의 압력으로 무장해제당한 뒤, 같은해 뤄양군관학교에 한국인 특별반을 만들어 책임자로 활약하였다.

　1940년 9월 17일 임시정부가 광복군 총사령부를 창설하자 사령관이 되어 1945년 환국할 때까지 항일투쟁을 계속하였다.

　환국 후 26개 청년단체를 통합한 대동청년단(大同靑年團)을 창설, 단장이 되었다.

　제헌국회의원과 초대 무임소장관을 역임하고 제2대 국회의원, 민주국민당의 최고위원을 지냈다.

　1962년 건국훈장 대통령장이 추서되었다.

공기업 양심의 본보기

유일한(柳一韓)
1895 ~ 1971

주식회사 유한양행(柳韓洋行)을 창업한 기업인으로 만인의 존경을 받게 된 유일한은 평양에서 아버지 기연(基淵)과 어머니 김확실(金確實)의 9남매 중 장남으로 태어났다.

1904년 9세 때 선교사를 따라 미국에 건너갔다. 고학으로 미시간대학에서 학사학위를 받았고, 캘리포니아대학에서 상학 석사학위를 받은 뒤에 스탠포드대학원에서 3년간 법학을 전공하였다.

학업을 마친 뒤 전자회사 사원으로 잠시 근무하다가, 1922년 자립하여 숙주나물을 취급하는 라초이식품주식회사를 설립하여 1925년까지 50여만 달러의 거금을 벌었다.

1926년 3월에 결혼한 뒤 얼마되지 않아 귀국하였다. 그해 12월 유한양행을 설립하였다.

1934년에는 독일의 도마크박사에 의하여 개발된 프론토실(Prontosil)을 동양에서 제일 먼저 도입하였다.

1939년 우리나라 최초로 종업원지주제를 실시하였고, 이 무렵에 사세도 확장되어 만주, 다롄(大連), 톈진(天津) 등 동북아 일원에 걸치는 방대한 시장을 확보하였다.

1939년 사업상의 이유로 도미하였으나, 1942년 12월 태평양전쟁의 발발로 귀국하지 못한 채 8·15광복을 맞이하였다. 광복 후 미국에서 돌아와 유한양행을 재정비하였다.

유한양행은 1953년 휴전 이후 계속 성장하여 성실한 우수약품 생산업체로서 안정된 지위를 구축하였다.

또한 국내 최초라 할 수 있는 근대적 의미의 경영기법으로 발전해 온 제약회사이다. 창립 당시 일제 강점기 아래에서 압정과 질병에 시달리고 있는 우리 민족에게 「민족의 생존과 민족혼의 재현(再現)은 건강에 있다」고 믿는 유일한이 「건강한 국민만이 주권을 찾을 수 있다」는 신념으로 의약품 산업을 선택한 것이다.

따라서 의약품 산업은 물론 수입약품 모두가 일본인이 독점해 왔으나 그들과 끊임없이 경쟁해 오면서 명실공히 성장을 거듭해 왔고, 우리 민중의 고질병이었던 피부병, 결핵, 학질, 기생충 감염 등을 퇴치하기 위하여 소독제, 위생재료, 혈청, 백신 등을 보급했다.

1936년에는 본격적인 제약공장과 함께 실험연구소를 설립하였고 이후 세계 유수한 제약회사들과 기술제휴를 맺어 의약품 개발에 큰 공을 세웠다.

1969년 기업의 제일선에서 은퇴하여 혈연관계가 전혀 없는 조권순(趙權順)에게 사장직을 물려주었다. 이로써 전문경영인 등장의 길을 여는데 선구자적 역할을 하였다.

1971년 3월 76세로 타계하였는데 그의 유언에 따라 그가 소유한 모든 주식은 신탁기금에 기부하였다. 산업동탑훈장을 받았으며, 1965년 연세대학교에서 명예법학 박사학위를 받았다.

민족언론을 지킨 선구적 양심

백관수(白寬洙)
1889 ~ ?

김성수, 송진우와 소년시절부터 깊은 교분을 갖고 독립운동, 언론운동, 그리고 정치인으로도 활약했던 백관수는 전북 고창출신이다. 본관은 수원이고 호는 근촌(芹村)이라 했다.

1915년 경성법학전문학교를 졸업하고 이듬해 중앙학교 교사가 되었다. 그뒤 일본 메이지대학(明治大學) 법학과에 재학중인 1919년 2월 동경(東京)에서「조선청년독립단」을 조직하여 단장이 되고, 학생대표 11명의 한 사람으로 독립선언서를 발표했다가 체포되어 1년간 복역하였다.

1924년 대학을 졸업하고 귀국하여 조선일보사 상무취체역 겸 영업국장이 되었다.

1927년에는 하와이에서 열린 세계기독교청년연합회 주최 제2차 태평양회의에 우리나라 대표로 참석하였다.

1927년 이후 신간회(新幹會)에 참여하였으며, 1928년 당시 조선일보사 주필 안재홍(安在鴻)의 필화사건에 연루되어 조선일보사를 떠났다.

1929년에는 일본에서 열린 제3차 태평양회의에 우리나라 대표로 참석하였다. 이어 1932년에는 홍문사(弘文社)를 창립, 월간지「동방평론(東方評論)」을 3년간 간행하였다.

1937년에는 동아일보사 사장이 되었으며, 1940년 일제가 동아일보를 강제 폐간하자, 이에 항거하여 끝내 폐간계(廢刊屆)에 날인하지 않아 1개월간 종로경찰서에 구금당하였다.

1945년 광복이 되자 원세훈(元世勳), 조병옥(趙炳玉), 이인(李仁) 등과 조선민족당(朝鮮民族黨)을 발기하였고, 이어서 이를 이끌고 한국민주당(韓國民主黨)에 합류하여 총무가 되었다.

1946년에는 미군정하에서 민주의원(民主議院)의원, 입법의원이 되었다.

　1948년 제헌국회의원에 당선되어 초대 법제사법위원장을 지냈으며, 헌법 및 정부 조직법 기초위원으로 건국 초기의 국가 대강을 수립하는데 참여했으나 6·25동란 때 납북된 후 지금까지 행방을 알 수 없게 되었다.

불운했던 천재화가

이중섭(李仲燮)
1916~1956

　불운했던 화가 이중섭은 평남 평원군에서 태어났다. 호를 대향(大鄕)이라 했고 평양 오산고등보통학교에 들어가 당시 미술교사였던 임용련(任用璉)의 지도를 받으면서 화가로서의 길을 걷기 시작하였다.
　1937년 일본에 건너가 문화학원(文化學院) 미술과에 입학하여 재학중 독립전(獨立展)과 자유전(自由展)에 출품하여 서양화 신인으로서의 각광을 받았다.
　문화학원을 졸업하던 1940년 미술창작가협회전에 출품하여 협회상을 수상하였으며 1943년 역시 같은 협회전에서는 태양상(太陽賞)을 수상하였다.
　이무렵 일본 여성 야마모토(山本方子)와 만났고 1945년 원산에서 결혼하여 두 아들을 두었다.
　1946년 잠시 원산사범학교에서 미술교사로 봉직하기도 하였다.
　북한 땅이 공산치하가 되자 자유로운 창작활동에 많은 제한을 받았으며, 친구인 시인 구상(具常)의 시집 「응향(凝香)」의 표지화를 그려 두 사람이 같이 공산주의 당국으로부터 비판을 받기도 하였다.
　6·25사변이 일어나고, 유엔군이 북진하면서 그는 자유를 찾아 원산을 탈출, 제주도를 거쳐 부산에 도착하였다. 이무렵 부인과 두 아들은 일본 동경으로 건너갔으며, 이중섭은 홀로 남아 부산, 통영 등지로 전전하였다.
　1953년 밀항하여 가족들을 만났으나 굴욕적인 처가신세가 싫어 다시 귀국하였고, 이후 줄곧 가족과의 재회를 염원하다 1956년 정신이상과 영양실조로 그의 나이 40세에 적십자병원에서 죽었다.
　그가 추구하였던 작품의 소재는 소, 닭, 어린이(童子), 가족 등이 가장 많으며, 불상, 풍경 등도 몇 점 전하고 있다. 소재상의 특징은 향토성을 강하게 띠는 요소와 동화적이며 동시에 자전적(自傳的)인 가족에 대한 정감의 요소이다. 「싸우는 소」, 「흰소」(이상 홍익대학교박물관 소장), 「움직이는 흰소」, 「소와 어린이」, 「황소」(이상 개인 소장), 「투계」(국립현대미술관 소장) 등은 전자의 대표적인 작품이며, 「닭과 가족」, 「사내와 아이들」, 「집떠나는 가족」(이상 개인 소장)과 그밖에 수많은 은지화(담배갑 속의 은지에다 송곳으로 눌러 그린 일종의 선각화)들은 후자를 대표하는 작품들이다.

화단활동은 부산 피난시절 박고석(朴古石), 한묵(韓默), 이봉상(李鳳商) 등과 같이 만든 기조전(其潮展)과 신사실파에 일시 참여한 것 외에 통영, 서울, 대구에서의 개인전이 기록되어 있다.

생시의 많은 인간적인 에피소드와 강한 개성적 작품으로 1970년대에 이르러 갖가지 회고전과 재평가작업이 활발하게 일어났다.

1972년 현대화랑에서의 유작전과 회집발간을 위시하여 평전(評傳)의 간행, 그리고 일대기를 다룬 영화 연극 등이 상연되었으며 많은 작가론이 발표되었다. 민족의 수난기에 불운했던 천재화가였다.

휴머니즘과 계몽, 저항의 작가

심훈(沈熏)
1901 ~ 1936

소설가이자 시인이며 영화인이기도 했던 심훈은 상록수(常綠樹)의 저자로 더 잘 알려져 있다.

본명은 대섭(大燮)이고 본관은 청송이다. 호는 해풍(海風)이며 어려서의 이름으로 삼준, 또는 삼보가 있고 서울 노량진에서 태어났다.

1915년 경성제일고등보통학교에 입학하였고, 1917년 왕족인 이해영(李海暎)과 혼인하였다. 1919년 3·1운동에 가담하여 투옥, 퇴학당하였다.

1920년 중국으로 망명하여 1921년 항저우(杭州) 치장대학(之江大學)에 입학하였다.

1923년 귀국하여 연극, 영화, 소설집필 등에 몰두하였는데 처음에는 특히 영화에 많은 관심을 기울였다.

1924년 이해영과 이혼하였고 같은해 동아일보사에 입사하였다.

1925년 조일제(趙一齊) 번안의 「장한몽(長恨夢)」이 영화화될 때 이수일(李守一)역으로 출연하였고, 1926년 우리나라 최초의 영화소설 「탈춤」을 동아일보에 연재하기도 하였다.

이듬해 도일하여 본격적인 영화수업을 받은 뒤 귀국하여 영화 「먼동이 틀 때」를 원작집필, 각색, 감독으로 제작하였으며 이를 단성사에서 개봉하여 큰 성공을 거두었다.

식민지 현실을 다루었던 이 영화는 「어둠에서 어둠으로」라는 제목이 말썽을 빚자 개작한 작품이며 영화제작은 이것으로 마지막이었다. 그뒤 1928년 조선일보사에 입사하였고, 1930년 안정옥(安貞玉)과 재혼하였다.

1931년 경성방송국(京城放送局)으로 옮겼으나 사상문제로 곧 퇴직하였다.

1932년 고향인 충청남도 당진으로 낙향하여 집필에 전념하다가 이듬해 상경하여 조선중앙일보사에 입사하였으나 다시 낙향하였다. 1936년 장티푸스로 사망하였다.

영화「먼동이 틀 때」가 성공한 이후 그의 관심은 소설 쪽으로 기울었다. 1930년 조선일보에 장편「동방(東方)의 애인(愛人)」을 연재하다가 검열에 걸려 중단당하였고, 또 같은 신문에「불사조」를 연재하다가 중단당하였다.

같은해 시「그날이 오면」을 발표하였는데 1932년 향리에서 시집「그날이 오면」을 출간하려다 검열로 인하여 무산되었다.

1933년 장편「영원의 미소」를 조선중앙일보(朝鮮中央日報)에 연재하였고 단편「황공(黃公)의 최후」를 탈고하였다.(발표는 1936년 1월 신동아)

1934년 장편「직녀성(織女星)」을 조선중앙일보에 연재하였으며 1935년 장편「상록수(常綠樹)」가 동아일보 창간 15주년 기념 장편소설 특별공모에 당선, 연재되었다.

「동방의 애인」·「불사조」등 두 번에 걸친 연재 중단사건과 애국시「그날이 오면」에서 알 수 있듯이 그의 작품에는 강한 민족의식이 담겨 있다.「영원의 미소」에는 가난한 인텔리의 계급적 저항의식, 식민지 사회의 부조리에 대한 비판정신, 그리고 귀농의지가 잘 그려져 있으며 대표작「상록수」에서는 젊은이들의 희생적인 농촌사업을 통하여 강한 휴머니즘과 저항의식을 고취시킨다.

행동적이고 저항적인 지성인이었던 그의 작품들에는 민족주의와 계급적 저항의식 및 휴머니즘이 기본정신으로 관류하고 있다. 특히 농민계몽문학에서 이후의 리얼리즘에 입각한 본격적인 농민문학의 장을 여는데 크게 공헌한 작가로서 커다란 의의를 지닌다.

서편제 소리의 최후 보루

임방울(林芳蔚)
1904 ~ 1961

  판소리의 명창인 임방울은 전남 광산군 송정읍 도산리에서 태어났다.
  14세 때 아버지의 소망에 따라 박재현(朴載賢) 문하에서「춘향가」와「홍보가」를 배웠고 뒤에 유성준(劉成俊)으로부터「수궁가」,「적벽가」를 배웠다.
  그는 선천적으로 아름다운 목소리를 가지고 태어났고 성량도 풍부하였다. 오랫동안 수련한 그는 25세 때 상경하여 송만갑(宋萬甲)의 소개로 처녀무대에서「춘향가」가운데「쑥대머리」를 불러 크게 인기를 얻었다. 이것을 계기로 그의 창작으로 전하는「쑥대머리」를 비롯한 많은 음반을 내었는데, 특히 일본에서 취입한「쑥대머리」는 우리나라, 일본, 만주 등지에서 100여만 장이나 팔렸다 한다.
  그뒤 음반취입과 판소리 공연에만 힘을 쏟았고 창극운동에는 가담하지 않았다. 그리하여 그를 판소리 전통을 최후까지 고수한 사람으로 보고 있고, 한편으로는 서편제 소리의 최후 보루라고도 하고 있다. 판소리 다섯 마당을 다 잘하였지만 특히「춘향가」,「수궁가」,「적벽가」를 잘하였다.
  1960년에 원각사(圓覺社)에서「수궁가」발표회를 가진 것을 비롯하여 몇 가지 공연을 가졌는데, 이때 녹음하여 둔 테이프를 복사하여 취입한 음반이 지금 전하고 있는「수궁가」와「적벽가」이다.
  일제 때에 그는 이화중선(李花仲仙)과 더불어 가장 인기있는 명창이었으나 판소리의 사설에는 치밀하지 못한 것으로 알려져 있다. 그의 많은 음반 가운데「춘향가」에서「쑥대머리」,「수궁가」에서「토끼와 자라」대목은 걸작으로 꼽히고 있다.
  그의 소리는 박귀희(朴貴姬), 한애순(韓愛順), 신평일(申平日), 김용준(金龍準), 성우향(成又香) 등이 이어받았다.

불교정화와 중흥을 일으킨 대선사

이청담(李青潭)
1902 ~ 1971

　대한불교 조계종 초대 총무원장을 지낸 청담의 속명은 순호(淳浩)이고 경남 진주출신이다.
　진주제일보통학교를 졸업하고 진주고등농림학교에 재학 중 여름방학 때 진주 비봉산 호국사(護國寺)에 갔다가 승려 박포명(朴抱明)을 만나 불교와 인연을 맺고 해인사, 백양사(白羊寺) 등을 돌아다니며 출가하려 하였으나 뜻을 이루지 못하였다.
　졸업 후 25세에 일본으로 건너가 불법을 배우고 이듬해 귀국하여 고성 옥천사(玉泉寺)에서 박한영(朴漢永)을 은사로 득도(得度), 수계(受戒)하고 청담이라는 법명을 받았다.
　29세에 서울 개운사(開運寺)의 대원불교전문강원(大圓佛敎專門講院)에서 대교과(大敎科)를 이수한 뒤, 부패해가는 승단(僧團)의 기강을 바로 잡기 위하여 불교를 개혁, 정화하려는 뜻을 세우고 50여 명의 승려들을 규합, 개운사에서 전국학인대회(全國學人大會)를 결성하였으나 일본의 관권(官權)에 의하여 무산되었다.
　33세에 충청남도 정혜사(定慧寺) 선원(禪院)에서 수선안거(修禪安居) 이후 20여 년 동안 전주 선원에서 참선 수도하였다.
　해방 후에는 교단 재건과 불법 중흥을 위하여 고성 문수암(文殊庵), 해인사 등지에서 대중을 교화하고 도제(徒弟)를 양성하였다. 또한 합리적인 종단의 제도를 역설하여 출가와 재가를 구분하고, 그들이 해야 할 5개 조의 행동지침을 발표하였다.
　1954년 서울 선학원(禪學院)에서 전국비구승대회를 소집하여 불교정화운동을 주도하였고, 그해 가을 사찰이 청정도량으로 정화될 때까지 목숨을 바쳐 싸우겠다는 결의로 약 400명의 비구와 함께 단식하였다.
　이듬해 대한불교 조계종 초대 총무원장에 취임, 이후 조계종 중앙

종회 의장, 해인사 주지, 도선사(道詵寺) 주지, 동국학원 이사장을 거쳐 1966년 대한불교 조계종 통합종단 제2대 종정, 전국신도회 총재, 조계종 장로원장 등을 역임하였다.

1968년 도선사에 호국참회원(護國懺悔院)을 건립하였고 1969년에는 불교계의 앞날을 염려하여 종단의 탈퇴를 선언하였다.

1970년 총무원장에 재임하였고 세계불교연합장로원장을 역임하였으며, 1971년 11월 15일 나이 69세, 법랍 46세로 입적하였다.

저서로는「신도수경(信徒手鏡)」,「잃어버린 나를 찾아」,「반야심경강설」,「금강경대강좌」,「마음」,「선입문」,「신심명강의(信心銘講義)」,「나의 인생관」,「현대의 위기와 불교」등이 있다.

여성운동과 교육의 선구자

김활란(金活蘭)
1899 ~ 1970

한국 여성 교육자로 선망받는 김활란은 인천출신이며, 호를 우월(又月)이라 했고 세례명은 헬렌(Helen)이다.

평북 철산의 중농(中農)이었다가 제물포로 옮겨 창고업자가 된 아버지 진연(鎭淵)과 기독교 신자인 어머니 박또라의 2남 6녀 중 막내딸로 태어났다.

여덟 살 때 인천 영화소학교(永化小學校)에 입학하였다가 아홉 살 때 아버지의 사업실패로 서울로 이사하면서 이화학당에 입학하였다.

이화학당의 초·중·고등과를 거쳐 1918년 대학과를 졸업, 우리나라 최초의 여성 대학졸업생이 되었다.

그뒤 이화학당의 교사로 임명되었으며, 재직중 한국감리교 감독이었던 웰치선교사의 추천을 받아 미국 오하이오 웨슬레안대학에 편입, 철학, 교육학, 웅변학 등을 공부하였다.

1924년 대학을 졸업한 뒤, 그해 9월 보스턴대학교 대학원에 입학하여 문학석사 학위를 받았다. 그뒤 귀국하여 1925년 6월 이화여자전문학교 교수 및 학감에 취임하였다.

1930년 다시 도미하여 컬럼비아대학교 대학원에 입학하고 1931년 10월 우리나라 여성으로는 최초로 철학박사 학위를 받았다. 학위논문은 「한국의 부흥을 위한 농촌교육」이었다.

이 논문에서 일제의 지배하에 있는 한국인의 참된 자주성 확립과 자각은 경제생활 속에서 정신적으로 각성하는데 있다는 것을 강조하였다.

1931년 6월에는 덴마크인의 경제부흥에 관한 「정말인(丁抹人)의 경제부흥론」을 저술하여, 당시 한국사회와 유사하게 경제적, 정신적으로 침체되었던 덴마크가 어떻게 부흥하게 되었는지를 알렸다. 책의 결론에서 우리 민족에게 전민족의 정신쇄신, 민중교육의 중요성,

협동조합운동의 발흥을 강조하였으며, 이를 계기로 우리나라에 협동조합운동이 새롭게 일어났다고 할 수 있다.

1928년 미국 감리교회 총회에 참석하였을 때, 당시 미국에는 불경기가 심하여 외국선교사업을 축소시키기로 하고, 우리나라에 주재하던 주교를 없애고 다른 나라의 주교가 이를 겸하도록 결정하였다. 이에 긴급발언권을 얻어 감동적인 연설을 함으로써 총회가 방금 가결한 것을 번안, 우리나라에 독립된 주교를 계속 주재하도록 만들었다.

이때부터 국제적으로 두각을 나타내고 이름이 알려지기 시작하여, 일생 동안 교회의 국제회합에서 명성을 떨치게 되었을 뿐 아니라, 모든 국제회의에서 우리 민족을 대표하여 중요한 역할을 수행하였다

1923년에는 김필례, 유각경과 더불어 대한여자기독교청년회연합회(YWCA)를 창설하였고, 1924년 세계대회에 가입하는데 주도적 구실을 하였다.

당시 여성들은 남존여비의 인습 때문에 언제나 뒷전에 머물러 있었지만, 여성단체인 YWCA가 국내에서는 먼저 창설된 남성단체인 대한기독교청년회연합회(YMCA)보다 세계대회에 먼저 가입함으로써 우리나라 여성의 권익을 옹호하고 그 역량을 과시하게 되었다.

1925년에는 새롭게 눈뜨기 시작한 여성의 발언을 발표하기 위하여 「여성이여, 어서 앞으로 나가자!」라는 구호를 내세운 잡지 「여론」을 처음으로 발간하였다.

1926년 4월 26일, 조선의 마지막 왕인 순종이 죽었을 때 이화학당 학감으로 있으면서 이화의 전학생에게 깃광목으로 상복을 해입히고 창덕궁 앞에서 망곡(望哭)을 하였다. 또한 당시의 인습적 제약과 구속을 타파하기 위하여 솔선수범하여 머리를 짧게 자르기도 하였다.

1926년 학감에서부터 시작, 부교장을 거쳐 1939년 아펜젤러의 추천을 받아 이화여자전문학교와 이화보육학교의 교장으로 취임하였다. 이 시기는 교육기관의 책임자로서 자기의 뜻대로 교육사업을 실시할 수 없는 상황이었으나, 능동적으로 환경을 개척해나가야 한다는 교육목표를 가지고 교장직에 임하였다.

일제의 민족탄압이 더욱 극심해진 민족항일기의 말기에 대부분의

지성인들이 지하로 잠적하였으나, 최후의 일각까지 신념대로 행동하
겠다는 각오로 농촌계몽운동에 더한층 정열을 쏟았다.
 농촌계몽운동을 추진하는데 있어서 특히 축산을 통한 부업과 식생
활에서의 영양섭취의 장려, 문맹퇴치 등에 중점을 두었다. 농한기에
는 부녀자들을 모아 각 지방에서 강습회를 열기도 하였다.
 심훈(沈熏)이 쓴 「상록수」의 주인공 채영신의 실재인물이라 할 수
있는 최용신(崔容信)으로 하여금 수원 샘골에 농촌 아동교육시설을
갖추게 하였으며 아이들을 직접 지도하기도 하였다.
 광복 후 교육정책 수립을 위해 구성된 교육심의회의 위원으로 교
육이념분과에 참여하였고, 그보다 먼저 구성된 한국교육위원회에서
는 여자교육 부문을 맡아 여성교육의 이념 확립에 공헌하였다. 또한
YWCA를 재건하고, 한국여학사회를 창설하여 초대 회장에 취임하
였다.
 1946년 9월 파리에서 열린 국제연합 총회에 한국대표로 참석하여
한국의 실정을 토로하였으며, 국민의 절대 다수가 공산주의를 결사
반대한다고 호소하였다.
 1956년 11월, 1957년 10월, 1958년 10월, 1959년 9월, 1965년 12월
등 다섯 차례에 걸쳐 국제연합 총회의 한국대표로 참석하였고, 1962
년 11월, 1964년 11월, 1966년 11월의 제12~14차 유네스코총회 한국
수석대표 및 대표로 참석하여 외교역량을 발휘하였다.
 6·25사변 중에는 전시내각의 공보처장을 지냈으며 우리나라에서
는 처음으로 「코리아타임즈」라는 영자 일간신문을 발행하여 국민 홍
보외교활동을 하였다.
 이밖에도 국민 홍보외교동맹을 조직하여 참전국과의 민간외교 및
외국 참전병들의 위문 등 전시국가의 여성운동을 지도하였다.
 1961년 9월 이화여자대학교를 정년 퇴직하고 명예총장 겸 재단이
사장으로 봉직하였다.
 1965년 9월에는 대한민국 순회대사로 임명되어 1970년 죽을 때까
지 활동하였으며 평생을 독신으로 살았다.
 1963년에는 교육부문의 대한민국장을 수상하였고, 필리핀에서 주

는 막사이사이상의 공익부문상과 미국 감리교회에서 주는 다락방상을 수상하였으며, 1970년 대한민국 일등수교훈장이 추서되었다.

임종 전 「인간의 생명이란 불멸하여 육체가 없어지더라도 죽은 사람이 아니므로 장례식 대신 화려한 승리의 길로 환송해주는 환송예배를 해주기 바란다.」는 부탁에 따라, 우리나라에서는 처음으로 장례식을 음악회로 대신하게 되었다.

노동운동의 지평을 연 열사

전태일(全泰壹)

1970년 11월 13일, 서울 평화시장에서 열악한 노동환경을 규탄하며 분신자살한 전태일은 고등공민학교 1년 정도밖에 다니지 못한 17세의 의류제조 노동자였다.

평화시장에서 나이 어린 봉제공들이 열악한 작업환경에서 중노동에 시달리는 광경을 보며 동료 재단사들과 함께 「바보회」를 조직하여 평화시장의 노동조건 실태를 조사하기도 하였다.

조사결과를 토대로 노동청과 서울특별시에 노동조건 개선을 요구하는 진정서를 제출하였지만 묵살당하고 오히려 노동자들을 선동한다는 이유로 해고당하게 되었다.

그뒤 22세가 되던 해에 평화시장의 노동실태를 다시 철저히 조사하여, 노동시간 단축, 주휴제 실시, 다락방 철폐, 환풍기 설치, 임금인상, 건강진단 실시 등의 요구조건을 노동청에 제출하였다.

그러나 노동조건 개선은 쉽게 이루어질 것 같이 보이지 않는 가운데 사건 당일 평화시장 앞길에서 동료노동자들과 함께 「일주일에 한번만이라도 햇빛을 보게 해달라.」, 「우리는 기계가 아니다.」는 피켓을 들고 시위를 벌이려다가 경찰의 제지로 해산당하게 되자 온몸에 휘발유를 끼얹고 자신의 몸에 불을 붙였다.

전태일을 자살로까지 몰아넣었던 당시의 노동조건은 매우 열악하고 유해한 작업환경이나 고도성장 뒤에 가리워진 실질임금 상승률의 저조 등은 노동자의 집단적 저항을 유발시킬 수 있는 상황이었으며, 이 사건은 이를 배경으로 하고 있었다.

전태일의 죽음은 그 뒤의 노동운동 전개에 있어 큰 계기가 되었으며, 1970년 대 노동운동의 지평을 연 최초의 충격적 사건으로 평가되기도 한다.

비극으로 끝난 독재권력

박정희(朴正熙)
1917 ~ 1979

군인이며 정치지도자. 5·16군사쿠테타 이후 국가재건최고회의 의장, 제5, 6, 7, 8, 9대 대통령을 지냈다. 본관은 고령, 호는 중수(中樹), 경북 선산군 구미면 상모리에서 빈농인 아버지 성빈(成彬)과 어머니 백남의(白南儀) 사이에서 5남 2녀의 막내로 태어났다.

1937년 대구사범학교를 졸업, 문경소학교에서 3년간 교직생활을 한 다음, 1940년 만주의 신경군관학교 제2기생으로 입학, 군문에 들어갔다.

이 군관학교를 우등생으로 수료한 뒤 일본 육군사관학교로 전학, 1944년 졸업과 함께 만주군 소위로 임관되어 관동군에 배치되었다.

광복 때까지 만주와 화북지방에서 일본군 장교로 전쟁에 가담했다가, 1946년 귀국하여 육군사관학교에 들어가 제2기로 졸업하고 육군 대위로 임관되었다.

한국전쟁 동안 주로 육군본부 정보국에서 근무하다 1953년 장군이 되었다.

1954년 제2군단 포병사령관, 1955년 제1군참모장, 1960년 육군군수기지사령관, 제1관구사령관, 육군본부 작전참모부장을 거쳐, 1961년 제2군부사령관으로 재직 중, 군부쿠데타를 주도하여 정권을 장악하였다.

육군본부 정보국에 근무하고 있던 1949년, 사상관련에 연루되어 군법회의에 회부된 적이 있었다.

당시의 신문보도에 의하면 여순반란사건 관련 공산주의 혐의자로 되어 있는데, 군법회의에서 무기징역을 언도받았으나 육군본부의 동료, 상사들의 구명운동에 의하여 복역은 면제되었다.

이 때문에 한때 군인의 신분을 박탈당하였다가 한국전쟁이 발발한 뒤 현역으로 복적되었다.

1950년 육영수(陸英修)와 재혼하였다. 군부쿠데타로 정권을 장악한 박정희는 18년 5개월 간을 집권하였는데, 그동안 업적이 많았지만 독재자로 군림하며 인권을 탄압한 사례가 많아 많은 국민적 저항이 있었다. 특히 1972년 장기집권을 목적으로 시작한 유신체제 기간에는 독재권력이 더욱 강화되어 수많은 민주인사들이 탄압을 받아 수감되고 때로는 죽음을 당하는 사례가 많아 국민적 저항은 심화되었다.
  그러다가 1979년 유신체제에 항거하는「부마사태」가 절정을 이루던 때인 그해 10월 26일 궁정동 만찬석상에서 측근이었던 중앙정보부장 김재규가 쏜 총탄에 맞아 죽었다. 이와 함께 유신체제도 막을 내렸다.

찾아보기

〈ㄱ〉

강감찬 ····· 155
강수 ····· 117
강증산 ····· 501
경허 ····· 457
계백 ····· 100
고선지 ····· 89
공민왕 ····· 206
곽재우 ····· 317
광개토왕 ····· 26
광해군 ····· 351
권율 ····· 313
기대승 ····· 281
길재 ····· 215
김구 ····· 600
김규식 ····· 604
김대건 ····· 418
김대성 ····· 120
김덕령 ····· 320
김립 ····· 455
김만중 ····· 381
김방경 ····· 190
김병로 ····· 659
김부식 ····· 172
김상헌 ····· 376
김성수 ····· 657
김소월 ····· 681
김시습 ····· 251
김옥균 ····· 479

김유신 ····· 49
김일손 ····· 265
김정호 ····· 506
김정희 ····· 429
김종직 ····· 263
김좌진 ····· 593
김창숙 ····· 609
김춘추 ····· 41
김홍도 ····· 434
김홍집 ····· 469
김활란 ····· 707

〈ㄴ〉

나운규 ····· 648
나철 ····· 573
남궁억 ····· 570

〈ㄷ〉

담징 ····· 149
대조영 ····· 84
도선 ····· 147
동명왕 ····· 20

〈ㅁ〉

만적 ····· 182
묘청 ····· 176
무상 ····· 145
문무왕 ····· 93

문익점 ······································ 202
민비 ·· 466
민영환 ···································· 476

〈ㅂ〉

박연 ·· 283
박영효 ···································· 484
박용만 ···································· 616
박은식 ···································· 560
박정희 ···································· 712
박제가 ···································· 402
박제상 ···································· 70
박지원 ···································· 394
방정환 ···································· 641
배중손 ···································· 188
백관수 ···································· 698
복신 ·· 98

〈ㅅ〉

서거정 ···································· 257
서경덕 ···································· 278
서재필 ···································· 612
서희 ·· 163
선덕여왕 ································ 78
성삼문 ···································· 254
성왕 ·· 32
세조 ·· 236
세종대왕 ································ 228
손병희 ···································· 539
송만갑 ···································· 646
송시열 ···································· 363
송진우 ···································· 684

승랑 ·· 141
신경준 ···································· 412
신규식 ···································· 567
신돈 ·· 220
신돌석 ···································· 530
신사임당 ································ 287
신숙주 ···································· 260
신위 ·· 407
신윤복 ···································· 437
신익희 ···································· 662
신재효 ···································· 438
신채호 ···································· 555
심훈 ·· 702

〈ㅇ〉

안용복 ···································· 450
안익태 ···································· 677
안정복 ···································· 409
안중근 ···································· 576
안창남 ···································· 640
안창호 ···································· 536
어윤중 ···································· 472
여운형 ···································· 664
연개소문 ································ 65
연산군 ···································· 241
오동진 ···································· 596
왕건 ·· 152
왕인 ·· 104
우륵 ·· 102
우장춘 ···································· 679
원광 ·· 132
원측 ·· 142

판권본사소유

이야기 한국인물사

2012년 1월 20일 인쇄
2012년 1월 30일 발행

지은이 | 신한국사연구회
펴낸이 | 최 상 일
펴낸곳 | 태 을 출 판 사
　　　　서울특별시 중구 신당6동 52-107(동아빌딩내)
등 록 | 1973 1.10(제4-10호)

ⓒ2009. TAE-EUL publishing Co.,printed in Korea
※잘못된 책은 구입하신 곳에서 교환해 드립니다

■ 주문 및 연락처
우편번호 100-456
서울 특별시 중구 신당 6동 제52-107호(동아빌딩내)
전화: 2237-5577 팩스: 2233-6166

ISBN 89-493-0386-8　　13810